1 MONTH OF
FREE
READING

at

www.ForgottenBooks.com

By purchasing this book you are eligible for one month membership to ForgottenBooks.com, giving you unlimited access to our entire collection of over 1,000,000 titles via our web site and mobile apps.

To claim your free month visit:

www.forgottenbooks.com/free367343

ISBN 978-0-364-18663-3
PIBN 10367343

TRAITÉ ÉLÉMENTAIRE

DE

PHILOSOPHIE

BIBLIOTHÈQUE DE L'INSTITUT SUPÉRIEUR DE PHILOSOPHIE

TRAITÉ ÉLÉMENTAIRE

DE

PHILOSOPHIE

A L'USAGE DES CLASSES

ÉDITÉ

par des Professeurs de l'Institut supérieur de Philosophie
de l'Université de Louvain

SIXIÈME ÉDITION

TOME I

Introduction et Notions propédeutiques, par D. Mercier
Cosmologie, par D. Nys
Psychologie, Critériologie, Métaphysique, par D. Mercier

LOUVAIN

INSTITUT SUPÉRIEUR DE PHILOSOPHIE

1, RUE DES FLAMANDS, 1

—

1921

LOUVAIN

Imprimerie Fr. Ceuterick, 60, rue Vital Decoster, 60

PRÉFACE DE LA PREMIÈRE ÉDITION

Ce *Traité élémentaire de philosophie* est spécialement destiné aux élèves qui se préparent à la théologie et veulent être en mesure de dissiper les doutes et de répondre aux objections de ceux qui, un jour, leur demanderont compte de leurs convictions spiritualistes.

On s'y est attaché surtout à définir avec rigueur les notions essentielles de la pensée philosophique, à préciser les termes des problèmes, à présenter en une forme succincte les solutions et leurs preuves fondamentales.

Non pas que l'on méconnaisse l'importance de l'évolution historique des idées ou que l'on se désintéresse des besoins de la polémique, mais il sera aisé au professeur et à ses élèves de satisfaire à ces desiderata, moyennant un recours assidu au *Cours supérieur de philosophie* [1]) dont ces deux volumes sont un extrait.

On a choisi comme langue d'enseignement la langue française.

Il n'en est point de plus claire ni de plus logique.

Puis, tout prêtre est, par mission, apôtre de la vérité. La langue vivante de ceux à qui il la transmet doit lui être familière.

---

[1]) Ce cours est publié par les professeurs de l'Institut supérieur de Philosophie. Six volumes ont paru : Vol. I : *Logique*, par D. MERCIER, 6ᵉ édition, 1918 ; Vol. II : *Métaphysique générale ou Ontologie*, par D. MERCIER, 7ᵉ édit., 1918 ; Vol. III : *Psychologie*, par D. MERCIER, 9ᵉ édit., 1912 ; Vol. IV : *Critériologie générale ou traité général de la certitude*, par D. MERCIER, 7ᵉ édit., 1918 ; Vol. VI : *Histoire de la philosophie médiévale*, par M. DE WULF, 4ᵉ édit., 1912 ; Vol. VII : *Cosmologie ou étude philosophique du monde inorganique*, par D. NYS, comprenant quatre tomes : tome I, Le Mécanisme, le Néo-Mécanisme, le Mécanisme dynamique, le Dynamisme et l'Energétisme, 3ᵉ édit., 1918 ; tome II, La théorie néo-scolastique, 3ᵉ édit., 1918 ; tome III, La notion de temps, 2ᵉ édit., 1913 ; tome IV, La notion d'espace, 3ᵉ édit., 1920. Les autres volumes sont en préparation. .

Sans doute, la langue latine est la langue liturgique et canonique de l'Église. Elle est, au surplus, celle de saint Thomas d'Aquin à qui nous nous faisons un honneur de demander nos principes philosophiques et que tout prêtre devrait pouvoir étudier dans ses œuvres originales.'

S'ensuit-il qu'il soit indispensable d'enseigner saint Thomas en latin ?

Il est incontestable que dans les Séminaires romains, dans les maisons d'études des congrégations religieuses où, durant trois années, la philosophie scolastique prépare exclusivement à la théologie, l'emploi du latin offre de précieux avantages. Nous comprenons sans peine que, dans ces milieux choisis, les maîtres ne songent pas à se départir d'une tradition séculaire.

Mais le latin est-il essentiel à l'enseignement de la philosophie scolastique, pour la raison que celle-ci fut originairement écrite en latin ? Est-il dans tous les milieux préférable ? Nous ne le pensons pas.

Les professeurs des littératures grecque et latine parlent-ils la langue d'Homère pour expliquer l'*Iliade*, celle de Cicéron pour commenter le *Pro Archia* ? Les professeurs de Séminaire qui honorent les chaires d'Écriture sainte, expliquent-ils la *Genèse* en hébreu, les *Actes des Apôtres* en grec ? Les maîtres les plus éclairés de la philosophie scolastique interrogent volontiers sur la pensée d'Aristote, les commentaires de saint Thomas d'Aquin qui, vraisemblablement, ne lisait le Stagirite qu'à travers des traductions.

Il est donc reconnu par tout le monde, en pratique, qu'il y a moyen d'enseigner la pensée d'un auteur dans une langue autre que la sienne.

Bien plus, nous estimons qu'un enseignement en français de la philosophie scolastique est la meilleure initiation à l'étude de la philosophie et de la théologie de saint Thomas d'Aquin dans leur langue originale.

Que l'on ne crie pas au paradoxe : nous appuyons notre dire sur une double expérience.

Nous demandons pardon au lecteur de nous mettre ici personnellement en cause ; mais nous croyons que dans ce débat sur la langue véhiculaire la plus propre à l'enseignement de la philosophie thomiste, le dernier mot appartient à l'expérience, à elle seule.

Durant cinq années, je fus chargé d'enseigner la philosophie scolastique au Séminaire de Malines : le traité classique était celui de Gonzalez. De mon mieux, j'aidais les jeunes élèves à comprendre le « Manuel » moyennant des sommaires en forme de demandes et de réponses que je rédigeais en latin et faisais autographier à leur intention. J'étais mal payé de mes peines.

Il fallait se résoudre à commenter en français le manuel et le résumé. Je pratiquai durant quelque temps le procédé auquel ont forcément recours les défenseurs les plus décidés de l'emploi *exclusif* du latin : je fis mes leçons en partie double ; la matière de la leçon était d'abord exposée en latin, la seconde partie de la leçon reprenait la même pensée en langue vulgaire.

Il ne me fallut pas longtemps pour m'apercevoir que, autant la seconde partie attirait l'attention de l'auditoire, autant la première le laissait assoupi. On eût dit que les élèves attendaient la seconde demi-heure pour écouter.

Aussi, dès que la chose me fut permise, je me résolus tout de bon à *commencer* par l'enseignement en français et, aussitôt que le regard vivant de mes élèves me disait que j'étais compris, je profitais de leurs bonnes dispositions pour leur redire en latin, en quelques mots scandés, la thèse qu'ils venaient d'entendre développer et prouver en français.

Cette fois, le latin de saint Thomas était saisi et, ce qui vaut infiniment mieux, aimé.

Précédemment, les textes de saint Thomas étaient des mots creux ; maintenant ils devenaient l'expression lapidaire de la pensée, et bientôt, par surcroît, un auxiliaire précieux pour la mémoire.

Je prends la liberté d'engager nos confrères qui occupent une chaire de philosophie, à refaire l'expérience par la preuve et par la contre-épreuve : je leur présage avec confiance les mêmes résultats.

Aussi bien, cette expérience fut reprise et poursuivie depuis 1882, devant un nouvel auditoire, à l'Université de Louvain. De nombreux jeunes gens laïques, appartenant aux facultés

de philosophie et lettres, de droit, des sciences, assistaient
à nos leçons. Celles-ci étaient faites intégralement en français, mais la substance de l'enseignement scolastique était
régulièrement reproduite en latin. J'utilisais à cet effet un
choix de textes empruntés aux deux *Sommes* et aux opus-
cules philosophiques de saint Thomas d'Aquin. Quelques
citations de Cajetan ou de Suarez complétaient çà et là, ou
servaient à éclairer la pensée du maître. Aujourd'hui encore
tous les cours de philosophie de l'École Saint-Thomas d'Aquin
sont professés d'après cette méthode.

Or, quel est le résultat ?

Il est double.

La philosophie scolastique se fait aimer, parce qu'on en
saisit l'esprit.

Les jeunes gens arrivent, au bout de deux ou trois années,
à lire sans efforts les œuvres originales de saint Thomas et
de ses commentateurs.

Voilà des faits. Ils sont notoires, constants. Les préjugés
les plus obstinés céderont devant eux.

Il importe donc, d'une part, de parler la langue de nos
contemporains pour aller à eux, nous faire comprendre d'eux,
nous dévouer efficacement à leur faire du bien.

D'autre part, il faut aussi ne pas perdre de vue que la
langue officielle de l'Église, celle des écrits de saint Augustin,
de saint Jérôme, de saint Bernard, des grands penseurs du
moyen âge, est le latin.

La méthode que nous préconisons et qu'une double expérience fructueuse confirme, tient compte de cette double
considération.

D'ailleurs, n'est-ce pas d'après cette méthode que l'enfant
apprend à parler sur les genoux de sa mère ? Lorsque, par
tous ses sens, il a puisé dans le monde réel les éléments d'une
idée, sa mère peut lui dire le mot, le mot sera « compris ».
Le mot avant l'idée est un non-sens.

On objectera, je le sais, que le novice en philosophie a fait
ses cours latins avant d'entrer au Séminaire.

Oui, il a fait ses cours latins. Mais, quatre-vingt-dix-neuf
fois sur cent, il est incapable de comprendre, à l'audition,

une phrase latine. Comment comprendrait-il un discours qui lui présente des idées nouvelles dont le caractère abstrait réclame seul tout l'effort de l'intelligence ?

D'abord, le latin classique, fût-il couramment entendu, serait peu utile à la philosophie. Il n'est pas la langue de la philosophie de l'École, moins encore celle des théologiens. Les Latins n'ont pas eu de philosophes — à peine faut-il faire une exception pour Cicéron et pour Lucrèce — ils n'ont donc pas élaboré une langue technique philosophique.

Mais surtout, le latin, dans aucune de ses expressions n'est assez familier aux élèves qui entrent au Séminaire pour être compris au vol. Durant six, sept, huit ans, on a fait des thèmes, des versions, à coups de dictionnaire, on a appris des mots, on ne s'est point ou guère exercé à saisir une suite d'idées. On a lu, on n'a point parlé ou entendu parler.

Ce que je viens de dire sera peut-être contredit par des théoriciens de l'enseignement classique ; j'ai l'assurance que ma parole aura de l'écho chez la plupart de ceux qui ont la pratique de l'enseignement de la philosophie dans les séminaires.

L'adoption du français comme langue d'enseignement est donc une première innovation que nous croyons devoir, au nom d'une expérience déjà longue, recommander à l'attention bienveillante de nos confrères. -

Nous leur en recommandons une seconde, pour laquelle nous nous réclamons aussi de l'expérience. Elle concerne l'ordre dans lequel doivent, selon nous, s'enseigner les matières philosophiques.

La philosophie est, par définition, la recherche des principes fondamentaux au moyen desquels la raison doit pouvoir comprendre et expliquer tout le connaissable.

Ces principes sont, dans l'œuvre définitive de l'esprit, au moment où il rend compte de choses déjà connues, un point de départ ; mais, dans l'ordre d'acquisition de nos connaissances, ils sont le point d'arrivée.

L'observation, celle du monde extérieur et celle de la conscience, est l'unique source d'information du philosophe.

L'observation vulgaire se précise et s'enrichit sous l'effort des hommes de science qui sont les pourvoyeurs immédiats des matériaux sur lesquels doit s'exercer la réflexion philosophique.

Aussi les vieux scolastiques, qui embrassent dans un même ensemble tout le savoir accessible à la raison, le distribuent en trois parties : la physique, la mathématique, la métaphysique, entre lesquelles il y a une relation de subordination.

La *physique*, qui est représentée aujourd'hui par la Cosmologie et par la Psychologie, fournit les premières conclusions. La Cosmologie recherche la nature des corps inorganiques ; la Psychologie celle des corps vivants, du végétal, de l'animal, de l'homme.

Cette physique générale — cosmologique, psychologique — s'appuie sur les sciences physico-chimiques et sur les sciences biologiques. En maints cas, les *mathématiques* généralisent les conclusions de la physique et en étendent les résultats.

La *métaphysique* pousse l'abstraction plus loin et prend pour objet d'étude la substance, commune aux corps inorganisés et aux vivants, la substance, comme telle, et ses propriétés corollaires [1]).

La loi d'acquisition des connaissances humaines étant de percevoir avant d'abstraire, d'abstraire la nature des choses sensibles avant d'abstraire la quantité, d'abstraire celle-ci avant de pénétrer jusqu'à la substance, le philosophe devra, pour se conformer à la marche connaturelle de l'esprit humain, procéder comme suit : Après s'être reconnu tributaire non seulement de l'observation spontanée, mais aussi des sciences physico-chimiques et biologiques, il étudiera d'abord la Cosmologie et la Psychologie, puis la Métaphysique générale ou l'Ontologie. A la Psychologie, il rattachera la Critériologie. Cette branche de la philosophie a, en effet, pour objet la certitude, propriété de certains actes de l'intelligence.

La Théodicée complétera la philosophie spéculative du monde réel. Le monde, en effet, par son caractère de contin-

---

[1]) Sur cette division, voir l'*Introduction*, n. 10 et l'*Ontologie*, n. 1.

gence, mène la raison à l'affirmation d'une Cause première de qui il tient son existence ; par ses perfections, il nous fait d viner ce que doit être l'Idéal suprême dont celles-ci sont de lointaines analogies.

De tout temps, les philosophes ont distingué dans la philosophie deux branches, l'une théorique, l'autre pratique.

Nous avons indiqué l'objet de la première.

La seconde comprend, à l'ordinaire, l'étude des actes de la raison et celle des actes libres — *Logique* et *Morale* — et trace des règles pour leur bonne direction.

La *Logique* est, en effet, une science *pratique*, même un *art :* elle montre comment il faut manier la raison pour la faire servir à la connaissance de la vérité.

La *Morale* considère l'homme en tant qu'agent libre, moralement responsable de ses actes. Elle l'étudie dans sa vie individuelle et dans ses relations sociales : Morale individuelle ou Ethique, Morale sociale ou Droit naturel.

Mais la *Logique* est aussi, elle est éminemment une science spéculative. Les règles qu'elle dicte à la raison pratique présupposent l'étude théorique des caractères propres aux notions abstraites et universelles au moyen desquelles s'organisent les sciences et la philosophie. A titre de science spéculative elle a sa place marquée *après* les sciences, *après* toute la philosophie du monde réel, attendu qu'elle a pour objet la *science de la science*.

Cette dualité d'aspects de la Logique crée un embarras.

Lorsque l'on se tient au point de vue scientifique, il n'est pas douteux qu'il faut faire à la Logique, science spéculative, la *dernière* place. Les scolastiques y insistaient à bon droit : La philosophie de la nature — Physique, Mathématique, Métaphysique — a pour objet l'*être réel* ; la Logique, l'*être de raison*. Evidemment, l'étude directe de l'être réel passe avant l'étude réflexive de l'être de raison.

Mais, au point de vue didactique, les règles directrices du bon usage de la raison sont à leur place avant cet usage, donc au seuil de la philosophie.

Nous avons tenté de concilier les exigences de la science et de l'enseignement en distinguant l'*art* de la Logique, qui sera donné dès le début du cours, sous le titre : *Propédeutique philosophique*, et la *Logique scientifique* qui sera le couronnement de la Philosophie spéculative.

Enfin, l'histoire de la philosophie, comprise comme histoire des idées plutôt que comme histoire des philosophes, fournira sous forme de comparaison et souvent de contraste, une étude parallèle à l'exposé doctrinal renfermé dans les autres parties du Traité.

En résumé, le Traité complet de philosophie sera composé de deux volumes, où les matières seront rangées dans l'ordre suivant :

Propédeutique philosophique, Cosmologie, Psychologie, Critériologie, Ontologie, Théodicée, Logique, Philosophie morale, individuelle et sociale, Histoire de la philosophie.

Pour finir, nous résumerons, en une suite de thèses, conformément à l'ordre qui vient d'être indiqué, toute la philosophie. Un vocabulaire des termes techniques, surtout des termes scolastiques, sera joint au Traité.

Nous nous permettons de recommander vivement à nos honorés confrères l'adoption de cet ordre de distribution des matières : il est conforme à la loi naturelle du développement de la pensée, il est dans l'esprit de la philosophie péripatéticienne et thomiste.

A deux reprises, au Séminaire de Malines, d'abord, à l'Université de Louvain, plus tard, nous fîmes avec succès l'expérience du système que nous venons d'indiquer.

La *Logique*, au début d'un enseignement philosophique, est à peine intelligible et sans attrait. L'élève qui n'a pas encore été mis en contact avec la science du réel, est incapable de comprendre la raison d'être d'une science de la science. Il ne s'intéresse pas à des spéculations dont il ne voit pas l'emploi et il est à craindre que son impression d'enhui, sinon de dégoût, ne s'étende alors, et pour longtemps, à toute la philosophie.

Faites-le, au contraire, réfléchir sur les choses qu'il observe ou qu'il sent, sur les corps et sur les lois de la nature extérieure ; sur la vie, la sensation, la pensée, le vouloir, il se rendra compte aussitôt qu'il n'est pas nécessaire de dire adieu au monde réel pour philosopher, il prendra goût à un enseignement dont la signification est immédiatement à sa portée et il emportera pour la vie la persuasion qu'un homme qui réfléchit fait inévitablement, bien ou mal, de la cosmologie, de la psychologie, de la métaphysique. La logique de ces sciences viendra après, son rôle sera alors compris.

Au surplus, les problèmes critériologiques s'appuient indispensablement sur des résultats acquis en psychologie.

A la Faculté de philosophie et lettres de l'Université de Louvain, nous inaugurions autrefois par la Logique l'enseignement de la philosophie. Depuis plusieurs années, nous commençons par la Psychologie. La Critériologie et la Logique sont reportées en seconde année. L'expérience parle haut en faveur de la méthode nouvelle.

. . . .

Nous offrons avec confiance, ce sommaire du Cours de philosophie de l'Institut de Louvain, à nos honorés confrères. Nous nous féliciterions de pouvoir contribuer ainsi à répandre dans les milieux qu'elles devraient surtout féconder, les doctrines si saines, si fortes, et toujours si jeunes, de saint Thomas d'Aquin.

D. MERCIER.

Louvain, 15 octobre 1905.

Introduction à la Philosophie

ET

NOTIONS PROPÉDEUTIQUES

---

§ I. — INTRODUCTION A LA PHILOSOPHIE

1. Vue d'ensemble sur la philosophie à l'heure présente. — La philosophie a-t-elle droit de cité parmi les sciences humaines ? Quelle place peut-elle légitimement y occuper ?

D'après une opinion qui est rarement formulée en termes exprès mais qui est « dans l'air », les sciences spéciales auraient accaparé aujourd'hui tout ce qui peut faire l'objet d'une connaissance certaine, contrôlable.

A mesure que les instruments d'observation se perfectionnent, les sciences spéciales se multiplient ; chaque spécialiste s'attribue un champ de recherches strictement délimité et l'on ne voit pas dès lors quelle place il y aurait pour une science autre que les sciences positives. La philosophie, si elle prétend à l'existence, devrait donc se placer en dehors de la science positive, spéculer dans le vague, se contenter de fictions ou tout au plus de conjectures invérifiables.

Ceux qui tiennent ce langage se méprennent sur le rôle que la philosophie s'attribue et, par suite, sur la portée de ses prétentions.

La philosophie n'entend pas être une science spéciale qui devrait prendre place *à côté* des autres pour leur disputer un domaine restreint à exploiter, elle prend rang *après* les sciences particulières, se place *au-dessus* d'elles, dominant leurs objets respectifs, recherchant leurs connexions, les connexions de ces connexions, jusqu'à ce qu'elle parvienne à des notions tellement simples qu'elles défient toute analyse, tellement générales qu'il n'y ait pas de limites à leur applicabilité.

La philosophie, ainsi entendue, existera tant qu'il y aura des hommes doués de capacité et d'énergie pour pousser jusqu'à son dernier terme possible l'effort de la raison.

La philosophie ainsi entendue existe : elle a un passé de plus de deux mille ans.

Chose bizarre, ceux qui en parlent avec défiance et s'intitulent *positivistes*, pour signifier qu'ils ne veulent connaître que les faits positifs [1]), ou *agnostiques*, pour dire qu'ils veulent ignorer ce qui est au delà du fait immédiat, ont leurs théories générales des choses : l'*évolutionnisme*, par exemple, affirme que l'univers est soumis à un perpétuel devenir ; le *mécanisme*, que tous les événements de ce monde sont mécaniques et que, dès lors, leur loi générale s'identifie avec les lois de la mécanique ; le *phénoménisme*, que l'intelligence ne connaît que des phénomènes mouvants et relatifs. Apparemment, ces noms servent d'étiquette à des théories générales d'allure philosophique.

Les sciences d'observation n'apportent à l'esprit, par les découvertes qu'elles font et par les solutions pratiques qu'elles permettent, qu'une satisfaction *momentanée*.

Aux résultats épars des sciences particulières, l'âme humaine commande de chercher un lien, elle a besoin de les unifier et de comprendre ensuite comment ils s'adaptent aux conditions de la vie humaine.

« Plus les limites du monde observable reculent, disait naguère un homme de caractère, esprit loyal et indépendant, M. Rudolf Eucken, plus nous avons conscience qu'il nous manque une explication d'ensemble. Les anciens et éternels problèmes s'imposent à nous avec une vigueur nouvelle. La solution d'autrefois, si elle n'était pas défi-

---

[1]) Ainsi, pour ne citer qu'un exemple, Auguste Comte, qui a le plus contribué à discréditer la métaphysique au profit des sciences « positives », n'est-il pas obligé aussi de reconnaître qu'il y a, outre les sciences proprement dites, une connaissance qui a pour objet « l'étude des généralités scientifiques », « les généralités des différentes sciences, conçues comme soumises à une méthode unique, et comme formant les différentes parties d'un plan général de recherches » ? AUGUSTE COMTE, *Cours de philosophie positive*. Avertissement de l'auteur et 1re leçon.

nitive, était au moins apaisante. Aujourd'hui au contraire,les problèmes se posent sans détours : le secret de notre humaine nature, les questions de nos origines et de notre destinée, l'intervention d'une aveugle nécessité, du hasard et de la douleur dans la trame de notre existence, les faiblesses et les vulgarités de l'âme humaine, les complications du commerce social,ne sont-ce pas autant d'énigmes qui nous harcèlent avec une incoercible puissance ? Toutes se concentrent autour de cette question essentielle : La nature humaine a-t-elle un sens et une valeur, ou est-elle si profondément brisée que la vérité et la paix doivent lui échapper toujours ? » [1])

Il est vrai qu'aujourd'hui la tâche du philosophe est plus ardue que jamais. Les matériaux s'accumulent continuellement, les découvertes se succèdent avec une rapidité telle, qu'il est devenu impossible à un seul homme de les embrasser toutes dans sa pensée.

Cette absence d'une philosophie *faite, adéquate aux résultats actuels des sciences*, explique l'état d'âme de ceux qui se défient ou se détournent de la spéculation philosophique.

Mais ce qui n'est pas possible à un individu isolé ne doit pas déconcerter les efforts communs.

Ce qui n'est pas réalisable aujourd'hui le sera peut-être demain.

Pour le dire en passant, ce sentiment prononcé de l'insuffisance individuelle en présence de la tâche qui incombe aujourd'hui à la philosophie, a inspiré la création de l'École Saint-Thomas d'Aquin à l'Université de Louvain. « Puisque, en présence du champ de l'observation qui va s'élargissant tous les jours, le courage individuel se sent impuissant, il faut, disions-nous en 1891, que l'association supplée à l'insuffisance du travailleur isolé et que des hommes d'analyse et de synthèse se réunissent pour réaliser, par leur commerce journalier et par leur action commune, un milieu approprié au développement harmonieux de la science et de la philosophie » [2]).

[1]) RUDOLF EUCKEN, *Gesammelte Aufsatze zur Philosophie und Lebensanschauung*, S. 157, 1903.
[2]) Rapport sur les *Études supérieures de philosophie*, présenté au Congrès de Malines en 1891.

Quelles sont ces notions plus simples au moyen desquelles une science supérieure prétend rendre raison des sciences particulières ? *Comment* la philosophie exerce-t-elle l'hégémonie de la pensée ?

La solution de cette question demande l'exposé de quelques notions préliminaires sur le double rôle, l'un abstractif, l'autre unitif, de la connaissance intellectuelle, sur la simplicité et la généralité des idées.

2. Caractères distinctifs de la connaissance intellectuelle : simplicité et universalité des idées. Notions générale de la philosophie. — Lorsque nous nous trouvons en présence d'une chose de la nature, par exemple, d'un fragment de sulfate de cuivre, il nous est impossible de saisir d'un seul coup tout ce qu'il contient de réel. L'intelligence, mise en éveil par les excitations que la chose extérieure fait subir aux sens, considère successivement, sous des aspects divers, la chose à connaître. Considérer isolément un aspect d'une chose qui en présente plusieurs, « separatim considerare », s'appelle, en langage philosophique, *abstraire*. La fonction distinctive de l'intelligence, celle par laquelle l'homme diffère de la bête, qui est commune à tout homme, à toute démarche de l'intelligence humaine, et n'appartient à aucun degré à la perception animale, c'est l'*abstraction*.

Mise en présence de cristaux de sulfate de cuivre, l'intelligence en ab trait successivement les diverses propriétés, la résistance, la teinte bleuâtre, la forme géométrique, l'étendue, et ainsi de suite.

Chaque propriété, que la pensée saisit en cette chose une qu'est ce cristal, est un objet intelligible partiel, — aliquid *ob-jectum* intellectui, — un élément, une « note », un « caractère » de l'objet : l'union de toutes ces notes en un objet intelligible total donne à l'esprit la représentation la plus complète et la plus fidèle possible de la chose à connaître.

Ainsi, la connaissance intellectuelle est *abstractive*, d'abord, *unitive* ensuite.

L'ensemble des notes constructives d'un objet idéé s'appelle la *compréhension* de l'idée. Le plus ou moins d'applicabilité d'une idée à des sujets individuels s'appelle son *extension*.

Entre la compréhension et l'extension d'une idée, il y a un rapport tel que, moins l'idée a de compréhension, plus elle a d'extension ; en d'autres mots, plus une idée est simple, plus elle est d'une application générale ; parmi nos idées, celles qui ont le minimum de compréhension auront donc le maximum d'universalité.

L'idée d'une chose étendue, de forme triclinique, bleuâtre, posée en ce moment sur l'index de ma main, s'applique à ce cristal de sulfate de cuivre, à lui seul. L'idée d'une chose étendue, de forme triclinique, bleuâtre, s'applique à tous les cristaux de sulfate de cuivre, où qu'ils soient, à n'importe quel moment on les suppose exister. L'idée d'une chose étendue, de forme triclinique, s'applique à la fois aux cristaux de sulfate de cuivre et à plusieurs autres cristaux. L'idée, plus simple encore, de chose étendue s'applique à tous les corps de la nature, cristallins ou amorphes. Enfin, l'idée de chose, la plus simple possible, a une extension illimitée.

La simplicité d'une idée et son universalité vont de pair.

Or, il est aisé de comprendre que, pour *s'expliquer* les choses, il faut décomposer le complexe en ses éléments plus simples, à l'effet de *comprendre* ensuite (cum-prehendere) le complexe au moyen du simple. Les notions les plus générales des objets les plus simples serviront à faire comprendre les notions plus particulières des choses plus complexes.

Mais la décomposition ne peut-être poussée à l'infini ; elle aboutira à des éléments indécomposables.

Ceux-ci ne s'expliqueront plus par rien d'antérieur à eux, mais par eux s'expliquera tout le reste.

Les objets les plus élémentaires de la pensée, au moyen desquels les autres se comprennent, s'appellent les *principes* des choses.

Les principes s'appellent aussi les *raisons* des choses. On voit aussitôt pourquoi : Ils fournissent en effet la raison explicative des objets compliqués en face desquels se trouve l'esprit humain, chaque fois qu'il interroge la nature ou s'efforce de sonder sa conscience.

En somme, les principes ou les raisons fondamentales des choses sont les solutions ultimes des problèmes que se pose inévitablement l'esprit humain, lorsqu'il se prend à réfléchir sur le monde ou sur soi-même. Ils répondent aux *derniers pourquoi* de la raison.

Bref, la philosophie qui est, par définition, la science la plus gënérale, a pour objet les principes les plus simples au moyen desquels s'expliquent les autres objets de la pensée. Au moyen de ces principes nous connaissons les autres choses, dit Aristote, tandis qu'eux nous ne les connaissons pas par les autres choses [1]).

Après ces vues d'ensemble sur la philosophie, nous devons entrer dans quelques explications de détail, sous forme plus didactique.

Voyons d'abord en quoi la connaissance philosophique se distingue des autres formes de la connaissance intellectuelle.

3. Les étapes de la connaissance humaine. — 1. Les premières connaissances intellectuelles de l'enfant sont *spontanées* : elles se produisent exclusivement sous l'excitation des choses de la nature. Comme celles-ci se succèdent, varient, au hasard des circonstances, les idées qu'elles engendrent se succèdent, se juxtaposent dans l'esprit, plus qu'elles ne s'y enchaînent suivant un ordre déterminé. Or, une science est formée d'un ensemble systématisé de connaissances toutes relatives à un même objet. L'activité spontanée de l'esprit est donc incapable de former une science.

2. La formation d'une science exige la concentration de la *raison réfléchissante* sur un objet donné. Lorsque la volonté, qui a le pouvoir de diriger l'exercice des autres facultés de l'âme, applique et tient appliquée l'attention de l'esprit à l'étude d'un même objet, le lui fait examiner sous tous ses aspects, jusqu'à ce que, par des abstractions successives, il en ait, le plus possible, analysé et discerné le contenu, sauf à réunir ensuite ses notes en un même objet total : une science particulière se constitue.

Les sciences particulières, qu'Aristote appelle αἱ ἐν μέρει ἐπιστήμαι, considèrent un objet commun à un groupe plus ou moins considérable de choses de la nature et, par suite, relativement simple [2]) : la cristallographie, par exemple, étudie

---

[1]) Διὰ γὰρ ταῦτα καὶ ἐκ τούτων τἄλλα γνωρίζεται ἀλλ' οὐ ταῦτα διὰ τῶν ὑποκειμένων. *Métaph.*, I.

[2]) « Toute science est un assemblage de faits de même genre, que

la forme cristalline et son influence sur les propriétés physiques ; la physiologie, les fonctions communes aux organismes
vivants.

Mais aucune science particulière ne dépasse les limites qui
circonscrivent son objet spécial ; elle s'enferme chez elle sans
chercher à se relier aux sciences voisines : elle a ses procédés
d'investigation et les applique, mais ne les soumet pas au
contrôle des principes supérieurs qui les justifient.

3. Il est aisé de voir que ce mode de connaissance est
imparfait. Supposez une intelligence qui se serait assimilé
l'une après l'autre toutes les sciences particulières : serait-elle
satisfaite ?

Non. Elle posséderait des choses une connaissance « ency-
clopédique », mais, poussée par la loi de sa nature à *unifier*
les résultats divers de ses premières recherches, elle se deman-
derait s'il n'est pas possible de trouver à plusieurs objets
des sciences particulières, sinon à tous, un ou plusieurs caractères communs et par conséquent plus simples. C'est là l'effort
de la pensée vers *la* science, dans l'acception élevée du
mot, c'est-à-dire vers *la* philosophie : il consiste à chercher
aux multiples objets des sciences particulières un objet commun, plus simple que chacun d'eux [1]).

Mieux que personne, Aristote a réalisé cet effort et il a
trouvé aux choses de la nature un triple objet commun : le
« mouvement », c'est-à-dire le changement, — la quantité, —

l'intelligence de l'homme recueille, et qu'elle classe, d'après leurs analogies et leurs ressemblances, pour les isoler de tous les autres phénomènes. La science est bien faite, quand les phénom nes qu'elle rapproche
et coordonne sont effectivement rapprochés dans la nature, et qu'ils y
forment un groupe, où les affinités sont assez évidentes pour que le
doute sur leur liaison ne soit pas possible. Si les phénomènes d'abord
recueillis ne sont pas suffisamment homogènes, la science s'épure peu
à peu ; et rejetant les plus disparates, elle se constitue, avec les faits
semblables ou analogues, à peu près comme sont ces édifices bien con-
struits, où toutes les pierres sont choisies de même dimension et de
même espèce ». BARTHÉLEMY SAINT-HILAIRE, *Métaph. d'Aristote*, Préface, p. CLXXXVII.

[1]) Le mot « philosophie » [φιλεῖν, σοφία] exprime la recherche de la
sagesse. Suivant une tradition rapportée par Diogène Laerce (I, 12 ;
VIII, 8), Pythagore aurait, le premier, substitué au mot « sagesse »
celui de « philosophie ». Platon emploie fréquemment les mots φιλό-
σοφοι, φιλοσοφία, mais le sens de ces mots n'est pas encore, chez lui,
nettement fixé. Néanmoins il appelle de préférence *philosophie*, la
science universelle (*Républ.*, V).

la substance. A la compréhension des choses au moyen de ce triple objet, appartient cette appellation par excellence : *la science* la plus générale, *la philosophie.*

Nous sommes ainsi ramenés à la définition de la philosophie.

4. Définition de la philosophie. — La philosophie est l'explication synthétique des choses ; elle peut se définir : *La science de l'universalité des choses par leurs raisons les plus simples et les plus générales.*

La connaissance des raisons les plus simples et les plus générales étant celle qui exige de l'esprit le plus de pénétration, la définition donnée équivaut à la suivante : *La science de l'ensemble des choses par leurs raisons les plus profondes.*

Ces définitions sont la traduction de ces paroles d'Aristote : Τὴν ὀνομαζομένην σοφίαν περὶ τὰ πρῶτα αἴτια καὶ τὰς ἀρχὰς ὑπολαμβάνουσι πάντες [1]).

Saint Thomas d'Aquin dit à son tour : « Sapientia est scientia quæ considerat primas et universales causas. — Sapientia causas primas omnium causarum considerat » [2]).

Expliquons chacun des termes de cette définition.

1º La philosophie est une *science.* Etant une *science,* la philosophie s'oppose :

a) Aux connaissances intellectuelles *spontanées,* qui ne dépassent pas ou guère la superficie des choses et ne se rattachent point d'une manière coordonnée à un seul objet.

Les connaissances « populaires », « vulgaires » sont pour la plupart spontanées, et se bornent à enregistrer des faits, sans en chercher une explication raisonnée.

---

[1]) ARISTOTE, *Métaph.,* I, 1. « Il n'y a, dit Aristote, de science que de l'universel. Le particulier n'est point objet de connaissance scientifique... Dans tout fait, il faut distinguer deux éléments, un élément passager accidentel, et un élément permanent et général.

« Un coup de foudre qui traverse l'atmosphère en un lieu précis, à une heure déterminée, qui tue un homme ou fend un arbre, qui affecte un circuit capricieux et bizarre, ce phénomène est un fait isolé, qui n'a eu lieu qu'une fois et qui ne se renouvellera jamais identique à lui-même pendant la série indéfinie des siècles. — Il est cependant objet de science, parce que, en outre de ses éléments accidentels, il enveloppe certains éléments généraux, communs à tous les coups de foudre, à toutes les étincelles électriques. » HAUSER, *L'enseignement des sciences sociales,* p. 64.

[2]) *In Met.,* I, lect. 2.

b) Aux *croyances* et à la connaissance *historique* des faits. « Savoir » une chose ce n'est pas l'accepter telle quelle sur le dire d'autrui, mais en avoir l'intelligence personnelle.

c) Aux connaissances *incertaines, conjecturales*. La science demande la *certitude*.

Or, fait remarquer justement saint Thomas, on possède la certitude définitive et tranquille d'une chose, principalement lorsqu'on se rend compte de la raison pour laquelle elle est ce qu'elle est [1]).

Toute science, ne fût-elle que particulière, comprend les raisons explicatives d'un certain nombre de choses, qui ont un objet formel commun [2]). Aussi une science ne justifie-t-elle, à proprement parler, son nom qu'au moment où elle fournit les raisons explicatives des choses soumises à son examen.

Toute science se constitue donc définitivement par une vue synthétique de son objet.

2° La philosophie est la science de l'*universalité des choses*. Les sciences particulières s'appliquent à un groupe de choses plus ou moins restreint : la science générale, la philosophie, les embrasse toutes.

3° La philosophie est la science des choses *par leurs raisons les plus simples et les plus générales*, ou encore, *par leurs raisons les plus profondes*. Puisque la philosophie doit embrasser l'ensemble des choses, son objet formel doit être commun à toutes ; donc, être très simple, le plus simple possible [3]) ; tiré, par abstraction, des dernières profondeurs de la réalité.

---

[1]) « Nomen scientiæ importat quamdam certitudinem judicii... Certum autem judicium de aliqua re maxime datur ex sua causa. » *Summ. Theol.*, 2ª 2ᵉ, q. 9, art. 2, corp.

[2]) Chaque science tire son unité et son caractère distinctif de l'objet formel qu'elle étudie. « La science est une du moment qu'elle s'occupe d'un seul genre d'objets considéré formellement... Ce n'est pas la diversité matérielle des objets à connaître qui différencie la science, mais leur diversité formelle ». « Illa scientia est una, quæ est unius generis subjecti formaliter sumpti... Materialis diversitas scibilium non diversificat scientiam, sed formalis. » S. THOMAS, *Totius Logicæ Summa*, Tract. VIII, c. 14.

L'objet matériel d'une science est la chose qu'elle étudie, considérée indéterminément. L'objet *formel* est l'aspect sous lequel la chose se présente au regard de l'esprit.

[3]) « In omnibus scientiis... oportet quod illa quæ est altior... consideret

Or, l'intelligence humaine est capable d'un triple effort d'abstraction, auquel correspondent respectivement les objets de la science générale à ses trois moments : le « mouvement », objet de la « Physique » ; la « quantité », objet de la « Mathématique » ; « l'être », objet de la « Métaphysique ». Nous reviendrons plus loin sur cette classification.

Corollaire. — Il ressort de ce qui précède que, entre *la* science, dans l'acception élevée du mot, et la philosophie, il n'y a qu'une différence de degré : la philosophie n'est que la science *à son plus haut degré de perfection, la science approfondie* des choses [1].

5. Les principes, les causes, les raisons des choses. — Quels sont les principes, les causes, les raisons, que recherche la philosophie et qui doivent expliquer l'universalité des choses ?

Les sciences et la philosophie donnent réponse aux questions *comment ? pourquoi ?* que se pose sans relâche l'esprit humain. Les sciences fournissent les solutions *prochaines, immédiates ;* la philosophie a pour tâche de fournir les solutions *plus approfondies, dernières.* Ces solutions dernières sont tirées des *principes, causes, raisons* des choses.

Dans un sens large, le principe est un terme antérieur à un autre. Ainsi on appelle *principe* le point de départ du mouvement ; nous disons en français *dans le principe,* pour désigner le commencement du temps passé [2].

---

rationes magis universales, eo quod principia sunt parva quantitate et maxima virtute, et simplicia ad plurima se extendunt. » S. Thomas, *II Sent.*, Dist. III, q. 3, art. 2, sol.

[1] Néanmoins cette science, si élevée soit-elle, n'est pas l'idéal suprême du chrétien. La sagesse *chrétienne* consisterait à juger de toutes les choses d'après les rapports qu'elles ont avec Dieu : « Ille qui cognoscit causam altissimam simpliciter, quæ est Deus, dicitur sapiens simpliciter, inquantum per regulas divinas omnia potest judicare et ordinare ». *Summ. Theol.*, 2ᵃ 2ᵃᵉ, q, 35, art. 1, C. La sagesse ainsi comprise est un don surnaturel. « Non acquiritur studio humano, sed est desursum descendens ». *Ibid.*, ad 2.

Sans doute, nous arrivons par l'effort naturel de notre raison à connaître Dieu, mais nous Le connaissons par les créatures plutôt que nous ne connaissons les créatures par Lui. Aussi saint Thomas écrit-il : « Cum homo per res creatas Deum cognoscit, magis videtur hic pertinere ad scientiam, ad quam pertinet formaliter, quam ad sapientiam, ad quam pertinet materialitas, et e converso cum secundum res divinas judicamus de rebus creatis, magis hoc ad sapientiam quam ad scientiam pertinet ». *Summ. Theol.*, 2ᵃ 2ᵃᵉ, q. 9, art. 2, ad. 3.

[2] *Métaphysique générale*, 6ᵉ édition, 1919, p. 525. On trouvera là le développement des notions rapidement indiquées ici.

Dans une acception plus rigoureuse, on appelle *principe* l'antécédent qui exerce sur son conséquent une influence réelle ; le « principié » dépend *positivement* de son principe.

Les principes *ontologiques* ou principes des choses s'identifient avec les *causes*. La cause est tout ce dont dépendent la réalité ou le devenir d'une chose.

Les principes, les causes sont appelés les *raisons* des choses, lorsqu'ils sont considérés en relation avec l'intelligence qui les comprend, ou s'efforce de les comprendre. Les raisons sont les réponses aux questions *pourquoi ?* qu'une intelligence se pose à propos de la réalité [1]).

Néanmoins, si toute cause envisagée dans son rapport avec une intelligence qui la pénètre s'appelle une raison, toute raison n'est pas cause. Entre la cause et ce qui en dépend, il y a une distinction réelle. Entre la raison et ce dont elle donne la raison, il peut n'y avoir qu'une distinction logique.

La géométrie et les sciences exactes ont pour objet les *raisons* des propriétés énoncées des figures, nombres et rapports. On démontre, par exemple, que le triangle a ses trois angles égaux à deux droits, au moyen de la définition du triangle et de l'angle droit. Cela n'est pas une démonstration par la cause, car le triangle n'est pas vraiment *cause* de la propriété qu'on lui attribue [2]).

Lorsque le philosophe explique l'immortalité de l'âme par sa simplicité, il remonte, non d'un effet à sa cause, mais d'une propriété de l'âme à sa *raison* explicative.

Quand il explique l'origine du monde par l'action créatrice de Dieu, il remonte à une influence *causale*.

Mais pénétrons plus avant dans l'analyse des causes [3]). Une cause, disons-nous, est un principe en vertu duquel un être est ce qu'il est ou devient tel ou tel ; elle influe directement sur l'existence et les propriétés de l'être.

---

[1]) *Ouv. cit.*, p. 529.
[2]) « Et dico quod definitio dicens quid et propter quid... id est ex definitione subjecti et passionis, est medium in potissima demonstratione propter quam prædicatur passio propria de subjecto universali et adæquato, v. g. : omnis figura plana tribus lineis contenta, habens angulum extrinsecum æqualem duobus intrinsecis sibi oppositis, habet tres angulos æquales duobus rectis. » S. Th., *Opusc. de demonstratione.*
[3]) A ce sujet on consultera avec fruit le *Traité des causes* de Bossuet, dans les *Traités de Logique et de Morale*, édités par l'abbé M***. Paris, Lecoffre, p. 207. Ce petit traité est à lire en entier.

On en compte quatre : la cause formelle, la cause matérielle, la cause efficiente et la cause finale, qui répondent à
des questions de genre différent [1]).

Voici, par exemple, une statue de marbre représentant
Apollon et sculptée par Polyclète.

1º *Cause formelle. Forme spécifique* : On demandera, par
exemple : Qu'est-ce que ceci ? Une statue. *Pourquoi* est-ce
une statue ? *Qu'est-ce qui fait que c'est une statue* ?

Un bloc informe a reçu une *forme* spéciale et, *en vertu de
cette forme*, il est devenu une statue. Cette *forme* fait que le
marbre est une statue.

La forme ou la *cause formelle* est *ce par quoi une chose
est ce qu'elle est*, déterminée dans son être et, par suite, distincte
de tout ce qui n'est pas elle.

Mais il y a plus d'une espèce de forme, de cause formelle :

La statue d'Apollon a sa forme propre, qui la distingue,
par exemple, d'une statue de Minerve. Cette forme sculpturale n'est réalisable qu'en un sujet présupposé ; on la dit
accidentelle parce que l'*accident* est, par définition, ce qui,
pour exister, a besoin d'être inhérent à un sujet appelé *substance*.

Ainsi le marbre est une substance. Avant d'être travaillé
par la main du sculpteur, si informe qu'il fût au point de vue
artistique, il avait sa *forme spécifique*. Comparé au bois, au
fer, à l'or, il avait, en effet, sa nature propre, que le ciseau
de Polyclète ne lui a du reste pas fait perdre ; il possédait et
possède toujours *ce par quoi la substance du marbre est spécifiquement du marbre* et revêt les propriétés naturelles du
marbre. Cette forme *spécifique* de la *substance* du marbre
s'appelle sa forme *substantielle* ; c'est là la forme au sens principal et plus profond du mot.

---

[1]) Ἐπεὶ δὲ φανερὸν ὅτι τῶν ἐξ ἀρχῆς αἰτίων δεῖ λαβεῖν ἐπιστήμην [τότε γὰρ
εἰδέναι φαμὲν ἕκαστον, ὅταν τὴν πρώτην αἰτίαν οἰώμεθα γνωρίζειν], τὰ δ᾽ αἴτια
λέγεται τετραχῶς, ὧν μίαν μὲν αἰτίαν φαμὲν εἶναι τὴν οὐσίαν καὶ τὸ τί ἦν εἶναι
[ἀνάγεται γὰρ τὸ διὰ τί εἰς τὸν λόγον ἔσχατον, αἴτιον δὲ καὶ ἀρχὴ τὸ διὰ τί
πρῶτον], ἑτέραν δὲ τὴν ὕλην καὶ τὸ ὑποκείμενον, τρίτην δὲ ὅθεν ἡ ἀρχὴ τῆς
κινήσεως, τετάρτην δὲ τὴν ἀντικειμένην αἰτίαν ταύτῃ, τὸ οὗ ἕνεκα καὶ τἀγα-
τόν [τέλος γὰρ γενέσεως καὶ κινήσεως πάσης τοῦτ᾽ ἐστίν]. ARISTOTE, *Met.*, I, 3.

Substantielle ou accidentelle, la *cause formelle* ou la *forme* est le principe *déterminateur*, ce par quoi un être, substance ou accident, est ce qu'il est, *id quo* ens est id quod est (τὸ διὰ τί, qua re). Le *sujet déterminable* par la forme s'appelle *matière* ou *cause matérielle*.

2° *Cause matérielle. Matière première :* La forme de la statue n'existe pas seule, elle a été donnée à un bloc de marbre présupposé et s'y trouve attachée comme à un sujet. *Ce dont* la statue est faite *(id ex quo)* s'appelle *matière* par opposition à la forme sculpturale, *cause matérielle*, par opposition à la cause formelle. La cause matérielle s'appelle aussi *subjective* : elle est, en effet, le *sujet* récepteur de la forme *(id in quo).* « Materia est id *ex quo* aliquid fit et *in quo* forma existit » (ἡ ὕλη καὶ τὸ ὑποκείμενον).

La forme *accidentelle* de la statue d'Apollon est tirée du bloc de marbre que l'artiste a eu à sa disposition ; elle y demeure assujettie ; il existe donc une relation de dépendance entre la forme accidentelle de la statue et la matière sensible qui la supporte : à ce marbre la forme sculpturale doit, d'une certaine façon, son existence ; la matière sensible est donc vraiment cause de la statue d'Apollon.

Les substances corporelles, — les corps simples de la chimie et les composés qui résultent de leur combinaison, — tiennent leur spécificité et leurs propriétés naturelles distinctives, de leur forme *substantielle*, indépendamment des formes accidentelles qu'ils revêtent ultérieurement. Le sujet *premier* de ces formes, ce qui demeure tandis que, dans les réactions chimiques, les formes naissent et périssent et se succèdent sans relâche ; ce quelque chose que les sens ne perçoivent point mais dont la raison infère l'existence, c'est la *cause matérielle première*, ou, plus brièvement, la *matière première*, premier substratum des formes substantielles multiples du monde corporel.

Voilà donc déjà deux catégories de causes, la cause *formelle*, et la cause *matérielle ;* forme *accidentelle* et corps *sensible*, forme *substantielle* et matière *première*.

La forme substantielle et la matière première, qui intéressent principalement le philosophe, dépendent si intimement l'une de l'autre qu'elles ne peuvent exister seules ; ensemble, elles constituent la *substance* corporelle (ἡ οὐσία) et répondent à la question : *Qu'est* la chose corporelle ? Quelle est la *nature* spécifique de ce corps ? (τί ἐστιν ; τὸ τί ἦν εἶναι).

Un problème ultérieur a pour objet de savoir si toute substance est corporelle, et, à ce titre, composée de matière première et de forme substantielle. Y a-t-il des formes qui subsistent ou sont capables de subsister sans matière ? Dans l'affirmative, quelle est la nature de ces formes ? On comprendra très prochainement que ce problème ressortit à la métaphysique.

3° *Cause efficiente* : D'où vient la statue ? (ὅθεν). Qui l'a faite ? C'est Polyclète, c'est l'artiste. L'artiste est la *cause efficiente* de la statue, *id a quo* ens fit id quod est (ἀρχὴ τῆς κινήσεως).

Et l'artiste lui-même d'où vient-il ? Et le marbre qu'il travaille, qui l'a fait ? Quelle est l'origine *première*, la cause efficiente *suprême* de tout ce qui devient ?

4° *Cause finale* : Pour quoi, *ad quid*, Polyclète a-t-il fait sa statue ; en vue de quoi ? Pour gagner un talent d'or, pour se faire un nom. Tel est le but, telle est la *cause finale* du travail de l'artiste (τὸ οὗ ἕνεκα), *id propter quod* ou *id cujus gratia* aliquid fit. Et pourquoi Polyclète, pourquoi les hommes recherchent-ils l'or, la renommée ? Parce qu'ils estiment que l'or, la renommée contribueront à leur bonheur. Qu'est-ce que cette tendance naturelle de l'homme vers son bonheur ? En quoi consiste *finalement* le bonheur ? Quelle est la fin *suprême* de l'homme et de tout ce qui est ?

Nous voici au terme de cette rapide analyse des causes.

Voulant aller du connu à l'inconnu, on est parti d'un exemple particulier, la statue d'Apollon sculptée par Polyclète. On a vu que, en vue d'un talent d'or (cause *finale*), Polyclète, un artiste (cause *efficiente*), a imprimé à un bloc de marbre (cause *matérielle* sensible) les traits d'Apollon (cause *formelle* accidentelle) [1].

---

[1] A ces causes nous eussions pu rattacher la cause *exemplaire*, c'est-à-dire l'idéal qui a été conçu par l'artiste et qui le dirige dans l'exécution de son œuvre. Mais nous croyons que ce que nous avons dit suffit pour faire connaître, dans ses grands traits, l'objet de la philosophie et nous tenons à ne pas aller, pour le moment, au delà du nécessaire. On retrouve ces notions *in extenso* en Ontologie.

Puis, élargissant le sujet, on a indiqué comme objet de recherches plus approfondies et plus générales la cause formelle et la cause matérielle des *substances* corporelles et plus généralement encore la *nature* des êtres ; la cause *efficiente première*, enfin, la cause *finale* suprême ·de tout ce qui se fait et de tout ce qui est.

La philosophie s'occupe de ces causes.

Elles ont ceci de commun, que l'être dont elles sont causes dépend réellement d'elles pour être ce qu'il est. Aussi peut-on dire, d'une façon générale, que la *cause* d'un être est tout ce qui influe.sur lui, contribue à sa nature ou à son devenir. Et l'on revient ainsi au point.de départ où l'on disait que la conjonction *pourquoi* cache plusieurs idées et que le mot *cause* lui-même a plusieurs sens différents.

On entrevoit à présent ce que signifie cette proposition initiale : La philosophie a pour objet la *science approfondie des causes et des raisons* des choses.

Si, à propos de tous les êtres de l'univers et de leur ensemble, l'esprit humain pouvait pénétrer à fond ces différents principes et comprendre par eux leurs effets et leurs conséquences, il aurait réalisé adéquatement la définition de la philosophie. Mais c'est là un idéal dont il ne peut, dans les conditions de la vie présente, que s'approcher, sans y atteindre jamais.

6. Autre définition de la philosophie. — L'ordre n'étant pas autre chose que l'ensemble des relations causales qui rattachent les uns aux autres les êtres de l'univers, la définition de la philosophie peut aussi se traduire en ces termes : *La science approfondie de l'ordre universel* [1]).

L'homme est lui-même une partie de cet univers que le philosophe étudie. Les rapports de l'homme avec le monde physique, avec Celui qui est la Cause première et la Fin suprême de l'univers, sont donc du domaine de la philosophie. Or l'homme, être libre, est, dans une certaine mesure, l'auteur responsable de ces rapports : il est libre de choisir entre divers buts possibles à sa vie. Néanmoins, il y a un but qu'il est obligé de se donner. Ce but obligatoire pour lui est sa fin morale. La connaissance philosophique de l'univers mène

[1]) Sur la notion d'ordre, voir *Ontologie*, nos 256 et suiv.

ainsi à la connaissance philosophique des devoirs qui résultent
pour l'homme de ses rapports avec les choses et avec Celui
qui est leur Cause première et leur Fin suprême.

De plus, l'homme a le pouvoir de réfléchir sur la *science*
qu'il acquiert. La science de la science est distincte de la
cience qui a pour objet la réalité,

D'où cette définition plus compréhensive de la philosophie :
Elle est la connaissance approfondie de l'ordre universel, des
devoirs qui en résultent pour l'homme et de la science que
l'homme acquiert de la réalité.

**7. Division générale de la philosophie en deux par-
ties, l'une spéculative, l'autre pratique.** — Autant il
y a de domaines distincts dans l'ordre soumis à la réflexion
du philosophe, autant l'on distinguera de parties dans la
philosophie.

Un premier domaine est l'ordre *réalisé* dans la *nature* ; un
autre est celui que le sujet *réalise* lui-même ; les *choses* et
nos actes.

L'ordre de la nature existe indépendamment de nous : il
nous appartient de l'*étudier* (speculari, θεωρέω), non de le
créer.

Un ordre *pratique* est formé par nos actes soit d'*intelligence,*
soit de volonté ; puis, ces actes président à l'*emploi* des choses
extérieures, dans les *arts*.

Il y aura, en conséquence, une philosophie *spéculative* ou
théorique et une philosophie *pratique*.

Le premier groupe des disciplines philosophiques est la
philosophie de la nature, philosophie spéculative.

Le second groupe est d'ordr. pratique : on montrera sur-
le-champ quelles disciplines il comprend [1]).

8. Subdivision de la philosophie pratique. — La philosophie *pratique* embrasse naturellement trois parties : la

---

[1]) Voici comment saint Thomas d'Aquin expose et justifie la division
de la philosophie en philosophie spéculative et en philosophie pratique :
« Sapientis est ordinare, dit-il en commentant Aristote, cujus ratio
est, quia sapientia est potissima perfectio rationis, cujus proprium est
cognoscere ordinem... Ordo autem quadrupliciter ad rationem comparatur. Est enim quidam ordo quem ratio non facit, sed solum considerat,
sicut est ordo rerum naturalium. Alius autem est ordo, quem ratio considerando facit in proprio actu, puta cum ordinat conceptus suos ad

Logique, qui s'occupe des actes de raison ; la *Philosophie morale* ou l'*Ethique* qui s'occupe des actes de volonté ; l'*Esthétique*, ou la *Philosophie des arts*.

Le sens de cette subdivision se précisera tout à l'heure.

9. Subdivision de la philosophie spéculative chez les scolastiques et chez les modernes. — Lorsque les sciences particulières se sont constituées, une réflexion plus pénétrante fait découvrir aux êtres et aux groupes d'êtres observés isolément un *objet intelligible commun*, raison synthétique des résultats obtenus par le travail antérieur d'analyse. Cet objet est celui de la *philosophie*.

Il y a aux choses un triple objet commun, — le mouvement, la quantité, la substance, — donnant lieu à une division tripartite de la philosophie spéculative.

Cette division répond à une abstraction intellectuelle qui s'effectue à trois degrés, aux trois étapes que parcourt l'intelligence dans son effort pour comprendre synthétiquement l'ordre universel.

Ce qui se *fait* dans la nature — celle-ci désignant l'ensemble des êtres observables — s'appelle d'un terme très général, le *changement* ou le *mouvement*. Les corps dans lesquels se passent les événements, sont les *mobiles* ; la cause efficiente du changement est le moteur, le changement lui-même est le « *mouvement* », ἡ κίνησις.

L'explication approfondie du *mouvement* ainsi compris fait l'objet de la première partie de la philosophie de la nature, de la *Physique*.

Ce qui *est* dans une chose, abstraction faite de son mouve-

---

invicem, et signa conceptuum, quæ sint voces significativæ. Tertius autem est quem ratio considerando facit in operationibus voluntatis. Quartus autem est ordo quem ratio considerando facit in exterioribus rebus, quarum ipsa est causa, sicut in arca et domo. Et quia consideratio rationis per habitum perficitur, secundum hos diversos ordines quos proprie ratio considerat, sint diversæ scientiæ. Nam ad *philosophiam naturalem* pertinet considerare ordinem rerum quem ratio humana considerat sed non facit ; ita quod sub naturali philosophia comprehendamus et *metaphvsicam*. Ordo autem quem ratio considerando facit in proprio actu, pertinet ad *rationalem philosophiam*, cujus est considerare ordinem partium orationis ad invicem et ordinem principiorum ad invicem et ad conclusiones. Ordo autem actionum voluntariarum pertinet ad considerationem *moralis philosophiæ*. Ordo autem quem ratio considerando facit in rebus exterioribus constitutis per rationem humanam, pertinet ad artes *mecanicas* ». In X *Ethic. ad Nic.*, I, lect. 1.

ment, ce qui est permanent dans la nature, τὸ ἀκίνητον, se présente d'abord à l'esprit comme un *objet affecté de quantité*, « objet sans mouvement mais non séparé de la matière », ἀκίνητον ἀλλ' οὐ χωριστόν. Lorsque la pensée dépouille un objet de la nature de toutes ses propriétés. sensibles dont dépendent ses changements mécaniques, physiques et ses transformations chimiques, il reste dans l'esprit un objet formé de parties disposées les unes par rapport aux autres, suivant les trois dimensions de l'espace : longueur, largeur, profondeur. Une science générale se constitue pour étudier cet objet : la *Mathématique*.

Il est possible d'éliminer encore de l'objet de la pensée cet attribut mathématique. L'*être*, quelque chose, sujet, principe d'action, etc., n'est point solidaire de la quantité et des attributs quantitatifs. L'être comme tel, à part de sa quantité ἀκίνητον καὶ χωριστόν, fait l'objet d'une science plus générale que la mathématique : la *Métaphysique* ou *Philosophie première*.

A la suite du développement extraordinaire qu'ont pris les sciences d'observation, la philosophie de la nature n'a plus gardé que les problèmes les plus larges de la physique : ils sont répartis aujourd'hui dans deux disciplines philosophiques appelées l'une *Cosmologie*, physique du règne inorganique, l'autre *Psychologie*, physique du règne organique.

La *Théologie naturelle*, couronnement de la Physique dans la division ancienne, — elle traite, en effet, de la première Cause efficiente et de la dernière Cause finale de la nature, — forme, dans la division moderne, sous le nom de *Théodicée*, une troisième discipline.

Les problèmes relatifs à l'origine et à la valeur des connaissances intellectuelles appartiennent à la Psychologie, mais l'importance exceptionnelle qu'ils ont prise depuis Kant a déterminé les philosophes à les détacher de cette partie de la philosophie et à les réunir en un traité à part : l'*Idéologie* et la *Critériologie* ou l'*Epistémologie*.

La métaphysique générale ¹) de jadis est représentée dans la division moderne par l'*Ontologie*.

---

¹) D'après la conception ancienne, la Métaphysique a pour objet l'être

Les mathématiques ne sont plus rangées parmi les disciplines philosophiques. Les notions fondamentales d'unité, de nombre sont étudiées, toutefois, en *Ontologie*, celles de quantité, d'étendue, d'espace, en *Cosmologie*.

D'après la classification ancienne, la philosophie spéculative est donc l'ensemble des sciences groupées sous les trois grands chapitres : Physique, Mathématique et Métaphysique[1]).

Dans la classification moderne, la philosophie spéculative comprend : l'Ontologie, la Cosmologie dite transcendantale, par opposition à la physique expérimentale ; la Psychologie dite rationnelle, par opposition aux sciences anatomiques et physiologique du corps humain ; la Théodicée. De plus, on y fait aujourd'hui une place à part — ceux qui restent fidèles

---

considéré à part de la matière. Or, la Physique démontre l'existence, chez l'homme, d'une âme capable d'exister séparée du corps ; elle démontre la nécessité d'affirmer l'existence d'une Cause suprême immatérielle pour rendre compte de l'univers matériel. D'où une double branche à la Métaphysique : La métaphysique *générale* traite de l'être matériel considéré à part de sa matière ; la métaphysique *spéciale* traite de l'être réellement dépourvu de matière. Néanmoins, la métaphysique est *une*, car son objet est *formellement un*, ainsi qu'on le fait voir en Ontologie. Cfr. 6e édit., no 3.

Les disciples de Wolff sont moins heureux lorsqu'ils rangent dans la Métaphysique spéciale, non seulement toute la Théodicée, mais même la Psychologie et la Cosmologie. Cfr. *ibid.*, no 4.

[1]) « Theoricus sive speculativus intellectus, in hoc proprie ab operativo sive practico distinguitur, quod speculativus habet pro fine veritatem quam considerat, practicus autem veritatem consideratam ordinat in operationem tamquam in finem ; et ideo differunt ab invicem fine ; finis speculativæ est veritas, finis operativæ sive practicæ actio... Quædam igitur *speculabilium* quæ dependent a materia secundum esse, quia non nisi in materia secundum esse et intellectum, sicut illa in quorum definitione ponitur materia sensibilis : unde sine materia sensibili intelligi non possunt ; ut in definitione hominis oportet accipere carnem et ossa.: et de his est *physica* sive scientia naturalis. Quædam vero sunt quæ, quamvis dependeant a materia sensibili secundum esse, non tamen secundum intellectum, quia in eorum definitionibus non ponitur materia sensibilis, ut linea et numerus : et de his est *mathematica*. Quædam vero sunt speculabilia quæ non dependent a materia secundum esse, quia sine materia esse possunt : sive nunquam sint in materia, sicut Deus et angelus, sive in quibusdam sint in materia et in quibusdam non, ut substantia, qualitas, potentia et actus, unum et multa etc. de quibus omnibus est theologia,id est divina scientia quia præcipuum cognitorum in ea est Deus. Alio nomine dicitur *metaphysica*, id est transphysica, quia post physicam dicenda occurrit nobis, quibus ex sensibilibus competit in insensibilia devenire. Dicitur etiam *philosophia prima*, in quantum scientiæ aliæ ab ea principia sua accipientes eam sequuntur. » S. THOMAS, *In lib. Boet. de Trinitate*, q. 5, a. 1.

à la division ancienne font de même, d'ailleurs — à la philosophie critique ou Critériologie

Dans quel ordre faut-il ranger les diverses parties de la
philosophie ?

10. Hiérarchie des sciences philosophiques. — Nous
avons parlé de cette hiérarchie dans la *Préface*. Il nous suffira
de résumer ici notre pensée.

L'esprit part de l'observation de la réalité. Les sciences
d'observation sont donc les premières. La *Physique* générale
est leur complément philosophique. La Physique est représentée aujourd'hui par la Cosmologie, par la Psychologie,
par la Théodicée. A la Psychologie se rattachent la Critériologie et les thèses fondamentales de l'Ethique ou science
des mœurs.

Les *Mathématiques* font suite à la Physique.

La *Métaphysique générale* ou *Ontologie* fait comprendre
synthétiquement les résultats des études physiques et mathématiques.

Une science — physique, mathématique, métaphysique,
— est formée d'un ensemble de relations, elle réalise un ordre
rationnel. La science de cet ordre s'appelle *Science rationnelle*
ou *logique*, d'un mot la *Logique*.

Avec la Logique, la philosophie spéculative, qui contient
tout l'essentiel de la philosophie, est complète.

Les notions de Logique qui figurent en tête de l'ouvrage,
sous l'étiquette *Notions propédeutiques*, ne forment pas, à
proprement parler, la science logique.

De même, les thèses de Morale et de Droit naturel que
nous reportons après la Logique ne sont, en définitive, que
des applications de la science morale à la conduite de la vie
individuelle et sociale. La science morale elle-même, dans sa
partie générale, emprunte ses principes à la Psychologie.
Qu'est-ce, en effet, que l'acte moral, objet de la philosophie
morale ? L'acte libre, fait en vue de la fin propre à l'homme.
Or, il appartient à la Psychologie de faire voir quelle est la
fin de la nature raisonnable, d'étudier l'acte libre, ainsi que
les dispositions habituelles — vertus ou vices — qui se forment soit par l'usage soit par l'abus de la liberté psychologique. Donc les principes théoriques de la philosophie des

mœurs sont établis en Psychologie : les questions d'application que l'on repor e après la Logique sont une suite plutôt qu'une partie de la philosophie.

Enfin, les arts ne sont qu'une esthétique appliquée et l'esthétique — étude du beau et du sentiment du beau — trouve place partiellement en Ontologie, partiellement en Psychologie.

Quant à l'histoire de la philosophie, elle forme un enseignement parallèle à celui de la philosophie elle-même.

11. Supériorité de la philosophie sur les sciences particulières. — Le pouvoir d'abstraire confère à l'homme sa perfection distinctive, sa supériorité sur l'animal. Les sciences philosophiques poussent l'abstraction le plus loin possible. Leur perfection est donc supérieure à celle des autres connaissances.

Les mathématiques sont supérieures aux sciences physiques ; la métaphysique, à son tour, l'emporte en excellence sur les unes et sur les autres [1]).

Pour l'instruction de ceux à qui la philosophie inspire parfois plus de défiance que d'estime, il est bon de rappeler, en les résumant, ces arguments sur lesquels Aristote appuie la supériorité de la métaphysique.

La science générale possède, à un plus haut degré que la science particulière, le caractère scientifique parce que, dit-il, celui qui sait la généralité, sait aussi, en une certaine mesure, tous les cas particuliers qu'elle comprend. — En second lieu, la science générale est la plus rationnelle ; or, la raison surtout fait la science. — Puis, s'adressant directement aux premiers principes, la science générale a plus de précision scientifique. — Elle étudie les causes, et par là, elle s'attache à ce qui peut être le mieux su, puisqu'on ne croit savoir une chose que lorsqu'on en connaît la cause. — Enfin, la science qui va davantage aux principes et les fait mieux comprendre que toute science subordonnée et exécutrice, est celle qui connaît le but en vue duquel chaque

---

[1]) « Les trois quarts des gens prennent les conceptions d'ensemble pour des spéculations oiseuses, écrit Taine. Tant pis pour eux, ajoute-t-il. Pourquoi vit une nation ou un siècle, sinon pour les former ? On n'est complètement homme que par là. Si quelque habitant d'une autre planète descendait ici pour nous demander où est notre espèce, il faudrait lui montrer les cinq ou six grandes idées que nous avons sur l'esprit et le monde. Cela lui donnerait la mesure de notre intelligence.» TAINE, *Le positivisme anglais.* pp. 11-12.

chose doit être faite. Pour chaque chose, ce but dernier, c'est son bien ;
et d'une manière universelle, c'est le plus grand bien possible dans
la nature tout entière [1]).

**12. Relations de la philosophie avec la doctrine
révélée.** — Les théologiens appellent la philosophie une
science « *naturelle* » ; cela veut dire qu'elle appartient à cet
ordre de connaissances, que la raison est en état d'acquérir
par ses propres forces ; on l'oppose ainsi aux connaissances
qui, dépassant les forces et les exigences de la nature créée,
s'appellent *surnaturelles* : celles-ci portent sur les vérités pro-
posées à notre foi par la Révélation divine : la théologie
chrétienne en fait l'étude approfondie [2]).

Il y a des rapports entre les sciences humaines et les doctrines révélées, car les deux ordres de connaissances se rencontrent en fait dans un seul et même sujet, l'âme du savant,
du philosophe chrétien.

Quels sont ces rapports ?

La philosophie a une existence propre formellement indépendante de toute autorité.

Deux choses, en effet, sont essentielles à la constitution
d'une science : des principes et le moyen de tirer de ces principes les conclusions qu'ils contiennent en germe.

Or, chaque science a ses principes et ses méthodes propres :
la philosophie a les siens.

La science, la philosophie tirent leurs principes de l'analyse de l'essence d'un objet donné. Entre les éléments de
l'objet soumis à l'analyse, il surgit des rapports. Les rapports
les plus simples, les plus généraux fournissent les principes
générateurs de la science entière.

L'esprit s'y attache avec certitude, parce que leur vérité se
révèle à lui avec évidence.

La combinaison de ces rapports simples mène à des conclusions plus compliquées : l'évidence de la connexion entre
celles-ci et ceux-là est le seul motif de l'assentiment de la
raison aux résultats de la démonstration.

[1]) *Mét.*, I, ch. II. Cfr. BARTHÉLEMY SAINT-HILAIRE, Préface à la
Métaphysique, pp. CXCI-CXCII.
[2]) Cfr. S. THOMAS, *Summ. Theol.*, Iᵃ, q. 1, art. 2, 5, 8.

Donc les éléments essentiels d'une science — principes, conclusions, certitude d'évidence des uns des autres — sont indépendants de toute autorité religieuse.

Aussi bien, la science et la philosophie existaient avant la fondation de l'Eglise, et le Christ n'est pas venu détruire la nature mais l'enrichir de dons meilleurs.

Il y a plus : Lorsque, durant la première moitié du siècle dernier, de Bonald et La Mennais voulurent obliger la raison humaine à demander aux enseignements révélés ses premiers principes et ces premiers motifs de certitude, le pape Grégoire XVI, loin d'agréer cet hommage de sujétion offert à l'Eglise, réprouva et condamna publiquement ceux qui, avec plus de générosité que de sagesse, voulaient le lui imposer.

Est-ce à dire que le savant et le philosophe chrétiens n'aient point à tenir compte des enseignements révélés ?

Non. L'Eglise a reçu de Dieu une révélation en dépôt ; elle en a la garde ; elle a mission de le protéger.

Lorsque, sous prétexte de science ou de philosophie, des esprits imprudents ou téméraires avancent des affirmations qui contredisent les enseignements révélés, l'Eglise avertit ceux qui ont placé en elle leur confiance qu'ils ont à prendre garde. Elle dénonce l'erreur dont l'acceptation serait incompatible avec la vérité divinement révélée.

Elle n'enseigne elle-même *positivement* ni sciences ni philosophie.

Elle laisse toute liberté à ceux qui les cultivent ; l'histoire et l'expérience prouvent combien même elle les encourage. Mais elle ne parle pas d'autorité en matière scientifique, elle laisse dire. Sa mission est d'annoncer au monde la doctrine révélée.

Telle étant sa mission, elle n'entend pas que l'on porte atteinte à ce divin enseignement.

Elle respecte la liberté de la science et de la philosophie aussi longtemps que les savants ou les philosophes ne se mettent pas en opposition avec la doctrine qu'elle sait révélée par Dieu et, par suite, indubitablement vraie. Lorsqu'elle empêche que l'on ne préconise comme science ce qui n'est que conjecture trompeuse, elle provoque la revision de conclusions trop hâtives et devient ainsi l'auxiliaire de la raison qu'elle aide à reconnaître ses erreurs.

En résumé, la philosophie et les sciences sont autonomes, en ce sens que leur motif suprême est l'*évidence intrinsèque* de leur objet, tandis que le motif dernier de la foi est l'*autorité* de Dieu, auteur de la Révélation surnaturelle.

La doctrine rélévée n'est pas pour le philosophe et pour le savant un motif d'adhésion, une source directe de connaissances, mais une sauvegarde, une *norme négative*.

Au moment où il procède à ses enquêtes, le philosophe chrétien peut donc en toute liberté interroger la nature ou sa conscience et suivre la direction de la raison.

Mais, s'il lui arrive que ses conclusions se trouvent en désaccord avec la Révélation telle que les autorités légitimes [1]) la lui proposent à croire, il doit, dans l'intérêt et de sa foi et de la vérité scientifique, reprendre ses enquêtes jusqu'à ce que les difficultés se résolvent dans l'accord des enseignements qui, à première vue, semblaient se heurter.

La parole de Dieu ne peut être erronée. Une proposition qui serait en contradiction manifeste avec une doctrine manifestement révélée, ne peut être qu'une erreur : répudier l'erreur, c'est faire acte de raison.

Mais, dira-t-on, s'il y avait contradiction évidente entre la foi et la raison, la raison devrait-elle abdiquer ?

---

[1]) L'autorité chargée d'interpréter le dépôt sacré de la Révélation est avant tout l'*Eglise enseignante*, c'est-à-dire l'épiscopat en communion avec le Souverain Pontife ou le Souverain Pontife seul dans l'exercice infaillible de sa primauté. L'Eglise enseignante a un enseignement *ordinaire*, permanent, et un enseignement *extraordinaire*, intermittent, qui est contenu dans les définitions des conciles œcuméniques et dans les décisions cathédratiques du Souverain Pontife.

Sous la tutelle de l'Eglise enseignante, les croyances de l'*Eglise enseignée* constituent aussi une règle de foi chrétienne. Les croyances unanimes des fidèles, dans les matières qui sont de leur compétence, ne peuvent être, en effet, qu'un écho des enseignements authentiques de l'Eglise. Dans les matières qui échappent à la compétence du grand nombre, les seuls juges autorisés sont les Pères, les Docteurs, les théologiens ; c'est eux, alors, que, sous réserve des décisions supérieures de l'Eglise enseignante, la raison humaine doit consulter en tout ce qui touche à la foi ou aux vérités qui sont en connexion étroite avec elle ; leur accord unanime en ces matières est pour le savant et le philosophe une règle négative, au moins provisoire, d'assentiment ; c'est, en effet, un *intermédiaire* autorisé entre eux et le magistère suprême de l'Eglise.

Mais dans les matières profanes, qui n'ont avec la Révélation que des attaches éloignées, il est sage de se ressouvenir de la fière déclaration de saint Thomas d'Aquin : L'argument d'autorité est le dernier de tous, « locus ab auctoritate quæ fundatur super ratione humana est infirmissimus ». *Summ. Theol.*, I., q. 1, a. 3, ad 2.

Nous, croyants, nous n'admettons pas la possibilité d'une pareille contradiction.

Vis-à-vis de l'incroyant, nous en appelons à l'expérience. Que l'on nous apporte donc une preuve, une seule, d'une contradiction évidente entre une affirmation évidente de la raison et une affirmation dogmatique !

Jamais entre un dogme et une conclusion certaine de la science il n'y a eu conflit manifeste. C'est à la suite d'observations hâtives, d'inductions prématurées, d'hypothèses aventureuses, ou à propos de croyances mal définies ou d'opinions personnelles de théologiens isolés, que les conflits surgissent et que les hésitations se produisent.

Or, lorsque l'on ne voit pas tout de suite l'explication de la divergence apparente entre ce que l'on dit être de foi et ce que l'on dit être la science, la sagesse consiste alors à attendre avec confiance que la vérité se fasse jour ; le savant catholique répondra *provisoirement :* Attendons [1]).

---

[1]) Nous aimons à invoquer ici le témoignage de deux hommes éminents et d'une loyauté au-dessus de tout soupçon. L'un, le R. P. De Smedt, a consacré sa vie à l'étude de l'histoire ecclésiastique. Il écrit dans ses *Principes de la critique historique :* « La possibilité d'un sacrifice à exiger en cette matière suppose la possibilté d'une opposition réelle entre la vérité (historique) et la vérité révélée. Or, cette supposition est tout simplement absurde. Le critique n'a donc pas à s'en effrayer. Il peut arriver, nous l'accordons, qu'un fait affirmé par des documents historiques d'une authenticité incontestable semble à première vue en contradiction avec les enseignements de la foi. Mais alors, en examinant plus attentivement et le fait en question et le point de doctrine auquel on l'oppose, on reconnaîtra bientôt qu'il n'y a aucune difficulté à les concilier, et que la prétendue contradiction résulte seulement d'une notion trop inexacte de l'un et de l'autre.

» Et lors même que tous les essais de conciliation seraient d'abord infructueux et que l'examen le plus approfondi et le plus impartial ne fournirait aucun moyen d'accord, — ce qui n'a encore jamais eu lieu que nous sachions — le savant catholique ne devra jamais s'en troubler. Il attendra de nouveau les lumières sans s'inquiéter des cris de triomphe de l'impiété toujours si prompte à s'attribuer la victoire, malgré les nombreuses et cruelles leçons que lui a values ce fol empressement. Cette patience sera de tout point et, en particulier, pour la sincérité de sa foi et la paix de son âme, bien préférable à l'effort violent qu'il devrait s'imposer pour méconnaître l'évidence d'un fait qui froisse momentanément des convictions puisées à une source plus haute que la science ». H. DE SMEDT, S. J., *Principes de la critique historique,* pp. 20-21.

L'autre, M. Paul Mansion, savant et mathématicien de premier ordre pris à partie par la *Flandre libérale,* lui adressa cette réplique décisive : « Les plus grands savants du XIXe siècle, à quelques exceptions près, sont des chrétiens ; Cauchy et Weierstrass, les deux plus

Le Concile du Vatican a résumé en ces termes la doctrine catholique sur les rapports entre les affirmations de la raison et les doctrines révélées : « Quoique la foi soit au-dessus de la raison, il ne peut jamais y avoir de véritable désaccord entre la foi et la raison ; car le même Dieu qui révèle les mystères et communique la foi a répandu dans l'esprit humain la lumière de la raison, et Dieu ne peut se nier lui-même, et ce qui est vrai ne peut jamais contredire ce qui est vrai. S'il survient de vaines apparences de contradiction de ce genre, c'est que, ou bien les dogmes de la foi n'ont pas été compris et exposés suivant l'esprit de l'Eglise, ou bien des opinions arbitraires sont prises pour des jugements fondés en raison » [1]).

grandes lumières des mathématiques, étaient des catholiques. Parmi les physiciens, Ampère, Faraday, Clausius, Mayer, Joule, Maxwell étaient des croyants. Dans le domaine des sciences naturelles, pour ne pas en citer d'autres, il en est de même de Cuvier et de Géoffroy Saint-Hilaire ; Leverrier et Secchi, c'est-à-dire les deux princes de l'astronomie mathématique ou physique, étaient catholiques ; Lavoisier, Chevreul, Dumas et Pasteur également. Darwin a hésité toute sa vie, mais une foule d'évolutionnistes sont des croyants, entre autres Gaudry, et le premier de tous, notre grand d'Omalius, l'était aussi. Je ne dis rien de notre illustre André Dumont et de beaucoup d'autres géologues. Parmi les « anciens » minéralogistes, Stenon, Agricola, Werner, Hauy... Les fondateurs de la science moderne dans le passé étaient tous des croyants ardents : Kepler, Descartes, Newton, Leibniz.

» Avec ces grands hommes, je cherche vainement un antagonisme entre les vérités scientifiques et la religion. Si cet antagonisme était réel, il serait impossible qu'il y eût des savants catholiques et il y en a toujours eu.

» Il n'est pas scientifique de parler sans cesse de l'antagonisme de la science et du catholicisme, en général, sans jamais descendre au détail. Si les journaux anticatholiques sont assurés de cet antagonisme, qui les empêche de nous mettre sous les yeux, à nous catholiques, les prétendues antinomies de la science et de la foi, avec précision, dans un tableau à deux-colonnes parallèles ? Dans la première seraient les vérités scientifiques empruntées à la physique, à la chimie, à l'astronomie, à la minéralogie, à la géologie, à la botanique, à la zoologie, à l'anthropologie, à la biologie, etc. ; dans la seconde, en face, si l'on en connaît, les décisions contraires des conciles et des papes, telles qu'on les trouve, par exemple, dans l'*Enchiridion* de Denzinger.

» Mais nous osons prédire que la seconde colonne restera vide, si l'on n'y insère que des interprétations autorisées de la Bible et de la Tradition catholique, si l'on ne met pas dans la première, sous prétexte de science, des assertions indéfendables ».

[1]) Verum etsi fides sit supra rationem, nulla tamen unquam inter fidem et rationem vera dissensio esse potest : cum idem Deus, qui mysteria revelat et fidem infundit, animo humano rationis lumen indiderit ; Deus autem negare seipsum non possit, nec verum vero unquam contradicere. Inanis autem hujus contradictionis species inde potissimum oritur, quod vel fidei dogmata ad mentem Ecclesiæ intellecta et exposita non fuerint, vel fidei dogmata ad mentem Ecclesiæ intellecta et exposita non fuerint, vel opinionum commenta pro rationis effatis habeantur ». *Const. Dei Filius*, cap. IV. De fide et ratione.

13. Les grands noms de l'histoire de la philosophie.

— *A partir du VII⁰ siècle avant notre ère* nous voyons surgir successivement et se développer plusieurs écoles de philosophie grecque, l'*Ecole d'Ionie* (Thalès, Anaximandre, Héraclite, Anaxagore) ; l'*Ecole atomistique* (Leucippe et Démocrite) dans l'*Asie mineure*, la plus grande partie de la Turquie d'Asie d'aujourd'hui ; l'*Ecole Italique*, fondée en Sicile (Pythagore) ; l'*Ecole Eléate* (Xénophane, Parménide et Zénon d'Elée) et celle d'Empédocle, dans les îles de la mer Egée (aujourd'hui l'Archipel), dans la Sicile et dans la Grande Grèce, c'est-à-dire dans l'Italie méridionale.

Vers le milieu du V⁰ siècle, plusieurs rhéteurs habiles, dont les plus connus sont Gorgias et Protagoras, se rencontrent à *Athènes* et fondent l'école connue sous le nom de *Sophistes*. Le génie de *Socrate* qui les combattit (470-400 av. J.-C.) créa en quelque sorte la philosophie morale, la psychologie et inaugura une méthode célèbre d'enseignement, « la méthode socratique »[1]). Les noms de *Platon* et d'*Aristote* personnifient le plus puissant essor de la philosophie ancienne.

Platon (430-347) établit à Athènes un enseignement régulier de philosophie, qui prit le nom d'*Académie*. Plus tard, Arcésilas (né en 316) et Carnéade (né en 215) s'éloigneront considérablement des doctrines du maître et l'école Platonicienne prendra le nom de *Nouvelle Académie*.

A côté de l'Académie, *Aristote* (384-322) qui avait été le disciple de Platon, fonda le *Lycée* où l'*école péripatéticienne* [2]).

Les sceptiques, sous le patronage de *Pyrrhon ;* l'école d'*Epicure ;* sa rivale l'*école stoïcienne* (Zénon) apparurent peu après et occupèrent le IV⁰ et le III⁰ siècle.

La conquête de l'Orient par Alexandre eut pour résultat de déplacer le centre des spéculations philosophiques.

Pendant les premiers siècles de l'ère chrétienne, le travail philosophique se fait surtout à Alexandrie, où plusieurs

---

[1]) La méthode socratique consiste à faire passer ses auditeurs, au moyen d'interrogations bien conduites, par les phases diverses de la recherche, afin de les amener à découvrir eux-mêmes la vérité — Cfr. CLODIUS PIAT, *Socrate*, ch. V. Paris, Alcan, 1900.

[2]) Aristote professai sa philosophie dans les allées du Lycée d'Athènes, d'où le nom de *Lycée* donné à son école et celui de *péripatéticiens* ou de promeneurs donné à ses disciples.

écoles prennent un essor considérable : l'*école juive* (Philon) ;
les *Gnostiques ;* l'*école chrétienne* (Clément d'Alexandrie,
Origène) ; et l'*école néo-platonicienne* organisée par Plotin
(205-270) et son disciple Porphyre (233-304, auteur d'un traité
célèbre appelé *Isagoge).*

Les Pères de l'Eglise prirent généralement pour objet
direct de leurs travaux l'exposition scientifiqne ou là défense
des enseignements révélés, mais ils ne purent s'acquitter de
cette mission, surtout en face du paganisme auquel ils se
heurtaient à chaque pas, sans toucher à la plupart des questions philosophiques. Aussi faut-il réserver une place importante dans l'histoire de la philosophie à la *philosophie des
Pères et des écrivains ecclésiastiques* ccmme S. Justin, Athé-
nagore, S. Irénée, Tertullien. S. Méthode, Clément d'Alexandrie, Origène, S. Cyrille de Jérusalem, S. Basile S. Epiphane,
S Grégoire de Nazianze, S. Grégoire de Nysse, S. Jeàn
Chrysostome, S. Augustin et tant d'autres [1]) qui ont illustré
les premiers siècles, notamment le IVe siècle de l'Eglise.

La philosophie grecque n'a jamais été entièrement abandonnée. Bannie d'Athènes (IVe siècle) et d'Alexandrie, elle se
perpétua à Byzance. Elle s'y maintint pendant tout le moyen
âge et jusqu'au XIIIe siècle, n'eut pas de contact avec le
mouvement d'idées qui, parallèlement, se développait dans le
reste de l'Europe civilisée.

A partir du XIIIe siècle, les rapports scientifiques
s'échangent entre l'Occident et Byzance, et les Byzantins
initient les scolastiques à plus d'une œuvre inconnue. C'est
surtout par les Arabes que les scolastiques connurent les
travaux philosophiques et scientifiques de la Grèce antique.

La *scolastique* [2]) se caractérise, non par l'époque ou le
milieu de son développement ou par son travail extérieur,
mais par un ensemble de doctrines fondamentales.

Déjà au *XIe siècle,* saint *Anselme de Cantorbéry* (1033-
1107) avait essayé de synthétiser les solutions restées jusqu'alors fragmentaires des premiers scolastiques.

[1]) Il faut citer ici le pseudo-Denys l'Aréopagite (vers la fin du
Ve siècle) en raison de son influence considérable sur le développement
de la mystique et de la philosophie médiévales.
[2]) Cfr. DE WULF, *Histoire de la Philosophie médiévale,* 4e édition,
Louvain et Paris, 1912, pp. 105 et suiv.

Au *XIIe siècle, Pierre le Lombard* (✝ vers 1160) écrivit son ouvrage célèbre *Summa sententiarum*, sorte d'encyclopédie à la fois théologique et philosophique, qui fut ensuite commentée par les plus grands maîtres de la philosophie médiévale.

Le *XIIIe siècle* marque l'*apogée* de la philosophie scolastique. Trois faits contribuèrent principalement à ce résultat : l'initiation des scolastiques, grâce à des traductions grécolatines et arabo-latines (vers l'an 1200), à la *Physique*, à la *Métaphysique* et au *Traité de l'âme* d'Aristote ; l'érection des universités, particulièrement de celle de Paris ; la création des Ordres de saint Dominique et de saint François.

Alexandre de Halès (✝ 1245), *Albert le Grand* (1193-1280), *saint Thomas d'Aquin* (1227-1274) surnommé le Docteur angélique ou l'Ange de l'École, *saint Bonaventure* (1221-1274) surnommé le Docteur séraphique, *Henri de Gand* (✝ 1293) et *Jean Duns Scot* (1226 ?-1308), font du xiiie siècle l'époque la plus glorieuse de l'histoire de la philosophie chrétienne ([1]).

Le *XVIe siècle* est pour la scolastique une époque de *décadence*. Néanmoins, celle-ci n'est pas générale. Deux hommes de premier ordre, *Sylvestre de Ferrare* (1474-1528) et le cardinal *Cajetan* (Thomas del Vio 1469-1534), laissèrent des commentaires, qui passent pour les plus autorisés, des deux *Sommes* de saint Thomas. Après le Concile de Trente, vers 1563, se produisit une restauration théologique et philosophique. Un néo-thomisme surgit, dont l'université de Salamanque prend l'initiative ; les universités d'Alcala de Hénarès, de Séville, de Valladolid, les universités portugaises de Coïmbre et d'Evora, sont dans le même courant. Parmi les Dominicains néo-thomistes, *Jean de Saint-Thomas* (1589-1644) a laissé des œuvres aujourd'hui encore grandement estimées. La Compagnie de Jésus compte surtout dans ses rangs *Fr. Suarez (doctor eximius, 1548-1617)*.

Avec la période de décadence de la scolastique coïncide

[1]) N'oublions pas de mentionner ici le nom de Dante Alighieri qui sut traduire dans les chants poétiques de sa *Divine Comédie* les idées les plus élevées de la philosophie de Thomas d'Aquin. Voir à ce sujet le beau livre d'OZANAM : *Dante et la philosophie catholique au XIIIe siècle.*

l'infiltration lente des idées de la *Renaissance en* littérature
et en philosophie.

La restauration de la littérature et de la philosophie an-
ciennes, la Réforme protestante, la culture ardente des sciences
expérimentales donnèrent naissance — en Italie : Giordano
Bruno (1541-1602) et Campanella (1568-1639) ; en Angleterre : François Bacon (1561-1626), Hobbes (1588-1679) ;
et en France : Descartes et ses nombreux admirateurs — à
un mouvement philosophique que l'on appelle *philosophie
moderne.*

Le principal initiateur de ce mouvement fut *René Descartes*
(1596-1650). Son influence s'exerça non seulement en France,
sur Pascal, sur Bossuet et Fénelon, sur Malebranche, mais
encore en Hollande où *Spinoza* (1632-1677) mêle aux idées
cartésiennes une sorte de panthéisme oriental, et même en
Allemagne où *Leibniz* (1646-1716) se laisse influencer beaucoup par l'esprit cartésien dans les efforts qu'il déploie pour
rester éclectique.

Au *XVIII*e *siècle* les noms les plus marquants sont ceux
de *Locke,* Newton, *Berkeley, Hume,* Adam Smith et Bentham
en Angleterre, ceux de *Condillac,* Montesquieu, Voltaire, Rousseau, Turgot et Condorcet en France, et ceux de Chrétien
Wolff et de *Kant* en Allemagne.

Au commencement *du XIX*e *siècle,* le centre de l'influence
philosophique est en Écosse, avec Reid et surtout en Allemagne avec *Kant* (1724-1804). En France, Royer-Collard,
Jouffroy et Victor Cousin, subissent ce double courant. Ils
constituent le spiritualisme éclectique, dont les derniers
représentants furent Caro et Paul Janet.

*Au cours du XIX*e *siècle,* en dehors des écoles chrétiennes,
nous voyons se produire l'école *positiviste* de Comte, de
Littré et de Taine, en France ; l'école *panthéiste* allemande
des successeurs de Kant, dont les principaux sont Fichte,
Schelling, Hegel, et plus près de nous, avec des réserves,
Schopenhauer et von Hartmann ; enfin, l'école positiviste,
ou mieux, *associationniste et évolutionniste* d'Angleterre, sous
le patronage de Stuart Mill, de Herbert Spencer, etc. (1).

---

[1]) Voir les *Origines de la psychologie contemporaine,* 2e édition
(Louvain, 1908) où nous avons étudié les principales tendances philosophiques de l'heure présente.

Enfin, en Allemagne, en France et en Italie, un courant néo-kantien s'est formé. Le groupe allemand comprend MM. Liebmann, Cohen, Natorp, Vaihinger, etc. L'influence kantienne est visible aussi chez M. Wundt, le principal initiateur de la psycho-physiologie, et chez les psychologues allemands ou américains formés à son école. En France, les introducteurs de Kant furent Charles Renouvier et M. Lachelier. Les noms les plus marquants sont ici MM. Boutroux, Fouillée, Liard, Bergson, etc.

Au sein des écoles chrétiennes, les *tentatives de restauration* se sont multipliées avec plus d'ardeur que de réflexion ; de Bonald (1784-1840), Félicité de La Mennais (1780-1854), Bautain (1793), Gioberti (1801-1852), Rosmini (1795-1855) ont fondé des écoles *(Traditionalisme, Ontologisme, Rosminianisme)* qui n'ont eu qu'une durée éphémère.

Cependant à Naples, à Rome, en Espagne, des travailleurs modestes et persévérants renouaient lentement la tradition aristotélicienne et scolastique ; leur action a grandi, et depuis lors, grâce à l'Encyclique *Æterni Patris* de Léon XIII (4 août 1879), il s'est produit un mouvement puissant de retour vers la grande et forte *philosophie* dont saint *Thomas d'Aquin* est le représentant le plus autorisé.

14. Traits caractéristiques de la philosophie thomiste. — Seule, à travers le perpétuel effondrement de systèmes auquel nous assistons depuis trois siècles, la philosophie de saint Thomas a su conserver la stabilité de ses premières fondations et se trouve être aujourd'hui encore assez ferme et assez large pour servir de base et de principe d'unité aux résultats que les sciences modernes ont mis au jour. Si nous ne nous faisons illusion, ceux qui auront le courage de suivre cette philosophie jusqu'au bout concluront avec nous que, sur l'analyse des actes et des procédés de l'esprit, sur la nature intime des corps, des êtres animés et de l'homme, sur Dieu, sur les fondements de la science spéculative et de la morale, nul n'a mieux pensé et écrit que saint Thomas d'Aquin [1]).

---

[1]) Bien que nous attachions à notre programme le nom du grand scolastique, nous ne tenons cependant la philosophie thomiste ni pour un idéal qu'il serait interdit de surpasser, ni pour une barrière traçant

Qu'est-ce qui caractérise la philosophie du Docteur angélique ?

Nous y distinguerons le *fond*, la *forme* et la *méthode* d'exposition.

Sous le rapport du *fond*, la philosophie de saint Thomas
offre. ces traits distinctifs : 1º Elle respecte fidèlement les
enseignements révélés ; 2º elle combine prudemment la
recherche personnelle avec le respect de la tradition ; 3º elle
unit harmonieusement l'observation et la spéculation rationnelle, l'analyse et la synthèse.

1º Instruit par l'observation intime de la conscience et
guidé par les enseignements de l'histoire, saint Thomas proclame au début de sa *Somme théologique* la nécessité morale
d'un enseignement religieux auquel la raison est tenue de
se conformer : « Le salut de l'humanité. exigeait, dit-il, une
Parole divine. Sans elle, en effet, les vérités rationnelles

des limites à l'activité de l'esprit ; mais nous croyons, après examen,
qu'il y a sagesse autant que modestie à la prendre au moins pour
point de départ et pour point d'appui.

Ceci soit dit en réponse à ceux qui, parmi nos adversaires ou nos
amis, croient parfois intéressant de demander si l'on songe à ramener
l'esprit humain au moyen âge ou à identifier *la* philosophie avec
la pensée d'*un* philosophe.

Manifestement non, il ne s'agit pas de remonter plusieurs siècles :
n'avons-nous pas entendu Léon XIII, le puissant restaurateur de la
philosophie de l'Ecole, recommander à la sympathie de tous les découvertes et les spéculations des hommes modernes : « Edicimus libenti
gratoque animo recipiendum esse quidquid sapienter dictum, quidquid utiliter fuerit a quopiam inventum atque excogitatum » ?

Saint Thomas lui-même condamnerait ceux qui asserviraient leur
pensée à la sienne : n'est-ce pas lui qui nous avertit, au début de sa
Somme, de ne pas exagérer la valeur de l'argument d'autorité : « locus
ab auctoritate quæ fundatur super ratione humana est infirmissimus »
(de tous les arguments, celui de l'autorité humaine est le plus faible) ?

Le respect de la tradition n'est point du servilisme, mais de la
prudence. Le respect d'une doctrine dont on a personnellement appré-
cié le mérite, n'est point du fétichisme. mais le culte réfléchi et obligatoire du Vrai.

Avertis par l'histoire des luttes du xvie et du xviie siècle, les
néo-scolastiques ne renouvelleront plus les fautes de leurs devanciers ;
ils se tiendront en contact avec les sciences particulières, auxiliaires
de la philosophie et avec les doctrines des penseurs modernes et contemporains. Nous avons, pour notre part, vivement insisté sur cette
nécessité dans le chapitre VIII des *Origines de la psychologie contemporaine* et dans les conclusions de l'étude intitulée « *Le bilan philosophique du XIXe siècle* » (*Revue Néo-Scolastique*, 1900). Voir également, en ce qui concerne l'enseignement, notre *Rapport sur les Etudes
supérieures de philosophie*, 3e édit. (Louvain, 1901). –

relatives à Dieu ne fussent jamais parvenues qu'à la connaissance d'un petit nombre d'hommes, péniblement et entachées d'une foule d'erreurs ; cependant, de la connaissance
·de ces vérités dépend le salut de l'homme, puisque ce salut
se trouve en Dieu. Aussi, concluait-il, il est nécessaire, pour
mieux assurer le salut de l'humanité, qu'il y ait, outre la
science philosophique dont la raison humaine poursuit l'acquisition, un enseignement divin que nous recevions par voie
de Révélation » ').

₂º Tandis qu'il revendiquait et pratiquait· avec largeur le
droit de contrôle sur la pensée de ses devanciers ²), saint
Thomas n'avait garde de méconnaître l'utilité de leurs travaux. Il les avait étudiés, il connaissait la philosophie
grecque ³), les Pères, Cicéron et Sénèque, les philosophes
arabes ; au lieu de vouloir tout créer, il s'efforçait de féconder
par ses efforts personnels le legs qu'il avait recueilli du
passé. Ce n'est pas lui qui eût dit avec la vanité naïve de

---

¹) *Summ. Theol.*, ı ᵗ, q. ı. *Contra Gentiles*, I, 4.
Le R. P. Monsabré a consacré une de ses plus belles conférences
à commenter ce dernier passage du Docteur d'Aquin et à expliquer
ce qu'il faut entendre par la nécessité *morale* de la Révélation. Il
y a à distinguer, observe-t-il, dans toute nature intellectuelle, deux
·ordres : l'ordre logique et l'ordre pratique. L'ordre logique, où sont
contenues et déterminées les vérités que l'intelligence peut concevoir
par une application soutenue ; l'ordre pratique, c'est-à-dire l'intelligence elle-même à l'œuvre et s'appliquant au vrai. D'un côté, la possibilité ; de l'autre, le fait.
Or la raison, prise sur le fait, ne peut arriver à la connaissance
du vrai naturel, dans sa totalité, faute de puissance individuelle et
pratique
C'est donc salutairement que la divine clémence a pourvu aux
besoins de l'humanité, en nous ordonnant de tenir par la foi ce que
la raison peut connaître naturellement, afin que tous puissent participer facilement à la connaissance des choses divines, et cela sans
mélange de doute et d'erreur.
Que la plupart des hommes ne puissent pas arriver par eux-mêmes
à posséder plénièrement et promptement toutes les vérités naturelles,
c'est un fait d'expérience. En effet : ıº Les uns sont rendus inaptes
à la science par l'indisposition de leur complexion ; 2º les autres
sont empêchés par les nécessités de famille ; 3º le temps et la solitude
sont les conditions les plus indispensables pour acquérir la science
de toutes les vérités philosophiques ; 4º d'autres sont empêchés par
la paresse ; 5º d'autres, enfin, par les passions. Voir le développement
de ces considérations dans l'*Introduction au dogme catholique* du R. P.
MONSABRÉ, 6ᵉ conférence. Paris, Baltenweck.
²) Voir S. TALAMO, *L'Aristotélisme de la scolastique*, ch. X. PAris,
Vivès, 1876.
³) Voici un fait qui prouve l'esprit critique de saint Thomas. Conscient des incorrections et des différentes versions alors en vogue

Descartes : « Il faut chercher sur l'objet de notre étude, non pas ce qu'en ont pensé les autres... mais ce que nous pouvons voir clairement et avec évidence ou déduire d'une manière certaine. C'est le seul moyen d'arriver à la science » [1]). Ses commentaires sur les œuvres d'Aristote et de Pierre Lombard témoignent assez de son respect pour la pensée d'autrui, peu importe d'ailleurs le milieu, païen ou chrétien, où elle eût germé.

3º Troisième trait caractéristique de la philosophie thomiste : elle unit à merveille l'observation et la spéculation rationnelle, l'analyse et la synthèse.

Elle se tient ainsi à égale distance de l'empirisme positiviste et de l'idéalisme panthéiste, les deux philosophies qui se partagent, en dehors de la scolastique, la direction des esprits. Chacune des thèses fondamentales de notre *Cours de philosophie* apportera une confirmation à la thèse générale que nous devons nous contenter d'affirmer ici sans la prouver.

Enfin, outre ces qualités maîtresses qui regardent le fond, la philosophie thomiste se recommande par de remarquables qualités de *forme* et d'*exposition*.

Le *style* est sobre, *concis* [2]), l'exposé des idées simple, sans ces ornements poétiques ou oratoires qui, sous forme d'allégories, de mythes, interrompent souvent chez Platon, par exemple, la marche régulière de la pensée.

Les *déductions* sont *précises*, présentées le plus souvent en forme syllogistique.

Enfin, au point de vue *didactique*, la *méthode* de saint Thomas est caractéristique. Dans un grand nombre de ses

---

des œuvres d'Aristote, il prit soin de collationner et d'étudier diverses traductions. Il demanda et obtint de ses supérieurs qu'un religieux de l'ordre de saint Dominique se rendît en Grèce à la recherche d'un texte plus fidèle. Ce fut, paraît-il, un Belge, Guillaume de Moerbeke, qui fut chargé de cette mission scientifique. Voir à ce sujet l'*Introduction à l'édition des Œuvres de saint Thomas d'Aquin* commencée à Rome en 1882 sous les auspices de Léon XIII. Dissertatio XXIII, cap. II.

[1]) Règle III pour la direction de l'esprit.

[2]) Ceux qui reprochent au style scolastique son inélégance, le caractère parfois assez dur de ses formules, oublient que, au moyen âge, la langue philosophique était à créer. Car, sauf le poète Lucrèce, l'orateur Cicéron, et quelques moralistes, les latins n'ont pas eu de philosophes.

ouvrages, sa première préoccupation est de mettre en avant quelques arguments d'autorité et un certain nombre d'objections en opposition avec sa thèse : il précise ainsi l'état de la question et fixe davantage l'attention sur le problème à résoudre. Il aborde alors de front la solution du problème. Il l'examine avec la rigueur sévère du procédé syllogistique, et de façon à dissiper progressivement les ombres qu'il avait lui-même accumulées à plaisir autour du point central à élucider. Quand la démonstration arrive à son terme, la lumière a rayonné tout alentour et l'on s'aperçoit alors le plus souvent que les difficultés soulevées au début se sont insensiblement évanouies.

Telles nous semblent être les principales qualités qui distinguent l'œuvre philosophique de saint Thomas.

Nous croyons n'avoir rien exagéré et nous attendons avec confiance le jugement de ceux qui étudieront aux sources les enseignements de ce grand maître [1]).

---

[1]) Comme nous aurons souvent à citer saint Thomas, nous donnons ci-après la liste de ses principaux ouvrages philosophiques, d'après l'ordre adopté dans l'édition de Parme (1852-1869).

Il y a d'abord les deux *Sommes*, la *Summa theologica* et la *Summa contra Gentiles*.

La *Summa theologica* est divisée en trois parties traitant respectivement de Dieu, de la tendance de la créature vers Dieu, du Christ, médiateur entre la créature et Dieu. La seconde partie comprend deux subdivisions que l'on désigne sous les noms de *prima secundæ*, *secunda secundæ*.

Chaque partie est subdivisée en *questions*, chaque question en *articles*. Dans un article il y a les objections, le corps de l'article, c'est-à-dire l'exposé et la démonstration de la thèse, puis la réponse aux objections.

On comprendra d'après cela les abréviations en usage pour les citations de la *Somme de théologie*.

I^a = pars prima.
I^a 2^æ = prima secundæ, hoc est, prima pars secundæ partis.
2^a 2^æ = secunda secundæ, hoc est, secunda pars secundæ partis.
3^t = tertia pars.
Supp. = supplementum tertiæ partis.
q. = quæstio.
a. = articulus : frequentius tamen *a* omittitur, solo numero articulum designante.
o. = in toto articulo.
c. = in corpore articuli, hoc est, in responsione ad quæstionem.
ad 1. = in responsione ad primum argumentum.
ad 2. = » secundum argumentum.
ad 3 = » tertium argumentum.

La *Summa de veritate catholicæ fidei contra Gentiles*, appelée assez communément *Summa philosophica*, comprend quatre *livres*. Les trois

§ 2. — NOTIONS PROPÉDEUTIQUES

**15. Avant-Propos : Raison d'être de cés notions préli-
minaires.** — N'importe quel ordre on adopte dans l'enseignement des différentes branches de la philosophie, il y aura toujours des notions qui seront à cheval sur plusieurs traités. A
l'ordinaire, la Logique est enseignée en premier lieu, l'Ontologie
vient aussitôt après. Or les notions les plus élémentaires de la
Logique présupposent des notions de Psychologie, de Critériologie et d'Ontologie : l'abstraction intellectuelle, les relations entre le mot et l'idée, la certitūde propre à la science,
l'opposition de l'être réel et de l'être de raison, la notion
de la vérité, etc. L'Ontologie ne prend une signification distincte que dépendamment de la Cosmologie.

Nous avons cherché à obvier à ces inconvénients en accor-

premiers traitent *de Deo secundum rationem,* le quatrième *de Deo
secundum fidem.* Chaque livre est divisé en *chapitres.*

On cite donc cet écrit de *saint Thomas* en disant p. ex. *Cont. Gent.,*
lib. II, cap. 34, ou plus simplement, *II Cont. Gent.,* 34.

Vient ensuite le *Commentumin quatuor libros sententiarum magistri
Petri Lombardi.*

Chaque livre fait l'objet d'un certain nombre d'études réunies en
une même *Distinctio* ; chaque Distinctio est divisée en *Quæstiones* et
celles-ci à leur tour en *Articuli.* Les articles sont partagés d'une façon
analogue à celle adoptée pour les articles de la *Somme.*

En conséquence, on citera ainsi un passage du Commentaire sur le
Livre des Sentences : III, Dist. 6, q. 2, ad 2.

Les tomes VIII et IX contiennent une collection d'écrits philosophiques et théologiques de premier ordre intitulée : *Quæstiones disputatæ* et des études sur des sujets très divers se rapportant à la théologie, à la philosophie, au droit canonique, à la liturgie, etc., appelées
Quæstiones quodlibetales ou tout court *Quodlibeta.*

Parmi les *Quæstiones disputatæ,* les principales ont pour sous-titre :
De potentia, De malo, De spiritualibus creaturis, De anima, De veritate.
Voici comment il est d'usage de citer ces écrits : Qq. disp., *De pot.,*
q. 7, a. 2, ad 1. — *Quodlib. XII,* a 10, ad 1.

Les tomes X-XIV sont consacrés à l'exégèse des Livres saints ;
le tome XV à quelques traités relatifs à la vie spirituelle et à des
sermons du saint Docteur.

Au tome XVI les éditeurs entreprennent la publication des opus-
cules, les uns théologiques, les autres philosophiques, plusieurs dûment
authentiques, quelques-uns douteux ou apocryphes.

Les plus intéressants à notre point de vue, sont le *Compendium
theologiæ ; de natura verbi intellectus ; de regimine principum* (les deux
derniers livres du traité ne sont pas authentiques) ; *de æternitate
mundi contra murmurantes ; de principio individuationis ; de ente et
essentia ; de principiis naturæ ; de naturæ materiæ ; de mixtione elementorum ; de natura verbi intellectus ; de differentia verbi divini et
humani ; de unitate intellectus contre averroistas ; de potentiis animæ* (?);

dant à la Cosmologie et à la Psychologie les premières places dans l'ordre didactique, aussi bien que nous leur avons reconnu le droit à la primauté dans l'ordre constructif.

Mais, à notre tour nous nous heurtons à d'inévitables difficultés. Pour y parer de notre mieux, nous avons présenté déjà dans l'Introduction quelques notions propédeutiques ; les pages qui suivent doivent en compléter la série.

Impossible de faire assister l'élève à une étude philosophique, quelle qu'elle soit, sans lui dire ce qu'il est en droit et en devoir d'attendre d'une pareille étude : Le philosophe étudie les objets du point de vue le plus général, il cherche à les comprendre par leurs raisons les plus fondamentales. Pour aider l'élève à saisir ce point de vue, on a parcouru avec lui les étapes de la connaissance humaine. Après avoir reconnu le caractère abstractif commun à toutes les opérations intellectuelles, on a suivi les trois degrés du processus abstractif ; on a ensuite défini les termes : principes, raison, causes et montré à quels principes, raisons, causes s'attache le philosophe.

Reste à indiquer les notions de Logique et d'Ontologie auxquelles devront le plus souvent faire appel les professeurs de Cosmologie et de Psychologie.

---

de totius logicæ Aristotelis summa (?) ; *de universalibus* (?) ; *in librum Boetii de Trinitate.*

Avec le tome XVIII s'ouvre la série des commentaires sur les œuvres d'Aristote, notamment *Commentaria in libros Perihermeneias ; in libros Posteriorum Analyticorum ; in VIII libros Physicorum ; de generatione et corruptione ; de anima ; de sensu et sensato ; in XII libros Metaphysicorum ; in X libros Ethicorum ; in VIII libros Politicorum* (en partie authentique, en partie douteux).

Les Commentaires de saint Thomas sont répartis en leçons, de sorte que, pour les citer, on dira par exemple : *IV Ethic.*, lect. 3.

Au point de vue chronologique, voici quelle semble avoir été la succession des principaux ouvrages du saint Docteur :

Pendant son professorat à Cologne, il écrit vers 1250 son *de ente et essentia*. Venu en 1252 à Paris, où il est promu en 1257 docteur en théologie, il y rédige ses commentaires sur les Sentences de Pierre le Lombard et probablement aussi nombre de commentaires sur les ouvrages d'Aristote. Il y commence la *Summa philosophica* qu'il achève en Italie. Lors d'un second séjour de ce pays, vers 1272, il met, à Bologne, la première main à la *Summa theologica* qu'il laissa incomplète; le *Supplementum tertiæ partis*, inséré par un auteur postérieur dans les éditions subséquentes, est un extrait du commentaire sur le Maître des Sentences. Enfin il faut placer en 1270 le *de unitate intellectus contra Averroistas* et vraisemblablement, entre les années 1268 et 1271, la plus grande partie des *Quæstiones quodlibeticæ et disputatæ.*

16. Notions de Logique. — A vrai dire, il est presque superflu de rappeler ici, même brièvement, les notions de Logique auxquelles nous songeons, tant elles sont de simple bon sens.

La Logique trace à l'esprit des règles pour la direction des opérations de la raison. Les logiciens distinguent les trois opérations suivantes :

La *simple appréhension* consiste à se représenter un objet, sans affirmer ni nier quoi que ce soit de cet objet. Ex. : Je conçois par de simples appréhensions *être, arbre, homme.*

Le *jugement*, dont la *proposition* est l'expression orale ou écrite, est l'acte par lequel, sous forme d'affirmation ou de négation, un objet connu, le *prédicat* du jugement, est rapporté à un autre, le *sujet* du jugement. Ex. : Cet arbre est haut. Le tout est plus grand qu'une de ses parties.

Le *raisonnement*, dont le *syllogisme* est l'expression, est l'acte par lequel on compare à un même troisième terme — appelé *terme moyen* — deux notions — les *termes extrêmes* — dont l'intelligence ne voit pas immédiatement l'accord ou le désaccord. La comparaison de chacun des extrêmes avec le terme moyen se fait dans les *prémisses* (propositiones quæ præmittuntur) du raisonnement ; le résultat de cette double comparaison se formule dans la conclusion du syllogisme. Ensemble les deux prémisses s'appellent l'*antécédent*, la conclusion est le *conséquent ;* le lien logique de l'antécédent et du conséquent, le *donc* du raisonnement est la *conséquence.*

Lorsque les deux extrêmes conviennent l'un et l'autre au terme moyen, la conclusion est affirmative ; lorsque l'un des deux lui convient, tandis que l'autre ne lui convient pas, la conclusion est négative.

Le jugement, lorsqu'on l'oppose à la conclusion, est *immédiat :* la conclusion d'un raisonnement est *médiate.*

La conclusion rigoureusement déduite de deux prémisses certaines est certaine ; celle qui se déduit de deux prémisses incertaines ou d'une prémisse certaine et d'une prémisse incertaine est incertaine, c'est-à-dire douteuse, plus ou moins probable.

Seul le raisonnement qui conduit à une conclusion certaine est *démonstratif.*

Encore la *démonstration*, dans son acception rigoureuse, requiert-elle davantage : elle exige que les prémisses du raisonnement certain soient empruntées, non à des considérations extrinsèques — preuve extrinsèque — ni aux conséquences absurdes ou erronées auxquelles conduirait la négation de la conclusion — preuve indirecte, réduction à l'absurde — mais à l'analyse de la nature du sujet. Cette démonstration que l'on appelle intrinsèque, causale, *a priori*, διότι est la seule qui, dans le langage aristotélicien, soit strictement *scientifique*. L'objectif constant du vrai savant, du philosophe, est d'y parvenir. Par elle se constitue la science, dans l'acception la plus élevée du mot.

La démonstration *déduit* une conclusion de prémisses.

L'*induction scientifique* est le procédé par lequel le savant établit les lois de la nature.

La loi d'un corps de la nature est la manière dont le corps exerce son action. Ex. : La loi du chlore et de l'hydrogène est de se combiner, telles conditions de température et de pression étant données, dans les proportions de 35,5 à 1 pour former ensemble 36,5 d'acide chlorhydrique (HCl).

La loi est une suite naturelle de *propriétés*, c'est-à-dire de qualités nécessairement inhérentes à un corps.

Tandis que les sciences *rationnelles*, *exactes* sont *déductives*, les sciences d'*observation*, *expérimentales* s'obtiennent moyennant le procédé *inductif*. Toutefois la valeur logique de ce procédé — on le démontre en Logique — repose aussi sur une déduction.

La *démonstration* n'est pas l'unique procédé nécessaire à la constitution de la science. Il y faut joindre la *définition* et la *division*. Aussi bien, la démonstration suppose des prémisses. Comme l'on ne peut soutenir, sous peine de n'arriver jamais à une conclusion inébranlablement assise, que *toutes* les prémisses doivent être démontrées, il faut reconnaître que, à la base des premières démonstrations, il y a des prémisses qui n'ont plus besoin d'être démontrées. Evidemment vraies, sans démonstration, elles sont les principes générateurs de la science. La formulation de ces principes donne, en chaque science, les *définitions* premières de cette science.

On montre aisément que la *division* est un procédé complémentaire de la définition.

La définition fait connaître ce qu'est un objet, par exemple, ce qu'est la *quantité*, objet de la science mathématique. La division établit une relation d'identité entre la définition et l'objet défini. Il faut donc qu'elle convienne à cet objet et à lui seul : d'où la règle essentielle à une bonne définition : conveniat *omni* et *soli* definito.

Considérer comme *principe* une proportion inévidente, qui donc a besoin encore d'être démontrée, c'est tomber dans un sophisme connu sous le nom de *pétition de principe* (petere principium).

Ces notions de Logique nous apprennent ce qu'est une science parfaite, quel est en conséquence l'idéal du savant et du philosophe, quelle est la pierre de touche de la valeur de leur œuvre.

17. Notions d'Ontologie — Lorsque l'esprit considère sous tous ses aspects un corps de la nature, il forme un objet intelligible dont voici les « notes » :

Considéré en tant qu'il est, le corps est une substance, déterminée par des accidents, les uns nécessaires, les autres contingents, composée en elle-même d'un sujet potentiel et d'une forme spécifique.

Considéré en tant qu'il est capable d'agir, le corps est une nature douée de puissances opératives — forces ou facultés — au moyen desquelles elle agit ou pâtit, de façon à réaliser une fin qui lui est propre et que l'on appelle sa fin intrinsèque ou naturelle.

Le sujet, que l'on appelle donc substance ou nature selon le point de vue soit statique, soit dynamique auquel on le considère, est actualisé par l'existence.

Remarquons avant tout que cette multiplicité de caractères ou de « notes » au moyen desquelles nous nous représentons une chose de la nature n'empêche pas la chose elle-même d'être *une* : nos concepts sont multiples, parce que nous sommes incapables d'en former un seul qui soit adéquat à la réalité, mais la réalité elle-même n'est point multipliée : elle est individualisée, c'est-à-dire indivise, une, distincte de toute autre. La multiplicité des concepts au moyen desquels nous nous représentons une chose unique tient à la loi de l'activité de l'intelligence qui *abstrait ;* abstraire, en effet, c'est considérer à part des caractères qui ontologiquement ne sont point séparés.

En tout premier lieu l'esprit se représente une chose de la nature, mettons cette table, cet arbre, comme une chose posée devant nous et désignable par les pronoms démonstratifs *ceci, cela.* Les philosophes appellent l'objet, à ce stade de la connaissance, une *essence,* ce qu'une chose est. Quand on demande : « Qu'est-ce que ceci ; qu'est-ce que cela ? » on répond en désignant l'essence de la chose. Aussi les mots *essence, quiddité (quid est ?),* τὸ τί εστι sont-ils synonymes. L'essence est donc ce à raison de quoi une chose est ce qu'elle est.

L'essence porte aussi le nom de *substance.* On souligne le mot, lorsqu'on a l'intention de l'opposer à l'*accident* (accedens, ἐπισυμβεβηκός). Substance et accidents sont des réalités : ceux-ci des réalités consécutives qui surviennent à la substance et la déterminent, celle-là une réalité présupposée, déterminable par les déterminations accidentelles. L'étendue est un accident ; le corps doué d'étendue est une substance. L'accident est inhérent à la substance et — sauf dérogation aux lois de la nature — est incapable d'exister sans exister en une substance ; la substance, au contraire, n'a pas besoin d'exister en autre chose. D'où ces deux définitions : « substantia est ens in se ; accidens est ens in alio ». Ou, avec plus de rigueur, tenant compte de la possibilité d'une exception miraculeuse à une loi de la nature : « substantia est ens in se ; accidens est ens cui debetur esse in alio ».

L'accident ne fait jamais partie de la substance, attendu que par définition il la présuppose et s'y ajoute ; mais il y a des accidents qui sont nécessairement unis à leur substance, on les appelle des *propriétés.* La propriété se dit en latin *proprium,* en grec ἴδιον. Aux propriétés s'opposent les accidents *contingents.* On comprend, d'après cela, que l'on distingue en Logique ce qui est nécessaire et ce qui est *accidentel,* accidentel étant alors synonyme de contingent. Est *nécessaire* ce qui ne peut ne pas être, *contingent* ce qui est mais peut n'être pas (contingit ut sit vel non sit).

La substance se révèle à nous par ses accidents, notamment par ses propriétés. Nous nous disons : telles propriétés, telle substance. Nous distinguons ainsi plusieurs espèces de substances, des *types spécifiques*. On fait voir en Cosmologie, lorsqu'il s'agit des substances minérales, en Psychologie lorsqu'il s'agit des substances organisées, que chaque substance est composée de deux parties constitutives, la matière première et une forme substantielle spécifique. La première est présupposée à la seconde, comme un sujet déterminable est présupposé à ce par quoi le composé est spécifiquement déterminé. La relation entre ce qui est déterminable et ce par quoi s'accomplit la détermination s'appelle, en langage métaphysique, une relation de *puissance* à *acte*, ou encore, de *matière* à *forme*. Les couples puissance et acte, matière et forme, déterminable et déterminant sont, en effet, équivalents. Les deux termes du couple s'appellent nécessairement l'un l'autre.

Jusqu'à présent nous avons considéré l'objet, que nous supposions soumis à l'analyse de la connaissance abstractive, comme une chose. La chose, dans sa totalité, est elle-même une essence en puissance dont l'existence est l'acte correspondant ; l'existence actualise l'essence. *Esse est ultimus actus*, dit un adage scolastique.

Un nouveau point de vue doit fixer notre attention : Les choses agissent, elles subissent l'action d'autres choses. En Dieu l'action est identique à la substance, mais aucune créature n'est agissante de par sa nature ; ces puissances opératives — que l'on appelle *forces*, forces mécaniques, physiques, chimiques dans le monde corporel, *facultés* lorsqu'il s'agit de l'homme — sont donc des *principes immédiats d'action*, tandis que la substance est le principe premier, médiat d'action. Or la substance, considérée à ce point de vue, porte un nom propre, celui de *nature*.

Nous disions tantôt que les propriétés sont pour nous l'indice de la diversité des substances spécifiques. Les natures spécifiques se diversifient de même d'après les forces qui leur appartiennent en propre. Moyennant ces forces elles accomplissent leur rôle, réalisant la fin qui leur est propre.

A tout prendre, la *nature* est donc la substance considérée en tant qu'elle est le premier principe intrinsèque des opérations dont elle est capable, et des déterminations dont elle est susceptible, moyennant les puissances qu'elle possède en propre.

Il y a donc correspondance entre la *nature*, source des opérations et la *fin*, terme de ces mêmes opérations : d'où les expressions *fin naturelle* de l'être, *tendance naturelle* de l'être vers sa fin, *loi naturelle* d'après laquelle l'être agit dans le sens commandé par sa fin, *action naturelle*, conforme aux exigences de la fin et, par suite, à la loi naturelle du sujet, et ainsi de suite.

La fin naturelle à un être lui est intérieure, *intrinsèque*.

Chaque nature tendant vers sa fin intrinsèque, leurs actions s'harmonisent dans l'ensemble, elles s'ordonnent les unes par rapport aux autres, réalisent ainsi des fins *extrinsèques* et répondent aux intentions de Celui qui veut et accomplit l'ordre général de la nature.

La philosophie est l'étude de cet ordre et des moyens qui le réalisent.

La *Physique*, dans l'acception scolastique du mot, est la première partie de la philosophie : elle embrasse les deux parties que l'on appelle unanimement aujourd'hui la *Cosmologie* et la *Psychologie*.

Cosmologie

INTRODUCTION

1. Définition. — La cosmologie est l'*étude philosophique du monde inorganique*.

Dans cette formule succincte se trouvent indiqués, d'une part, l'objet *matériel* que la cosmologie se propose de faire connaître : c'est le monde inorganique ; d'autre part, l'objet *formel* ou l'aspect spécial sous lequel elle l'envisage : c'est le point de vue philosophique.

2. Objet matériel de la cosmologie. — Notre définition limite le domaine cosmologique au monde inorganique et abandonne à la psychologie l'étude philosophique de la plante, de l'animal et de l'homme.

Comme son nom l'indique (ψυχή et λόγος), la psychologie s'occupe de l'âme, c'est-à-dire du premier principe de vie chez les êtres organisés. Or ce premier principe d'activité immanente ne réside pas seulement dans l'être humain, mais aussi dans tous les êtres doués de vie végétative et sensible. Pour éviter une classification ou une délimitation arbitraire, il faut donc exclure du champ cosmologique la vie sous toutes ses formes.

3. Objet formel de la cosmologie. — Le monde inorganique est l'objet de cinq sciences : la physique, la cristallographie, la minéralogie, la chimie, la géologie. En délimitant graduellement le terrain exploité par chacune d'elles, on s'aperçoit aisément qu'il reste, au delà de leurs frontières respectives, une sphère d'action réservée aux spéculations cosmologiques.

En effet, la *physique* a pour objet les propriétés communes de la matière : la pesanteur, le son, la lumière, la chaleur, l'électricité, le magnétisme, ainsi que le mouvement local qui accompagne l'exercice de ces forces. Elle saisit la matière inorganisée sous un aspect spécial, elle n'en atteint que l'*écorce*.

La *cristallographie* s'occupe d'un *état* particulier des substances minérales, l'état cristallin et les formes géométriques qui en sont la manifestation sensible.

La *minéralogie* est l'étude *descriptive* des minéraux dont se compose la croûte du globe. Elle les classe en groupes ou en tribus, d'après leurs analogies physiques et chimiques, ou même d'après leurs affinités de gisement.

La *chimie* nous fait connaître les transformations profondes et durables des substances corporelles. Elle dépeint les caractères des facteurs qui interviennent dans ces modifications intimes, les phénomènes thermiques, électriques ou lumineux qui *accompagnent* leur union, les propriétés et la constitution chimique du *corps nouveau* issu de la réaction.

La *géologie* se place à un point de vue plus général. Loin de se borner à la considération des *espèces simples* de l'écorce terrestre, elle embrasse les agglomérations plus ou moins considérables de particules minérales rassemblées par les lois naturelles ; et, à la lumière des phénomènes actuels qui ne cessent de modifier l'écorce terrestre, elle recherche leur origine, leur mode de formation ; en un mot, elle essaie de faire l'histoire du passé de notre globe.

Or, quelque parfaites que soient les méthodes d'investigation en usage dans ces cinq sciences naturelles, elles ne peuvent cependant soulever, ni, à plus forte raison, résoudre plusieurs problèmes du plus haut intérêt.

La géologie, en retraçant l'histoire de la terre, a reporté la pensée jusqu'aux âges les plus lointains. Mais cette histoire part d'un fait, l'existence de la matière. Cette matière même, peu importe d'ailleurs son état initial, d'où vient-elle ? C'est la question de l'*origine* toute primordiale, de la *cause efficiente première*.

De même, au sujet des corps simples et des corps composés de la chimie, se pose un seul et même problème : celui des *causes constitutives dernières du monde inorganique*. Que sont les espèces chimiques si bien analysées par l'homme de science ? La matière est-elle partout homogène ; n'a-t-ele, comme le soutient le mécanisme, d'autres énergies que le mouvement local ? Ou bien faut-il la regarder, avec le dynamisme, comme une agglomération de forces simples inétendues ? Ou bien, enfin, doit-on, conformément à la théorie de l'Ecole, la douer d'un double principe, l'un commun à toute masse corporelle et substrat permanent des transformations profondes de la matière ; l'autre spécial à chacune d'elles et principe de leurs caractères spécifiques ?

Enfin si la physique, la minéralogie, la cristallographie et les autres sciences naturelles, ont chacune pour idéal de mettre en relief une partie spéciale de l'ordre cosmique, nulle n'a pour mission d'embrasser l'ordre universel comme tel, d'en déterminer le principe directif et le but. Et cependant nous avons le droit de nous demander quelles sont les destinées de notre monde, quelle en est la cause finale.

La cosmologie a donc à résoudre trois questions qui s'étendent au delà des frontières imposées aux sciences spéciales :

Quelle est la cause efficiente première du monde inorganique ?

Quelles en sont les causes constitutives ultimes ?

Quelle en est la cause finale ?

Ces trois questions expriment l'objet *formel* de la cosmologie et justifient le terme « philosophique » employé dans notre définition générale. Car c'est le propre de la philosophie de faire connaître les êtres par leurs causes dernières.

4. Division de la cosmologie. — La cosmologie comprend trois parties qui ont respectivement pour objet :

1º L'origine du monde inorganique ou sa cause efficiente primordiale ;

2º Sa constitution intime ou ses causes constitutives ultimes ;

3º Ses destinées ou sa cause finale.

Le second de ces problèmes appartient exclusivement à la cosmologie et ne peut être traité ailleurs. C'est pourquoi nous le choisissons comme objet spécial de cet ouvrage.

Les causes constitutives
du monde inorganique

5. Méthode suivie dans ce traité. — Notre intelligence ne pénètre pas d'emblée dans la nature intime, spécifique des êtres corporels. Elle n'y arrive que par l'étude des phénomènes qui en sont le rayonnement visible. On connaît donc d'autant mieux le fonds substantiel des corps qu'on interroge avec plus de soin l'ensemble de leurs propriétés sensibles.

Il résulte de là que la cosmologie est essentiellement une étude inductive, tributaire obligée des sciences naturelles. Elle suppose comme point de départ un examen impartial de tous les faits et phénomènes scientifiques dans lesquels on peut saisir un reflet plus ou moins vif de la nature du corps.

6. Les systèmes. — L'étude de la constitution intime de la matière a donné naissance à six systèmes :

1º Le *mécanisme pur* qu'on appelle plus souvent, de nos jours, le *mécanisme traditionnel* ;

2º Le *néo-mécanisme* ;

3º Le *mécanisme dynamique* ;

4º Le *dynamisme* ;

5º L'*énergétique* ;

6º L'*hylémorphisme* ou la théorie scolastique.

PREMIÈRE PARTIE

Le mécanisme pur ou traditionnel ')

CHAPITRE I

Exposé et évolution historique du système mécanique

---

7. Le mécanisme dans l'antiquité. — Le mécanisme remonte à la plus haute antiquité.

Thalès (624 av. J.-C.), *Anaximandre* (611 av. J.-C.), *Anaximène* (588 av. J.-C.) et *Héraclite* (535 av. J.-C.) soutiennent que l'univers dérive d'une seule substance primitive homogène, et posent ainsi le premier principe de l'évolution dont s'est emparé le mécanisme moderne. L'eau, une matière subtile disséminée dans l'espace infini, l'air et la terre, tels sont les corps qui furent successivement considérés par les philosophes comme fonds originel de notre monde.

---

¹) L'importance que nous accordons, dans ce traité, à la discussion du mécanisme traditionnel pourrait paraître exagérée. En fait, plusieurs raisons la légitiment.

1º La cosmologie étant une science a posteriori, la critique comme la défense des systèmes doit se faire, avant tout, sur le terrain des faits. Force nous était donc de commencer notre étude cosmologique par l'exposé de tous les grands faits de l'ordre chimique, physique et cristallographique. Or, mettre en lumière le caractère véritable de chacun de ces phénomènes, c'était en même temps réfuter le mécanisme traditionnel. Pour éviter un double emploi et des redites fastidieuses, nous avons donc associé ces deux points de vue.

Au surplus, le mécanisme traditionnel est, de loin, la théorie cosmologique la plus importante de toutes les théories opposées aux doctrines scolastiques. Non seulement il fut la conception du monde préférée par la généralité des savants des trois derniers siècles, mais il reste l'aboutissant naturel du mécanisme rajeuni ou néo-mécanisme

Plus tard, ces corps reprennent avec *Empédocle* (495-435 av J.-C.) leur place d'honneur et deviennent ensemble les principes primordiaux du cosmos. Ainsi vit le jour la célèbre théorie des quatre éléments que la science conservera comme un dépôt sacré jusqu'à l'époque des immortelles découvertes de Lavoisier.

Empédocle se prononce pour l'intransmutabilité essentielle des éléments ; il leur attribue deux forces, la force attractive et la force répulsive, qu'il appelle, dans son langage poétique, *amour* et *haine*.

On le voit, ici se dessine une conception chère aux mécanistes modernes : la réduction de tout composé à une simple juxtaposition d'éléments inchangés.

D'après *Anaxagore* (500 av. J.-C.), chaque corps contient des particules de toutes les autres espèces, en sorte qu'il est à lui seul un monde en miniature, « omnia in omnibus ». Bien qu'il recoure au mouvement pour expliquer l'union et la dissociation des particules matérielles, il attribue la causalité efficiente de toutes les activités naturelles à un principe supérieur, à un être intelligent.

A son tour *Démocrite* (460 av. J.-C.) imprime au mécanisme une impulsion considérable. L'identité ou l'homogénéité de la matière cosmique, la constitution atomique des corps, la réduction de toutes les forces matérielles au mouvement local sont élevées par lui à la hauteur de principes

qui est actuellement défendu par la grande majorité des physiciens. La critique de la réduction de tous les phénomènes au mouvement local, dogme fondamental du mécanisme ancien et actuel, exigeait donc une discussion approfondie.

2° En second lieu, cette discussion du mécanisme, basée entièrement sur les faits, nous paraît une préparation très utile à l'intelligence des doctrines essentielles de la théorie scolastique. En somme, les trois propositions suivantes résument l'objet de ce débat : *a)* Y a-t-il des qualités dans le monde minéral, ou bien n'y a-t-il que des modalités d'une même réalité homogène, savoir le mouvement local ? *b)* L'activité a-t-elle sa source et son origine dans le fond même de l'être, ou ne lui est-elle qu'une ajoute extrinsèque ? *c)* Les activités des êtres sont-elles réglées par un principe interne d'orientation, ou suffit-il de leur appliquer les lois rigides de la mécanique ?

Or, ces trois doctrines qui différencient le thomisme du mécanisme, on les voit naître, se développer, révéler leur signification réelle et leur importance, à mesure que se déroulent la description des faits et la critique de l'interprétation que nous en donne le mécanisme.

physiques incontestables. Dans ce système, plus de cause
efficiente première, plus de cause finale. Le mouvement est
sans but comme il est sans origine et sans terme. Tout a son
explication dans le mouvement éternel de la matière et les
lois d'un déterminisme absolu [1]).

Epicure (342-270 av. J.-C.), admirateur enthousiaste de
Démocrite, reprend pour son compte les principes fondamentaux de la physique de son devancier, en y introduisant
une légère modification relative à la cause du mouvement.
Dans la théorie épicurienne, en effet, l'atome est automoteur.
Quoique soumis à l'action de la pesanteur qui l'incline à
tomber en ligne droite, il possède la faculté de changer la
direction de son mouvement sans qu'aucune cause interne
ou externe vienne déterminer cette déviation. Par cette étonnante hypothèse, Epicure voulait avant tout concilier la cause
du mouvement avec la possibilité de la rencontre et de la
combinaison des masses corpusculaires.

8. Le mécanisme après le XVe siècle. — Après Epicure, l'atomisme disparaît prsque complètement du monde
philosophique pendant de longs siècles. Ce n'est qu'à l'époque
de la renaissance qu'il acquiert un regain de vitalité en la
personne de Bacon de Vérulam, Magnen et Gassendi. Mais
ces tentatives de restauration, encore isolées, rencontrent
bientôt un courant de sympathie dans le monde savant. C'est
alors qu'apparaît Descartes, le véritable fondateur de cette
forme de mécanisme qui domina la science et la philospohie
jusqu'à la fin du siècle dernier.

Mathématicien avant tout, *Descartes* (1596-1650) veut
ériger sa cosmologie d'après la méthode géométrique [2]).
Comme la géométrie débute par les propositions les plus
simples pour arriver par voie de raisonnement et de déduction aux vérités les plus complexes, le philosophe français
recherche quelle est, parmi les attributs du corps, la propriété primordiale, la plus évidente, la plus universelle. Il
s'arrête à l'étendue. Il nous est permis, dit-il, de supprimer.

---

[1]) CH. HUIT, *La philosophie de la nature chez les anciens*, p. 309.
Paris, Fontemoing, 1901.
[2]) CARTESIUS, *Principiorum philosophiae*, P. II, n. 64, p. 49.

par la pensée, toutes les qualités d'un corps, sans que celui-ci
cesse d'être pour nous un corps réel, à condition toutefois
de lui conserver son extension en longueur, largeur et épaisseur [1]).

L'étendue est donc le premier et unique constitutif du
corps, elle en est l'essence.

Ce principe établi, Descartes refuse à la matière les propriétés qui ne peuvent logiquement se déduire de l'analyse
de l'étendue :

1° D'abord, il s'en prend à l'activité, car aucun principe
interne d'action n'est contenu dans la notion d'étendue. Il
rejette donc les formes substantielles, les causes finales et les
qualités actives.

2° En second lieu, l'extension, dit Descartes, restant partout et toujours homogène, ne faut-il pas que la matière dont
elle est l'essence, le soit au même titre ?

3° Du principe énoncé, résulte aussi, d'après lui, l'impossibilité absolue du vide. En effet, le vide a une certaine
étendue. Or cette propriété est le constitutif du corps. Admettre le vide dans le monde revient donc à identifier cette
notion avec la présence de la matière, — ce qui implique
contradiction.

4° Enfin, si l'extension est divisible à l'infini, il ne peut
exister de particules absolument insécables, autrement dit,
des atomes.

5° Tous les phénomènes sont des modes du mouvement
communiqué par Dieu aux masses matérielles au moment
même de la création : le mouvement ne pouvant avoir sa
raison d'être dans l'étendue passive doit provenir d'une
cause extrinsèque.

Le mécanisme cartésien manquait de base scientifique. Il
avait été édifié *a priori*, c'est-à-dire, sur le concept mathématique de l'étendue. Avec le XIXᵉ siècle, il entre dans une
phase nouvelle et devient, pour un grand nombre de savants,
la synthèse philosophique des résultats acquis par la
science [2]).

---

[1]) *Op. cit.*, P. II, n. 3, 4, 5.
[2]) DUHEM, *Physique et Métaphysique (Revue des Questions scien-
fiques*, p. 79, juillet 1893).

L'un des faits qui aient le plus contribué au succès et au crédit du mécanisme fut l'application faite par Dalton de l'hypothèse atomique au domaine de la chimie.

9. Le mécanisme des temps modernes. — Avant de nous engager dans l'étude de cette phase nouvelle du système, nous devons soigneusement distinguer deux sortes d'atomisme: l'un d'ordre purement scientifique, appelé *atomisme chimique ;* l'autre d'ordre métaphysique, appelé *atomisme philosophique* ou simplement *mécanisme.*

10. Atomisme chimique. — On distingue en chimie deux sortes de corps, les corps simples et les corps composés, qui résultent de l'association des premiers suivant des lois invariables de poids et de volumes.

Corps simple. — D'après la chimie moderne, les substances élémentaires sont constituées d'atomes, c'est-à-dire de corpuscules extrêmement ténus, réellement indivisibles par nos énergies *chimiques*, doués cependant des propriétés du corps sensible dont ils sont les plus petits représentants.

En général, les atomes n'existent pas à l'état isolé. Ils ont une tendance à former de petits groupes très résistants de deux, de quatre ou même parfois d'un plus grand nombre d'atomes. Ces groupes, que les agents physiques ordinaires arrivent à peine à dissocier, s'appellent « la molécule chimique » du corps simple. A leur tour, les molécules chimiques s'unissent en des intégrations plus complexes, appelées « molécules physiques. ». Et de l'union de ces dernières résulte finalement le corps sensible.

Corps composé. — Par définition même, tout composé résulte de la combinaison de plusieurs corps simples. Il doit donc renfermer dans ses parties constitutives les plus infimes plusieurs atomes d'*espèce différente*. On donne le nom de « molécule chimique du composé » à la plus petite quantité de ce corps qui puisse jouir d'une existence isolée. Ex. : NaCl.

De même que chez les corps simples, ces molécules s'associent pour former des molécules physiques plus complexes d'où résulte le corps naturel.

Telle est, dans ses grandes lignes, l'hypothèse de la constitution atomique de la matière.

Conformément à ces idées, le chimiste décrit par le détail les propriétés physiques et chimiques des générateurs, le résultat de la combinaison, les circonstances qui l'accompagnent, les lois qui président aux métamorphoses naturelles des corps. Il donne le signalement de chaque composé en une *formule moléculaire* qui indique les corps simples et le nombre d'atomes contenus dans leur molécule chimique, ex. : CO_2. Enfin des *formules de structure* mettent en relief le jeu des activités atomiques préludant à la formation du composé nouveau.

Ainsi conçue, la théorie atomique appartient exclusivement au domaine des sciences. Dégagée de toute opinion soit sur la nature des corps simples et de leurs propriétés, soit sur l'essence substantielle de la molécule du composé, elle laisse le champ libre aux conceptions philosophiques qui s'étendent à l'au-delà des données expérimentales.

11. Atomisme philosophique ou mécanisme traditionnel. — Ce système est l'interprétation philosophique de l'atomisme chimique. Il se ramène aux propositions suivantes :

1º Les atomes des corps simples sont des masses homogènes ou de même nature. Il n'existe entre eux qu'une différence quantitative de masse et de mouvement.

2º Toutes les propriétés corporelles se réduisent à des modalités du mouvement local.

3º L'entité substantielle de l'atome est d'elle-même inerte, dépourvue de tout principe immanent d'activité. Le mouvement local communiqué constitue la totalité de son énergie d'emprunt.

4º La finalité intrinsèque ou l'adaptation substantielle des êtres à des fins déterminées est une fiction inutile à la cosmologie moderne. Pour expliquer le jeu des activités naturelles et la succession harmonieuse des phénomènes matériels, il suffit de faire appel aux lois de la mécanique.

5º La molécule du composé est un petit édifice construit à l'aide de masses atomiques diverses dont chacune conserve son être indestructible.

En résumé, l'explication de l'univers n'exige que deux facteurs : la *masse homogène* et le *mouvement local* communiqué, transmissible et transformable en de multiples modalités.

Telle est la théorie cosmologique qui fut préférée de la plupart des savants jusqu'à la fin du siècle dernier [1]).

[1]) Cfr. P. SECCHI, *Unité des forces physiques*. Paris, Savi, 1869. — CLAUSIUS, *Théorie mécanique de la chaleur*, 2 vol. Paris, Hetzel. — TYNDALL, *La chaleur comme mode de mouvement*, 1878. — TAIT, *Esquisse historique de la théorie dynamique de la chaleur*. Paris, Gauthier-Villars, 1870. — BALFOUR-STEWART, *La conservation de l'énergie. La nature de la force.* — TAINE, *De l'intelligence*, t. I. Paris, Hachette, 1878. — HELMHOLTZ, *Mémoire sur la conservation de la force*. Paris, Masson, 1879. — BERTHELOT, *Essai de mécanique chimique*. Paris, Dunod, 1879. — DU BOIS-REYMOND, *Ueber die Grenzen des Naturerkennens.* — W. THOMSON, *Conférences scientifiques*, trad. française, p. 142, 1890. — DE THIERRY, *Introduction à l'étude de la chimie*, p. 445. Paris, Masson, 1906, etc., etc.

Depuis quelques années, le mécanisme traditionnel perd progressivement de son crédit au profit du *néo-mécanisme* et de *l'énergétique*. Ces deux systèmes seront examinés plus loin.

CHAPITRE II

Examen de la théorie mécanique

Une théorie ne prend rang dans la science qu'à la condition de pouvoir rendre compte des faits qu'elle a mission d'expliquer.

Or, cette condition n'est pas remplie par le mécanisme.

ART. I. — FAITS DE L'ORDRE CHIMIQUE

§ I. — *Les poids atomiques*

12. Diversité et constance des poids atomiques. — Les quatre-vingt-cinq corps simples actuellement connus ont chacun leur poids atomique spécifique. Ces masses atomiques forment une échelle continue qui s'étend de l'hydrogène, dont le poids atomique est représenté par l'unité, à l'uranium dont l'atome équivaut à 238,5. Or, chose étonnante, ces masses si différentes l'une de l'autre par leur quantité relative de matière, se montrent toutes également réfractaires au fractionnement. Elles conservent leur intégrité à travers les réactions chimiques.

13. Critique de l'explication mécanique. — En théorie mécanique, on ne peut faire appel, pour justifier la persistance constante des poids atomiques, qu'à deux réalités : la *masse* et le *mouvement*, car l'univers tout entier se réduit à ces deux facteurs.

Or, ni l'une ni l'autre ne rend compte du fait.

Si la *masse* est homogène, pourquoi la divisibilité de la matière s'arrête-t-elle à des masses atomiques d'inégale quantité ? Placer dans l'homogénéité de la matière la raison explicative de la diversité constante de ces poids, n'est-ce pas rattacher une diversité d'effet à une identité absolue de cause ?

De son côté, le *mouvement local* est tout aussi impuissant à maintenir l'inégalité constante des espèces atomiques.

C'est la loi de tous les atomes de pouvoir passer, au cours des réactions chimiques, par ces multiples vicissitudes qui dépriment ou réduisent à un minimum d'intensité leur énergie native. Les mouvements tutélaires de l'intégrité atomique auxquels les mécanistes recourent d'ordinaire, étant essentiellement variables et réductibles, on ne s'explique plus comment les masses élémentaires, une fois dépouillées de leurs agents protecteurs, triomphent toujours de toutes les causes physiques et chimiques qui tendent à les fractionner [1]).

§ 2. — *L'affinité chimique*

14. Notion de l'affinité. — L'affinité est la tendance élective en vertu de laquelle tels corps se portent vers tels autres pour réaliser des combinaisons déterminées. Chaque corps simple a sa tendance spécifique, son cercle d'éléments sympathiques.

15. Conception mécanique de l'affinité. Son insuffisance. — D'après l'hypothèse mécanique, deux corps ont de l'affinité l'un pour l'autre si leurs mouvements peuvent s'harmoniser, s'enchevêtrer, déterminer enfin un état d'équilibre stable. La tendance des éléments est tout extrinsèque ; elle dépend uniquement de l'impulsion communiquée aux atomes et de la direction qui en résulte.

Or, c'est un fait indéniable que l'impulsion et l'orientation du mouvement peuvent varier à l'infini dans les molécules des corps soumis à l'influence de la chaleur, de l'électricité ou d'autres forces physiques. L'affinité doit donc subir les mêmes variations et, dans ce cas, on se demande, à bon droit, pourquoi des corps quelconques ne finiraient pas toujours par se combiner.

---

[1]) Le P. Secchi avoue lui-même « que jusqu'ici, l'on n'a pas encore fourni la raison de la diversité constante des poids atomiques ». *Unité des forces physiques*, p. 133.

L'expérience nous atteste, au contraire, l'indifférence mutuelle invincible de certains éléments, le caractère spécifique
et invariable de l'affinité de certains autres.

§ 3. — *L'atomicité ou la valence*

16. Définition de l'atomicité. — On donne le nom d'*atomicité* à cette propriété, que possède chacun des atomes d'un
élément donné, de s'unir à 1, 2, 3, ... *n* atomes d'hydrogène
ou de chlore.

Bien que l'atomicité ne jouisse pas d'une constance absolue,
il serait faux d'en conclure qu'elle se trouve livrée aux caprices du hasard. Elle dépend de la nature des éléments, mais
elle est soumise dans des limites bien déterminées, à l'influence de certaines causes extrinsèques. On exprime ce fait
en disant qu'elle est *relativement constante*.

Critique. — Y a-t-il, dans l'hypothèse mécanique, une cause
capable de garantir cette constance relative ?

Évidemment non. Le mouvement local, on le sait, est le
seul agent auquel est dévolue la mission de déterminer le
nombre et le mode d'agencement des masses atomiques contenues dans la molécule du composé. Or, dans cette hypothèse,
les variations des mouvements internes correspondraient toujours à toutes les variations des causes externes, et l'atomicité
perdrait sa constance.

§ 4. — *La combinaison chimique*

Il existe entre la combinaison chimique et le simple mélange
une distinction essentielle qui se reconnaît à un triple caractère :

1º Tout composé est caractérisé par la disparition sans
retour de la plupart des propriétés physiques et chimiques.
des composants, et par l'apparition de propriétés nouvelles
permanentes.

2º Les combinaisons sont réglées par des lois de poids qui
ne se vérifient ni dans les actions physiques, ni dans le mélange.

3º Enfin, en général, un troisième signe révélateur des

combinaisons nous est fourni par la quantité considérable de chaleur mise en liberté dans le fait de la réaction chimique.

17. Premier signe de la combinaison : Les propriétés nouvelles du composé. — Quant à la nature de ces changements, les partisans du mécanisme ne partagent pas la même opinion.

1re *Opinion :* Selon les uns, les atomes conservent leurs propriétés au sein du composé. La combinaison, dit-on, est un équilibre stable, une coordination des mouvements atomiques. Elle se réalise sans porter aucun préjudice aux propriétés natives des éléments. Mais, comme ces mouvements élémentaires enlacés ne peuvent plus se manifester de la même manière qu'à l'état d'isolement, ils produisent sur nos organes une impression d'ensemble nouvelle, qui nous fait conclure à un changement interne et profond.

Critique. — Que penser de cette opinion ?

Elle est inconciliable avec le principe de la conservation de l'énergie.

Maintes combinaisons s'accompagnent d'un dégagement énorme de chaleur, d'électricité, de lumière, d'énergie chimique. Le milieu ambiant en profite, il s'échauffe, s'éclaire, s'électrise.

Or, tout gain d'énergie réalisé par un corps quelconque accuse toujours, d'après le principe précité, une perte équivalente subie par d'autres corps. L'énorme quantité de mouvements dégagés par les réactions mesure donc la perte réelle éprouvée par le composé nouveau ; en d'autres termes, elle mesure l'importance des changements intervenus dans les propriétés élémentaires.

2me *Opinion :* Plus soucieux de l'expérience, plusieurs mécanistes reconnaissent que les unions chimiques entraînent avec elles des modifications profondes dans les caractères des masses atomiques. Cette concession est importante. Mais l'erreur a sa logique ; et, nous le montrerons plus loin, pour avoir reconnu ce fait, la théorie mécanique se trouve dans l'impossibilité de concilier avec ses principes la décomposition régulière des corps, ainsi que la réintégration des éléments dans leur état naturel [1]).

[1]) Voir plus loin, p. 72.

18. Second signe des combinaisons : Les phénomènes thermiques. — Pour les mécanistes, la cause génératrice de la chaleur dégagée par les combinaisons chimiques est double : c'est, d'une part, l'intensité des chocs moléculaires ; de l'autre, la rupture de l'équilibre interatomique [1]).

Critique. — Cette explication mécanique paraîtra certes insuffisante, si l'on tient compte des deux caractères distinctifs des phénomènes thermiques : l'*intensité* et l'*invariabilité*.

La thermochimie nous apprend que 16 grammes d'oxygène en se combinant à 2 grammes d'hydrogène dégagent 59 calories, c'est-à-dire une force capable d'élever (59 × 425) 24.745 kilogrammes à un mètre de hauteur en une seconde. Or est-il croyable que 18 grammes de matière, dont les atomes sont d'ailleurs très rapprochés les uns des autres, puissent, en modifiant simplement leurs situations spatiales, donner subitement naissance à cet énorme déploiement d'énergie ? [2])

Quoi qu'il en soit, l'invariabilité de ce phénomène pour une combinaison donnée est en opposition manifeste avec la conception mécanique. Du moment qu'on identifie toutes les énergies chimiques avec le mouvement local pur et simple, la constance du phénomène, son indépendance relative vis-à-vis des énergies étrangères qui le provoquent, disparaissent fatalement. Un effet toujours identique à lui-même demande une cause stable, permanente, invariable. D'évidence, le mouvement ne jouit point de ces caractères.

19. Troisième signe : Les lois de poids. — La plupart des chimistes regardent l'indivisibilité physique des atomes comme le véritable fondement des lois pondérales. Telle fut notamment l'opinion de Dalton, le restaurateur de l'atomisme hellénique. Quel qu'en soit le bien-fondé, il paraît étonnant que les mécanistes recourent à l'indivisibilité atomique comme à un postulat évident, alors que, de tous les faits chimiques,

---

[1]) Cfr. SECCHI, *L'unité des forces physiques,* c. 14. — BERTHELOT, *Essai de mécanique chimique,* p. XXVII. Paris, Dunod, 1874.
[2]) Cfr. HANNEQUIN, *Essai critique sur l'hypothèse des atomes,* p. 191, Paris, Alcan, 1899. — STALLO, *La matière et la physique moderne,* p. 243. Paris, Alcan, 1884.

nul, peut-être, n'est plus manifestement opposé à leurs principes [1]).

§ 5. — *La récurrence des espèces chimiques*

20. Exposé du fait. — La matière élémentaire, emportée
par le tourbillon des activités chimiques, passe par des
milliers de composés où elle revêt chaque fois des propriétés
nouvelles. Les édifices moléculaires sont à peine formés que
déjà la nature s'en empare, les désagrège, soit pour remettre
leurs éléments en liberté, soit pour en faire des synthèses
plus complexes. Néanmoins, malgré ces métamorphoses profondes où les caractères distinctifs des corps semblent être
le jouet des forces matérielles, toujours se manifestent à nos
regards les mêmes espèces simples ou composées, douées
des mêmes propriétés chimiques et physiques.

21. Raisons explicatives de ce fait. — Parmi les conditions immédiates et manifestes auxquelles ce fait se trouve
soumis, il en est au moins trois dont les chimistes sont unanimes à reconnaître l'absolue nécessité :

1° La constance des affinités électives. Les associations
les plus bizarres, les plus désordonnées se réaliseraient à
chaque instant, si les affinités des corps se trouvaient livrées
aux caprices du hasard ou des circonstances contingentes
des réactions.

2° La fixité des lois de poids, car tout changement dans
les rapports pondéraux des masses réactionnelles se réper-
cute fatalement dans les caractères spécifiques de la synthèse.

3° Puisque les éléments se dépouillent dans le composé de
leurs caractères distinctifs, pour revêtir en commun un
ensemble de propriétés nouvelles, il faut que, dans le composé même, réside une cause qui puisse diviser l'action extérieure et différencier son effet : sinon, la réapparition simultanée des éléments avec leurs propriétés natives resterait
inexplicable.

22. Insuffisance de l'explication mécanique. — Ni
les lois de poids, ni l'affinité, nous l'avons prouvé plus haut,

[1]) Voir plus haut, p. 66-67.

ne se justifient à la lumière des principes du mécanisme. La seule condition qui appelle encore un examen spécial, c'est la troisième. Ici se présentent deux hypothèses · ou bien les atomes restent inchangés au sein du composé, — c'est l'opinion favorite d'un grand nombre de mécanistes, — ou bien ils y reçoivent des propriétés nouvelles.

Le mécanisme choisit-il la première, il explique sans doute la reviviscence des éléments et de leurs prop.iétés sous l'influence d'une même cause extrinsèque; mais il contredit au principe de la conservation de l'énergie [1]) et refuse toute croyance au témoignage des sens qui nous attestent à l'unanimité l'existence de changements profonds dans les éléments associés de la combinaison.

Veut-il accepter la seconde, il se met dans l'impossibilité · de rendre compte du fait en question.

En effet, d'une part, les atomes combinés sont dépouillés dans la synthèse de leurs propriétés natives ; d'autre part, en raison de leur identité essentielle, ils ne peuvent avoir aucune aptitude spéciale à recevoir telles ou telles propriétés déterminées : toute aptitude spécifique étant incompatible avec l'homogénéité des masses atomiques. Il n'existe donc aucune raison pour que l'agent extrinsèque qui vient enleveɪ à un composé un ou plusieurs de ses atomes constitutifs. leur restitue toujours à chacun les propriétés qui caractérisent leur état de liberté.

ART. II. — FAITS DE L'ORDRE PHYSIQUE

23. La forme cristalline. — Lorsque les corps passent lentement et à l'abri de toute cause perturbatrice de l'état liquide ou gazeux à l'état solide, beaucoup d'entɪe eux se revêtent de formes géométriques. On dit alors qu'ils sont cristallisés. En fait, la régularité que présentent les faces planes d'un cristal n'est que la manifestation sensible d'une régularité interne et invisible qui préside à l'orientation et à la distribution de la matière cristalline. ·

Ce qui intéresse le plus dans les phénomènes cristallogra-

[1]) **Voir plus haut, p. 69.**

phiques, c'est la loi énoncée par l'abbé Hauy : « Les corps de même composition chimique ont une même forme cristalline, les corps de composition différente ont aussi une forme cristalline différente » [1]).

24. Le mécanisme en cristallographie. — Pour rendre compte des propriétés des cristaux, les cristallographes supposent que la molécule du corps cristallisé est elle-même douée de la forme spécifique du cristal sensible. Cette molécule, qu'on appelle souvent l'*embryon cristallin*, est un édifice très complexe, constitué de nombreuses molécules chimiques. On n'est pas encore parvenu à déterminer le nombre des éléments constitutifs de la molécule cristalline, mais il est certain que ces éléments s'y trouvent agencés suivant des directions choisies et dans un ordre spécial à chaque espèce de corps. Il faut donc qu'un principe régulateur dirige l'agencement des molécules au sein du polyèdre cristallin, en fixe le nombre, en détermine enfin le mode d'union.

Or, le mouvement des particules homogènes, dépouillé par les mécanistes de toute tendance interne vers un but déterminé, de tout élément finaliste, est manifestement incapable de produire cette convergence harmonieuse des multiples parties constitutives de la molécule cristalline et de lui donner, avec une précision mathématique, sa forme spécifique. L'ordre que nous trouvons réalisé dans ces infiniment petits est un ordre stable, compliqué et manifestatif de l'espèce. Les facteurs indiqués par le mécanisme rendent

---

[1]) Il existe à cette règle deux exceptions apparentes : l'isomorphisme et le polymorphisme. On appelle *isomorphisme* la propriété que possèdent certains corps de pouvoir cristalliser ensemble et de revêtir une forme commune. On donne le nom de *polymorphisme* à la propriété en vertu de laquelle un corps peut cristalliser sous des formes primitives différentes. Une étude attentive de ces faits a permis aux cristallographes de les faire rentrer sous la loi générale. Cependant des expériences récentes ont prouvé que la forme cristalline subit parfois des variations nombreuses sous l'influence de la température. Il existe des corps qui peuvent revêtir sept formes cristallines différentes. La loi de l'abbé Hauy a donc moins d'importance qu'on l'avait cru d'abord. Il reste vrai cependant que dans les mêmes conditions physiques de pression et de température des corps divers, cristallisant isolément, revêtent d'ordinaire des formes cristallines différentes. Cfr. DE LAPPARENT, *La Philosophie minérale*. Paris, Bloud, 1910.

inintelligible aussi bien la spécificité du phénomène que sa
constance.

**25. Faits physiques proprement dits. Critique de l'in-
terprétation mécanique.** — De l'étude des phénomènes physiques découle une conclusion générale qu'il importe de signaler : tous les corps de la nature sont caractérisés par un
ensemble de propriétés qui leur donnent une place déterminée
dans l'échelle des êtres. Etat naturel, densité, forme cristalline,
propriétés relatives au son, à la chaleur, à la lumière, au magnétisme et à l'électricité, voilà autant·de critériums de spécification au service du physicien.

En second lieu, un fait non moins étonnant, c'est l'invariable récurrence de ces espèces physiques au sein des transformations incessantes de la matière. Toujours réapparaissent
les mêmes corps avec le même groupe de propriétés, groupe si
bien déterminé, qu'il suffirait à un physicien expert dans
l'étude de la matière, de connaître une seule des propriétés
pour donner le signalement complet de l'espèce à laquelle
elle appartient.

Enfin, bien que ces propriétés soient indépendantes les
unes des autres et puissent dès lors subir isolément des
modifications profondes, elles se retrouvent toujours unies
en un faisceau indissoluble où chacune d'elles, soit par son
degré d'intensité, soit par ses conditions d'activité, soit par
d'autres traits distinctifs, nous apparaît comme le rayonnement
visible de la nature corporelle qu'elle affecte.

Le mécanisme explique-t-il ce triple fait ? Nous ne le
croyons pas. Cette connexion qui relie invariablement tel
groupe de propriétés indépendantes à telle substance déterminée, ne se conçoit pas dans l'hypothèse d'une matière
homogène

Ou bien la matière manifesterait toujours et partout les
mêmes exigences, ou bien elle se montrerait indifférente à
recevoir tel faisceau de qualités accidentelles plutôt que tel
autre.

Dans ce second cas, rien ne s'oppose à ce qu'une même
substance, l'hydrogène par exemple, revête successivement
les propriétés de l'azote, du carbone ou de n'importe quel
corps.

Dans le premier cas, on ne voit plus pourquoi tel corps serait toujours doué de tel groupe de propriétés de préférence à tout autre, puisque l'homogénéité de la matière est incompatible avec des exigences spécifiques.

ART. III. — FAITS DE L'ORDRE MÉCANIQUE

§ 1. — *La théorie cinétique des gaz*

26. Exposé de la théorie. — Cette hypothèse a surtout pour but de rendre compte des propriétés caractéristiques de l'état gazeux, notamment de la pression que tout gaz exerce sur les parois du vase qui le contient.

Elle repose sur les postulats suivants :

1º Un gaz est composé de particules solides, douées d'une masse et d'un volume constants.

2º Ces particules jouissent d'une élasticité parfaite.

3º Elles sont animées d'un mouvement perpétuel et n'exercent, sauf à de très petites distances, aucune influence les unes sur les autres, en sorte que leurs mouvements restent libres et, partant, rectilignes [1]).

Selon cette théorie, la pression exercée par un gaz sur les parois du vase qui le retient captif, est le résultat des chocs innombrables que ces parois reçoivent des particules en mouvement.

27. Critique. — La théorie regarde l'élasticité parfaite des particules comme une condition indispensable pour assurer la perpétuité du mouvement et de la pression. Sans cette élasticité parfaite, les particules subiraient, à chaque rencontre, une perte de mouvement et le corps gazeux passerait bientôt au repos.

Or, cette supposition introduit une véritable contradiction dans le système mécanique, car le même atome qu'il déclare absolument élastique en physique, il le considère en chimie comme privé d'élasticité. Se peut-il que la même individualité atomique jouisse simultanément de deux attributs exclu-

---

[1]) CLAUSIUS, *Théorie mécanique de la chaleur*, t. II, pp. 186 et suiv. Paris, Hetzel. — STALLO, *La matière et la physique moderne*, p. 88.

sifs l'un de l'autre, ou change subitement de nature selon les besoins de la cause ?

De plus, en admettant l'élasticité des particules, l'hypothèse mécanique se voit obligée de réintégrer dans le monde de la matière l'élément « force » qu'elle en avait banni.

En effet, supposez deux atomes élastiques de même masse, se déplaçant avec la même vitesse en sens opposé, se rencontrant enfin suivant leur axe de translation et leur centre de gravité. Arrivés au contact, ils appuient l'un sur l'autre jusqu'au moment où viennent à cesser leurs mouvements respectifs. Comme ces atomes doivent rebrousser chemin, il faut que le mouvement qui renaît après leur rencontre, soit précédé d'une période très courte de repos absolu [1]).

Or, si l'immobilité complète précède les deux mouvements en arrière, il est impossible que ces mouvements proviennent d'un autre mouvement. Et, pour ne pas admettre un effet sans cause, il faut bien recourir à un pouvoir dynamique essentiellement distinct du mouvement, intrinsèque aux atomes, en un mot, à la *force d'élasticité*.

§ 2. — *La pesanteur*

28. Conception mécanique de la pesanteur. — La science moderne cherche à réduire toutes les forces de la nature matérielle à des modalités de l'attraction universelle dont Newton a exprimé la loi en disant : « La matière attire la matière proportionnellement aux masses et en raison inverse du carré de la distance ».

Rendre compte de cette propriété par les seuls facteurs de masse et de mouvement serait donc justifier le mécanisme dans le triple domaine de la physique, de la chimie et de l'astronomie.

La plus célèbre théorie, inventée dans ce but, est la *théorie des chocs* de Lesage.

La voici : L'espace est constamment parcouru par des courants de corps infiniment petits, se mouvant avec une

---

[1]) HIRN, *Analyse élémentaire de l'univers*, p. 237. Paris, Gauthier, 1868. — DRESSEL, *Lehrbuch der Physik*, S. 110. Fribourg, 1895.

vitesse presque infinie et venant des régions inconnues de l'univers. En raison de leur petitesse, la plupart d'entre eux trouvent facilement passage à travers les corps sensibles ordinaires, de sorte que toutes les parties de ces corps sont également frappées par les corpuscules. S'il n'y avait dans l'espace qu'un seul corps élémentaire ou un atome, celui-ci serait pareillement battu dans tous les sens. Mais deux corps quelconques· agissent naturellement comme écrans, et il en résulte que chacun reçoit un moins grand nombre de chocs du côté qui regarde l'autre. Ils sont donc attirés l'un vers l'autre [1]).

Cette théorie, on le voit, élimine l'élément force au profit du mouvement pur et simple.

29. Critique. — De deux hypothèses, l'une, écrit Maxwell : ou bien les corpuscules sont élastiques, et dans ce cas l'action gravitative devient nulle. En effet, grâce à leur élasticité, les corpuscules rebondissent avec la même vitesse qu'ils avaient en s'approchant du corps et emportent avec eux leur énergie native. Mais, comme ils rebondissent du corps dans une direction quelconque, ils seront en même nombre et auront la même vitesse que les corpuscules qui tendent vers le corps.

D'autre part, si les atomes propulseurs sont inélastiques, l'énergie des chocs se convertira en chaleur et, sous l'influence du calorique dégagé, les corps seront en peu de temps chauffés à blanc [2]). ·

ART. IV. — LE MÉCANISME AU POINT DE VUE PHILOSOPHIQUE

Le mécanisme attribue au mouvement trois propriétés fondamentales :

1º Le mouvement est le principe de toute activité matérielle : il préside à la genèse de tous les événements dont le monde est le théâtre.

---

[1]) LESAGE, *The unseen Universe*, § 140. — STALLO, *ouv. cité*, p. 42.
[2]) Voir d'autres critiques : PICTET, *Etude critique du matérialisme et du spiritualisme*, p. 239. Paris, Alcan, 1896. — HANNEQUIN, *Essai critique sur l'hypothèse des atomes*, p. 293. Paris, Alcan, 1899.

2⁰ Il a l'aptitude à se transformer en modalités multiples, tels la chaleur, le magnétisme, l'électricité, la lumière, la pesanteur.

3⁰ Il passe inchangé d'un corps à l'autre ; en un mot, il est transmissible.

Avant d'entreprendre l'examen de ces propositions, il importe de se faire une juste idée du *mouvement*.

30. Analyse métaphysique du mouvement local. — « Le mouvement, dit Aristote, est l'acte d'un être en puissance en tant qu'il est encore en susceptivité » [1].

Le mouvement est un acte, une détermination qu'il faut soigneusement distinguer d'une simple puissance d'agir ou de recevoir. La pierre en repos est *susceptible* de mouvement, mais n'est pas en mouvement. Celui-ci commencera avec l'actuation de la puissance. Le mouvement est, par conséquent, l'acte d'un être en susceptivité.

Cependant cet acte qui fixe le corps dans une position nouvelle et constitue toute la réalité mobile du mouvement, ne peut être quelque chose d'achevé ou de complet sous tous rapports. Si on considère la pierre qu'on a lancée dans l'espace au moment où elle occupe immobile sa position nouvelle, on peut dire qu'elle a été mue, mais elle n'est plus en mouvement. Pour la concevoir dans l'état de mouvement, on doit donc se la représenter comme s'acheminant vers une position ultérieure qui n'est plus son point de départ et n'est pas encore son lieu de repos.

En d'autres termes, bien que déterminé par une position nouvelle, le mobile n'apparaît en mouvement qu'à la condition de se trouver en puissance réceptive prochaine à l'égard d'une actuation ultérieure.

L'acte constitutif du mouvement se présente ainsi comme une réalité incomplète, affectée d'une double relation : relation avec un sujet récepteur ou mobile qu'elle détermine en le situant dans une nouvelle position spatiale ; relation avec un perfectionnement ultérieur ou position nouvelle que le mobile reçoit sans discontinuité.

---

[1] ARISTOTELES, *Naturalis Auscultationis...* lib. III, c. I.

§ 1. — *Premier principe du mécanisme :*
Le mouvement local est une force, une cause capable
de produire un effet mécanique

31. Réfutation. — D'après la définition donnée, le mouvement est une synthèse de trois éléments indissolublement unis. Il comprend : 1º un mobile en puissance réceptive ; 2º un acte ou une détermination qui met en valeur la puissance passive du mobile en lui donnant une localisation nouvelle ; 3º la tendance du mobile à recevoir *hic et nunc* d'autres déterminations spatiales.

Or, ni dans ces éléments considérés individuellement, ni dans leur ensemble n'apparaît le moindre indice d'un pouvoir d'action.

1º En vertu de son aptitude à passer du repos au mouvement, le mobile ne peut évidemment rien communiquer, rien produire ; il peut simplement recevoir sous l'influence d'une cause extérieure. *Passivité* exclusive de tout pouvoir dynamique, tel est le caractère essentiel de ce premier élément constitutif du mouvement.

2º Tout ce qu'il y a de réel dans le mouvement est la détermination continue par laquelle le corps se trouve fixé à chaque instant à des places différentes de l'espace. Or, cette actuation a pour unique effet de donner au corps qui la reçoit des positions tellement éphémères que l'une disparaît à la naissance de celle qui suit.

3º Enfin la tendance que possède le mobile à recevoir toujours des actuations ultérieures est, d'évidence, une tendance passive, incapable de produire un effet quelconque.

Le mouvement local, considéré dans ses éléments individuels et dans sa réalité intégrale, est donc impuissant à exercer une inuflence causale quelconque.

32. Objection. — Tout corps en mouvement n'est-il pas doué d'un pouvoir dynamique proportionné à l'intensité du mouvement dont il est animé ? Ne faut-il pas en conclure que le mouvement est la source de cette énergie ?

Un corps en mouvement peut assurément produire des effets mécaniques. Toutefois, la cause réelle de ces effets n'est pas le mouvement local, mais une force proprement dite, une qualité motrice inhérente au moteur.

D'abord, l'étude du mouvement prouve que cet accident est incapable d'exercer une causalité efficiente.

En second lieu, l'expérience confirme cette déduction.

Voici une bille de billard au repos. D'un coup sec bien appliqué vous la mettez en mouvement. Aussi longtemps que vous restez en contact avec la bille, vous pouvez attribuer le mouvement à l'exercice d'une force qui est en vous. Mais une fois le contact brisé et votre action terminée, quelle est la cause du mouvement qui se perpétue et ne cesserait même jamais s'il n'était constamment amoindri par les résistances extérieures ?

De deux choses, l'une : Ou bien les nouvelles positions de la bille ne sont rien, et dès lors il devient puéril d'attribuer à ce mouvement un pouvoir dynamique. Ou bien ces positions nouvelles sont des phénomènes réels ; dans ce cas, elles demandent une cause stable, permanente qui soit présente à ses effets, et partant réside dans le mobile. Car ce n'est plus vous qui produisez les parties fugitives et constamment renouvelées du mouvement, puisque vous cessez d'influencer la bille.

D'où vient cette énergie ? Elle fut communiquée à la bille au moment du choc ; elle est l'effet immédiat de votre action, et le mouvement n'en est que le résultat et la mesure partielle. Semblable aux autres qualités, cette force est de sa nature stable, permanente et ne peut être détruite que par une force contraire.

33. Objection. — Le mouvement une fois inauguré, ne porte-t-il pas en lui-même la cause de son perpétuel devenir, en ce sens que toute position spatiale cause elle-même la position qui la suit immédiatement ?

Cette hypothèse est combattue par les mécanistes eux-mêmes.

Dire en effet que toute place occupée par un corps lui donne le pouvoir de s'en procurer une autre, c'est affirmer que la matière en repos peut, de sa propre initiative, se communiquer le mouvement, et nier par conséquent la loi de l'inertie. Les places successives que parcourt un mobile en action ne sont pas d'une autre nature que la dernière place où le mobile jouit du repos. Il n'existe entre elles aucune différence réelle. Si les premières font partie du mouvement, c'est uniquement parce qu'à chacune d'elles est annexé un devenir en voie de réalisation.

§ 2. — *Deuxième principe du mécanisme : Le mouvement est transmissible d'un corps à l'autre*

34. Réfutation. — Comme toute réalité accidentelle, le mouvement est concrété et individualisé par son sujet d'inhérence, il en dépend intrinsèquement et doit lui rester attaché, sous peine de disparaître du monde réel.

L'hypothèse de la transmissibilité du mouvement est d'ailleurs condamnée par l'expérience.

La rencontre de deux corps, dont l'un est en repos et l'autre en mouvement, peut avoir pour résultat l'arrêt du moteur et la mise en mouvement du mobile.

D'où vient ce mouvement ?

A-t-il été transmis par le moteur ? Évidemment non. Au moment du contact, le moteur ne pouvait transmettre ni les positions qu'il avait parcourues, puisqu'elles n'existaient plus ; ni sa position actuelle, sinon il n'aurait plus de place dans l'espace ; ni les positions futures qu'il aurait pu recevoir, car elles se trouvent encore dans le domaine des purs possibles.

Aucune parcelle du mouvement du moteur n'a donc été transmise au mobile. Et comme le mouvement nouveau demande une cause, le recours à l'action des forces motrices que la rencontre a mises en branle, s'impose de toute nécessité.

§ 3. — *Troisième principe du mécanisme : Le mouvement local se transforme en chaleur, électricité, lumière, magnétisme, etc.*

Toutes les forces de la nature, dit-on, sont des modes de mouvement, susceptibles de se transformer les uns dans les autres.

35. Critique. — Pour qu'une chose se transforme en une

autre,il faut qu'elle se dépouille de certaines manières d'être qui caractérisent son état actuel, et qu'une partie de la chose transformable se retrouve dans le résultat final de la transformation.

A défaut de la première condition, la chose restant identique à elle-même ne subirait aucune transformation ; à défaut de la seconde, on aurait une annihilation suivie d'une création.

Or, dans aucun cas, un mouvement nouveau ne contient une partie du mouvement qui l'a précédé.

En effet, les actuations éphémères qui constituent toute la réalité du mouvement sont susceptibles de deux changements : changement de vitesse, changement de direction.

1º Changement de *vitesse :* A la suite d'une impulsion, un corps animé d'une vitesse de deux mètres à la seconde acquiert une vitesse deux fois plus grande.

Quel lien établir entre ces deux mouvements ?

Un simple lien de succession. A la série continue de positions occupées par le mobile et entièrement disparues, succède, au moment de l'impulsion, une série nouvelle de localisations fugitives. Impossible de retrouver dans cette seconde phase du phénomène le moindre résidu de la phase antérieure.

2º Changement de *direction* : Si un corps en mouvement reçoit un choc latéral, il change de direction, Or, dans cette direction nouvelle, peu importe d'ailleurs que le mouvement soit rotatoire, vibratoire ou ondulatoire, on ne saurait découvrir le vestige du mouvement qui l'a précédé, car au moment du choc toutes les déterminations spatiales antérieures étaient complètement disparues les unes après les autres.

Le mouvement n'est donc jamais le sujet d'une transformation quelconque.

Sans doute, la succession des phénomènes que nous venons d'analyser éveille l'idée d'un changement, ou mieux, d'une certaine transformation. Mais le grand tort du mécanisme fut de la placer dans le mouvement lui-même plutôt que dans sa cause réelle.

Dans les cas cités la force motrice du corps, et elle seule, a subi les modifications ou les altérations qui ont produit les changements de vitesse et de direction.

§4. — *Conclusion. L'échec du mécanisme*

36. Les causes générales de l'échec du mécanisme.

— 1º Le mécanisme a exagéré le rôle du mouvement et en a faussé le concept en l'identifiant avec le principe de tous les événements cosmiques. De là ses contradictions sur le terrain de la métaphysique et son impuissance à rendre compte de ce vaste ensemble de faits où, d'évidence, le mouvement ne peut tirer son origine du mouvement [1]).

2º Une seconde cause est le rejet de tout point de vue finaliste dans l'explication des faits scientifiques.

La récurrence invariable des mêmes espèces chimiques et physiques, l'indissoluble union de tel groupement de propriétés avec telle substance déterminée, en un mot, l'ordre cosmique demande une cause stable, permanente, un principe interne d'orientation ou de finalité qui soit propre à chaque corps et réellement spécifique. Or, ce principe, le mécanisme l'a rejeté en y substituant son dogme de l'homogénéité de la matière.

3º Enfin une troisième cause est l'identification et la réduction de toutes les forces de la nature aux modalités du mouvement local.

Bien que toutes les activités corporelles s'accompagnent de mouvement et se prêtent de ce chef à la constitution d'une physique mathématique, il est incontestable qu'elles présentent aussi un aspect *qualitatif* et différentiel qu'on ne découvre point dans les modalités du mouvement local ; cette face du phénomène échappe au calcul.

Pour avoir méconnu cette vérité, le mécanisme ne sut jamais donner qu'une explication incomplète des propriétés physiques de la matière [2]).

De plus, la doctrine erronée de la transmissibilité et de la convertibilité du mouvement en lumière, chaleur, électricité et magnétisme devint la conséquence fatale de cette réduction excessive.

---

[1]) Voir plus haut : l'affinité chimique, la théorie cinétique des gaz, la pesanteur, l'analyse métaphysique du mouvement, etc.
[2]) DUHEM, *Sur quelques extensions récentes de la statique et de la dynamique (Revue des Questions scientifiques*, tome I, avril 1901*)*.

DEUXIÈME PARTIE
Le néo=mécanisme

37. Idées essentielles de ce système. — 1º A l'encontre
du mécanisme traditionnel, le néo-mécanisme s'interdit toute
recherche, soit sur la nature intime de la substance, soit sur
la constitution des phénomènes. Il regarde ces deux problèmes comme étrangers à la science physique et les abandonne aux discussions des métaphysiciens. C'est une première
différence essentielle à établir entre ce système et le mécanisme
pur qui se prononçait avec autant d'assurance sur l'essence
de la substance et de ses propriétés que sur les lois expérimentales de la matière.

2º Fidèle à ce principe, le néo-mécanisme renonce aussi
à la recherche des causes entendues au sens métaphysique
du mot. Il se contente d'exprimer l'ordre de succession ou de
concomitance que nous offre l'expérience phénoménale, les
relations nécessaires qui enchaînent entre elles les données
sensibles afin de nous faire connaître les phénomènes et d'en
prévoir de nouveaux, et cela sans y faire intervenir jamais
l'idée de cause ou de pouvoir producteur. C'est un second
caractère qui le différencie du mécanisme traditionnel.

3º Pour ce système, le seul objet d'étude est donc le *phénomène*, non tel qu'il est en lui-même, mais tel qu'il nous
apparaît dans la perception sensible. Dans ce champ d'investigation restreint aux données expérimentales fournies par les
sens, il faut comprendre cependant, outre les perceptions
actuelles, les perceptions que l'avenir pourra rendre possibles. « N'a-t-on pas, dit-on, le droit de soupçonner une

structure de la matière qu'un jour l'expérience pourra déceler ? » Moins dogmatiste que l'ancien, le néo-mécanisme admet aussi que le phénomène, pour devenir objet de la science, doit se présenter sous un aspect *relatif*. Connaître un phénomène, c'est en connaître la mesure, les conditions de son apparition, de ses variations, de sa disparition, le lien qui le rattache à ses antécédents et à ses conséquents. Et cette connaissance même, valable relativement aux expériences actuelles, ne cesse d'être revisable par des expériences nouvelles.

4° Enfin, la tendance caractéristique du système est d'expliquer tous les phénomènes en les réduisant au mouvement local et aux lois qui le régissent. La théorie nouvelle n'affirme pas que ce travail d'homogénéisation soit déjà achevé ; il n'affirme même pas qu'il le sera un jour. Il croit simplement que pareille explication suffit aux besoins actuels et il espère qu'il en sera toujours ainsi dans l'avenir. « Le néo-mécanisme, écrit M. Rey, l'un des plus chauds partisans de ce système, emploie des éléments figurés empruntés à la représentation du mouvement. En partant du mouvement et des notions qu'il suggère, en les compliquant convenablement, on doit arriver à représenter l'objet de la physique dans sa totalité. Continuité des phénomènes physiques et des phénomènes mécaniques, et par suite entière représentabilité des phénomènes physiques à l'aide du mouvement, voilà les caractères... de l'esprit de la presque totalité des physiciens et des chimistes contemporains » [1]).

38. Origine de ce système. — La défiance du néo-mécanisme à l'égard de toute donnée métaphysique, ou plutôt l'exclusion du domaine de la physique de toute réalité qui ne soit pas purement expérimentale, est d'abord le résultat de certaines doctrines philosophiques sur la valeur de l'intelligence. A citer notamment la philosophie kantienne qui soustrait la substance aux prises de l'entendement, le positivisme qui déclare inconnaissable tout ce qui dépasse l'expérience sensible, le pragmatisme pour qui la métaphysique elle-même

---

(1) REY, *La théorie de la physique chez les physiciens contemporains,* pp. 225 et 258. Paris, Alcan, 1907.

n'est que la science de la synthèse finale de toutes les données de notre expérience. De là proviennent assurément ce phénoménalisme et ce relativisme dont se réclament les sciences physiques actuelles.

Une seconde cause est la conquête de la physique par les mathématiques. « La physique mathématique se détourne de l'essence des choses et de leur intérieur substantiel, pour se tourner vers leur ordre et leurs liaisons numériques, ainsi que vers leur structure fonctionnelle et mathématique » [1]).

D'autre part, si plusieurs modifications profondes apportées aux principes les plus accrédités de la mécanique traditionnelle invitaient les physiciens modernes à se montrer moins dogmatistes, par contre, le succès croissant de la théorie électronique, qui est d'inspiration mécanique, la fécondité de la théorie cinétique dans l'interprétation scientifique d'un grand nombre de phénomènes physico-chimiques, la facilité avec laquelle le mouvement se soumet aux mesures et aux calculs mathématiques, et enfin la tendance à l'unité si naturelle aux sciences physiques, toutes ces causes réunies devaient donner un crédit nouveau à la conception unitaire du monde phénoménal de la matière fondée sur le mouvement local [2]).

ART. II. — CRITIQUE DU NÉO-MÉCANISME

39. En quel sens est-il admissible ? — Ce système peut être envisagé sous des angles divers.

Nombreux sont les physiciens qui ne voient dans la théorie nouvelle, qu'une méthode de classification, un moyen simple

---

[1]) CASSIRER, *Das Erkenntnisproblem in der Philosophie und Wissenschaft der neuern Zeit*, vol. II, p. 530. Berlin, 1906-1907.
[2]) Le néo-mécanisme est la théorie actuellement dominante dans les sciences physico-chimiques. On peut citer parmi ses principaux représentants : PERRIN, *Traité de Chimie physique. Les principes.* Paris, Gauthier-Villars, 1913 ; *Les atomes.* Paris, Alcan, 1914. — LANGEVIN, *La dynamique électromagnétique (Les idées modernes).* Paris, Alcan, 1913. — BOUTY, *La vérité scientifique.* Paris, Flammarion, 1908. — HERTZ, *Gesammelte Werke*, vol. I. Leipzig, 1895. — REY, *La théorie de la physique chez les physiciens contemporains.* Paris, Alcan, 1907 ; *L'énergétique et le mécanisme.* Paris, Alcan, 1908 ; *La philosophie moderne.* Paris, Flammarion, 1911. — LORENTZ, *Mémoire à l'Académie d'Amsterdam.* Avril 1910, etc., etc.

et naturel de mettre de l'ordre dans les données expérimentales, de mesurer les phénomènes, de systématiser les lois
qui président à leur succession et à leurs changements, de
prévoir et de découvrir des phénomènes et des lois nouvelles.
L'explication mécanique, les modèles mécaniques ne sont
pour eux que des images utiles et fécondes, sans relation
nécessaire avec la réalité qu'ils n'ont point d'ailleurs la prétention d'atteindre [1]).

S'ils manifestent une complète indifférence à l'égard des
considérations d'ordre métaphysique, ils ne nient pas qu'il
puisse y avoir, au delà du domaine physique, d'autres réalités
dont la métaphysique a le droit de s'occuper.

Considéré sous cet aspect, le néo-mécanisme est absolument irréprochable. Pareille théorie, n'étant qu'un instrument
de découverte, d'exposition ou de systématisation, échappe
à toute critique philosophique.

**40. Conséquences philosophiques naturelles de ce
système.** — Il était bien difficile et l'expérience en a donné
déjà des preuves nombreuses, de garder en cette matière cette
sage réserve.

1º A se représenter tous les phénomènes sous l'aspect du
mouvement local, à les réduire tous à cette unité fondamentale, à bannir toujours et partout de l'explication physique
l'élément qualitatif au profit exclusif de l'élément quantitatif,
on arrive, par une pente bien naturelle et facile, à identifier
toute la réalité du phénomène avec l'aspect particulier sous
lequel on s'est plu à le considérer. La tentation de croire au
fait de la réduction totale des phénomènes au mouvement
local devient irrésistible pour qui cherche à la réaliser, ne
fût-ce qu'à titre de méthode. C'est, on le voit, le retour au
dogme fondamental du mécanisme traditionnel : « les propriétés de la matière *ne sont* que du mouvement local ».

2º Cette conséquence naturelle en amène une autre. Ne
serait-il pas illogique de croire à l'homogénéité réelle des
phénomènes et de ne pas souscrire du même coup à l'unité
essentielle de la matière ? Si toutes les propriétés ne sont au

---

[1]) PICARD, *La science moderne et son état actuel*, p. 128. Paris, Flammarion, 1911.

fond que du mouvement local, pourquoi donc des quantités différentes de mouvement requerraient-elles des substances *spécifiquement* distinctes ?

Le physicien peut bien faire abstraction de cette conséquence qui nous ramène au second dogme du mécanisme traditionnel ; le cosmologue, au contraire, est tenu de la relever et de l'admettre s'il adopte la conception des phénomènes préconisée par le néo-mécanisme.

3° Lorsque l'intelligence s'est habituée à ne voir dans tout enchaînement de phénomènes que l'ordre de succession, lorsqu'elle néglige systématiquement le rapport de cause à effet qui est, en réalité, la raison explicative de la succession, elle est bien exposée à méconnaître l'existence même de la causalité. Au surplus, dans l'hypothèse où l'on accorderait droit de cité à la causalité efficiente, il faudrait bien l'attribuer à l'élément fondamental de tous les phénomènes, savoir le mouvement local, puisque la nature matérielle est censée ne contenir aucun principe qualitatif. Ainsi se révélerait un nouveau lien de parenté entre le mécanisme ancien et le néo-mécanisme.

41. Conclusion. — En résumé, le nouveau mécanisme peut, s'il reste fidèle à son programme, se mettre à l'abri de toute critique philosophique.

Mais sa méthode de réduction de tous les phénomènes au mouvement local, son indifférence complète à l'égard de toute réalité qui ne soit pas contenue dans le champ de la perception sensible, l'exposent à un retour déguisé, mais réel aux dogmes philosophiques fondamentaux du mécanisme traditionnel.

TROSIÈME PARTIE
Le mécanisme dynamique

————

42. Exposé du système. — Les idées, mères de ce système se ramènent aux trois propositions suivantes :

1º La matière est essentiellement homogène.

2º Des forces *exclusivement mécaniques*, c'est-à-dire destinées à ne produire que du mouvement, suffisent à l'explication de tous les phénomènes matériels.

3º Dans toutes les phases de leur évolution, les atomes intransformables conservent toujours leur être propre.

La première et la troisième proposition sont empruntées au mécanisme et constituent le fonds commun de ces deux théories. La seconde, qui substitue des énergies mécaniques au mouvement local, caractérise le mécanisme dynamique.

Généralement d'accord sur ces données principielles, les auteurs se divisent quand il s'agit de déterminer le nombre et la nature des forces mises en jeu par la matière.

Les uns les partagent en trois catégories : 1º Les *forces attractives* et *répulsives ;* elles agissent à distance et tendent sans relâche à produire le mouvement. 2º La *force d'impulsion* dont la spécialité est de communiquer le mouvement par le choc ou la pression. 3º La *force d'inertie* qui maintient les corps dans leur état de repos ou de mouvement en ligne droite [1]).

D'autres n'accordent à la matière qu'une seule force essentielle primordiale, la *pesanteur*. Selon ces auteurs, toutes les autres énergies ne sont que des modalités de la force gravifique [2]).

——————

[1]) H. MARTIN, *Philosophie spiritualiste de la nature*, t. II, c. 20, p. 87.

[2]) Cfr. JAHR, *Urkraft der Gravitation :* « Licht, Warme, Magnetismus,

Il en est pour qui la *force de résistance* «.. essentiellement inhérente à la matière » constitue la seule énergie vraiment irréductible [1]).

Enfin, plusieurs hommes de science donnent leur préférence à la théorie dualiste des *forces attractives* et *répulsives*.

43. Examen du mécanisme dynamique. Premier principe : l'homogénéité de la matière. — Le grand fait qui domine les activités de l'univers est le double finalisme d'organisation et de destination qu'on rencontre à chaque pas dans les œuvres de la nature.

Tout corps est visiblement le sujet d'une tendance immanente en vertu de laquelle il poursuit, d'après des lois invariables, ses destinées naturelles. C'est pour avoir méconnu ce principe fondamental, manifesté par les harmonies de l'univers et la constante récurrence des mêmes espèces, que le mécanisme se heurte à d'insurmontables difficultés dans le domaine de la chimie, de la physique, de la cristallographie.

Or, en reprenant pour son compte la thèse de l'homogénéité de la matière, le mécanisme dynamique supprime toute finalité interne, ou du moins, il ne peut la maintenir qu'en la dépouillant de ses caractères distinctifs.

Il n'y a pas de place pour des tendances électives dans une matière partout identique. Fussent-ils pourvus d'inclinations foncières, des corps de même nature ont, de toute nécessité, la même orientation vers des fins absolument semblables.

Or, c'est justement sur la diversité des tendances internes que repose la diversité des propriétés, le caractère différentiel des activités des êtres, en un mot, l'ordre cosmique [2]).

Le mécanisme mitigé conduit encore à une autre conséquence non moins grave.

Si les atomes sont indestructibles et intransformables, l'unité essentielle ne devient-elle pas l'apanage exclusif des masses atomiques ? Les composés inorganiques, le végétal, l'animal

Elektricität, chemische Kraft, etc. sind sekundäre Erscheinungen der Urkraft der Welt ». Berlin, Enslin, 1889. — BOUCHER, *Essai sur l'hyper-espace*, p. 123. Paris, Alcan, 1905. — NEWTON, *Optices* l. **III**, q. 31.

[1]) P. TONGIORGI, *Cosmologia*, lib. I, c. III, a. 2.
[2]) Cfr. plus loin, n. 125 et 126.

et l'homme lui-même ne doivent-ils pas être regardés comme des colonies d'individualités enchaînées par les forces mécaniques ?

Or, la science biologique aussi bien que la métaphysique condamnent pareilles conclusions.

44. Second principe : Toutes les forces corporelles sont exclusivement mécaniques. — Bien que toutes les forces matérielles soient toujours accompagnées de mouvement local et méritent, de ce chef, le nom de forces mécaniques, plusieurs d'entre elles ont, en outre, un mode spécifique d'action. Telles sont les énergies physiques : la lumière, l'électricité, la chaleur, le son.

Destinées avant tout à produire ces qualités différentielles que nous nommons état thermique, couleur, etc., états manifestement irréductibles à un simple déplacement de matière, elles se distinguent essentiellement des forces mécaniques ordinaires dont l'effet propre est le mouvement local [1]).

Tel est le langage des faits. En niant cette diversité spécifique, le mécanisme dynamique contredit donc au témoignage des sens sans y être cependant contraint par aucune donnée d'expérience.

En effet, des physiciens et chimistes d'une incontestable valeur ne craignent pas d'affirmer qu'à l'heure présente, aucun fait ne justifie la réduction de toutes les énergies matérielles à des forces purement mécaniques [2]).

45. Objection. — La chaleur, le son, la lumière, etc., sont soumis aux mêmes lois générales de la réflexion, de la réfraction, de l'interférence. Pareil fait ne se comprend plus si ces énergies se distinguent entre elles par des caractères spécifiques.

Il est incontestable que plusieurs lois d'ordre physique

---

[1]) V. plus loin les preuves de cette théorie, n. 97 et 98, pp. 136 et 137. Cfr. BOUTROUX, *De la contingence des lois de la nature*, 2ᵉ éd., p. 64. Paris, Alcan, 1895.

[2]) Cfr. DUHEM, *Sur quelques extensions récentes de la statique et de la dynamique (Revue des Quest. scient.)*, t. L, avril 1901. — VIGNON, *Notion de la force*, etc. Paris, Société biologique de France, 1900. — HIRN, *La notion de force. L'analyse élémentaire de l'univers*. Paris, Gauthier-Villars. — DUHEM, *L'évolution de la mécanique*. Paris, Joannin, 1903. — OSTWALD, *L'énergie*. Paris, Alcan, 1910.

s'étendent à des énergies regardées par nous comme hétérogènes. Mais ce fait n'offre rien que la théorie scolastique ne puisse admettre ou qui prouve l'identité des forces corporelles. En effet, toutes les lois découvertes par la physique expérimentale sont relatives à l'aspect mécanique des phénomènes. Or, d'après la doctrine scolastique, toute activité, quelle que soit d'ailleurs sa nature, est toujours accompagnée de mouvement. Il n'est donc pas étonnant que toutes les forces se soumettent, grâce à cette propriété commune, à certaines lois générales de physique.

46. Conclusion. — Le mécanisme dynamique s'est arrêté à mi-chemin. A l'encontre du mécanisme pur, il a compris, qu'à dépouiller la matière de tout principe interne d'activité, la philosophie s'interdit manifestement l'explication dernière des faits, et livre l'univers aux caprices du hasard. Cédant aux exigences de l'ordre, il a donc doué la matière de forces proprement dites. Mais, pour avoir nié la diversité substantielle des êtres, il s'est mis dans l'impossibilité de justifier la diversité constante que l'on observe entre les groupes de propriétés accidentelles.

Ce système est un acheminement vers la théorie scolastique et doit fatalement y arriver, sous peine de ne donner qu'une solution incomplète du problème cosmologique.

QUATRIÈME PARTIE
Le dynamisme

47. Idées principielles de ce système. — La pensée dynamiste a revêtu des formes multiples. Érigée par Leibniz en un système complet de cosmologie, elle a subi de nombreuses et profondes modifications, surtout au siècle dernier, en sorte qu'à l'heure présente, les idées principielles réellement communes à tous les systèmes se résument en un petit nombre de propositions :

1º Il n'existe dans l'univers que des éléments ou groupes d'éléments simples, *réellement* inétendus.

2º La force constitue toute leur essence.

3º Selon la plupart des dynamistes, l'action a toujours lieu à distance.

4º Les phénomènes, quelle que soit d'ailleurs leur diversité, résultent du conflit des forces élémentaires, et ne sont, en réalité, que des modes de mouvement [1]).

§ 1. — *Il y a de l'étendue formelle dans le monde de la matière*

48. Preuve tirée du témoignage de la conscience. — 1º Tous les dynamistes reconnaissent, qu'au moins dans le domaine de la sensation, les corps nous apparaissent comme

---

[1]) Les principaux chefs de systèmes dynamistes sont : Leibniz, Œuvres philosophiques de Leibniz : *Lettre écrite en* 1693 ; *la Monadologie*, p. 595, nº 7 ; *De la nature en elle-même*, p. 561. — Kant,

des réalités affectées d'étendue. Cette extension phénoménale ou subjective est d'ailleurs un fait qui s'impose à la conscience de tout homme et persiste avec son caractère distinctif, même sous le regard de la réflexion.

Or, nous avons le droit et le devoir d'ajouter foi au témoignage des sens, de voir, dans les représentations sensibles, des copies du monde externe, aussi longtemps que les sciences et la métaphysique n'en établissent pas l'inexactitude ou la fausseté par des preuves péremptoires. Nos sens sont des puissances passives dont les réactions vitales se mesurent aux influences reçues, lorsqu'ils se trouvent dans les conditions normales d'exercice.

L'étendue phénoménale est donc un effet interne auquel doit correspondre une cause externe proportionnée.

2° Dans l'hypothèse dynamiste, la perception d'une étendue, même purement phénoménale, est une anomalie inexplicable.

Quelle en serait la cause ? Les sens ? Mais si le dynamisme est vrai, les sens sont eux-mêmes constitués d'éléments simples, inétendus, qui ne possèdent, ni formellement, ni à l'état embryonnaire, les éléments intégrants de l'étendue réelle.

Est-ce peut-être l'influence combinée des agents extérieurs ? Là encore, on ne rencontre que des principes simples dont les actions inétendues se confondent en un point indivisible si elles se touchent.

49. Objection. — Aucun corps de la nature ne jouit d'une réelle continuité. Les masses les plus compactes contiennent des pores, des intervalles interatomiques ou intramoléculaires. Nos yeux nous trompent en nous les représentant comme des réalités continues. L'étendue est donc apparente.

Nous admettons volontiers que, dans le monde minéral, la

Metaphysische Anfangsgründe der Naturwissenschaft ; *Kritik der Urtheilskraft*. — BOSCOVICH, *Philosophia naturalis*, P. I. n° 7, Viennæ, 1759. — CARBONNELLE, *Les confins de la science et de la philosophie*, 3° éd , t. I, pp. 91-151. Paris, Palmé. — HIRN, *Analyse élémentaire de l'univers*, pp. 133 et suiv. — PALMIERI, *Institutiones philosophiae*, c. II, th. 16, Romæ, 1875.

vraie continuité n'appartient qu'aux atomes et aux molécules des composés. Pour nous, toute masse sensible est un agglomérat de particules, dans lequel on conçoit sans peine des vides apparents ou réels. Nos sens incapables de percevoir les petits intervalles qui brisent l'extension des corps naturels, sont donc imparfaits. Mais cette imperfection ne diminue en rien l'objectivité réelle de la perception de l'étendue, puisqu'en somme tous les agents externes, masses atomiques et moléculaires, jouissent réellement de cette propriété.

L'effet global produit dans nos organes sensoriels reçoit ainsi dans la théorie thomiste une explication complète.

La représentation subjective du continu a sa cause réelle : c'est l'influence de particules pourvues chacune d'extension continue [1]).

D'autre part, l'absence de divisions que comporte la réalité a sa raison d'être dans les limites imposées par la nature à la sensibilité de nos puissances organiques.

50. Preuve tirée de l'unité.—La doctrine dynamiste porte un coup fatal à l'unité des êtres supérieurs.

Ou bien les forces simples, constitutives d'un être, se touchent, ou bien elles sont à distance. Dans le premier cas, toutes se confondent en un point mathématique, car deux indivisibles en contact se touchent selon la totalité de leur être.

Dans le second cas, l'être vivant est une collection d'individus, incapables de s'influencer mutuellement, à moins qu'on ne suppose la possibilité de l'action à distance, hypothèse physiquement irréalisable [2]).

51. Objection. — La force est une réalité absolument simple ; l'étendue, au contraire, se prête à un fractionnement indéfini. La force est essentiellement active, l'étendue est

---

[1]) Cfr. MIELLE, *De substantiæ corporalis vi et ratione*, pp 274 et suiv. Lingonis, Rollet, 1894.

[2]) Pour échapper à ces critiques, le P. Palmieri et quelques dynamistes attibuent aux forces une *étendue virtuelle*.

D'après eux, l'atome n'est pas une entité dépourvue de tout volume réel. Il occupe un espace déterminé et, dans chacune des parties de cet espace, il réside tout entier, défendant par sa force de résistance l'inviolabilité de son département spatial. Or, dit-on, pareils atomes,

synonyme de passivité, de complète inertie. Or il est impossible que deux propriétés contraires affectent le même sujet ¹).

Le défaut de cette argumentation consiste à faire, de l'étendue et de la force, deux réalités opposées, alors qu'elles sont
simplement de nature différente

Le concept de force nous représente un *pouvoir d'action*,
sans plus. Il ne nous révèle point le mode d'être naturel suivant lequel ce pouvoir se trouve réalisé. Que la force existe
sous forme d'un point mathématique, ou qu'elle occupe une
portion déterminée de l'espace, son concept reste identique ;
en un mot, il fait abstraction de ces relations spatiales.

De là son aptitude réelle à désigner, soit des énergies étendues, telles les forces physiques et mécaniques, soit des forces
d'une nature simple, telles l'intelligence et la volonté.

L'étendue a pour rôle essentiel de répandre dans l'espace
tout ce qu'elle affecte, quelle que soit d'ailleurs la *nature* de
la chose localisée. Bien qu'elle ne contienne aucun pouvoir
dynamique, elle est apte à étendre aussi bien les énergies
corporelles que la quantité passive.

La force et l'étendue sont donc deux réalités distinctes,
mais parfaitement compatibles entre elles.

§ 2. — *L'essence du corps ne consiste pas dans une force ou un
ensemble de forces actives ; elle implique un élément passif*

Cette proposition, antithèse du dynamisme, est le résumé
de la doctrine scolastique. Elle se prouve par les arguments

bien que simples, peuvent se toucher sans se compénétrer, et provoquer dans nos organes sensoriels la perception d'une étendue apparente.
Que dire de cette conception nouvelle ?
Comme les autres systèmes dynamistes, elle supprime l'unité essentielle de tous les êtres vivants, puisque les atomes virtuellement étendus sont intransformables.
En second lieu, en accordant à tous les êtres un même mode d'existence, elle renverse la distinction essentielle qui sépare les esprits du
monde de la matière. Comme l'âme humaine, l'atome occuperait un
espace déterminé et résiderait dans chacune des parties de cet espace
avec la totalité de sa substance. Or, ce mode d'être est la caractéristique des substances spirituelles et la raison foncière de leurs activités
immatérielles.
¹) MAGY, *De la science de la nature;* p. 191. — BALMÈS, *Philosophie
fondamentale,* t. II, liv. III, c. 24, p. 97.

qui seront invoqués plus loin en faveur de la constitution dualiste des corps, c'est-à-dire de la composition de matière et de forme.

52. Objection. — Nous ne connaissons les corps que par les actions qu'ils exercent sur nos organes. Toute propriété incapable de nous impressionner nous est inconnue. Les corps se manifestent donc, et d'une manière exclusive, comme des principes d'activité [1]).

53. Critique. — Tous les phénomènes représentés par nos sens portent la marque de l'étendue. Les causes extérieures qui les déterminent, devant avoir les propriétés de leurs effets, sont donc des forces *répandues dans l'espace*, réellement étendues. Telle est la conclusion à laquelle nous conduit l'application du principe invoqué par les dynamistes eux-mêmes, principe qui consiste à reporter sur la cause les caractères de l'effet.

L'étendue, il est vrai, n'est pas un pouvoir dynamique. Mais si toutes les forces de la nature sont affectées de cette propriété, il est impossible qu'elles produisent un effet inétendu : la force répandue dans l'espace ne peut, en agissant, se dépouiller de son mode d'être ou se transformer en un élément simple.

Si donc les dynamistes ont le droit d'induire du fait de l'activité des corps, l'existence de substances actives, nous aussi nous avons le droit d'inférer de l'étendue, principe d'inertie et de passivité, la présence dans les corps d'un second élément constitutif, intimement uni au premier, mais essentiellement passif.

En second lieu, la passivité de la matière est pour nous tout aussi manifeste que son activité. En effet, tous les corps de l'univers sont, les uns à l'égard des autres, dans les relations d'agent et de patient. Aucun n'agit sans qu'un autre reçoive son action ; et tandis que le corps influencé réagit contre son moteur, celui-ci change de rôle et devient passif à son tour.

On le voit, quand il s'agit d'action transitive, l'activité et la passivité sont deux termes corrélatifs et inséparables.

---

[1]) UBAGHS, *Du dynamisme*, 2e éd., p. 24. Louvain, 1881. — OST-WALD, *Vorlesungen über Naturphilosophie*, S. 146. Leipzig.

§ 3. — *L'action à distance est physiquement impossible*

54. Sens de la proposition. — *Distance* est ici synonyme de vide absolu. La question qui se pose est de savoir si des corps, séparés l'un de l'autre par un intervalle vide de toute réalité, peuvent exercer l'un sur l'autre une influence réelle.

Ce problème se prête à une double interprétation :

1º L'action à distance est-elle en opposition avec des lois certaines du monde matériel ? En d'autres termes, est-elle *physiquement* impossible ?

2º Supposé que le contact immédiat soit, en fait, une condition indispensable d'action, au moins n'est-il pas au pouvoir du Créateur de l'éliminer ? Ce qui revient à se demander si l'action à distance est *métaphysiquement* possible.

Selon nous, des faits irrécusables établissent l'impossibilité physique de pareille activité. Mais jusqu'ici, on n'a pu découvrir aucune preuve péremptoire de son impossibilité métaphysique.

55. Insuffisance des arguments « a priori » tendant à prouver l'impossibilité absolue de l'action à distance. — Le concept d' « activité transitive » n'implique ni n'exclut la notion de contact immédiat. L'activité transitive suppose un agent dans lequel réside la force et d'où émane l'influence causale, un patient qui la reçoit ; et entre l'effet et la cause, une relation de proportionnalité exprimée par le principe de causalité.

La *force* mise en jeu, nous ne pouvons la concevoir ailleurs que dans l'être agissant. Car si elle est accidentelle, elle dépend intrinsèquement de son sujet d'inhérence. Si elle est substantielle, elle s'identifie avec lui. Quant à l'*effet*, il se réalise tout entier dans le sujet récepteur naturellement situé dans l'espace en dehors de l'agent ?

L'action passe-t-elle de l'agent au patient ?

Nullement, l'agent ne fait passer dans le sujet récepteur aucune réalité accidentelle dont il aurait été lui-même dépositaire ; sinon, toute activité efficiente se réduirait à un simple déplacement de réalités préexistantes, à une migration d'accidents.

Il ne se produit donc aucun transfert, aucun passage : l'effet *naît* et se consomme tout entier dans le patient, dépendamment d'une cause externe.

Or, dans cette analyse, ni le contact, ni la distance n'apparaissent comme une condition indispensable d'activité.

A la lumière de ces données, il est facile de montrer que tous les arguments *a priori* reposent sur une fausse conception de l'activité, ou ne sont que des pétitions de principe.

Première objection : Dans l'hypothèse de l'action à distance, l'être agit là où il n'est pas.

Distinguons : Si le corps agit à distance, l'action, c'est-à-dire la force active est là où n'est pas l'agent, *nego ;* cette force est inséparable de son sujet substantiel. — L'action, c'est-à-dire l'effet réalisé sous l'influence causale, est en dehors de l'agent, *concedo.* Et cela est vrai pour toute théorie.

Veut-on signifier que l'agent doit être en contact avec le terme de son activité ? On affirme ce qui est en question.

Deuxième objection : L'action à distance est possible, à condition que l'effet se transmette, à travers le vide, de l'agent au patient. Or pareille supposition est absurde.

Nous nions la majeure. L'effet ne traverse ni le vide ni le plein. Il ne peut jamais apparaître en dehors du sujet récepteur, car il dépend intrinsèquement de lui pour naître.

Troisième objection : L'agent, pour altérer le patient, doit exercer sur lui son influence. Or cela ne se conçoit pas sans contact.

La majeure de cet argument est indiscutable. La mineure est justement le point en litige. Affirmer n'est pas prouver.

56. L'hypothèse de l'action à distance est physiquement impossible. — Toutes les forces corporelles sont régies par une loi d'application constante, dont voici l'énoncé : « L'intensité de l'action qu'un corps exerce sur un autre, diminue à mesure que la distance augmente ; elle s'accroît, au contraire, à mesure que la distance diminue ».

Or ce fait est inexplicable dans l'hypothèse de l'action à distance.

Sans altérer les dispositions internes de l'agent et du patient, faisons varier la distance qui les sépare. Au reste, le vide, grand ou petit, n'étant rien, ne peut les modifier.

L'action, considérée dans l'agent, revêt une intensité invariable et indépendante de la distance, car les êtres matériels, dépourvus de liberté, ne changent point, à leur gré, la mesure de leur activité.

Considérée dans le patient, où rien n'est changé, elle se présente avec le degré d'intensité qu'elle avait dans l'agent. S'il y avait un changement, le milieu seul en serait cause. Mais le vide n'est rien, et l'action, n'ayant pas à le parcourir, ne peut se disséminer dans l'espace [1]).

Les variations de l'intensité, attestées par l'expérience, demeurent donc des effets sans cause, à moins de substituer au vide hypothétique la matière continue pondérable ou impondérable. Alors, l'amoindrissement progressif de l'action relève d'une cause proportionnée, à savoir les résistances croissantes du milieu.

---

[1]) Cfr. P. DE SAN, *Cosmologia*, pp. 353 et suiv. Lovanii, Fonteyn, 1881.

CINQUIÈME PARTIE
L'énergétique

57. Aperçu général. — Les changements dont le monde est le théâtre revêtent des formes multiples : la pierre qui tombe, la flamme qui pétille au foyer, le courant électrique qui actionne nos machines et l'éclair qui sillonne les nues, la puissance du fleuve qui brise ses digues, les affinités mystérieuses des corps chimiques qui, après être restées inertes pendant des siècles, peuvent, dans les conditions voulues, donner lieu à un déploiement considérable de chaleur, d'électricité, d'effets mécaniques, voilà sans doute des événements bien divers, en apparence même, presque étrangers l'un à l'autre. Cependant, à y regarder de près, on y retrouve toujours et partout, dit-on, sous des aspects changeants et variés, un même contenu essentiel, un même élément indestructible : l'énergie. La diversité n'affecte que la forme des phénomènes, la réalité qui se diversifie et persiste à travers toutes les phases des changements, est toujours l'énergie. En un mot, l'univers entier, au moins dans la mesure où il se révèle à nous, n'est qu'un vaste complexus d'énergies, dont nous désignons les éléments constitutifs sous les noms d'étendue, de volume, de forme, d'espace, d'électricité, de magnétisme, de mouvement, de pesanteur, de lumière, de chaleur, de matière, etc. Il n'est en effet, ajoute-t-on, aucune de ces réalités qui ne soit capable de nous impressionner, ou même de produire des effets mécaniques.

Pour l'énergétique, il n'y a donc dans le monde que de l'*énergie* et toute réalité cosmique en fait partie, soit comme facteur de *quantité*, soit comme facteur d'*intensité*, ou de

tension. L'énergie gravifique, par exemple, comprend deux
éléments constitutifs : l'un, l'élément quantitatif représenté
par des kilogrammes, l'autre, l'élément intensif exprimé par la
hauteur de chute. Le produit de ces deux facteurs constitue
l'énergie gravifique. D'évidence, la grandeur de cette énergie
dépend à la fois et de la grandeur du poids suspendu et de
l'étendue d'espace à parcourir.

L'énergie se présente sous des formes multiples qui sont,
d'après les énergétistes, de véritables espèces : à citer notamment, l'énergie du mouvement, l'énergie électrique, calorifique, gravifique, luminique, l'énergie chimique, l'énergie
nerveuse, etc. Mais toutes ces énergies peuvent néanmoins
se transformer les unes dans les autres, à tel point que tout
phénomène n'est qu'un changement ou une transformation
d'énergie. Deux principes régissent ces transformations :
1º Principe de la conservation de l'énergie ; il affirme que
malgré les changements de *forme*, la *quantité* d'énergie reste
la même. 2º Principe de Carnot qui peut être énoncé comme
suit : un phénomène n'est possible que là où il existe une
différence d'intensité ou de tension ; et l'énergie tend à se
diriger du point où elle est plus élevée vers le point où elle
l'est moins.

D'après ces données, l'énergétique se définit : une théorie
qui conçoit et représente tous les phénomènes de l'univers
comme des opérations effectuées sur les diverses énergies.

L'énergétique est un système de réaction contre le mécanisme. La théorie mécanique avait réduit l'univers à deux
facteurs, le mouvement local et la matière homogène ; elle
avait ainsi banni de la science la *qualité*, et interprété la
nature des réalités accidentelles et substantielles. A l'encontre de ce système, l'énergétique restaure le règne de la
qualité en admettant de nombreuses espèces d'énergies :
l'énergétique, dit Duhem, est la théorie mathématique de
la qualité. De plus, elle s'interdit tout jugement sur la *nature*
des réalités corporelles qu'elle étudie. Elle se contente de
décrire les énergies et leurs transformations, telles qu'elles
se présentent, de les mesurer, de rechercher des relations
numériques générales ou mathématiques entre ces diverses
grandeurs, etc.

Considérée du point de vue purement philosophique, l'énergétique se résume en quatre propositions.

58. Idées-mères de ce système. — 1º Il n'y a dans le monde d'autre réalité que l'énergie. 2º Toute énergie est constituée de deux facteurs : l'un, le facteur de quantité, l'autre, d'intensité. 3º Il existe différentes espèces d'énergies. 4º Toutes sont transformables les unes dans les autres.

59. Inductions propres à certains auteurs. — Plusieurs savants, notamment MM. Ostwald et Mach, croient pouvoir appuyer sur l'énergétique une conception phénoménaliste et moniste de l'univers. Pour M. Ostwald, 1º le monde ne serait qu'une énergie, réellement une, répandue dans l'espace et le temps, ou plutôt comprenant dans son unité synthétique l'espace et le temps, restant toujours elle-même sous des formes diverses. 2º Il n'y a point de substance, mais des phénomènes enchaînés les uns aux autres. 3º La matière n'existe pas ; ce qu'on désigne de ce nom n'est, en fait, qu'un complexus de trois facteurs d'énergie : le volume, le poids et la masse [1]).

ART. II. — CRITIQUE DE L'ÉNERGÉTIQUE

60. Avantages de l'énergétique. — Ce système se recommande par plusieurs de ses doctrines, et nous donne une vue plus exacte de la nature que le mécanisme et le dynamisme pur.

D'abord, il rejette comme antiscientifique et contraire à l'expérience vulgaire, la réduction de tous les phénomènes au mouvement local. Avec raison, il accorde une large place dans les études physiques à la qualité et proclame même l'existence de plusieurs éléments qualitatifs.

[1]) A consulter pour l'exposé de ce système : OSTWALD, *L'énergie.* Paris, Alcan, 1910. — *L'évolution d'une science.* Paris, Flammarion, 1909 — MACH, *La mécanique.* Paris, Hermann, 1904. — DUHEM, *L'évolution de la mécanique* Paris, Joannin, 1903. — PICARD, *La science moderne et son état actuel.* Paris, Flammarion, 1910. — POINCARÉ, *La physique moderne, son évolution.* Paris, Flammarion, 1909. — BRUNHES, *La dégradation de l'énergie.* Paris, Flammarion, 1908. — REY, *L'énergétique et le mécanisme,* Paris, Alcan 1908. — LEBON, *L évolution des forces* Paris, Flammarion, 1908. — NYS, *L'énergétique et la théorie scolastique (Revue Néo-Scolastique,* août 1911 et février 1912*).*

En second lieu, il s'abstient de tout jugement sur la nature substantielle des corps ; il exclut de la sorte de la physique un genre de recherches qui n'est pas de sa compétence. C'est en effet à la métaphysique qu'il appartient de solutionner les questions relatives à la substance des êtres.

Mais pour avoir évité certains écueils, ce système n'est pas à l'abri de toute critique.

61. Défauts de l'énergétique. — Son principal défaut est d'accorder à la nature matérielle un pouvoir dynamique exagéré, ou plutôt d'étendre ce pouvoir à de nombreuses propriétés qui en sont réellement dépourvues. Ce défaut lui est commun avec le dynamisme pur. Aussi, de ce premier point de vue, l'énergétique prête le flanc aux mêmes critiques. Pour les partisans de ce système, toutes les réalités corporelles doivent être regardées comme des éléments *constitutifs* de l'énergie ; l'étendue, le volume, l'espace, la distance, le temps, la forme du corps, la masse interviennent dans la constitution de diverses énergies. D'autre part, on ne conçoit point une énergie qui ne soit essentiellement un pouvoir d'action. Il en résulte que toute réalité corporelle se présente avec un caractère exclusivement actif ou comme un résultat d'activités. Or, il est clair qu'aucun des éléments précités, tels l'espace, l'étendue, le temps, etc., n'est doué d'un caractère dynamique.

Sans doute, toutes les propriétés, sans exception, ont à l'égard de la dynamique de l'univers, une certaine fonction à remplir : les unes sont de vrais éléments dynamiques, des principes d'action, notamment, la chaleur, l'électricité, la pesanteur, la force d'impulsion, l'affinité chimique, la lumière, etc. D'autres, bien que réellement distinctes des premières, nous fournissent la mesure de leur quantité ou de leur intensité, tels, par exemple, l'espace, la masse, etc. D'autres enfin conditionnent l'activité des agents cosmiques et même la mesurent partiellement, à citer le temps, l'espace, etc. Le terme « énergie » possède assez d'élasticité pour envelopper l'ensemble de ces éléments divers, à condition toutefois d'attribuer à chacun son rôle naturel. Le tort de l'énergétique fut de les considérer tous comme des *constitutifs* d'une même réalité complexe « l'énergie ».

62. Objection. — Les énergétistes nous mettent en garde contre la confusion trop commune de la force et de l'énergie. En général, la force, dit-on, n'est qu'une partie ou un élément de l'énergie. Dès lors, n'y a-t-il pas une distinction radicale à établir entre l'énergétique et le dynamisme pur ?

Nous ne le croyons pas. Toute quantité d'énergie peut être évaluée en travail. Et le travail, en mécanique, est équivalent au produit de l'intensité de la force par l'espace parcouru. Or, si la force n'est ici qu'une partie de l'énergie, la raison en est que, sous le nom de force, on entend seulement l'intensité de l'action, tandis que, sous le nom d'énergie, on comprend l'intensité et la quantité d'action. L'énergie reste donc un vrai pouvoir dynamique, considérée sous son double aspect qualitatif et quantitatif, bien qu'elle ne soit pas une force au sens mécanique du mot.

63. La théorie énergétique, fût-elle d'ailleurs établie, ne conduit ni à la négation de la matière, ni au phénoménalisme, ni au monisme. — On donne le nom de matière, dit Ostwald, à tout ce qui se révèle à nos sens comme un complexus de trois propriétés fondamentales, inséparables, l'étendue, le poids et la masse. Or, ces trois propriétés sont trois facteurs d'énergie dont l'union est nécessaire pour que les réalités de ce monde puissent constituer les objets de notre expérience. Si donc ces trois propriétés représentent le contenu intégral de la notion de matière et si, d'autre part, ces mêmes propriétés sont des éléments constitutifs de l'énergie, la matière est, d'évidence, un élément de superfétation [1]. Tel est l'unique argument dont se réclame le savant allemand pour nier l'existence de la matière.

D'abord, il est faux, nous l'avons dit, que ces trois réalités soient des éléments dynamiques. En second lieu, l'idée de matière ne comprend pas seulement ces trois propriétés fondamentales ; pour tous, elle exprime un groupement très complexe, d'une très grande richesse. On y trouve des propriétés d'ordre mécanique, tels le poids, la masse, l'étendue,

---

[1] OSTWALD, *L'énergie*, pp. 168-169; *L'évolution d'une science*, pp. 141 et suiv.

les forces attractives et répulsives ; d'autres propriétés d'ordre physique, l'électricité, le magnétisme, la chaleur, la lumière et la couleur ; enfin des propriétés spéciales rangées sous le nom générique d'affinité chimique. La matière, c'est ce tout stable, permanent, doué de cet ensemble de caractères variés, indissolublement unis entre eux, si solidaires l'un de l'autre qu'ils constituent pour chaque corps un signalement infaillible. Or, pareils groupements ne s'expliquent plus si l'on n'admet pas l'existence de substances qui soient comme la source, le trait d'union et le principe de stabilité de ces divers groupements.Nous retrouvons ainsi tous les éléments intégrants substantiels et accidentels du concept de matière.

L'énergétique elle-même ne peut se soustraire. à cette conséquence. Ou bien elle considère toutes les propriétés comme des modalités ou des aspects objectifs d'une même substance ; ou bien elle substantialise chacune des qualités corporelles et leur accorde une existence isolée. Dans la première hypothèse, elle admet l'existence de la substance matérielle ; dans la seconde, elle rend inintelligible le fait du groupement indissoluble des propriétés et attribue aux accidents l'être substantiel dont elle nie l'existence. Les partisans phénoménalistes de l'énergétique doivent donc, à moins de restituer à la matière tous ses droits traditionnels, multiplier sans motif les substances, ou souscrire à la plus manifeste des contradictions, savoir, qu'une chose existe, bien que dépourvue de ce que nécessite une existence complète.

Les énergétistes, au moins ils le prétendent, n'étudient que les phénomènes de la nature. Ce n'est point une raison suffisante pour refuser à ces réalités éphémères le substrat permanent, substantiel qu'elles réclament.

Quant au monisme énergétique, il provient d'une confusion entre l'ordre idéal et l'ordre réel. Pour avoir groupé sous un même terme « énergie » toutes les réalités de l'univers, on s'est imaginé que l'unification ou la réduction à l'unité, faite dans le concept, s'était du même coup réalisée dans le monde externe. En d'autres termes, on a cru que toute représentation intellectuelle doit être le décalque fidèle du réel expérimental et que toutes les propriétés de l'une se retrouvent intégralement dans l'autre. Telle est l'erreur fondamentale de ce monisme.

La vérité est tout autre. Bien qu'objectif, le concept a pour caractère propre et essentiel de représenter les choses réelles d'une manière abstraite, c'est-à-dire, sans ces multiples notes individuelles qui particularisent les êtres, les distinguent les uns des autres et ainsi les multiplient et même parfois les spécifient.

D'ailleurs, les faits d'expérience interne et externe condamnent la réduction de tous les êtres à la substance unique et universelle dont certains énergétistes professent l'existence.

64. Quelles sont donc les relations entre l'énergétique et le dynamisme ? — En résumé, on ne découvre entre ces deux systèmes qu'une seule idée commune : la conception dynamique de l'univers, conception d'après laquelle toutes les réalités corporelles sont des éléments intégrants ou constitutifs de l'énergie ou d'un pouvoir d'action. Les questions relatives à l'étendue et au mode d'activité des agents matériels sont étrangères aux préoccupations des énergétistes et peuvent même recevoir une solution opposée à celle des dynamistes.

En effet, nul énergétiste, à notre connaissance, n'a tenté de déterminer la manière d'être des facteurs quantitatifs ou intensifs de l'énergie. Ces facteurs sont-ils simples, sont-ils disséminés dans l'espace ou étendus ? Cette question, la théorie nouvelle s'interdit de la soulever, à plus forte raison, de la résoudre. D'autre part, le concept de force ou d'énergie implique essentiellement un pouvoir dynamique, mais ne nous révèle point le mode d'être naturel suivant lequel ce pouvoir d'action se trouve réalisé. Sans renoncer à l'idée maîtresse de leur système, les énergétistes peuvent donc, d'après leur préférence personnelle, douer d'étendue les éléments dynamiques ou en affirmer la simplicité.

Ainsi en est-il de l'action à distance. S'ils attribuent l'étendue aux facteurs d'énergie, il n'y a plus pour eux d'illogisme à se déclarer les adversaires convaincus de l'action à distance. Au contraire, la logique même des choses les force à y souscrire, s'ils se prononcent pour l'inétendue des forces et des énergies.

SIXIÈME PARTIE

La théorie scolastique

CHAPITRE I

Aperçu historique [1])

L'auteur de ce système est Aristote (384-322 av. J.-C.).
En 334, ce philosophe fonde à Athènes l'école péripatéticienne. Ses disciples restent, pour la plupart, fidèles à sa
pensée jusqu'au 1er siècle avant J.-C. Mais, à partir de ce.
temps, et jusqu'au vie siècle, époque de la disparition de la
philosophie grecque, le péripatétisme subit des altérations
profondes sous l'influence des infiltrations pythagoriciennes
et platoniciennes.

Durant la première période du moyen âge, qui s'étend du
ixe au xiie siècle, la philosophie occidentale ne reste pas
indifférente au système-hylémorphique du Stagirite. Toutefois, cette doctrine ne joue qu'un rôle effacé et est toujours
mal comprise.

---

[1]). Cfr DE WULF, *Histoire de la philosophie médiévale.* Louvain, 1912,
pp. 30 et suiv. Cette théorie a reçu différents noms : on l'appelle *théorie
aristotélicienne,* du nom de son inventeur ; *théorie péripatéticienne* ou
péripatétisme, parce que l'École de ce nom, fondée par Aristote, en fut,
dans l'antiquité, la dépositaire attitrée ; *théorie scolastique,* à cause·de
la place prépondérante qu'elle occupa dans l'enseignement de l'École
pendant la période médiévale ; *théorie thomiste,* en souvenir de son
principal représentant, saint Thomas d'Aquin ; enfin, *théorie hylémorphique,* ou de la *matière* et de la *forme,* car cette conception de l'essence
corporelle est une de ses doctrines fondamentales.

Les deux commentateurs les plus célèbres de cette époque sont Avicenne (980-1037) et Averroès (1126-1198).

Le XIIIe siècle est l'âge d'or de la scolastique.

Par l'intermédiaire des Aiabes et des Grecs de Byzance, l'Occident arrive à la connaissance des œuvres originales d'Aristote.

La physique et la métaphysique, où se trouve consignée la théorie cosmologique, sont vulgarisées, grâce aux nombreuses traductions latines qu'on en donne, et deviennent l'objet d'ardentes discussions. Une pléiade d'individualités marquantes exploitent cette mine nouvelle, notamment : Alexandre de Halès, Albert le Grand, saint Bonaventure, Henri de Gand, saint Thomas d'Aquin.

La seconde moitié du XIVe et la première moitié du XVe siècle comprennent la période de décadence. Le thomiste le plus distingué du XVe siècle fut Capreolus, appelé par ses contemporains « Princeps thomistarum ».

Du XVe au XVIIe siècle, la philosophie traditionnelle se trouve aux prises avec de nouveaux courants d'idées auxquels elle n'oppose qu'une faible résistance : la Renaissance et la Réforme. L'indifférence des thomistes à l'égard des progrès rapides des sciences naturelles, et le mépris des hommes de science pour les études spéculatives continuent à discréditer la vieille scolastique.

Cependant, cette époque produit encore des théologiens et philosophes de valeur, tels : Catejan, Sylvestre de Ferrare, Soto, Bannez, Jean de Saint-Thomas, Fonseca, Vasquez et Suarez.

Au commencement du XVIIe siècle, les travaux de Copernic, Galilée et Kepler donnent à l'astronomie et à la physique un essor considérable. Mais les importantes découvertes qui marquent ce réveil de la pensée scientifique, battent en brèche la physique aristotélicienne.

C'est alors que, confondant dans un même mépris le système philosophique d'Aristote et les conclusions scientifiques auxquelles ce système n'était nullement rivé, savants et philosophes abandonnent complètement l'œuvre du Stagirite.

Pendant la seconde moitié du siècle dernier, quelques

philosophes inaugurèrent une restauration de la philosophie traditionnelle. Ce furent Liberatore [1]) et Sanseverino [2]) en Italie, Kleutgen [3]) en Allemagne.

Ces généreuses tentatives, trop isolées, n'exerçaient encore qu'une action restreinte, lorsque Léon XIII, témoin du désarroi des intelligences en matière philosophique et effrayé du progrès de tant de systèmes erronés, vint recommander au monde chrétien, dans son encyclique *Æterni Patris*, le retour à la doctrine scolastique si admirablement codifiée par saint Thomas d'Aquin.

[1]) *Institutiones philosophicæ. — Du composé humain. — Della composizione sostanziale dei corpi.*
[2]) *Philosophia christiana cum antiqua et nova comparata.*
[3]) *La philosophie scolastique.*

CHAPITRE II

Exposé de la théorie scolastique

---

65. Les idées-mères de cette théorie. — Ce système peut se ramener à trois propositions fondamentales :

1º Les corps simples et les composés chimiques sont des êtres doués d'unité essentielle, spécifiquement distincts les uns des autres, naturellement étendus [1])

2º Ces êtres possèdent des puissances actives et passives qui émanent de leur fonds substantiel et lui restent indissolublement unies [2]).

3º Ils ont une tendance immanente vers certaines fins spéciales qu'ils sont appelés à réaliser par l'exercice de leurs énergies natives [3]).

De ces principes se déduit un corollaire important : la possibilité, la nécessité même de la transformation substantielle et, par suite, l'existence dans tout corps naturel de deux principes constitutifs, *matière* et *forme*.

66. Analyse de la transformation substantielle. — Si le composé chimique est substantiellement un, s'il constitue, comme tel, une espèce nouvelle, les éléments qui le forment ont dû se dépouiller de leur note spécifique, essentielle, pour recevoir en échange une détermination spécifique commune, celle du composé.

D'autre part, il est clair que dans cette métamorphose, une partie essentielle, indéterminée, de chaque être élémentaire doit se retrouver inchangée dans le résultat ultime de

---

[1]) S. Thomas, Opusc. *De natura materiæ*, c. VIII. — *De principiis naturæ*. — *De pluralitate formarum*. — *De mixtione elementorum*.
[2]) Id., Opusc. *De ente et essentia*, c. VII. — *Summ. theol.*, P. I, q. 77, a. 6, ad 3.
[3]) Id., *Cont. Gent.*, lib. IV, c. 19.

la transformation. Sinon, les substances transformées auraient
été anéanties et remplacées par une substance nouvelle,
tirée totalement du néant.

On donne le nom de *forme substantielle* à cette empreinte
spécifique d'où résultent la nature et l'actualité du corps ;
c'est ce principe qui naît et disparaît à chaque étape des
transformations profondes de la matière. On appelle *matière
première*, cette partie indéterminée de l'être qui sert de substrat réceptif aux formes essentielles.

ART. I. — LA MATIÈRE PREMIÈRE

Dans le langage vulgaire, ces mots éveillent l'idée d'une
espèce corporelle déterminée, mais qui, relativement aux
formes définitives qu'on lui destine, se présente sous les
traits d'une chose inachevée et imparfaite. Le coton, le lin,
la laine sont la *matière première* dont se sert l'industrie pour
la fabrication des tissus, des étoffes et des draps.

Transportée dans le domaine philosophique, la formule y
reçoit un sens plus profond, où se retrouvent toutefois des
analogies frappantes avec la signification originelle. L'indétermination de la matière première est, en effet, absolue
sous le double aspect *substantiel* et *accidentel*.

La matière première est une partie réelle du corps, mais
elle ne possède, d'elle-même, aucune de ces empreintes profondes qui spécifient les êtres corporels. Vierge de toute
détermination substantielle, à plus forte raison l'est-elle de
toutes les propriétés chimiques et physiques dont sont douées
les espèces du monde inorganique. Elle n'est ni or, ni argent,
ni cuivre, bien qu'elle puisse être élevée à la perfection de
ces métaux par la réception de principes déterminants appropriés.

67. Réalité de la matière première. — La matière première est un principe substantiel qui concourt avec la forme à
la constitution du corps physique. Ce serait donc une grave
erreur de la reléguer parmi les entités logiques. Néanmoins
on conçoit, qu'en raison de sa complète indétermination, elle
ne peut être réalisée qu'en union avec la forme, c'est-à-dire
dans un être corporel.

68. Passivité de la matière première. — Par son essence, elle est destinée à recevoir le principe déterminant ou la forme ; par son essence aussi elle est une puissance passive [1]).

Sa passivité universelle s'étend ainsi à l'ensemble des perfections essentielles et ultérieurement à la totalité des propriétés accidentelles.

69. Dépendance de la matière à l'égard de la forme. — La matière première rentrerait dans le néant si le Créateur la dépouillait de toute forme essentielle, car rien d'indéterminé ne peut avoir une existence propre. Sa dépendance vis-à-vis de la forme est donc intrinsèque, absolue.

En d'autres termes, ce qui existe, ce n'est point ce substrat matériel isolé, mais la matière déterminée et spécifiée, en un mot, le *corps*.

70. Évolution de la matière première. — Conçue abstraitement, la matière première nous apparaît comme un sujet susceptible de recevoir *toutes* les formes essentielles de la nature.

Une fois réalisée ou individualisée dans les différents corps de l'univers, elle voit se restreindre sa réceptivité native. Le sens et l'extension de son évolution dépendent alors des êtres matériels qui la contiennent et des lois qui régissent les combinaisons chimiques. La matière d'un corps simple, par exemple, ne peut jamais devenir la matière d'un autre corps simple, puisque les éléments ne sont pas transformables les uns dans les autres.

A part cette réserve, il est permis d'attribuer à la matière première une évolution passive d'une étendue illimitée.

Entraînée par le tourbillon des réactions chimiques, elle abandonne ses formes élémentaires pour revêtir celle du composé. Des composés relativement simples, elle passe dans des associations toujours plus complexes et finit, après de nombreuses métamorphoses, par prendre place dans la substance vivante du végétal, de l'animal, et même, de l'homme où elle concourt, à sa façon, aux fonctions les plus hautes de la vie sensible et intellectuelle.

---

[1]) S. THOMAS, *Phys.*, lib. I, lect. 14ᵃ.

71. Unité de la matière première. — La matière première est *une* au point de vue logique. Lorsqu'on la dépouille par abstraction de ses principes déterminants et des aptitudes spéciales qui en résultent, elle se prête à une représentation idéale vraiment une.

En fait, il en existe autant d'échantillons que de corps distincts. Chaque être corporel a sa quantité spéciale de matière.

72. Cognoscibilité de la matière première. — Ni les sens, ni même l'imagination ne peuvent se représenter cet élément indéterminé. Tout ce qui tombe sous les prises de nos perceptions sensibles est concret, actualisé ; ce sont les phénomènes des substances corporelles ou, plus exactement, ce composé de substance et d'accident qui s'appelle *corps*. L'intelligence seule s'en fait indirectement une idée, en partie positive, en partie négative, en la concevant comme le sujet potentiel des types spécifiques du monde matériel [1]).

ART. II. — LA FORME SUBSTANTIELLE

Sous les multiples déterminations accidentelles qui nous permettent de reconnaître tel ou tel corps donné, se trouve une détermination plus profonde d'où résulte l'espèce essentielle du corps. On lui donne le nom de *forme substantielle*.

La forme est logiquement antérieure à toutes les réalités accidentelles, car celles-ci n'en sont que le rayonnement visible. Bien qu'elle soit la source primordiale de toutes les perfections de l'être, elle dépend, elle aussi, de la matière première, au point de ne pouvoir naître ni exister en dehors de ce sujet connaturel.

73. Rôle de la forme. — 1º En déterminant la matière, la forme donne à l'essence corporelle cet achèvement interne dont elle a besoin pour exister : l'essence complète et spécifiée étant seule susceptible d'existence [2]). A ce titre, elle porte le nom de *principe d'être*.

2º La forme s'appelle encore *principe d'action*. L'activité,

---

[1]) S. Thomas, *De natura materiæ*, c. 2. — *Physic.*, lib. I, lect. 14.
[2]) Id., *Cont. Gent.*, lib. II, c. 54, n. 3.

dit saint Thomas, est le fait du composé physique. Lui seul peut agir parce que l'action est l'épanouissement de l'être, et que le composé seul jouit d'une existence propre. Cependant, la forme, étant cause première de toutes les déterminations du corps, doit être aussi la raison foncière de ses activités, conformément à ce principe que tout être agit dans la mesure de sa perfection ou de son degré d'actualité [1]).

3° Enfin, on lui donne encore le nom de *principe de finalité*. Lorsque la forme confère au corps sa nature spécifique, elle lui imprime, du même coup, une inclination vers ses fins appropriés, et cette inclination foncière s'étend à toutes les propriétées qui ont leur racine dans l'essence corporelle [2]).

74. Une même forme substantielle peut-elle s'accroître ou s'amoindrir ? — Tout le contenu de la forme est d'ordre substantiel. Il en résulte qu'il ne peut éprouver aucun changement *qualitatif* qui n'ait son contre-coup dans l'être lui-même, dans la substance comme telle. Toute modification, introduite dans la perfection intrinsèque du principe déterminant, a donc pour résultat fatal un changement d'espèce [3]).

De fait, il nous est impossible de concevoir qu'une molécule d'eau puisse être plus ou moins de l'eau. Quoiqu'on observe des différences accidentelles d'état, de limpidité, de fraîcheur entre les échantillons qui tombent sous nos yeux, les individualités, comme telles, ou les molécules possèdent toujours la perfection totale de l'eau.

Sous cet aspect, la forme substantielle n'est susceptible ni d'enrichissement ni d'amoindrissement progressif.

Néanmoins la forme, on le verra bientôt, peut se prêter à un fractionnement réel, d'ordre purement quantitatif. Dans ce cas, elle diminue en extension sans rien perdre de sa perfection qualitative.

75. Classification des formes. — On donne le nom de *formes matérielles* ou *purement corporelles* aux principes

---

[1]) S. THOMAS, *Summ. theol.*, I³, q. 77, a. 1, ad 3um.
[2]) ID., *Phys.*, lib. II, lect. 14. *Quæst. disp.*, q. 12, a. 1.
[3]) ID., *Summ. theol.*, P. I, q. 118, a. 2, q. 76, a. 1. — *Quæst. disp. de virt. in communi*, q. 1, a. XI. « Et propter hoc forma substantialis non recipit intensionem vel remissionem quia dat esse substantiale, quod est uno modo ; ubi enim est aliud esse substantiale, est alia res ».

spécifiques, intrinsèquement dépendants de la matière : telles
sont les formes des corps chimiques, des végétaux et des
animaux.

On appelle *immatérielles* ou *subsistantes* les formes naturellement destinées à informer la matière, mais capables
d'exister et d'agir sans son concours : les âmes humaines
sont de ce nombre.

On admettait aussi dans la physique aristotélicienne des
formes *permanentes* et des formes *transitoires*.

Les premières déterminent les espèces douées d'une existence stable et permanente.

Les autres marquent les étapes diverses que parcourt un
être en voie d'acquérir sa perfection définitive. D'après saint
Thomas, le fœtus humain serait successivement informé par
trois formes essentielles : l'*âme végétative*, l'*âme sensitive* et
finalement l'*âme rationnelle*. Les deux premières ont un rôle
essentiellement transitoire, celui de prédisposer la matière à
la réception de l'âme raisonnable.

**76. Peut-il y avoir plusieurs formes essentielles dans
un même être ?** — Une seule forme essentielle fixe l'être dans
sa spécificité et sa subsistance.

1º Pas d'intermédiaire entre les formes substantielles et les
formes accidentelles. S'il est de l'essence de la forme substantielle de constituer avec la matière une substance complète, toute forme ultérieure reste forcément étrangère à
l'essence et partant accidentelle [1]).

2º La forme communique au corps son unité essentielle.
Dans l'hypothèse où plusieurs formes investiraient simultanément un même sujet matériel, celui-ci appartiendrait à plusieurs corps dictincts, ce qui est impossible [2]).

3º Une forme ne peut naître que dans une matière prédisposée. Pour recevoir simultanément plusieurs formes, le
même substrat matériel devrait donc présenter plusieurs
adaptations diverses et opposées ; conséquence évidemment
insoutenable [3]).

[1]) S. Thomas, *De potentia*, q. III, a. 9. ad 9um, a. 3.
[2]) Id., *Summ. theol.*, I, q. 76, a. 3.
[3]) Id., Opusc. *De pluralitate formarum*, P. I.

4⁰ Enfin, un principe spécifique déterminant transmet au corps, outre sa perfection distinctive, l'ensemble des déterminations propres aux principes inférieurs. L'hypothèse d'une pluralité de formes, même subordonnées les unes aux autres, est par conséquent inutile.

77. La divisibilité des formes essentielles.— Selon saint Thomas et la plupart des scolastiques postérieurs au xiiie siècle, toutes les formes corporelles sont divisibles, à l'exception du principe de vie des animaux supérieurs [1]).

Si l'on tient compte des données actuelles des sciences, il y a lieu d'apporter à cette opinion certains correctifs.

Règne inorganique. — On admet aujourd'hui que l'atome des corps simples, et la molécule des corps composés constituent de vraies individualités, des êtres jouissant d'une existence propre.

Or, bien que la forme de ces corps soit théoriquement divisible, en fait, les parties qu'on obtiendrait par la division ne seraient pas, contrairement à ce que croyait saint Thomas, de même espèce que l'être intégral dont elles proviennent : Tout changement dans la quantité de matière d'une substance minérale entraîne avec lui un changement d'espèce.

---

[1]) S. THOMAS, *De anima*, q. 1, a. 10. — *De natura materiæ*, c. IX. « Unitas continuitatis in re reperta maxime potentialis invenitur, quia omne continuum est unum actu et multiplex in potentia... unde in divisione lineæ non inducitur aliquid novi in ipsis divisis, sed eadem essentia lineæ quæ prius erat actu una, et multiplex in potentia, per divisionem facta est multa in actu... Consimile penitus reperitur in lapide, et in igne, et in omnibus corruptibilibus et generabilibus inanimatis : forma enim totius in eis, per quam habent quamdam unitatem suæ naturæ super unitatem quantitatis, secundum totam rationem formæ est in qualibet parte talium rerum. Unde facta divisione manet essentia ejusdem formæ in partibus ab invicem divisis : quælibet enim pars ignis est ignis, et quælibet pars lapidis est lapis... Super hæc autem sunt animata imperfecta, ut plantæ, et quædam animalia imperfecta, ut sunt animalia annulosa ; et in ipsis idem invenitur : quia cum evellitur ramus ab arbore, non advenit nova essentia vegetabilis sed eadem essentia vegetabilis quæ una erat in arbore tota, etiam actu uno, simul erat multiplex in potentia, et per divisionem novum esse perdit, et actus alius et alius secutus est... Similiter est in animalibus annulosis una anima in actu et unum esse, sed multiplex in potentia accidentali... et hoc totum contingit propter imperfectionem talium formarum : quia cum sint sub uno actu, simul sunt sub potentia multiplici respectu esse diversorum quæ acquiruntur eis sine aliqua corruptione in suis essentiis sed sola divisione. In animalibus vero perfectis, præcipue in homine, forma quæ est una in actu, non est multiplex in potentia, ut per divisionem constituatur eadem essentia formæ sub diversis esse ».

Dans le monde inorganique, si grande est l'imperfection des formes essentielles qu'elles se trouvent non seulement plongées dans la matière, mais dépendantes d'une *quantité déterminée* de matière pour naître et exister.

Les poids atomiques, 16 de l'oxygène, 32 du soufre, 35,5 du chlore sont autant de masses matérielles nécessaires à l'existence de ces corps. Ici l'assujettissement de la forme à son substrat est aussi profond que possible ; l'impossibilité physique de la fractionner sans la détruire nous en fournit une preuve évidente.

Au contraire, à mesure que l'on s'élève dans l'échelle des êtres, la subordination des formes à la *quantité* de matière diminue progressivement.

Règne végétal. — Il est facile de multiplier un végétal, soit par bouture, soit par greffe, marcotte ou écusson.

Les individus, obtenus de la sorte, conservent fidèlement les caractères de la plante-mère ; ils en continuent le cycle vital, subissent la même évolution, sans qu'aucun changement appréciable marque leur passage de la vie commune à la vie individuelle. Le principe spécifique, uniformément répandu dans la plante-mère, peut donc être partagé en fragments dont chacun garde, mais avec une indépendance complète, l'être qu'il avait tantôt en partage avec les autres parties congénères.

La forme du végétal est *une* en acte et *multiple* en puissance.

En cette matière, la théorie cosmologique du moyen âge est en harmonie parfaite avec les données de la botanique.

Règne animal. — La division des animaux inférieurs, tels les hydres, les vers de terre, conduit à la même conclusion. Là encore l'identité de la souche et des êtres obtenus par fractionnement se révèle avec les clartés de l'évidence.

Mais il n'est point nécessaire, croyons-nous, de restreindre la divisibilité aux rangs inférieurs du règne animal.

Quelle est, en effet, la raison foncière de la divisibilité des formes corporelles ?

C'est leur dépendance intrinsèque à l'égard de la matière. Parce que rivés fatalement à ce substrat, les principes déterminants participent de toute nécessité aux imperfections

naturelles du corps ; ils sont avec la matière le sujet immédiat de l'étendue ; ils forment avec elle un tout quantitatif
dont la divisibilité devient une propriété essentielle.

. Sans doute, en raison de la division du travail et de la multiplicité des organes nécessaires au fonctionnement normal
de la vie sensitive, les fragments détachés sont destinés à
une mort prochaine et ne peuvent plus reproduire le type
complet de l'espèce.

Ce n'est point un motif suffisant pour refuser à leur principe de vie un caractère réellement quantitatif.

78. La hiérarchie des formes substantielles.— Du corps
simple à l'homme, intermédiaire entre le monde de la matière
et celui des esprits, s'échelonne une série continue de perfections essentielles. D'après la théorie thomiste, une seule
forme fixe chacun de ces êtres dans sa subsistance et sa
nature, car une forme supérieure contient virtuellement,
malgré son unité, toutes les perfections des formes qu'elle
supplante [1]).

Dans le composé, elle est le substitut naturel des formes
élémentaires disparues.

Au végétal, elle confère les activités chimiques, physiques
et mécaniques des substances minérales qui s'y trouvent
incorporées ; elle les fait converger vers un but unique, la
nutrition et le développement de l'être.

Dans l'animal, elle est à elle le seule principe foncier des
énergies de la matière brute, de la vie végétative et sensitive.

Chez l'homme enfin, une seule âme raisonnable fait éclore
la triple vie intellectuelle, animale et végétative.

ART. III. — LE COMPOSÉ SUBSTANTIEL

79. Union de la matière et de la forme. — Intrinsèquement dépendants l'un de l'autre, les deux principes essentiels
de l'être n'existent qu'en vue de leur union.

La première exigence de la matière est de recevoir cette
empreinte profonde, spécifique qu'est la forme, pour être
élevée au rang d'espèce corporelle. La forme, de son côté,

---

[1]) S. THOMAS, *Quæst. disp. de anima*, q. 1, a. 1, in corpore. Cfr. a. 7.

est essentiellement destinée à perfectionner son sujet potentiel ; elle est acte de la matière.

Rien d'étonnant, que d'une- telle union résulte une seule
essence complète, un seul principe foncier d'action, un seul
être corporel.

Malgré cètte interdépendance mutuelle et essentielle, la
matière et la forme, unies dans le composé, demeurent cependant des réalités distinctes.

On ne conçoit pas, en effet, que deux réalités aux caractères diamétralement opposés, se convertissent en une troisième, sans qu'aucune d'elles subisse la moindre métamorphose. Or, ni la matière ni la forme ne perdent leur entité
respective dans leur mutuelle communication.

Nier ce fait, revient à substituer à la causalité matérielle
et formelle des principes constitutifs, une causalité efficiente
qui en fausserait complètement la notion.

Enfin, comme ni la matière, ni la forme ne communiquent
l'*existence* au composé substantiel, il faut de toute nécessité
que cette *actualité ultime* soit une ajoute réelle, distincte du
sujet qui la reçoit [1]).

L'essence concrète est donc une puissance réceptive à
l'égard d'une perfection supérieure, l'*existence*. C'est cet acte
dernier qui achève l'unification du composé et en fait un *être*
proprement dit.

ART. IV. — LES PROPRIÉTÉS

§ 1. — *Relations des propriétés avec la substance*

**80. Connexion naturelle entre les propriétés et la
substance.** — On distingue deux sortes d'accidents : les accidents *contingents*, les accidents *nécessaires* ou *propriétés*.

Quand on jette un regard sur le monde matériel, on remarque de suite que certains accidents sont unis au corps
par un lien contingent ; le corps peut les recevoir au cours
de son existence et les perdre sans aucun préjudice de son

---

[1]) S. Thomas, *Quæst. disp. de spir. creat.*, q. 1, a. 1. Cfr. *De anima*,
q. 1, a. 6. — *Summ. theol.*, P. I, q. 54, a. 3 ; q. 3, a. 4 ; q. 4, a. 1.

intégrité essentielle ; tels sont le mouvement local, les impulsions mécaniques, la couleur. On les appelle *accidents contingents*.

D'autres, au contraire, lui sont indivisiblement unis. Citons la quantité, l'étendue, les puissances actives et passives, notamment les forces calorifique, électrique, magnétique, l'affinité chimique. Ces forces subissent certaines modifications, mais la nature du corps fixe des limites au delà, desquelles les altérations entraînent après elles un changement d'espèce.

De plus, l'expérience le prouve, ce faisceau de propriétés présente, dans chaque corps, des caractères distinctifs qui constituent la base des classifications scientifiques.

Quelle est la cause de ce lien indissoluble qui unit chaque espèce minérale à son groupe de propriétés ?

81. Raison de cette connexion naturelle. — Saint Thomas paraît l'avoir indiquée dans un texte laconique, mais suffisamment expressif : « Dicendum quod subjectum est causa proprii accidentis, et *finalis*, et *quodammodo activa*, et etiam *materialis*, in quantum est susceptiva accidentis... Quod emanatio propriorum accidentium a subjecto non est per aliquam transmutationem, sed per *aliquam naturalem resultationem ;* sicut ex uno naturaliter aliud resultat, sicut ex luce color » [1]).

La substance, dit-il, est *cause finale* des propriétés : celles-ci sont des instruments ou des moyens naturels dont la substance se sert pour atteindre ses fins. Elles n'existent que pour la substance.

La substance est *cause matérielle*, en ce sens qu'elle soutient les propriétés et les reçoit dans son sein à l'instant de leur naissance.

Peut-on dire qu'elle en est la *cause efficiente ?*

Non, car dans aucun être créé, l'action n'est substantielle. Toute créature agit par des puissances secondaires qui canalisent et spécifient son activité.

En quel sens la substance est-elle donc *quodammodo activa ?*

Lorsqu'un agent extrinsèque investit la matière d'une

---

1) *Summm. theol.*, P. I, q. 77, a. 6, ad 2ᵘᵐ et 3ᵘᵐ.

forme essentielle et réalise ainsi une nouvelle essence, il la revêt, du même coup, et par là même action, de tous ses accidents nécessaires. La causalité efficiente se termine alors à un double effet : l'un principal, la *forme ;* l'autre, secondaire, les *propriétés naturelles.* Ces deux effets sont liés indissolublement l'un à l'autre, parce que la substance règle l'activité de l'agent extrinsèque, en détermine la sphère d'action et la force à s'étendre jusqu'aux réalités accidentelles qui sont la suite nécessaire de l'existence substantielle.

A ce titre, elle influe sur leur devenir, et la causalité dont elle s'approche le plus, sans toutefois l'atteindre, est la causalité efficiente [1]).

Telle est la raison physique, immédiate, de la connexion mentionnée.

Il en est une autre plus éloignée, tirée de la finalité intrinsèque des êtres corporels.

Dans le règne inorganique aussi bien que dans le domaine de la vie, tout être est appelé à concourir au bien de l'ensemble par la mise en œuvre de ses énergies naturelles. Autant il répugne à la sagesse du Créateur de réaliser des êtres qui n'auraient point de destinée, autant il lui répugne de les laisser un instant sans les moyens indispensables pour l'atteindre.

Or, les propriétés sont les principes immédiats d'action sans lesquels l'énergie foncière serait condamnée à l'impuissance. Il est donc impossible que leur réalisation soit abandonnée aux caprices du hasard, ou que leur connexion avec la substance soit contingente.

Nous revenons ainsi à la nécessité du fait dont la théorie thomiste nous a indiqué tantôt la cause prochaine.

§ 2. — *Étude spéciale des propriétés*

I. — LA QUANTITÉ

La quantité est le premier accident qui affecte la substance corporelle.

---

[1]) GOUDIN, *Physique*, q. IV : De la cause efficiente, p. 285.

82. Définition. — Envisagée concrètement, la quantité s'entend d'une chose divisible en parties qui se trouvent en elle, et dont chacune est apte à exister isolément [1]).

Mettons en lumière le contenu de cette formule.

Parmi les traits saillants de la quantité, le Stagirite place en premier lieu la *divisibilité*. Mais, si toute quantité est nécessairement divisible, on ne peut en conclure que la divisibilité trahisse toujours et partout la présence de la quantité. Il faut, en plus, certaines conditions.

1º Il est nécessaire, dit Aristote, que la quantité renferme formellement les parties auxquelles la division donne lieu (insita). La *réalité* actuelle et complète des parties obtenues doit donc préexister à la division.

Par cette réserve, se trouve exclu de la quantité un mode de division qui lui est totalement étranger : la dissolution du corps chimique en ses composants. Le composé inorganique est essentiellement un. Sous l'empire des forces dissolvantes il se désagrège et les éléments reprennent leur état de liberté. Il se fait un fractionnement, mais ce fractionnement ne révèle point l'existence d'un tout quantitatif, car les éléments ne préexistent pas *comme tels* dans le composé ; ils y sont à l'état potentiel et ne réintègrent leur être propre qu'à la suite d'une transformation profonde.

2º Il faut encore, écrit Aristote, une seconde condition : l'aptitude des parties à former, après la division, de nouvelles individualités. Fractionnez un morceau de bois, un barreau de fer, vous obtiendrez des parties dont chacune jouit d'une existence propre. La division met ici en liberté des unités nouvelles provenant d'un tout réel quantifié.

Cette seconde condition écarte un autre cas de divisibilité qui ne révèle point l'existence du tout quantitatif : la divisibilité d'un corps en ses deux constitutifs essentiels : matière et forme.

Dans tout corps de la nature, la matière peut être dépouillée de sa forme actuelle en échange d'une autre, mais aucun

---

[1]) ARISTOTELES, *Metaphys.*, lib. IV. « Quantum dicitur, quod in insita divisibile, quorum utrumque aut singula unum quid et hoc quid apta sunt esse ».

de ces principes n'est capable de survivre isolément à la séparation. Ici encore, se produit une division réelle, qui ne nous fournit pas cependant un véritable indice du tout quantitatif.

Grâce à cette double condition imposée à la divisibilité, la définition aristotélicienne possède le grand avantage de s'appliquer à son objet et à lui seul, quels qu'en soient les modes divers d'existence.

83. Division de la quantité. — La quantité *discrète* est constituée de parties réellement distinctes, ayant chacune leurs limites propres. Elle forme un tout dont l'unité est d'ordre mental. En réalité, en raison de la distinction actuelle de ses parties, elle est une *multitude,* ou un *nombre* [1]).

La quantité *continue* se compose de parties indistinctes, enchaînées entre elles de façon que la limite de l'une d'elles se confonde avec la limite d'une autre. Indépendamment de toute intervention de l'intelligence, elle jouit d'une véritable unité. C'est une *grandeur* qui a pour propriété caractéristique d'être mesurable, en totalité ou en partie, selon qu'elle est finie ou infinie.

La quantité continue se subdivise en plusieurs espèces :

La quantité *successive :* ses parties intégrantes se succèdent sans interruption d'après un ordre d'antériorité et de postériorité. Le *temps* et le *mouvement* en sont les sous-espèces principales.

La quantité *permanente :* toutes les parties qu'elle contient existent simultanément et occupent des positions diverses dans l'espace. A cette espèce se rattachent l'*étendue* et l'*espace.*

L'étendue sous ses trois dimensions nous représente le *corps réel.* L'étendue, considérée uniquement dans le sens de la longueur, forme la *ligne.* L'étendue en longueur et en largeur constitue la *surface* [2]).

---

[1]) La multitude nous dit qu'il y a des unités distinctes réunies en un seul concept ; rien de plus. Elle n'est par définition ni finie, ni infinie. Le nombre, au contraire, nous dit combien il y en a. Voir D. MERCIER, *L'unité et le nombre d'après saint Thomas d'Aquin (Revue Néo-Scolastique,* août 1901).

[2]) Pour toutes ces notions cfr. ARISTOTELES, *Metaphys.,* lib. IV, c. 6, 10-16 ; c. 13, 1-4.

84. L'essence de la quantité.— Du chef de son état quantitatif, la substance corporelle est susceptible de nombreux attributs. Elle nous apparaît comme un complexus riche en parties intégrantes dont chacune emporterait avec elle, si on la séparait du tout, un fragment de la matière et de la forme. De plus, elle se prête à des divisions toujours renaissantes ; elle jouit d'une impénétrabilité naturelle ; elle est étendue dans l'espace et forme une grandeur mesurable.

Eh bien ! parmi cette multiplicité de propriétés relatives à la quantité, en est-il une qui soit comme le fondement des autres, et ne puisse être posée sans entraîner toutes les autres à sa suite ?

La propriété réellement primaire de la quantité est, croyons-nous, sa *composition entitative*.

Essentiellement composée de parties intégrantes, la quantité, en s'unissant à la substance, lui communique la composition qu'elle porte en son sein et en fait un tout divisible.

Ce n'est pas que la quantité fournisse au corps la réalité des éléments intégrants dont il est constitué, car l'accident ne produit pas la substance, mais la quantité est la raison pour laquelle la masse substantielle, d'elle-même indivisible, devient un tout, ou mieux, un multiple potentiel, fractionnable en parties intégrantes [1]).

Cette propriété est, de tous les attributs de la quantité, le plus fondamental ; elle entraîne naturellement avec elle, la divisibilité, l'extension dans l'espace, la mesurabilité, l'impénétrabilité.

85. Il existe entre la quantité et la substance une distinction réelle. — L'idée d'essence corporelle représente avant tout les constitutifs du corps, c'est-à-dire ce fonds subsistant, principe et soutien de tous les phénomènes accidentels.

L'idée de quantité, au contraire, exprime une simple manière d'être, une propriété en vertu de laquelle le corps étend sa masse dans l'espace et se prête à la division.

Il y a donc là deux représentations diverses de l'être

---

[1]) ARISTOTELES, *Physic.*, lib. I, c. 2 ; *Metaphys.*, lib. IV, c. 13. — S. THOMAS, *Summ. theol.*, P. I, q 50, a. 2. — Cfr. P. III, q. 77, a. 9. — *Dist.* 3, q. 1, a. 4. — *Cont. Gent.*, lib. 4, c. 65.

matériel. Mais ces deux aspects sont-ils le résultat d'un travail mental, ou se distinguent-ils dans la réalité ?

Avec Aristote et bon nombre de scolastiques, nous croyons que la substance et la quantité sont deux choses réellement distinctes [1]).

Argument de raison. — La substance et la quantité ont avec la connaissance sensible des rapports réellement différents. En effet, la quantité est directement perceptible par les sens. La substance ne l'est qu'indirectement. L'œil, et même le goût, confondent avec le lait, des substances chimiques qui en diffèrent essentiellement mais lui ressemblent par certaines propriétés physiques.

Or, une seule et même chose ne peut fonder, avec le même terme de comparaison, deux relations exclusives l'une de l'autre [2]).

Preuve théologico-philosophique. — La preuve rationnelle invoquée tantôt n'est pas sans valeur. Plusieurs, cependant, se refusent à y voir une preuve péremptoire de la théorie scolastique.

Quoi qu'il en soit, si la raison, laissée à ses forces naturelles, reste hésitante, il n'en est plus de même lorsqu'elle accepte l'appoint que lui offrent les données de la foi.

La foi nous enseigne que par la consécration « la substance du pain et du vin est changée totalement en la substance du corps et du sang du Christ » [3]).

D'autre part, les sens l'attestent, les propriétés naturelles de ces substances disparues restent identiques à elles-mêmes. L'hostie consacrée conserve son étendue dans l'espace comme le pain ordinaire, elle se laisse diviser en parties ; en un mot, sa quantité persiste sans aucun changement apparent.

Or, il est impossible que deux choses réellement séparables,

---

[1]) ARISTOTELES, *Metaphys.*, lib. VII, c. 3. — S. THOMAS, *Physic.*, lib. I, c. 2. — SUAREZ, *Metaphys.*, lib. 40, sect. 2, n. 8. — P. DE SAN, *Cosmologia*, De quantitate corporum, p. 270. — MIELLE, *De subst. corp. vi et ratione*, p. 140. — J. A S. THOMA, *Logica*, q. 16, a. 1. — SCHIFFINI, *Disp. metaphys. spec.*, p. 182. — PESCH, *Instit. phil. nat.*, lib. II, disp. 1, sect. 3, p. 401.
[2]) Cfr. P. DE SAN, *Cosmologia*, p. 277. Lovanii, Fonteyn, 1881.
[3]) *Conc. Tridentin.*, sess. 13, c. 4 et can. 2.

telles la substance et la quantité, ne soient pas deux réalités distinctes.

Les accidents, il est vrai, sont intrinsèquement dépendants de la substance, et à bon droit on se demande comment des réalités aussi précaires peuvent exister en dehors de leur sujet connaturel.

Cependant, si la réalité de la quantité ne se confond point avec celle de la substance, on ne voit aucun obstacle à ce que Dieu supplée à l'influence de cette cause seconde temporairement disparue.

Examinons maintenant les propriétés de l'étendue [1]).

86. Toutes les parties de l'étendue sont elles-mêmes étendues et partant divisibles à l'infini. — Les parties résultant de la division, si loin que celle-ci se prolonge, demeurent-elles toujours étendues ?

Dans l'affirmative, le tout continu se prête à un fractionnement sans limites, car l'étendue est essentiellement susceptible de division.

Dans la négative, les produits ultimes du fractionnement, réfractaires à toute division, doivent être des points simples, dépourvus de toute extension réelle.

Aristote, saint Thomas et la plupart des scolastiques anciens et modernes partagent la première opinion [2]).

Preuve de la thèse : Il est impossible de former l'étendue avec des parties inétendues. En effet, ou bien les parties sont unies suivant un ordre de continuité parfaite, ou bien suivant un ordre de simple contiguïté. Or, dans les deux cas, l'opinion qui réduit l'étendue à une collection de points simples, conduit à des conséquences manifestement fausses.

D'abord, les parties ne peuvent être continues.

Les indivisibles n'ont pas de parties. Si leurs limites se

---

[1]) Pour ne pas interrompre l'exposé des idées principielles du système scolastique, nous traiterons, dans un appendice placé à la fin de ce volume, les importantes questions de l'*espace* et du *temps*.

[2]) Cfr. ARISTOTELES, *Naturalis auscultationis* lib. III, c. I, I. — S. THOMAS, *Phys.*, lib. VI, lect. 6 et I. — MIELLE, *De substantiæ corporis vi et ratione*, p. 279. Lingonis, Rallet-Bideaud, 1894. — PESCH, *Inst. phil. nat.*, p. 32, thesis 3'. — SCHIFFINI, *Disp. metaphys. spec.*, tom. I, thesis 15³. — LAHOUSSE, *Præl. metaphys. spec. Cosmologia*, pp. 197-207, etc., etc.

confondent, eux-mêmes se compénètrent totalement. A deux
éléments ainsi compénétrés ajoutez-en dix, vingt, cent autres ;
tous se compénétreront de la même manière en un seul point
mathématique, exclusif de toute étendue réelle.

En second lieu, les parties simples ne se prêtent pas davantage à un ordre de contiguïté.

Deux objets sont contigus, quand ils se touchent en conservant leurs limites respectives. Or, ou bien une partie de
l'un touche une partie de l'autre, ou bien une partie de l'un
touche l'autre tout entier, ou bien ils se touchent selon la
totalité de leur être.

Les deux premiers cas sont irréalisables, pour la raison
qu'un indivisible n'a pas de parties. Le dernier ne peut engendrer l'étendue, quel que soit le nombre de points surajoutés,
car il est essentiel à cette qualité de répandre ses éléments
dans des portions diverses de l'espace.

**87. Les parties du tout continu ne sont pas en acte,
mais en puissance.** — D'évidence, la *réalité* des parties
qu'engendre le fractionnement préexiste à la division. Mais
la question est de savoir si ces parties sont affectées de limites
propres et se distinguent ainsi réellement l'une de l'autre, ou
si tous les éléments de l'étendue sont indistincts, et forment
une unité vraie, où la multiplicité ne pénètre qu'à la suite
d'une division réelle ou mentale.

Preuve de la thèse : Si les éléments du continu possèdent
chacun leur limite individuelle, on a le droit de se demander ·
combien il y a de parties actuellement distinctes dans une
surface d'un centimètre carré. Une fin de non-recevoir serait
non avenue, vu que les éléments distincts sont dès unités
susceptibles de sommation.

Il n'y a que deux alternatives possibles : ou ces éléments
sont en nombre *fini*, ou ils sont en multitude *infinie*.

Choisit-on la première alternative, on se voit contraint
d'imposer des bornes à la divisibilité du continu et de le réduire à une collection de points simples inétendus : en fait,
l'unique raison pour laquelle les parties deviennent réfractaires au fractionnement, réside dans leur simplicité ou leur
inextension [1]).

---

[1]) ARISTOTELES, *Naturalis auscultationis* lib. VI, c. I, 1-4. —
Cfr. S. THOMAS, *Physic.*, lib. VI, lect. I et 7.

Préfère-t-on la seconde alternative, on pose du même coup l'infini en acte dans une grandeur finie, ce qui est une contradiction. Comme le dit Evellin, « il n'est pas de partie si petite qu'on la suppose, pourvu qu'elle soit supérieure à o, qui, répétée à l'infini, n'engendre une quantité supérieure à toute valeur assignable » [1]).

De toute manière, le continu s'évanouit dès qu'on introduit l'actualité ou la distinction réelle dans ses parties intégrantes.

88. Qu'est-ce que la masse ? Définition scientifique de la masse. — La notion de masse se rattache à la notion de quantité.

D'ordinaire, en sciences naturelles et notamment en mécanique, on définit la masse : *Le rapport constant entre la force et l'accélération.*

Pour déterminer l'accélération que prend un mobile sous l'influence d'un agent moteur, il ne suffit pas de considérer uniquement l'intensité de l'action motrice. L'expérience établit que la vitesse du mouvement imprimé, pendant l'unité de temps, dépend aussi du mobile auquel la force est appliquée.

Si nous soumettons dans un même lieu, à l'action d'une même force mécanique, des corps inégalement pesants, la vitesse communiquée sera différente, pour chacun d'eux, et d'autant moins grande que le poids est plus considérable. Mais pour un même mobile se mouvant en ligne droite, sous l'influence d'une force qui ne varie pas pendant l'expérience, il existe entre l'intensité de la force et la variation qu'elle produit dans la vitesse pendant l'unité de temps, un rapport constant, toujours et partout le même : de sorte que, si l'intensité de la force augmente, l'accélération s'accroît proportionnellement.

En divisant la force appliquée à un corps par l'accélération qui en résulte, on obtient donc un quotient invariable, mais propre à ce corps donné. On l'a appelé la *masse*. De là, la définition classique exprimée plus haut.

89. Critique de cette définition. — Cette définition est irréprochable, si on l'envisage du point de vue scientifique. Elle est insuffisante en cosmologie.

---

[1]) EVELLIN, *La divisibilité dans la grandeur (Revue de Métaphysique et de Morale*, 1894, p. 130.

Quelque avantageuse qu'elle soit pour les hommes de science, elle ne nous fait point connaître la nature intime de ce facteur mystérieux, si important dans l'interprétation des phénomènes cosmiques.

Placée comme une sorte d'intermédiaire entre la force et l'accélération, la masse nous apparaît sous un aspect purement relatif. Elle est un nombre, un quotient, dont la valeur dépend essentiellement de deux autres nombres.

En soi, dit-on, elle n'est ni la force, ni l'accélération, mais un rapport constant entre ces deux facteurs qui lui sont étrangers. Et ce rapport en exprime la mesure.

Or, mesurer une chose n'est pas dévoiler sa nature.

Ensuite, la masse est quelque chose d'absolu. Le corps la possède aussi bien à l'état de repos qu'à l'état de mouvement. N'y eût-il qu'un seul corps existant, il aurait encore sa masse appropriée.

Enfin, le cosmologue, en possession de la formule classique, se demande encore et avec raison : quelle est l'entité réelle de la masse ? Est-ce un accident ou une substance ? Comment remplit-elle le rôle qu'on lui assigne ?

90. Définition philosophique de la masse. — Puisque les sciences s'arrêtent au seuil de ces questions nouvelles, il ne nous reste qu'à faire appel à la métaphysique.

Dans ce domaine, une seule définition semble soutenir le contrôle des faits. La voici : *La masse d'un corps est sa quantité dimensive*, ou, pour employer un langage plus concret, *c'est par sa quantité que le corps remplit la fonction de masse et jouit des propriétés dévolues à ce facteur mécanique.*

1º La note la plus caractéristique de la masse est le pouvoir qu'elle possède de réduire la vitesse du mouvement. L'expérience le prouve ; la vitesse communiquée à un corps subit toujours une diminution proportionnelle à la grandeur de la masse, et cette réduction du mouvement est l'effet d'une résistance passive [1]. Comme le disent les physiciens, si on supprimait toutes les résistances de la matière, la masse des corps resterait absolument la même [2].

---

[1] MOURET, *Force et masse (Ann. de phil. chrét.,* t. XXI, pp. 78 et ss.).
[2] STEWART, *La conservation de l'énergie.* M. DESAINT- ROBERT, *Qu'est-ce que la force ?* p. 192.

Or, la quantité dimensive, et elle seule, est douée de cette propriété.

La quantité, disions-nous, est le sujet récepteur, le substrat commun de toutes les propriétés corporelles. Elle communique à la substance cette multiplicité de parties intégrantes qu'elle en a elle-même ; elle établit, dans la réalité substantielle, un ordre interne qui fixe le mode d'après lequel toutes les autres qualités y seront reçues. Toutes participent donc forcément à sa manière d'être, toutes se répandent sur ce fonds commun.

Ce principe admis, on comprend qu'une impulsion mécanique, communiquée à un corps, doit se disséminer sur toute la masse, et que cette dispersion est d'autant plus grande, qu'il existe en elle plus de parties matérielles ; en un mot, elle doit être proportionnelle à la quantité.

D'autre part, on connaît l'adage si bien vérifié par l'expérience quotidienne : *plus une force est dispersée, moins grande devient son intensité.* Dans l'hypothèse, l'intensité de l'accélération du mouvement qui résulte de l'impulsion mécanique, subira, pour chaque cas, un amoindrissement proportionnel à la dispersion du mouvement communiqué : en d'autres termes, la vitesse sera en raison inverse de la grandeur de la masse.

On le voit, la résistance du mobile est ici purement *passive*, comme l'exigent les données de la mécanique. Elle consiste dans une simple dispersion qui ne détruit en rien la quantité du mouvement transmis. La vitesse seule du mobile en subit les influences.

2º En second lieu, l'identification de la masse avec la quantité nous permet de découvrir l'origine et la cause de sa *constance.*

Tout change dans l'univers ; la masse et la somme globale de l'énergie demeurent invariables [1]. D'où vient ce privilège accordé à la masse ?

De ce que la quantité avec laquelle elle s'identifie a sa racine dans ce fonds commun à toutes les substances corpo-

---

[1] HELMHOLTZ, *Mémoire sur la conservation de la force*, p. 50. Paris, Masson, 1869.

relles qui passe inaltéré et inchangé à travers les étapes de l'évolution cosmique. Comme ce principe matériel, ou la matière première, se retrouve toujours identique à lui-même sous les états substantiels les plus divers, la quantité qui en est l'expression immédiate et fidèle, persiste avec lui sans éprouver le contre-coup des changements dont les corps sont susceptibles. Elle n'est pas une manifestation de l'espèce, mais de l'état matériel.

De là, sa constance [1]).

91. L'inertie. — L'inertie se prend dans des acceptions diverses.

Newton l'a définie : Un attribut, en vertu duquel la matière ne peut, d'elle-même, modifier ni son état de repos ni son état de mouvement ».

Ainsi entendue, elle est plutôt une propriété négative de la matière. Elle désigne l'indifférence absolue du corps à l'égard de deux états opposés, repos et mouvement.

La raison de cette indifférence se trouve dans ce fait qu'aucune partie matérielle, même chez les êtres vivants, n'agit sur elle-même, mais sur les parties situées dans son voisinage. L'action des corps inorganiques et celle de chacune des particules des êtres organisés, étant toujours transitive, il devient naturellement impossible que la matière modifie, de sa propre initiative, l'état dans lequel on l'a placée.

A un second point de vue, l'inertie désigne une résistance passive, un pouvoir réducteur du mouvement communiqué. C'est cette puissance de réduction propre à chaque corps et absolument constante, que les physiciens appellent « quantité d'inertie », « quantité de masse », « force d'inertie ».

Pour nous, la réalité concrète, à laquelle est dévolu ce rôle, n'est autre, nous l'avons dit, que la quantité dimensive au sens strict du mot.

Aussi, le terme de « force » si souvent employé par les

---

[1]) D'après la théorie électronique qui regarde la matière comme constituée d'électrons, c'est-à-dire d'atomes d'électricité ou de simples charges électriques, la masse aurait une origine électromagnétique et pourrait même augmenter avec la vitesse quand celle-ci dépasserait 10.000 kilomètres à la seconde. Cette théorie est encore trop discutée à l'heure présente pour que nous devions la prendre ici en considération.

hommes de science pour désigner cette propriété passive de la matière, paraît malheureux. A ce mot, en effet, s'attache d'ordinaire le sens de principe actif, de cause efficiente. Or, tous en conviennent, on fausserait les idées d'inertie, de masse et de quantité, si on y mêlait la notion d'une causalité qui ne fût entièrement passive.

92. L'impénétrabilité. Interprétation scientifique. — Malgré la violence des chocs ou l'intensité des pressions, jamais les masses matérielles, ni les parties d'un même corps n'arrivent à occuper simultanément la même situation spatiale.

En général, les hommes de science font consister la cause de l'impénétrabilité dans la force de résistance. Pour eux, ce qui empêche deux corps de se compénétrer, c'est uniquement cette énergie, en vertu de laquelle chacun s'oppose à ce que l'autre pénètre dans son propre domaine.

93. Conséquences de cette interprétation. — Le premier et le plus grave reproche que l'on puisse faire à cette explication scientifique, c'est d'introduire la vie dans tous les êtres du monde inorganique.

Considérons l'atome d'un corps simple, c'est-à-dire la plus petite individualité chimique possible.

Comme tout être étendu, l'atome possède des parties multiples, répandues dans l'espace, de manière qu'à chacune d'elles correspond une situation spatiale propre. En un mot, tous les éléments intégrants de l'atome sont naturellement impénétrables entre eux.

Supposez maintenant que l'impénétrabilité relève de l'exercice continu de forces internes de résistance. Dans ce cas, les parties de la masse atomique ne peuvent conserver l'ordre d'extraposition qui les régit, sans agir les unes sur les autres. Et l'atome devient le théâtre d'une multitude d'actions, dont il est à la fois la cause et le sujet récepteur.

Or toute activité, qui a son principe et son terme dans le même être substantiel, est une activité immanente ou vitale.

D'ailleurs, cette théorie conduit à une autre erreur, à savoir la distinction actuelle des parties du continu. Si toutes les particules de matière contenues dans un atome exercent entre elles des activités contraires, il faut de toute nécessité qu'elles soient des réalités actuellement et réellement distinctes.

94. Interprétation thomiste. — Que l'on fasse intervenir la force de résistance ou une force *active* quelconque, on se heurte toujours aux difficultés mentionnées. Dès lors, puisque l'impénétrabilité réclame une cause, il reste à en chercher la raison dans une aptitude *passive* de la matière. En quoi consiste cette aptitude, ou mieux, cette exigence ?

Tout acte présuppose une puissance correspondante, appropriée ; il ne peut être réalisé sans le concours passif du sujet qui le reçoit. L'étendue est aussi une actualité ou détermination qui présuppose, dans le sujet récepteur, une adaptation naturelle.

Or, si les parties quantitatives du corps ont une aptitude native à se voir affecter d'une extension spatiale propre, elles n'en ont aucune à occuper, dans l'espace, des situations que d'autres parties congénères auraient déjà en partage. L'absence complète d'une telle puissance réceptive rend donc naturellement impossible la compénétration de deux corps étendus ou de deux parties d'un même corps [1]).

Loin de nous cependant la pensée de méconnaître les forces de résistance dont la matière se montre universellement douée. Nous les croyons même indispensables au maintien de l'ordre cosmique. Que deviendrait l'univers si le moindre effort suffisait à déplacer les montagnes, à renverser un édifice ?

Mais, autant leur concours est précieux pour assurer aux corps une stabilité relative et en empêcher les déplacements trop faciles, autant il est impuissant à rendre compte de leur impénétrabilité naturelle.

II. — LES FORCES OU LES PUISSANCES ACTIVES ET PASSIVES

DE L'ÊTRE CORPOREL

Le monde est une vaste scène où tous les éléments, même les plus infimes, prennent part à l'action commune et con-

---

[1]) S. THOMAS, Opusc. in Boethium *De Trinit.*, q. 4, q. 3. — *Quodlibetum* I, c. 21.

courent au bien de l'ensemble. Tous sont dépositaires de certains pouvoirs d'agir, adaptés à leur nature respective.

Le principe foncier de toutes les énergies naturelles, est la *substance*. Seulement, comme dans aucun être créé l'action n'est une perfection substantielle, il est nécessaire que des puissances accidentelles distribuent cette énergie en autant de virtualités diverses qu'il y a, dans l'être, de modes distincts d'action. C'est de ces pouvoirs secondaires, intimement unis à la substance et émanés de son sein, que procèdent, comme de leurs causes immédiates, toutes les activités corporelles.

Comment peut-on classer ces puissances ?

95. Première classification. — Du point de vue de leur origine, on distingue les puissances matérielles en puissances *intrinsèques* et *extrinsèques* ou communiquées du dehors.

Il est des puissances qui ont leurs racines dans la substance même du corps et ne peuvent en être séparées. Tels sont l'affinité chimique, l'électricité, le magnétisme, les énergies calorifiques et luminiques, les forces de résistance, d'élasticité, de répulsion et d'attraction. Elles portent, à bon droit, le nom de forces *intrinsèques*.

Il en est d'autres dont l'être corporel n'est pas lui-même la cause originelle. Elles lui sont communiquées au cours de son existence et disparaissent sans que le corps en éprouve le moindre préjudice.

De ce nombre sont, par exemple, les forces d'impulsion engendrées dans un mobile en repos par un corps en mouvement. Cette énergie motrice communiquée est, pour le corps qui la reçoit, une énergie d'emprunt. On lui donne le nom de force *extrinsèque*.

96. Deuxième classification. — Elle comprend les puissances *actives* et les puissances *passives*. Les premières sont ainsi dénommées, parce qu'elles ont d'elles-mêmes une adaptation prochaine et complète à leur effet.

Il se peut que certaines conditions extrinsèques, nécessaires au développement de leur énergie, fassent défaut. Elles restent alors forcément inopérantes jusqu'à ce que la réalisation des circonstances favorables rende possible leur mise en exercice.

Encesens, elles sont actives sans être nécessairement et toujours agissantes.

Ainsi, dès que le chlore et l'antimoine se trouvent en contact, ils agissent violemment l'un sur l'autre, indépendamment de toute intervention étrangère, et mettent en liberté une quantité énorme de chaleur et d'électricité. D'évidence, ces forces préexistaient au contact ; elles se trouvaient dans les deux corps à l'état de puissances actives, de forces complètement prédisposées à l'action. Néanmoins, elles étaient incapables d'exercer leur virtualité native faute d'une condition, le contact.

Les puissances passives, elles aussi, sont faites pour agir. Mais avant de produire leur effet, elles doivent recevoir un perfectionnement interne, une sorte de mise au point qui lève leur indétermination intrinsèque.

Dans l'obscurité complète, aucun corps n'est coloré. Exposés à la lumière, tous se revêtent d'une coloration propre ; tous reçoivent à leur façon l'influence de l'éther lumineux et exercent ensuite sur notre organe visuel une action vraiment spécifique. Chaque corps possède donc une puissance passive, une aptitude naturelle à nous impressionner, qui ne peut cependant développer son énergie, que dans la mesure où elle est elle-même actuée ou déterminée par la lumière.

97. Troisième classification. — Il existe une distinction générique, entre les forces *purement mécaniques* et les forces *physiques proprement dites*.

Par « forces mécaniques pures » nous entendons ici la pesanteur, les forces de répulsion et d'attraction, la résistance, les qualités motrices communiquées au moment du choc des masses matérielles.

Ces énergies constituent un genre distinct de la lumière, du son, de la chaleur, de l'électricité et du magnétisme, que nous rangeons sous la dénomination commune de « forces physiques proprement dites ».

Preuve de la thèse : L'unique effet, qui trahisse à nos yeux l'activité des forces mécaniques, est le mouvement local ou le simple déplacement spatial. La pesanteur attire vers le centre de la terre les corps placés dans son voisinage, les forces répulsives les écartent les uns des autres ou les main-

tiennent à distance ; les forces attractives tendent à les rapprocher ; les qualités motrices tirent les corps de leur état de
repos.

Tout autres sont les manifestations des forces physiques.
Si le mouvement local apparaît encore dans le terme de
leur activité, son rôle est secondaire et souvent effacé. Il cesse
d'être le but principal et ultime. L'apparition d'un état nouveau, d'une qualité *sui generis* irréductible à une simple
qualité motrice, voilà bien le trait dominant de leur efficience.

Lorsque nos regards s'arrêtent sur les nuances variées du
coloris des fleurs, lorsque nous respirons le parfum d'un fruit
ou que nous le savourons, lorsque, enfin, une douce chaleur
vient stimuler nos membres engourdis par le froid, ce n'est ni
le mouvement local dont s'accompagnent ces phénomènes
que nous percevons en premier lieu, ni un vulgaire principe
mécanique destiné à l'engendrer ; c'est une manière d'être
réelle, difficile à définir, il est vrai, mais qui porte un caractère
étranger à toutes les causes ordinaires du mouvement.

98. Quatrième classification. — Les forces *physiques*
sont elles-mêmes spécifiquement distinctes les unes des
autres [1]).

Preuve de la thèse : 1º Nous percevons par les sens externes
le monde qui nous entoure, notamment les qualités physiques
de la matière. A l'heure présente, il est universellement admis
qu'il existe entre ces sens une distinction spécifique, au double
point de vue anatomique et physiologique. Or, pourquoi le
Créateur aurait-il pourvu chacun de nos sens d'une constitution et d'une activité spécifiques, si les propriétés matérielles
qu'ils doivent nous faire connaître sont de nature identique ?

Il serait inutile d'objecter que les mouvements représentatifs de ces agents physiques diffèrent les uns des autres, et
exigent partant, pour être perçus, des organes différents de
constitution et d'activité fonctionnelle.

[1]) DUHEM, *L'évolution de la mécanique*, p. 35. Paris, Joannin, 1903. —
HIRN, *Analyse élémentaire de l'univers*, pp. 39, 135 et passim. Paris,
Gauthier. — BULLIOT, *L'unité des forces physiques*, p. 31 (Extrait des
Annales de philosophie chrétienne, 1889). — OSTWALD, *L'énergie*, p. 128.
Paris, Alcan, 1910.

D'abord, nous avons conscience de percevoir dans ces agents, non du mouvement, mais des qualités proprement dites.

De plus, la diversité des mouvements ne justifie pas la diversité des organes, car un même sens peut nous faire connaître des mouvements qui diffèrent en direction et en vitesse.

2° On sait aujourd'hui quelles sont les quantités de chaleur, d'électricité et de force motrice absolument équivalentes entre elles au point de vue mécanique. Or, ces quantités, quantitativement identiques, restent aussi qualitativement distinctes les unes des autres, que le sont d'ordinaire la couleur, le courant électrique, le son et les odeurs.

Preuve évidente, que sous l'égalité mécanique se cache un facteur de spécification.

99. Aspect secondaire des forces physiques. — Les forces physiques ont toujours une double efficience : l'une spécifique, propre à chacune d'elles, par exemple, la couleur, l'état thermique, etc., l'autre commune à toutes les forces, celle d'imprimer un mouvement aux corps soumis à leur influence. Quoique spécifiquement distincts les uns des autres, et destinés avant tout à communiquer aux êtres corporels des états qualitatifs de nature diverse, ces agents remplissent donc, mais en ordre secondaire, le rôle de forces *motrices*.

On comprend ainsi pourquoi le mouvement local accompagne toujours l'exercice de ces forces et mesure même leur intensité.

D'ailleurs, le mode d'être des énergies physiques nécessite ce mode d'action.

En effet, toutes les qualités des corps étant naturellement étendues, la modification produite dans une qualité ou énergie physique doit avoir son contre-coup dans l'étendue ou l'extension spatiale. Or, le changement de position d'un corps dans l'espace, c'est le mouvement. L'altération des propriétés ou des forces physiques entraîne donc avec elle un mouvement d'égale intensité.

La principale erreur du mécanisme fut de n'admettre qu'une des faces des phénomènes corporels, le mouvement, et de nier l'existence de l'autre, la force ou la qualité.

ART. V. — LA PRODUCTION NATURELLE DES SUBSTANCES
CORPORELLES

100. Qu'est-ce que la transformation substantielle ? —
Jusqu'ici, la substance corporelle a été considérée à l'état sta-
tique.Nous avons recherché quels sont les éléments constitutifs du corps, quelle est la nature des propriétés qui en sont le
rayonnement visible, notamment de la quantité et des puissances actives et passives.

Mais les êtres matériels sont soumis à des changements incessants qui modifient leur physionomie, parfois même, leur
nature intime. Lorsque l'hydrogène et l'oxygène se combinent
pour former de l'eau, ces deux corps perdent leur espèce, se
dépouillent de leur forme essentielle ou principe spécifique,
pendant qu'ils reçoivent en échange une forme nouvelle, commune, celle de l'eau. Il se fait alors une transformation substantielle. Les matières premières des deux éléments passent
sous un principe déterminant, réellement nouveau.

La transformation substantielle est donc un fait complexe,
à deux phases distinctes bien qu'inséparables dans la réalité.
La génération d'une substance se produit aux dépens d'une
ou de plusieurs autres qui disparaissent comme telles ; la
destruction naturelle d'une substance décide l'apparition
d'une autre.

L'École exprimait cette pensée par cette formule laconique :
« corruptio unius est generatio alterius et generatio unius est
corruptio alterius ».

Étudions séparément ces deux aspects de la transformation,
et d'abord, la production naturelle d'une substance ou la
réalisation d'une nouvelle forme essentielle.

**101. 1° Comment le corps est-il préparé à la réception
d'une forme nouvelle ?** — Les transformations substantielles
des corps inorganiques appartiennent exclusivement au domaine de la chimie. On ne les rencontre que dans les faits de
combinaison et de décomposition qui résument à eux seuls
cette vaste science.

Prenons, par exemple, la combinaison du chlore et de l'antimoine.

Dès que ces corps se trouvent dans une même sphère d'action, ils mettent en jeu leurs puissances mécaniques. Comme ils sont doués de puissantes affinités, les attractions dominent les répulsions et ces corps arrivent en contact.'

Aussitôt cette condition réalisée, les forces physiques, à leur tour, entrent en scène. La chaleur, l'électricité, etc... agissent, non sur les corps dont elles émanent, car l'action serait immanente, mais sur les corps antagonistes.

Dans cet échange d'activités, chacune des substances tend à communiquer à sa rivale ses caractères distinctifs, à la rendre semblable à elle-même : « omne agens agit sibi simile ». L'action est l'épanouissement de l'être.

Toutefois, le caractère d'un effet ne dépend pas seulement de la nature de la cause efficiente ; il relève aussi, en partie, du sujet où il est reçu : « quidquid recipitur, ad modum recipientis recipitur ». Le sujet récepteur est comparable à un moule qui imprime sa forme à ce qu'il reçoit. Toutes les activités corporelles, relevant ainsi d'un double facteur, tendent à produire un nivellement progressif des propriétés, un état qualitatif général, qui se rapproche de plus en plus d'une commune mesure et s'écarte, dans la même proportion, des traits distinctifs des corps en présence.

Au cours de ce nivellement, il arrive que l'harmonie fondamentale qui doit régner entre l'être essentiel et ses moyens connaturels d'action, se trouve brisée ; la résultante commune devient incompatible avec les deux natures réagissantes et nécessite leur passage à un état substantiel nouveau.

C'est à ce moment, que dans les deux corps intimement unis et semblablement prédisposés à une information commune, les deux formes essentielles disparaissent et sont remplacées par une nouvelle forme appropriée.

On le voit, la formation de la résultante commune a ce caractère distinctif de nécessiter, dans la même mesure, l'apparition d'une forme et la cessation des formes antérieures.

102. 2° En quoi consiste l'acte de la génération ? — La génération est le passage de la matière première, de l'état de privation d'une forme substantielle, à l'acquisition de cette même forme ').

') ARISTOTELES, *De generatione*, lib. I, c. 5.

La privation dont il s'agit, est l'absence d'une forme déterminée que la matière première est apte à recevoir [1]).

La matière première prête un concours passif et réel à l'activité génératrice, en soutenant la forme nouvelle à l'instant même de sa naissance, en sorte que, dès son origine, la forme emprunte à la matière l'appui essentiel dont elle a besoin pour exister.

La réalisation dans un sujet approprié, de formes qui en sont intrinsèquement dépendantes, s'appelait autrefois l'*éduction des formes*, « eductio formarum e potentia materiæ ». Elle est la mise en acte de ce qui était en puissance dans la matière [2]).

En employant cette formule, l'École avait principalement en vue de mettre en relief la dépendance absolue de toutes les formes inférieures vis-à-vis de l'élément matériel, et d'indiquer la différence profonde qui les sépare des formes subsistantes.

Aussi, cet aphorisme est-il sans application à l'âme humaine. Quoique destinée à informer la matière, l'âme spirituelle est créée directement par Dieu, sans le concours d'aucun sujet préexistant ; elle ne relève que de sa cause efficiente, et c'est pourquoi, malgré son état naturel d'union avec le corps qu'elle anime, elle reste capable d'une vie propre et isolée.

103. 3⁰ Le terme de la génération. — Le terme *formel* est un nouveau principe déterminant introduit dans la matière. Le terme *intégral* est un corps doué d'une subsistance propre. Comme l'existence constitue le complément obligé de l'essence, elle est toujours l'aboutissant ultime de l'acte générateur [3]).

104. 4⁰ La cause efficiente de la génération. — C'est un fait que dans tout le domaine de la chimie, les caractères des composés reflètent les propriétés des composants, avec toutefois un certain degré d'atténuation proportionnel à l'intensité de la combinaison.

Frappés de cette similitude entre les êtres nouveaux et ceux

---

[1]) S. THOMAS, *Phys.*, lib I, c. 7, lect. 13. Opusc. *De principiis naturæ.*
[2]) S. THOMAS, *Sum theol.*, P. I, q. 90, a. 2, ad 2um. — *Sum. cont. Gent.*, lib. II, c. 86.
[3]) S. THOMAS, *Sum. theol.*, P. I, q. 45, a. 4 ; P. I, q. 66, a. 1.

dont ils dérivent, similitude spécialement manifeste chez les êtres vivants, les scolastiques n'avaient pas hésité à attribuer aux causes secondes, c'est-à-dire aux forces naturelles des êtres, la production des formes essentielles.

Les formes substantielles, il est vrai, ne préexistent pas, comme telles, dans la matière, elles passent, selon toute leur réalité, du monde des possibles au monde réel. Mais, s'il fallait refuser aux agents matériels l'activité génératrice, sous prétexte que les formes sont des réalités nouvelles, il faudrait, au même titre, leur refuser toute activité quelconque, même accidentelle, car tout accident nouveau passe aussi du non-être à l'être [1]).

Au surplus, ce serait une grave erreur d'identifier la génération avec l'action créatrice proprement dite.

L'acte créateur a toujours pour terme un être subsistant, tiré totalement du néant sous l'influence exclusive de la cause efficiente, et partant sans le concours d'aucun sujet présupposé.

Au contraire, l'acte générateur présuppose un sujet matériel qu'il transforme et élève à un nouvel état substantiel, en le complétant par un principe spécifique. L'effet formel n'est ici qu'une partie de l'être, et cette partie même est le produit d'une double causalité, dont l'une, la causalité efficiente, provient de l'agent, l'autre, la causalité matérielle, appartient au sujet récepteur de l'action.

ART. VI. — LA DESTRUCTION DE LA SUBSTANCE CORPORELLE

105. Comment les formes substantielles disparaissent-elles ? — La disparition d'une forme essentielle n'est jamais le terme direct et immédiat d'une causalité efficiente : toute puissance active tend à communiquer une similitude d'elle-même, à introduire dans l'univers un certain mode d'être.

L'unique raison pour laquelle une forme disparaît de la scène du monde, c'est son incompatibilité avec l'un ou l'autre changement survenu dans le corps qui la possède.

[1]) S. Thomas, *De potentia*, q. 3, a. 8.

Or, dans un changement substantiel cette incompatibilité est double. D'abord, les propriétés amoindries cessent d'être adaptées aux natures dont elles émanent. Ensuite, la forme nouvelle, but primordial de la réaction, est la rivale de ses devancières.

Que deviennent ces formes ?

Elles disparaissent simplement du monde des existences, comme s'évanouissent autour de nous tant de mouvements corporels, tant de modalités accidentelles de la nature.

La naissance de la forme et la disparition de celles qu'elle supplante, sont donc deux phénomènes instantanés et simultanés.

106. Quel est le sort des accidents dans le fait d'une transformation substantielle ? — L'opinion 'de saint Thomas est catégorique en ce point. « Tous les accidents, dit-il, partagent fatalement les destinées de la forme » '). Voici comment le philosophe médiéval établit sa thèse.

Les propriétés *nécessaires* qui constituent le complément naturel de la substance ne peuvent, d'évidence, survivre à la destruction du composé. N'est-ce pas dans le fonds substantiel qu'elles plongent leurs racines · n'est-ce pas à cette source qu'elles empruntent leurs énergies, leur caractère distinctif et leurs inclinations ? Toutes ces propriétés, unies à leur forme par un lien indissoluble, disparaissent donc avec elle, tandis que la forme rivale qui les supplante entraîne à sa suite tout un cortège de propriétés nouvelles.

La succession des déterminations essentielles s'accompagne ainsi d'une succession parallèle de perfections accidentelles.

La même loi régit les vicissitudes des accidents *contingents* et passagers.

Implantés dans la substance qui est leur sujet indispensable d'inhérence, ces accidents s'y sont individualisés en gardant à son égard une dépendance radicale, intrinsèque. Avec la forme essentielle, ils perdent leur point d'appui naturel, c'est-à-dire la condition primordiale de leur conser-

---

') S. THOMAS, *De pluralitate formarum.* Difficultates ex philosophia, ad 5ᵘᵐ. — CAJETANUS, Comm. in opusc. *De ente et essentia*, c. 7, q. 17.

vation. D'autre part, on ne peut admettre que la matière
première en soit le support immédiat, car si la forme essentielle confère à la matière sa première actuation, nulle forme
accidentelle ne peut la devancer.

Il reste donc à conclure qu'aucun accident ne se retrouve
numériquement le même dans l'être nouveau.

ART. VII. — L'EXISTENCE VIRTUELLE DES ÉLÉMENTS DANS LE COMPOSÉ CHIMIQUE

107. En quoi consiste cette existence virtuelle ? — Malgré leur unité essentielle, les composés chimiques possèdent
une aptitude naturelle à régénérer les éléments dont ils
résultent.

Comment des êtres substantiellement uns peuvent-ils, sous
l'action d'un même agent extrinsèque, par exemple la chaleur, faire jaillir de leur sein des espèces diverses, parfois
même très nombreuses ?

La vraie cause sur laquelle se fonde la possibilité du retour
des éléments à l'état de liberté, est leur *permanence virtuelle*
au sein du composé [1]).

En quoi consiste cette permanence ?

Bien que la forme essentielle du composé soit une, elle
est le substitut naturel des formes élémentaires disparues, et
comme telle, elle en contient, dans une certaine mesure, les
énergies foncières.

En second lieu, l'être nouveau possède les propriétés
réelles, mais atténuées, de ses composants, en sorte que
chacun des corps simples constitutifs y est représenté par
un ensemble de propriétés analogues à celles dont il était
revêtu au moment de la combinaison.

Enfin, chaque groupe de propriétés représentatives des
éléments occupe une place déterminée dans la masse du
composé.

Ainsi, la molécule du sel de cuisine ($NaCl$) est un corps

---

[1]) S. THOMAS. *De malo*, q. 5, a. 5, ad 6um. — *Sum. théol.*, P. I, q. 76,
a. 1, ad 4um. — *De anima*, q. I, a. 9, ad 1um. — *De natura materiæ*, c. 8.
— *De mixtione elementorum*.

réellement un, doué d'une seule forme essentielle ; mais elle contient deux parties, dont l'une représente spécialement le chlore, et l'autre le sodium. Ces parties correspondent aux deux quantités de matière fournies au composé par les générateurs ; dans chacune d'elles, un ensemble de propriétés atténuées rappelle l'élément dont elles proviennent.

Dans ce corps chimique, les divers faisceaux de puissances sont harmonisés sous l'empire d'une même forme, parce qu'ils ont perdu leurs caractères saillants et ce degré spécial d'énergie qui nécessite l'échange d'activités entre les masses élémentaires. Ramenés par la réaction à une sorte d'état moyen, c'est à la condition de se maintenir en un équilibre stable et permanent, qu'ils peuvent se retrouver dans le composé. Aussi, tandis que l'instabilité conditionne l'existence et le développement de l'être vivant, toute rupture d'équilibre est, pour le corps inorganique, le prodrome de sa décomposition.

Que si la chaleur ou une autre cause physique vient stimuler les énergies latentes de pareil composé, d'évidence, ces deux groupes de propriétés subiront chacun une évolution différente et deviendront finalement exigitifs de leurs formes respectives.

ART. VIII. — L'UNITÉ ESSENTIELLE DU COMPOSÉ CHIMIQUE EST-ELLE UNE SIMPLE QUESTION D'APPLICATION DE LA THÉORIE SCOLASTIQUE ?

108. Opinion nouvelle. — A en croire plusieurs scolastiques modernes, il serait avantageux, à l'heure présente, d'abandonner la doctrine thomiste sur l'unité des composés chimiques, et de regarder, conformément aux principes de l'atomisme scientifique, tous les corps *chimiquement composés* comme des *agrégats* de substances élémentaires.

Cette concession, dit-on, restreint simplement le champ d'application de la théorie générale ; elle ne peut la compromettre. L'unité essentielle n'appartiendrait ainsi qu'aux corps simples et aux êtres doués de vie.

Au surplus, n'est-ce pas le moyen le plus facile et le plus

radical de mettre fin à ce conflit perpétuel, qui règne depuis tant d'années entre la philosophie et les sciences ?

Que faut-il penser de ce nouveau courant d'idées ?

109. 1° Le sacrifice de l'unité essentielle des composés n'élude pas les difficultés d'ordre scientifique. — Les difficultés actuelles scientifiques proviennent surtout de la chimie, notamment des formules de structure dont cette science fait un si large usage. Le but de ces formules est de montrer comment les propriétés d'un composé sont fonction du mode de groupement des masses atomiques au sein de la molécule. Les divers atomes constitutifs y reçoivent une place déterminée, d'où dépend leur influence sur le reste de la masse moléculaire et ultérieurement sur les corps réagissants. La plupart des chimistes attribuent à ces atomes une existence vraiment individuelle ; en un mot, ils regardent la molécule comme un petit édifice « sui generis ».

Or, si la permanence actuelle des atomes dans le composé est, comme on le soutient, un postulat indispensable à l'intelligence des formules de structure, si elle conditionne l'explication rationnelle des propriétés chimiques, il faut reléguer dans le domaine des chimères l'unité essentielle de tous les êtres vivants, des végétaux, des animaux et même de l'homme.

En effet, les mêmes phénomènes demandent les mêmes causes. Or, bon nombre de composés analysés dans les laboratoires se retrouvent dans l'être vivant avec leurs caractères distinctifs et leur mode de réaction. Si la théorie de la permanence actuelle des atomes est seule à rendre compte des propriétés de ces corps non vivants, le vivant lui-même ne peut être qu'un agrégat d'atomes inchangés.

La difficulté, éludée dans le domaine du monde minéral, est ainsi déplacée et transportée dans le domaine de la vie où elle conduit à des conséquences beaucoup plus graves [1]).

110. 2° La théorie nouvelle porte atteinte à plusieurs principes fondamentaux du système aristotélicien. — *a)* La substance, d'elle-même inactive, ne peut atteindre ses

---

[1]) Nous avons montré ailleurs que la théorie thomiste sur l'unité du composé peut parfaitement se concilier avec les formules de structure interprétées à la lumière des *faits*. Cfr. *Cours de Cosmologie*, vol. II, pp. 371-373.

fins naturelles sans le secours de puissances accidentelles, émanées de son sein, et dépositaires de ses énergies. C'est pourquoi tout corps est doué d'un certain nombre de qualités propres qui sont l'image fidèle de sa nature. La finalité immanente implique donc l'existence de puissances actives et passives *appropriées* à chaque espèce et nécessairement inhérentes au fonds substantiel.

Or, cette doctrine fondamentale du thomisme paraît inconciliable avec la théorie nouvelle.

Les corps simples ne donnent jamais naissance à une combinaison définie sans subir des modifications profondes. Ils se revêtent de propriétés nouvelles au triple point de vue chimique, physique et cristallographique. En chimie, on donne même aux composés le nom d'espèces, tant leurs caractères sont distincts et permanents.

Ces transformations peuvent se multiplier à l'infini, et, à chaque étape de cette évolution, le corps simple reçoit une physionomie nouvelle, c'est-à-dire les traits caractéristiques du composé dont il fait partie.

A supposer, comme on le dit, que les éléments conservent, dans cette multitude innombrable de composés chimiques, leur individualité propre, ces éléments jouiraient de l'aptitude étonnante à revêtir toutes les propriétés possibles des corps en conservant intacte leur nature distinctive. Que devient, dans cette hypothèse, la connexion nécessaire, intrinsèque entre la nature d'un être et ses propriétés, connexion si impérieusement commandée par la finalité ?

b) En second lieu, la conception nouvelle ôte toute valeur à l'unique critérium de spécification en usage dans le monde inorganique.

Toutes les classifications, admises de nos jours par les savants et les philosophes, reposent sur une même base, les propriétés des êtres. Les corps simples, dit-on, constituent des espèces diverses, parce qu'ils sont doués chacun d'un groupe de propriétés irréductibles. Or, pourquoi ce critérium de spécification, le seul dont nous disposions, puisque nous n'avons point de connaissance directe de la nature intime des êtres, ne serait-il pas applicable aux composés chimiques ?

Les composés possèdent, tout aussi bien que les substances

élémentaires, un signalement scientifique qui nous permet de les distinguer sûrement : chacun d'eux a sa forme cristalline spécifique, des qualités optiques, électriques, calorifiques propres, des affinités chimiques nettement définies. Et sous le rapport de la stabilité, ces propriétés ne le cèdent en rien aux propriétés des éléments.

Il faut donc, ou renoncer à l'emploi de ce critérium, ou l'appliquer à l'ensemble des corps du monde minéral, atomes des corps simples et molécules des composés.

CHAPITRE III

La théorie scolastique est-elle en harmonie avec les faits?

Dans le règne inorganique, l'individualité appartient à l'*atome* du corps simple, et à la *molécule* du composé. Les corps sensibles sont des agrégats d'individualités atomiques ou moléculaires.

ART. I. — FAITS DE L'ORDRE CHIMIQUE

§ I. — *Les poids atomiques*

111. Diversité des poids atomiques. — Le poids de l'atome est une propriété réellement spécifique, en ce sens que chaque corps simple a un poids atomique propre, invariable, en vertu duquel il occupe une place déterminée dans cette échelle graduée qui s'étend de l'hydrogène, le corps le plus léger, à l'uranium, le corps le plus lourd.

Pour le thomisme, la diversité des masses atomiques est une conséquence naturelle de la spécificité des corps élémentaires. La forme et la matière sont liées entre elles comme l'acte à sa puissance ; or, il est dans le vœu de la nature, que de l'une à l'autre il y ait adaptation parfaite, qu'à la série progressive des formes essentielles des éléments corresponde une série analogue de quantités de masse ou de poids atomiques [1]).

112. Constance des poids atomiques. — Malgré leur inégale grandeur, les masses atomiques sont toutes également

---

[1]) S. THOMAS, *Physic.*, Lib. I, lect. 9. « In corpore naturali invenitur forma naturalis quæ requirit determinatam quantitatem sicut et alia accidentia ».

indivisibles par les forces physiques ordinaires. Quelle est, en cosmologie scolastique, la raison de ce fait ?

A n'envisager que la quantité abstraite ou mathématique, 1ien ne s'oppose à ce que les corps subissent des divisions toujouis renaissantes et finissent par se fiactionner en produits partout identiques.

Mais au delà de la quantité, il y a la substance avec ses exigences spécifiques. Chaque être a, de fait, une tendance innée à conserver l'intégrité de sa masse, et oppose par conséquent aux forces dissolvantes une résistance qui lui est propre. Il est donc naturel que chaque corps simple ait sa quantité spéciale de matière réfractaire à tout fractionnement [1]).

§ 2. — L'affinité chimique

L'affinité chimique est une des manifestations les plus frappantes de la diversité spécifique des corps inorganiques. Elle se révèle à la fois 1º comme aptitude des contraires à la combinaison ; 2º comme tendance élective ; comme force ou énergie chimique.

113. 1º L'affinité ne s'exerce normalement qu'entre corps hétérogènes. — « Quæ miscentur, dit saint Thomas, oportet ad invicem alterata esse quod non contingit, nisi in his quorum est materia eadem et possunt esse activa et passiva ad invicem » [2]).

D'après les scolastiques, tout composé est un être essentiellement un et spécifiquement distinct de ses composants. Or, pour que deux corps puissent, par l'exercice de leur affinité mutuelle, nécessiter leur passage à un état substantiel nouveau, il leur faut, d'évidence, subir des altérations profondes et donner lieu à une résultante de forces incompatible avec leur nature respective ; ce qui suppose l'hétérogénéité des substances réagissantes. Deux corps identiques ne peuvent se communiquer que des propriétés qu'ils possèdent déjà.

---

[1]) S. Thomas, *De sensu et sensato*, lect. 15. « Etsi corpora mathematica possint in infinitum dividi, ad certum terminum dividuntur cum unicuique formæ determinatur quantitas secundum naturam ».
[2]) *Sum. cont. Gent.*, Lib. II, c. 56.

114. 2º L'affinité est une tendance élective. — Tous les êtres de l'univers, nous dit la théorie thomiste, ont été créés pour une fin. Ils doivent concourir à la réalisation et au maintien de l'ordre universel, copie du plan divin. Dans ce but, le Créateur les a doués d'inclinations foncières qui orientent leurs activités et assurent la stabilité des lois cosmiques.

« Natura nihil aliud est quam ratio ejusdem artis scilicet divinæ, indita rebus, qua ipsæ res moventur ad finem determinatum » [1]). « Et per hunc modum omnia naturalia in ea quæ eïs conveniunt, sunt inclinata, habentia in seipsis aliquod inclinationis principium, ratione cujus eorum inclinatio naturalis est, ita ut quodammodo vadant et non solum ducantur in fines debitos » [2]).

On le voit, l'affinité chimique, sous son aspect de tendance élective, est la plus saisissante manifestation de ce que les scolastiques appelaient « *finalité immanente* ».

115. 3º L'affinité considérée comme force ou énergie chimique. — Lorsque les corps agissent chimiquement, c'est-à-dire en vue de réaliser des composés nouveaux, c'est sous l'incitation de cette tendance foncière que les forces mises en jeu se déploient. En d'autres termes, les énergies chimiques ont, dans l'être même, la norme de leur activité spontanée. L'intensité de l'action doit donc se mesurer à l'intensité de la tendance mutuelle des masses réagissantes.

D'autre part, si chaque corps a sa nature spécifique et ses énergies propres, qu'y a-t-il de plus naturel que la dépense de force calorifique, électrique et luminique diffère d'une substance à l'autre ?

§ 3. — *L'atomicité ou la valence*

116. La constance relative de l'atomicité. — L'atomicité n'est pas plus que le poids atomique et l'affinité, livrée aux caprices du hasard ou des circonstances variées dans lesquelles s'exerce l'activité de la matière. Elle est relativement con-

[1]) S. THOMAS, *Phys.*, Lib. II, lect. 14.
[2]) ID., *Quæst. disp.*, q. 22, a. 1.

stante, c'est-à-dire que les variations peu nombreuses dont elle est susceptible, se produisent dans des cas nettement déterminés.

La théorie thomiste rend-elle compte de ce double fait ?

Selon nous, l'atomicité doit jouir d'une certaine constance, car elle dépend de la nature même du corps. Le composé chimique est le but primordial vers lequel convergent les corps simples, le terme de leur tendance native. Il faut donc que le composé soit un type défini, doué d'une physionomie invariable. Sa constitution ne peut dépendre des circonstances infiniment changeantes de la combinaison, sinon la fin naturelle des corps simples varierait comme le milieu des réactions.

Or, la nature d'un composé est fonction, non seulement du caractère des composants, mais aussi du nombre d'atomes qui les représentent. Ce nombre d'atomes est lui-même déterminé par l'atomicité, puisqu'il en est la mesure. L'atomicité jouit donc avec le composé d'une même constance et relève comme lui de la nature des générateurs.

Mais faut-il que cette constance soit absolue, ne comporte aucune exception ?

Assurément non. Si l'atomicité relative a pour cause éloignée la nature des composants, elle a pour cause prochaine les attractions et les répulsions exercées par les agents immédiats de la combinaison. Le contact entre tel nombre d'atomes plutôt qu'entre tel autre, suppose, d'évidence, l'intervention des forces mécaniques.

Or, bien que ces forces intrinsèques soient sous la dépendance de la finalité immanente et en suivent les directions [1]), elles sont cependant, de toutes les énergies corporelles, les plus extérieures, les plus exposées aux influences du dehors. C'est aussi le cas de toutes les énergies mécaniques.

Dès lors, il serait étonnant qu'elles restassent insensibles à toutes les excitations des agents physiques.

Au surplus, le cercle restreint de ces variations et les circonstances déterminées où elles se produisent, nous prouvent la nécessité de rattacher la constance relative de l'atomicité aux principes fonciers des agents chimiques.

---

[1]) FREUNDLER, *La stéréochimie*, p. 95. Paris, Carré et Naud.

§ 4. — *La combinaison*

117. Distinction essentielle entre la combinaison et les actions physiques. — Le mixte inorganique est la fusion de tous les générateurs en un être unique, en une espèce nouvelle dans laquelle les éléments ne possèdent plus qu'une existence virtuelle.

En accordant au composé chimique une unité rigoureuse, le thomiste place du même coup une distinction essentielle entre la combinaison et les phénomènes physiques, notamment le mélange. La combinaison atteint la substance même des êtres, tandis que les actions physiques ne dépassent pas la sphère des modifications accidentelles.

De là, cette différence radicale qui distingue la chimie des autres sciences naturelles : elle seule peut se définir : l'étude des transformations essentielles de la matière considérées au point de vue de leurs manifestations sensibles.

De là enfin, ces autres distinctions placées par les hommes de science entre les phénomènes chimiques et les changements d'ordre physique. Les premiers, dit-on, sont spécifiques, profonds et permanents ; les autres sont généraux, superficiels et transitoires.

Peut-il en être autrement si les premiers entraînent avec eux un changement de nature et d'espèce, alors que les autres n'effleurent que l'écorce de l'être et sauvegardent à la fois l'intégrité substantielle et ses exigences naturelles ?

§ 5. — *Les phénomènes thermiques qui accompagnent la combinaison*

118. Quelle est la cause originelle de cette chaleur, de sa constance et de son intensité ? — D'ordinaire, le phénomène thermique, produit par une combinaison, est constitué de deux parties bien distinctes : l'une se rattache à des causes physiques, tels les changements d'état, la pression extérieure, etc. ; l'autre a une cause chimique, l'union des composants [1]). Cette dernière est invariable ; l'autre, au contraire, dépend des circonstances.

_____

[1]) BERTHELOT, *Essai de mécanique chimique*, t. I. *Calorimétrie*, p. 4.

Selon la théorie scolastique, les corps peuvent être sollicités à l'action par des causes extrinsèques ; mais du moment où ils agissent en vertu de leur affinité naturelle, toutes les forces intrinsèques, notamment la chaleur, se déploient sous l'influence exclusive de la nature substantielle, ou mieux, de la finalité immanente. Les corps, comme dit saint' Thomas, se portent spontanément l'un vers l'autre, « ita ut quodammodo vadant et non solum ducantur ».

Or, si la force calorifique a dans l'être même la règle de son activité spontanée, qu'importent les causes adjuvantes de son action ? Ne faut-il pas que le phénomène. thermique, d'origine chimique, soit invariable comme sa cause ?

De plus, il est clair que, dans ce cas, l'être se livre tout entier, ouvrant toutes larges ses réserves d'énergie. Il suit les élans de sa nature ; rien ne peut entraver son essor ; en un mot, il donne tout ce qu'il peut. Tel est le secret de l'intensité des phénomènes thermochimiques, intensité tellement extraordinaire qu'elle a frappé d'étonnement les plus chauds partisans du mécanisme [1]).

§ 6. — *La décomposition chimique*

119. Nature de la décomposition. — La combinaison dépouille les corps de leur forme essentielle pour les imprégner d'une forme commune ; par contre, la décomposition les revêt de leurs formes respectives en brisant du même coup l'unité de l'être.

A parler rigoureusement, la reviviscence des composants constitue l'acte essentiel de la décomposition. La séparation des éléments en est plutôt une suite naturelle.

120. Caractère particulier de la décomposition. — Lorsque les corps simples virtuellement existants dans le mixte inorganique reconquièrent leur être spécifique, ils reprennent toute la quantité de chaleur qu'ils avaient dégagée en se combinant.

---

[1]) JOUFFRET, *Introduction à la théorie de l'énergie*, p. 52. Paris, Gauthier-Villars, 1883. — SECCHI, *Unité des forces physiques*, p. 562. — NERNST, *Traité de chimie générale*, t. I, p. 35. Paris, Hermann, 1911.

Pour nous donner la clef de cet apparent mystère, la théorie scolastique ne doit point recourir à des hypothèses nouvelles. Il lui suffit de faire appel à ses principes généraux sur le processus génétique des formes essentielles.

Une forme, disent les scolastiques, ne peut naître que dans une matière prédisposée à la recevoir. Or, la chaleur dépensée par la combinaison nous donne la mesure des altérations exigées par la forme spécifique du composé. En vertu de la même loi, les formes élémentaires disparues ne réapparaissent qu'à la suite d'une restitution aux diverses parties du composé, de la quantité d'énergie qui caractérise l'état naturel des éléments libres.

Le mixte inorganique est un être doué d'unité essentielle, mais il porte en lui les virtualités tempérées de ses générateurs. Chaque composant y est devenu une partie intégrante où il se survit par un ensemble de faits. Une harmonie complète, rendue possible par une atténuation de toutes les propriétés saillantes, concourt à la conservation de l'être unique, en laissant persister toutefois, dans les départements représentatifs des éléments, des aptitudes et des réceptivités différentielles.

Lorsque la chaleur vient raviver ces énergies latentes, chaque partie du composé en reçoit une quantité spéciale, se rapproche progressivement de l'état élémentaire dont elle fut dépouillée, jusqu'à ce qu'enfin elle brise l'harmonie du complexus et reprenne son être propre.

121. Conclusion générale. — Conçue à la lumière de la théorie thomiste, la philosophie de la chimie se ramène à un petit nombre de principes. En somme, une seule hypothèse, celle des natures spécifiques, fournit la raison dernière de l'ordre admirable qui régit les métamorphoses profondes de la matière.

Source de toutes les propriétés et ressort de toutes les activités de l'être, la nature substantielle règle la diversité constante des poids atomiques, préside aux manifestations ordonnées de l'affinité et de l'atomicité, assure aux composés chimiques une constitution définie et invariable.

Dans la sphère des actions chimiques, c'est aussi la nature qui met en branle les énergies calorifiques et électriques, en arrête le déploiement à point nommé, garantit enfin la régularité des décompositions malgré l'infinie variété des circonstances.

En un mot, la théorie thomiste appuie l'ordre chimique sur la composition substantielle des espèces, sans devoir recourir à aucune de ces hypothèses subsidiaires dont le nombre toujours croissant accuse la faiblesse du mécanisme.

ART. II. — FAITS DE L'ORDRE PHYSIQUE

122. Aperçu général. — Du point de vue physique, les espèces corporelles ont chacune leur physionomie propre ; elles se distinguent les unes des autres par un groupe de caractères invariables : la forme cristalline, l'état naturel, le poids spécifique, les phénomènes relatifs à la chaleur, au son, à l'électricité et au magnétisme.

Indissolublement unies entre elles, ces propriétés constituent un critérium complexe et infaillible de spécification.

123. Raison explicative de ce fait. — Ces groupes de traits différentiels que la science a si patiemment analysés, sont la manifestation naturelle de la distinction profonde, placée par le thomisme, entre les substances mêmes des corps.

Est-il possible, en effet, que des natures, spécifiquement distinctes, ne soient point affectées de groupes de propriétés différentes ? Les phénomènes ne sont-ils pas le seul rayonnement visible de cet être caché qu'est la substance ?

Par cette corrélation établie entre le fond intime des êtres et leurs caractères accidentels, la physique aristotélicienne avait donc justifié d'avance toutes les distinctions dont se complète, à l'heure présente, et peut se compléter à l'avenir, le signalement des espèces.

CHAPITRE IV

Preuves de la théorie scolastique

———

§ 1. — *Premier argument, tiré de la finalité immanente*

**124. Majeure : Il y a de l'ordre dans le monde inorga-
nique.**— Les multiples lois qui président au jeu des forces physiques, pesanteur, électricité, son, chaleur et lumière, — la
classification des formes cristallines, et leur rapport invariable
avec la nature chimique des corps,— les rapports de poids et de
volume observés dans les combinaisons chimiques. — les règles
de l'affinité et de l'atomicité, — l'histoire des transformations
subies par notre globe depuis son état de nébuleuse jusqu'au
moment où se trouva réalisé cet ensemble si complexe de
conditions indispensables à l'apparition et au maintien de la
vie des plantes, des animaux et de l'homme [1]), — les relations
de la terre avec les cieux, relations d'où dépendent la succession
régulière des saisons et la marche des activités organiques
et inorganiques de la matière, voilà autant de témoignages
éclatants en faveur de l'ordre cosmique [2]).

D'ailleurs, n'y eût-il que la récurrence invariable des mêmes
espèces chimiques, l'univers matériel l'emporterait encore sur
les œuvres les mieux ordonnées du génie humain.

Nul ne peut suivre dans le détail les métamorphoses qu'ont
éprouvées, pendant les siècles écoulés, les milliers de corps
répandus à la surface de notre globe, ou disséminés dans
l'atmosphère.

———

[1]) CH VÉLAIN, *Cours élémentaire de géologie stratigraphique.* Paris,
Savy, 1887.
[2]) FAYE, *Sur l'origine du monde.* Paris, Gauthier-Villars, 1884. —
C. WOLF, *Les hypothèses cosmogoniques.* Paris, Gauthier-Villars, 1886.

Le cours de la nature est une série ininterrompue de transformations profondes, où les éléments triturés, amoindris, dépouillés de leurs propriétés natives, revêtent celles des composés, tandis que d'autres édifices moléculaires voient disparaître leur unité et leurs traits distinctifs par la mise en liberté de leurs éléments constitutifs.

Or, ni la multitude des causes dont l'entrecroisement doit, semble-t-il, rendre capricieuses et désordonnées les activités des êtres, ni l'intervention libre de l'homme qui, pour mieux assujettir la nature à ses fins, fait varier à son gré les agents et les circonstances, ni l'infinie variété des milieux n'ont jamais entravé la récurrence régulière des mêmes espèces minérales. Toujours les corps simples réapparaissent avec le cortège des propriétés caractéristiques de leur état d'isolement. Toujours les mixtes, mille fois détruits, mille fois refaits, contiennent les mêmes éléments associés suivant le même nombre d'atomes.

Et, fait non moins frappant, toutes ces activités convergent d'une manière constante au bien des individus comme au bien de l'ensemble.

125. Mineure : Or les caractères de cet ordre sont inexplicables, si l'on n'admet, dans les êtres corporels, une finalité immanente. — *Première interprétation :* mécanisme matérialiste. — Pour les anciens atomistes, Leucippe, Démocrite, Epicure, et, en général, pour les matérialistes modernes, tels d'Holbach, Haeckel, Büchner, aucun principe de finalité n'oriente les activités naturelles de la matière. Tous les êtres de l'univers, substantiellement homogènes et animés de mouvement local, suivent fatalement les voies que leur tracent les impulsions reçues au hasard des rencontres. Sans but et sans plan préconçu, les évolutions de l'univers sont néanmoins ordonnées, parce qu'en vertu des lois mécaniques, la matière, placée dans les conditions actuelles, ne peut avoir d'autre mode d'efficience.

« L'apparence d'ordre, dit Büchner, n'est pas l'effet d'un plan prémédité, mais le produit des actions et des réactions d'une foule de causes, de contingences ou de forces aveugles et inconscientes en elles-mêmes, mais qui, en raison de leur activité incessante dans tous les temps et dans tous les lieux, ne peuvent faire autrement que de se manifester, comme agissant en apparence d'après un ordre, ou un arrangement en séries graduelles et parfaites » [1]).

Critique. — Cette explication matérialiste est manifestement insuffisante. S'il n'y a, comme on le soutient, ni en dedans, ni en dehors de l'être, aucune poussée vers un but déterminé, si tout se fait à l'aveugle, d'où vient que, dans ce tourbillon des activités matérielles, toutes les actions s'ajustent à la mesure de l'ordre cosmique ? D'où viennent cette convergence harmonieuse, ces rencontres appropriées à la reproduction des types spécifiques et au bien de l'ensemble ?

Dire que chaque cause produit fatalement son effet, ce n'est point indiquer le pourquoi de l'*orientation constante de tous* les agents corporels vers le bien individuel et général. La convergence constante de tous les agents est, elle aussi, un effet qui demande une cause appropriée [2]). Pour la réalisation de l'ordre actuel, une seule voie est ouverte aux activités de la matière. Pour le désordre, au contraire, il en existe des milliards d'autres.

Deuxième interprétation : mécanisme spiritualiste. — Il ne suffit pas non plus d'attribuer aux êtres corporels, avec certains spiritualistes, une tendance d'emprunt, provenant d'impulsions reçues de l'extérieur.

D'après ces auteurs, à l'origine du monde, le Créateur aurait donné aux atomes une position initiale et une certaine quantité de mouvement. Puis, sous l'influence de cette orientation primitive dont l'intelligence divine avait prévu tous les résultats, les atomes se livrèrent à des évolutions régies par les lois de la mécanique, et réalisèrent peu à peu la série intentionnelle des scènes toujours renouvelées et toujours ordonnées qui marquent le long passé de notre globe [3]).

Cette sorte de tendance, on le voit, est tout extrinsèque et étrangère à la nature même des êtres.

Critique. — Appliquée à un nombre très restreint de corps,

---

[1]) Voir pour l'exposé de la conception matérialiste : BÜCHNER, *Force et matière ou principes de l'ordre naturel de l'univers*, pp. 81, 92, 94, 100. Paris, Reinwald, 1884.

[2]) C'est la pensée qu'exprime SPENCER dans son ouvrage : *Les premiers principes*, pp. 234 à 237. Paris, Schleicher, 1902.

[3]). Cfr. MARTIN, *Philosophie de la nature*, IIe partie, c. 22, p. 115.

placés dans des conditions invariables, tel le cas d'une machine, cette hypothèse ne paraît pas d'emblée manifestement insoutenable. Encore faudrait-il, même dans ce cas particulier, que Dieu lui-même intervînt à point nommé, chaque fois que le fonctionnement régulier de la machine se trouve arrêté par l'usage ou la détérioration des multiples pièces qui la constituent.

Mais l'insuffisance de pareille finalité extrinsèque devient évidente quand il s'agit d'un processus réel du monde inorganique.

Supposons en effet, pour nous borner à un exemple, que les affinités chimiques dérivent d'impulsions purement mécaniques.

D'évidence, l'homme avec ses puissants moyens d'action, telles la chaleur, l'électricité, etc., aurait bientôt changé le point d'application de ces énergies primitives et imprimé aux atomes des orientations totalement nouvelles dont il est aisé de voir les funestes conséquences : rencontre fortuite de corps jusqu'ici indifférents ou sans affinité mutuelle, modifications profondes dans la constitution des composés, variation illimitée des espèces. En fait, rien n'est plus variable et plus mobile qu'une impulsion mécanique. Le vaste domaine de la chimie deviendrait alors un chaos où se réaliseraient, au grand préjudice du régime de notre globe, les combinaisons les plus fantastiques.

126. Conclusion.— Puisque toute tendance, d'origine extrinsèque, est incapable d'assurer la stabilité de l'ordre cosmique, il est indispensable que, dans les entrailles mêmes des êtres corporels, réside un principe régulateur de ces activités et de ces rencontres ordonnées, qui, par leur renouvellement incessant, constituent le cours de l'univers. En d'autres termes, il faut attribuer à tout corps inorganique une finalité immanente en vertu de laquelle il tend, en premier lieu, à conserver les traits distinctifs de son espèce et, secondairement, à échanger avec ses congénères, suivant les lois de l'affinité chimique, ses énergies natives.

127. Explication de la mineure. — Quel est le caractère vrai de cette finalité immanente, appelée aussi inclination foncière ?

Le plus grand défaut de toutes les opinions jusqu'ici parcourues, fut de supprimer toute connexion naturelle entre la substance des êtres et les groupes invariables de propriétés qui différencient entre eux, soit les corps simples, soit les corps composés du règne inorganique. Ce divorce prononcé, les substrats matériels deviennent fatalement indifférents à l'égard des propriétés inséparables de leur état d'isolement. Et l'on se demande en vain comment l'atome libre d'hydrogène ou d'oxygène réapparaît toujours avec le même signalement invariable.

L'indissoluble union, en un faisceau unique, de cette multitude de caractères physiques, cristallographiques et chimiques, tous indépendants les uns des autres, demeure donc un fait inexpliqué aussi longtemps qu'on n'en place pas la cause dans l'unité substantielle des êtres [1]).

Or, demander à la substance la raison de ces groupes différentiels, de ces inclinations dont les affinités expriment si bien le caractère électif, c'est souscrire en même temps aux vues thomistes sur la diversité spécifique des corps *simples* et *composés ;* il serait en effet contradictoire de faire reposer sur l'*homogénéité* des substrats, la *diversité* de leurs manifestations accidentelles.

Force nous est donc d'admettre l'existence de natures spécifiquement distinctes les unes des autres, et d'en multiplier le nombre avec les groupes indissolubles et constants des propriétés différentielles.

Or, pareille conclusion est le résumé de toute la physique aristotélicienne. Les autres données en sont un simple corollaire.

128. Conséquences logiques de ce principe. — La diversité spécifique des corps simples et composés a, pour première conséquence, la composition hylémorphique de tous les corps naturels.

Affirmer que les générateurs revêtent dans le composé une nature commune, un même état substantiel, c'est dire en même temps qu'ils sont dépouillés de leur empreinte spécifique antérieure et revêtent une empreinte nouvelle d'où résulte l'espèce.

[1]) S. THOMAS, *Phys.*, Lib. II, lect. 14. — *Sum. theol.*, P. Iª. IIæ, q. I, a. 2.

D'autre part, si la transformation n'est ni une création, ni une annihilation d'être, il faut bien que sous le principe fixatif de l'espèce, réside un élément substantiel indéterminé qui puisse servir de substrat réceptif aux nouvelles déterminations essentielles.

Les scolastiques avaient donné à ces éléments intégrants de la substance, le nom de *matière première* et de *forme substantielle*.

Le rôle du principe spécifique se trouve dès lors nettement tracé.

En donnant au corps son actualité foncière et sa nature distinctive, la forme détermine du même coup le caractère des propriétés accidentelles qui en sont la résultante obligée. Elle les maintient dans une indissoluble union, parce qu'elle est avec la matière leur source commune et la raison nécessitante de leur apparition. A elle, enfin, revient la mission d'incliner le corps et ses multiples activités vers la fin individuelle.

De la sorte, l'ordre cosmique ne nous étonne plus, vu que les êtres portent en eux-mêmes un principe essentiel de finalité qui les maintient dans leur état et règle la marche de leurs opérations [1]).

§ 2. — *Deuxième argument, tiré de l'unité des êtres vivants*

129. Exposé et raison explicative du fait. — La plante et l'animal jouissent incontestablement d'une unité essentielle. La solidarité des fonctions nécessaires à leur entretien, la convergence constante des multiples activités dont ils sont le siège, vers leur bien-être et leur développement normal, sont des preuves péremptoires de cette doctrine.

Chez l'homme, ces données de l'expérience se confirment par un témoignage décisif, celui de la conscience. Nous attri-

---

[1]) S. Thomas, *Cont. Gent.*, Lib. IV, c. 19. « Res naturalis per formam qua perficitur in sua specie, habet inclinationem in proprias operationes et proprium finem quem per operationes consequitur : quale enim est unumquodque talia operatur et in sibi convenientia tendit ». — Cfr. Ch. Huit, *La philosophie de la nature chez les anciens*, p. 370. Paris, Fontemoing, 1901.

buons à un *même sujet* l'universalité de nos actes, qu'ils appartiennent à la vie sensitive, intellectuelle ou purement végétative. Fait inexplicable s'il n'y avait en nous, au delà des principes immédiats d'action, un être vraiment un, la substance *une* du composé humain [1]).

Cependant, malgré leur supériorité, tous les êtres vivants sont tributaires des corps inorganiques. Ils empruntent à la matière les éléments de leurs tissus, se nourrissent à ses dépens, et après leur mort, c'est en principes simples ou composés de la chimie que se résout leur dépouille mortelle.

Il y a donc deux propriétés à concilier : l'unité substantielle et la multiplicité des constitutifs matériels.

L'unité ne peut être révoquée en doute.

D'autre part, elle est manifestement incompatible avec la persistance actuelle des multiples individualités atomiques ou moléculaires qui ont concouru à sa formation. L'homme lui-même deviendrait une colonie dont les multiples activités se partageraient entre l'âme et les millions d'atomes constitutifs du corps.

Pour éviter la contradiction et sauvegarder à la fois l'unité essentielle des êtres doués de vie, il faut donc attribuer à tous les corps du monde matériel une constitution dualiste qui leur permette de subir des métamorphoses profondes, de se dépouiller de leurs traits spécifiques et partant de leur être propre en échange d'un état substantiel plus élevé. Alors l'unification de toutes les parties intégrantes par un seul principe vital, l'interdépendance mutuelle de toutes les activités et leur concours harmonieux, tout s'explique sans peine.

Nous revenons ainsi à la composition hylémorphique de la matière et à toutes ses conséquences relevées plus haut.

§ 3. — *Critique de certains arguments*

Après avoir examiné les bases solides, et, à notre sens, inattaquables de la doctrine thomiste, il ne sera pas sans

---

[1]) Cfr. MERCIER, *Cours de psychologie*, 9e éd., tome II, p. 279.

intérêt de discuter la validité de certains arguments encore
en vogue à l'heure présente.

**130. 1º Argument tiré de la diversité spécifique des
propriétés.** — Plusieurs auteurs semblent attacher une
importance primordiale à cet essai de démonstration. Pour
eux, la diversité *qualitative* des propriétés est une donnée
tellement évidente qu'il serait permis d'en inférer d'emblée
toutes les idées principielles du thomisme.

Les corps chimiques, dit-on, soit simples, soit composés,
se signalent chacun par un groupe de propriétés *réellement
spécifiques*. Or, la substance des êtres se reconnaît à ses manifestations accidentelles. Donc tous les corps chimiques sont
des natures spécifiquement distinctes les unes des autres.

Critique. — Ainsi présentée, cette preuve nous paraît peu
convaincante, et même très peu conforme à l'expérience.

Parcourez toutes les forces physiques ; en trouverez-vous
une seule qui se diversifie *qualitativement* dans les diverses
espèces où elle est réalisée ?

La force calorifique des quatre-vingt-dix corps simples de
la chimie ne produit-elle pas toujours et partout des phénomènes thermiques de même nature ? Sans doute ces phénomènes se différencient par leur intensité, et sous ce rapport
l'on peut dire que chaque espèce possède en réserve une
quantité spéciale de calorique. Néanmoins, il serait puéril de
distinguer dans la chaleur autant de notes spécifiques qu'elle
comporte de degrés.

L'électricité, elle aussi, est une propriété commune de la
matière brute. Très positive chez les éléments alcalins, elle
se dégrade progressivement dans les autres métaux, devient
négative avec les métalloïdes, et par une progression ascendante atteint son maximum d'intensité chez les halogènes,
chlore et fluor. Ici encore différence quantitative manifeste
aussi bien dans les corps positifs que dans les corps négatifs,
mais, au point de vue des effets, absence complète de toute
distinction spécifique.

Ainsi en est-il de la force luminique, du pouvoir réfringent
et en général des propriétés optiques.

L'état gazeux, liquide ou solide constitue-t-il un critérium
plus infaillible de spécification ? Pas davantage. Depuis long-

temps la physique a établi que l'état d'un corps relève uniquement de l'intensité relative des forces attractives et répulsives, inhérentes aux dernières particules de la matière.

D'après le degré de prédominance de l'une ou l'autre de ces énergies, les particules s'agglomèrent, tendent à leur dispersion ou revêtent un état intermédiaire.

Reste la forme cristalline, propriété en apparence la plus décisive. Ses modalités sont multiples. En fait, elles se réduisent toutes à des configurations variées d'une propriété commune, l'étendue qui, certes, ne change pas de nature avec les aspects divers qu'elle présente.

En vain donc cherche-t-on, dans le signalement des espèces chimiques, cette note *réellement spécifique* sur laquelle repose l'argument précité.

Il y a plus. Basé sur une hypothèse pour le moins très contestable, cet essai de démonstration contient encore une mineure qui ne brille point des clartés de l'évidence.

De l'hétérogénéité accidentelle présupposée, on passe sans intermédiaire à l'hétérogénéité substantielle : les qualités, dit-on, sont l'expression fidèle de la nature de l'être. Proposition vraie en théorie thomiste où les propriétés sont une sorte d'efflorescence ou de prolongement naturel de l'être essentiel ; proposition très combattue, au contraire, par les partisans du mécanisme.

Il importe donc souverainement de l'établir. Or, le seul moyen, croyons-nous, de mettre hors de doute cette connexion nécessaire entre l'être et ses qualités accidentelles, est de faire appel à la finalité immanente, ou, si l'on veut, à la récurrence invariable des mêmes espèces inorganiques. Dans ce cas, l'argument en question perd toute valeur propre, ou mieux, résume sous une forme plus problématique la preuve tirée plus haut de l'ordre cosmique.

131. En quoi consiste la diversité des propriétés ? Sa portée cosmologique. — Il ne faudrait pas conclure de cette discussion que l'étude du signalement des corps minéraux est sans importance pour le cosmologue.

En somme, malgré l'absence de toute distinction spécifique entendue au sens rigoureux du terme, les groupes de propriétés n'en demeurent pas moins les signes révélateurs de types substantiels, réellement spécifiques, pour qui sait découvrir la raison dernière de leurs caractères.

1° D'abord, il existe entre les différents groupes une différence quantitative nettement tranchée. Tous les corps simples, par exemple, ont une force calorifique spéciale et donnent lieu, en se combinant avec un même élément pris pour terme de comparaison, à des phénomènes thermiques d'inégale grandeur : KCl dégage 105 calories ; NaCl 97,3 ; LiCl 93,5, etc. Les autres forces se prêtent à la même constatation.

2° Ce degré d'intensité que présentent les énergies d'un corps donné est pour celui-ci une marque naturelle, indépendante des influences extérieures, et partant invariable.

3° Chaque groupe de puissances est soumis à des conditions d'activité qui lui sont propres. Il suffit pour s'en convaincre de parcourir le domaine de la chimie, de constater l'infinie variété des circonstances dans lesquelles se produisent les combinaisons chimiques. Placés dans un même milieu, tels corps mettent spontanément en liberté une quantité considérable de chaleur, d'électricité et de lumière ; tels autres sortent avec peine de leur engourdissement ; tels autres encore restent absolument inertes.

4° Enfin, bien que les propriétés d'un être se trahissent chacune par des manifestations propres, elles se trouvent réunies en un seul faisceau par un lien de solidarité si intime qu'elles sont en fait inséparables.

Or, ce quadruple caractère, dont aucun cependant n'est par lui-même un critérium de spécification, n'admet d'autre explication que la diversité spécifique des êtres, dès qu'on le subordonne à la finalité immanente. Ainsi replacées dans leur cadre, les différences accidentelles purement quantitatives redeviennent une preuve rigoureuse de la doctrine scolastique.

132. 2° Argument tiré de l'opposition constatée entre certaines propriétés corporelles. — Quand on jette un regard attentif sur les êtres matériels, on y découvre des antinomies ou des contradictions apparentes ; d'une part l'*unité* indéniable de chaque corps, d'autre part la *multiplicité*, la diffusion, le redoublement de ses parties. Ici l'*indivision* *actuelle* du tout, jointe à une *divisibilité* sans limites. Là l'*inertie*, la *passivité*, l'indifférence au repos et au mouvement, et en même temps l'*activité* et une sorte de *spontanéité* dans l'action. Enfin certaines propriétés génériques, *communes* à tous les êtres matériels, et à côté, des propriétés spécifiques, *propres* à chaque individualité.

Or, se peut-il qu'un seul et même principe foncier soit à la fois l'origine de deux propriétés ou de deux actions contradictoires ?

Tout corps est donc constitué d'un double élément : l'un, principe d'étendue, de passivité, de quantité et d'identité ; l'autre, principe d'unité, d'activité, de qualité et de spécification ; en deux mots, la *matière première* et la *forme substantielle* [1]).

133. Valeur de cet argument. — Que penser de cet argument ? Échappe-t-il à toute critique ?

Prenons garde d'abord de trop accentuer l'opposition de caractères sur laquelle s'appuie ce nouvel essai de démonstration. Si, comme on paraît l'affirmer, certaines propriétés s'opposent l'une à l'autre comme des contradictoires, il est difficile de comprendre qu'elles puissent affecter simultanément le même sujet matériel, et l'union naturelle entre les deux principes fonciers dont elles découlent semble ainsi bien compromise.

En second lieu, la composition hylémorphique de la matière, admise par la théorie thomiste, se concilie parfaitement avec une certaine coexistence de propriétés disparates. Elle en fournit même une explication facile et plausible. Mais le fait mentionné suffit-il, à lui seul, pour établir cette composition de matière et de forme ?

Tel n'est pas notre avis.

On oppose, avec raison d'ailleurs, l'*activité* à la *passivité*, et on en conclut que ces deux attributs du corps relèvent *nécessairement* de deux causes substantielles opposées.

---

[1]) Cet argument a été spécialement bien développé par M. FARGES dans son excellent ouvrage intitulé : *Matière et forme en présence des sciences modernes*, pp. 13 et 14 .Paris, Bureau des *Annales de philosophie chrétienne*, 1888. — Le Docteur SCHNEID l'a aussi exposé, mais sous un jour nouveau, dans sa belle étude : *Naturphilosophie im Geiste des heiligen Thomas von Aquin*, S. 123. Paderborn, Schoeningh, 1890.

Est-ce logique ? Ce mélange d'acte et de puissance n'est-il pas l'apanage de tout être créé ? L'ange lui-même, malgré la simplicité de son essence, n'est-il pas, sous beaucoup de rapports, actif et passif ? La contingence, telle est, croyons-nous, la raison dernière de la passivité dont toute créature se trouve affectée. Toutefois, cette imperfection s'accroît à mesure que l'on descend davantage dans l'échelle des êtres, et c'est pourquoi l'élément souverainement potentiel, la matière première, est si bien en harmonie avec la grande passivité des corps, sans en être cependant la cause indispensable.

De même, l'*inertie* et l'*activité* paraissent être deux propriétés exclusives l'une de l'autre.

En réalité, cette opposition est beaucoup moins radicale qu'on n'est tenté de le croire.

Le terme « inertie » s'entend de deux manières. Ou bien il est synonyme de passivité, comme dans l'expression « quantité d'inertie ou quantité de masse » [1]), et dans ce cas, nous venons de le montrer, on ne peut rien en déduire en faveur de l'hylémorphisme.

Ou bien il désigne simplement l'impuissance du corps à modifier son état de repos ou de mouvement. Alors il serait intéressant de savoir où gît l'opposition. Par le simple fait que le corps inorganique a ses activités tournées vers le dehors, il lui est impossible de modifier, de sa propre initiative, l'état dans lequel les causes extérieures l'ont placé. Or, ainsi entendue, l'inertie, loin d'être opposée à l'activité, devient une conséquence nécessaire de la manière d'agir des êtres matériels.

Il y a encore l'étendue, alliage d'*unité* et de *multiplicité,* d'*indivision actuelle* et de *divisibilité indéfinie.*

Assurément, le double aspect de cette propriété concorde en tous points avec les aptitudes distinctives des éléments essentiels du corps. Ne l'oublions pas cependant, l'étendue n'est pas un agglomérat de deux parties irréductibles : l'unité et le multiple potentiel. Au contraire, l'unité d'extension implique essentiellement le multiple en puissance, en sorte que l'une et l'autre sont deux faces d'une seule et unique réalité.

[1]) Cfr. n. 91, p. 132.

Pour constituer cette entité, faut-il de toute nécessité le concours de deux parties substantielles, forme et matière première ? En d'autres termes, si l'étendue, de par son concept même, est une qualité réellement *une*, répugne-t-il qu'une matière, homogène au sens mécanique du mot, en soit douée ? Nous ne le croyons pas.

Au surplus, y eût-il dans l'ensemble de ces contrastes une preuve suffisante de la théorie dualiste de l'essence corporelle, il resterait beaucoup à faire pour asseoir sur une base inébranlable le principe fondamental de la cosmologie aristotélicienne.

Toutes les propriétés énumérées étant communes à tous les corps, la seule conclusion légitime serait la suivante : tous les êtres matériels sont constitués de deux éléments consubstantiels, à savoir, d'un principe indéterminé et d'un principe déterminant. Or, bien plus compréhensive est l'idée-mère du système. Elle se résume dans cette proposition : il existe dans le monde inorganique des natures *spécifiquement* distinctes, c'est-à-dire des corps substantiellement inclinés vers des fins propres qu'ils réalisent par l'exercice de puissances appropriées. La composition hylémorphique en est une simple déduction.

Voulant compléter cette preuve, plusieurs, il est vrai, font appel à la diversité spécifique de certaines propriétés. Mais pareil appui, nous l'avons dit, ne résiste point à la critique scientifique qui ne découvre partout que des différences quantitatives [1]).

134. Conclusion. — A notre avis, il existe une seule preuve complète et péremptoire de la théorie scolastique considérée dans son application au monde inorganique, et cette preuve nous est fournie par l'étude de l'ordre universel. Aristote n'en a jamais connu d'autre, et pour cause.

Avec toutes les clartés de l'évidence, les harmonies de l'univers nous montrent dans chaque corps l'existence d'une finalité immanente jointe à un complexus de propriétés invariable, indissoluble, quantitativement distinct de tout autre. Tel est le seul fait qui justifie la physique thomiste prise dans son intégralité.

[1]) Cfr. n. 30, p. 164.

Loin de nous la pensée de refuser toute valeur à l'argument tiré de la constitution des êtres vivants. Nous croyons cependant que cette démonstration ne saurait établir la spécificité des substances minérales sans faire d'importants emprunts à la preuve précédente.

Laissée à elle seule, elle ne conduit sûrement qu'à la constitution bipartite du corps inorganique. C'est la raison pour laquelle nous l'avons placée en sous-ordre, à l'effet de corroborer par une voie nouvelle et plus directe l'une des conclusions de l'argument.

Or, la spécificité des natures est une doctrine de toute première importance en cosmologie ; car le cosmologue doit avoir pour but premier, de fixer les causes explicatives de l'ordre cosmique, de déterminer notamment les principes immédiats de sa constance. Dès lors, il s'arrêterait à mi-chemin, semble-t-il, laissant inexpliqués la physionomie propre et le rôle spécial des facteurs, s'il se contentait de prouver en général leur composition de matière et de forme.

Quant aux autres essais, on aurait tort également de les croire inutiles. Bien que dépourvus de toute force probante, ils ont l'avantage de mettre en relief l'accord de la théorie thomiste avec certains faits d'expérience.

RÉSUMÉ ET CONCLUSION GÉNÉRALE

135. Au terme de ce travail, jetons un regard d'ensemble sur le chemin parcouru. Six systèmes, se réclamant de l'expérience, prétendent résoudre le délicat problème des causes constitutives dernières du monde inorganique.

Nous les avons soumis au contrôle des faits.

Le *mécanisme* fut l'objet d'un premier examen.

Dans le domaine de la chimie, de la physique, de la cristallographie, les thèses fondamentales du mécanisme se trouvent en conflit perpétuel avec les lois invariables de la nature, avec ses activités si diverses et si constantes, avec l'infinie variété des espèces et leur fixité.

L'homogénéité de la masse et la variabilité capricieuse du mouvement, l'absence de tout principe interne d'orientation, d'activité et de spécification rendent inexplicable l'ordre admirable de l'univers [1]).

Frappé de cette insuffisance, le *dynamisme* érige un système réactionnel.

A la masse étendue et inerte, il substitue un élément simple, essentiellement actif, la force.

La nature recouvre une de ses plus nobles prérogatives, son pouvoir dynamique interne. Mais ce système se montre trop exclusif. L'étendue réelle et la passivité inséparablement unies à l'activité de la matière, l'aptitude des corps à se fusionner en des êtres nouveaux marqués d'unité essentielle, tous ces faits, établis par les sciences et le témoignage de la conscience, sont la condamnation de l'exclusivisme dynamique [2]).

L'*atomisme dynamique* est un essai timide de conciliation entre ces deux systèmes. Il emprunte au mécanisme la masse étendue, au dynamisme l'élément-force. Mais en se prononçant pour l'homogénéité essentielle des masses, il établit le divorce entre la substance des êtres et leurs manifestations accidentelles, car la diversité des groupes de propriétés et surtout les orientations spécifiques et constantes des activités ne peuvent rester en harmonie avec la nature partout identique des substrats substantiels.

La critique même de ces théories fait pressentir quelle est la vraie conception du monde matériel.

D'évidence, l'ordre cosmique repose sur l'existence de natures spécifiquement distinctes les unes des autres, douées d'étendue et de pouvoirs d'action appropriés, substantiellement inclinées vers des fins propres. Telle est la conclusion que suggère l'examen des faits et que nous dicte à la fois le sens commun.

Tel est aussi le résumé de la *théorie scolastique*.

---

[1]) Le *néo-mécanisme* est irréprochable s'il reste fidèle à son programme ; mais il aboutit naturellement, sur le terrain philosophique, aux doctrines essentielles du mécanisme traditionnel.

[2]) L'*énergétique* est aussi un système de réaction contre le mécanisme. En réalité elle souscrit à la conception *dynamique* de l'univers, mais elle n'a à se prononcer ni sur l'étendue de la matière, ni sur son mode d'activité.

136. Objection d'ordre général contre la conception scolastique de la matière, tirée de la théorie électronique. Exposé de cette théorie. — Jusqu'en ces dernières années, de nombreux chimistes considéraient l'atome comme le dernier degré d'atténuation de la matière, comme l'élément irréductible des corps simples. Mais s'il faut en croire la *théorie électronique* actuellement régnante en physique, l'atome chimique serait lui-même un monde. Il comprendrait un noyau chargé d'électricité positive, et autour de ce noyau, gravitant avec des vitesses énormes, des atomes d'électricité négative, appelés électrons. Bien que la partie centrale positive de l'atome soit la plus considérable, les électrons négatifs qui entourent ce noyau sont encore très nombreux. L'atome d'hydrogène, qui en possède le moins, parce qu'il est le plus petit, en contient probablement 1800 [1]).

L'attraction mutuelle du noyau positif et des électrons négatifs maintient la cohésion du système atomique et en fait un tout, c'est-à-dire un atome chimique neutre, assez stable, malgré sa complexité, pour demeurer intact dans les réactions chimiques ordinaires.

Parmi les électrons qui forment l'atmosphère immédiate du centre atomique positif, il en est qui n'ont pas avec lui une liaison très étroite et peuvent même en être séparés sans que les propriétés de l'atome chimique soient modifiées. Les autres, au contraire, constituent une partie *essentielle* de l'individualité atomique, à tel point que leur séparation de l'atome entraîne un changement de nature ou d'espèce.

Pour des causes encore inconnues, il arrive que les atomes chimiques de certains corps, tel le radium, perdent leur équilibre interne ; les corpuscules essentiels positifs ou négatifs du petit édifice atomique sont alors projetés dans l'espace, et l'atome lui-même est désagrégé. C'est le phénomène de *radioactivité* [2]). La tendance actuelle de la physique est d'expliquer tous les phénomènes physico-chimiques à la lumière

---

[1]) H. POINCARÉ, *Les rapports de la matière et de l'éther*, p. 360. (Les idées modernes). Paris, Alcan, 1913. — L. POINCARÉ, *La physique moderne, son évolution*, p. 289. Paris, Flammarion, 1909.

[2]) Pour l'exposé de la théorie électronique voir notre *Cours de Cosmologie*, vol. I, pp. 5-35.

de la théorie électronique de la matière et de l'éther. Pareille théorie est-elle conciliable avec la conception scolastique de la matière?

137. Portée cosmologique de la théorie électronique. — 1° La théorie électronique est d'inspiration mécanique. En général, c'est au mouvement même des électrons que les physiciens rattachent les propriétés dont les corps sont doués. Pour eux, la théorie actuelle n'est donc qu'un nouveau champ d'application du *néo-mécanisme*. Cependant, elle se prêterait tout aussi facilement à une interprétation *dynamique*.

2° La théorie électronique s'est révélée comme un instrument d'investigation et de recherche d'une grande puissance, mais ce serait une erreur de croire que, dès maintenant, elle puisse être tenue pour une expression certaine de la réalité. Des physiciens de valeur ne craignent pas de reconnaître qu'elle soulève à l'heure présente de grosses difficultés [1]), qu'elle est même destinée à subir un sérieux remaniement.

3° Fût-elle même fondée, la théorie ne justifierait pas encore le premier dogme du mécanisme traditionnel, savoir l'unité essentielle de la matière. Il est admis en effet par la généralité des hommes de science que l'atome chimique comprend, comme éléments primordiaux, un noyau central positif et des électrons négatifs. Il résulte donc, non pas d'une matière homogène unique, mais de deux constitutifs, de deux électricités, qu'on décore. il est vrai, d'un même nom (électricité), mais qui se montrent irréductibles entre elles.

Or, la réduction de l'univers à deux facteurs primordiaux hétérogènes n'est pas plus favorable au mécanisme que la réduction de tous les composés chimiques aux quatre-vingt-dix corps simples des chimistes. La question qui se pose est une question d'unité ou de pluralité, d'homogénéité ou d'hétérogénéité. La grandeur du nombre d'éléments originaux n'est d'aucune importance, pourvu que ce nombre exprime une pluralité. En un mot, il est aussi facile à un thomiste de concevoir la formation du monde à partir d'un simple dualisme

---

[1]) Voir notre *Cours de Cosmologie*, tome I, pp. 267-269.

primitif, qu'à partir de cent ou de deux cents corps élémentaires.

4º La théorie électronique n'est même pas incompatible
avec l'existence de la matière entendue au sens ordinaire du
mot. Jusqu'ici, on ne connaît rien ou presque rien de la nature
et de la constitution du noyau central positif. Ainsi que le
dit L. Poincaré, « on peut supposer que ce centre positif conserve les caractères fondamentaux de la matière et que, seuls,
les électrons négatifs n'ont plus qu'une masse électro-magné-
tique » [1]). En fait, l'émission de ces particules négatives par
les corps radioactifs ne diminue jamais sensiblement
le poids de l'atome soumis à cette désintégration. Il n'y a réellement de perte de poids que dans l'émission par les masses
atomiques de corpuscules positifs qui sont, en réalité, des
atomes d'hélium, et qui possèdent une masse pondérale.

5º Sans doute, la théorie suppose douées de mouvement
local les particules constitutives de l'atome chimique. D'après
elle, les électrons négatifs gravitent autour du noyau positif
comme les satellites autour du soleil, avec une vitesse de
plusieurs trillions de tours par seconde. Or, c'est là une pure
hypothèse qui ne peut se réclamer d'aucune preuve expérimentale ou inductive. S'il est vrai que dans le fait de l'ex-
plosion de l'atome, les électrons se trouvent lancés dans l'espace
et sont, d'évidence, animés de mouvement local, nul n'a prouvé
que toutes les énergies mises en jeu résident dans ce mouvement, que l'électricité s'identifie avec ce déplacement local
des électrons, que le mouvement enfin ne relève d'aucune autre
cause que de lui-même. L'hypothèse électronique ne nécessite
donc point la réduction de toutes les forces au mouvement
local [2]).

[1]) LE BON, L'évolution de la matière, p. 121. Paris, Flammarion,
1910. — L. POINCARÉ, La physique moderne et son état actuel, p. 300.
Paris, Flammarion, 1908.
[2]) Voir notre Cours de Cosmologie, vol. I, p. 273.

APPENDICE

LE TEMPS ET L'ESPACE

Le temps se rattache à la quantité continue successive. Il se présente à nous, comme une réalité idéale ou concrète, dont les parties se trouvent dans un flux continu, passent sans interruption de l'avenir au passé.

Qu'est-ce donc que le temps ?

138. Définition thomiste du temps. — Aristote, et après lui saint Thomas l'ont défini : « tempus est numerus motus secundum prius et posteriùs » [1]). Essayons de mettre en lumière cette définition substantielle.

139. Analyse de cette définition. Connexion du temps et du mouvement. — Selon ces philosophes, le temps doit avoir des relations intimes avec le mouvement continu ; il en est même la mesure, ou mieux, une sorte de démembrement : *numerus motus.* L'expérience nous révèle-t-elle ces liens de parenté ?

Assurément. N'est-ce pas en effet par le *mouvement* de la terre autour de son axe, que nous évaluons la durée des existences contingentes, des événements et des actes de notre vie ?

De plus, nous arrive-t-il de nous livrer à un travail absorbant, et de soustraire ainsi à notre attention les divers changements qui se passent autour de nous ou dans l'intérieur de notre être, la notion du temps nous échappe complètement. Au moment où nous nous ressaisissons, nous sommes incapables d'apprécier même d'une manière approximative,

---

[1]) S. Thomas, Opusc. *De tempore*, c. II. — *Physic.*, Lib. IV, lect. 17.

la durée du temps écoulé, à moins que notre mémoire ne retrace les actes successifs qui ont occupé cet espace de temps.

D'ailleurs, quoi de plus familier que de se représenter le temps sous l'image d'une ligne qui s'étend indéfiniment dans le passé, s'accroît sans cesse par l'écoulement continu d'un instable présent, et se prolonge sans fin dans l'avenir ?

140. A quelle condition le mouvement nous suggère-t-il l'idée de temps ? — Le mouvement proprement dit (motus) a un double caractère.

Il est, d'abord, l'actuation d'un être perfectible qui, *hic et nunc*, tend à un perfectionnement ultérieur. C'est un acte affecté d'une double relation : relation avec la puissance qu'il perfectionne, relation avec un acte ultérieur par lequel il est actuellement complété ou même remplacé.

Ainsi entendu, le mouvement est un acheminement ininterrompu. Il a le caractère d'*unité* propre à toute quantité continue, successive ou permanente

Sous cet aspect, il ne s'identifie pas avec le temps et n'en suggère même pas l'idée [1]).

En fait, nous le disions tantôt, il nous est impossible de remarquer l'écoulement du temps lorsqu'une étude trop absorbante nous empêche de saisir les phases diverses qui fractionnent réellement son apparente unité.

Mais le mouvement revêt un autre caractère non moins essentiel.

Bien qu'il ne consiste pas en une collection de parties actuellement distinctes les unes des autres, il n'en est pas moins, à titre de quantité continue, le fondement de la quantité discrète ou du nombre. Il est virtuellement multiple, en ce sens, que par une simple désignation extrinsèque, on peut y délimiter une infinité de parties qui acquerront, sous le regard de l'intelligence, une vraie actualité.

Le mouvement, soumis à une simple division mentale, devient alors un nombre ou une multitude. Mais les parties de cette multitude portent une marque spéciale : elles sont perçues dans le mouvement dont tous les éléments constitu-

[1]) S. Thomas, *Physic.*, Lib. IV, lect. 17.

tifs s'écoulent les uns après les autres, se lient entre eux par une relation d'antériorité et de postériorité, de passé et de futur.

Or, percevoir dans ce fonds continu qu'est le mouvement réel, des parties qui se succèdent sans interruption, et s'enchaînent suivant un rapport fixe et invariable d'avant et d'après, c'est percevoir le temps. « Cum enim intelligimus extrema diversa alicujus medii, et anima dicat, illa esse duo nunc, hoc prius, illud posterius, quasi numerando prius et posterius in motu, tunc hoc dicimus esse tempus » [1].

Le *numerus motus* dont parle saint Thomas, ce sont donc les parties de la division opérée par l'intelligence dans le mouvement Les deux dénominations de *prius* et de *posterius* expriment les deux aspects sous lesquels ces parties se rattachent l'une à l'autre, et se présentent au regard de l'esprit. Le terme *motus* désigne le mouvement continu, ou la trame réelle et indivise qui se prête au fractionnement mental.

Le temps se trouve ainsi constitué de deux éléments : l'un *formel*, le nombre (numerus) ; l'autre *matériel*, le mouvement (motus).

141. Quelle distinction établir entre le temps et le mouvement ? — Il n'y a de place entre ces deux notions que pour une distinction logique [2].

En fait, le temps concret et le mouvement sont une seule et même réalité. Sans doute, le mouvement continu, comme tel, ne nous apparaît pas d'emblée sous la formalité d'une durée temporelle. Il faut qu'il subisse un fractionnement mental qui mette en relief la succession, l'écoulement progressif de l'avant et de l'après. Mais cette division n'est pas réelle : elle est d'ordre intellectuel et ne modifie en rien l'entité objective du mouvement.

142. Par quelles abstractions l'intelligence arrive-t-elle au concept universel de temps ? — L'identification du temps réel avec le mouvement continu semble, à première vue, peu compatible avec notre conception ordinaire du temps.

---

[1] S. THOMAS, *Physic.*, Lib. IV, lect. 17.
[2] S. THOMAS, *De instantibus*, c. V. — ID., Opusc. *De tempore*, c. II.

Nous nous représentons la durée temporelle comme une durée unique, régulièrement successive, toujours la même dans son prolongement continu. Il existe, au contraire, une multitude de mouvements divers : tels sont les mouvements rapides, lents, uniformes, variés, vibratoires, ondulatoires, etc. Comment concilier des attributs contradictoires dans le concept d'une seule et même chose ?

Cette opposition de caractères se justifie, si l'on tient compte des nombreuses abstractions dont notre concept de temps est le résultat.

1º D'abord, notre intelligence, en percevant dans le mouvement l'idée temporelle, fait abstraction de l'élément qualitatif qui s'y trouve. Le mouvement, on le sait, peut être quantitatif, purement local ou qualitatif ; il peut avoir pour terme l'augmentation ou la diminution de la quantité, un déplacement spatial ou un changement de la qualité. Or, la notion de temps s'applique avec la même rigueur à ces trois espèces de mouvement.

2º De plus, ce concept n'atteint pas davantage les modes spéciaux d'un mouvement déterminé. S'il s'agit du mouvement local, il est clair que la direction et la suite des directions du mouvement qui donnent naissance aux mouvements ondulatoires, vibratoires ou autres, sont absolument exclues de l'idée de temps.

3º Enfin, dans la conception originelle du temps, l'intelligence fait même abstraction du mode d'après lequel se succèdent les parties du mouvement, mode qui le différencie en mouvements lents et rapides.

Nous en avons la preuve dans ce fait que l'idée de vitesse ou de lenteur implique l'idée d'un rapport entre le temps et l'espace parcouru. Un mouvement est d'autant plus rapide qu'il parcourt un plus grand espace en un temps déterminé. L'idée de vitesse et l'idée contraire de lenteur ne deviennent donc intelligibles pour nous, que si nous possédons déjà les deux idées d'espace et de temps. Dès lors, il est manifeste qu'elles ne peuvent être l'objet de la première conception de la durée temporelle.

Au terme de ces abstractions, que reste-t-il dans le mouvement perçu qui puisse objectiver l'idée de temps ? La succession continue, le flux de parties dont les unes sont antétieures, les autres postérieures. Tel est l'objet du concept abstrait et universel, concept applicable à tout mouvement continu, quels qu'en soient la nature, le mode de succession ou la qualité.

143. Parties de la durée temporelle. — Le temps comprend trois sortes de parties : le présent, le passé, le futur. Le présent *temporel* est essentiellement fugitif. Au moment où on croit le saisir, il est. déjà dans le passé. Impossible de le concevoir sans le mettre en relation avec le passé qui le précède et qu'il va rejoindre, avec l'avenir qui le suit et va le remplacer.

Situé à la limite des deux domaines du passé et de l'avenir, il nous apparaît ainsi comme un chaînon mobile qui les réunit et disparaît avec eux sans interruption.

Les parties *passées* et *futures* constituent aussi des éléments intrinsèques du temps. Elles ont un caractère relatif, puisque, pour se les représenter comme telles, il faut les mettre en rapport avec le présent fugitif. Comparées au présent réel qui actuellement s'écoule, toutes les parties antérieures sont définitivement passées, celles qui suivent sont réellement à venir.

Il en résulte que le temps ne possède qu'une réalité très imparfaite. Des trois sortes de parties dont il est formé, les unes ne sont plus, c'est le passé ; les autres ne sont pas encore, c'est l'avenir ; seul le présent qui passe, a un instant d'existence. Aussi l'unité d'une durée temporelle, quelque petite qu'elle soit, exige l'intervention de la mémoire, c'est-à-dire la représentation simultanée d'un tout dont une seule partie peut jouir d'une réalité fugitive.

144. Acceptions diverses de la notion de temps. — 1º Selon la théorie thomiste, la réalité objective du concept temporel s'identifie avec le mouvement. Il existe donc autant de temps particuliers que de mouvements distincts. En un mot, tout être soumis au changement a son temps réel appelé communément *temps intrinsèque*.

Bien que le mouvement, soustrait à l'action de l'intelligence, ne possède point dans son actualité complète l'élément formel du temps, il a cependant une existence successive, divisible en parties temporelles. Et de ce chef, on y trouve, à l'état rudimentaire, le *numerus motus* dont parle Aristote [1].

2° Souvent, le temps se présente à nous sous l'aspect d'une durée successive, susceptible d'être reculée indéfiniment dans le passé et prolongée à notre gré dans l'avenir, indépendante du monde réel et du mode de succession qui caractérise les existences contingentes.

Le temps est alors un abstrait du mouvement. L'intelligence l'élabore en négligeant dans le mouvement tout ce qui l'individualise, pour n'en conserver que les deux notes essentielles de *durée successive*. Il est un concept universel, vraiment *un*, quoique multiple dans ses applications. Ce temps idéal n'a d'existence que dans l'intelligence qui le conçoit.

3° Il est un temps qui revêt à nos yeux une forme plus concrète. C'est cette durée que nous divisons en périodes de jours, de mois, d'années, durée successive, continue, frappée d'une réelle unité. Cette durée concrète est le mouvement apparent des cieux.

Le temps n'a pas avec ce mouvement sidéral, vrai ou apparent, de parenté plus étroite qu'avec les autres mouvements terrestres. Mais en raison de sa grande régularité, de sa constance, de l'étendue de ses manifestations, ce mouvement est devenu le mouvement typique, la durée modèle à laquelle tous les événements d'ici-bas empruntent leur commune mesure.

Cette concrétion particulière de l'idée temporelle, cette identification du temps et du mouvement apparent des cieux nous est même devenue si familière, que toute autre acception du temps nous paraît forcée, déviée du sens primordial.

De ce point de vue pratique et restreint, nous disons, et à bon droit, qu'il n'y a qu'*un temps réel et concret* [2]).

4° Enfin, une dernière forme de durée temporelle nous est fournie par le temps *imaginaire*.

Lorsque nous supprimons, par la pensée, la totalité des

[1]) « Et ideo, dit saint Thomas, signanter dicit Philosophus quod tempus, non existente anima, est utcumque ens, id est imperfecte, sicut et si dicatur motum contingit esse sine anima imperfecte.» *Physic.*, Lib. IV, lect. 23. — Cfr. SUAREZ, *Met.*, disp. I, sect. IV, n. 6. — S. AUGUSTINUS, *Confess.*, Lib. III, c. 23.
[2]) S. THOMAS, *Sum. theol.*, p. 1, q. X, a. 6 ; *Physic.*, Lib. IV, lect. 23. — *Com. Cajetani in S. Thomam*, q. X, a. 7.

êtres de l'univers matériel, le temps continue de s'imposer à notre·intelligence comme une sorte de réalité indestructible. Il revêt même le caractère d'un être *sui generis*, placé au-dessus de tout ce qui naît et disparaît, nécessaire malgré la succession ininterrompue de ses parties constitutives, embrassant tout' à la fois le passé et l'avenir, antérieur à l'apparition des mondes et capable de survivre à leur destruction.

Ce temps est appelé imaginaire. Il est, en fait, un produit hybride de l'intelligence et de l'imagination, une fusion du temps abstrait, universel, indépendant comme tel de toute existence particulière, et d'un mouvement vague et imprécis représenté par l'imagination. La faculté imaginative fournit ici à l'objet idéalement conçu une apparence de réalité. De là, son nom.

L'être et l'unité de ce temps sont d'ordre subjectif.

ART. II. — L'ESPACE

§ 1. — *Le lieu interne*

145. Définition du lieu interne. — Tout corps de la nature possède un certain volume et occupe une place déterminée, un lieu approprié dont le changement constitue le mouvement local. Cette portion d'espace occupée et mesurée par le volume réel d'un corps est son *lieu interne*.

Une masse matérielle vient-elle à se déplacer sous nos yeux, l'image de son mouvement se dépeint en nous sous la forme d'une série de positions successivement occupées et délaissées. Nous donnons à chacune de ces positions le nom de lieu mobile, passager. Si le corps passe à l'état de repos, il acquiert du même coup un lieu propre, relativement immobile, toujours proportionné à ses dimensions réelles.

146. — Réalité et nature du lieu interne. — Les corps sont indifférents à l'égard de l'espace. Ils ne requièrent aucune place d'une manière exclusive ; et cependant, ils ne peuvent exister sans occuper une situation en tous points déterminée.

Comment se fait-il qu'à cette indifférence générale, relative aux multiples lieux de l'univers, se substitue en fait l'occupation actuelle d'une place individuelle et réservée ?

Cette prise de possession se fait, croyons-nous, par un accident réel, que nous nommerons désormais *accident localisateur* ou *ubication intrinsèque*.

Première preuve. — L'état de repos n'est pas identique à l'état de mouvement. Indépendamment de toute considération mentale, le simple déplacement d'un corps dans l'espace, isolé même de ses causes, s'impose à nous comme un phénomène *réel*, peut-être même le plus réfractaire aux illusions des sens.

A moins de souscrire à un subjectivisme radical, nous devons donc reconnaître, que non seulement la mise en mouvement mais même chacune des étapes du mouvement déterminent dans le corps un *changement réel*.

Or, quelle est la réalité soumise à ce changement ?

Est-ce la substance même du corps ou une propriété accidentelle, par exemple, le poids, la couleur, les énergies physiques et chimiques ? L'expérience ne nous révèle aucune modification de ce genre. Le corps en mouvement conserve l'identité de son être et la totalité de ses propriétés naturelles. Si, dans un cas particulier, l'un ou l'autre subit quelque altération, il est toujours possible d'en déceler la cause dans des influences étrangères au mouvement.

Où donc réside cette réalité cachée dont les métamorphoses successives et continues constituent l'être mobile du mouvement ? Il ne reste qu'une seule hypothèse plausible : concréter la position du mobile, ou mieux, la faire dépendre d'un accident réel dont le propre est de localiser le corps, de le fixer à telle place déterminée de l'espace.

En fait, si le mouvement est un changement continu de position ou de lieu, il ne peut avoir de réalité que si le *lieu* dont il est le changement, en possède une pour son propre compte. La supprimer, revient à reléguer le mouvement dans le domaine des illusions.

Chaque être du monde corporel s'approprie donc une partie déterminée de l'espace, grâce à un accident localisateur qui lève son indétermination native et le fixe dans une situation propre et exclusive. Dans la matière en repos, cet accident demeure stable et inchangé comme le lieu qu'il détermine.

Dans la matière en mouvement, il se modifie d'une manière continue ; et de ses modifications ininterrompues, résulte pour le corps une série successive de positions ou de lieux, qui s'appelle vulgairement le *mouvement*.

Considéré dans son être total, le mouvement comprend une double formalité : l'une invisible, mais seule réelle, à savoir le flux continu ou le renouvellement incessant de l'accident localisateur ; l'autre, la succession des positions que le mobile occupe et délaisse pendant son parcours. Celle-ci est la manifestation sensible de la réalité interne et cachée du mouvement.

Deuxième preuve. — Il existe entre les corps qui peuplent l'univers de multiples relations de distance.

Que ces rapports soient vraiment objectifs et réels, qui oserait le nier ? Le géomètre les mesure, les compare entre eux, et quand il en détermine la grandeur respective, il se garde bien de n'accorder à son jugement qu'une valeur subjective.

Mais ces relations de distance si précises, si bien déterminées ne cessent de se modifier. Les corps s'écartent ou se rapprochent les uns des autres ; les distances s'accroissent ou diminuent. Rien n'est plus évident que ces changements réels, d'ailleurs indispensables à l'évolution cosmique comme au maintien du régime de notre terre.

Dans quel genre de réalité se produisent ces changements ?

Toute relation réelle suppose nécessairement deux termes, et dans chacun d'eux, si le rapport est mutuel, une raison objective qui soit le fondement de ce rapport. Pour établir une nouvelle relation de distance entre deux corps, il faut donc introduire un changement réel dans les assises de cette relation. Sinon, de quel droit dira-t-on que les corps sont réellement rapprochés ou éloignés ? La relation, comme telle, n'est rien ; elle est un rapport dont toute la réalité provient de ses points d'appui.

Or, dans un changement réel de distance, la seule réalité qui change est la situation même des corps, c'est-à-dire leur lieu interne. La distance diminue ou s'accroît parce que les corps quittent leur place respective pour occuper des situations nouvelles. A moins de nier l'objectivité du changement, il faut donc admettre que la localisation relève d'un accident mobile qui a pour rôle essentiel de fixer le corps à telle place déterminée de l'espace. Dans ce cas, à tout déplacement spatial correspond, dans le corps, une modification parallèle de l'accident localisateur. Les nouvelles relations de distance revêtent en même temps un aspect objectif, puisqu'elles reposent sur des points d'appui nouveaux, à savoir les ubications intrinsèques que les corps ont acquises au terme de leur parcours.

Conclusion. — Le lieu interne, considéré sous son aspect formel, est la portion d'espace circonscrite par la masse du corps. Considéré dans sa réalité concrète, il est un accident réel destiné à circonscrire le volume de l'être matériel et à lui donner une situation spatiale appropriée.

§ 2. — *Le lieu externe*

147. Définition du lieu externe. — Si le Créateur n'avait tiré du néant qu'une seule substance corporelle, celle-ci aurait encore son lieu interne, sa place privilégiée. Il serait cependant impossible de déterminer la position de ce corps, pour le motif que toute détermination spatiale est nécessairement relative. Elle se fait à l'aide de points de repère, ou plutôt à l'aide de relations établies entre le corps supposé et ceux qui l'entourent.

Aussi, dans le langage courant, la notion de lieu ne désigne plus seulement la portion d'espace occupée par le volume réel d'un être matériel ; elle indique, avant tout, le voisinage ou le milieu dans lequel il se trouve. Le lieu devient ainsi extérieur au corps et porte, pour ce motif, le nom de *lieu externe*.

Au sens rigoureux du terme, le lieu externe d'un corps se définit : *la première enceinte ou la première surface immobile qui le circonscrit* [1]).

148. Analyse de cette définition. — Supposons un bocal rempli d'eau. A la question de savoir où cette eau se trouve,

---

[1]) Aristote, Lib. IV, c. 4 (alias 6), édition Didot. — S. Thomas, *De natura loci :* « Locus non solum est terminus corporis continentis, sed etiam est immobilis ». — Id., *Logicæ summa*, Tract. VIII, c. 6.

tous répondraient spontanément : dans le bocal. Ce vase
est donc, pour le liquide qu'il renferme, un *lieu* véritable,
un lieu extérieur au corps emprisonné.

Ici se révèle une première et fondamentale propriété du
lieu : l'aptitude à contenir dans son sein un volume déterminé.

De plus, il est clair qu'en raison de son rôle de récipient, le
vase doit avoir une individualité distincte de son contenu,
car contenir et être contenu sont deux attributs contraires
qui supposent des sujets différents. C'est une seconde propriété du lieu ¹).

Enfin, si nous recherchons quelle est, dans ce bocal, la
partie vraiment fonctionnelle, nous ne la découvrirons que
dans la surface interne. Peu importe que ce vase soit taillé
dans le cristal de roche, qu'il soit en verre commun, en fer
ou en bois, peu importe la minceur ou la solidité de ses parois,
pourvu qu'il puisse contenir, il conserve, indépendamment
de ces circonstances accessoires, son rôle et sa destination
essentielle. Dans la surface réside donc la fonction localisa-
trice.

D'après les notions jusqu'ici mentionnées, le lieu externe
peut se définir : la première enceinte matérielle qui circonscrit
un corps, ou plus exactement, la première surface qu'une
substance corporelle rencontre au terme de son extension.

On y découvre deux éléments constitutifs : l'un *matériel*,
la surface interne ; l'autre *formel*, l'intervalle ou la capacité
circonscrite. Ces deux éléments sont indivisiblement unis
dans le concept du lieu réel. En effet, la surface interne ne
mérite le nom de lieu que si l'on y adjoint l'aptitude à contenir, c'est-à-dire, les relations de distance comprises entre
ses parois. De même, la capacité du bocal ou la distance
intrapariétaire devient une capacité déterminée, à la condition d'être circonscrite par des limites réelles, par une surface enveloppante.

Aristote ajoute encore une quatrième condition, l'immobilité.

L'immobilité relative est indispensable à la constitution du

---

¹) S. THOMAS, *Physic.*, Lib. IX, lect. 4. « Oportet enim primo et
per se alterum esse, quod est in aliquo, et in quo aliquid est ».

lieu externe, tel que nous le concevons. Comment nous représentons-nous, en effet, le mouvement d'un corps ? Sous la forme d'un déplacement d'un lieu dans un autre. Le corps se meut, mais le lieu qu'il abandonne reste immobile.

D'autre part, si tous les êtres de l'univers sont susceptibles de mouvement, d'où vient l'immobilité requise ?

Il y a deux manières de considérer la surface d'un corps localisant. Ou bien on la considère dans sa matérialité concrète et individuelle. Dans ce cas, elle constitue un lieu essentiellement mobile. Ou bien on fait abstraction de ses traits individuels, de façon à la concevoir comme la surface d'un corps quelconque capable de circonscrire tel volume donné. Sous cet aspect, le lieu conserve son identité malgré la diversité des corps qui se succèdent à la même place et y remplissent le même office.

Pour lui accorder une vraie immobilité relative, il suffit alors de concevoir ce lieu externe en relation avec certains points fixes et invariables, tels les pôles et le centre de la terre. Comme les termes de comparaison demeurent toujours les mêmes, le fait du déplacement relatif des êtres matériels, comme aussi l'identité des lieux se reconnaissent aisément

On le voit, les données de l'expérience confirment en tous points la définition aristotélicienne.

149. Diverses espèces de lieux externes. — Le lieu que nous venons de définir est appelé par Aristote, *lieu propre*. Il désigne la surface ou l'enceinte matérielle qui s'adapte immédiatement à son contenu et ne renferme que lui seul. Il est, peut-on dire, la forme typique du lieu externe.

Quant au lieu qui renferme plusieurs corps, tel un appartement rempli de meubles, on l'appelle *lieu commun*. Dénomination vraie, mais dérivée de la première acception du terme.

§ 3. — *L'espace*

150. Faits d'expérience. — Vous êtes dans le voisinage d'une voie ferrée ; devant vous passe un train rapide que vous pouvez à peine suivre du regard. Ce train, dites-vous, dévore l'*espace*. Que signifie ce terme ? Assurément, il est synonyme de distance. Dévorer l'espace, c'est parcourir en peu de temps une grande distance.

Votre cabinet de travail vous plaît ; vous y jouissez d'un coup d'œil ravissant. Il y a, de plus, de la lumière et de l'*espace*. La notion spatiale se prend ici dans le sens de capacité, d'intervalle compris entre les murs de la place.

Sous les premiers feux du soleil, la rosée se transforme en vapeur d'eau qui s'élève lentement et se dissipe dans l'*espace*. On dirait en termes équivalents, qu'elle va se perdre dans cette immense capacité ou intervalle qui sépare la terre de la voûte apparente des cieux.

Variez à votre gré les exemples, analysez les multiples applications que la science et le langage vulgaire font chaque jour de ce terme, vous y trouverez toujours l'idée fondamentale de distance, d'intervalle, de vide réel ou apparent, compris entre des limites déterminées.

151. Analyse des faits et définition de l'espace. — Si nous soumettons à la réflexion ce concept spatial, qu'y découvrons-nous ? Deux éléments : l'un *formel*, c'est la relation de distance, la capacité, ou le vide relatif compris entre les corps limitatifs. L'autre, l'élément *matériel*, ce sont les corps, ou plus exactement, les surfaces des corps qui donnent naissance, par leur éloignement mutuel, au vide réel ou apparent.

L'*espace réel* ou *concret* peut donc se définir : une relation de distance à triple dimension, déterminée par la situation respective des corps qui la limitent.

En réalité, tout intervalle défini est toujours limité par des corps étendus. Or, entre deux étendues, quelle que soit d'ailleurs leur petitesse, il existe une capacité mesurable selon trois directions différentes.

Dans les sciences exactes, il est vrai, notamment en géométrie, il est souvent question d'espaces à une ou à deux dimensions : telles la ligne et la surface. Mais ces sortes de grandeur n'existent jamais à l'état d'isolement. Elles résultent d'une abstraction en vertu de laquelle l'intelligence saisit, dans le faisceau des réalités objectives, l'une ou l'autre dimension sans s'occuper du lien indissoluble qui les unit toutes dans le monde réel.

152. Relation de l'espace avec le lieu externe et le lieu interne. — L'analyse de l'espace et du lieu externe nous a. montré l'identité réelle de ces notions. Dans chacune d'elles se révèlent les mêmes éléments constitutifs : l'élément *matériel* ou les corps limitatifs de la distance ; l'élément *formel*, c'est-à-dire l'intervalle lui-même, la distance ou la capacité.

Identiques par leur contenu, ces deux notions diffèrent uniquement par la mise en valeur de leurs éléments intégrants. Tandis que la relation de distance forme l'élément saillant de l'idée spatiale, ce sont, au contraire, les limites concrètes ou les surfaces terminales que met en relief le concept de lieu externe. Mais de même que tout intervalle individualisé suppose des limites réelles, de.même tout système de limites réelles implique l'existence d'un intervalle défini.

Quant au lieu interne, il possède, lui aussi, des relations très intimes avec l'espace.

Les lieux internes des substances corporelles sont les points d'appui ou les termes formels des relations spatiales. En effet, la détermination et la grandeur de ces relations dépendent exclusivement des positions occupées par les corps qui les limitent. Aussi, tout changement dans l'une ou l'autre de ces positions entraîne un changement correspondant dans la distance intercalée, autrement dit, dans l'espace.

Si donc l'espace possède un certain être réel, quoique bien imparfait, c'est de ces lieux internes qu'il le tient. Si le changement des relations spatiales revêt à nos yeux le caractère d'un fait objectif, l'existence des accidents localisateurs nous en fournit seule la raison.

En un mot, la réalité de ces accidents est le fondement objectif des relations spatiales.

153. N'y a-t-il qu'un espace ? — 1º Dans le monde réel, nous distinguons autant d'espaces particuliers que d'intervalles ou de distances définies par des limites concrètes.

2º Cependant, parmi cette multitude innombrable d'espaces réels dont la chaîne constitue l'extension de l'univers matériel, il en est un qui semble mériter, à un titre spécial, la dénomination commune. C'est cet intervalle *sui gèneris*, cette immense capacité qui s'étend de la terre à la voûte des cieux.

Plus imposant que tous les autres par ses dimensions et son influence sur le régime de l'univers, il occupe une si grande place dans notre imagination et notre langage, que nous l'appelons simplement « l'espace ».

3º En dehors du monde réel, l'espace se prend encore dans une autre acception.

Les sens nous mettent constamment en relation avec des espaces concrets et particuliers. Notre intelligence ne tarde pas à s'emparer de ces données de l'expérience. Elle fait abstraction de la grandeur de ces différents intervalles et de la nature individuelle des corps qui les limitent, pour ne retenir de la représentation concrète, que la note essentielle de distance limitée.

La notion d'espace, ainsi transportée dans l'ordre idéal, devient alors éminemment extensible. Elle forme un type abstrait et indéterminé, susceptible d'application à tout intervalle quelconque. C'est l'*espace idéal* ou simplement possible.

L'unité et l'universalité dont il jouit, dépendent de son état d'abstraction et de son existence mentale.

4º Nous rencontrons enfin une dernière forme de l'espace, appelée *espace imaginaire*.

Le travail abstractif de l'intelligence est toujours tributaire des représentations imaginatives. Lorsque s'élabore en nous le concept d'espace idéal, une image plus ou moins imprécise accompagne l'activité mentale et lui sert d'appui.

Mais la distance abstraitement conçue est infiniment élastique ; elle se prolonge à notre gré, et avec elle reculent les limites flottantes que l'intelligence lui assigne.

L'imagination prête son concours à ce travail d'extension ; elle tend sous la forme abstraite une image vague et indécise de l'étendue, repousse à des distances de plus en plus grandes les horizons fugitifs qu'elle rencontre, si bien que l'espace abstrait, vaguement concrété par l'imagination, et prolongé au delà des mondes existants, nous donne l'illusion d'un être, indépendant des corps actuellement réalisés. Telle est la genèse et la nature de l'*espace imaginaire*. Comme le temps absolu, il n'existe que dans nos représentations subjectives.

154. La notion d'espace implique-t-elle le vide ou le plein ? — L'espace, comme tel, est indifférent à l'égard de ces deux attributs. Qu'entre la terre et les cieux la matière s'étende sans discontinuité, ou que cet immense intervalle soit privé de toute réalité corporelle, cet espace reste identique avec lui-même. Ni le vide ni le plein n'en changent la nature, car cette relation de distance à triple dimension tient son individualité et sa grandeur, non du milieu, mais des situations respectives de ses termes.

En d'autres mots, si les termes ne changent pas de place, la capacité ou la possibilité physique d'y intercaler telle étendue déterminée, demeure inchangée.

Sans doute la notion d'espace éveille toujours l'idée d'un certain vide. Mais le vide indiqué dans la notion spatiale n'est pas synonyme d'absence de tout corps. Il est essentiellement relatif aux deux corps qui terminent toute relation de distance.

En effet, il n'y a point d'espace sans intervalle. Or, entre les termes extrêmes d'un intervalle défini, il existe une série de positions où ne peuvent se trouver ni l'un ni l'autre de ces termes. Il y a donc là un vide relatif inséparable de la distance, vide qui n'exclut pas cependant la présence de corps étrangers.

Ainsi se concilient deux faits qui semblent contradictoires : toute représentation intellectuelle de l'espace contient l'idée d'un vide relatif, et néanmoins ni le vide ni le plein ne conditionnent l'existence réelle de l'espace.

TABLE DES MATIÈRES

INTRODUCTION

LES CAUSES CONSTITUTIVES DU MONDE INORGANIQUE

PREMIÈRE PARTIE

Le mécanisme pur ou traditionnel

CHAPITRE I

Exposé et évolution historique du système mécanique

CHAPITRE II

Examen de la théorie mécanique

ART. I. — FAITS DE L'ORDRE CHIMIQUE

DEUXIÈME PARTIE

Le néo-mécanisme

TROISIÈME PARTIE

Le mécanisme dynamique

QUATRIÈME PARTIE

Le dynamisme

ART. I. — EXPOSÉ DU DYNAMISME

ART. II. — CRITIQUE DU DYNAMISME

§ 1. — *Il y a de l'étendue formelle dans le monde de la matière*

§ 2. — *L'essence du corps ne consiste pas dans une force ou un ensemble de forces actives : elle implique un élément passif*

§ 3. — *L'action à distance est physiquement impossible*

CINQUIÈME PARTIE

L'énergétique

SIXIÈME PARTIE

La théorie scolastique

CHAPITRE I

Aperçu historique

CHAPITRE II

Exposé de la théorie scolastique

CHAPITRE III

La théorie scolastique est-elle en harmonie avec les faits ?

ART. I. — FAITS DE L'ORDRE CHIMIQUE

§ 1. — *Les poids atomiques*

§ 2. — *L'affinité chimique*

§ 3. — *L'atomicité ou la valence*

§ 4. — *La combinaison*

§ 5. — *Les phénomènes thermiques qui accompagnent la combinaison*

§ 6. — *La décomposition chimique*

ART. II. — FAITS DE L'ORDRE PHYSIQUE

CHAPITRE IV

Preuves de la théorie scolastique

APPENDICE

LE TEMPS ET L'ESPACE

ART. I. — LE TEMPS

ART. II. —L'ESPACE

§ 1. — Le lieu interne

§ 2. — Le lieu externe

§ 3. — L'espace

Psychologie

INTRODUCTION

1. Objet de la Psychologie. — La Psychologie (ψυχή, λόγος) est la partie de la philosophie qui a pour objet l'étude de l'âme humaine.

Entendue dans son acception la plus générale, l'âme (ψυχή) désigne ce qui fait qu'un être vit ; elle est le premier principe de vie chez les êtres vivants. A ne tenir compte que de son étymologie, la psychologie aurait donc pour objet tous les êtres vivants, le végétal et l'animal aussi bien que l'homme. Mais l'usage a restreint cet objet et l'a limité exclusivement à l'homme.

La plupart des psychologues modernes attribuent même à la psychologie pour seul objet, *ce qui tombe sous la conscience*, les faits « *psychiques* » à l'exclusion des faits physiques ou physiologiques. Cette conception étroite de la psychologie remonte à Descartes. Le philosophe français considère l'âme humaine comme un esprit réellement et actuellement distinct du corps ; son essence est de penser, c'est-à-dire d'avoir des états de conscience, tandis que l'essence du corps est d'être étendu. Dès lors, l'étude de l'âme se réduit à l'observation interne des états de conscience ou des phénomènes *psychiques*.

Dans cette opposition cartésienne entre le *psychique* et le *physique* il y a pour le moins une idée préconçue, un préjugé antiscientifique. Sans vouloir anticiper sur les conclusions qu'il nous faudra démontrer plus tard, nous pouvons dès à présent affirmer, au nom des données immédiates de la conscience, que l'homme est un être *un* qui vit, sent, pense.

C'est l'*homme* et non l'âme seule qui sent, qui pense, comme c'est l'homme et non le corps seul qui travaille des mains ou qui se nourrit. Nous devons donc considérer notre nature humaine complète, comme siège de la vie, de la sensibilité et de l'intelligence et, avec Aristote, appeler « âme humaine » le premier principe en vertu duquel nous vivons, sentons, pensons.

En conséquence, ce traité comprendra trois parties ayant respectivement pour objet la *vie organique*, la *vie sensible* et la *vie raisonnable*.

2. Méthode de la psychologie. — La psychologie, tout comme les autres sciences de la nature, se sert de la méthode inductivo-déductive qui peut se résumer en ces mots : *observer, supposer, vérifier*, puis *déduire* ou *synthétiser*.

Le physicien *voit* des corps chauffés se dilater : il *suppose* que la chaleur est *cause* de cette dilatation et, par suite, que les corps possèdent la *propriété* de se dilater sous l'action de la chaleur ; il multiplie ses observations et, si possible, combine des expériences pour *vérifier* son hypothèse ; s'il aboutit, il est en droit d'ériger son hypothèse en théorie scientifiquement établie.

C'est ainsi que la physique et, en général, les sciences expérimentales atteignent par voie d'induction les *causes immédiates* de certains phénomènes observés, déterminent certaines *propriétés* des substances corporelles et les *lois* de leur action.

Il en va de même en psychologie. Ici aussi l'esprit *observe*, *devine* les causes et les propriétés et finalement *vérifie*. Il observe des *faits*, des faits extérieurs et des faits internes, par exemple extérieurement des mouvements variés, particuliers aux êtres vivants, ou intérieurement des sensations, des émotions et autres événements psychiques. A ces faits l'esprit cherche une *cause*, un *principe immédiat*, qu'en psychologie on appelle *puissance* ou *faculté*. Des facultés l'esprit remonte ensuite, par une induction ultérieure, à la *nature* même de l'âme qui est leur *principe premier*.

Lorsque la nature de l'âme nous est ainsi connue par induction, nous pouvons, du haut de ce point culminant, mieux *comprendre*, dans une vue d'ensemble, ce que les inductions

successives nous ont graduellement appris. C'est la synthèse
après l'analyse. Nous pouvons alors employer la méthode
déductive pour vérifier nos inductions, comme on vérifie une
opération arithmétique en la refaisant à rebours [1]). Ultérieurement, pour être complet, nous déduirons de la *nature*
de l'homme ce que la raison nous apprend sur son *origine*
et sur sa *destinée*.

Donc, l'*observation* sert de base à la Psychologie. Cependant ce n'est exclusivement ni l'observation interne, à la façon
cartésienne, ni l'observation externe, à la façon positiviste,
mais l'une et l'autre à la fois.

---

[1]) Cette question de la méthode scientifique et philosophique est
traitée *ex professo* en *Logique*, ch. IV.

PREMIÈRE PARTIE

La vie organique ou végétative

CHAPITRE I

Notion de la vie

---

3. Les actes émanent du sujet qui les émet ; logiquement ils nous conduisent à apprécier la nature de ce sujet. Les scolastiques expriment par l'adage *operari sequitur esse* la connexion intime entre l'opération et la nature d'une substance. Avant d'étudier la nature intime du principe vital, nous devrons donc nous rendre compte des actes vitaux, des fonctions qui révèlent et caractérisent la vie.

§ 1. — *Notion vulgaire de la vie*

4. Pour le commun des hommes, le signe ordinaire de la vie c'est *le mouvement sans cause extérieure apparente*. L'oiseau prenant son vol, l'insecte rampant dans l'herbe, le poisson évoluant dans l'eau, éveillent aussitôt l'idée de la vie. L'homme sauvage comme l'enfant attribuent, à première vue, la vie à tout mécanisme automatique. Quel enfant n'a pas voulu voir la petite bête qui fait tic-tac dans la montre ? Par contre, dès qu'un objet qui a paru vivant se trouve frappé d'immobilité, on croit qu'il a cessé de vivre, on est aussitôt tenté de dire qu'il est mort.

§ 2. — *Notion scientifique de la vie*

5. Pour le savant, *être vivant* est synonyme de substance *organisée :* il appelle vie l'ensemble des fonctions propres aux êtres *organisés*, telles la nutrition, la croissance, la reproduction. Un *être organisé* n'est autre chose qu'un être composé d'une ou de plusieurs cellules. De fait, tout être vivant, quelque compliquée que soit son organisation, dérive d'une *cellule* primitive, et tous ses organes, tous ses tissus sont constitués par des cellules.

La *cellule* est donc l'élément primordial des êtres vivants : nous devons l'étudier en premier lieu.

6. Morphologie de la cellule. — Une tranche de tissu vivant, vue au microscope, présente sensiblement l'aspect d'un rayon de miel. C'est ce qui a fait donner à chaque élément composant le tissu le nom de *cellule*.

La cellule ne peut mieux se comparer qu'à un œuf microscopique. Elle est composée de deux parties fondamentales : le *protoplasme* et le *noyau*.

Le protoplasme présente l'apparence d'un réseau solide, irrégulier, baigné dans une substance plus ou moins liquide. Ce protoplasme est la substance vivante, fondamentale, qui remplit toute la cellule. A la surface, il se condense généralement en une membrane perméable destinée à régler l'endosmose et l'exosmose [1]), c'est-à-dire l'entrée dans la cellule des liquides nutritifs et le rejet des substances devenues inutiles. Au centre de la cellule vit le *noyau* entouré lui-même d'une légère membrane (membrane nucléaire), et comprenant aussi un réseau protoplasmatique *(karioplasme)*. Mais il renferme de plus une substance spéciale, riche en phosphore, prenant facilement les matières colorantes, appelée *chromatine* ou *nucléine*.

Bien qu'il soit entouré d'une membrane, le noyau n'est pas isolé de la cellule ; il ne forme pas un élément indépendant, une individualité nouvelle. Il existe entre le protoplasme et

---

[1]) On appelle *osmose* la diffusion de liquides à travers une paroi poreuse. Si le liquide entre dans le récipient poreux, on dit qu'il y a *endosmose ;* le phénomène contraire, le liquide sortant du vase poreux, s'appelle *exosmose.*

le noyau une connexion étroite qui fait de la cellule complète un tout indivis, une unité.

7. Physiologie de la cellule. — La cellule n'est pas seulement l'élément anatomique dernier de la substance organisée, elle est aussi le siège fondamental des actions vitales, qui peuvent se ramener aux suivantes : la *nutrition*, la *croissance* et le *développement*, la *multiplication* et l'*irritabilité*.

La *nutrition* désigne un phénomène alternatif d'assimilation et de désassimilation. La cellule puise dans son milieu ambiant certains matériaux qu'elle combine en molécules organiques de plus en plus complexes pour les. incorporer finalement dans sa propre substance, pour se les *assimiler*, en tout ou en partie.

Parallèlement à l'assimilation se produit la *désassimilation*, c'est-à-dire la destruction de certaines parties organisées, la scission des molécules organiques complexes en corps plus simples, dont les uns sont éliminés (p. ex. l'acide. carbonique) et dont les autres participeront à de nouvelles synthèses et rentreront ainsi dans le courant d'assimilation.

Croissance et développement : Par suite du double mécanisme nutritif, la cellule présente des modifications continuelles dans sa forme et dans sa structure, une alternance de croissance et de décadence que les biologistes appellent l'*évolution* de l'être vivant.

Multiplication : Arrivée à un certain stade de son évolution, la cellule a la propriété de se diviser et de donner naissance à une autre cellule.

Enfin l'*irritabilité* est une propriété générique du protoplasme vivant, en vertu de laquelle celui-ci réagit avec intensité à une excitation minime. Cette réaction consiste souvent en un déplacement, une contraction : elle prend alors le nom spécial de *motilité ;* d'autres fois, elle se manifeste par une sécrétion ou par telle ou telle activité vitale suivant la nature de l'élément irrité.

La fonction primordiale de la vie cellulaire est la *nutrition ;* la croissance et la multiplication en sont des conséquences, l'irritabilité en est en quelque sorte l'indice ou l'expression.

8. L'organisme humain et ses fonctions. — L'organisme

humain, comme tout organisme vivant, se caractérise par la *coordination* harmonieuse de ses éléments anatomiques jointe à la subordination de leurs fonctions à un but unique : le bien-être et la conservation du sujet et de son espèce.

Dans un organisme aussi compliqué que celui de l'homme, on voit les cellules s'écarter considérablement de la structure typique décrite plus haut. Sous l'influence de la loi de la *division du travail*, les cellules primitives en se multipliant se différencient profondément. pour donner naissance aux différents *organes* et *appareils* [1]).

Parallèlement à cette complication d'organes, se compliquent aussi les fonctions vitales. Chaque tissu, en effet, doit se nourrir. Mais la nature ne fournit pas tout préparés les aliments qui doivent. être assimilés par nos tissus ; un certain nombre de substances nutritives sont solides ; elles doivent devenir liquides pour pouvoir être absorbées ; la *digestion* a pour rôle de les dissoudre au moyen de ferments sécrétés par les glandes de l'appareil digestif (salive, suc gastrique, bile, etc.). Rendues ainsi solubles, ces substances passent par osmose à travers l'intestin : c'est l'*absorption*.

L'aliment produit, il faut le distribuer à tout l'organisme, ee qui se fait par la double *circulation* lymphatique et sanguine. Enfin, pour être utilisable, le sang doit être oxygéné ; l'organisme y pourvoit par la *respiration*.

En résumé, toutes ces fonctions, la digestion, l'absorption, la circulation et la respiration ne font que préparer l'*assimilation* des aliments propres aux cellules des tissus. D'autre part, la *désassimilation* se fait par les diverses *sécrétions*, dont les unes (celles des glandes salivaires, de l'estomac, du pancréas, etc.) servent à la digestion, tandis que les autres, celles des reins, du foie, des glandes sudoripares) éliminent les déchets inutiles ou nuisibles à l'économie de l'organisme.

---

[1]) On appelle *tissu* toute partie du corps vivant composée de cellules de même nature : par exemple, le tissu musculaire, le tissu cartilagineux, le tissu adipeux, etc. Plusieurs tissus concourent à former un *organe*, c'est-à-dire une partie du corps ayant une fonction déterminée, tels l'estomac, la langue, etc. On appelle *appareil* ou *système*, l'ensemble des organes ayant des fonctions connexes : ainsi les organes de la bouche, l'œsophage, l'estomac et les intestins forment ensemble l'*appareil* ou le *système digestif*.

Donc chez les organismes supérieurs aussi bien que chez les êtres unicellulaires, les fonctions les plus diverses, en apparence, se ramènent à la nutrition qui est la fonction primordiale de la vie végétative.

Par conséquent, c'est sur la nutrition que doit se concentrer notre attention, si nous voulons soumettre à un examen philosophique les fonctions distinctives de l'être vivant. Mais auparavant nous devons nous demander à quelles conditions ces fonctions peuvent se produire, à quelles lois elles obéissent.

9. Conditions de l'activité vitale. — — Celui qui se fierait à l'observation vulgaire serait facilement tenté d'attribuer à l'activité de l'être vivant un caractère absolu d'autonomie, une entière indépendance des agents extérieurs, comme si l'être vivant vivait de son propre fonds, créait pour ainsi dire toute son activité. Conception erronée : l'activité vitale, comme n'importe quelle activité naturelle des corps non organisés, est soumise au déterminisme, subordonnée à des conditions déterminées. Certaines conditions sont tellement nécessaires, que, sans elles, la vie est *absolument impossible*, leur absence tue. D'autres sont nécessaires seulement au fonctionnement normal de la vie : sans elles la vie est troublée, ou elle se ralentit et devient *latente,* comme c'est le cas pour les graines, les microbes ou leurs spores desséchés. Dans cet état ces êtres ont la vie en puissance, ce sont des machines aptes à fonctionner. Pour les mettre en marche, pour les constituer à l'état de vie réalisée, il faut la présence de conditions matérielles déterminantes : l'humidité, un certain degré de chaleur, etc.

Bien plus, l'activité vitale semble soumise tout comme la nature inorganique aux deux grandes *lois de la conservation de la matière et de la conservation de l'énergie* : « Rien ne se perd, rien ne se crée ». L'homme emploie la matière, il n'en saurait ni créer ni annihiler une parcelle. Il emploie l'énergie sous une forme pour la reproduire sous une autre, et la forme nouvelle est toujours exactement proportionnée à la forme première, de sorte que l'homme ne crée ni n'anéantit l'énergie, comme il ne crée ni n'anéantit la matière. Or les transformations chimiques qui s'accomplissent dans les corps vivants, sont de même nature que celles qui s'accomplissent dans le laboratoire du chimiste. Les manifestations mécaniques et physiques des corps vivants sont les mêmes que celles des corps bruts. Il n'y a donc aucune raison plausible de soustraire les êtres vivants à la double loi générale de la matière. Aussi bien l'expérience a vérifié d'une façon au moins approximative cette double hypothèse.

§ 3. — *Notion philosophique de la vie*

10. Le mouvement vital est continu et immanent. — Tenant compte des faits que nous a révélés l'observation scientifique, demandons-nous quel est le caractère propre de l'activité vitale. En quoi se distingue-t-elle de l'activité des corps bruts ? Nous constatons qu'elle se reconnaît à deux traits : elle est, de sa nature, *continue* et *immanente*.

1º Le mouvement vital est *continu*. La nature inanimée tend à la stabilité : un corps abandonné à lui-même prend sa position d'équilibre ; lorsqu'on réunit des corps chimiques, parmi plusieurs combinaisons possibles il en est une, la plus stable, qui se produit toujours.

L'être vivant, au contraire, *tend à se mouvoir continuellement* : la nutrition en particulier constitue un mouvement alternatif ininterrompu d'assimilation et de désassimilation. Les molécules albuminoïdes qui composent le protoplasme, corps très complexes et d'une instabilité extrême, se dissocient, se décomposent continuellement pour se reformer aussitôt. Ce mouvement peut, il est vrai, se ralentir pour devenir presque imperceptible dans l'état de vie latente, mais jamais il ne cesse entièrement : l'arrêt serait la mort.

Cette continuité du mouvement vital n'est pourtant pas le trait le plus caractéristique de la vie : son caractère spécifique est l'immanence.

2º Le mouvement vital est *immanent*. L'activité des corps matériels est généralement *transitive* : elle modifie un patient distinct de l'agent, elle a un *terme autre* que le sujet agissant. L'activité vitale, au contraire, n'est pas transitive, elle est *immanente*. Le patient ici, c'est tôt ou tard l'agent lui-même ; c'est en effet au sujet organisé que l'activité vitale vient

14

aboutir ; elle le nourrit, elle le développe, elle demeure en lui, elle est *immanente* (manere in) [1]).

Nous ne voulons pas dire cependant que tous les phénomènes physiques ou chimiques dont l'être vivant est le siège soient immanents : il est manifeste au contraire que bon nombre de ces phénomènes, entre autres toutes les transformations que subit la nourriture, jusques et y compris la synthèse de la molécule organique, sont transitifs ; mais tout cela n'est qu'une préparation à l'assimilation proprement dite : celle-ci, intussusception de la molécule organique dans l'unité substantielle de la cellule, constitue réellement un mouvement rigoureusement immanent. Et comme l'assimilation est le terme final et essentiel du mouvement nutritif dont on ne peut la séparer, il reste vrai de dire, d'une façon générale, que la nutrition constitue un *mouvement immanent*.

De même, la croissance et l'évolution de l'être vivant présentent un caractère indéniable d'*immanence*.

11. Définition de l'être vivant. — Ces deux caractéristiques de la vie, *mouvement continu* et *immanent*, fournissent les éléments d'une définition rigoureuse de l'être vivant. Le premier terme, mouvement continu, représente dans la définition le *genre* prochain ; le second, l'immanence, est la *différence spécifique*.

La vie, dit saint Thomas d'Aquin, est la propriété distinctive des êtres qui se meuvent eux-mêmes ; l'être vivant est celui qui a dans sa nature de se mouvoir lui-même [2]).

Le mouvement, *motus*, dans la langue de l'Ecole, ne désigne pas seulement le mouvement local, le changement de lieu, mais toute action dont la réalisation implique un changement. L'être vivant se meut lui-même, *movet seipsum*, cela veut donc dire qu'il agit de telle façon qu'il soit à la fois le principe et le sujet récepteur du changement auquel aboutit

---

[1]) « Duplex est actio, dit très bien saint Thomas. Una quæ transit in exteriorem materiam : ut calefacere et secare. Alia quæ manet in agente : ut intelligere, sentire et velle. Quarum hæc est differentia : quia prima actio non est perfectio agentis quod movet, sed ipsius moti ; secunda autem actio est perfectio agentis. » *Sum. theol.*, I^a, q. 18, a. 3, ad 1.

[2]) « Illa proprie sunt viventia quæ seipsa secundum aliquam speciem motus movent. » Ou encore : « *Ens vivens es substantia cui convenit secundum suam naturam movere seipsam* ». *Sum. theol.*, I^a, q. 18, a. 2.

son action ; en d'autres mots, l'action de l'être vivant est immanente. Telle est bien la notion que pressent le vulgaire lorsqu'il prend la manifestation d'un mouvement plus ou moins varié, sans cause extérieure apparente, pour indice de la vie. Telle est aussi la conclusion de l'analyse scientifique que nous avons faite des fonctions des êtres organisés.

Il est dit, dans la définition de saint Thomas, qu'il est naturel au vivant de se mouvoir, « *cui convenit secundum suam naturam* movere seipsam » : l'être vivant possède en effet, nous l'avons vu, une tendance naturelle à se mouvoir, mais la réalisation effective de son mouvement propre est subordonnée à diverses conditions.

Enfin, par les mots « *secundum aliquam speciem motus* seipsam movens », ce grand Docteur fait allusion au caractère spécial, à l'évolution particulière de la vie propre à chacun des types vivants.

Nature de l'être vivant

---

12. État de la question. — La structure admirable et les fonctions si harmonieusement coordonnées de l'organisme vivant demandent évidemment une raison suffisante, une cause qui rende compte de cet ordre et de sa conservation.

Trois hypothèses ont été et sont encore mises en avant pour résoudre ce problème :

La première, que nous désignerons du nom de *vitalisme outré* ou *vitalisme de l'école de Montpellier*, voit, dans l'être vivant, des forces vitales distinctes des forces physico-chimiques de la nature inanimée.

La seconde — elle porte le nom d'*organicisme* — n'est au fond qu'une application particulière du mécanisme ; elle ne voit, dans les êtres de la nature et en particulier dans les êtres doués de vie, qu'un groupement de parties matérielles et de mouvements, un pur agglomérat d'atomes et de causes efficientes qui se réduisent à des forces mécaniques.

Entre ces deux systèmes diamétralement opposés, se place la théorie d'Aristote et de saint Thomas, le *vitalisme modéré* ou *naturalisme vitaliste*. L'être vivant, comme tout être substantiel, n'est pas un simple agrégat accidentel d'atomes et de forces; mais *une nature* qui tend vers un *but* déterminé, à la réalisation duquel elle fait converger, comme autant de moyens, les forces dont elle dispose. Cette nature, principe premier et fondamental des tendances et desa ctivités de l'être, trouve sa raison intime en ce que nous appelons la *forme substantielle* ou, dans l'être vivant, l'*âme* ou le *principe vital*.

Rien cependant ne justifie l'affirmation des vitalistes

outrés que ce principe serait immatériel et simple, source de forces supérieures à celles du règne minéral.

13. Preuve du vitalisme scolastique. — 1º *Le premier principe de la vie est un sujet composé de matière.* — La nature d'un être se traduit dans ses actes, « *operari sequitur esse* ». Pour pouvoir affirmer qu'il y a dans le végétal une force vitale immatérielle, il faudrait donc pouvoir signaler, dans le cycle vital, au moins un phénomène positivement irréductible aux forces générales de la matière. Or, il ne semble pas qu'il existe un seul phénomène de ce genre. Ce qui fait la supériorité de l'être vivant sur celui qui ne vit pas, ce n'est pas la nature particulière des forces qu'il met en jeu, mais seulement le concours constant et harmonieux de toutes ces forces pour réaliser le but intrinsèque de la nature vivante, le bien-être de l'individu et la conservation de l'espèce.

2º *Le premier principe de la vie est une substance douée d'une inclination naturelle.* — L'organisation la plus élémentaire, même celle d'un être unicellulaire, présente un groupement harmonieux, étonnamment complexe, d'éléments et de forces qui concourent d'une manière permanente à former et à entretenir ce tout qu'on appelle *organisme.* L'existence et surtout la stabilité de ce groupement doivent nécessairement avoir une raison suffisante.

Cette raison suffisante ne se trouve pas dans le fait de l'organisation : c'est en effet ce fait lui-même qu'il s'agit d'expliquer. Cette multitude d'éléments et de forces associés sont, de par leur nature, indépendants les uns des autres ; il faut donc autre chose que leur union actuelle pour expliquer la stabilité du groupement.

Cette raison suffisante ne gît pas davantage dans les conditions extérieures ou de milieu : en effet, les *mêmes types* peuvent vivre dans des milieux *très différents ;* des types d'*espèces différentes* vivent dans un *même milieu extérieur.*

La lutte incessante que l'organisme doit constamment soutenir contre les causes destructives les plus nombreuses et les plus variées, ne permet pas d'ailleurs d'attribuer à l'intervention immédiate de Dieu la persistance du groupement harmonieux. Il faudrait, dans ce cas, admettre que Dieu intervient sans relâche, d'une manière directe et immédiate, supprimant ainsi l'action des causes secondes.

Il ne reste donc qu'une seule explication plausible aux groupements harmonieux et stables réalisés dans l'organisme : c'est la présence en eux d'un *principe foncier* tendant nécessairement vers un but *intrinsèque* à l'organisme, sa conservation ; déterminant la convergence de toutes les forces dont il dispose vers la réalisation de ce but, et combattant sans cesse les influences qui y feraient obstacle.

Donc, enfin, l'être organisé n'est pas un simple groupement d'atomes et de forces, mais une *substance* douée d'une *tendance naturelle* à réaliser et à conserver les conditions d'organisation ; c'est une *substance une*, une *nature une*, composée de matière et d'un principe substantiel spécifique que nous appelons *âme* ou principe de vie.

14. Unité de la substance vivante. — Tout organisme est composé de cellules, et chaque cellule accomplit certaines fonctions vitales : on pourrait en conséquence être tenté de considérer chaque cellule de l'organisme comme un être vivant à part, et dire, comme on l'a dit réellement, que l'organisme est une sorte de collection, une « *colonie* » de cellules indépendantes.

Cette conception est radicalement fausse : l'être vivant offre toujours deux traits distinctifs qui font admirablement ressortir son *unité substantielle*, à savoir la *coordination de ses organes* et la *subordination de leurs fonctions*.

Tout organisme est un *tout continu :* considérés à l'œil nu ou étudiés au microscope, ses éléments n'apparaissent jamais comme disjoints, jetés pêle-mêle, au hasard ; ils sont reliés entre eux suivant une disposition régulière, dépendent l'un de l'autre et concourent par leur structure respective à la constitution harmonieuse d'*un tout* dont ils sont les *parties*.

L'unité de *subordination* n'est pas moins merveilleuse : Nous avons montré plus haut (**8**) la connexité étroite de toutes les fonctions si diverses des organismes compliqués. Il est vrai que les divers tissus jouissent d'une certaine autonomie : chacun accomplit sa fonction spéciale, mais son activité est toujours réglée, subordonnée aux besoins de l'organisme. Le bien de l'organisme total est toujours la règle d'action de chaque organe, de chaque tissu.

Cette unité morphologique et fonctionnelle est le signe certain d'une unité plus profonde, l'*unité de nature*, l'*unité substantielle*.

15. Divisibilité des êtres vivants. — On objecte parfois contre cette unité substantielle, le fait que des êtres vivants peuvent se diviser. La plante se reproduit par boutures ; tel fragment d'hydre reproduit un animal complet ; les vers de terre se laissent partager en tronçons qui continuent à vivre.

L'explication de ces faits se trouve dans cette formule d'Aristote : « L'âme végétative est *une en acte,* mais *multiple en puissance* ».

Unité n'est pas simplicité ; ce qui est, de fait. *indivis* n'est pas nécessairement *indivisible*. Rien ne révèle l'existence de forces simples ou immatérielles dans le développement de la vie organique. Rien n'empêche donc que l'être vivant ne soit divisible, à la condition toutefois que chaque fragment possède tout ce qu'il faut pour continuer la vie de l'ensemble. Or cette condition se réalise dans les organismes inférieurs. Chez les animaux supérieurs, au contraire, cette division devient impossible, car chaque fonction y est dévolue à un organe spécial occupant une place distincte dans l'organisme.

CHAPITRE III

Origine de la vie organique

16. Origine immédiate des organismes vivants. — Les organismes vivants sont capables de se reproduire, c'est-à-dire de donner naissance à un organisme nouveau, semblable à l'organisme générateur.

1º Le mode le plus élémentaire de reproduction est la *fissiparité* ou *simple division*. Ce mode ne se rencontre qu'aux degrés les plus inférieurs de la vie, chez les êtres monocellulaires : la cellule entière s'accroît et à un moment donné se divise en deux cellules-filles identiques.

2º Plus haut sur l'échelle de la vie, on rencontre la reproduction par *bourgeonnement*. La reproduction est, dans ce mode, localisée en un certain point de l'organisme ; en un endroit déterminé, quelques cellules se multiplient et constituent un *bourgeon* qui, tantôt reste uni à son générateur et vit en colonie avec lui, tantôt s'en détache et devient un individu séparé. Ce mode de reproduction se rencontre chez un certain nombre de polypes.

3º A côté de la reproduction par division et par bourgeonnement, il y a la *reproduction proprement dite*. L'organisme parent produit des *cellules-germes* qui sont ou des *spores* ou des *gamètes*. Dans la reproduction par *spores* ou sporogonie, une cellule-germe refait par division et différenciation un nouvel individu complet. Jusqu'ici, la reproduction n'exige donc pas le concours de plusieurs éléments.

4º Il en est autrement de la reproduction par *gamètes*. Elle exige le concours de deux éléments. Mais dans certaines plantes, telles les « Spirogyrées », ces éléments sont semblables ; c'est le cas d'*isogamie*. Deux cellules, en apparence identiques, s'envoient des bourgeons qui finissent par se rencontrer et se fusionner : l'une des deux cellules se vide dans l'autre par le canal ainsi formé et il en résulte une cellule unique qui donne naissance à une nouvelle algue.

Dans les deux cas précités, l'être vivant se reproduit sans exiger le concours de deux éléments, de sexes différents, mâle et femelle, la reproduction est *agame* ou *asexuelle*.

5° Mais, plus haut encore dans la série des êtres vivants, la division du travail s'accentue davantage, la reproduction ne devient alors possible que dépendamment du concours des deux sexes, elle est *sexuelle*. C'est le cas d'*hétérogamie*. La femelle produit l'*œuf* ou l'*ovule*, le mâle produit l'élément fécondateur ou le *spermatozoïde*, deux simples cellules, formées dans des glandes spéciales, dont la fusion intime constitue le phénomène de la *fécondation*.

17. L'hérédité. — Le fait de la fécondation jette quelque lumière sur la nature des phénomènes héréditaires. Puisque la cellule embryonnaire se forme aux dépens de deux éléments différents, issus l'un de l'ovule et l'autre du spermatozoïde, on comprend comment l'embryon participera de la nature et des caractères des deux cellules-parentes qui ont contribué à le constituer.

Mais de quelle manière les caractères ancestraux sont-ils représentés dans la cellule primitive ? Comment celle-ci peut-elle transmettre à l'embryon qu'elle va former ces mêmes caractères ?

Des hypothèses très ingénieuses ont été imaginées pour essayer de résoudre cette question, sans pourtant y réussir. L'explication dernière de ces phénomènes si complexes se trouve encore une fois dans le principe foncier de finalité immanente, en vertu duquel l'être vivant tend naturellement à la formation, à la conservation et aussi à la *reproduction* d'un type spécifique déterminé. Les caractères personnels de la progéniture résultent de l'action combinée des cellules-parentes.

18. Origine première des êtres vivants. — Il est de fait que la vie a commencé sur notre globe ; notre planète a passé par une phase d'incandescence incompatible avec l'existence d'êtres vivants.

D'où sont donc venus les premiers organismes ?

De germes tombés d'une autre planète, comme l'a imaginé Thompson ? Supposition fantaisiste qui ne fait que déplacer la difficulté.

D'êtres dépourvus de vie, par « *génération spontanée* » ou, comme l'on dit encore, par *abiogénèse ?*

Il n'y a plus aujourd'hui un seul savant qui osât, au nom de l'observation, admettre la production d'êtres vivants sans parents par l'action exclusive d'agents inorganiques. Les expériences de Redi, de Schwann, de P. Van Beneden, de Pasteur et de Tyndall ont fait justice de l'ancien préjugé. Partout où la vie apparaît, on la trouve liée à une vie antérieure. *Omne vivum ex vivo ; omnis cellula a cellula.*

Il faut donc nécessairement admettre que la vie doit sa première origine à une intervention directe de l'Auteur de la nature.

DEUXIÈME PARTIE

Vie sensitive ou animale

INTRODUCTION

19. Objet et division. — Dans la première partie de cette
étude, on a traité de la vie dans son acception la plus large :
aussi cette partie s'applique à tout ce qui vit indistinctement.
Il est, en effet, des êtres vivants qui ne font que *vivre*, ils n'ont
que la vie *organique* ou *végétale ;* mais·il en est d'autres dont
nous disons qu'ils *vivent* et *sentent*, nous leur attribuons, outre
la vie, l'*animalité*. Chez nous-mêmes tout d'abord, nous distinguons les fonctions de la vie végétative et celles que l'on
peut ranger sous le nom générique de *vie sensitive* ou *sensibilité*.
Cette. distinction est fondée sur trois fonctions essentielles à
l'animal dont on ne trouve aucune trace dans la vie organique :
la *sensation*, l'*appétition*, le *mouvement spontané*. L'animal perçoit son objet, la perception éveille en lui un désir, le désir
provoque des mouvements pour s'approprier l'objet convoité.

Remarquons toutefois que la sensation et l'appétition ne
sont saisissables directement que par celui qui les éprouve ;
chez l'animal on ne constate ces deux catégories de phénomènes que par les mouvements spontanés qu'ils provoquent.
Le mouvement spontané est donc, en définitive, le véritable
signe extérieur et général de la vie sensitive.

Pour avoir une connaissance complète de·la vie sensitive,
nous devons tout d'abord nous rendre compte de la *nature
de cette vie (Chapitre I)* et rechercher ensuite son *origine
(Chapitre II)*.

Dans le chapitre I, l'*étude des actes sensitifs (Art. I)* nous fera connaître la *nature du sujet sentant,* premier principe de ces actes *(Art. II).*

Voici, en conséquence, le tableau synoptique de cette Deuxième Partie.

Vie sensitive ou animale

Chap. I — Nature de la vie sensitive.

Art. I — Actes sensitifs.
- Section 1re : *Sensation.*
- Section 2me : *Appétition.*
- Section 3me : *Mouvement spontané.*

Art. II — Nature du sujet sentant.

Chap. II — Origine de la vie sensitive.

CHAPITRE I

Nature de la vie sensitive

ARTICLE PREMIER

Actes de la vie sensitive

Première section : La sensation ou connaissance sensible

§ I. — *La sensation au point de vue anatomique et physiologique*

Les fonctions de la vie animale s'exercent par des organes qui sont : le *système nerveux* pour les fonctions de sensation et d'appétition, les *muscles* et les *os* pour la fonction de loco-motion.

Nous commencerons donc l'étude de la sensation par un aperçu sur l'anatomie et la physiologie du système nerveux.

20. Aperçu général. — Le système nerveux se présente sous deux aspects différents : 1º aggloméré en masses plus ou moins considérables nommées *ganglions* ou *centres nerveux ;* 2º sous forme de cordons allongés qui se ramifient dans toutes les parties du corps et qu'on appelle *nerfs*.

Considéré dans son ensemble, l'appareil nerveux de l'homme comprend deux systèmes, deux groupes de centres et de nerfs : le système *cérébro-spinal* ou *encéphalo-rachidien,* auquel sont réservées les fonctions de la vie animale, et le système *sympathique* ou *splanchnique* qui préside à la vie végétative et innerve surtout les viscères, les vaisseaux sanguins, et les glandes. Cependant, ces deux systèmes ne sont pas isolés l'un de l'autre : les ganglions sympathiques sont reliés aux

nerfs spinaux par des faisceaux de fibres nerveuses appelés
rameaux communicants : ainsi l'organisme entier, même dans
ses fonctions végétatives, se trouve sous l'influence du système
cérébro-spinal.

21. Anatomie du système cérébro-spinal. — Le système
encéphalo-rachidien comprend une partie centrale, l'*axe cérébro-spinal*, une partie périphérique, les *organes des sens* et,
reliant ces deux, les *nerfs cérébro-spinaux*.

L'axe cérébro-spinal (Pl. II, fig. 1), à son tour, se divise
vulgairement en deux parties : le *cerveau* ou l'*encéphale*, masse
semi-ovalaire qui occupe la boîte cranienne, et la *moelle
épinière*, qui a la forme d'un cordon cylindrique et parcourt
le canal vertébral depuis la base du crâne jusqu'aux premières
vertèbres lombaires.

Dans l'encéphale on distingue communément le *cerveau*
proprement dit, le *cervelet* et la *moelle allongée*.

1º Le *cerveau* (Pl. II, fig. 2) présente deux hémisphères
symétriques, formés chacun de parties plissées et contournées
qu'on appelle *circonvolutions*.

Certains replis plus profonds, tels la scissure de Sylvius, le
sillon de Rolando, la scissure interpariétale, etc. partagent
l'hémisphère en quatre lobes : le lobe *frontal* en avant ; le
lobe *pariétal* sur le côté en haut ; le lobe *temporal* ou sphé-
noïdal sur le côté en bas ; le lobe *occipital* en arrière.

A travers tout l'axe cérébro-spinal on trouve deux substances d'aspect différent, la substance *grise* ou ganglionnaire
qui renferme les cellules nerveuses, et la substance *blanche* qui
est constituée fondamentalement par des fibres nerveuses (**23**).
Dans le cerveau, la substance grise se trouve en deux endroits
différents (Pl. II, fig. 3) : une couche périphérique qu'on appelle
couche corticale grise, et des amas situés plus bas qu'on appelle
ganglions de la base. Les centres de la couche corticale s'appellent aussi, en raison des fonctions qu'on leur attribue,
centres *psycho-moteurs* : on les regarde comme le point d'arrivée des sensations et le point de départ des mouvements
spontanés. Là se trouve le substratum anatomique immédiat
des actes de la vie psychique animale et, par une suite indirecte, de la vie intellectuelle.

2º Le *cervelet* est situé en arrière et en dessous des parties occipitales du cerveau. Il présente deux grands lobes latéraux appelés *hémisphères cérébelleux*, réunis par un lobe médian beaucoup plus réduit, le *ver du cervelet*, auquel des cannelures transversales donnent un aspect vermiculé.

En avant du cervelet se trouve la région de la *protubérance annulaire* comprenant le pont de Varole, les pédoncules cérébraux et les tubercules quadrijumeaux. Dans cette région se trouvent les noyaux d'origine des nerfs acoustiques et optiques et des nerfs qui innervent les muscles du globe oculaire.

3° A la protubérance annulaire fait suite la *moelle allongée* ou *bulbe rachidien*, renflement qui prolonge la moelle épinière et la rattache à l'encéphale ; elle est en connexion avec les nerfs gustatifs.

22. Anatomie du système sympathique. — La partie centrale du système nerveux sympathique est représentée par une chaîne de ganglions échelonnés de chaque côté de la colonne vertébrale sur toute sa longueur. D'une part, ils sont reliés entre eux par des cordons nerveux intermédiaires ; d'autre part, ils se rattachent, par les rameaux communicants, au système nerveux cérébro-spinal. Ils envoient des fibres nerveuses aux muscles lisses des vaisseaux, des viscères et des glandes. D'autres ganglions plus petits se rencontrent plus loin dans les tissus, par exemple dans les parois musculaires du cœur ; mais tous ces amas de substance nerveuse sont reliés à la moelle supérieure épinière, placés sous là dépendance de l'axe cérébro-spinal, de sorte qu'en réalité tout le système nerveux forme une *unité*.

23. Histologie du système nerveux. — Les éléments essentiels de la substance nerveuse sont la *cellule nerveuse* et la *fibre nerveuse*. Ces éléments ne sont pas indépendants : la partie conductrice de toute fibre nerveuse n'est qu'un prolongement d'une cellule nerveuse.

Les cellules nerveuses (Pl. II, fig. 4) présentent un protoplasme nettement réticulé et un noyau avec membrane nucléaire, mais semblent ne pas avoir de membrane cellulaire. Elles se caractérisent surtout par des prolongements nombreux et souvent très ramifiés, dont certains deviennent la partie axillaire de fibres nerveuses et atteignent une longueur considérable.

La cellule nerveuse avec toutes ses expansions constitue une unité organique appelée *neurone*.

On distingue des *cellules motrices* et des *cellules sensitives* ; cependant cette distinction, dans l'état actuel de la science, ne peut se reconnaître à la structure des cellules ; on la déduit seulement de leurs fonctions et de leurs rapports anatomiques avec les autres organes.

Les *fibres nerveuses* sont constituées essentiellement par le prolongement d'une cellule nerveuse (Pl. II, fig. 4B) ; mais rarement elles sont réduites à cette partie conductrice. Tantôt — cela se présente dans les nerfs du système sympathique — le prolongement nerveux est entouré d'une membrane, appelée *membrane de Schwann* ; tantôt — le fait se vérifie pour les fibres de la substance blanche de l'axe cérébro-spinal — il est enveloppé d'une gaine de substance blanche, la *myéline* ; enfin, dans la plupart des nerfs périphériques du système cérébro-spinal, l'axe nerveux possède à la fois une gaine de myéline et la membrane de Schwann.

Nous avons déjà parlé (**21**) de la substance blanche et de la substance grise et de leur distribution respective dans le cerveau. Dans la moelle épinière (Pl. II, fig. 5), la substance grise est au centre ; sur une coupe transversale de la moelle sa forme ressemble à la lettre H. Les quatre branches de cette substance grise sont légèrement renflées à leurs extrémités ; on les appelle les *cornes*. Les cornes antérieures renferment les cellules motrices périphériques, origine des nerfs moteurs, tandis que les fibres sensitives périphériques ont leurs cellules d'origine dans les ganglions spinaux placés près des cornes postérieures. La substance blanche entoure de toutes parts la substance grise : elle est composée de faisceaux de fibres nerveuses, entourées de leur gaine de myéline. On y distingue des faisceaux de *fibres motrices* transmettant les innervations de la couche corticale aux centres moteurs de la moelle, et des faisceaux de *fibres sensitives* portant aux centres psychiques supérieurs les impressions recueillies par les nerfs périphériques [1]).

---

[1]) Il est intéressant de remarquer que toutes ces fibres passent, en divers endroits du parcours, de leur côté d'origine au côté opposé ; de telle sorte que les excitations que nous éprouvons du côté gauche

24. Les nerfs. — De la substance grise de la moelle épinière, de la moelle allongée, de la protubérance annulaire, des pédoncules cérébraux et des ganglions de la base (mais non de la substance grise de l'écorce) partent des fibres nerveuses périphériques, formant par leur réunion les nerfs.

Au point de vue fonctionnel, on distingue les nerfs *moteurs* qui commandent les contractions musculaires, et les nerfs *sensitifs ;* ou plus exactement on distingue des *fibres motrices* et des *fibres sensitives*, car beaucoup de nerfs sont mixtes, c'est-à-dire composés de fibres des deux sortes.

Périphériquement, les fibres motrices se terminent dans les muscles par des ramifications très fines dont l'ensemble constitue la *plaque motrice ;* les fibres sensitives, par un appareil sensitif qui est spécial pour chaque organe des sens.

25. Les organes des sens. — L'ensemble formé par les fibres sensitives, par les cellules centrales auxquelles elles aboutissent et leur épanouissement périphérique, constitue proprement les organes des sens. Chaque sens possède des filaments terminaux différents, adaptés chacun à un excitant normal propre. Ce sont comme des appareils multiplicateurs destinés à renforcer l'excitation extérieure. On les appelle respectivement pour le toucher, le goût, l'odorat, l'audition et la vision, les *corpuscules* du tact, les *papilles* de la langue, les *cellules olfactives*, les *organes de Corti*, les *cônes* et les *bâtonnets* de la rétine (Pl. III).

Outre ces cinq sens superficiels, il existe des fibres sensitives se terminant dans chacun de nos muscles, dont l'excitant propre est précisément la contraction de ces muscles ; il en résulte que nous pouvons sentir les contractions de nos muscles et, par suite, les mouvements de nos organes. A côté donc des cinq sens extérieurs traditionnels, il faut ranger un sixième sens : le *sens musculaire*.

Par leur appareil sensitif terminal, les organes des sens recueillent les excitations périphériques, les transmettent par les fibres sensitives aux cellules centrales et nous renseignent

de notre corps parviennent à la conscience dans les cellules corticales de notre hémisphère cérébral droit, et inversement, les cellules corticales de notre hémisphère gauche commandent les mouvements volontaires des muscles du côté droit de notre corps.

aussi sur ce qui se passe autour de nous. Grâce aux fibres intercentrales qui relient entre elles toutes les cellules du système central, grâce aussi aux fibres motrices qui partent des mêmes centres, une impression partie de n'importe quel endroit périphérique peut arriver, par l'intermédiaire du système central, à n'importe quelle destination de l'intérieur et provoquer ou suggérer n'importe quel mouvement.

Les sens sont donc comme autant de personnes reliées au moyen de fils téléphoniques à un bureau central, par l'intermédiaire duquel elles sont en communication avec tous les abonnés du même réseau et transmettent dans toutes les directions, soit des informations, soit des ordres.

26. Physiologie du système nerveux.—Le fonctionnement des *centres nerveux* est peu connu. On sait seulement que l'exercice régulier de leur activité dépend de la composition du sang qui les baigne. Un fait intéressant à noter, c'est que certains poisons, tels la morphine, l'alcool, etc., suspendent ou modifient le fonctionnement de *certaines cellules*, à l'exclusion des autres : telle substance qui suspend l'action des centres corticaux, n'empêche pas, par exemple, celle des centres respiratoires. Il en résulte, ce semble, que *toutes les cellules nerveuses ne sont pas de même nature*, conclusion d'ailleurs confirmée par ce fait que tel centre, qui réagit à la lumière, ne réagit pas au son, et réciproquement.

Les *fibres* et les *nerfs* sont des organes de conduction. Les différentes fibres qui, réunies, forment un nerf, n'ont pas de communication directe entre elles, chaque fibre constitue un conducteur isolé. La *conductibilité* exige comme condition essentielle que le cylindre-axe soit continu, c'est-à-dire se poursuive ininterrompu à travers les étranglements que présente la fibre (Pl. II, fig. 4B).

Normalement la conduction est centrifuge dans les fibres motrices : cependant il est communément admis qu'une excitation provoquée *artificiellement* sur un point quelconque du nerf peut se transmettre dans les deux directions. C'est ce qu'on appelle la *conductibilité indifférente des nerfs*.

On a mesuré la vitesse du courant nerveux : elle est de 30 mètres environ à la seconde dans les nerfs moteurs, de 60 mètres dans les nerfs sensitifs. Il en résulte, semble-t-il, que ce courant n'est assimilable ni au courant électrique, ni aux vibrations lumineuses, ni aux vibrations sonores. Pourtant il se passe dans le nerf, pendant la transmission nerveuse, des phénomènes chimiques, thermiques et électriques.

27. Physiologie des sens. — 1º *La vision.* L'excitation lumineuse tombe sur les cônes et les bâtonnets (Pl. III, fig. 5) de la rétine, d'où elle est conduite par les fibres des nerfs optiques aux centres sensitifs de l'encéphale.

Devant la rétine il y a une lentille biconvexe, le *cristallin*, susceptible, par un jeu de muscles, de diminuer ou d'augmenter sa convexité, selon que l'objet à percevoir est plus ou moins rapproché de l'organe.

L'organe visuel possède donc, outre sa fonction de *perception*, une fonction d'*adaptation* ou d'*accommodation* à des excitations lumineuses parties de distances différentes.

2º *L'audition.* Les vibrations aériennes produites par les corps sonores viennent frapper les fibres de Corti (Pl. III, fig. 4) et sont transmises par le nerf acoustique au centre correspondant. Ces fibres de Corti sont tendues sur une membrane (la *membrane du limaçon*), comme les cordes d'une cithare ; on suppose que chacune d'elles répond à une vibration donnée, et à celle-là seulement, tout comme les cordes sonores d'un instrument de musique.

3º et 4º *L'olfaction et la gustation.* Ces deux sens ont un excitant chimique : les particules odorantes contenues dans l'air aspiré agissent au passage sur les cellules olfactives, terminaisons du nerf olfactif. De même les substances dissoutes dans la salive, agissent sur les terminaisons du nerf gustatif. Ces deux sens de nature analogue s'entr'aident puissamment ; ils se complètent l'un l'autre à tel point, qu'il est souvent malaisé de démêler leur part d'action dans la sensation totale.

5º *Le toucher.* Les corpuscules tactiles (Pl. III, fig. 1), répandus sur toute la surface du corps, sont cependant plus nombreux en certains endroits, qui sont par là même plus délicats au toucher : tels les lèvres, le bout de la langue, l'extrémité des doigts.

Le sens du toucher comprend plusieurs sens spécifiquement différents. On leur attribue les sensations *tactiles* proprement dites (pression, contact, choc, etc.) et les sensations *thermiques* (chaud, froid) ; on peut y rapporter aussi les *sensations muscu-* *laires* (**25**) et les *sensations douloureuses*. Ces dernières sont dues, semble-t-il, à une excitation trop forte des nerfs sensitifs, quels qu'ils soient.

Nous avons fini l'étude des sensations aux points de vue anatomique et physiologique : considérons-les telles que le sens intime nous les fait connaître, au point de vue qu'on appelle plus spécialement *psychologique*.

§ 2. — *La connaissance sensible en général*

28. — Notion de la sensation ou de la connaissance sensible. — La *sensation* est une manière d'être du sujet sentant, un changement d'état destiné à renseigner ce même sujet sur quelque chose. Le sujet pensant est passif et actif dans la sensation : *passif* d'abord, subissant une impression ; *actif* ensuite, réagissant sur l'impression reçue. Cette activité a pour résultat naturel de mettre le sujet en présence de quelque chose d'autre que lui-même, de quelque chose qui est posé vis-à-vis de lui-même *(objectum,* de *ob-jicere)* en présence d'un fait objectif, d'une réalité objective.

Tantôt le côté *passif* de la sensation domine : alors elle a pour synonymes les termes *sentiments, sens, affection ;* ainsi nous éprouvons, disons-nous, une sensation de froid, un sentiment de douleur, de bien-être, etc. Tantôt, au contraire, nous avons davantage en vue le côté *actif* du phénomène sensitif : la sensation devient alors une *connaissance,* une *perception.* La perception visuelle s'appelle spécialement *intuition* et l'ensemble des connaissances sensibles, — principalement quand on les regarde au service d'une faculté supérieure, de la raison, — se désigne par l'expression : *expérience sensible.*

29. De la connaissance en général. — La sensation nous met en présence d'un fait nouveau, que nous n'avons pas rencontré dans l'étude de la vie organique : la *connaissance.*

Qu'est-ce que *connaître* ?

La connaissance est un acte primordial qu'on ne peut songer

à définir. On peut seulement le décrire, montrer ses caractères propres, distinctifs. Elle consiste en une certaine *ressemblance* de l'objet connu réalisée chez le connaisseur. « Omnis cognitio fit secundum similitudinem cogniti in cognoscente » [1]). Ce que nous connaissons, nous le possédons d'une certaine manière *en* nous-mêmes. Or, il est impossible que le connaisseur s'approprie la chose connue selon la réalité physique de cette chose. Il ne peut donc se l'approprier qu'en l'imitant, ou la reproduisant en soi-même, d'une manière qui réponde à sa propre nature ; il l'engendre, pour ainsi dire, à nouveau sous forme de ressemblance ; de là, ce second adage de l'Ecole qui complète le précédent : « Cognitum est in cognoscente, *ad modum cognoscentis* ».

Mais la connaissance est plus qu'une simple ressemblance :. elle est une *image*, c'est-à-dire une ressemblance formée en vue d'imiter ou de reproduire une chose. Imiter ou reproduire la chose connue, voilà en effet, de par la nature même du sujet connaisseur, la destination de la ressemblance cognoscitive.

Toutefois, ce n'est pas une image *matérielle, physique,* comme le serait une photographie, mais une image d'une autre nature ; nous l'appelons *intentionnelle* ou *psychique, idéale, mentale ;* autant de termes dont on ne peut définir la signification positive, et qui reviennent à dire précisément que cette image est une représentation *autre* qu'un portrait physique, bref, une connaissance.

30. Sensibilité externe et interne. — La connaissance sensitive a pour principes immédiats les sens *externes* de l'animal. Nous connaissons déjà sommairement les sens externes (**27**) qui nous mettent en rapport avec les objets qui nous entourent. Une analyse, même superficielle, de la connaissance sensible fait reconnaître en outre, dans l'homme et dans les animaux supérieurs, l'existence d'un ou de plusieurs *sens internes.*

1º *Sens intime, sens commun.* Lorsqu'une impression sensible est transmise aux centres nerveux supérieurs, elle est remarquée par le sujet : dès ce moment le sujet sent, par

---

· [1]) S. THOMAS, *Cont. Gent.*, II, 77.

exemple, qu'il voit et il regarde, il sent qu'il entend et il écoute. Ainsi naît le sens intime — que l'on appelle aujourd'hui « conscience sensible » — des sensations.

De plus, la connaissance sensible réunit, associe, plusieurs impressions sensibles en une seule représentation totale qui est, dans l'acception plénière du mot, la *perception d'un objet.* Percevoir un objet, c'est cela même : recueillir plusieurs sensations émanant de sens différents, la couleur d'une rose, le velouté de sa corolle, son parfum, etc., et les réunir en un même *objet* commun, cette rose, telle rose.

Il faut donc reconnaître dans l'animal supérieur, outre les sens extérieurs, un sens intérieur, *sens commun* ou *sens central,* sorte d'aboutissement des organes périphériques destiné à *recueillir* les sensations externes et à les *discerner* les unes des autres.

La faculté de percevoir les opérations des sens extérieurs, qui constitue le *sens intime,* est aussi, selon les anciens, une des fonctions du sens commun [1]).

2⁰ *Imagination.* Nous avons la faculté de nous représenter des qualités sensibles que nous ne percevons pas actuellement, de nous *figurer* des objets *absents.* La perception sensible, lorsqu'elle s'efface, ne périt pas totalement, elle laisse après elle des traces : nous avons la faculté de conserver ces images, de les *reproduire* et de les *combiner.* Les scolastiques appellent cette faculté *imaginative* ou *imagination* et lui attribuent une triple fonction : *rétentive, reproductrice* et *constructive.* Le pouvoir de retenir et de reproduire les images peut s'appeler aussi *mémoire sensible,* tandis que l'*imagination* désigne plus spécialement la troisième fonction de l'*imaginative* des anciens, à savoir la combinaison des images en groupes nouveaux, le pouvoir d'*association* ou de construction.

---

[1]) Cfr. S. Th., *Opusc. de potentiis animæ,* c. IV. « Ista autem potentia, (sensus communis) est animali necessari propter tria, quæ habet facere sensus communis. Primum est quod habet apprehendere omnia sensata communia... Secundus actus sensus communis est apprehendere plura sensibilia propria, quod non potest aliquis sensus proprius : non enim potest animal judicare album esse dulce vel non esse, vel ponere diversitatem inter sensata propria nisi sit aliquis sensus qui cognoscat omnia sensata propria : et hic est sensus communis. Tertius vero actus est sentire actus propriorum sensuum, ut cum sentio me videre ... ».

3º *Estimative* ou *instinct*. La brebis fuit le loup, le poussin fuit l'épervier, alors que rien dans la couleur ou la forme extérieure du loup ou de l'épervier ne peut causer une impression désagréable sur les sens externes des animaux qui les fuient.

De même, l'oiseau recueille des brins de paille pour faire son nid, alors qu'aucune qualité sensible de la paille n'excite sa convoitise.

Il y a donc, chez certains animaux, pour le moins, une appréciation de qualités utiles ou nuisibles différente de la perception de qualités sensibles, un *sens estimatif* de certains rapports concrets, « vis æstimativa percipiens intentiones insensatas », selon l'expression de saint Thomas.

4º *Mémorative* ou *mémoire sensible*. Cette faculté conserve non seulement l'image des perceptions sensibles, mais aussi les traces de l'estimation des propriétés utiles ou nuisibles. Elle diffère de l'imagination reproductrice, en ce qu'elle comprend en outre une certaine appréciation de la durée passée, une perception *concrète* d'une partie de la succession écoulée.

§ 3. — *Etude spéciale des sens externes*

31. Objet de cette étude. — Les sensations possèdent certaines propriétés par lesquelles elles se différencient les unes des autres. Si nous comparons deux sensations, nous voyons qu'elles peuvent différer par leur *qualité*, par leur *intensité*, ou simplement par leur relation locale ou *localisation* [1]).

Nous aurons donc à examiner tout d'abord :

1º Le côté *qualitatif* de la sensation. *Quel* est l'objet respectif de nos sensations qualitativement différentes ?

2º Son caractère *quantitatif*, comprenant l'intensité et la durée des sensations.

---

[1]) Les psychologues modernes distinguent distinguent en outre, dans le fait complexe de la sensation, le *ton de sentiment* ou la *tonalité* : c'est la propriété inhérente à la sensation, de s'accompagner de plaisir ou de douleur, d'être agréable ou désagréable ou, intermédiairement, indifférente. L'étude de la tonalité des sensations trouvera mieux sa place à l'endroit où nous parlerons des facultés appétitives.

3º Le caractère d'*extériorité objective* ou de *localisation* de certaines sensations.

Nous nous occuperons ensuite :

4º Du siège central des sensations et des *localisations céré-brales.*

5º Enfin, nous synthétiserons les résultats de cette étude pour nous renseigner sur la *nature intime* de la sensation.

I. — QUALITÉ DES SENSATIONS

L'*objet* d'une sensation est *ce qui se présente* au sens. Ce n'est pas la chose telle qu'elle est en elle-même, mais *telle qu'elle se rend présente* à la puissance sensitive moyennant un changement qu'elle produit en celle-ci. La qualité spéciale que chaque sens perçoit dans l'objet, à l'exclusion de toute autre, est « l'*objet propre* » de ce sens. La détermination de l'objet propre de chaque sens nous fera connaître la nature des facultés sensitives, car les facultés se traduisent dans leurs actes, et les actes se différencient d'après leur objet.

32. Objet propre de la vue [1]). — L'objet propre des sensations visuelles, c'est la *lumière*. La lumière est conçue aujourd'hui comme un état vibratoire d'un fluide particulier, très raréfié qu'on appelle l'*éther ;* les terminaisons périphériques du nerf optique, qui consistent dans les cônes et les bâtonnets de la rétine, sont organisées de manière à être excitées avec une facilité extrême par les vibrations de l'éther.

On appelle *rayon lumineux* la ligne idéale suivant laquelle se transmettent les vibrations de l'éther. Celles-ci sont transversales, c'est-à-dire perpendiculaires à la direction du rayon lumineux. A la durée des vibrations, ou, ce qui revient au même, au nombre de vibrations par seconde, ou encore, à la longueur d'onde, correspond une sensation particulière, celle de *couleur.*

Le mélange de toutes les radiations solaires constitue la lumière blanche : on peut, en lui faisant traverser un prisme, la décomposer en un certain nombre de vibrations simples,

---

[1]) Voir plus haut, nº 27.

et faire apparaître les couleurs simples qui la composent : on obtient ainsi ce qu'on appelle le *spectre solaire*. Il y a une infinité de couleurs spectrales, mais l'usage a prévalu d'en distinguer sept principales : le rouge (rayons les moins réfrangibles), l'orangé, le jaune, le vert, le bleu, l'indigo, le violet (rayons les plus réfrangibles).

Chacune de ces couleurs se distingue des autres par son *ton* ou sa *teinte*. Outre cela, nous trouvons entre nos sensations visuelles des différences de clarté ou d'*intensité lumineuse* et des différences de *saturation*, selon que le ton est plus ou moins prononcé ou plus ou moins affaibli par le mélange de lumière incolore.

Les *objets* de la nature sont *colorés*, lorsqu'ils ne réfléchissent pas également toutes les longueurs d'onde qui composent la lumière solaire, mais qu'ils en absorbent l'une ou l'autre, renvoyant le reste vers l'œil de l'observateur.

L'action *physique* de l'éther lumineux donne très probablement naissance à une réaction *chimique* dans les cônes et les bâtonnets de la rétine ; cette excitation rétinienne devient à son tour l'excitant du nerf optique et des cellules nerveuses cérébrales auxquelles aboutissent les fibres du nerf optique.

33. Objet propre de l'ouïe. — L'objet propre des sensations acoustiques, est le *son*. Le son est constitué par l'état vibratoire des corps élastiques. Les vibrations du corps sonore pénètrent, par l'intermédiaire de l'air, dans le conduit auditif et ébranlent la membrane du tympan.

Les vibrations déterminées ainsi dans la membrane du tympan sont transmises aux terminaisons de l'appareil nerveux acoustique et à la partie correspondante de l'écorce cérébrale. Elles nous donnent ainsi la sensation du *son*.

Nous distinguons dans le son l'*intensité*, la *hauteur* et le *timbre* ; de plus, en entendant simultanément plusieurs sons, nous percevons les sensations de *dissonance* et de *consonance*.

On appelle *vibration* ou *oscillation* le mouvement de va-et-vient des molécules d'un corps. L'*amplitude* d'une vibration est l'écartement plus ou moins considérable qui existe entre les molécules vibrantes et leur position d'équilibre. L'amplitude détermine l'*intensité* du son : plus les molécules s'écartent de leur position d'équilibre, plus le son est intense

La *durée* de la vibration est le temps employé par les molécules pour exécuter un mouvement de va-et-vient. Plus cette durée est petite, plus la molécule vibrante accomplit d'oscillations dans un temps donné ; aussi remplace-t-on souvent cette notion de durée par celle du nombre de vibrations par seconde. A la *durée* correspond la sensation de *hauteur du son.*

La plupart des vibrations produites dans la nature sont *composées,* c'est-à-dire formées par la réunion de plusieurs vibrations simples : ce sont des mélangés sonores que l'oreille analyse. Or, il est rare que toutes les vibrations simples d'une vibration composée aient la même intensité ; en général, l'une d'elles domine et donne le *son fondamental ;* les autres, qui produisent les *sons partiels,* sont habituellement beaucoup plus faibles. Dans les instruments de musique, dans la voix humaine, les nombres de vibrations des sons partiels sont en rapport simple avec le nombre de vibrations du son fondamental. Ces rapports sont comme la série des nombres entiers I, 2, 3, 4, etc... ; ainsi, pendant que le son fondamental fait une vibration, le premier son partiel en fait deux, le deuxième trois, et ainsi de suite. Ces sons partiels ont reçu le nom d'*harmoniques.* De la nature, du nombre et de l'intensité des harmoniques, qui se superposent au son fondamental, dépend le *timbre* d'un son, ce qui fait que nous distinguons, par exemple, que deux sons de même hauteur et de même intensité émanent de deux instruments différents.

Le caractère agréable ou désagréable, la *consonance* ou la *dissonance* d'un accord, dépend du rapport qui existe entre les nombres de vibrations des notes émises simultanément. Les tons dont les nombres de vibrations se trouvent dans un rapport simple sont consonants ; au contraire, la dissonance d'un accord s'accentue d'autant plus que le rapport devient complexe. La raison physiologique de ces caractères agréable ou désagréable est que la superposition de notes dissonantes produit des battements ou des interruptions dans le son ; par suite, l'excitation de l'appareil acoustique est intermittente ; pour des notes consonantes, au contraire, le son et par suite l'excitation sont continus.

34. Objet propre de l'odorat. — L'excitant normal de

l'appareil nerveux de l'odorat réside en certaines substances finement divisées et *répandues dans l'air*, que l'on appelle *substances odorantes ;* l'excitation est de *nature chimique.*

Les sensations olfactives sont trop peu caractérisées pour être classées ; on doit se contenter de désigner les odeurs d'après les substances qui les émettent.

35. Objet propre du goût. — Les sensations gustatives ont pour objet les *saveurs.* L'excitant adéquat consiste dans certaines *substances chimiques dissoutes*, et l'excitation semble être aussi de *nature chimique.*

On distingue communément quatre qualités gustatives : celles du sucré, de l'amer, du salé et de l'acide. La grande majorité des sensations, auxquelles nous donnons le nom de *goût*, sont en réalité des sensations complexes dans lesquelles l'odorat, le toucher et même la vue jouent un rôle considérable.

36. Objet propre du toucher. — Nous avons déjà fait remarquer (**27**) que le sens du toucher représente plusieurs sens différents.

Posez la main, à plat sur son revers, étendue sur la table et placez un petit disque de carton sur l'extrémité des doigts, la seule sensation qui en résultera sera celle de *contact ;* substituez au disque un poids de deux livres, la sensation de contact sera accompagnée de celle de *pression* ou même remplacée par elle.

Soulevez maintenant la main, une nouvelle sensation apparaîtra, celle de résistance à la pression du poids, de l'effort nécessaire pour le supporter ou pour mouvoir la main ; elle se produira en même temps que les muscles se contracteront pour soutenir la main, et le sentiment du degré de contraction de nos muscles nous aidera à mesurer le sentiment de l'effort ou du mouvement : d'où le nom de *sens musculaire.*

Lorsqu'un corps, en contact avec la peau, cède à celle-ci du calorique, nous éprouvons la sensation de chaud ; lorsqu'il enlève du calorique, nous éprouvons la sensation de froid. Ces *sensations de température* nous renseignent donc immédiatement sur les variations de température de la peau et médiatement sur la température extérieure.

Enfin la *sensation de douleur* naît lorsqu'un nerf sensible est trop fortement excité. Et sous le nom de nerfs sensibles il faut comprendre, outre les nerfs de la peau, tous les nerfs centripètes des organes viscéraux.

37. Sensibles communs. — Outre les qualités sensibles qui sont l'*objet propre* de chacun des sens extérieurs et que nous venons de décrire, il y a des *sensibles communs*, c'est-à-dire des qualités sensibles qui relèvent de plusieurs sens à la fois ou même de tous. Aristote en compte cinq, à savoir « le mouvement, le repos, le nombre, la figure et la grandeur ». Nous y reviendrons plus loin. Il nous faut rechercher maintenant à quoi tient le *caractère qualitatif* de nos sensations ; d'où vient que nous établissons des différences *spécifiques* entre leurs objets.

38. Le déterminant cognitionnel. — La sensation ne trouve pas sa cause adéquate dans les sens seuls. Les sens sont des puissances qui par elles-mêmes sont inactives : il y a en eux une aptitude à représenter des objets, mais cette aptitude reste à l'état de puissance aussi longtemps qu'elle n'est pas stimulée par un excitant autre qu'elle-même ; pour qu'elle passe de la puissance à l'acte, il faut que le sens reçoive de l'extérieur une impression qui éveille son activité et lui donne une détermination particulière. L'œil est capable de voir ; mais pour qu'il voie de fait, il faut qu'un rayon de lumière dessine une image sur la rétine.

L'impression sensible est donc le complément obligé de la puissance sensitive et la cause déterminante naturelle de l'acte de perception. Cette impression les scolastiques l'appelaient *espèce intentionnelle* ou *espèce sensible*, pour marquer son rôle qui est de déterminer l'activité de la faculté sensitive par rapport à l'objet à percevoir. Nous avons proposé de traduire cette expression scolastique par *déterminant cognitionnel*.

La nécessité de ce déterminant comme facteur de la perception résulte de la nature même de la connaissance. Nous ne pouvons concevoir la connaissance que comme une certaine *union immanente* du connaisseur et de la chose connue. Comme cette union est *immanente*, c'est-à-dire se consomme dans et par celui qui connaît, il faut que l'objet, par un procédé d'intériorisation, vienne s'unir au sujet.

Or, évidemment, l'objet matériel ne s'unit pas au sujet, quelque chose doit le remplacer sous forme de *ressemblance* ou d'*image*. « Omnis cognitio fit *secundum similitudinem* cogniti in cognoscente ».

Donc l'acte de perception requiert, de la part de l'objet perçu, une impression sensitive qui mène à une certaine représentation de l'objet. Cette impression produite dans le sujet connaisseur par l'action de l'objet est une *espèce* ou forme sensible, un *déterminant cognitionnel*.

Mais alors, dira-t-on, ce n'est pas l'objet que nous percevons, c'est seulement son remplaçant, son image ?

Les scolastiques ont prévu l'objection. L'espèce intention-nelle, répondent-ils, n'est pas l'*objet direct* de la perception, c'est le *moyen* par lequel le sens est mis à même de percevoir l'objet ; ce n'est pas même un moyen objectif, sorte d'objet intermédiaire qu'il faudrait saisir d'abord pour passer ensuite à la chose du dehors, mais un moyen purement *subjectif*, c'est-à-dire facteur intrinsèque au sujet sentant, cause formelle accidentelle de l'acte de perception. La forme inten-tionnelle n'est pas *id quod* percipitur, mais *id quo* percipitur objectum.

Figurez-vous, dit saint Thomas, une glace absolument unie, adaptée adéquatement aux dimensions de l'objet qui vient s'y réfléchir. Vous ne verrez pas en premier lieu la glace et, en second lieu, l'objet qui est représenté ; l'objet lui-même se présentera le premier à votre regard ; la glace vous placera simplement en présence de l'objet ; son rôle se bornera à vous le faire apercevoir.

39. Le caractère qualitatif de là sensation. — Il résulte du numéro précédent que le caractère qualitatif de nos sen-sations doit trouver sa raison primordiale dans le déterminant cognitionnel. Pour les scolastiques la chose était claire : à leurs yeux, l'espèce sensible était une image réelle, une ressem-blance effective des objets sentis. Mais aujourd'hui que l'on connaît de plus près les excitants des sensations, on se demande quelle ressemblance il peut bien y avoir entre celles-ci et ceux-là, comme aussi entre les excitants et les objets d'où ils partent. Qu'y a-t-il de commun, par exemple, entre des vibrations lumineuses et les couleurs que nous attribuons aux objets ?

Une réponse adéquate à cette question serait impossible dans l'état actuel de la physique et de la physiologie des sens. Nous pouvons cependant d'une façon générale rendre compte de la diversité qualitative de nos sensations par le *caractère spécifique des appareils des sens,* d'une part, par la *nature différente de l'excitant,* d'autre part.

Il est difficile jusqu'à présent de déterminer la nature des *centres cérébraux* et des *organes de conduction* et de se prononcer avec certitude sur leur spécificité ou leur identité. Quant aux *terminaisons périphériques* des organes des sens, elles forment manifestement des *appareils spéciaux.* Or, le mode spécial de réaction de l'organe du sens doit varier avec la nature de cet organe.

Voilà donc incontestablement une première base anatomique au caractère spécifique des sensations.

Il y en a une seconde dans la *nature même de l'excitant.*

L'excitant *naturel* des sensations *tactiles* semble être exclusivement d'ordre *mécanique ;* celui des *sensations acoustiques,* d'ordre *physique ;* les excitants du *goût* et de l'*odorat* semblent être d'ordre *chimique,* les premiers provenant de substances solubles, les seconds de substances gazeuses ; l'excitant de la *vision* est, selon toute vraisemblance, à la fois *physique et chimique ;* et l'analogie porte à croire qu'il en est de même de l'excitant des *sensations thermiques.*

Ces causes objectives, de nature si différente, provoquent naturellement dans les appareils des sens des effets différents.

Au surplus, le *dernier pourquoi* du fait n'est que le *fait bien compris,* d'un côté l'*excitant,* de l'autre la *nature du sujet* qui éprouve l'excitation. Nos appareils des sens sont ainsi faits que chacun d'eux est impressionné par un excitant déterminé, et qu'il y répond par une *réaction appropriée* qui fait éprouver au sujet une sensation déterminée.

II. — QUANTITÉ DES SENSATIONS

La quantité se présente dans les sensations sous un double aspect : *intensité* et *durée.*

Toute sensation, quelle que soit sa qualité, possède une certaine *intensité ;* en la comparant à d'autres sensations nous la trouvons plus ou moins intense, plus ou moins forte. Peut-on mesurer cette intensité, et comment ?

Il n'est pas possible de la mesurer directement en elle-même, la commune mesure fait défaut. Mais on peut recher-cher la relation qu'il y a entre l'intensité de la sensation et sa *cause externe* ou son *excitant ;* ou bien la relation qui existe entre l'intensité d'une sensation et ses *effets dynamiques.*

40. Intensité de la sensation mesurée par ses anté-cédents. — Loi de Weber. — Il est manifeste qu'il existe une certaine relation entre l'intensité d'une sensation et la quantité de l'excitant qui la provoque : deux bougies donnent plus de lumière qu'une seule, un kilo pèse plus sur la main qu'une livre.

Cependant il est certain aussi que la même quantité d'exci-tant ne provoque pas toujours la même augmentation d'inten-sité de sensation : dans un salon brillamment illuminé une bougie de plus ou de moins ne modifie pas sensiblement l'éclat de l'éclairage ; un gramme ajouté sur la main à un gramme provoque une différence de poids très sensible, alors qu'ajouté à un kilo il n'en provoque aucune.

Quelle est donc la relation qui existe entre ces deux fac-teurs ? La question semble insoluble, puisqu'un des facteurs, l'intensité de la sensation, est incommensurable. On peut bien dire qu'une sensation est plus forte qu'une autre, mais comment déterminer de combien, ou combien de fois elle est plus forte ?

Weber a tourné la difficulté. Il s'est demandé quelles diffé-rences minimales doivent exister entre des excitants de même nature pour permettre au sujet excité de percevoir une diffé-rence entre les excitations senties. J'ai sur la main un poids déterminé, prenons un gramme ; quelle quantité minima faut-il y ajouter pour que je puisse constater une différence de poids ? Cette quantité n'est pas une quantité absolue, mais une *quantité relative.* Par exemple, on peut provoquer une sensation nouvelle en ajoutant un tiers de gramme au poids initial d'un gramme ; mais il faudra ajouter une quantité bien plus forte si le poids initial est d'un kilo.

De façon générale, Weber croit que l'excitant, qui donne la

sensation initiale de pression, doit être augmenté de son tiers pour que la différence devienne perceptible. La distinction des autres sensations, de l'ouïe, de la vue, etc., semble conditionnée de même par un *accroissement relatif* des excitants.

D'où la formule générale de la loi de Weber : « L'accroissement de l'excitant, qui doit engendrer une nouvelle modification appréciable de la sensibilité, est dans un rapport constant avec la quantité de l'excitant à laquelle il vient s'ajouter ».

41. Intensité de la sensation mesurée par ses effets. — De même qu'on a cherché à mesurer la sensation prise pour effet par l'excitant pris pour cause, on peut prendre la question à rebours et étudier la sensation par certains de ses effets.

Les expériences au *dynamomètre* [1]) montrent que les excitations sensorielles produisent dans l'organisme une action dynamique notable. Pour ne parler que du sens de la vue, on peut dire que, d'après leur pouvoir dynamogène, les couleurs se rangent dans l'ordre même des couleurs spectrales. Dans les expériences faites par M. Féré [2]), on voit l'état dynamométrique de la main d'un sujet qui à l'état normal marque 23, monter respectivement à 42 pour le rouge, 35 pour l'orangé, 30 pour le jaune, 28 pour le vert, 24 pour le bleu.

Un second ordre d'expériences porte sur le changement de volume des membres sous l'influence des excitations périphériques et des sensations. En vertu d'une loi générale de la physiologie, le sang afflue abondamment dans tout organe en travail, gonfle les vaisseaux capillaires et augmente ainsi le volume de l'organe.

Mosso [3]) a étudié ces changements de volume au moyen de son *pléthysmographe.* Cet instrument se compose de deux bocaux de verre remplis d'eau ; on y introduit les mains du

---

[1]) Le dynamomètre est un instrument qui sert à mesurer sur le vivant la force globale de certains muscles, par exemple la puissance contractile de la main. L'effort de la contraction fait jouer un ressort, dont la tension se marque par une aiguille sur un cadran. Le déplacement de l'aiguille indique le développement graduel du pouvoir contractile.

[2]) Cfr. FÉRÉ, *Sensation et mouvement*, ch. VI. Paris, Alcan, 1887.

[3]) A. MOSSO, *La peur*, ch. III et IV.

sujet et on calfeutre, avec de l'argile, l'orifice tout autour du poignet, de façon à fermer hermétiquement les bocaux. Seul un tube mince traverse la paroi. Tout changement de volume des mains, quelque petit qu'il soit, devient manifeste par le changement de niveau dans le tube.

Un autre appareil servait à Mosso : c'est un *lit basculant* sur des couteaux de balance ; dès que le sang afflue à la tête du sujet, celle-ci augmente de poids et fait pencher le lit de ce côté.

De ces expériences il faut rapprocher celles de Schèff à Florence. Ce savant physiologiste implante dans le cerveau de certains animaux, une pile *thermo-électrique* [1]) assez petite pour être embrassée entièrement par la masse cérébrale. Après guérison de la plaie, il irrite les organes des sens de l'animal et constate qu'à chaque irritation correspond une déviation du galvanomètre, indiquant un échauffement de la matière cérébrale.

On comprend, à la suite de ces expériences, la possibilité de comparer les sensations entre elles d'après leur tracé dynamométrique, phéthysmographique ou galvanométrique.

42. Durée des phénomènes psychiques. — Les phénomènes nerveux qui constituent l'acte psychique, ne sont pas instantanés. On a essayé de mesurer le temps que chacun d'eux met à s'accomplir. On excite un organe sensoriel, et le sujet, dès qu'il perçoit la sensation, doit réagir, répondre par un signal déterminé. Le moment précis de l'excitation, ainsi que la réponse, sont inscrits exactement par des appareils spéciaux. L'intervalle de temps ainsi obtenu s'appelle *temps physiologique* ou *temps de réaction*. Ce temps de réaction varie d'après les différentes sensations : il est en moyenne de $\frac{1}{7}$ de seconde pour les sensations tactiles, de $\frac{1}{6}$ de seconde pour les sensations auditives, de $\frac{1}{5}$ de seconde pour les sensations visuelles.

Outre la durée globale du phénomène ainsi obtenue, on a cherché à déterminer la durée respective des différentes étapes de son propre parcours.

[1]) La pile thermo-électrique se compose essentiellement de deux lames de métaux différents soudés par un bout. Le courant se produit dès qu'on chauffe la soudure.

On connaît la marche du phénomène : l'excitation perçue à la périphérie se transmet par les nerfs sensitifs aux centres nerveux, où s'élabore l'acte psychique ; de là part un courant nerveux, qui, par les nerfs moteurs, va commander la contraction du muscle, et celui-ci donne la réponse.

La durée globale ou temps de réaction comprend donc :

a) la durée du courant nerveux dans le nerf sensitif ;

b) le temps nécessaire à l'élaboration de l'acte dans les centres nerveux ;

c) la durée du courant nerveux dans les nerfs moteurs ;

d) la durée de la contraction musculaire.

On peut déterminer directement, par l'expérience, la durée de la contraction du muscle, ainsi que celle de la transmission dans les nerfs sensitifs et moteurs. En déduisant la somme de ces temps partiels de la durée totale de la réaction, on arrive à établir approximativement la durée du phénomène dans les centres nerveux, c'est-à-dire d'un *acte central simple.* Cet acte central simple comprend encore au minimum la *perception* d'une impression sensitive (p. ex. d'une irritation tactile, d'un son, d'une étincelle) ; l'*association d'une image motrice* (p. ex. un mouvement de la main droite) à la perception sensible antérieure ; et enfin le *commandement* du mouvement imaginé.

III. — LOCALISATION ET OBJECTIVATION DES SENSATIONS

Les sensations, nous l'avons vu (**28**), sont des *états affectifs* qui nous mettent en présence de *qualités* différentes des *objets.*

Ces états affectifs, nous les rapportons généralement à des endroits déterminés de notre organisme, nous leur assignons une place, nous les localisons : comment s'opère cette *localisation ?*

Ces qualités et ces objets, nous les distinguons souvent de notre propre être, nous les situons en dehors de nous. Cela est éminemment vrai pour les sensations de l'ouïe et de la vue ; même pour les sensations tactiles, cette tendance à objectiver est tellement impérieuse, que nous croyons sentir une résistance au bout d'une canne qui nous sert d'appui. Quel est le processus de cette *objectivation* ou *extériorisation ?*

43. Localisation des sensations. — La localisation d'une sensation peut être comparée à la manière dont nous repérons une ville sur une carte géographique. Et ce qui nous permet de construire une sorte de carte géographique de notre propre corps, c'est le *sens musculaire.* Nous savons déjà (**25**) que chacun de nos muscles est pourvu de fibres sensitives qui nous renseignent sur ces contractions. A des mouvements d'organes différents, des yeux, de la main, des organes vocaux, etc., correspondent des sensations différentes. Le souvenir de toutes ces sensations musculaires se conserve dans la mémoire, et c'est ainsi qu'il se forme par l'imagination un ensemble d'images musculaires et de leurs rapports, une sorte d'atlas musculaire, à l'aide duquel nous pouvons classer, localiser nos sensations ultérieures et orienter nos mouvements.

44. Objectivation des sensations. — Les sensations musculaires se présentent rarement isolées. Ordinairement, elles sont associées à des sensations provenant du toucher ou d'autres organes des sens. Lorsque je tiens en main une boule de métal, j'ai à la fois la sensation de contact d'une boule unie, froide, dure, et la sensation de l'effort musculaire déployé pour tenir la boule soulevée. Lorsque je lève la tête, les yeux fermés, j'ai une sensation musculaire isolée ; lorque je regarde en haut vers un objet lumineux, vers le soleil par exemple, j'éprouve, outre la sensation du mouvement de la tête, une seconde sensation de lumière. Il se dessine ainsi deux catégories de sensations, les unes musculaires, qui partent du dedans de l'organisme, les autres qui proviennent d'excitants étrangers.

Cette distinction, qui doit frapper l'enfant qui s'éveille à la vie des sens, se confirme par les sensations *doubles.* Lorsqu'il subit une pression, l'enfant éprouve une seule sensation, mais lorsqu'il presse les mains l'une contre l'autre, ou appuie une main sur un membre, il a une sensation *double.* De même, qu'il entende parler autour de lui, il éprouvera *une* sensation auditive ; mais qu'il essaye de parler lui-même, il aura en même temps la perception du *son* émis et le sens de l'*effort* qu'il doit faire pour l'émettre.

L'expérience sensible aboutit ainsi à opposer de plus en plus nettement les sensations musculaires à des sensations d'une autre catégorie que nous appelons objectives ou extérieures.

Le souvenir des sensations musculaires sert à la formation d'un atlas musculaire ; le souvenir des sensations de la catégorie opposée, les images visuelles, auditives, tactiles servent à la formation d'un autre atlas, distinct du premier et en opposition avec lui. L'atlas musculaire nous sert à la *localisation pure et simple* des sensations *internes* (musculaires, organiques, douloureuses) ; le second atlas (tactile, visuel, auditif), que l'on peut appeler objectif, nous sert à *objectiver*, à *extérioriser* les sensations *extérieures*.

45. Objectivité des sensations visuelles. Perception de l'espace. — L'extériorisation de nos sensations est surtout remarquable dans nos perceptions visuelles. Nous voyons les objets occuper telle ou telle position, à une certaine *distance* les uns des autres et de notre œil ; nous leur attribuons une certaine *grandeur*, une certaine *forme ;* nous plaçons ces objets dans un *espace continu à trois dimensions.*

Comment s'accomplit et s'explique cette perception visuelle de l'espace ?

Les « *nativistes* » estiment que nos jugements sensibles sur l'espace nous sont innés, ou plus exactement, naturels.

Les « *empiristes* », au contraire, affirment que tout dans la perception visuelle de l'espace, est affaire d'éducation.

A notre avis, la vérité est entre ces deux extrêmes. On ne peut refuser, au sens de la vue, la faculté de discerner en dehors du sujet sentant une *multiplicité d'éléments*, qui peuvent se distinguer, soit par leurs différentes teintes, soit par les mouvements subjectifs des yeux ou de la tête nécessaires pour adapter l'organe à la vision. L'œil percevrait donc en même temps que la lumière et les couleurs, l'*étendue*, soit par la vision seule, soit par la vision associée aux sensations musculaires de l'appareil visuel.

Avec la vision d'une multiplicité d'objets, nous est donnée la perception de points *distants* les uns des autres, car la distance n'est qu'une relation entre deux points ; il faut en dire autant de la *grandeur* et de la *forme* des surfaces.

Mais que dire de la perception visuelle du relief des objets, de la *troisième dimension* ?

Il semble démontré par les tâtonnements et les erreurs des jeunes enfants et des aveugles opérés, que le sens de la' vue est insuffisant ; il lui faut le secours du sens du toucher qui est son *auxiliaire naturel*. C'est de l'association et de l'*éducation coordonnée* de ces deux sens que résulte la notion distincte des propriétés de l'espace.

D'une part, nous avons le sentiment des efforts de déplacement nécessaires pour atteindre un objet plus ou moins éloigné, ainsi que des mouvements commandés à la main pour toucher un objet sous toutes ses faces : ce sentiment nous sert à apprécier les distances, la grandeur et la forme des objets. D'autre part, nous mesurons par la vue les degrés d'intensité lumineuse des objets éclairés. Or, par l'exercice, graduellement, une association s'établit entre la perception tactile et la perception visuelle, et au bout d'un certain temps l'une rappelle l'autre ou la remplace.

La perception de l'espace est donc, en partie, naturelle à la vision, comme le prétendent les nativistes, mais aussi, en partie, acquise, comme l'estiment les empiristes.

46. Justesse des vues d'Aristote sur les sensibles communs. — On se rappelle (37) qu'Aristote distinguait, à côté de l'objet propre des sens spéciaux, des sensibles communs, objet de plusieurs sens, sinon de tous. Les *grandeurs* et les *formes*, la *mesure*, le *repos* et le *mouvement* étaient pour lui des « sensibles communs ». Nous venons de voir qu'en effet les *grandeurs* et les *formes* relèvent à la fois de la vue et du toucher. On peut même dire que la perception de l'étendue relève de tous les sens extérieurs ; les odeurs et les saveurs nous paraissent occuper simultanément plusieurs points des narines et de la langue ; les perceptions auditives nous renseignent plus ou moins distinctement sur la distance, sinon sur la forme de l'objet qui résonne. Les mêmes sens qui perçoivent les positions et les distances des objets, peuvent aussi percevoir concrètement des corps en *repos* ou en *mouvement* et même le rapport concret existant entre une quantité déterminée et une autre prise comme unité, c'est-à-dire la *mesure* de cette quantité.

IV. — SIÈGE CÉRÉBRAL DES SENSATIONS

47. Doctrine des localisations cérébrales. — On peut considérer aujourd'hui comme certain que le cerveau n'est pas un organe homogène, dont toutes les parties sont capables de remplir les mêmes fonctions. Il constitue au contraire une association d'un certain nombre d'organes divers, dont chacun possède des fonctions psychologiques, des facultés distinctes. Les fonctions cérébrales sont donc localisées dans le cerveau.

Dans sa conception générale cette doctrine est fort ancienne : déjà saint Thomas, dans sa *Somme théologique*[1]) et dans son opuscule sur les *puissances de l'âme*[2]), assigne une place spéciale du cerveau aux diverses fonctions de la sensibilité interne.

Durant ces dernières années, on s'est beaucoup préoccupé de déterminer exactement les centres cérébraux, ou, plus généralement, les centres nerveux qui président aux diverses fonctions de la sensibilité ou de la vie. Nous ne pouvons pas entrer dans le détail des méthodes employées, qui sont d'ailleurs du domaine de la physiologie ; contentons-nous d'indiquer quelques résultats.

1º Nous savons déjà que le *grand sympathique* innerve surtout les *viscères ;* *que les cornes antérieures* de la moelle épinière sont *motrices* et les *cornes postérieures sensitives ;* et que les centres les plus importants de la *vie végétative* se trouvent dans la *moelle allongée.*

2º Il est communément admis que le *cervelet* est un centre de coordination des mouvements, un centre d'*équilibre musculaire.*

3º Les centres inférieurs aux hémisphères cérébraux sont généralement considérés comme n'étant ni volontaires ni conscients.

4º Quant aux localisations cérébrales proprement dites :

---

[1]) *Summ. theol.*, I,ᵃ q. 78, a. 4.
[2]) *De potentiis animæ*, cap. IV.

a) La première en date et la plus célèbre est celle de Broca. En 1861, Broca observe que la circonvolution frontale inférieure est le siège de la *parole articulée* : on l'appelle de son nom : *circonvolution de Broca*. On a rencontré des cas d'*aphémie* où le malade pouvait mouvoir la face, rire ou même chanter et se trouvait incapable de parler. Or, dans ces cas, on a remarqué à l'autopsie une lésion de la *troisième circonvolution frontale gauche*.

b) Dans le *lobe occipital* se trouve le centre de la *vision*.

c) L'*audition* a pour centre psychique le *lobe temporal*, principalement la *circonvolution supérieure*.

d) Le *goût* et l'*olfaction* auraient aussi leur siège dans le lobe temporal.

e) La *sphère tactile*, la plus étendue de toutes, comprend les circonvolutions centrales, le lobule paracentral et la partie postérieure des trois circonvolutions frontales.

Il nous reste à ajouter quelques mots sur la localisation de la mémoire.

Plusieurs physiologistes avaient cru qu'un même organe nerveux sert à la sensation, à l'imagination et au souvenir. L'expérience a prouvé que les scolastiques avaient raison de croire que la mémoire requiert un organe à part. Des malades, par exemple, peuvent conserver intacte la sphère auditive et répéter tous les mots qu'on prononce devant eux, mais ils n'en comprennent plus le sens et ne peuvent plus s'en souvenir que durant quelques secondes. Preuve évidente que le souvenir des images auditives et la perception de la valeur des mots se localisent en dehors de la sphère auditive. Ce fait confirme aussi le bien-fondé de la distinction générale des scolastiques entre les sens externes et les sens internes.

Nous avons terminé l'analyse des caractères qualitatifs et quantitatifs de la sensation. Il nous reste à tirer de cette analyse une conclusion générale sur la *nature de la sensation*.

48. Nature de la sensation en général. — L'étude que nous avons faite de la sensation (spécialement **38** et **39**) peut se résumer en cette conclusion finale : Le sens est une puissance capable de percevoir les choses corporelles sous l'influence d'une détermination — « espèce sensible » — produite dans le sujet avec la coopération de l'objet.

Mais l'intelligence aussi connaît les choses corporelles : quelle est donc la différence formelle entre l'objet des sens et celui de l'intelligence ?

Le premier est *concret*, le second est *abstrait*. Le premier est une chose *particulière*, qui se trouve déterminément ici ou là, à tel ou tel moment. Le sens perçoit *telle* ou *telle* couleur, *tels* ou *tels* degrés du clair et de l'obscur, *tel* son, *telle* note, etc. L'objet propre de l'intelligence est détaché des particularités inhérentes aux choses matérielles qui existent dans la nature, il n'est lié à aucune circonstance déterminée ni de lieu ni de temps. L'intelligence connaît *la* couleur ou *la* lumière, *le* son, *l'*odeur, etc. : la première notion qu'elle élabore, lui dit *ce qu'est la chose* présente à l'esprit, *id quod aliquid est.*

Nous aurons donc une définition complète du sens en disant : *Le sens est la faculté de percevoir les choses corporelles dans leur réalité concrète, moyennant une détermination cognitionnelle — « espèce sensible » — produite dans le sujet sous l'action de l'objet.*

Quelle est cette détermination ? Comment se produit-elle ?

Que se passe-t-il dans le sens avant qu'il éprouve une sensation ? Le sens, au début, possède la capacité de percevoir, c'est une puissance : mais cette *puissance* est *passive*, c'est-à-dire incapable de passer à l'acte sans être complétée. L'œil est capable de voir, mais cette capacité par elle-même est vide, indéterminée. L'œil, et en général un sens quelconque, pour poser l'acte de percevoir, a besoin d'une *disposition psychique* qui complète ce que la capacité du sens a d'indéterminé, en déterminant le sens à percevoir un objet. Cette disposition à l'acte de perception a pour cause effective l'excitant. Dès que le sens reçoit, il passe de la puissance à l'acte. Elle *détermine* donc la sensation actuelle, la sensation de tel objet déterminé : d'où son nom *déterminant cognitionnel*, species sensibilis.

49. Nature du sujet sentant. — La sensibilité, dit saint Thomas, n'appartient en propre ni à l'âme ni au corps, mais au sujet composé de l'une et de l'autre. Les sens sont des facultés du composé animal [1]).

Cette thèse, que nous faisons nôtre, se dédouble en ces propositions que nous entreprenons de démontrer :

1º *La perception sensible est une opération hyperphysique*, c'est-à-dire d'une nature supérieure à celle dont sont capables les corps bruts et substances organisées du règne végétal.

2º *La perception sensible nécessite* néanmoins *la coopération intrinsèque d'un organe matériel*, elle est donc essentiellement assujettie à la matière.

50. Première thèse : La perception sensible est une opération hyperphysique. — La preuve de cette proposition est tout entière dans ce fait que la perception sensible est subordonnée à une disposition *psychique — intentionnelle* — du sujet sentant (**29**).

Ce mode *intentionnel* suivant lequel l'objet connu existe dans le sujet qui, par la perception, se l'assimile, n'est pas identifiable à un processus mécanique, physique ou chimique ; il est d'un autre *ordre* que, par exclusion, nous appelons hyperphysique.

Aussi bien tous les efforts, tentés par les matérialistes pour faire rentrer les phénomènes psychiques dans la catégorie des faits d'ordre purement corporel, sont restés stériles, ainsi que le constate sans détours Du Bois-Reymond, un des princes de la science expérimentale : « Quelle connexion imaginable existe-t-il, d'une part, entre des mouvements déterminés d'atomes déterminés dans mon cerveau, et, d'autre part, les faits pour moi primitifs, incontestables comme ceux-ci : j'éprouve une douleur, j'éprouve un plaisir ; je perçois une saveur douce, je respire un parfum de rose, j'entends un son d'orgue, je vois une couleur rouge ? Il est impossible d'entre-

---

[1]) « Sentire non est proprium animæ neque corporis sed conjuncti. Potentia ergo sensitiva est in conjuncto sicut in subjecto ». *Sum. theol.*, I¹, q. 77, art. 5.

voir comment la conscience pourrait naître du concours des atomes » [1]).

51. Seconde thèse : Néanmoins la perception sensible est essentiellement assujettie à la matière. — 1er *Argument, tiré de la relation constante entre la sensation et la vie nerveuse :* Après l'étude détaillée que nous avons faite de la sensation, au point de vue anatomique et psysiologique, il serait superflu de prouver que l'activité sensitive est dépendante de conditions matérielles ; il est manifeste qu'elle suit toutes les vicissitudes de la vie nerveuse, qu'elle subit les désordres organiques et partage les troubles fonctionnels du système nerveux.

Or, rien ne prouve par ailleurs que cette dépendance n'est qu'*indirecte, extrinsèque.*

Donc, nous sommes en droit de conclure que cette dépendance est *directe, intrinsèque,* en d'autres mots, que l'organe lui-même est le sujet de la sensation.

2me. *Argument, tiré des caractères concrets de la sensation elle-même :* Rien ne prouve que la sensation est intrinsèquement indépendante de la matière. Bien au contraire, elle est liée aux conditions concrètes qui découlent de la matière et manifestent sa présence : à citer, notamment, son *étendue.* Si la sensation est *une,* elle n'est pas *simple* mais *étendue* et divisible.

« En fixant le regard sur ma table de travail, j'y vois d'un côté des livres, de l'autre un encrier ; au milieu, des écritures, une lettre, un cahier, une feuille détachée, que sais-je !... Que se passe-t-il quand je glisse la main devant les yeux, lentement et de gauche à droite par exemple ? L'image de la table disparaît, et elle disparaît *graduellement.* Tour à tour s'évanouit la perception des livres, puis celle des écritures, enfin celle de l'encrier. Alors la table cesse entièrement d'être vue. Qu'on veuille bien le remarquer, il ne s'agit pas ici d'une succession de connaissances, dont la suivante se substitue à la précédente... La perception de toute la table est donc un phénomène qu'on peut faire disparaître *per partes,* c'est donc qu'elle est divisible et composée de parties, ou étendue » [2]).

---

[1]) Du. BOIS-REYMOND, *Ueber die Grenzen des Naturerkennens ; die sieben Weltraethsel,* Leipzig, 1884, S. 39.
[2]) DE COSTER, *Revue Néo-Scolastique,* janvier 1895, p. 58.

Il serait donc absolument arbitraire d'attribuer la sensation à un principe dégagé de la matière.

Le *sens intime*, d'ailleurs, nous dit que *nos organes* sont des sujets sentants ; nous sentons que notre main subit le contact, que nos yeux voient, que nos oreilles entendent.

Concluons que la sensation appartient à un *sujet composé ;* elle n'est pas l'acte de l'âme, mais du *corps animé.*

§ 4. — *Etude spéciale des sens internes*

Dans l'étude générale de la connaissance sensible, nous avons reconnu (**30**) l'existence de plusieurs sens internes ; — examinons-les plus en détail. Nous étudierons successivement :

I. Le sens commun et le sens intime.
II. L'imagination.
III. L'instinct.
IV. La mémoire sensible.

I. — SENS COMMUN ET SENS INTIME

52. Existence du sens commun et du sens intime. — Ce qui incline le plus à admettre avec Aristote un sens commun distinct des sens extérieurs, c'est le fait que nous *unifions* des qualités sensibles relevant de sens différents (**30**) et que nous les *distinguons* les unes des autres.

Supposé, dit Aristote, qu'un individu goûte quelque chose de sucré et qu'un autre voie quelque chose de blanc, aucun des deux ne sera en état de *comparer* le blanc et le sucré. Eh bien ! poursuit-il, supposé que chez nous le sens gustatif et le sens optique fussent deux sens à part, sans lien commun, comment arriverions-nous à *unir* leurs objets respectifs dans un même substratum, à *distinguer* l'une de l'autre les qualités que perçoivent des sens différents ?

Or, il est de fait cependant que nous unissons ces qualités et que nous les distinguons. Il faut donc que nous soyons doués d'un *sens commun* distinct des sens extérieurs.

L'existence d'un *sens intime*, c'est-à-dire d'une faculté distincte capable de percevoir l'*acte* des sens extérieurs, s'impose tout aussi nécessairement. Quand je regarde, je sens que je vois ; quand j'écoute, je sens que j'entends. Or, le sens est incapable de percevoir son propre acte : ce serait en effet ni plus ni moins qu'un acte de réflexion proprement dite dont une faculté matérielle est incapable, comme nous le montrerons dans la troisième partie.

Pour percevoir l'*acte* des sens extérieurs, il faut donc une faculté distincte de ces sens, un *sens intime.*

53. Nature du sens commun. — De ce que le sens commun désigne une fonction distincte, on induirait faussement que ce sens constitue *une* faculté *à part,* ayant un organe *déterminé,* c'est-à-dire localisé en dehors des organes des sens et doué, comme ceux-ci, d'une *fonction spéciale d'association* ou de *discernement.* Car, après tout, cet organe du sens commun serait lui-même composé de parties, dont chacune percevrait l'acte spécifique d'un sens extérieur et l'objet de cet acte. Mais ne voit-on pas, dès lors, que chaque partie se trouve dans le cas des individus isolés dont parlait Aristote et auxquels il refusait le pouvoir d'associer, de discerner des qualités spécifiquement différentes ?

Pour éviter cet écueil, nous devons nous représenter le sens commun, non pas comme une faculté spéciale ayant une fonction à part, mais comme le pouvoir d'*associer nos sensations.* Ce pouvoir d'association n'a pas, selon nous, pour organe un centre cérébral spécial, il dépend de l'action combinée des centres cérébraux affectés aux fonctions sensorielles, et de la conduction des fibres qui relient ces différents centres entre eux.

Sans aucun doute, l'*association* des sensations réclame tôt ou tard un principe d'*unité,* sans quoi elles demeureraient juxtaposées plutôt qu'unies, mais nous croyons que la *nature une* du sujet premier d'où toutes les facultés émanent, suffit à cela et qu'il serait superflu de faire appel à une faculté spéciale pour expliquer l'unification de nos sensations dans la perception d'un objet total.

54. Nature du sens intime. — L'hypothèse d'un sens intime, qui aurait dans le cerveau un organe spécial, conduit à des difficultés tout aussi insurmontables que pour le sens commun, dont le sens intime n'est d'ailleurs qu'une fonction.

Qu'est-ce que donc le sens intime de l'exercice des sens extérieurs ?

Nous croyons pouvoir l'expliquer par une association qui s'établit, dans l'individualité du sujet sentant, entre les sensations spécifiques et une sensation uniforme, jointe à toutes les autres, la *sensation musculaire*.

L'exercice actif des sens extérieurs s'accompagne toujours de sensations musculaires (**25**). Entre les impressions sensorielles et la sensation musculaire qui les accompagne s'établit une association constante : le sentiment d'une contraction musculaire, toujours qualitativement le même, se trouve associé à des sensations spéciales diverses. Il s'ensuit que le sens musculaire nous fait connaître que tel organe des sens, associé avec lui, est en activité.

Donc, au fond, le sens intime ne nous donne pas immédiatement une sensation interne ayant pour objet un acte de perception externe, un acte de vision, par exemple. Il ne fait que nous renseigner que nous avons le sentiment d'agir et qu'en même temps nous voyons.

Cette association est donc, comme on le voit, une fonction du sens commun. Les philosophes la nomment aujourd'hui *conscience sensible*.

II. — L'IMAGINATION

55. Imagination rétentive. Effet moteur des images. — La conscience atteste qu'il y a en nous des états sensitifs de deux sortes : les uns s'accompagnant du sentiment que le sujet est en contact avec une *réalité* indépendante de notre connaissance, les autres ne nous procurent pas d'ordinaire ce sentiment ; les uns sont des *présentations* de choses, les autres en sont les *représentations*. Les premiers nous donnent des *percepts*, les seconds des *images*.

L'*image* est donc la représentation sensible de qualités ou de choses matérielles antérieurement perçues, mais actuellement absentes. Le pouvoir de conserver les images s'appelle *imagination rétentive* ou *mémoire sensible*.

Une propriété remarquable des images en général, mais surtout des images représentant des mouvements, est leur *effet moteur*.

Toute représentation d'un mouvement s'accompagne d'une excitation des centres moteurs et même d'une modification de l'état des muscles qui devront concourir à l'exécution du mouvement. De plus, de même que toute sensation sensorielle est accompagnée de sensations musculaires, toute image à son tour est en connexion intime avec des images de mouvements. Ainsi, je pense à un objet situé à ma droite ; l'image du mouvement nécessaire pour y porter la main se projette dans mon imagination, et mon bras s'innerve [1]) pour se diriger de ce côté.

De ce pouvoir moteur des images se déduisent quelques applications intéressantes.

Notons d'abord les faits d'*imitation* : La vue d'une personne qui bâille ou qui rit nous porte à bâiller ou à rire. Lorsque notre œil suit la mimique d'un acteur sur la scène, les mouvements de celui-ci se projettent dans notre propre corps. Le même phénomène se produit lorsque nous contemplons un tableau ou une statue.

Une autre application, c'est le *Cumberlandisme* : Cumberland, qui se donnait pour « liseur de pensées » [2]), ne faisait en réalité que suivre les contractions ou les relâchements musculaires de la personne prise pour sujet d'expérience.

56. Imagination reproductrice. — Associations. — Les images ne sont pas isolées dans notre vie psychologique, elles s'unissent les unes aux autres comme autant d'anneaux qui se soudent pour former une chaîne. Aussi, lorsqu'une image réapparaît à la conscience, elle en entraîne d'ordinaire plusieurs autres à la suite. Ce phénomène de réapparition des images ou des souvenirs, en connexion avec une image donnée, porte le nom d'*association*.

Dans quelles conditions s'effectue cette reviviscence de faits connexes qui ont appartenu à la conscience ? En d'autres

---

[1]) On appelle *innervation* d'un muscle, un état spécial du muscle, provoqué par l'action du nerf moteur, qui le rend apte à se contracter.
[2]) Cumberland pouvait, les yeux bandés, conduire une personne, en la tenant par la main, vers tout objet que celle-ci se représentait en pensée.

mots, quelles sont les lois de l'*association* et par conséquent de la *reproduction* des images ?

Notons que nous ne parlons pas ici de combinaisons d'images et de pensées librement voulues et dirigées par l'intelligence ; car la présente étude est exclusivement consacrée à la vie sensitive et, par suite, aux associations qui se forment indépendamment de notre libre volonté.

A. Bain, qui a analysé avec beaucoup de soin les phénomènes d'association, ramène les lois qui les régissent aux trois suivantes :

1re *Loi :* Des actions, des sensations et des émotions, qui se produisent *simultanément ou en succession étroite*, ont une tendance à former un tout cohérent, de telle façon que, lorsque l'un de ces états se présente plus tard à la conscience, les autres sont aptes à être réveillés en souvenir. C'est la *loi de contiguïté.*

Ainsi quelqu'un me recommande une affaire : pour ne pas l'oublier, je fais un nœud dans mon mouchoir. La vue de ce nœud doit me rappeler l'affaire.

2me *Loi :* Les actions, les sensations, les pensées ou les émotions *actuelles*, ont une tendance à faire revivre ceux des états *antérieurs* de la conscience qui leur sont *semblables*. C'est la *loi de similitude.*

Ainsi un regard jeté sur un portrait d'un ami fait revivre le souvenir de la personne, rappelle sa démarche, sa voix, telle ou telle circonstance dans laquelle on l'a rencontré.

3me *Loi :* Les états passés, actions, sensations, pensées ou émotions revivent plus facilement lorsqu'ils ont, soit par contiguïté, soit par similitude, *plusieurs* points d'attache avec l'objet ou l'impression du moment présent [1]). C'est la *loi de composition.*

Ainsi la date de l'année 1870 évoque les multiples souvenirs historiques de la guerre franco-allemande.

Les psychologues modernes, surtout les associationnistes anglais, ont incontestablement le mérite d'avoir minutieusement analysé les faits d'association. On se tromperait cependant en pensant que les maîtres de la philosophie médiévale

---

[1]) A. BAIN, *The senses and the intellect*, pp. 327, 457, 545.

ont ignoré ces intéressants problèmes. Les lignes suivantes de saint Thomas sont significatives à cet égard :

« Une chose peut en rappeler une autre de trois façons, dit-il, par *similitude*, par *contraste* ou par *rapprochement*. Par similitude : ainsi Socrate fait penser à Platon, parce que l'un et l'autre se ressemblent en sagesse ; par contraste, le souvenir d'Hector réveille celui d'Achille ; par un rapprochement quelconque : par exemple, le souvenir du père suggère l'idée du fils ; tout autre rapprochement — communauté, contiguïté, concomitance ou succession — provoque des associations analogues » [1]).

57. Interprétation abusive de l'association. — Certains psychologues, avec Taine, Ribot et d'autres, considèrent les associations de la conscience comme un jeu mécanique qui se passerait en un sujet dépourvu de toute initiative. Ribot va même jusqu'à émettre la prétention de faire « une psychologie sans âme ».

Ces associationnistes ont confondu le *fait de la coexistence* de deux sensations semblables ou dissemblables avec la *perception* de leur ressemblance ou de leur dissemblance. Or, supposé même que la coexistence de deux états psychiques fût toute passive, toujours est-il que la notion de leur ressemblance ou de leur dissemblance implique essentiellement un *acte de perception*.

Il est donc radicalement impossible de concevoir une vie psychique sans l'intervention *active* d'un sujet qui se sent vivre ; qui, étant impressionné, *remarque* qu'il l'est ; *compare* ses impressions et ses actes ; les *associe* ou les *dissocie ;* en un mot, il n'y a pas de psychologie possible sans un principe aperceptif que les psychologues d'aujourd'hui appellent volontiers du nom d'*esprit*.

58. Imagination constructive. — L'imagination n'est pas simplement le siège d'images qui revivent : elle-même *combine* les images dont elle est dépositaire et les fait servir à des associations nouvelles et même à des enchaînements nouveaux d'associations.

Ce travail de combinaison peut s'ébaucher seul, il en est.

---

[1]) S. THOMAS, *de Memoria et Reminiscentia*, lect. 5ᵃ.

ainsi de nos rêveries et de nos rêves, mais il n'est généralement fructueux que sous la conduite de la réflexion.

Le caractère distinctif de l'imagination constructive, lorsqu'elle n'est point dirigée par la raison, c'est, semble-t-il,
d'échapper à toute règle : aussi a-t-elle été appelée « la folle
du logis ».

III. — SENS ESTIMATIF OU SENS DU BIEN-ÊTRE

59. Expérience sensible. — La perception et l'association n'expliquent pas toute la psychologie animale. L'animal
possède en plus le sens de ce qui lui est agréable ou désagréable,
utile ou nuisible : on lui voit rechercher son bien-être, fuir
la douleur ou le danger.

Les scolastiques désignaient cette faculté sous le nom
d' « *estimative* » ; saint Thomas l'appelle aussi « *prudence
animale* ». Nous pourrions traduire ces expressions en français : « *le sens du bien-être* ».

Parmi les mouvements commandés à l'animal par ce sens
du bien-être, il en est qui sont uniformes chez tous les représentants d'une même espèce, et devancent l'expérience individuelle : tels sont le tissage de la toile de l'araignée, la construction du nid de l'oiseau. Ces mouvements s'appellent
proprement instinctifs : on les attribue à « *l'instinct* ».

Mais il en est d'autres qui témoignent d'une initiative
individuelle et présentent une certaine souplesse, qui s'apprennent et se perfectionnent par l'exercice. Voyez, par
exemple, les allées et venues de ce chien qui veut pénétrer,
à l'heure du repas, dans la salle à manger. Il flaire l'odeur
des mets, il entend la voix des maîtres, mais les portes sont
closes. Il gratte à la porte, la pousse de ses pattes, s'agite,
court d'une porte à l'autre, s'impatiente, aboie, hurle, jusqu'au moment où, la porte étant entr'ouverte, il saute dans
la salle et va caresser ceux dont il attend sa part du repas
familial.

On attribue souvent ces mouvements à « *l'intelligence* » ou
du moins à une certaine « intelligence ». Cette appellation,
malgré le correctif employé, mène à des équivoques fâcheuses ;

c'est pourquoi nous appellerons ces manifestations du sens du bien-être, *expérience sensible.*

Quelle est l'origine de l'expérience animale ? La *perception de rapports concrets.* Rattacher à un but *concret* des *actes concrets,* voilà le caractère distinctif de tous ces procédés de l'animal. Visiblement, le but des mouvements du chien de tantôt est une satisfaction sensible, concrète : apaiser sa faim ; tous les mouvements sont commandés par le désir de cette jouissance sensible et dirigés par la perception des rapports qu'il y a entre cette jouissance et les mouvements qui pourront la procurer.

La relation entre les actes et le but est toujours concrète ; jamais — nous le prouverons dans la Troisième Partie — nous n'observons chez la bête un acte qui présuppose une connaissance abstractive et universelle.

Le trait suivant fera mieux saisir cette distinction : Un monsieur, voulant faire une promenade en barquette, trouva qu'elle était mouillée et sale. A force de gestes, il chercha à faire comprendre à son chien qu'il avait besoin de l'éponge dont il se servait d'habitude pour nettoyer sa barquette. Le chien partit, parait-il, et revint avec l'éponge. N'est-ce pas de l'intelligence ?

Non, car il n'y a en tout cela qu'une perception de rapports concrets.

Supposez, au contraire, que le chien n'eût pas trouvé l'éponge dont son maître *avait coutume de se servir* et que, faute d'éponge, il eût rapporté un torchon dont il *n'avait jamais vu son maître faire usage,* la démarche du chien eût offert une signification tout autre. Alors, en effet, elle eût prouvé que, dans l'éponge et dans le torchon, l'animal n'apercevait pas seulement deux choses concrètes, mais qu'il en *abstrayait* une propriété commune aux deux, celle « d'absorber l'eau ».

60. Nature et origine de l'instinct : hypothèse mécaniciste. — On peut définir l'instinct de l'animal : une impulsion, antérieure à toute expérience individuelle, qui détermine l'animal à accomplir certains actes extérieurs, uniformes, coordonnés, utiles à l'espèce.

L'instinct est une impulsion *native, antérieure à toute expé-*

rience individuelle : c'est ce qui frappe surtout dans les opérations instinctives. Avant d'avoir rien appris, l'araignée fait sa toile, le ver à soie son cocon, l'oiseau son nid. D'autre part, les actes déterminés par l'instinct sont souvent d'une complication extrême et merveilleusement ingénieux. Voilà des faits dont il faudra rendre compte.

L'observation superficielle tendrait à faire croire que les opérations instinctives sont purement machinales, se font sans représentation préalable ni du but à atteindre, ni des moyens qui doivent y conduire.

C'est l'*hypothèse mécaniciste :* d'après cette interprétation, les instincts devraient leur origine à des actes intelligents dans le principe, chez les premiers individus, mais devenus héréditaires et transformés ainsi graduellement en actions mécaniques ; ils seraient, en quelque sorte, de l'*intelligence mécanisée.*

C'est la théorie adoptée en principe par Lamarck, Herbert Spencer, Darwin, Romanes.

Cette interprétation mécanique est inadmissible.

1º Plusieurs faits prouvent que l'activité instinctive n'est pas le jeu fatal d'un *mécanisme.* L'araignée répare sa toile déchirée, l'abeille remédie aux accidents qui surviennent à la cellule qu'elle construit : les circonstances peuvent donc, dans une certaine mesure, déterminer une interruption dans le travail commencé, faire intercaler, dans une série d'actes en voie d'exécution, une œuvre devenue accidentellement nécessaire.

Or, un jeu mécanique n'est susceptible ni de s'interrompre, ni de se compléter. Donc il y a chez l'animal autre chose qu'un mécanisme : les opérations de l'instinct sont *guidées par une certaine connaissance* et *déterminées par une intention.*

2º Darwin lui-même a sincèrement avoué la difficulté d'attribuer les instincts merveilleux des fourmis et des abeilles « ouvrières » à une *transmission héréditaire* d'expériences acquises.

On sait que les merveilleux instincts des fourmis et des abeilles sont accomplis par les « ouvrières », c'est-à-dire par ceux de ces insectes qui sont stériles. Quelles que soient donc les habitudes qu'elles ont pu contracter et l'intelligence qui a pu dicter, jadis, leurs premières créations, il est certain qu'elles n'ont pu en transmettre le mécanisme à une progéniture qu'elles n'ont pas.

61. Essai d'explication. — Nous regardons comme acquis, d'une part, que les œuvres instinctives ne sont pas aveugles ni automatiques ; d'autre part, nous supposons admis que l'animal n'a ni la notion ni la volition du bien abstrait.

Quelle est donc la connaissance directrice des œuvres instinctives ; *quelle est l'intention* qui stimule l'instinct ?

Il n'est pas vraisemblable que les animaux imaginent le *but éloigné* pour lequel ils travaillent : est-il croyable que le jeune écureuil connaisse d'avance l'hiver avec ses conséquences ?

Mais, vraisemblablement, *l'animal imagine les actes à poser hic et nunc* et dirige ainsi, à chaque moment, l'œuvre en cours d'exécution. En effet, les observateurs le font remarquer, si l'animal est incapable de retoucher une œuvre déjà *faite,* il sait remédier au désordre introduit dans l'œuvre qu'il *fait : il a* donc *conscience des actes qu'il accomplit au moment présent.*

Comment se produisent ces images directrices du travail actuel ? Elles semblent le résultat de deux espèces de causes, les unes *objectives,* une autre *subjective.* Une perception extérieure actuelle ou une sensation interne actuelle serait la *cause excitatrice* de l'imagination ; une certaine *disposition naturelle,* spéciale à chaque type animal, serait la cause subjective.

La *perception* initiale, origine de la série d'activités coordonnées de l'instinct, serait, par exemple, la vue d'une brindille, d'une forme colorée, l'audition d'un cri, l'odeur d'une piste, ou même une sensation organique interne, telle que la faim, la sensation de chaleur, etc... Ce serait là le premier excitateur. Aussitôt cette première excitation sensitive donnée, l'animal aurait dans sa nature de former *une association d'images ;* il imaginerait, par exemple, les mouvements nécessaires à la construction d'un nid, à l'acte de préhension des aliments, au saut, à la course, à la fuite ; cette association se formerait avant toute expérience individuelle, ce serait une synthèse *a priori,* comme dirait Kant. Les images de ces actes et de ces mouvements éveilleraient le désir de les exécuter,

ét ce désir finalement serait la cause déterminante du mouvement, de l'action.

IV. — LA MÉMOIRE SENSIBLE

62. Reconnaissance. — Situation dans le passé. —
Nous avons déjà attribué à l'imagination (**55, 56**) la faculté
de conserver et de reproduire nos états de conscience. Mais
l'acte propre, distinctif de la mémoire sensible, c'est la *reconnaissance d'un état de conscience passé.*

Cet acte comprend toujours deux éléments dont l'un ou
l'autre peut prédominer : 1° la reconnaissance ; 2° la situation
de l'événement dans le passé.

1° Reconnaître un objet, c'est voir la similitude de cet
objet avec une image antérieure qu'on a eue du même objet.

Il est à remarquer que la reconnaissance exige que l'image,
à laquelle on compare la représentation actuelle, soit connue
à l'heure présente comme *ayant été mienne.* C'est ce qu'on
appelle le *sentiment du déjà vu.* Comment s'explique ce sentiment ?

La mémoire conserve et reproduit non seulement les perceptions des sens externes, mais aussi celles du sens intime.
Or, le sens intime est le sens de l'activité de nos facultés
sensitives. En même temps que le souvenir d'une image
passée, la mémoire nous rappelle des actes producteurs de
cette image qui ont été perçus par le sens intime, et ainsi
nous avons le sentiment que cette représentation a déjà été
nôtre, que nous sommes en présence du *déjà vu.* Il arrive même
que le souvenir de l'*activité* passée revive sans que l'image
elle-même revive d'une façon distincte : nous disons alors que
nous avons vaguement le sentiment du déjà vu, sans néanmoins
reconnaître l'objet qui a déjà été vu.

2° La mémoire ne nous fait pas seulement reconnaître les
objets de nos perceptions antérieures, elle peut aussi les
situer, c'est-à-dire les *fixer,* à un moment déterminé du passé.
En nous rappelant la perception passée, nous pouvons évo-
quer en même temps le souvenir des événements qui se sont
écoulés depuis la première perception de l'objet jusqu'à sa

représentàtion actuelle, et avoir ainsi une perception concrète du temps écoulé.

63. La mémoire chez l'animal. — Il n'y a aucune raison de refuser à l'animal la mémoire, telle que nous venons de la décrire.

Il est d'expérience vulgaire que le chien *reconnaît* son maître ; le cheval reconnaît son écurie ; il se guide à travers les chemins déjà parcourus.

L'animal n'est pas davantage étranger à une certaine *estimation du temps concret*. Les animaux de basse-cour, par exemple, savent à quel moment de la journée on leur jette à manger, et se rassemblent pour ce moment.

L'homme a le privilège de pouvoir soumettre, dans une certaine mesure, sa mémoire sensible à la direction de la raison et aux ordres de sa volonté libre ; il peut ainsi travailler activement à recueillir, à préciser, à fixer ses souvenirs spontanés ; mais, considérée à part de cette direction, la mémoire de l'animal est pareille à celle de l'homme, de même nature que celle-ci.

Deuxième section : Appétition sensible et appétit sensitif

§ 1. — *Notion de l'appétition sensible*

64. Perception et appétition. — L'appétition sensible est une inclination en vertu de laquelle l'animal se porte vers un objet qu'il regarde comme bon.

La vie de relation — c'est-à-dire, l'ensemble des actes par lesquels un sujet est en relation avec le monde extérieur — comprend deux catégories d'actes. Les uns mettent les choses extérieures en présence du sujet : on les appelle actes cognitifs, *appréhensions* ou *perceptions*, et les facultés correspondantes se nomment *facultés perceptives, cognitives*.

Les autres au contraire inclinent le sujet vers les choses : on les nomme actes *d'appétition*, de *volition*, de *tendance*, et les facultés correspondantes s'appellent facultés *appétitives, volitives*, de *tendance*.

C'est de ces dernières que traite la deuxième section.

65. Inclination naturelle et inclination spontanée. —
Tout être, de par sa nature même, possède des tendances,
des inclinations naturelles : on appelle précisément *nature* d'un
être, cet être lui-même envisagé comme étant doué d'une
tendance fondamentale vers un but déterminé qui est son
bien. De là cette définition générale du bien : Le bien est ce
qui fait l'objet de la tendance naturelle des êtres : « Bonum
est quod omnia appetunt ».

Nous avons constaté cette tendance naturelle chez les êtres
organisés (**12** et **13**), comme seule explication possible de
l'ordre harmonieux et persistant que présentent les organismes. L'uniformité et la constance des lois physiques et
chimiques sont des indices manifestes d'une pareille tendance
dans le règne minéral. Les substances minérales et végétales
ont donc une inclination naturelle, « appetitus naturalis »,
comme disent les scolastiques, qui les incline vers ce qui
leur est bon. Cette tendance physique est aveugle et agit
nécessairement : aussi l'activité de ces êtres est uniforme et
constante.

Tout autres sont les inclinations que l'on constate dans les
êtres doués de vie sensitive ou de vie raisonnable. L'inclination naturelle de l'être inanimé est aveugle, nécessaire ; l'inclination propre à l'animal ou à l'homme *dépend d'un jugement*
préalable des sens ou de l'intelligence.

Mettez une aiguille en présence d'un aimant, invariablement elle se précipitera sur celui-ci. Placez au contraire un
baquet d'eau à proximité d'un animal : l'animal se portera
vers cette eau, s'il la trouve *hic et nunc* bonne à boire ; il s'en
détournera avec indifférence, s'il n'a pas soif et ne juge pas
que *hic et nunc* elle lui fera du bien.

Cette inclination, essentiellement subordonnée à une connaissance, n'est pas purement physique, elle mérite une
qualification spéciale : les anciens l'appelaient « sensibilis »,
« elicita » ; nous pouvons l'appeler *appétition spontanée*.

L'appétition sensible ou spontanée est donc une inclination
en vertu de laquelle l'animal se porte vers un objet qu'il
estime bon, vers un bien connu.

66. Passion. — **Émotion.** — L'appétition sensible est une
inclination vers un objet. Or, cette inclination, pour peu

qu'elle soit intense, est toujours accompagnée de modifications dans l'organisme : variations dans la circulation du sang, dans les mouvements respiratoires, dans les battements du cœur, etc. Considérée spécialement sous ce point de vue, l'appétition, en tant qu'elle provoque cette secousse, cette commotion de l'organisme, prend chez les anciens le nom de « passion » [1]).

Notons incidemment que la passion désigne aussi, dans une acception dérivée et indirecte, les modifications affectives de l'appétit raisonnable de l'homme, à cause de leur solidarité naturelle avec les passions animales. Le nom propre de ces affections suprasensibles est celui de *sentiments*.

Dans la psychologie moderne, les appellations *appétition*, *inclination*, *passion* ne sont plus guère en usage, on les a remplacées par le mot *émotion*.

L'*émotion* répond exactement à ce que les anciens appelaient passion. Elle aussi ajoute, à l'idée d'inclination, la notion de la secousse physique et même la notion de cette secousse perçue comme agréable ou désagréable. L'émotion est, formellement, la modification organique agréable ou désagréable au sujet et perçue comme telle par lui [2]). C'est dans ce sens que l'on dit que telle chose nous « émeut » agréablement ou désagréablement.

En résumé : les émotions sont des mouvements de la volonté qui se porte vers un bien ou se détourne d'un mal. La sensation de plaisir ou de peine résulte de la perception de ces attraits ou de ces répulsions du sujet sentant.

Les psychologues modernes ont donc tort de distinguer dans l'âme, outre les facultés cognitives et volitives, une faculté d'un troisième genre qu'ils appellent la *sensibilité* ou l'*affectivité* et de laquelle relèveraient les émotions. Nous

---

[1]) Voici comment s'exprime saint Thomas à ce sujet : « Propriissime dicuntur *passiones* animæ motus ». Puis il ajoute : « In omni passione animæ additur aliquid vel diminuitur a naturali motu cordis ; in quantum cor intensius vel remissius movetur, secundum systolem aut diastolem, et secundum hoc habet rationem passionis ». *Summ. th.*, Iª 2ᵃ, q. 22, a. 2.

[2]) C'est ce phénomène de plaisir ou de déplaisir attaché à la modification organique qu'on appelle souvent « tonalité » ou ton de sentiment (31).

venons de voir, en effet, que les émotions ne sont que des mouvements volitifs.

67. Division et dénombrement des passions. — Bien des essais de classification des passions ont été tentés par les psychologues : aucune n'est parfaite, celle des scolastiques nous semble la plus rationnelle.

Il faut, disaient les scolastiques, distinguer dans l'âme sensitive deux appétits, l'un qu'ils appellent *concupiscible* ou de propension, l'autre qu'ils appellent *irascible* ou courageux. Toutes les passions, en effet, n'ont pas le même objet formel : il en est qui ont pour objet le bien comme tel, et leur objet se présente simplement comme aimable ou haïssable ; ce sont les passions de l'appétit *concupiscible*. Mais il en est d'autres dont l'objet final est, sans doute, le bien, mais dont l'objet immédiat est le renversement d'un obstacle qui s'oppose à l'acquisition d'un bien ou à la fuite d'un mal. L'objet se présente alors formellement comme difficile à conquérir ou à éviter ; l'amour ou la haine se compliquent alors d'un état affectif spécial, l'état du sujet sentant aux prises avec l'obstacle ; les phases diverses par lesquelles cet état nouveau peut passer s'appellent passions de l'appétit *irascible*, c'est-à-dire courageux.

Cette distinction se retrouve dans la double acception du mot « cœur » dans nos langues modernes : « avoir du cœur » signifie, en effet, selon le cas, aimer ou oser, avoir un cœur *aimant* (appétit concupiscible), ou avoir un cœur *vaillant* (appétit irascible).

Les passions du premier groupe sont au nombre de six ; on les nomme :

Amour ou *haine*, lorsqu'on envisage l'objet bon ou mauvais d'une façon absolue, c'est-à-dire sans tenir compte du fait qu'il est présent ou absent ;

Désir ou *aversion*, lorsque l'objet est connu comme absent ;

Jouissance, plaisir ou *douleur*, souffrance, lorsque l'objet est présent.

Les passions du second groupe, de l'appétit irascible, sont au nombre de cinq :

L'*espoir* et le *désespoir* naissent dans l'âme en face d'un *objet aimé* dont l'acquisition est difficile : on espère quand l'acquisition est jugée possible, on désespère quand elle est réputée impossible.

La *hardiesse* ou audace et la *crainte* viennent du spectacle d'un *mal menaçant* difficile à écarter : celui qui est hardi veut la lutte, celui qui est craintif fuit.

La *colère* excite à se venger d'un *mal présent*.

Les mouvements de l'appétit irascible procèdent originairement de l'appétit concupiscible. Qu'est-ce, en effet, la lutte contre l'obstacle, sinon l'effort pour obtenir ou pour défendre la jouissance convoitée ? Comme d'ailleurs l'amour de soi, de son bien, est la source des mouvements de l'appétit concupiscible, il y a lieu de conclure que *l'amour de soi est le principe générateur de toutes les passions.*

§ 2. — *Nature de l'appétit sensitif*

68. L'appétit sensitif est d'un ordre supérieur à l'inclination de nature des corps bruts ou des végétaux. — L'appétition sensible est déterminée par une représentation sensible (**65**).

Or, la connaissance assigne évidemment au sujet, qui la possède, un rang supérieur à celui des êtres qui en sont dépourvus.

Donc l'appétition spontanée, étant formellement dépendante d'une connaissance, est d'un ordre supérieur aux inclinations naturelles des êtres en général [¹]).

Comme d'ailleurs il n'y a aucune communauté de nature entre les phénomènes physico-chimiques des corps bruts et le fait de la connaissance (**50**), la supériorité de l'appétit sensitif sur la tendance naturelle des corps organisés ou non organisés n'est pas une simple supériorité de degré, mais une supériorité de *nature*, ou plutôt une supériorité d'ordre ou de règne.

69. L'appétit sensitif n'est cependant qu'une puissance organique. — L'appétit sensitif, pas plus que la sen-

---

[¹]) « Sicut igitur formæ altiori modo existunt in habentibus cognitionem supra modum formarum naturalium; ita oportet quod in eis sit inclinatio supra modum inclinationis naturalis quæ dicitur appetitus naturalis. »

sation (**51**), n'est une faculté spirituelle ; il ne réside pas dans l'âme seule mais dans le corps informé par l'âme, en un mot, dans le *composé*.

1er *Argument, tiré des relations étroites qui lient l'appétit sensitif à l'organisme :* Qui ne connaît, par exemple, les manifestations physiques du plaisir ? La circulation augmente au cerveau, ce qui se traduit notamment par l'éclat des yeux ; la respiration devient plus active ; par suite, la température du corps s'élève, les échanges nutritifs sont plus abondants.

Dans la tristesse ou le chagrin on observe les manifestations contraires : troubles de la circulation, abaissement de la respiration ou changements continuels dans son rythme ; retentissement sur la nutrition, inappétence, indigestion, etc. Tous ces faits montrent clairement que les passions sont des modifications de l'organisme.

2me *Argument, tiré de l'expérience interne :* Elle nous dit qu'au-dessous des aspirations de l'âme raisonnable vers les objets suprasensibles et de la joie que nous éprouvons à les posséder, il y a incontestablement des désirs d'ordre inférieur ayant pour objet des biens sensibles, et des jouissances du même ordre à entrer en leur possession.'

Nous trouvons même souvent une certaine *opposition* entre ces tendances différentes ; souvent nous ne parvenons à suivre les sollicitations de l'appétit supérieur qu'à la condition de lutter contre l'attrait de désirs ou d'émotions sensibles.

Il y a donc bien une faculté appétitive inférieure, distincte de la volonté intellective et qui ne dépasse pas le niveau d'une faculté organique.

70. L'appétit sensitif chez l'animal. — Ce que nous constatons chez nous directement par la conscience, nous pouvons l'appliquer par analogie à l'animal. La similitude de structure de l'organisme et la spontanéité des mouvements de l'animal justifient cette induction.

L'animal a donc, comme l'homme, toutes les passions qui dépendent de représentations sensibles ; mais cela ne prouve pas qu'il ait de l'intelligence, car l'intelligence est le pouvoir d'abstraire et de généraliser. Les volitions précédées d'une connaissance intellectuelle, sont les seules qui appartiennent exclusivement à l'homme.

Les matérialistes se méprennent sur la signification même de la psychologie spiritualiste lorsque, pour démontrer qu'il n'y a pas de différence *essentielle* entre l'intelligence de l'homme et celle de l'animal, ils allèguent complaisamment que le chien est « affectueux », « joyeux », « envieux », « orgueilleux », etc.

71. Organe de l'appétit sensitif. — Ce n'est pas le cœur. — L'expérience témoigne de relations intimes entre le cœur et les passions : Les émotions pénibles ont pour effet de ralentir les pulsations du cœur, elles se traduisent par la pâleur du visage, l'affaissement général de l'organisme. Par contre, la joie et l'espérance accélèrent les pulsations cardiaques, font affluer ainsi le sang aux organes et nous donnent la sensation d'aise et de vitalité. Ces faits se traduisent spontanément dans le langage par des expressions telles que « avoir le cœur gros », « le cœur serré » ; ou « le cœur léger », « le cœur dilaté ».

Le cœur serait-il donc l'organe de l'appétit sensitif, le siège de la sensibilité affective et des passions ? Anciennement on le croyait et le vulgaire en juge encore unanimement ainsi aujourd'hui. Mais, scientifiquement parlant, il n'a rien de commun avec la sensibilité soit cognitive soit affective.

L'organe propre de l'appétit sensitif comme de toute la vie psychique, ce sont les centres nerveux : cependant l'état actuel de la psychologie ne permet pas d'assigner à cette faculté une partie déterminée du cerveau.

L'erreur commune qui localise les passions et les émotions dans le cœur s'explique aisément par le retentissement produit par ces états affectifs sur l'activité cardiaque. Ce retentissement lui-même s'explique principalement par ce fait que le cœur se trouve sous la dépendance des centres nerveux par l'intermédiaire de deux groupes de fibres nerveuses, appartenant respectivement au *nerf pneumogastrique* et au *grand sympathique*. L'excitation du premier *ralentit*, l'excitation du second *accélère* les mouvements du cœur.

Dès lors, les émotions qui agissent directement sur les centres cérébraux réagissent par contre-coup sur les mouvements du cœur. Réciproquement, les modifications qui se produisent dans les contractions du cœur réagissent sur l'activité psychique par la variation de la quantité de sang qui va irriguer le cerveau, ce dont celui-ci se ressent inévitablement.

Nous avons étudié la *sensation* et l'*appétition* ; passons à l'étude des actes de *locomotion*.

Troisième section : Le mouvement spontané

§ I. — *I e mouvement au point de vue anatomique et physiologique*

72. L'appareil locomoteur. — Les organes de l'appareil locomoteur sont les muscles et les os.

Les *os* forment un assemblage de pièces solides, passives, articulées entre elles comme des leviers, et composant, par leur réunion, le squelette. Ces leviers sont reliés entre eux et rendus dépendants les uns des autres par des organes actifs, susceptibles de se raccourcir en faisant un effort sur les leviers : ce sont les *muscles*.

Les muscles avec les os forment les *membres*.

Le *muscle* est composé de fils très minces, les fibres musculaires : celles-ci dérivent originairement de cellules ; elles sont en quelque sorte des cellules allongées. On y trouve encore, disséminés çà et là, des noyaux cellulaires

On a distingué deux sortes de muscles, ceux que l'on a appelés volontaires ou *striés* et d'autres que l'on a appelés involontaires ou *lisses* (Pl. IV. f. 1. A et B).

73. La contraction musculaire. — La fibre musculaire est *irritable* et *contractile*. L'irritabilité est la propriété que possède le muscle de répondre à un excitant par un mouvement. Sous l'incitation du nerf moteur, la fibre se raccourcit ou *se contracte*, en d'autres mots, elle diminue son diamètre longitudinal et augmente son diamètre transversal.

La propriété de se contracter dont est douée la fibre musculaire, porte le nom de *contractilité*.

Par leur contraction ou par leur relâchement, les muscles changent la position des os les uns par rapport aux autres et mettent ainsi les membres et le corps entier en mouvement.

A vrai dire, le muscle est toujours contracté, il n'est jamais tout à fait relâché ; même lorsque l'organisme n'opère aucun mouvement apparent, le muscle est sous l'influence d'une excitation nerveuse habituelle qui le maintient à l'état de tension ou de *tonicité*.

La contraction musculaire s'accompagne de différents phénomènes physiques (dégagements de chaleur, variations électriques)et chimiques (formation d'acide lactique et d'acide carbonique).

§ 2. — *Le mouvement au point de vue psychologique : mouvement spontané*

74. Mouvements réflexes, automatiques, spontanés. — On distingue chez l'animal et chez l'homme trois genres de mouvements : *réflexes, automatiques* et *spontanés* ou volontaires.

Le mouvement *réflexe* est un mouvement de réponse à une excitation extérieure, sans intervention préalable de la volonté. L'exemple classique du réflexe simple est le réflexe rotulien [1]) : L'excitation qui le provoque aboutit à un centre sensitif de la moelle et « s'y réfléchit » immédiatement sur un centre moteur ; c'est de celui-ci que part alors l'excitation motrice d'où provient le mouvement réflexe.

D'autres réflexes sont beaucoup plus compliqués : tels ceux qui servent à la déglutition, à la succion chez le nouveau-né, au saut chez certains animaux.

Les réflexes peuvent être *inconscients* ou *conscients : c'est-à-dire remarqués après coup par la conscience ; mais toujours ils se produisent *en l'absence d'une volition ou appétition préalable*.

Le mouvement *automatique*, aussi bien que le réflexe, se produit indépendamment d'un acte de volonté. Mais il diffère du réflexe en ce qu'il a pour cause, non une excitation périphérique, mais une *stimulation interne de* l'organe. Ainsi le cœur bat automatiquement, même détaché de l'organisme ; ainsi encore les mouvements respiratoires s'accomplissent automatiquement.

---

[1]) Le sujet étant placé sur le bord d'une table, les jambes pendant librement, frappez légèrement sur le devant du genou, juste au-dessous de la rotule : aussitôt le sujet lance la jambe en avant.

Le mouvement *spontané*, qui nous intéresse spécialement au point de vue psychologique, est, contrairement aux deux autres espèces de mouvements, un *mouvement provoqué par une appétition sensible* et, par conséquent, dépendant d'une perception. Dans cette catégorie rentrent donc tous les mouvements commandés par le sens du bien-être, qu'ils soient attribuables à l'expérience animale ou à l'instinct animal.

75. Existence de mouvements spontanés chez l'homme et chez l'animal. — Pour Descartes il n'y a dans le monde créé que deux espèces de substances, l'esprit dont l'essence est la pensée, et la matière dont l'essence est l'étendue. Tout fait psychique est incompatible avec la matière et, par suite, appartient à l'esprit seul. Dès lors, si l'on admet que l'animal a des sensations, des passions, des mouvements spontanés comme l'homme, il faut nécessairement lui attribuer une âme spirituelle.

Descartes a reculé devant cette conséquence et il a préféré dénier à l'animal la sensibilité ; pour lui, l'animal n'est qu'un « automate », une « machine mouvante ».

Malebranche a adopté aussi cette opinion bizarre qui est devenue aujourd'hui un des points de doctrine de l'école matérialiste.

Prouvons donc qu'il se produit chez l'homme et chez l'animal des mouvements spontanés, c'est-à-dire, des mouvements dont la raison déterminante immédiate n'est point d'ordre mécanique, physique ou chimique, mais d'ordre psychique.

Voici un enfant qui fait l'école buissonnière : furtivement il s'introduit dans un verger, saisit un fruit et y mord à belles dents. Ces mouvements sont déterminés par le désir de manger du fruit. L'enfant se souvient d'avoir goûté des pommes savoureuses, il imagine le plaisir qu'il aurait à en goûter encore ; l'imagination éveille ses désirs, les désirs déterminent ses mouvements.

Soudain le maître du verger apparaît, poursuit le voleur ; l'enfant s'enfuit, pleure, crie au secours : ces mouvements sont déterminés par la crainte de recevoir des coups, par l'espoir de les éviter.

Voilà donc autant de mouvements dont un désir sensible

est la cause déterminante. Positivement, un désir a provoqué les mouvements ; supprimez le désir, les mouvements ne se produiront pas ; que les désirs soient plus ou moins intenses, la rapidité des mouvements variera en proportion.

La conscience nous atteste d'ailleurs qu'il en est de même chez l'homme dans une foule de cas.

L'homme est donc l'auteur de mouvements vraiment *spontanés*.

L'analogie demande que l'on étende à l'animal la même conclusion. Un chat s'approche d'un garde-manger ; il voit la porte entre-bâillée ; il l'écarte, saute sur une victuaille et la déchire. A ce moment il entend des pas, puis des éclats de voix en colère ; il se sauve, se blottit à distance du bâton brandi pour le frapper.

N'est-il pas manifeste que les mouvements de la bête, pareils à ceux de l'enfant, sont déterminés par l'appât de la victuaille, par la crainte de coups de bâton ? Ne serait-il pas arbitraire de prétendre que les mêmes gestes, les mêmes cris, les mêmes mouvements sont ici mécaniques, là spontanés ?

Donc l'animal aussi bien que l'homme est l'auteur de mouvements dont un désir sensible est la cause déterminante, de *mouvements spontanés*.

76. Causes du mouvement spontané. — Saint Thomas [1]) en analysant le mouvement spontané lui assigne trois genres de causes : La cause *efficiente immédiate* qui exécute le mouvement, ce sont les muscles joints à l'activité nerveuse. La cause *déterminante*, ce sont les appétitions sensibles, les désirs qui sollicitent l'animal ; ceux-ci déterminent l'acte, appliquent à l'acte la puissance locomotrice. Enfin la cause *directrice*, c'est la connaissance sensible, et en particulier l'acte de l'estimative qni discerne ce qu'il y a d'avantageux ou de désavantageux dans l'objet ; cette connaissance éveille et dirige l'appétition, qui elle-même provoque le mouvement.

L'excitation interne ou périphérique, sans être la cause unique et adéquate du mouvement spontané, exerce cependant sur celui-ci une influence *réelle*, en ce sens que cette

---

[1]) *De potentiis animæ*, cap. V.

excitation est nécessaire pour mettre en jeu les facultés appréhensives et appétitives de l'animal. Cette influence extérieure, qu'on appelle souvent le *milieu,* est donc une cause éloignée, cause *excitatrice* du mouvement spontané.

Corollaire : La faculté appétitive et la faculté de locomotion sont deux facultés distinctes, ainsi qu'il ressort de ce qui précède. C'est d'ailleurs un fait d'expérience qu'elles sont séparables : ne voyons-nous pas tous les jours, dans des cas de paralysie, que l'homme *commande* un mouvement sans qu'il ait la puissance naturelle de l'*exécuter ?* La faculté volitive demeure intacte, mais la faculté de locomotion est frappée d'impuissance.

Nature et propriétés du premier principe

de la vie sensitive

———

77. Objet de cet article. — Dans l'article premier de ce chapitre nous avons étudié, d'abord au point de vue anatomique et physiologique, puis au point de vue psychologique, les fonctions de la vie sensitive : les sensations externes et internes (*Sect.* 1re), l'appétition (*Sect.* 2me), le mouvement spontané (*Sect.* 3me) et les *facultés* qui sont les *principes immédiats* de ces diverses fonctions. Des *actes* de la vie sensitive et de leurs principes immédiats nous remonterons dans cet article second au *principe premier* ou à la *nature* d'où ils émanent.

Deux thèses nous renseigneront sur la nature du principe premier de la sensibilité :

Première thèse : Le sujet premier de la sensibilité est une substance une , mais composée.

Seconde thèse : Le sujet premier de la sensibilité est d'une nature supérieure à celle du végétal.

78. Première thèse : Le sujet premier de la sensibilité est une substance une, mais composée. — Le matérialisme mécaniciste regarde l'animal comme un simple agglomérat d'éléments matériels et de forces. Le spiritualisme cartésien au contraire tend, s'il demeure logique, à identifier l'âme animale avec une substance immatérielle et simple. La thèse scolastique combat l'une et l'autre de ces théories.

A l'encontre du mécanicisme, elle affirme que l'être doué de sensibilité est une *substance* véritablement *une* et une *nature*, par rapport à laquelle les forces ne sont que des accidents et des principes dérivés d'action.

A l'encontre du spiritualisme outré, elle affirme que le premier principe de la vie animale n'est pas, comme tel, une substance existant par elle-même ; il ne subsiste et n'agit qu'en un on avec la matière première, en sorte que le sujet subsistant est un *composé matériel.*

Nous avons à prouver successivement ces deux parties de la thèse.

79. Le sujet sentant est substantiellement un. — Le même raisonnement qui nous a conduit à affirmer l'unité substantielle de l'être vivant (**13**) nous force à admettre l'unité du sujet sentant.

Il suffit d'un coup d'œil sur le règne animal pour constater que les animaux présentent les manifestations d'activité les plus variées, qui toutes convergent d'une façon harmonieuse et stable vers la réalisation d'un même résultat, à savoir la conservation, la reproduction, la protection ou la défense, en un mot, le bien-être de l'animal.

Cette convergence demande sa raison suffisante.

Or, cette raison suffisante n'est pas dans les *conditions extérieures ou de milieu,* attendu que ces conditions changent dans l'espace et dans le temps, et que la convergence s'en montre indépendante.

Elle n'est pas davantage dans une action extrinsèque incessamment renouvelée de la Providence. Supposer cela, c'est supprimer l'activité des causes secondes.

Donc cette cause est *intérieure* au sujet sentant.

Mais elle n'est pas non plus dans les organes ou éléments anatomiques de l'animal, puisque c'est tout juste de ces organes et de ces éléments qu'il faut expliquer le concours ordonné et persistant.

Donc cette cause ne peut être qu'un *premier principe* inhérent à l'animal, qui fait converger vers un même terme tous les éléments de l'organisme et leurs forces respectives. Il y a donc chez l'animal un sujet premier, un principe premier d'énergie, ou, en langage technique, une *substance,* une *nature.*

80. Le sujet premier de la sensibilité est une substance composée. — Nous avons constaté déjà que la sensation (**51**), l'appétition (**69**) et, par voie de conséquence, le mouvement spontané ont pour sièges et pour principes immédiats des organes matériels.

Or, tel acte, telle nature, « operari sequitur esse ».

Donc le premier principe des fonctions sensitives n'est pas une âme simple, formant à elle seule une substance, mais il est une substance matérielle composée. L'âme sensitive n'est que le principe formel de cette substance, principe essentiellement dépendant de la matière pour exister comme pour agir.

Nous avons vu plus haut déjà (**13**) que la substance des êtres organisés est composée de matière première et d'un premier principe de vie qu'on appelle l'*âme* du vivant. Y a-t-il donc dans l'animal deux principes premiers, deux formes substantielles, une *âme organique* et une *âme sensible ?*

Non, le premier principe de la sensibilité est le même que le premier principe de sa vie végétative, l'animal n'a qu'*une seule âme, une seule forme substantielle.*

En effet, la forme substantielle d'un être n'est pas autre chose que la nature ou la tendance naturelle de l'être vers son but intrinsèque.

Or, les fonctions de la sensibilité ont manifestement le même but intrinsèque que les fonctions vitales, à savoir le bien-être de l'animal.

Donc ces deux espèces de fonctions procèdent d'une même tendance intrinsèque, d'une même nature. Donc, enfin, l'animal en tant qu'animal est informé par la même forme substantielle que le vivant en tant que vivant, en d'autres mots, il n'y a chez l'animal qu'une seule forme substantielle.

81. Seconde thèse : La nature animale est supérieure à la nature végétale. — En effet, une faculté ne peut dépasser en perfection la nature d'où elle émane.

Or, les facultés sensitives de perception (**50**) de d'appétition (**68**) témoignent d'une perfection qui dépasse celle des forces physico-chimiques.

Aussi, c'est en vain que les positivistes se sont évertués à faire rentrer les phénomènes psychiques dans la catégorie des faits d'ordre purement corporel. Selon les uns, ils seraient de nature chimique, une sécrétion du cerveau ; selon d'autres, des vibrations moléculaires ou atomiques ; selon Taine, le dedans, la face interne de phénomènes physiques ou chimiques des centres nerveux.

Les deux premières interprétations n'ont, de l'aveu même des positivistes sincères, aucun sens intelligible. Quant à dire avec Taine que la sensation est le dedans d'un phénomène physique ou chimique, cela revient précisément à dire que les phénomènes psychiques ont un caractère spécial, tout autre que les phénomènes physiques ou chimiques ordinaires.

Corollaire : Cette supériorité de la sensation sur les phénomènes physiques ou chimiques établit une distinction radicale, distinction de nature ou de règne, entre les végétaux et les animaux : l'être vivant qui a des sensations est un animal, celui qui n'en a pas est un végétal.

Mais il n'est pas toujours aisé de *reconnaître* cette démarcation naturelle : la sensation ne se révèle que par le mouvement spontané. Or, aux degrés inférieurs de l'échelle animale, les signes qui distinguent le mouvement volontaire du mouvement réflexe ou même de la simple irritabilité du protoplasme sont souvent difficiles à saisir. De là les hésitations des naturalistes sur la place à assigner à certains êtres vivants appelés *litigieux*.

82. Propriétés corollaires de la nature sensitive. — 1° L'âme des bêtes naît et meurt avec le composé.

Plusieurs psychologues modernes, Balmès notamment [1]), prétendent que l'âme des bêtes est *immatérielle*.

Rien n'empêche d'appeler l'âme animale incorporelle, si on veut désigner par là qu'elle dépasse en perfection les substances corporelles dont l'activité ne met en jeu que les forces générales de la matière. Mais c'est une erreur d'attribuer à l'âme animale une immatérialité proprement dite, en ce sens qu'elle constituerait une substance indépendante.

L'âme sensitive, n'ayant pas d'autre existence que celle du composé (**80**), prend naissance avec le composé et finit avec lui. Il ne peut être question, dès lors, ni de création, ni d'immortalité, ni même d'annihilation de l'âme des bêtes considérée seule.

2° *Divisibilité* ou *indivisibilité* de l'âme animale : L'âme des bêtes, *comme telle*, n'est ni divisible ni indivisible, attendu que, comme telle, elle n'existe pas ; elle n'a pas de subsistance

---

[1]) ***Phil. fond.***, liv. II, ch. II, n. 15.

propre en dehors de celle de l'organisme qu'elle informe et dans lequel elle est comme immergée, « penitus immersa », selon le mot de saint Thomas.

Mais on peut se demander si l'âme sensible est divisible *indirectement*, « per accidens », c'est-à-dire si le *composé* animal est divisible.

La réponse est la même que pour les orgnaismes végétaux (15). Il y a des organismes divisibles, c'est-à-dire chez lesquels *certaines* parties peuvent régénérer le tout. Mais les organismes supérieurs sont *indivisibles* : leurs parties ne peuvent plus, après leur séparation, régénérer l'ensemble : elles n'ont d'existence que dans et par le tout.

Origine de la vie sensitive

83. L'origine première de la vie et le problème de l'origine des espèces. — L'origine *immédiate* des êtres animés nous est connue (**16**) : « Omne vivum ex vivo » : Tout être vivant vient d'un ou de plusieurs êtres vivants, doués du pouvoir de se reproduire.

Mais en remontant de génération en génération, à quelle cause *primitive* doit-on aboutir ?

Que l'Auteur de la nature a dû intervenir dans son œuvre pour y introduire la vie, nous l'avons montré plus haut (**18**).

Il en est de même pour la sensibilité, car la sensation est irréductible aux fonctions de la vie végétale. Mais *dans quelles limites* a eu lieu cette intervention directe de Dieu ?

Chaque espèce a-t-elle demandé une création spéciale ? Ou a-t-il suffi d'une intervention unique pour créer *un ou quelques types primitifs*, d'où seraient issues toutes les espèces, sous l'empire de certaines causes naturelles ?

Tel est le vaste et captivant problème de l'*origine des espèces*. La solution dépend essentiellement de la question fondamentale : Les espèces naturelles sont-elles *fixes*, permanentes ? Ou bien sont-elles variables, transformables ?

On appelle *espèce* en histoire naturelle, la série des êtres vivants issus d'ancêtres communs et indéfiniment féconds entre eux.

Nous voyons d'une façon générale, les types d'une même espèce se conserver sensiblement les mêmes à travers toutes les variations de l'espace et de la durée. Dans un certain sens l'espèce est donc *fixe*.

Cependant cette fixité n'est pas absolue : les types spécifiques peuvent présenter certains caractères particuliers, qui

deviennent héréditaires. Les éleveurs le savent et en profitent
pour créer dans l'espèce des *races* différentes.

Puisque la sélection artificielle produit des *races*, ne pourrait-elle pas aussi produire des *espèces* nouvelles ? Et si elle
en est aujourd'hui incapable, la nature ne disposait-elle pas
jadis de ressources plus puissantes pour y réussir à la longue ?

Longtemps, les naturalistes furent unanimes à admettre
une barrière infranchissable entre les diverses espèces. Mais
Darwin, après Lamarck, pensa qu'il existe une *sélection naturelle*, analogue et supérieure à la sélection artificielle des
éleveurs, et supposa que toutes les espèces actuelles des deux
règnes pouvaient dériver de quelques types primitifs.

La *doctrine de la fixité des espèces* s'appelle aussi le *fixisme*,
ou encore — la différenciation étant généralement attribuée
à l'intervention du Créateur — le *créationnisme*.

La doctrine opposée s'appelle généralement doctrine de
l'*évolution*, *évolutionnisme*, *théorie de la descendance*, *transformisme*.

Le *darwinisme* est une explication spéciale du mécanisme
de l'évolution. D'après ce système, la sélection naturelle
s'expliquerait par la concurrence vitale, le « struggle for life ».
Les animaux sont comme des ennemis toujours en lutte pour
la conquête de leur nourriture et des autres nécessités de la
vie. Dans cette lutte, les individus qui se trouvent, par hasard,
munis des caractères secondaires les plus utiles, l'emportent
sur les autres : les plus faibles succombent, les plus aptes
survivent, et, par la transmission héréditaire des caractères
utiles nouvellement acquis, les mieux doués forment progressivement une espèce nouvelle.

Certains matérialistes poussent la théorie de l'évolution à
l'extrême : ils rattachent le développement de l'univers, celui
du monde moral aussi bien que celui du monde matériel, à des
transformations d'une matière éternelle, existant par elle-
même.

Ce « monisme matérialiste » est arbitraire et faux. La cosmologie démontre la contingence de la matière ; nous avons
fait voir déjà que le végétal ne s'explique pas par les forces
générales de la matière brute ; que l'animal diffère essentiel-

lement du végétal ; nous établirons prochainement que l'homme diffère essentiellement de l'animal.

En tout état de cause, c'est donc uniquement dans les limites d'un même règne organique, soit végétal soit animal, que se pose le problème de la transformation des êtres vivants.

Que penser de ce problème ?

84. Examen de la solution transformiste. — Il est de *fait* que, dans les temps historiques, on ne connaît pas de preuve décisive de la transformation d'une espèce en une autre. Au contraire, l'observation directe et l'expérience témoignent positivement, universellement, constamment contre la transformation des espèces dans l'état actuel de la nature vivante.

Peut-on *supposer* qu'il en a été autrement à l'origine ? En étudiant l'action des forces de la nature dans le passé, n'arriverait-on pas à justifier l'*hypothèse* que nos espèces actuelles descendent de formes ancestrales communes ?

Cette hypothèse a incontestablement pour elle, au moins dans ses lignes principales, le suffrage d'un grand nombre de naturalistes.

En outre, elle peut invoquer un certain nombre de faits qui plaident en sa faveur, notamment : l'existence d'une certaine gradation parmi les êtres qui ont fait successivement leur apparition sur notre globe ; l'unité de plan que l'anatomie comparée a reconnue dans toute la série des vertébrés : la similitude, révélée par l'embryogénie, entre les phases successives parcourues par l'embryon, et la série présumée des espèces dans l'hypothèse transformiste, ou, comme s'expriment les transformistes, « les répétitions ontogéniques de la phylogénie » [1] ; l'existence de certains organes appelés « rudimentaires », dont le rôle est difficile, sinon impossible à assigner dans la théorie créationniste, et qui seraient, pour les partisans

---

[1] La série de formes par lesquelles passe l'embryon de l'organisme individuel (ontogénie) serait une répétition en miniature de la longue suite de transformations subies par les ancêtres du même organisme pour former l'espèce actuelle (phylogénie). Ainsi les mammifères présentent, dans une des premières périodes de leur évolution embryonnaire, une conformation très semblable aux branchies qui persistent durant toute la vie chez les poissons.

du transformisme, soit des vestiges d'un état passé, soit des adaptations progressives à un état à venir [1]).

Toutefois, pas un de ces faits ne constitue un argument vraiment probant.

D'abord, succession n'est pas filiation. Ensuite, similitude n'est pas identité ; comparaison n'est pas raison. Enfin les organes rudimentaires ne fournissent qu'une présomption ; pour en tirer une preuve, les évolutionnistes devraient établir que l'explication proposée par eux est la seule plausible.

D'autre part, plusieurs objections se dressent contre la doctrine de l'évolution.

D'abord l'évolution, si elle existe, ne peut s'expliquer que par une tendance intrinsèque à l'être vivant. Or, n'est-ce pas là supposer dans les êtres une tendance interne à se détruire eux-mêmes ? Cette supposition ne renferme-t-elle pas une contradiction ?

Ensuite, si l'évolution est la loi générale des êtres vivants, comment comprendre que de nombreuses espèces se soient maintenues depuis l'origine ?

Enfin, le point faible de la théorie transformiste, c'est l'insuffisance de preuves d'observation ou d'expérience.

De tout quoi il résulte que la doctrine de la descendance, — fût-elle restreinte à un seul règne organique — ne dépasse pas les limites d'une *hypothèse* toute *provisoire.*

Nous mettons fin à l'étude de la vie *sensitive* ou *animale.*

Dans un premier chapitre, nous avons vu ce qu'est la vie sensitive ou animale (quid est ? *nature*) ; dans le second, d'où elle vient (unde est ? *origine)* ; il n'y a pas lieu de consacrer un chapitre spécial à l'étude de la destinée ou de la *fin* de l'animal (ad quid ?), car nous savons que cette fin est son bien-être, et son âme n'a pas d'autre destinée que le composé.

Abordons donc l'étude de la vie supérieure intelligente et volontaire de l'âme humaine.

---

[1]) Tels, par exemple, les yeux rudimentaires de la taupe.

TROISIÈME PARTIE

De la vie intellective ou raisonnable

—

AVANT-PROPOS

85. Objet de la Troisième Partie. — Nous avons à considérer dans cette *Troisième Partie*, les *manifestations* d'activité propres à l'homme, et les *facultés* dont elles procèdent immédiatement, pour remonter ensuite à la *nature* d'où dérivent les unes et les autres.

L'étude de la *nature* de l'homme fera l'objet du *Chapitre I*.

Puis nous rechercherons quelle est l'*origine* de l'homme : ce sera la matière du *Chapitre II*.

Enfin, au *Chapitre III*, nous nous demanderons quelle est sa *destinée*.

Le *Chapitre I* comprendra trois articles :

L'*Article Premier* aura pour objet les *actes* propres à l'homme: *La connaissance intellectuelle et l'intelligence (Section I)* ; *La volition et la volonté (Section II)*. Nous terminerons l'article par la *comparaison entre l'activité de l'homme et celle de l'animal (Section III)*.

L'*Article Second* aura pour objet les *mutuelles influences* de la vie sensitive et de la vie intellective, ainsi que l'analyse de *certains états complexes* qui résultent de leur jeu combiné. On y comparera *l'imagination et l'intelligence (Section I)*, *l'appétit sensitif et la volonté (Section II)*.

Enfin, l'*Article Troisième*, consacré à la *nature* de l'âme humaine, traitera successivement de la nature de l'*âme* envisagée *en elle-même (Section I)* et de la nature de l'*âme* envisagée *dans son union avec la matière (Section II)*.

Voici donc le plan schématique de cette *Troisième Partie :*

		Sect, Ire. — Connaissance intellectuelle et intelligence.
	Art. I	*Sect.* 2me. — Volition et volonté.
	Actes et facultés	*Sect.* 3me. — Comparaison entre
	propres à l'homme.	l'activité de l'homme et celle de l'animal.
Chap. I	**Art. II**	*Sect.* Ire. — Imagination et intelligence.
Sa *nature*	*Influences mutuelles*	*Sect.* 2me. — Appétit sensitif et
	des facultés.	volonté.
	Art. III	*Sect.* Ire. — L'âme en elle-même.
	Nature de l'âme	*Sect.* 2me. — L'âme unie à la matière.
	humaine.	

Chap. II. — Son *origine.*

Chap. III. — Sa *destinée.*

3me Partie. — L'homme

CHAPITRE I

Nature de l'âme humaine

ARTICLE PREMIER

Actes et facultés propres à l'homme

Première section : La connaissance intellectuelle et l'intelligence

86. Objet de cette section. — La connaissance intellectuelle suppose essentiellement, comme toute connaissance, l'union d'un *objet* connu avec le *sujet* qui connaît, d'un objet intelligible avec l'intelligence.

Quel est cet *objet ?* (§ 1).

Comment est-il saisi par le sujet, comment s'opère l'*union* de l'objet pensé avec l'intelligence qui le pense ? En d'autres mots, quelle est l'*origine* de la connaissance intellectuelle ? (§ 2).

Ces deux questions concernent nos *premières* connaissances intellectuelles. Or, l'intelligence se développe, passe de la puissance à l'acte et d'un acte simple à des actes plus compliqués. Quel est le *processus de son développement ?* (§ 3).

§ 1. — *Objet de la connaissance intellectuelle*

87. — Objet matériel et objet formel : objet formel commun ou propre. — Quel est l'objet de la pensée ? Cette question est susceptible d'une double interprétation.

Elle peut signifier d'une façon générale : Quels sont *les*

objets accessibles à la pensée ? Ainsi entendue, la question porte sur l'*objet matériel* de l'intelligence et vise l'ensemble des objets qui sont, n'importe de quelle façon, connaissables par l'intelligence.

Mais ces objets, qui tous sont d'une certaine façon intelligibles, sont de nature très différente : substance ou accident, corps ou esprit, êtres contingents ou Être nécessaire. Notre question peut donc s'interpréter aussi en ce sens : Qu'y a-t-il, à proprement parler, d'intelligible dans tous ces objets ? Sous quelle formalité, commune à tous, tombent-ils sous les prises de la faculté intellectuelle ?

Cette formalité en raison de laquelle les choses intelligibles sont intelligibles, peut s'appeler *objet formel commun* de l'intelligence. Cet objet formel est l'*être* ou le *vrai*, le vrai n'étant autre chose que l'être en tant qu'il est en rapport avec une intelligence.

Mais, en raison même de la grande diversité des objets accessibles à l'intelligence, il nous faut encore distinguer dans l'objet formel commun l'*objet propre* et l'*objet impropre* ou indirect.

On appelle *objet propre* de la faculté cet objet qui est immédiatement à la portée de la faculté, l'objet pour la connaissance duquel elle est naturellement faite, qu'elle connaîtra donc avant tout autre, et par l'intermédiaire duquel elle connaîtra tout ce qu'elle pourra atteindre au delà.

Quel est cet *objet propre*, ou objet *primordial, immédiat, direct, proportionné* ou *connaturel ?* C'est là le sens formel plus précis de la question posée plus haut : quel est l'objet de la pensée ? Nous verrons tout de suite que c'est l'*être matériel.*

On appellera en conséquence objet *impropre* ou *consécutif, médiat, indirect,* ce que la faculté cognitive ne peut atteindre qu'à la condition de passer par la connaissance de son objet propre : c'est notamment l'*être immatériel.*

La connaissance de l'objet propre est *immédiate,* c'est-à-dire fournie directement par l'objet lui-même.

La connaissance *médiate* d'un objet ne vient pas de l'objet lui-même, mais des choses distinctes de lui. Elle s'obtient par voie de *négation* et d'*analogie.* Ainsi la notion de la *simpli-*

cité de l'âme est une notion médiate, *négative*, obtenue par la négation d'une imperfection perçue dans les êtres matériels, la composition.

Par la connaissance *analogique* nous attribuons une notion, perçue dans l'objet propre, à un autre objet, avec la réserve exprimée où sous-entendue, que dans ce second cas l'attribution ne se fait pas dans le même sens que dans le premier, qu'elle se fait par « *analogie* ». Ainsi nous avons une notion *propre* de la coexistence de deux corps superposés, mais une connaissance *analogique* de la présence de l'âme dans le corps.

En résumé : l'*objet formel commun* de l'intelligence humaine, c'est l'*être* ou le *vrai* en général.

Son *objet propre*, ce sont les *êtres matériels*.

Son *objet impropre* ou *indirect*, ce sont les *êtres immatériels*, l'âme humaine, les esprits, Dieu.

Prouvons ces différentes assertions.

88. Première thèse : L'objet formel commun de l'intelligence est l'être. — *Preuve positive : L'intelligence connaît l'être.* — L'*être* en général désigne tout ce qui existe ou peut exister.

Or, chaque fois que la pensée s'exerce, son objet s'offre à elle comme étant *quelque chose*, comme une chose qui existe ou peut exister.

Donc l'être est l'*objet commun* de l'intelligence.

Preuve exclusive : L'intelligence ne connaît que l'être. — L'intelligence connaît des objets de nature très différente : des substances et des accidents, des corps et des esprits, des êtres contingents et l'Être nécessaire.

Or, il n'y a, à ces objets différents, qu'un seul caractère commun, l'être.

Donc la seule raison formelle assignable à l'intelligence, c'est l'être ; donc l'*objet commun* et *adéquat* de l'intelligence est l'être. Et si c'est l'être, c'est le vrai [1]).

---

[1]) « Illud quod primo intellectus concipit quasi notissimum, et in quod omnes conceptiones resolvit, est ens. Verum et ens differunt ratione per hoc quod aliquid est in ratione veri quod non est in ratione entis ; non autem ita quod aliquid sit in ratione entis quod non sit in ratione veri ». S. Thom., quæst. disp. *De veritate*, art. i.

89. Seconde thèse : L'objet propre de l'intelligence humaine est emprunté aux choses sensibles, mais il est abstrait et universel. — Sens de la thèse. — Nous connaissons des choses sensibles et des choses suprasensibles. Mais tout le contenu *positif* de nos concepts (tout ce que nous connaissons par voie *directe* et non par voie de *négation* ou d'*analogie*) se trouve réalisé dans les choses sensibles, et c'est dans l'expérience sensible que nous le saisissons la première fois. « Nihil est in intellectu quod non prius fuerit in sensu », suivant l'adage de l'Ecole. Cette théorie ne signifie nullement que nous n'avons des êtres spirituels aucun concept positif ; mais ce qu'il y a de positif dans nos concepts de ces êtres, nous ne l'avons vu réalisé que dans les choses sensibles, et dès lors cette représentation nous fait connaître uniquement ce qui est commun aux êtres matériels aussi bien qu'aux êtres suprasensibles : il en est ainsi des concepts d'être, d'unité, d'activité, de connaissance.

Ce qui est *propre* aux êtres supramatériels nous ne le connaissons pas positivement, mais seulement à l'aide de *négations* et d'analogies : tels les concepts de simplicité, d'immensité, la manière d'être des esprits dans l'espace.

Voilà le sens de la première partie de la thèse. Mais, dit la seconde partie, l'objet intelligible, quoique emprunté aux choses sensibles, est *abstrait* et *universel*. C'est ce qui le distingue de l'objet d'une perception sensible ou imaginative, qui est *concret* et *individuel*.

La chose matérielle perçue par les sens est *tel objet, hoc aliquid*, c'est-à-dire une chose affectée de notes déterminatrices, de telle quantité, de telles qualités, posée à tel endroit déterminé, existant à tel moment : bref, cet objet est *hoc aliquid, hic, nunc*.

La chose, ainsi entourée de notes déterminatrices, est dite *concrète* (cum crescere, accrue).

Une chose concrète se distingue de toutes autres ; elle est singularisée par les particularités qui la déterminent. Une telle substance singulière, considérée comme un tout, s'appelle une chose *individuelle*, un individu.

L'objet des sens est donc tel objet *déterminé, concret, singulier* ou *individuel*.

Or, cette chose ainsi perçue ou imaginée, l'intelligence se la représente sans y joindre les notes déterminatrices qui la particularisent : chose pensée est pensée *à part* de telle quantité, de telles qualités, de tel endroit, de tel moment ; ainsi soustraite aux déterminations matérielles, spatiales, temporelles — abstracta ab hoc, hic, nunc — on la dit *abstraite*.

Cet objet abstrait peut devenir, nous verrons bientôt comment, et devient naturellement *universel*, c'est-à-dire applicable à une infinité de sujets individuels.

On a répété souvent que l'intelligence a pour objet propre « l'essence » ou la « nature » des choses matérielles. L'expression n'est pas heureuse : elle pourrait faire croire que nous connaissons immédiatement l'*essence spécifique* des êtres. Or, qui de nous connaît ce qui fait l'essence du cheval, du chêne, de l'or, du plomb ? Personne. Avant d'arriver aux notions complexes d'*espèces*, l'intelligence doit passer par des notions plus indéterminées et, par suite, plus simples de *genres* et même d'accidents.

Pour signifier que l'intelligence ne saisit de prime abord que des notions indéterminées, nous préférons dire avec les scolastiques que l'intelligence a pour objet les *quiddités*, ou les *raisons intimes* des choses.

Quelle est la signification de ces appellations ?

Le mot *quiddité* désigne, d'une manière générale, *ce que quelque chose est*, ou ce que l'on répond à la question *quid est ?* qu'est-ce que la chose ? c'est-à-dire l'être que la chose est.

Répondre à cette question, c'est faire connaître les *caractères* de la chose : le mot *raison, ratio* rei, désigne indéterminément ces caractères, c'est-à-dire tout ce qui, plus tard, nous *rendra raison* de la chose.

Enfin, l'appellation « raisons *intimes* des choses » oppose l'objet intelligible aux faits superficiels perceptibles par les sens.

Cette thèse comprend donc deux parties :

1re Partie : *L'intelligence emprunte son objet immédiat aux choses sensibles*, et non pas à des essences séparées de la matière, ni à la substance spirituelle de notre âme, ni à une intuition de l'Être divin, comme on le soutient respectivement dans les écoles platonicienne, cartésienne, ontologiste ou panthéiste.

2me .Partie : *L'objet de l'intelligence est abstrait*, et c'est ce qui fait que cet objet est supérieur à celui de l'expérience sensible, et ne peut en aucune façon s'identifier avec ce dernier, comme le prétendent les sensualistes et les positivistes de toute nuance.

90. Première partie de la thèse : L'intelligence emprunte son objet propre aux choses sensibles. Preuves. — 1er *Argument, tiré de l'observation externe* : L'activité intellectuelle manifeste une dépendance étroite à l'égard des conditions anatomiques et physiologiques du système nerveux.

Ainsi, une lésion du cerveau suspend ou trouble l'exercice de la pensée. Une légère augmentation de la température interne nous donne le délire, un froid intense empêche le travail de l'esprit. Divers poisons, l'alcool, la morphine, l'opium agissent en bien ou en mal sur l'intelligence, exaltent ou paralysent son action.

Or, cette dépendance n'admet que deux explications possibles :

Ou bien la pensée est elle-même une fonction du système nerveux.

Ou bien la pensée exige le concours d'une activité qui, elle, est fonction du système nerveux.

Mais la première explication est inconciliable avec une autre catégorie de faits que nous alléguerons dans la deuxième partie de la thèse.

Donc la seconde explication est la seule vraie : la pensée dépend dans son exercice du système nerveux, parce qu'elle est dépendante de l'exercice des sens externes et internes, et que ceux-ci ont pour organe le système nerveux.

Or, cette dépendance ne peut consister qu'en ceci : que l'objet de la pensée doit être au préalable perçu par les sens externes ou internes.

Donc l'objet de la connaissance intellectuelle est emprunté aux choses sensibles.

2me *Argument, tiré de l'observation interne ou de la conscience :* A l'appui de notre thèse, la conscience constate deux faits indiscutables :

1º *Pour penser nous nous aidons d'images,* non pas quelquefois, occasionnellement, mais normalement, toujours.

Il n'y a pas de conception mentale qui ne s'accompagne d'un tableau de l'imagination. Pas de notion sans phantasme, dit Aristote. Chaque fois que la pensée prend naissance, l'image apparaît : aussi longtemps que l'effort de la pensée se prolonge, elle le soutient. Cette image est tantôt une représentation sensible naturelle de l'objet ; tantôt une figure géométrique, un symbole arithmétique, algébrique ; tantôt simplement un signe conventionnel, les mots du langage.

Cette image est si étroitement liée à la conception intellectuelle, qu'il faut un effort pour les distinguer l'une de l'autre, à tel point que les matérialistes, pour n'avoir pas fait cet effort, ont confondu la pensée avec l'image.

2º *Pour faire comprendre notre pensée à autrui, nous avons recours aux images.*

Chaque idée s'exprime sous une forme sensible. Nous aimons à produire nos raisonnements sous des dehors qui parlent à l'imagination, et tous ceux qui s'occupent d'enseignement savent le prix de la méthode intuitive en pédagogie.

Tels sont les deux faits de conscience dont l'ensemble forme la majeure de notre argument.

Or, supposé que l'objet de la pensée fût spirituel, divin, ou à n'importe quel titre suprasensible, l'intelligence n'aurait besoin d'image, ni pour penser, ni pour éveiller chez autrui la pensée ; au contraire, une image sensible serait, dans ce cas, un obstacle plutôt qu'un auxiliaire.

Donc, l'objet propre de l'intelligence doit être un objet senti, imaginé, bref, un objet sensible.

L'analyse du contenu de notre pensée confirme et complète d'ailleurs les premières informations de la conscience.

En effet, nous connaissons des êtres immatériels, notre âme, par exemple, et l'Être divin. Mais, nous l'avons déjà con-

staté dans l'exposé de la thèse, toutes les notions propres que
nous avons de ces êtres sont empruntées, par voie de *négation* ou d'*analogie*, au monde sensible. Nous n'avons d'eux
aucun concept immédiat, c'est-à-dire emprunté directement
à eux-mêmes, qui nous les représenterait par des caractères
qu'ils possèdent positivement à l'exclusion des êtres matériels.
Ainsi nos idées de l'immatériel, du spirituel, du suprasensible, de l'infini, etc..., impliquent toutes, ou la négation des
imperfections du monde corporel, ou une comparaison avec
des choses sensibles.

Donc l'objet connaturel de l'intelligence n'est pas immatériel, mais emprunté aux réalités sensibles.

3ᵐᵉ *Argument, tiré du caractère naturel de l'union de l'âme
et du corps* (Preuve explicative) : Le caractère naturel de
l'union de l'âme et du corps nous donne la raison intrinsèque
et fondamentale pour laquelle l'objet de l'intelligence *doit
être* l'intelligible perçu dans le sensible.

L'union de l'âme et du corps est naturelle, témoin l'hor-
reur instinctive que nous avons de la mort.

Or, cette union ne serait pas naturelle si l'âme ne trouvait
dans le corps un auxiliaire pour l'exercice de ses facultés.
Si l'âme pouvait se suffire à elle-même, le corps lui serait
un fardeau inutile.

Mais, nous le verrons sous peu, le corps ne peut coopérer
à la constitution *intrinsèque* du sujet de la pensée ou de la
volition raisonnable:

Donc il ne peut être l'auxiliaire de l'âme que par une *coopération extrinsèque.*

Ce concours extrinsèque s'explique naturellement : les
facultés corporelles fournissent les matériaux sur lesquels
s'exerce l'activité de l'esprit ; en d'autres mots, l'esprit trouve
son objet propre dans les données des sens et de l'imagination.

**91. Seconde partie de la thèse : L'objet de l'intelli-
gence est abstrait.** — Tout objet perçu par les sens ou
reproduit par l'imagination est toujours pourvu de caractères
déterminateurs, inséparables de cette chose concrète, posée
ici ou là, à tel ou tel moment, *hoc, hic, nunc.*

Or, notre conscience nous dit que nous avons une nombreuse catégorie de connaissances dont l'objet se trouve dépouillé de ces caractères déterminateurs et que pour ce motif nous appelons *abstraites*.

Donc nous avons une faculté capable de saisir ces raisons abstraites des choses, c'est celle que nous appelons *intelligence ;* et le signe distinctif de son objet est précisément d'être abstrait.

Reprenons la mineure pour montrer que réellement nous avons des connaissances abstraites : nous verrons en même temps trois degrés successifs dans l'abstraction.

1º Dans la forêt où je me promène en ce moment, il y a des milliers de chênes, sur chacun d'eux des milliers de feuilles : il n'y a pourtant pas deux feuilles identiques. Chacune d'elles diffère des autres, par sa teinte, par sa forme, par le nombre et la disposition des nervures, aussi bien que par la position qu'elle occupe ici, sur ce chêne, dans telle allée, en ce jour d'été où je la considère.

Néanmoins, lorsque je veux comparer la feuille de chêne en général aux aiguilles du sapin, je ne fais plus attention à aucun des détails qui me faisaient tantôt distinguer les unes des autres les feuilles de chêne, je ne regarde plus que ce qu'elles ont de commun ; cette fois mon objectif est de concevoir *ce qu'est la feuille de chêne.*

Ce qu'est la feuille de chêne, est un objet *abstrait, quod quid est,* la *ratio rei,* l'objet de la définition de la feuille de chêne.

La notion de la feuille de chêne, dépouillée des notes déterminatrices, est le fruit d'une *abstraction physique.*

2º Nous percevons ou nous nous figurons *ce* triangle, formé de trois pièces de bois blanc, placé *ici* dans nos mains, en *ce* moment. Mais nous avons conscience de nous représenter aussi *le* triangle, à part de toutes déterminations de matière sensible, de lieu et de temps. La définition des géomètres : le triangle est une figure à trois angles et à trois côtés, nous dit ce qu'est un triangle quelconque, *le* triangle, elle exprime la notion du triangle abstrait.

La notion du triangle néglige, outre les particularités individuelles, les qualités sensibles de la matière, pour ne con-

server que les seuls caractères intellectuellement représentables. Elle est le fruit d'une *abstraction mathématique*.

3° Enfin, par un troisième effort, plus pénétrant que les
précédents, l'esprit arrive aux notions *métaphysiques*. Dépouil-
lez, par la pensée, une chose d'expérience de ses caractères
individuels, supprimez mentalement même sa figure et sa
quantité, bref, tous les attributs propres à une catégorie déterminée d'êtres, il vous restera *ce quelque chose* « hoc aliquid »
qui est toute chose d'expérience, la *substance* des choses :
c'est là le premier objet que l'intelligence saisit confusément
lorsqu'elle prend contact avec la réalité, c'est aussi le dernier
résidu de l'analyse du contenu de la conscience opérée par la
raison réfléchissante.

Il est donc établi que nous avons des connaissances dont
l'*objet* a des caractères tout opposés à ceux des connaissances
sensibles. Aussi faut-il maintenant compléter l'adage scolastique qui nous a servi à résumer la première partie de notre
thèse : « Nihil est in intellectu quod non prius fuerit in sensu » ;
il faut y ajouter : « sed alio modo est in sensu, alio autem
modo est in intellectu ».

92. Universalité et autres propriétés du type abstrait.
— La pensée, nous l'avons vu, s'accompagne naturellement
d'images. Aussi, lorsque la raison considère avec attention
un type abstrait, elle le reporte aussitôt, par une pente naturelle, à un sujet concret : La feuille de chêne est identifiée
à telle feuille déterminée, le triangle à tel triangle plan ou
sphérique, équilatéral, isocèle, scalène ; la chose, à telle ou
telle chose de la nature.

Mais l'imagination offre plusieurs réalisations différentes
du même type abstrait : la raison constate que le même type
s'applique à un nombre *indéfini* de sujets particuliers : la
feuille de chêne est identifiable à n'importe quelle feuille de
chêne, n'importe où, n'importe quand ; le triangle est attribuable indifféremment à n'importe quelle chose.

Cette applicabilité d'un objet abstrait à n'importe quel
sujet concret constitue son *universalité*. On voit que cette
universalité n'est pas actuelle, mais *potentielle* seulement.

Le type abstrait est aussi universel en ce sens qu'il s'applique à des sujets individuels n'importe où, n'importe quand

ils existent ou que l'imagination se les figure exister. Il est donc en un certain sens « immense » et « éternel », *indépendant de l'espace et du temps*. Notons cependant soigneusement que cette double indépendance n'a rien de commun avec l'universalité dans l'espace, c'est-à-dire avec l'ubiquité ou l'immensité proprement dite, ni avec l'éternité qui coexiste à tous les temps. L'objet abstrait n'est ni partout ni toujours, il est seulement pensé à part de n'importe quel endroit de l'espace et de n'importe quel moment du temps.

Enfin le type abstrait est dit souvent « *nécessaire* ». Encore une fois cette nécessité n'est pas une propriété absolue de l'objet abstrait : cet objet peut ne pas exister, il peut même n'être pas pensé. Sa nécessité est simplement une *nécessité conditionnelle de rapports*. Supposé qu'un type abstrait existe dans l'esprit, il devient l'origine de rapports qui ne peuvent pas ne pas être tels qu'ils sont : par exemple, ce type est nécessairement ce qu'il est ; il est impossible qu'il ne soit pas ce qu'il est.

C'est pour n'avoir pas fait suffisamment attention à ces restrictions que les ontologistes ont tenté d'identifier faussement l'*universalité*, la *nécessité*, l'*éternité* des « idées » ou des « essences intelligibles » avec les attributs de l'Être divin.

93. Réponse à quelques objections. — 1ʳᵉ *Objection :* Le pouvoir d'abstraire que nous revendiquons pour l'intelligence est chimérique, objecte Berkeley.

« Je puis considérer, dit-il, la main, l'œil, le nez, chacun de ces organes séparément du reste du corps. Mais je ne puis imaginer une main ou un œil qui n'ait une forme et une couleur particulières. De même l'idée d'homme que je me fais en moi-même, doit être ou bien d'un blanc, ou bien d'un noir, ou d'un basané, l'idée d'un homme de taille élevée, petite ou moyenne » [1]).

Remarquons avant tout qu'il ne peut être question d'imaginer un objet abstrait ; cela est évidemment impossible.

Cela étant, Berkeley confond ces deux choses : *considérer à part*, separatim considerare, et *considérer comme étant séparés*, considerare separata.

---

[1]) BERKELEY, *Principles of human knowledge*, Introduction.

Par l'abstraction l'esprit considère à part, sans toutefois les considérer comme étant réellement séparés, des caractères qui, dans la réalité et dans les représentations sensibles, sont inséparablement unis [1]). Sans doute l'idée d'homme est l'idée d'un type qui, dans la réalité, est blanc ou noir ou basané, grand, petit ou moyen, mais l'idée d'homme représente la nature humaine sans représenter ni la couleur ni la taille.

Puisque je conçois un homme qui peut *indifféremment* être blanc ou noir ou jaune ou rouge, apparemment c'est que, tel que je le conçois, il n'est pas blanc, sinon il ne pourrait pas aussi être noir ; il n'est pas noir, sinon il ne pourrait pas aussi être blanc ; il est considéré à part de la blancheur, de la couleur noire, jaune ou rouge.

2me *Objection :* Les sensualistes s'efforcent de supprimer la distinction entre « l'image et l'idée », et prétendent que l'image aussi bien que l'idée peut être universelle.

Pour un observateur superficiel certaines images peuvent en effet, au premier abord, paraître universelles. Mais cette image prétendument générale n'est, en réalité, qu'une image *confuse*, une *succession ininterrompue d'images* mobiles. Lorsque des excitants lumineux discontinus agissent sur l'œil avec une rapidité suffisante, ils engendrent la sensation d'une ligne lumineuse continue. Une succession d'images produit de même le sentiment d'une image persistante.

Il suffit, d'ailleurs, de fixer l'attention sur un trait quelconque de ces images pour le voir nettement défini, concret, inapplicable à plusieurs.

Aussi bien, plus l'*image* s'applique à un nombre considérable de choses particulières, plus elle est confuse ; au contraire, plus l'*idée* s'applique à un nombre considérable de sujets, plus elle est claire, distincte. C'est un signe évident que l'image et l'idée sont de nature différente [2]).

---

[1]) « Ea quæ sunt in sensibilibus abstrahit intellectus, non quidem intelligens ea esse separata, sed separatim vel seorsum ea intelligens ». S. THOMAS, *De anima*, III, lect. 12.

[2]) La distinction entre l'image et l'idée est vivement accusée dans une belle page de Taine : « Entre l'image vague et mobile suggérée par le nom et l'extrait précis et fixe noté par le nom, il y a un abîme. — Pour s'en convaincre, que le lecteur considère le mot *myriagone* et ce qu'il désigne. Un myriagone est un polygone de dix mille côtés. Impossible

3me *Objection :* Certains psychologues empiriques font grand état des images ou « portraits composites » obtenus au moyen de la photographie. En fixant, par un procédé de superposition successive, les traits de plusieurs personnes appartenant à une même famille ou atteintes d'une même maladie, par exemple, de la tuberculose, Fr. Galton réalise ce qu'il appelle « le type » de la famille ou du tuberculeux.

N'est-ce pas là, dit-on, une réalisation *matérielle* du procédé d'abstraction ?

Manifestement non. Ce prétendu « portrait-type » est le portrait d'une personne particulière, qui tient de plusieurs autres peut-être, mais dont tous les traits sont déterminés. Ce sera, de plus, toujours une image extrêmement vague, confuse.

Nous savons quel est l'objet de la pensée. Il s'agit de nous enquérir *comment* nous arrivons à le penser, « quomodo fit ipsum intelligere ». Problème *idéogénique, genèse* de la pensée.

§ 2. — *Origine des connaissances intellectuelles*

94. Exposé général de l'idéogénie aristotélicienne et thomiste. — A la base des problèmes idéologiques se trouve le fait que la connaissance intellectuelle possède un objet formellement différent de celui des sens.

Où l'intelligence trouve-t-elle cet objet ? Existe-t-il en dehors et indépendamment de l'intelligence, et celle-ci se trouve-t-elle ainsi dès l'origine en présence de notions toutes faites ?

Platon le pensait ainsi. Mais Aristote s'élève contre cette opinion de son maître. A l'origine, dit-il, l'intelligence est

de l'imaginer, même coloré et particulier, à plus forte raison, général et abstrait. Si lucide et si compréhensive que soit la vue intérieure, après cinq ou six, vingt ou trente lignes, tirées à grand'peine, l'image se brouille et s'efface ; et cependant ma conception du myriagone n'a rien de brouillé ni d'effacé ; ce que je conçois, n'est pas un myriagone comme celui-ci, incomplet et tombant en ruine, c'est un myriagone achevé et dont toutes les parties subsistent ensemble ; j'imagine très mal le premier et je conçois très bien le second ; ce que je conçois est donc autre que ce que j'imagine, et ma conception n'est point la figure vacillante qui l'accompagne ». TAINE, *De l'intelligence*, I, 36-38.

comparable à une tablette qui ne porte encore aucune écriture, « tabula rasa in qua nihil scriptum ». L'intelligence fait l'homme *capable* de connaître, elle ne lui donne aucune connaissance toute faite. Avant d'être en acte, elle est en puissance, *intellectus possibilis*.

De plus, elle est une puissance « passive » ou « réceptive », qui ne se suffit pas elle-même pour entrer en exercice. Elle a besoin pour cela d'être complétée ; ce complément qu'Aristote et les scolastiques appelaient « espèce intelligible », nous avons proposé de l'appeler *déterminant cognitionnel* ou *intellectuel*, parce qu'il doit imprimer à la faculté la détermination qui rend immédiatement possible l'acte intellectif.

Voilà donc une première thèse : l'intelligence *acquiert* ses idées.

Le déterminant conceptuel vient nécessairement du dehors : car rien ne s'actualise soi-même. Nous savons d'ailleurs **(90)** que l'expérience sensible est, au moins pour une part, cause de la production de l'idée. Mais elle ne peut en être cause unique ; car les objets sensibles ne peuvent agir que sur des organes matériels ; or l'intelligence n'a pas un tel organe, sinon elle ne dépasserait pas la perception du concret.

Il faut donc, pour que l'entendement soit mis en acte, une cause efficiente *immatérielle* agissant de concert avec les sens. Cette cause efficiente *principale* du déterminant intellectuel s'appelle, en langage scolastique, *intellectus agens*, intellect actif. L'imagination, au service de l'intellect actif, joue le rôle de cause efficiente *instrumentale* [1]).

Par cette action combinée de l'intellect actif et des sens, la mise en acte de l'intelligence est expliquée : dès lors, rien ne lui manque plus pour agir. Elle agira donc, elle connaîtra. Connaître, pour elle, c'est voir ce qu'une chose est, exprimer la « quiddité » d'une chose.

---

[1]) « In receptione qua intellectus possibilis species rerum accipit a phantasmatibus, phantasmata se habent ut agens instrumentale et secundarium, intellectus vero agens, ut agens principale et primum. Et ideo actionis effectus relinquitur in intellectu possibili secundum conditionem utriusque : intellectus possibilis recipit formas ut intelligibiles ex virtute intellectus agentis, sed ut similitudines determinatarum rerum ex cognitione phantasmatum ». S. THOMAS, *De verit.*, q. 10, art. 6, ad 7.

Toute chose sensible peut, sous l'action de l'intellect actif, mouvoir l'intelligence à un acte d'intellection : La puissance intellectuelle peut donc recevoir toutes les formes cognitionnelles possibles, elle peut tout connaître, « intellectus possibilis potens omnia fieri ».

En résumé, toute la théorie idéogénique de saint Thomas d'Aquin peut se condenser en ces quatre propositions, dont nous aurons ensuite à fournir la preuve :

Première proposition : L'intelligence est une puissance passive — intellect potentiel — qu'une action extrinsèque doit déterminer à l'intellection.

Seconde proposition : La détermination de la puissance intellective à l'intellection a une double cause efficiente : l'imagination et une force abstractive, immatérielle : intellect actif.

Troisième proposition : Lorsque la puissance intellective est en possession d'un déterminant conceptuel, elle passe de la puissance à l'acte, intellige, c'est-à-dire se dit à elle-même ce que la chose est.

Quatrième proposition : L'intelligence connaît d'abord, directement, les quiddités des choses sensibles, elle ne se connaît elle-même que par réflexion.

95. Les grands systèmes historiques d'idéologie. — L'idéologie scolastique se place entre deux erreurs extrêmes : le *sensualisme* d'une part, le *spiritualisme exagéré* d'autre part.

Le *sensualisme* prétend que l'objet de la pensée est de même nature que l'objet des sens et que l'expérience suffit à nous le faire connaître. Appelé aussi parfois *sensisme* et plus souvent *empirisme* ou philosophie empirique, il est représenté dans la philosophie moderne par le *sensualisme proprement dit*, par le *matérialisme* et par le *positivisme*.

1º Le *sensualisme* a pour représentants Locke et surtout Condillac. Il prétend que l'objet pensé ne diffère pas en nature, mais seulement en degré, de l'objet des sens et que c'est l'image sensible qui est la cause non pas simplement subordonnée, mais principale de la production de l'idée. L'idée ne serait ainsi qu'une sensation plus ou moins transformée.

A ce système se rattache la *psychologie de l'association*

qui prétend expliquer cette transformation des sensations par les lois de l'association.

2º Le *matérialisme* est le sensualisme poussé à ses dernières conclusions : c'est la négation radicale de tout ce qui dépasse la matière.

3º Le *positivisme* est moins brutal dans ses négations. Il ne nie ,pas expressément, mais affecte d'ignorer tout ce qui dépasse l'expérience sensible : c'est ce qui lui a valu le nom d'*agnosticisme*. L'observation et l'expérience n'atteignent jamais, dit-il, que des phénomènes (de là aussi le nom de phénoménalisme), c'est-à-dire, des faits simultanés ou successifs : Y a-t-il sous ces faits des entités comme celles que la métaphysique appelle substance, cause, âme, Être nécessaire ? Nous n'en savons rien et ne pouvons rien en savoir.

Pour la critique de ces systèmes nous renvoyons à la thèse fondamentale relative à l'objet propre de la connaissance intellectuelle (2me partie de la thèse) et aussi à la 2me partie de la Proposition II de ce paragraphe où l'on démontrera la nécessité d'une efficience immatérielle pour expliquer la production du déterminant conceptuel.

Le *spiritualisme, exagéré* professe que l'objet de la pensée est l'intelligible pur et que nous le connaissons indépendamment de l'expérience. On l'appelle aussi *idéalisme* et parfois *rationalisme*. Il est représenté surtout par l'*idéalisme platonicien*, l'*ontologisme*, l'*innéisme cartésien* et le *traditionalisme*.

Tous ces systèmes, spiritualistes à l'excès, sont en contradiction avec notre thèse fondamentale sur l'objet propre de l'intelligence (1re partie de la thèse). Nous les rencontrerons en détail après avoir démontré la Proposition I qui est directement dirigée contre eux.

96. Première proposition : L'intelligence est une puissance passive. — L'enfant, qui n'a pas encore appris les éléments de l'arithmétique, possède la *faculté* de comprendre un jour le rapport d'égalité : $7 + 5 = 12$. Le maître, au moment où il enseigne à son élève la vérité de ce rapport, en a la *perception actuelle*. La leçon finie, le maître et l'élève penseront à autre chose, mais ils sont *instruits* de la proposition : $7 + 5 = 12$ et il leur sera loisible d'y repenser, quand ils le voudront.

La preuve de la thèse sort de ces faits : Ils montrent, en effet, que l'intelligence peut se trouver en trois états : *capacité radicale, intellection actuelle*, état d'*instruction* ou science *habituelle*.

Pour passer de la capacité radicale à l'intellection actuelle, l'intelligence a donc besoin d'une détermination complémentaire qui se retrouve chez l'homme instruit sous forme de science habituelle.

Donc l'intelligence est un principe d'action, qui a besoin de recevoir un complément intrinsèque pour être mis à même d'exercer son action, c'est une *puissance passive*.

Cette détermination complémentaire s'appelle, en langage de l'Ecole, *forme* (c'est-à-dire acte déterminateur) ou *espèce intelligible*. Dans la langue philosophique d'aujourd'hui, on emploie souvent l'expression *idée habituelle*. Nous l'appelons *déterminant intellectuel* ou *conceptuel*.

Une preuve indirecte de cette thèse se trouve dans le rejet des théories adverses — Idéalisme platonicien, Ontologisme, Innéisme — qui supposent que, dès le principe, l'âme pensante est *en acte*, soit en vertu de sa nature, soit en raison de formes innées.

97. Critique de l'idéalisme platonicien. — Selon *Platon* l'esprit humain a pour objet des « idées », c'est-à-dire les essences mêmes des choses, ce qu'il y a en elles d'un, d'éternel, d'absolu. Même, dans la pensée du fondateur de l'Académie, ces idées existent en soi séparées des choses : l'esprit aurait ainsi pour objet des universaux réels. Platon estime que nous apportons avec nous, en naissant, des formes innées de ces idées, souvenirs d'une existence antérieure.

Platon considère d'une façon trop absolue les caractères d'universalité, d'éternité et d'immutabilité relatives de nos concepts abstraits, et, les trouvant en contradiction évidente avec la perception sensible où tout est variable, périssable, il n'en voit d'autre explication possible que dans l'existence d'un monde intelligible, indépendant de notre expérience, antérieur à elle. Il n'a pas vu que ces concepts universels, indépendants du temps et de l'espace, sont originairement *abstraits* des données d'expérience et attribués ensuite, par

des actes de réflexion, aux sujets particuliers qui les vérifient.

98. Critique de l'Ontologisme. — Pour les *Ontologistes*,
Malebranche, Gioberti, Ubaghs, etc., l'objet premier de
l'intelligence est Dieu et les idées divines, le premier acte
intellectuel est l'intuition de Dieu.

L'Ontologisme doit son origine et ses succès à une interprétation erronée des deux faits que voici :

Les essences des choses matérielles, grâce à l'état d'abstraction sous lequel nous les saisissons, sont rapportables à un
nombre indéfini d'individus, et peuvent ainsi devenir *universelles ;* les essences universelles forment le fondement de propositions qui, dans un sens légitime mais ayant besoin d'explication, sont *nécessaires* et *éternelles.*

Notre connaissance atteint non seulement les choses finies,
mais, dans une certaine mesure, l'*Infini* lui-même.

Or, les ontologistes se sont imaginé que, pour rendre compte
des caractères d'universalité, de nécessité et d'éternité des
essences des choses et de leurs rapports, et pour justifier la
présence en nous de l'idée de l'Infini, il fallait admettre que
Dieu lui-même, l'Être nécessaire et éternel, l'Être infini, est
le terme immédiat de la pensée, l'objet propre de l'intelligence.

La thèse fondamentale des ontologistes est en opposition
formelle avec plusieurs faits de conscience. En effet :

1° La connaissance que nous avons de Dieu, si elle était
immédiatement empruntée à Lui, serait une connaissance
positive, propre. Or, nous n'avons de Dieu que des idées
négatives ou analogiques.

2° Toute connaissance intellectuelle dépend des sens. Cette
dépendance ne s'expliquerait pas si l'intelligence avait pour
premier objet le suprasensible, l'absolu.

Cette thèse est d'ailleurs condamnée par ses conséquences
manifestement fausses. Si nous avions l'intuition de l'essence
divine,

a) Nous serions nécessairement en possession du bonheur
complet ;

b) Il n'y aurait plus d'erreur possible sur Dieu ;

c) Il n'y aurait pas de doutes possibles à son sujet.

Reste à expliquer les deux faits allégués plus haut qui ont amené les ontologistes à cette affirmation paradoxale que nous aurions l'intuition de l'essence divine.

Ier *Fait :* De ce qui est contingent, singulier, variable, passager, il est impossible, disent les ontologistes, de faire sortir quoi que ce soit de nécessaire, d'universel, d'immuable, d'éternel.

Nous avons suffisamment insisté (**92**) sur la signification exacte des caractères de nécessité, d'universalité, d'immutabilité et d'éternité de nos concepts, pour faire comprendre qu'il est impossible de confondre ces caractères avec les attributs divins et que ces caractères s'expliquent très bien par l'*état abstrait* sous lequel nous saisissons ces concepts.

2me *Fait :* L'idée d'infini ne peut être déduite de celle du fini, disent les ontologistes, car elle est antérieure à celle-ci : L'idée du fini serait pour eux la négation, la limitation de l'infini.

C'est, en réalité, le contraire qui est vrai. Notre idée du fini est positive, tandis que celle de l'infini est négative. En effet, l'idée du *fini* ou de limite est l'idée d'une certaine grandeur ou d'une certaine perfection avec, en plus, la négation d'une perfection ultérieure. Pour la concevoir, il n'est donc pas nécessaire de la comparer à une quantité ou une perfection *infinie*, mais seulement à une quantité *plus grande* ou une perfection supérieure.

Ultérieurement, l'intelligence peut abstraire des réalités limitées le concept de la limite en général, et concevoir ensuite une grandeur ou une perfection sans limite, non finie, ou infinie.

99. Critique de l'idéologie de Descartes. — Descartes pose en thèse qu'il est essentiel à l'âme de « penser », c'est-à-dire de *se* connnaître et de trouver dans la connaissance de soi le type de toute autre réalité connaissable. L'objet primordial et naturel de l'intelligence serait donc le *moi*.

Au lieu de se représenter l'intelligence comme une aptitude de l'âme à se laisser imprégner par les choses, Descartes a vu en elle une substance essentiellement active, capable de tirer d'elle-même, et la notion du moi, et celle des esprits, et celle de Dieu, et celle des choses sensibles extérieures. C'est la conception de la puissance *passive* qui lui fait défaut. Sans doute l'âme est en état d'apercevoir en elle, dès le moment où elle a conscience d'agir, le fait de son existence. Mais entre ce sentiment de la présence de l'âme et les notions intellectuelles de *ce qu'est* l'âme, *ce que sont* les corps, *ce qu'est* Dieu, il y a un abîme : toutes ces richesses de l'intelligence sont tributaires de causes efficientes dont elle *subit l'action*.

L'intelligence n'est donc pas en acte, *de sa nature*. L'est-elle au moyen de formes accidentelles qui lui seraient surajoutées dès l'origine par le Créateur ?

100. Critique de la théorie des idées innées. — Partant des mêmes considérations que les ontologistes (**98**), — l'opposition entre les caractères de nécessité, d'universalité, d'éternité de nos idées d'une part, et le caractère contingent, particulier et limité de l'objet de la connaissance sensible d'autre part — les partisans de l'*innatisme* essaient d'expliquer l'origine de nos idées par des formes « innées » dans l'âme, produites dans l'âme, dès son origine, par le Créateur.

Cette théorie est démentie par la conscience ; de plus, elle est *illogique*.

1º *L'innatisme est démenti par la conscience*. — Indiscutablement, nul n'a conscience d'avoir, dès le principe, des idées toutes faites. Au contraire le fait de conscience, constaté plus haut, qu'il y a en nous un stade de pure potentialité, autre que celui de la connaissance habituelle (**96**), est inconciliable avec la thèse innéiste.

2º *L'innatisme est illogique*. — Si, en effet, nous avons des idées innées, apparemment c'est pour nous en servir dans la connaissance des choses extérieures. Mais appliquer une idée innée à la connaissance d'une chose extérieure, c'est voir que cette idée y est réalisée, c'est-à-dire *retrouver*, dans la chose réelle, l'objet de l'idée. Or, si nous pouvons *retrouver* dans la chose l'objet de l'idée, pourquoi ne pourrions-nous pas l'y *trouver* ? Nous avons déjà montré d'ailleurs que nous le pouvons par l'abstraction.

L'acte de la pensée présuppose donc la formation d'une espèce intelligible. Comment celle-ci se forme-t-elle ? C'est l'objet de notre seconde proposition.

101. Seconde proposition : L'imagination et l'intellect actif produisent dans l'intelligence le déterminant conceptuel préliminaire à l'intellection. — L'imagination seule ne peut pas produire l'objet intelligible, car l'objet de la pensée est supérieur à l'objet des sens.

L'intelligence non plus ne suffit pas pour produire en elle-même l'objet intelligible, car elle n'est primitivement qu'en puissance.

Donc une cause suprasensible, autre que l'intelligence, est nécessaire à la production de l'intelligible. Cette cause doit être active d'elle-même, c'est-à-dire intrinsèquement complète pour agir.

Or, la supériorité de l'objet pensé sur l'objet des sens consiste en ce qu'il est dégagé des conditions individuelles propres aux choses matérielles.

Donc la cause qui unit son action à celle de l'imagination doit être une force d'abstraction qui dégage l'objet des conditions individuelles : nous appelons cette force abstractive *intellect actif*.

Quel est respectivement le rôle de l'imagination, quel est celui de l'intellect actif dans la formation de l'idée ?

Une seule hypothèse concilie l'action de ces deux facteurs et se trouve d'accord avec l'ensemble des faits observés : la représentation imaginative (phantasma) est cause, mais cause *instrumentale*, l'intellect actif est cause *efficiente principale* de l'idée.

L'objet imaginé est concret, mais cependant il renferme, sous ses déterminations, ce que nous retrouverons plus tard sous forme abstraite dans la pensée. « Callias est hic homo », dit avec profondeur saint Thomas : La personne de Callias, que les sens perçoivent, est la nature humaine individualisée. Puisque les sens perçoivent cet individu qu'est Callias, ils perçoivent matériellement tout le contenu de la nature humaine. Vienne donc une faculté immatérielle qui s'empare de la réalité concrète tout en négligeant les déterminations particulières qui l'affectent : l'union de cette faculté immatérielle et de l'imagination nous expliquera la formation de l'espèce intelligible *abstraite* dans l'intelligence. L'effet — l'espèce intelligible abstraite et immatérielle — ne dépasse plus alors sa cause, puisque l'intellect actif est une cause immatérielle ; l'effet est cependant la reproduction fidèle de l'objet, car l'image, au service de l'intellect actif, coopère à engendrer l'idée.

Donc l'intellect actif et l'imagination sont la cause efficiente complexe de la production du déterminant conceptuel, le premier à titre de cause principale, la seconde à titre de cause instrumentale subordonnée.

102. Une objection et sa réponse. — L'image seule, dira-t-on, n'agirait pas sur l'entendement puisqu'elle est matérielle.

Mais, même sous l'action de l'intellect actif et quel que soit le rôle que l'on suppose joué par lui, elle demeure matérielle.

Comment, dès lors, pourrait-elle, même en union avec l'intellect actif, avoir sur l'entendement une efficience dont seule elle serait incapable ?

L'image matérielle, quoi qu'on en fasse, reste matérielle. Mais la cause *instrumentale*, parce qu'instrumentale, possède une action qu'elle n'aurait point si elle agissait indépendamment de sa cause principale. Le ciseau de Phidias taille dans le marbre un chef-d'œuvre. Il coopère donc à la production du chef-d'œuvre. Seul cependant le ciseau ne produirait, ni en tout ni en partie, le chef-d'œuvre.

L'action de la cause instrumentale est donc réelle, encore que l'instrument ne change pas de nature dans la main de celui qui l'emploie.

De même l'intellect actif ne change pas la nature de l'image. Mais il emploie ce qui, dans l'image, peut être conçu à l'état abstrait, pour produire dans l'entendement la représentation visuelle du type concrété dans l'image.

103. Troisième proposition : L'intelligence, déterminée par l'espèce intelligible, perçoit ce que la chose est. — Cette proposition découle des deux précédentes. L'entendement est à l'origine une puissance passive, qui ne se suffit pas pour agir, mais qui, une fois en possession d'un déterminant conceptuel, a tout ce qu'il faut pour entrer en exercice : elle intellige, c'est-à-dire exprime mentalement *ce qu'est l'objet*.

Toutefois, cette notion première, acquise sous l'influence

combinée de l'imagination et de l'intellect actif, représente un objet *abstrait* : comment celui-ci devient-il *universel* ?

A l'état abstrait, observe avec beaucoup de pénétration saint Thomas, l'objet pensé n'est ni individuel ni universel [1]), mais il peut devenir l'un et l'autre Il deviendra universel, lorsque l'intelligence *réfléchira* sur le produit abstrait de la pensée et que, le voyant dégagé des caractères individualisateurs, elle *le mettra en rapport* avec des sujets individuels en nombre indéfini, le leur appliquera, l'indentifiera avec ce qu'il y a de commun à tous.

104. Quatrième proposition : L'intelligence ne connaît qu'indirectement l'espèce intelligible et, par elle, la nature du sujet pensant. — L'intelligence saisit tout d'abord ce qu'une chose est. La conscience atteste que l'acte intellectif est aperçu postérieurement à l'objet qu'il présente à la faculté. « Alius est actus quo intelligo lapidem, observe saint Thomas, alius est actus quo intelligo me intelligere lapidem ».

La raison intrinsèque de ce fait, la voici : L'acte seul est connaissable ; une puissance ne tombe sous la pensée que par l'intermédiaire de son actualité. Or, l'intelligence est essentiellement en puissance. Il faut donc qu'elle soit mise en acte avant de devenir pour elle-même un objet de connaissance.

Cette proposition va directement à l'encontre de l'idéalisme contemporain et en particulier de l'idéalisme cartésien qui fait du *moi* l'objet primordial de l'intelligence. L'idéologie montre que l'*objet d'expérience* est présent, sous forme abstraite, à la pensée, avant que celle-ci s'aperçoive elle-même.

Corollaire : L'intellect actif et l'entendement sont des facultés réellement distinctes. — L'intellect actif et l'intellect potentiel

---

[1]) « 1deo si quæratur utrum ista natura (natura humana considerata modo absoluto ut abstracta) possit dici una vel plures, neutrum concedendum est, quia utrumque est extra intellectum humanitatis et utrumque potest sibi accidere. Si enim pluralitas esset de ratione ejus, nunquam posset esse una, quum tamen una sit secundum quod est in Socrate. Similiter si unitas esset de intellectu et ratione ejus, tunc esset una et eadem natura Socratis et Platonis, nec posset in pluribus plurificari ». *De ente et essentia*, IV.

ou l'entendement sont deux facultés différentes : Leurs actes sont, en effet, spécifiquement différents. L'intellect actif est une cause efficiente qui produit l'espèce intelligible nécessaire à l'acte de cognition ; l'entendement est la faculté qui, sous la détermination de l'espèce intelligible, accomplit l'intellection.

Or, produire une forme intelligible et la recevoir, agir et pâtir, sont des processus irréductibles.

Donc les facultés dont l'une est le principe producteur et l'autre le sujet récepteur de la forme intelligible, sont réellement distinctes [1]).

§ 3. — *Processus du développement de l'intelligence*

105. Objet de ce paragraphe. — Au point où nous en sommes, nous connaissons la nature et l'origine de nos *premières* connaissances intellectuelles. L'intelligence a pour *premier* objet les raisons abstraites et universelles des êtres matériels. Elle en *acquiert l'idée habituelle* moyennant l'action combinée de l'imagination et de l'intellect agent sur la puissance intellective ; ausssitôt que celle-ci est informée par une idée habituelle ou espèce intelligible, elle est à même d'exprimer ce que cette idée représente, et c'est cet acte d'expression qui constitue formellement la *connaissance actuelle* de l'intelligence ou de l'entendement.

Ce premier acte, envisagé *subjectivement*, est un acte de *simple appréhension* ou de simple *conception*, ce qui veut dire qu'il représente simplement ce qu'une chose est, sans rien en affirmer ni en nier. Le résultat de l'acte d'appréhension ou de conception s'appelle *concept* ou *idée*.

Envisagé *objectivement*, il ne représente à l'esprit, dans le principe, que la note indéterminée d'*être*, d'*être existant* ou *subsistant*. A ce premier stade de la connaissance, l'esprit saisit tout d'abord des *qualités accidentelles* concrètes, par exemple la couleur, la résistance d'un corps ; il se représente

[1]) « Necesse est igitur in anima intellectiva esse has differentias, ut scilicet unus sit intellectus, in quo possint omnia intelligibilia fieri, et hic est intellectus possibilis ; et alius sit intellectus ad hcc qucd possit omnia intelligibilia facere actu, qui vocatur agens ». *De anima*, III, 10.

ces qualités comme *quelque chose* de subsistant, quelque chose de lumineux, de résistant, et c'est cet objet premier qu'il traduit spontanément par ces mots indéterminés, si familiers à l'enfant, *ceci, cela.*

Cette première étape franchie, il s'agit de voir comment l'esprit passe aux étapes ultérieures. De là deux nouvelles questions à résoudre :

Ire *Question :* Comment l'intelligence se développe-t-elle *subjectivement ?* Autrement dit, quels sont les différents modes sous lesquels se produit l'*acte d'intellection ?*

2me *Question :* Comment l'intelligence passe-t-elle des corps, son premier *objet,* aux substances spirituelles et à Dieu qu'elle ne peut atteindre que d'une manière médiate ?

La première question, dans laquelle on recherche comment toutes nos opérations intellectuelles, depuis la simple appréhension jusqu'au raisonnement le plus compliqué, s'enchaînent et dérivent l'une de l'autre, fait l'objet de la logique formelle, à laquelle nous renvoyons le lecteur : nous abordons directement la seconde question :

106. Développement de l'intelligence envisagé objectivement. — 1⁰ La connaissance des substances et des essences corporelles. — L'esprit débute par la connaissance des choses corporelles et nous dit ce qu'elles sont. Nous commençons par saisir les *qualités* d'une chose, comme quelque chose de concret et de subsistant. A ce premier stade, notre connaissance est toute descriptive : *quelque chose* ayant telle couleur, telle résistance, tel goût, etc. Plus tard, par voie de *comparaison* et d'*induction,* nous parvenons à discerner, parmi les qualités d'une chose, celles qui sont variables, de celles qui sont des *propriétés nécessaires,* les *accidents* de la *substance.* Nous approchons ainsi peu à peu de la connaissance de ce premier fond substantiel des choses, qui demeure invariable chez elles à travers les changements incessants des accidents ; autrement dit, de ce que la chose est et sans quoi elle ne serait ni ne pourrait être ce qu'elle est, c'est-à-dire de l'*essence spécifique.*

Bref, les *substances,* même corporelles, ne sont connues dans leur *essence,* que d'une manière *médiate* (par l'intermédiaire des qualités) et par voie d'*induction.*

107. 2° La connaissance de l'âme. — Le propre de l'âme humaine n'est pas, comme se l'imaginait Descartes, de penser, mais d'informer la matière pour en faire un corps et l'animer [1]) ; ce corps qu'elle informe et anime, l'âme le rend *apte* à éprouver des sensations ; puis, dépendamment des actes de sensibilité externe et interne, l'âme est *apte* à penser et à vouloir. Mais, originairement, elle n'a que la puissance de penser ; il faut qu'elle soit informée par une espèce intelligible pour exercer l'*acte* de la pensée.

Or, une chose n'est connaissable que dans la mesure où elle est actuelle : « ens actu et verum convertuntur ».

Donc l'âme ne se connaît pas d'elle-même, immédiatement, puisque d'elle-même elle n'est pas susceptible d'être connue.

De fait, l'expérience atteste qu'elle s'ignore. Elle atteste d'abord que l'âme ne connait son *existence* qu'à la condition d'agir et de se voir agissante ; elle atteste ensuite que l'âme ne connaît sa *nature* que d'une manière indirecte et réflexe.

a) *L'âme connaît son existence en ses actes.* — En effet, chaque fois que nous avons conscience d'exister, c'est dans une manifestation de notre activité, dans une sensation, une pensée, une volition, que nous voyons notre existence engagée. Au contraire, quand nous n'avons pas conscience d'agir, dans un profond sommeil, dans une syncope, nous nous ignorons absolument [2]). Dans ce sens le mot de Descartes est exact : « Je doute, donc je suis ».

b) *L'âme connaît sa nature moyennant une réflexion sur ses actes antérieurs.* — 1er *Argument* : Supposé que l'âme connût directement ce qu'elle est, elle aurait sur sa nature spirituelle, simple, incorruptible, des concepts positifs et propres. Or, ces concepts sont tous négatifs et analogiques.

2me *Argument* : Une connaissance naturelle, immédiate est certaine et l'est sans démonstration ; témoin la connaissance des premiers principes, tel le principe de contradiction. Or, il règne sur la nature de l'âme humaine de l'ignorance, des

---

[1]) Voir plus loin, Article second, sect. II.
[2]) « In hoc enim aliquis percipit se animam habere, dit saint Thomas, quod percipit se sentire et intelligere et alia hujusmodi vitæ opera exercere ». *De verit.*, q. 10, a. 8, in C.

doutes et des erreurs. Donc l'âme humaine n'est pas l'objet d'une connaissance naturelle, immédiate de l'intelligence.

108. 3º La connaissance de Dieu. — Nous savons déjà que Dieu n'est pas l'objet direct de l'intelligence humaine (**98**) : *Quel est le procédé indirect qui nous conduit jusqu'à Lui ?*

Nous ne pouvons connaître l'*existence* de Dieu que *par voie de démonstration*. L'application du principe de causalité à l'existence des choses contingentes, prouve qu'il doit exister un Être nécessaire.

Pour nous former une idée de la *nature* ou de l'*essence* de Dieu, nous avons recours au triple procédé que l'on appelle de *composition* ou *synthèse*, de *négation* ou *élimination*, et de *surélévation* ou *transcendance*.

1º Nous comprenons que Dieu doit posséder Lui-même les perfections que nous voyons dispersées dans ses œuvres, et nous les Lui attribuons : procédé de *synthèse*.

2º Mais nous savons que ces perfections ne peuvent avoir en Lui les imperfections inhérentes aux choses créées, ni être limitées comme les perfections des êtres contingents ; nous éliminons donc des perfections divines tout ce qui est imperfection ou limite : procédé de *négation*.

3º Toutefois, même dépouillées de leurs imperfections et de leurs limites, les perfections créées n'ont rien qui ne se conçoive chez un être simplement fini, et par conséquent elles ne sont pas exclusivement propres à l'Être divin.

Pour rendre notre concept exclusivement applicable à Dieu, nous devons reconnaître que les perfections créées, même après suppression de leurs imperfections et limites, restent infiniment au-dessous de la réalité divine et confesser que, pour les rendre attribuables à Dieu, il faudrait les surélever à l'infini : procédé de *surélévation* ou *transcendance*, complément obligé des deux premiers.

Deuxième section : Volition et volonté

Cette section sera partagée en trois paragraphes : § 1. L'acte volontaire nécessaire. — § 2. L'acte libre. — § 3. Les suites de l'acte de volonté : les états affectifs, les sentiments.

§ 1. — *L'acte volontaire nécessaire*

109. Notions préliminaires : Le bien ; la volonté ; diverses espèces de biens. — Aristote définit le bien : « id quod omnia appetunt », *le bien est l'objet des désirs de tous les êtres.*

On appelle généralement *bien* ce qui *est profitable aux êtres.* Or, il se fait que tous les êtres quels qu'ils soient, ont une tendance intrinsèque vers ce qui leur profite : c'est ce qui justifie la définition d'Aristote.

Que les êtres inconscients soient poussés vers ce qui leur est bon, ce n'est pas chose évidente à première vue.

' Mais il n'y a pas de doute que, par nos facultés sensitives, nous nous portons vers des choses que nous désirons et que nous avons le sentiment de les désirer. L'animal éprouve les mêmes désirs sous l'attrait d'objets qui lui sont présentés par les sens. Ces biens qui, de la part de l'animal, sont l'objet de désirs *guidés par un jugement des sens,* s'appellent *biens sensibles.*

Le bien sensible est toujours un objet concret : l'animal juge certaine chose bonne pour lui et va vers elle ; mais il est incapable de distinguer dans la chose jugée bonne *ce qui fait précisément sa bonté.* Cette considération abstraite appartient en propre à l'homme : l'objet propre de la volonté humaine est *le bien, comme tel,* le bien abstrait, ce en raison de quoi les choses sont dignes d'amour.

Dès que la raison a abstrait, elle généralise. En dehors et au-dessus des biens particuliers, elle conçoit un bien idéal qui renferme en lui tout le bien disséminé dans les objets particuliers : cet idéal, quintessence des biens finis, on l'appelle couramment le bien général, le *bien universel.*

Le vouloir propre à l'homme est, en conséquence, l'acte qui a pour objet formel le bien abstrait et universel.

La *volonté raisonnable,* propre à l'homme, désigne la faculté qui est le principe immédiat de ces actes par lesquels l'homme se porte vers le bien abstrait et universel.

On distingue différentes sortes de biens :

1º La volonté peut se porter vers un objet considéré comme bon en soi : cet objet est un bien *absolu.* La volonté peut aussi tendre vers un objet considéré non comme bon en soi, mais comme capable de nous procurer un bien ultérieur : cet objet constitue un bien relatif, le *bien utile.* Le bien absolu est pour la volonté une *fin,* le bien utile, un *moyen.*

2° Lorsque la volonté entre en possesion d'un bien, elle éprouve une jouissance, un plaisir. Or, il se peut que la volonté en se portant vers un objet bon, se porte en même temps vers le plaisir qu'elle goûtera à saisir cet objet. L'objet bon s'appelle alors le *bien objectif ;* le plaisir que sa possession apporte au sujet est le *bien agréable,* « bonum delectabile ».

3° Le bien objectif, vers lequel se porte la volonté guidée par la saine raison, est appelé par les moralistes bien *honnête,* « bonum honestum » [1]).

110. La volonté est le principe d'actes nécessaires. — Avant de prouver cette assertion, il nous en faut bien comprendre la portée exacte.

Est *nécessaire* ce qui, de par sa nature, est déterminé à se réaliser. Nécessaire dans ce sens est donc synonyme de *naturel :* ce qui est exigé par la nature du sujet et, par suite, s'accomplit en conformité avec sa tendance fondamentale.

Ainsi compris, le nécessaire s'oppose à ce qui est *forcé, contraint,* « violent », ce qui se produit sous l'action d'une force extérieure, contrairement à la tendance naturelle du sujet. Les eaux d'un fleuve sont naturellement, *nécessairement,* portées vers la mer : l'homme les force à remonter vers leur source.

Le nécessaire et le contraint sont compris dans la notion du *déterminé,* « determinatum ad unum », et s'opposent tous deux à la notion de *libre,* la liberté étant la négation de la détermination de la volonté à un vouloir unique.

Prouvons que la volonté est le principe d'actes nécessaires.

En présence d'un bien quelconque qui lui est présenté par l'intelligence, la volonté agit *nécessairement.* N'éprouvons-

---

[1]) « In motu appetitus, id quod est appetibile terminans motum appetitus secundum quid, ut medium, per quod tenditur in aliud, vocatur utile. Id autem quod appetitur ut ultimum terminans totaliter motum appetitus, sicut quædam res in quam per se appetitus tendit, vocatur honestum ; quia honestum dicitur quod per se desideratur. Id autem quod terminat motum appetitus, ut quies in re desiderata, est delectabile » *Sum. theol.,* I, q. 5, a 6, b.

nous pas nécessairement de la sympathie pour ceux qui nous font du bien, de l'antipathie à l'égard de ceux qui nous font du mal ? La sincérité attire ; l'égoïsme, le mensonge, la trahison répugnent : autant d'inclinations volontaires qui se produisent nécessairement, *spontanément*, devançant toute réflexion.

Mais il y a plus : Certains objets s'imposent tellement à la volonté que, *même après réflexion*, elle ne peut les refuser. Chacun de nous se forme vaguement un idéal qui réunit tout le bien désirable : nous avons, sans doute, le pouvoir de ne pas y penser, mais il nous est impossible d'y penser sans le désirer. De même, lorsque nous considérons certains biens comme éléments ou conditions nécessaires du bien universel — l'existence, la vie, l'intelligence — nous ne pouvons nous empêcher de les vouloir [1]).

§ 2. — *L'acte libre*

111. Notion de l'acte libre. La liberté prend racine dans une indétermination du jugement. — La volonté, mise en présence d'un bien universel, agit nécessairement. Mais la volonté produit aussi des actes non nécessaires, des actes libres.

L'acte *volontaire*, dans l'acception spéciale du mot, est nécessaire, déterminé : ce qui est jugé bon, exerce inévitablement un attrait sur la volonté.

L'acte libre n'est pas déterminé ; il est tel que, en présence de toutes les conditions nécessaires à sa production, il dépend de la volonté de le vouloir ou de ne pas le vouloir.

Or, le vouloir est subordonné à la présentation d'un bien : « nihil volitum nisi præcognitum » ; « voluntatem non allicit ad faciendum quodlibet, écrit saint Augustin, nisi aliquod visum » [2]) ; on ne veut que ce que l'on a jugé bon.

---

[1]) « Est quoddam bonum quod est propter se appetibile, sicut felicitas, quæ habet rationem ultimi finis, et hujusmodi bono ex necessitate inhæret voluntas : naturali enim quadam necessitate omnes appetunt esse felices... Si essent aliqua bona, quibus non existentibus, non possit aliquis esse felix, hæc etiam essent ex necessitate appetibilia et maxime apud eum qui talem ordinem perciperet : et forte talia sunt esse, *vivere* et *intelligere*, et si qua alia sunt similia ». *In Peri Hermeneias,* I, 14.

[2]) *De libero arbitrio*, P. III, c. XXV, n. 74.

Dès lors, le vouloir ne sera libre que si le jugement l'est.

La liberté de l'acte libre prend racine dans le jugement : mais la liberté s'appelle couramment *libre arbitre*, c'est-à-dire *libre jugement* [1]).

Mais, dira-t-on, nos jugements ne sont-ils pas déterminés par l'évidence, excluant nécessairement la contradictoire ? Où, dès lors, trouver place à l'indétermination ?

Sans doute, dans l'ordre abstrait, l'évidence, médiate ou immédiate, commande l'assentiment. Ainsi cette proposition générale : Le fils doit respecter son père, s'impose nécessairement à la raison et sa bonté objective conquiert inévitablement le consentement de sa volonté.

Mais les actes que la volonté est appelée à exécuter sont des actes concrets, particuliers, auxquels elle doit appliquer par un jugement pratique particulier les règles énoncées par des jugements de l'ordre abstrait. C'est moi qui me connais comme fils, avec mes tendances, mes goûts particuliers ; moi-même j'apprécie telle démarche particulière qui, *hic et nunc*, m'est demandée pour honorer mon père.

Ma raison approuve, sans doute, que j'honore mes parents ; mais pour les honorer dans ce cas particulier, il faut que je me gêne, que je m'impose une privation. A un point de vue, il est bon de témoigner à mon père cette déférence qui lui revient ; à un autre point de vue, il est bon d'être plus soucieux de mes aises. Voilà donc deux jugements pratiques contradictoires : je garde la liberté du jugement définitif, j'ai mon libre arbitre, je suis libre. Mais n'anticipons pas sur la preuve du libre arbitre.

C'est donc la volonté qui, en dernière analyse, lève l'indétermination. La liberté prend racine dans l'intelligence, mais réside formellement dans la volonté.

112. Preuves du libre arbitre. — Les preuves du libre arbitre se ramènent aux trois suivantes :

---

[1]) « Tota ratio libertatis, dit saint Thomas, ex modo cognitionis dependet. Appetitus enim cognitionem sequitur, cum appetitus non sit nisi boni, quod sibi per vim cognitivam proponitur... Et ideo si judicium cognitivæ virtutis non sit in potestate alicujus, sed sit aliunde determinatum, nec appetitus ejus erit in potestate ejus, et per consequens nec motus vel operatio absolute ». *De verit.*, q. 22, art. 2.

1º La conscience aidée de la réflexion atteste le fait de la liberté.

2º Diverses considérations d'ordre moral et social confirment, par le témoignage de l'humanité, les informations de la conscience personnelle.

3º La raison explicative du libre arbitre se trouve dans ce fait qu'aucun bien concret, particulier, ne se présente à la volonté comme bien absolu, bien universel. La raison réfléchissante peut prononcer à la fois, qu'il est bon de vouloir ce bien particulier, et qu'il est bon de ne pas le vouloir ; la volonté a donc le choix, elle est libre.

113. Preuve tirée de la conscience. — Ma conscience m'atteste qu'en maints cas je suis le maître de vouloir ou de ne vouloir pas un bien qui m'est offert ; mon intelligence aperçoit des motifs d'accomplir tel acte et des motifs d'écarter cette action. Elle me fait voir que dans ces cas ma volonté est sollicitée, mais non déterminée par des motifs objectifs, qu'elle se détermine elle-même, qu'elle est libre.

Il m'est évident, par exemple, que je puis donner une aumône à ce malheureux qui implore ma charité et que je puis la lui refuser ; que je puis employer mon argent à soulager sa misère ou à m'accorder une satisfaction personnelle ; que je puis l'employer à des satisfactions honnêtes, ou même, si je le veux, à des plaisirs coupables.

Objection : J. Stuart Mill objecte à cet argument que le sentiment de la liberté est impossible.

« En effet, dit-il, pour avoir conscience d'être libre, il faudrait avoir conscience que, avant d'avoir choisi, j'aurais pu choisir autrement... Or, la conscience me dit ce que je fais ou ce que je sens, mais *ce que je suis capable de faire* ne tombe pas sous ma conscience » [1]).

Et de fait, nous l'avons déjà fait remarquer, seul l'acte est connaissable ; les puissances ne sont saisissables que dans les actes où elles sont engagées. Donc, semble-t-il, il est impossible de connaître l'acte réputé libre avant que cet acte soit accompli. Or, quand il est fait, l'indétermination de la faculté,

---

[1]) STUART MILL, *Examination of Hamilton's philosophy*, 6th ed., p. 560.

c'est-à-dire la liberté, n'existe plus. Donc la liberté échappe inévitablement à la conscience.

Réponse : Il est vrai que l'acte accompli est déterminé ; il est vrai encore que la puissance, comme telle, est inconnaissable. Mais entre la puissance et son acte il y a un intermédiaire réel : l'*actualisation* de la puissance, le *devenir* de l'acte libre, et celui-ci est connaissable.

D'une part, je constate des actes qui émanent irrésistiblement de ma volonté ; je me rends compte qu'ils sont déterminés entièrement par les motifs objectifs qui les suscitent.

D'autre part, je constate d'autres actes, qu'un motif me sollicite à vouloir, mais que ce motif, de prime abord, ne détermine pas ; un moment après néanmoins ces actes sont déterminément voulus. En comparant ces deux états de conscience, je constate qu'à la sollicitation inefficace du premier moment s'est ajouté quelque chose qui, émanant de ma volonté, a converti la sollicitation en détermination. J'ai donc conscience que la détermination du vouloir libre est bien en dernier ressort l'œuvre de ma volonté.

L'expression : « Lorsque l'homme agit, il a conscience qu'il pourrait ne pas agir » ne signifie donc pas que le pouvoir de ne pas agir tombe directement, comme tel, sous la conscience. Elle signifie : Lorsqu'une détermination se produit, j'ai conscience qu'elle est causée par mon consentement. Par ailleurs, lorsqu'une sollicitation se produit et que j'y refuse mon consentement, la sollicitation reste sollicitation et n'est point suivie de détermination.

La conscience affirme donc que la volonté est seule maîtresse de ses actes.

114. Preuve confirmative de l'argument de conscience. — Les hommes *louent* ceux qui font bien, *blâment* ceux qui font mal ; on donne à autrui des *conseils*, des *commandements* ; l'autorité porte des *lois*, elle établit pour les sanctionner un système de *récompenses* et de *châtiments*.

La force probante de ces faits n'est pas dans le fait lui-même. Il n'est pas vrai que, dans un monde déterministe [1], la distinction entre le bien et le mal, les conseils, les lois, les

---

[1] On appelle *déterminisme* la théorie philosophique qui nie la liberté.

récompenses et les châtiments n'auraient plus *aucune* raison d'être. Ces facteurs garderaient la valeur de motifs objectifs propres à déterminer des actes spontanés, tout comme les caresses, la menace, la récompense, le châtiment, etc., ont une influence réelle sur l'activité de l'animal.

La force de l'argument est dans la *signification* qu'attache à ces faits la conscience de l'humanité. Tout le monde considère, en effet, comme *responsable* l'auteur des actes bons ou mauvais, dignes de louange ou de blâme, de récompense ou de châtiment. Or, l'auteur est jugé responsable parce qu'il est supposé avoir été maître de ses actes.

·La façon dont les hommes apprécient la conduite de leurs sémblables prouve donc qu'ils croient à la liberté morale.

115. Preuve intrinsèque du libre arbitre. — Avant de fournir cette preuve, précisons les conditions dans lesquelles se produit l'acte que nous appelons libre.

Avant tout, nous supposons la volonté mise en acte par l'attrait du bien universel qui est son objet formel propre.

Cela posé, avant toute détermination libre, plusieurs actes cognitifs et volitifs ont dû se produire :

Représentation sensible, d'abord, intellectuelle, ensuite, d'un ou plusieurs objets capables d'émouvoir la volonté.

Jugements spontanés du sens estimatif et de la raison sur ces objets, bons ou mauvais.

Mouvements spontanés de l'appétit sensitif et de la volonté intellective : attraits, répulsions. Ces mouvements attirent l'*attention* de la raison, qui se met à *réfléchir* sur les objets qui émeuvent la volonté. Les avantages et les désavantages de l'objet, les inclinations favorables ou défavorables qu'il produit suivant l'aspect sous lequel on le considère, forment la matière de jugements successifs dont l'ensemble porte le nom de *délibération* (du mot latin *librare*, peser), *consilium*.

Finalement la raison réfléchissante met un terme à la délibération, elle tranche, prend une *décision* (decidere, couper).

. La décision prise est immédiatement suivie par la *volition* réfléchie de l'acte décidé.

La liberté se produit déjà dans la délibération et dans la décision : nous avons conscience que nous conduisons le cours de la délibération, préparant ainsi la décision définitive qui est vraiment nôtre. De cette décision libre suit la détermination du vouloir comme la plante sort de sa racine : libre ainsi dans son origine, le *vouloir* est *libre en lui-même, formellement :* tant qu'il dure nous avons conscience qu'il n'est ni contraint par une cause extérieure, ni nécessité par une loi intérieure, mais qu'il demeure sous la dépendance de la volonté elle-même.

Quelle est la raison intrinsèque de cette liberté de la détermination libre ?

L'objet formel propre de la volonté est le bien universel.

Or, l'expérience ne met à la disposition de la volonté que des biens particuliers : *ce* bien et non *le* bien.

La raison réfléchissante compare *ce* bien à l'idéal qui est *le* bien, *tout* bien, elle voit leur non-identité.

Elle conclut que *ce* bien peut être voulu par une volition réfléchie, attendu qu'il est *un* bien, qu'il peut n'être pas voulu, parce qu'il n'est pas *le* bien [1]).

En présence de ce double jugement, la volonté demeure indéterminée. La détermination, si elle se produit, n'a donc point pour cause l'objet seul ; seule la volonté peut la produire ; celle-ci est maitresse de son vouloir ; elle est un pouvoir d'autodétermination, elle est libre.

116. Corollaires. — 1° Il suit de cette explication que *toute volition spontanée peut faire la matière d'une volition libre*, même la volition du bonheur dans les conditions de la vie présente. En effet, le vrai bonheur suppose la possession d'un bien qui réponde à toutes les aspirations de notre nature et soit inamissible. Or, aucun bien présent n'est adéquat à nos aspirations ; aucun n'est inamissible, car

---

[1]) « Si proponatur aliquod objectum voluntati quod sit universaliter bonum et secundum omnem considerationem, ex necessitate voluntas in illud tendet, si aliquid velit : non enim poterit velle oppositum. Si autem proponatur sibi aliquod objectum quod non secundum quamlibet considerationem sit bonum, non ex necessitate voluntas feretur in illud. Et quia defectus cujuscumque boni habet rationem non boni, ideo illud solum bonum quod est perfectum et cui nihil deficit, est tale bonum quod voluntas non potest non velle : quod est beatitudo. Alia autem quælibet particularia bona, in quantum deficiunt ab aliquo bono, possunt accipi ut non bona ; et secundum hanc considerationem, possunt repudiari vel approbari a voluntate, quæ potest in idem ferri secundum diversas considerationes ». *Sum. theol.*, 1ª 2ᵃᵉ, art. 10, q. 2, C.

toute chose d'expérience est contingente et peut toujours
nous échapper.

2° Il résulte encore de l'analyse précédente que *le libre
choix n'a pour objet que des moyens.* Nous voulons déterminément une *fin,* le champ d'action de la liberté ne s'étend
pas au delà du *choix des moyens* qui conduisent à cette fin.
Seulement il faut remarquer que toute fin, si elle n'est pas fin
dernière, peut à son tour faire l'objet d'une délibération et,
par suite, d'une volition libre subordonnée à une fin ultérieure. Supposé que je sois décidé à aller de Bruxelles à Rome,
je suis libre de choisir mon itinéraire par Paris ou par Bâle :
le but est fixé, les moyens sont libres. Néanmoins, si je veux
aller à Rome pour passer l'hiver dans le Midi, le voyage de
Rome devient moyen à son tour et, par suite, objet d'un
choix ; je suis libre d'aller à Rome, à Nice, à Gênes ou ailleurs.
Mon nouveau but — séjourner dans le Midi — peut à son
tour devenir moyen et, alors, à nouveau faire l'objet d'un libre
choix.

Cependant, la subordination de la fin actuelle à une fin
ultérieure ne peut se poursuivre indéfiniment ; sinon, le
vouloir libre ne prendrait jamais naissance. C'est pourquoi il
faut poser à la base de tout vouloir libre l'inclination spontanée et nécessaire de la volonté vers le bien en général :
cet objet indéterminé pose à la série des fins particulières
un terme ultime, une fin dernière, et explique, en conséquence, la possibilité du choix libre des moyens.

C'est ainsi que saint Thomas définit très bien la liberté :
La faculté de choisir ce qui conduit à une fin [1]).

Léon XIII, dans son encyclique *Libertas,* dit de même :
« La liberté est la faculté de choisir les moyens propres à
réaliser ce que l'on s'est proposé » [2]).

**117. Le Déterminisme. — Déterminisme psycholo-
gique.** — Le déterminisme est la négation du libre arbitre :
il consiste à prétendre que tous nos actes sont adéquatement
déterminés par leurs antécédents, que nos actes réputés libres

---

[1]) « Facultas electiva eorum quæ sunt ad finem ». *Summ. theol.,* I²,
q. 62, art. 8.
[2]) « Libertas est facultas eligendi res, ad id quod propositum est
idoneas ».

seraient eux-mêmes la résultante nécessaire d'antécédents donnés.

Selon que les antécédents qui sont censés déterminer irrésistiblement nos volitions sont d'ordre psychologique, physiologique ou mécanique, le déterminisme s'appelle psychologique, physiologique ou mécanique.

Le *déterminisme mécanique* fait de la volonté une force matérielle, soumise comme toutes les autres aux lois fatales de la mécanique.

Le déterminisme *physiologique* assimile nos volitions dites libres à des actes réflexes.

Le déterminisme *psychologique* soutient que la volonté suit nécessairement le motif le plus fort, le plus grand bien.

Les formes de déterminisme mécanique et physiologique se trouvent suffisamment réfutées par les preuves que nous avons fournie du libre arbitre ; il serait superflu d'y revenir.

Le déterminisme psychologique, mis en avant par Leibniz, se présente sous des dehors plus spécieux. Leibniz prétend que la volonté va toujours déterminément à ce qui se présente à elle comme son plus grand bien : la conception d'un choix positif par une volonté indifférente, c'est-à-dire non déterminée par le motif le plus fort, est absurde : ce serait la négation du principe de raison suffisante [1]).

118. Réfutation du déterminisme psychologique. —
Il est arbitraire de prétendre que la volonté est toujours sous l'influence, consciente ou inconsciente, d'un motif prévalent. Il peut arriver et il arrive de fait qu'elle ait à choisir entre deux biens absolument équivalents : entre deux verres d'eau, entre deux louis d'or, entre deux chemins de même longueur et de même direction, il semble indiscutable que la volonté est objectivement indifférente. S'ensuit-il que dans ces alternatives elle ne puisse se décider, comme l'âne de Buridan mort de faim entre ses deux picotins d'avoine ?

La théorie de Leibniz est donc contredite par les faits :

---

[1]) Le *principe de raison suffisante*, sur lequel repose le déterminisme psychologique, est formulé par Leibniz en ces termes : « Aucun fait ne saurait se trouver vrai ou existant, aucune énonciation véritable, sans qu'il y ait une raison suffisante pour qu'il en soit ainsi ».

est-il vrai que la nôtre serait la négation du principe de raison suffisante ?

Non. La volonté, même en l'absence de toute raison objective, peut vouloir son acte pour lui-même. En présence de deux verres d'eau, je puis porter la main sur celui qui est à ma gauche, uniquement pour cette raison que j'aime à agir. J'exerce ma volonté pour le plaisir de l'exercer.

La décision, sans motif objectif, a donc sa raison suffisante dans les ressorts de ma vie psychologique.

Toute difficulté disparaît si l'on se rend compte que le rôle primordial de la liberté n'est pas de choisir entre des biens divers (liberté de spécification), mais de se déterminer soi-même à vouloir un bien ou à ne pas le vouloir (liberté d'exercice).

Le déterministe prétend que, en présence de deux biens inégaux, il m'est impossible de ne pas prendre déterminément le meilleur. Est-ce vrai ? L'artiste à qui l'on offre deux tableaux d'inégale valeur, a-t-il ou n'a-t-il pas la faculté de choisir le moins bon des deux ?

Nous concédons volontiers que la *préférence*, comme telle, n'est pas libre. Il est physiquement impossible à la volonté de ne point préférer le bien que la raison pratique juge *hic et nunc*, somme toute, le meilleur. Si l'attention de l'artiste se concentre sur la valeur artistique *relative* des deux toiles, la préférence pour celle qui est jugée la meilleure s'impose à sa volonté.

Mais la volonté peut ne pas faire attention à la supériorité d'un objet sur l'autre, et considérer chaque objet *séparément* comme un bien particulier qui peut être voulu ou rejeté librement. Ainsi le tableau le meilleur peut être choisi, il peut ne l'être pas ; il constitue un bien, il n'est pas le bien absolu. Le tableau le moins bon peut être voulu, il peut ne l'être pas : considéré en lui-même, lui aussi est un bien particulier.

Si je choisis le moindre bien, je suis déraisonnable, sans doute, mais j'ai le pouvoir d'être déraisonnable : je ferme les yeux aux considérations objectives qui régleraient ma conduite si je voulais être raisonnable, et je dirai, si bon me semble : « Stat pro ratione voluntas ».

Au fond, on le voit, le choix lui-même est fondé sur la liberté d'exercice : vouloir tel objet ou ne pas le vouloir.

119. La liberté morale et le pouvoir de mal faire. — Lorsque la liberté a pour objet des actes *moraux*, c'est-à-dire des actes considérés dans leur rapport avec la fin de la nature raisonnable, elle s'appelle *liberté morale*.

On définit parfois la liberté morale « la faculté de choisir entre le bien et le mal ». De fait, la liberté humaine vérifie cette définition, l'homme peut choisir le mal ; mais en droit, la liberté morale n'implique pas le pouvoir de choisir le mal. Ce pouvoir est une imperfection du libre arbitre, tout comme le pouvoir de se tromper est une faiblesse de la raison.

L'homme qui fait le mal prend un bien apparent pour son véritable bien, et choisit le premier au lieu du second. Ce choix malheureux s'explique par cette raison que de la nature humaine émanent plusieurs facultés dont chacune a son objet propre. Or, ce qui est bon pour une faculté ne l'est pas nécessairement pour l'autre. Telle volupté qui flatte les appétits inférieurs est mauvaise pour l'homme raisonnable.

Lorsque la volonté se décide pour un bien inférieur au détriment de l'honnêteté, elle viole sa loi naturelle, elle commet un désordre, elle abuse de sa liberté. Aussi le mal moral s'appelle une défaillance, une faute, une chute.

Puisque la liberté de mal faire est une imperfection du libre arbitre, il est insensé de revendiquer, pour soi ou pour autrui, cette liberté comme un droit.

Ainsi lorsqu'une autorité légitimement constituée empêche — dans les limites et avec les précautions que la prudence commande — soit au sein de la famille, soit au sein des sociétés, le mal ou l'erreur qui y mène, elle protège la liberté morale, loin de la restreindre.

Prétendre à une liberté sans frein, c'est prétendre à la *licence*, contrefaçon de la vraie liberté.

120. Réponse à quelques objections. — Les déterministes allèguent contre la liberté deux ordres de faits :

1º Les propensions irrésistibles au crime, que l'on rencontrerait chez les criminels.

2º L'uniformité et la constance de divers faits d'ordre moral.

3⁰ Enfin, une dernière objection contre le libre arbitre est
tirée de l'impossibilité qu'il y aurait à le concilier avec la loi
de la conservation de l'énergie.

Examinons brièvement ces trois difficultés :

1⁰ Nous admettons que sous diverses influences — hérédité, alcoolisme, débauche, habitudes vicieuses, etc. — la
responsabilité est, chez plusieurs sujets, *atténuée ;* il est même
vraisemblable que chez quelques-uns elle n'est pas ou n'est
pas suffisante pour justifier le qualificatif *criminel.*

Mais il serait arbitraire d'ériger l'exception en règle, et de
nier la responsabilité parce qu'il y aurait des irresponsables,
comme il serait arbitraire de refuser à l'humanité la saine
raison parce qu'il y a des aliénés.

2⁰ Si les individus qui composent le corps social étaient
libres, disent les déterministes, leurs actes varieraient.

Or, la statistique morale révèle une constance remarquable
de certains faits moraux, tels les mariages, les naissances
illégitimes, les crimes, les suicides, etc. ').

Donc, conclut-on, les actes réputés libres sont, aussi bien
que les événements physiques, régis par des lois inéluctables.

Pour répondre à cette objection, remarquons d'abord que
tous les actes dont l'homme est l'auteur ne sont pas libres.
L'acte libre a pour condition essentielle la réflexion. Or,
combien d'actes irréfléchis dans les vies les plus sérieuses !
Combien sont exclusivement guidés par l'imagination, inspi-
rés par la passion, déterminés par l'égoïsme, dominés par la
routine !

Une seconde erreur consiste à se représenter les actes
libres comme des actes arbitraires, procédant d'une volonté
capricieuse. Sans doute, l'homme a le pouvoir d'agir ainsi, à
sa guise. Mais de fait, dans le plus grand nombre des circonstances, il se laisse guider par des intentions raisonnables.
Ainsi, sans parler de l'intention dernière — la volition du
plus grand bien — l'instinct de la conservation, l'instinct de la
reproduction, l'amour naturel des parents pour leurs enfants,

---

') Voici, par exemple, le nombre de suicides canstatés en **France**
pendant les années 1849 à 1860 : 3583, 3596, 3598, 3676, 3415, 3700,
3810, 4189, 3967, 3903, 3899, 4050.

celui des enfants pour leurs parents, la recherche du bien-être
ou de l'intérêt personnel impriment à la volonté des poussées
auxquelles généralement elle obéit sans attendre une décision
réfléchie. Il s'ensuit que lorsque les circonstances sont sensiblement les mêmes, les hommes obéissent pour la plupart
aux mêmes intentions. Dès lors, une même intention spontanée déterminera chez la plupart une manière d'agir uniforme,
constante.

Cette constance relative et cette uniformité approximative
n'excluent pas la liberté : tout acte, ainsi inspiré par une
intention spontanée, peut faire l'objet d'une délibération
quant aux motifs, à la manière, au moment de l'accomplir.

Ainsi chacun de nous est libre de se mettre demain en
voyage ou de rester chez soi, personne n'en doutera. Cependant il est absolument certain que beaucoup, ayant intérêt à
voyager, se décideront librement à se mettre en route, et
le nombre de voyageurs circulant sur le réseau du chemin de
fer sera approximativement le même tous les jours ordinaires.

De cette manière d'agir constante et uniforme des êtres
libres on peut déduire des lois analogues aux lois physiques :
on les appelle *lois morales*.

3° Les partisans du déterminisme mécanique objectent
que l'exercice du libre arbitre troublerait la constance de
l'énergie de l'univers [1]).

Dans le cas où la volonté libre pourrait commander des
mouvements corporels autres que ceux qui se produiraient si
l'organisme était exclusivement soumis à l'action des forces
de la nature, elle introduirait, disent les déterministes, une
nouvelle quantité d'énergie dans l'univers et troublerait inévitablement la constance de l'énergie totale.

Nous répondons que la volonté n'est pas une cause efficiente produisant des effets mécaniques. Elle ne fait qu'appliquer à l'action la puissance locomotrice de l'organisme. Elle

---

[1]) On connaît la célèbre formule de Lavoisier : « rien ne se perd, rien
ne se crée dans la nature ». Ce principe, que son auteur énonçait au
sujet de la conservation de la matière, s'applique aussi à la conservation de l'énergie de l'univers. Il existe dans le monde une certaine
quantité d'énergie qui se manifeste sous forme de travail mécanique,
son, chaleur, lumière ou électricité. Chacune de ces formes d'énergie
peut se substituer à une autre, mais *la somme totale d'énergie de l'univers reste constante*.

ne dépense à cet effet aucune force vive, parce qu'elle n'agit pas au dehors, elle est immanente. Toute l'énergie dépensée au dehors provient de l'appétit sensitif et de la faculté locomotrice, qui sont des facultés matérielles soumises, elles, à la loi de la conservation de l'énergie.

§ 3. — *Les suites de l'acte volontaire : Les états affectifs, les sentiments*

121. Le plaisir et la douleur. — Les actes de la volonté s'accompagnent généralement de plaisir ou de douleur. Qu'est le *plaisir* ? Qu'est son contraire, la *douleur* ?

Le plaisir ne se définit pas, mais on peut le décrire d'après ses conditions d'existence et les causes qui le provoquent.

Le plaisir a pour cause toute activité consciente, *subjectivement*, et *objectivement parfaite.*

1º Une action est parfaite *subjectivement*, lorsque la puissance qui la produit agit avec toute la vigueur dont elle est capable. Pour qu'une énergie engendre tout le plaisir qu'elle est capable de faire naître, il faut qu'elle se déploie *pleinement*, c'est-à-dire le plus possible, sans toutefois aller jusqu'à l'excès qui amène la fatigue et l'épuisement.

2º Une action est parfaite *objectivement*, lorsque son objet répond à la fin naturelle du sujet qui en est le principe. L'intensité du plaisir ne croît donc pas toujours en proportion de l'énergie déployée. Il faut encore que l'activité exercée serve au sujet de moyen pour se rapprocher de sa fin : elle doit donc se subordonner à la fin naturelle du sujet. L'activité d'une faculté inférieure doit demeurer subordonnée aux facultés supérieures : si elle s'exerce aux dépens de celles-ci, elle engendre le désordre, le trouble, elle est une cause de déplaisir ou de douleur.

Cette théorie, qui est celle d'Aristote et de saint Thomas, se justifie pleinement par l'observation.

1º Autant nous avons de *sources d'activité* consciente, autant nous avons de *sources de plaisir* : jouissances de la santé et du bien-être, satisfactions des sens, plaisirs de l'esprit, joies du cœur, plaisirs du mouvement.

2º *Pas de plaisir sans activité*, ainsi que l'observe Aristote.

Ce que les Italiens appellent le « dolce far niente » n'est pas l'inaction, mais une activité libre et facile succédant à un effort prolongé.

3° *Avec le degré d'activité croît le degré de plaisir*. Ainsi une lumière insuffisante nous déplaît, le grand jour nous fait plaisir ; une vérité banale nous ennuie, un problème qui exerce puissamment l'esprit procure une vive jouissance.

En résumé, tout exercice parfait d'activité est source de plaisir et le plaisir augmente dans la proportion où se développe l'activité parfaite. Concluons donc avec saint Thomas que le plaisir résulte de la perfection de l'activité [1]).

122. La sensibilité affective n'est pas une faculté spéciale. — Analyse psychologique de l'émotion. — On sait que les psychologues modernes distinguent généralement trois groupes de phénomènes psychiques : les uns perceptifs ou intellectifs, les autres volitifs ou moteurs, d'autres enfin affectifs ou émotifs. Les scolastiques n'admettent pas cette classification, ils se contentent de distinguer deux genres de facultés : les unes appréhensives ou cognitives, les autres appétitives ou volitives.

Pour nous prononcer en connaissance de cause entre les deux écoles, tâchons de bien nous rendre compte de ce que sont ces états affectifs appelés passions par les anciens, émotions par les modernes:

On appelle *émotion* une *modification passive, agréable ou désagréable, perçue par la conscience et produite par la représentation d'un bien ou d'un mal*.

Pour être « affective », l'impression passive doit être « agréable ou désagréable » au sujet, c'est-à-dire engendrer en lui un changement qui se révèle à la conscience sous forme de plaisir ou de douleur. Nous ne nous disons « affectés », ou à plus forte raison « émotionnés », que lorsque nous éprouvons une impression d'une certaine vivacité ; une modification qui nous laisse « indifférents » ne s'appelle pas une « émotion ».

---

[1]) « Si ergo operatio perfecta est delectabilis, perfectissima autem delectabilissima, consequens est quod operatio, in quantum est perfecta, est delectabilis. Delectatio ergo est operationis perfectio ». S. Thom., *Comm. in lib. Arist., Ethic.* X, lect. 6.

L'idée de la *conscience* du phénomène affectif s'évoque spécialement quand on désigne les affections par les expressions *sensation, sentiment*.

Mais toute impression agréable ou désagréable ne constitue pas encore une émotion. Un bon dîner suivi d'une bonne digestion provoque un agrément ; une mauvaise digestion, un désagrément : personne pourtant n'appellera « émotions » ces sensations agréables ou désagréables. L'émotion est proprement une impression produite par une représentation soit perceptive soit imaginative d'un bien ou d'un mal. Telle l'émotion joyeuse de l'enfant qui, après une longue séparation, se jette dans les bras de sa mère ; telle l'émotion pénible de la mère qui suit, anxieuse, les derniers râles de son enfant mourant.

Les émotions ainsi définies semblent être des modifications passives de notre être. Or, disent les psychologues modernes, la perception et l'appétition sont éminemment *actives*. Dès lors il faut distinguer trois ordres de puissances de l'âme, les unes perceptives, les autres volitives, les troisièmes enfin émotives ou affectives.

L'erreur consiste à regarder une puissance passive comme une puissance absolument inactive. Une puissance passive est, au contraire, une puissance opérative : seulement elle a besoin pour agir d'une impression subie qui la détermine à l'action.

L'émotion est une passion, mais une passion *qui détermine à l'action*, et ainsi rien n'empêche de la ranger parmi les puissances appétitives.

Sans doute, on peut envisager l'opération de la volonté sous divers aspects : Lorsqu'on l'envisage poursuivant son but ou subordonnant à cette poursuite les moyens qui doivent la conduire à sa fin, — intention, désirs, résolutions, — on la voit en activité ; mais lorsque le but est atteint, le mouvement de recherche cesse et, en ce sens, la volonté se repose, — *possession, satisfaction, apaisement* — « quies in bono adepto ».

L'union de l'objet aimé avec la faculté qui le désirait engendre une modification que la volonté subit ; et en cela elle est passive.

Mais cette passivité n'est pas l'inaction : au contraire. Aussitôt qu'elles sont unies à leur objet, les puissances appétitives redoublent d'énergie pour s'attacher plus étroitement, plus ardemment à ce qui leur procure la jouissance qu'elles ont commencé à savourer.

Le sentiment est donc, d'une part, passif, mais à l'impression passive se mêle un mouvement souvent intense de la volonté. La volonté, d'autre part, est une faculté passive qui a besoin pour agir d'être menée à l'action par l'attrait de son objet.

Il n'y a donc pas lieu de faire aux états affectifs une place à part dans la classification des opérations et des facultés de l'âme : ils se rangent de par leur nature parmi les manifestations des facultés appétitives.

123. Les théories interprétatives du sentiment. — Dans l'interprétation des états affectifs nous rencontrons, comme dans toute la psychologie, deux théories extrêmes également erronées.

Les matérialistes mettent en avant la *théorie physiologiste*. L'émotion consiste uniquement dans les modifications physiques de l'organisme, mouvements, gestes, cris, etc.

Aux antipodes de cette théorie physiologiste se place une théorie *intellectualiste*, d'après laquelle le sentiment serait d'ordre purement représentatif ou psychique.

Encore une fois « virtus in medio » : le sens intime et la conscience nous disent que les émotions sensibles — les *sensations* — sont à la fois physiques et psychiques. Les *sentiments* eux-mêmes, — émotions de l'âme spirituelle, — s'accompagnent toujours, dans une certaine mesure, d'une émotion passionnelle et retombent ainsi indirectement dans le domaine des faits physiques.

Aux émotions, aussi bien qu'aux perceptions effectuées par les sens, s'applique donc la doctrine formulée en ces termes par saint Thomas : « Sentire non est proprium neque animæ neque corporis, sed compositi ».

124. Objet de cette section. — Nous avons considéré
la connaissance intellectuelle et la volition raisonnable comme
les _actes_ exclusivement *propres à l'homme.*

Il nous faut démontrer qu'ils le sont réellement. Mais,
comme la volition raisonnable est subordonnée à la connaissance intellectuelle, il faut surtout prouver que la pensée
appartient en propre à l'homme.

Or, la pensée, on se le rappelle, est la conception de l'abstrait et la connaissance des relations universelles et nécessaires qui existent entre les objets abstraitement conçus.

Il s'agit donc finalement de savoir si les hommes, et les
hommes seuls, connaissent l'abstrait et l'universel.

Nous aurons deux propositions à établir :

1re *Proposition : Les hommes connaissent l'universel.*

2me *Proposition : Les hommes seuls connaissent l'universel ;*
l'animal ne le connaît à aucun degré.

De cette démonstration nous conclurons : *La connaissance
de l'universel établit une différence de nature* entre l'homme
et l'animal.

125. L'homme connaît l'universel. — Preuves. —
1º L'observation directe atteste qu'il n'y a pas d'homme si
ignorant, si dégradé soit-il, qui ne vive dans un commerce
habituel avec l'universel. Pour ne donner qu'un exemple, quel
homme ne se rend pas compte, au moins implicitement, de la
nécessité et de l'universalité de cette proposition : *deux et
deux font quatre ?*

2º Chez tous les hommes, on trouve le *langage,* le *progrès
personnel,* réfléchi et voulu, la *moralité* et la *religiosité.*

Or, chacun de ces éléments suppose des connaissances
abstraites et universelles.

La majeure énonce un fait reconnu par tous ceux qui s'occupent impartialement d'anthropologie. On n'a pas trouvé
jusqu'ici une seule peuplade qui n'ait son langage ; qui ne
témoigne, soit par son activité actuelle, soit par les produits
d'une civilisation antérieure, de certains progrès intention-

nels ; qui ne possède certaines règles de morale et certains principes de religion.

Preuve de la mineure :

a) Le *langage* suppose, à plus d'un titre, le pouvoir d'abstraire et de généraliser.

L'entente de deux intelligences au moyen d'un même nom suppose que l'une et l'autre conçoivent une même idée d'un objet. L'expérience sensible seule ne réaliserait pas cette entente. Mais le nom répond à un aspect abstrait de la chose de la nature. L'emploi du nom éveille exclusivement l'attention sur cet aspect unique. Les deux intelligences qui le saisissent sont à l'unisson; elles s'entendent.

Ensuite, le langage ne se compose pas de mots isolés mais de propositions. Or, dans une proposition, *le prédicat est abstrait.*

« Ce qui est particulier, dit Aristote, par exemple Cléon, Callias, etc. ., ne peut faire fonction de prédicat, mais ce qui est universel s'affirme du particulier ou d'un sujet moins universel, par exemple, l'homme s'affirme de Callias, ou l'être animé de l'homme » [1]).

b) Le *progrès personnel,* « ex propria inquisitione », dit saint Thomas, suppose des idées abstraites et universelles.

En effet, le progrès ainsi entendu, fruit de l'initiative de celui qui l'accomplit, suppose la perception d'un but réalisable par *différents* moyens, la perception de la *relation commune* qui les relie au but à atteindre, et la *connaissance réfléchie* d'une activité dirigeable dans le sens du but et utilisable à cet effet.

Or, ces notions et ces actes de réflexion impliquent évidemment le pouvoir d'abstraire et de généraliser.

c) La *moralité* enfin et la *religiosité* sont aussi des caractères distinctifs de l'espèce humaine qui impliquent, encore une fois, la perception de l'universel.

En effet, les *relations* et les *lois morales* sont des *principes universels et nécessaires,* qui s'appliquent à la direction de la volonté libre vers la fin suprême ; la religiosité suppose la

[1]) *Analyt. pr.* I, 27.

démonstration, au moyen du principe de causalité, de l'existence de Dieu et la connaissance de la loi naturelle qui subordonne l'homme à son Dieu.

Donc la moralité et la religiosité reposent sur les notions du nécessaire et de l'universel.

126. L'animal ne connaît pas l'universel. — Preuves.

— 1º L'animal *ne prouve pas* qu'il connaisse l'universel. En effet :

a) On a montré plus haut (**59** et suiv.) que les actes les plus remarquables des animaux s'expliquent par la perception concrète d'images, et par des associations d'images dont l'objet est formé de *rapports concrets.*

b) Nous venons de voir que la connaissance de l'universel se traduit naturellement, partout et toujours, par des signes extérieurs, tels le langage, le progrès personnel, la pratique de la morale et de la religion.

Or, les hommes sont unanimes à reconnaître que les animaux ne présentent pas ces signes extérieurs.

Donc les animaux ne manifestent pas qu'ils aient la connaissance de l'universel.

2º L'animal *prouve positivement* qu'il est dépourvu de la connaissance de l'universel.

L'uniformité et la fixité invariable de ses œuvres, qui excluent tout progrès personnel, sont incompatibles avec la possession d'idées universelles : des êtres capables d'abstraire et de généraliser concevraient nécessairement un même but à des points de vue différents, et verraient qu'il est réalisable par des moyens différents.

« Ne doit-on pas être étonné, dit Bossuet, que ces animaux à qui on veut attribuer tant de ruses, n'aient encore rien inventé, pas une arme pour se défendre, pas un signal pour se rallier et s'entendre contre les hommes, qui les font tomber dans tant de pièges ? S'ils pensent, s'ils raisonnent, s'ils réfléchissent, comment ne sont-ils pas encore convenus entre eux du moindre signe ? Les sourds et les muets trouvent l'invention de se parler par leurs doigts. Les plus stupides le font parmi les hommes ; et si l'on voit que les animaux en sont incapables, on peut voir combien ils sont au-dessous du dernier degré de stupidité, et que ce n'est pas connaître la raison que de leur en donner la moindre étincelle » [1]).

127. Conclusion. — *Tous* les hommes connaissent l'universel *(Prop. I)* ; les hommes *seuls* le connaissent *(Prop. II)* ; la connaissance de l'universel établit donc une différence *essentielle* entre l'homme et l'animal.

Le langage, le progrès, la moralité et la religiosité sont aussi des caractères distinctifs de l'espèce humaine, mais ils présupposent l'abstraction *(Prop. II)* ; seule, par conséquent, la connaissance abstractive et universelle constitue un *caractère primordial* et réunit toutes les conditions d'une véritable *caractéristique* de l'espèce humaine.

---

[1]) *De la connaissance de Dieu et de soi-même,* ch. V, § 7.

Les mutuelles influences de la vie sensitive et de la vie suprasensible

128. Objet de cet Article. — Nous avons vu plus d'une fois, incidemment, que les perceptions et appétitions *sensitives* ou *inférieures* et les perceptions et appétitions *intellectives* ou *supérieures* s'influencent réciproquement.

Nous voulons réunir dans cet Article les observations éparses sur le chemin parcouru jusqu'à présent, et chercher dans les mutuelles influences de la vie sensitive et de la vie raisonnable l'explication de certains états psychologiques difficiles à démêler.

Nous étudierons dans une *Première Section* les mutuelles influences des sens et de la raison, dans une *Seconde Section* celles de la volonté et des multiples activités de l'âme ; cependant, les deux sections empiéteront inévitablement l'une sur l'autre.

Première section : Les sens et la raison

129. Solidarité des sens et de la raison. — Lois qui la régissent. — Nous avons pas en vue ici les relations entre ce que l'on appelle couramment « le corps et l'esprit », notre but n'est pas de rappeler la dépendance de la vie physique sensible et, par contre-coup, de la vie intellectuelle à l'égard de la vie organique et en particulier de la vie nerveuse.

Nous voulons considérer l'*interdépendance immédiate* des fonctions sensitives et des actes intellectuels.

A ce point de vue, la sensibilité exerce manifestement une influence sur les actes intellectuels, car il appartient aux sens, nous le savons, de présenter à l'intelligence l'objet sur lequel son activité doit s'exercer.

Inversement, les activités supérieures influent sur les fonctions sensitives : l'homme absorbé par un travail intellectuel ne voit pas ce qui se passe autour de lui ; on parle, on discute à ses côtés, il n'entend rien ; on dit qu'il est *distrait*, distrait de ce qui est étranger à sa pensée dominante.

La distraction est donc le résultat de l'indice de la concentration de l'activité mentale sur un seul objet. Ce fait et beaucoup d'autres analogues s'expliquent par ces deux lois psychologiques :

1re *Loi :* Tout acte de l'âme a un certain retentissement sur les autres. « Una operatio, dit saint Thomas, cum fuerit intensa, impedit aliam ».

2me *Loi :* La volonté libre commande aux autres activités de l'âme et peut, en conséquence, distraire, au profit de l'activité intellectuelle, une partie de l'énergie qui se dépenserait sans cela en fonctions sensitives.

Ces deux lois psychologiques avec celles qui régissent l'association des images (**56**) nous permettent d'entrevoir la nature de certains états exceptionnels ou anormaux, tels que le *rêve* et l'*hallucination*, le *délire* et la *folie*, le *somnambulisme naturel*, le *magnétisme* ou l'*hypnose*, etc.

Mais avant cela analysons l'état normal habituel de l'âme, l'*état de veille* et l'état opposé à la veille, le *sommeil*.

130. L'état de veille. — Laissés à eux-mêmes, les sens perçoivent ; l'imagination et la mémoire réveillent et associent des images ou des souvenirs ; la volonté inférieure recherche des biens sensibles ; l'intelligence pense, juge, raisonne ; la volonté, enfin, se porte vers le bien.

Ces diverses activités de l'âme se distinguent nettement les unes des autres, de façon qu'à l'état normal nous sommes peu exposés à les confondre. En particulier, nous ne confondons point la perception d'un objet avec son image ou son souvenir.

De plus, à l'état normal, toutes ces manifestations sont sous la dépendance, au moins négative, de la volonté libre. Celle-ci peut toujours, quand elle le veut, — au moins dans une certaine mesure, — appliquer l'activité des sens ou celle de l'intelligence dans une direction préférée, ou les empêcher de se poursuivre dans la direction où elles sont spontanément engagées.

Cette *opposition naturelle* que la conscience perçoit entre les perceptions sensorielles et les représentations imaginatives, et le *pouvoir que la volonté libre exerce* à l'égard de toute activité psychique, sont les deux traits distinctifs de l'*état de veille*.

L'effacement plus ou moins complet de cette double cause constitue les divers états psychologiques — le sommeil, le rêve, l'hallucination, etc. — que nous opposons à la veille.

131. Le sommeil, le rêve, l'hallucination. — L'état de veille est intermittent. L'activité psychique qui caractérise l'état de veille se ralentit par intervalles, si elle n'est même pas, parfois, complètement suspendue.

Cet état de vie ralentie, dans lequel la perception des choses extérieures et la conscience de nos actes disparaissent plus ou moins complètement, constitue le *sommeil*.

Lorsque nous cessons de prêter notre attention aux choses. extérieures et que nous nous abandonnons à des conceptions de l'imagination qui nous plaisent, nous nous laissons aller à la « *rêverie* ».

A mesure que la perception s'efface, elle donne plus de relief à l'imagination ; peu à peu la rêverie devient presque un rêve, et instinctivement nous adressons des gestes et des. paroles aux objets de nos rêveries. Que sous l'influence d'une imagination très vive, ou par suite d'un état maladif des centres nerveux, un homme se laisse emporter par ses conceptions *sans les comparer avec ses perceptions* de l'entourage extérieur, il pourra prendre des images intérieures pour des réalités. Cette objectivation d'une image intérieure, en l'absence de la réalité, s'appelle *hallucination*.

Pendant le sommeil, l'attention cesse d'être dirigée par la volonté libre, les images et les idées s'associent au gré de causes indépendantes de la volonté ; l'imagination et l'esprit manquent, en outre, du correctif de la perception. C'est le règne de la conception sans direction et sans contrôle : c'est le *rêve* proprement dit.

On comprend l'*incohérence* habituelle des rêves, faute d'atten--

tion volontaire ; on comprend l'*unité* qui s'y rencontre parfois par le jeu de l'association. Les hallucinations et les *illusions* du rêve s'expliquent par l'effacement de la perception.

132. La folie, le délire. — L'homme normal, par son libre arbitre, est maître de sa raison et de sa volonté. On appelle *fou* ou *aliéné* (alienus a se) celui qui a perdu cette possession de soi, consciente et libre.

Faute d'une direction éclairée, les associations d'images et d'efforts se font capricieusement, la perception n'exerce plus de contrôle sur l'imagination et celle-ci est ainsi abandonnée sans frein aux divagations de ses rêves : c'est là l'état de *folie* ou d'*aliénation mentale*.

Le *délire* — qui accompagne souvent diverses maladies, telles que la méningite, la fièvre typhoïde, l'épilepsie, etc. — est une folie passagère : elle se caractérise surtout par la fréquence des hallucinations ; c'est principalement l'*aliénation de l'attention*.

Quand, au contraire, l'*empire de la volonté sur les passions* et les actes extérieurs est surtout aliéné, l'état de folie porte plutôt le nom de *folie furieuse*.

133. Le somnambulisme naturel. — Le somnambulisme naturel est un état fort différent du rêve.

Le somnambule n'est pas privé de l'usage des sens : certaines perceptions, celles notamment de la vue et surtout celles du toucher, sont très nettes ; il se déplace avec plus de dextérité qu'à l'état de veille, preuve que la volonté dirige la faculté motrice ; mais le champ de son observation extérieure et de ses mouvements volontaires est très limité. Un auteur rapporte qu'un somnambule nommé Castelli allumait une bougie pour écrire ; si l'on en allumait d'autres et qu'on soufflât la sienne, il se croyait dans l'obscurité et allait à tâtons rallumer sa bougie.

Le somnambule est donc dans l'état d'un homme très fortement préoccupé, c'est une sorte d'Archimède absorbé par son problème.

Une autre particularité du somnambulisme, c'est qu'il y a perte complète, à l'état de veille, de tout souvenir de ce qui s'est passé pendant l'accès de somnambulisme. Par contre, dans une nouvelle phase somnambulique, le souvenir de ce qui a eu lieu pendant les phases antérieures revit.

134. La suggestion et l'autosuggestion. — La *suggestion* est une excitation qui, éveillant directement une image, provoque indirectement le réveil d'autres images associées et détermine ainsi le sujet à faire l'action dont l'image est éveillée.

On peut exprimer la même définition sous forme passive en disant que la suggestion est une impression communiquée à un sujet et acceptée par lui, sans le consentement préalable de sa libre volonté.

On appelle *suggestibilité* l'aptitude à être influencé par une suggestion, sans opposer de résistance.

Tout le monde est suggestible, quoique à des degrés différents. Dites à quelqu'un : « Vous avez une mouche sur le front », aussitôt il fera un geste pour la chasser. Il vous a cru sans délibérer, et a agi en conséquence, il a été suggestionné. Les charlatans, les séducteurs, et, dans une mesure variable, les avocats, les professeurs, les négociants, etc., sont des suggestionneurs.

La suggestion n'est pas toujours le fruit d'une action étrangère : elle peut être produite, consciemment ou inconsciemment, par la seule influence du sujet ; c'est ce qu'on appelle l'*autosuggestion*.

L'autosuggestion fait les malades imaginaires. Les idées préconçues, le fanatisme, la routine sont des formes différentes d'autosuggestion.

En résumé, la suggestion est le réveil d'une image qui détermine une action. Elle trouve son explication dans une loi psychologique déjà signalée plus haut (**55**) : *Toute idée suggérée et acceptée tend à se faire acte ;* ou en langage physiologique : Toute cellule cérébrale actionnée par une sensation actionne les fibres nerveuses motrices et, par suite, les organes du mouvement qui doivent réaliser l'objet de cette idée.

Remarquons que la suggestion n'agit pas *directement* sur la volonté, mais par l'intermédiaire de l'imagination et de l'appétit sensitif. Elle propose au sujet un objet qui invite à l'action [1]).

L'état où domine surtout la suggestion, c'est l'hypnose.

135. L'hypnose. — *L'hypnose* — que l'on appelait autrefois *somnambulisme artificiel* ou *magnétisme animal* — est un état intermédiaire entre la veille et le sommeil, susceptible d'être provoqué artificiellement et consistant principalement, semble-t-il, dans un *état de suggestibilité anormale* qui place le sujet hypnotisé sous la dépendance plus ou moins complète de l'hypnotiseur.

Les procédés employés pour provoquer l'hypnose varient à l'infini : le seul élément essentiel à ces procédés divers, c'est la *suggestion : le sujet s'endort (ou est hypnotisé) parce qu'il doit dormir, parce qu'on lui *suggère* le sommeil (ou l'hypnose). Les passes, les gestes, la fixation des yeux ne seraient utiles que pour renforcer la suggestion, en l'incarnant dans un acte propre à concentrer l'attention du sujet [2]).

Quoi qu'il en soit, l'hypnose est caractérisée par un *état de suggestibilité anormale.*

La suggestibilité hypnotique présente des aspects très variés et peut être poussée fort loin. De là deux problèmes très graves :

1º Est-il vrai que la suggestion s'impose au sujet *malgré lui ?*

2º Lorsqu'elle est acceptée, est-elle entraînante, *absolue*, au point de ne plus laisser place au libre arbitre et à la responsabilité personnelle ?

Ces deux questions ne sont pas complètement résolues.

1º En thèse générale, les magnétiseurs, pour réussir, deman-

---

[1]) Aucune créature, dit saint Thomas, ne peut influencer directement la volonté humaine ; on peut seulement y arriver par voie indirecte en lui proposant un objet qui la sollicitera avec plus ou moins de succès, c'est-à-dire par voie de persuasion. « Non potest ulla creatura *directe* agere in voluntatem ut eam immutet necessario, vel *qualitercumque* inclinet, quod Deus potest... potest extrinsecus, aliquid proponendo voluntati, eam aliqualiter inducere, non tamen immutare ». S. THOMAS, *De veritate*, q. 22, art. 9.

[2]) C'est la conception de l'Ecole de Nancy, représentée par Liébault, Bernheim, Beaunis, Liégeois, conception qui prévaut de plus en plus généralement sur celle de Paris (représentée par Charcot) qui faisait de l'hypnose une phase particulière d'une maladie nerveuse.

dent au sujet un acquiescement passif à leurs opérations
et l'expérience a relevé divers cas où le sujet, refusant obsti-
nément cet acquiescement, se montrait rebelle à tous les procédés d'hypnotisation. Mais, en revanche, les expérimentateurs citent de nombreux cas où la résistance la plus opi-
niâtre aurait été vaincue.

Cependant il est de fait que, le consentement du sujet une
fois donné, la réhypnotisation souffre de moins en moins de
difficulté.

2º En réponse à la seconde question, les expérimentateurs
de l'École de Nancy allèguent des expériences nombreuses
où certains somnambules ont accompli, soit pendant le sommeil hypnotique, soit après le réveil, sous l'influence de la
suggestion, des actes qui, à l'état normal, seraient des vols,
des faux, des assassinats.

Oui, leur répondaient Charcot, Delbœuf et autres, mais
les crimes que vous faites commettre à vos sujets sont des
crimes de laboratoire. L'hypnotisé se sait en représentation
et il joue de bonne foi la comédie que vous lui imposez.
Vous donnez à un homme un couteau de papier pour tuer
son voisin. Mais il sait que ce couteau est une arme inoffen-
sive et il l'aplatit sans crainte sur la poitrine de son adver-
saire fictif.

En résumé, il est possible qu'il y ait des cas où l'incon-
science soit complète et la suggestibilité absolue ; ce seraient
alors des cas qu'il faudrait ranger, au point de vue normal, à
côté de l'ivresse ou du délire ; mais on n'est pas en droit
de les ériger en loi, car ils sont en désaccord avec plusieurs
autres faits bien établis : on voit les meilleurs sujets résister
victorieusement à des suggestions énergiques et réitérées,
lorsque celles-ci sont en opposition avec leur éducation antérieure et leurs sentiments habituels.

La *nature* de l'hypnose reste un problème ; néanmoins il
est établi que l'état hypnotique est analogue au sommeil et
présente comme caractère saillant une suggestibilité extrême,
anormale.

Pareil à l'homme absorbé par un travail intellectuel, qui ne
voit plus, n'entend plus ce qui se passe à ses côtés, l'hypnotisé a les sens fermés au monde extérieur, sauf à la voix ou

aux gestes de l'hypnotiseur. L'art du magnétiseur consiste simplement à tirer habilement parti de la liberté d'imagination de son sujet et de l'effacement plus ou moins complet de sa volonté personnelle.

136. La suggestion mentale. — La télépathie. — Un agent imagine un mouvement que le patient doit exécuter ; il imagine, par exemple, de lever le bras gauche : sans être en contact avec l'opérateur, le sujet imagine et exécute le mouvement que l'opérateur veut lui imposer.

Il va de soi que le sujet de ces suggestions mentales doit être d'une sensibilité nerveuse très fine, sinon anormale, et se trouver le plus possible à l'abri des excitations ordinaires.

En supposant les faits incontestables, — et ils semblent bien l'être, — ils ne peuvent s'expliquer que moyennant ces trois conditions : Que l'imagination de l'opérateur produise une action cérébrale transmissible ; que cette action se propage, en dehors du cerveau de l'opérateur, jusqu'au cerveau du sujet ; qu'elle excite efficacement dans le cerveau du sujet l'image correspondant à celle formée par l'opérateur.

Une explication analogue pourrait rendre compte peut-être de la *télépathie*, ou — étymologiquement — de la sensation à distance.

On en rapporte des faits nombreux, citons-en un à titre d'échantillon : Un jeune homme se baigne et se noie ; au même moment sa sœur, qu'une distance de plusieurs lieues sépare de lui, est prise d'une émotion qu'elle ne peut dominer et elle voit dans un étang, aux bords duquel elle s'assied, la scène de la mort de son frère.

Il serait difficile d'attribuer tous les cas de télépathie à la supercherie ou à l'hallucination ; l'explication en est pourtant très difficile. Elle a ceci de commun avec la suggestion mentale, que la communication entre l'agent et le sujet s'établit sans le secours des organes ; qu'à un même moment l'agent déploie une grande énergie, tandis que le sujet est dans un état d'excitabilité nerveuse extrême. Mais la distance parfois considérable entre l'agent et le sujet, et les formes très diverses des phénomènes télépathiques ne permettent pas de ramener ces phénomènes à une simple suggestion mentale.

Intervient-il dans ces faits des facteurs naturels jusqu'à
présent inconnus ? Ou sont-ils dus en tout ou en partie à
des agents préternaturels ?

Le problème se pose, il n'est point résolu.

**137. Influence des diverses opérations de l'âme sur
la volonté. —** Toutes nos actions s'influencent les unes les
autres ; nous avons étudié les mutuelles influences des sens
et de la raison, soumettons au même examen le vouloir dans
ses rapports avec les autres opérations de l'âme..

1º L'*intelligence* exerce sur la volonté l'influence principale
et *directe* en lui proposant son objet propre : le bien abstrait,
la bonté des choses.

2º Les *sens externes* et *internes* influencent la volonté
indirectement, par l'intermédiaire de l'intelligence, en présen-
tant à celle-ci d'une manière plus ou moins attrayante
des biens matériels.

3º L'*appétit sensitif* influence *directement* la volonté. Si
l'objet de la volonté coïncide avec l'objet de l'appétit sensible,
celle-ci fortifie la volonté supérieure. Si, au contraire, les
objets des deux tendances s'excluent, la volonté perd en énergie ce qui est accordé à l'appétit animal, conformément à
l'adage scolastique : « una actio cum fuerit intensa impedit
aliam ».

Indirectement, les passions de l'appétit sensitif agissent sur
la volonté en troublant le jugement de l'intelligence.

4º La *vie végétative* elle-même, enfin, exerce une influence
lointaine sur la sensitive et l'intellective en général, sur la
volonté en particulier. Les faits abondent qui montrent l'influence de la santé ou des maladies sur les dispositions morales de l'âme, et réciproquement l'influence de l'état moral
d'une âme sur le mouvement régulier ou irrégulier de la vie
organique.

**138. Influence de la volonté sur les autres opérations
de l'âme. —** La volonté commande à toutes les activités de
l'âme, non pas d'une façon absolue, mais cependant avec une

réelle efficacité ; son pouvoir, disaient les vieux moralistes, n'est pas « despotique » mais « politique ».

1º Elle agit sur l'*intelligence* en *appliquant son attention* à un objet donné, ou l'en détournant. Elle renforce aussi, par des sympathies, ou affaiblit, par des répugnances, l'adhésion de l'intelligence à des propositions d'ordre spéculatif.

2º Elle exerce la même influence sur les *facultés cognitives sensibles* et par elles sur les passions de l'appétit sensible, quoique d'une manière moins efficace, vu la nature organique de ces facultés.

3º La volonté agit encore directement sur les *passions*, les fortifiant ou les contenant, au moins dans une certaine mesure : action analogue à celle que nous avons reconnue aux passions sur la volonté.

4º La volonté agit enfin sur les *mouvements du corps* et même sur *la vie végétative*.

139. Action de la volonté sur elle-même. — L'exercice normal de la volonté. Les vertus. — La volonté, étant une puissance spirituelle, a aussi le pouvoir d'agir sur elle-même. Il appartient à la volonté de se déterminer elle-même à accomplir le dessein conçu par l'intelligence.

La perfection de la volonté consiste à agir avec *rectitude, énergie, prudence* et *persévérance*.

Une volonté parfaite doit agir avec *rectitude*, c'est-à-dire se donner pour but le vrai but, la *fin réelle* de la nature humaine, et lui subordonner toutes les énergies de l'âme, comme autant de *moyens* pour y arriver. Cette fin et ces moyens, la volonté doit les vouloir avec énergie, avec constance, avec prudence.

La répétition fréquente de volitions parfaites engendre graduellement dans la volonté des « *habitus* », des dispositions habituelles qui accroissent son énergie et facilitent son activité normale : ces dispositions habituelles s'appellent *vertus*.

Les vertus *morales* sont principalement au nombre de quatre : la *prudence*, la *justice*, la *tempérance* et le *courage* [1].

---

[1] Nous ne parlons ici que des vertus naturelles. Dans l'ordre surnaturel on distingue en outre les vertus théologales, la foi, l'espérance et la charité, dont l'objet est la *fin* de l'ordre surnaturel, Dieu lui même.

La *tempérance* modère les passions sensuelles, et par suite aussi les sens et l'imagination.

La *force* ou le *courage* stimule la paresse ou la faiblesse en face d'un obstacle.

La *justice* nous aide à respecter les exigences de nos rapports avec le prochain.

La *prudence*, enfin, nous apprend à employer judicieusement les moyens dont nous disposons pour réaliser notre fin.

140. Etats anormaux ou « maladies » de la volonté. — La volonté peut s'écarter de son exercice normal, que nous venons de décrire, soit librement, soit par suite d'un défaut naturel.

Les écarts libres intéressent la philosophie morale [1]), les anomalies naturelles intéressent la psychologie.

Un premier défaut est le *manque de constance* dans la poursuite d'un but raisonnablement choisi. Ce défaut est celui des caractères *capricieux*, reconnaissables à la mobilité et à l'incoordination de leurs désirs et de leurs actes.

L'*aboulie*, autre anomalie de la volonté, se caractérise par un défaut d'énergie : les organes du mouvement sont intacts, l'intelligence est lucide, le jugement sain, le sujet sait ce qu'il devrait vouloir, mais il ne sait pas se décider à agir.

Parfois la volonté est dominée par un excès d'énergie sensible et se trouve ainsi sous l'empire d'impulsions puissantes, parfois irrésistibles, qui ne sont pas librement consenties. C'est l'état *impulsif*, qui, à son paroxysme, constitue la *folie impulsive* ou *folie morale* [2]).

---

[1]) Le désordre de la volonté, qui consiste à se détourner du vrai *but* de la nature humaine, est la *faute*, en langage chrétien le péché dit « grave ou mortel ». De même que les vertus morales disposent la volonté à vouloir le but moral de la vie et les moyens qui y conduisent, de même la volonté est susceptible d'habitudes vicieuses ou de *vices* qui l'inclinent en sens contraire.

L'éducation morale doit combattre ces inclinations désordonnées et chercher à implanter de bonnes habitudes, des *vertus*.

[2]) Les aliénistes citent des cas d'individus qui annoncent eux-mêmes les crimes qu'ils vont commettre et demandent qu'on les en empêche. Maudsley rapporte qu'un paysan de vingt-sept ans, pris d'impulsions irrésistibles à commettre un meurtre, demanda qu'on l'enfermât pour éviter un crime. «Quand cela me prend, criait-il, il faut que je tue quelqu'un, ne serait-ce qu'un enfant ».

Entre ces états pathologiques et l'état idéal auquel nous les avons opposés, il y a d'ailleurs une série presque infinie de nuances intermédiaires.

Tous ces faits prouvent une fois de plus la *solidarité intime*, c'est-à-dire la dépendance mutuelle des diverses opérations dont l'homme est à la fois le principe et le sujet.

Nature du premier principe de la vie chez l'homme

Première section : L'âme raisonnable est spirituelle

141. La substantialité du moi. — Taine et les phénoménistes ont voulu « faire de la psychologie sans âme ». Ce
que nous appelons esprit, disent-ils, n'est qu'un nom collectif
désignant un ensemble de perceptions unies au moyen de
certaines relations. La vie psychique n'est qu'un écoulement
de phénomènes, et notre moi n'a pas d'autre réalité que celle
de ces phénomènes.

Cependant, il faut inévitablement supposer aux actes un
« quelque chose qui leur serve de *substratum* », comme s'exprime Herbert Spencer : la nutrition se passe en *quelque chose*
ou en *quelqu'un* qui se nourrit ; la vision, le désir, la locomotion, etc., appartiennent nécessairement à *quelqu'un* qui voit,
désire, se déplace. Pourquoi, d'ailleurs, parler de *nous*, de
nos événements, de *notre moi*, s'il n'y a que des événements,
si *nous* ne sommes rien ?

Ce *substratum* nécessaire, principe et sujet de tout acte
vital, c'est le *moi*.

En tant qu'il produit les actes vitaux, le moi s'appelle
nature, la nature désignant, par définition, le *premier* principe
interne des opérations propres à un être. En tant que le moi
est une *chose existant en soi*, indivise, distincte de toute autre,
il est une *substance*.

Que le moi constitue vraiment une substance, deux arguments le prouvent :

Ier *Argument :* La *conscience*, dans chaque action vitale,
saisit, en même temps, celui qui agit, en chaque passion, celui
qui pâtit.

Une chose ne peut que subsister en soi ou subsister en un autre. Or, il ne viendra à l'idée de personne que les actes exprimés par les verbes *marcher, voir, se bien porter*, subsistent en soi ; chacun d'eux présuppose quelqu'un, *celui* qui marche, *celui* qui voit, *celui* qui se porte bien. Ce sont des accidents. Le moi, qui est présupposé à ces actes, en qui ces actes existent, doit subsister par soi, c'est une substance.

2me *Argument :* Si l'âme humaine ne diffère pas de ses actes, le *souvenir*, le sentiment de la *continuité du moi*, celui de la *responsabilité*, deviennent impossibles.

« Si tout se confond avec les phénomènes, nous ne pouvons être que des événements inconnus les uns aux autres ; pour que ces événements nous apparaissent dans leur unité, pour que nous puissions constater leur succession en nous, il est donc nécessaire qu'il y ait autre chose qu'eux-mêmes ; dès lors cette autre chose, ce lien qui les rattache, ce principe qui les voit se succéder, qu'est-ce sinon un *non-événement*, un *non-phénomène*, c'est-à-dire une substance, le moi, substantiellement distinct de ses sensations ? » [1])

Le moi, premier principe des actes vitaux de l'homme, est donc une substance.

De *quelle nature* est cette substance ?

142. Le premier principe de la vie chez l'homme est une substance corporelle. — Nous l'avons démontré dans les deux premières parties de ce traité, les phénomènes de nutrition, sensation, images, appétitions, mouvements spontanés sont des fonctions d'organes corporels. Donc le principe qui les produit et en qui ils s'accomplissent est corporel.

143. Le premier principe de la vie raisonnable est spirituel : Sens de la thèse. — On appelle *spirituelle* une *action* qui n'est pas faite dans, ni par un organe. Un être est dit *spirituel* s'il est capable d'exister et d'agir sans dépendre intrinsèquement d'un organe, ou, en termes plus généraux, de la matière.

Nous disons : sans dépendre *intrinsèquement* de la matière : il est possible en effet qu'un être spirituel dépende *extrinsèquement*, *indirectement*, de la matière. Il en est ainsi pour

---

[1]) TH. FONTAINE, *La sensation et la pensée,* p. 23.

l'âme raisonnable qui dépend des organes des sens, pour la raison que ceux-ci doivent lui fournir l'objet matériel de ses opérations.

Les anciens scolastiques appelaient l'âme spirituelle *subsistante*. « Anima humana est *subsistens* », dit saint Thomas. Toutes les substances corporelles sont, selon les scolastiques, essentiellement composées de *deux* principes constitutifs — la matière première et une forme substantielle — dont ni l'un ni l'autre n'est capable d'exister par lui-même. L'âme humaine, au contraire, est une forme capable de subsister sans avoir besoin d'un complément, d'un sujet matériel, c'est une *forme subsistante*.

144. Preuves de la spiritualité de l'âme raisonnable. — Nous connaissons la substance par ses actes, l'âme par les manifestations vitales dont elle est le principe. Pour prouver que l'âme humaine est spirituelle, nous avons donc à faire voir que certains actes qui émanent d'elle et résident en elle sont spirituels...

Les actes de l'intelligence sont spirituels ; les actes de la volonté raisonnable le sont. Prouvons-le :

1er *Argument, tiré du caractère abstractif de la connaissance :* Pour bien comprendre la portée de cet argument, il faut se rendre compte de ce principe que *la connaissance est une manière d'être du sujet qui la reçoit ;* et par conséquent que la nature de la connaissance nous révèle les propriétés et la nature du sujet connaisseur.

La connaissance est une modification du sujet ; elle est reçue en celui qui la possède : « Cognitum est in cognoscente (29). Mais de plus, avons-nous dit : « Cognitum est in cognoscente ad modum cognoscentis », conformément au principe général : « Receptum est in recipiente ad modum recipientis » : Quiconque reçoit, reçoit à sa façon : l'eau prend la forme du vase dans lequel elle est versée ; l'aliment est converti ici en tissu musculaire, là en tissu nerveux, ailleurs en tissu osseux, selon la nature du tissu qui se l'assimile.

La connaissance ne fait point exception à cette règle : la perception intellectuelle portera donc la marque du sujet qui la reçoit ; et inversement, cette marque doit nous faire connaître la nature du sujet intelligent.

Cela dit, l'argument est double, selon que nous considérons : 1º *la pensée elle-même*, modification subjective de l'intellect possible ; 2º *l'objet pensé*, trahissant la nature de sa cause efficiente, l'intellect agent.

1º La *pensée* envisagée subjectivement est un *acte abstractif*, un acte qui consiste dans la perception d'un objet abstrait, dégagé des caractères particuliers inhérents aux choses matérielles.

Or, cet acte est un acte immanent, c'est une manière d'être, une forme du sujet connaissant lui-même. ·

Donc le sujet qui est affecté de cette forme, qui reçoit cette manière d'être — et doit la recevoir en conformité avec sa nature — est lui-même dégagé des caractères inhérents à la matière. Donc il est spirituel.

Supposé en effet qu'un organe matériel fût le sujet de la perception intellectuelle, il la particulariserait nécessairement : la perception serait répartie sur telle portion d'étendue, enfermée dans les limites de telles dimensions, s'effectuant à tel endroit de l'organisme, à tel moment précis ; par suite, elle aurait *tel* objet concret.

2º L'objet de la pensée est un *objet abstrait*, dépouillé des caractères déterminateurs inhérents à la matière (**91**) ; il est, comme tel, immatériel.

Or, une cause matérielle ne peut produire qu'un effet matériel, un effet affecté des déterminations propres à la matière.

Donc il doit exister en nous une faculté active capable d'*abstraire*, une faculté qui elle-même n'a pas les attributs des agents matériels, mais qui est *immatérielle*. On l'appelle, avons-nous vu, *intellect actif*.

2ᵐᵉ *Argument, tiré de la réflexion :* L'intelligence humaine *réfléchit :* elle peut avoir pour objet son propre acte, penser sa propre pensée.

Or, la réflexion dépasse la puissance de tout être matériel.

Donc l'âme humaine est immatérielle.

Preuve de la mineure : Toute action matérielle suppose deux corps ou deux parties d'un corps ; l'action va d'un corps à l'autre, d'une partie du corps à l'autre, toujours un agent produit l'action, un sujet, différent de l'agent, la reçoit.

Or, dans la réflexion, celui qui réfléchit n'agit pas sur un autre, mais sur soi-même, le sujet pense son objet pensé, sa propre pensée.

Donc la réflexion n'est pas un acte matériel.

L'animal offre, il est vrai, quelque apparence de réflexion ; il voit et sent qu'il voit. Mais rien n'autorise à dire que le sens de la vue perçoit l'acte visuel ; cette expérience s'explique par le sens intime. Chez l'homme, au contraire, il n'est pas possible de se contenter de cette explication : non seulement l'homme pense sa pensée, mais il peut réfléchir sur son acte de réflexion, et il lui est loisible de poursuivre indéfiniment ce travail réflexif. Donc, à moins d'admettre chez lui une *série infinie* de facultés superposées, il faut dire que la *faculté réfléchissante* n'est pas distincte de celle qui fournit l'objet de la réflexion : elle-même, donc, réfléchit sur son acte.

3me *Argument, tiré de l'observation :* Que les opérations de l'intelligence soient d'une *autre nature* que celles des sens, l'observation elle-même le prouve.

Nos sens, lorsqu'ils viennent d'être fortement excités, demeurent, pendant un certain temps, incapables de percevoir des excitations de moindre intensité. Ainsi une forte détonation nous assourdit ; un éclair, un rayon de soleil éblouissent l'œil ; une douleur violente engourdit.

L'intelligence, au contraire, après avoir conçu les objets les plus élevés et les plus étendus du savoir, n'en reste pas moins apte à concevoir, immédiatement après, des concepts plus simples, plus familiers.

Cette différence profonde entre la manière de se comporter des sens et de l'intelligence, n'avait pas échappé au sagace observateur que fut Aristote ; il en conclut que la raison de cette diversité ne peut être que celle-ci : l'exercice du sens est la fonction d'un organe corporel, sujet à l'usure, tandis que l'intelligence n'est pas intrinsèquement assujettie à la matérialité d'un organe.

4me *Argument, tiré de la volonté :* La volonté a pour objet propre, non pas tel bien particulier, mais *le bien* abstrait et universel.

Or, une volition qui se ferait par un organe ne pourrait être sollicitée que par un bien particulier ; car un organe est inca-pable de saisir un objet sans le particulariser.

Donc l'acte de volonté est immatériel.

5me Argument, tiré de la liberté. — a) L'acte libre présup-pose un acte de réflexion : or celle-ci, avons-nous vu, est un signe d'immatérialité.

b) Toute action matérielle est régie par des lois détermi-nées, invariables : les conditions exigées par ces lois étant posées, l'effet s'ensuit nécessairement.

Or, en présence de toutes les conditions requises pour agir, l'acte libre peut se produire, ou ne pas se produire.

Donc l'acte libre est d'une autre nature que les actes des sujets matériels.

6me Argument : Argument indirect. — La sanction de la loi morale exige la survivance de l'âme dans une autre vie.

Or, l'âme ne peut survivre au corps que si elle est intrinsè-quement indépendante du corps ou spirituelle.

Conclusion : La connaissance intellectuelle, la volition raisonnable et libre sont des actes immatériels.

Or, l'immatérialité des actes prouve l'immatérialité et du sujet qui les reçoit et du principe actif qui les produit, selon le mot de saint Thomas : Eo modo aliquid operatur quo est [1]).

Donc l'âme humaine, en tant qu'elle est raisonnable, est immatérielle.

Nous ajoutons qu'elle est simple.

145. La notion de simplicité. —La notion de simplicité équivaut à celle de non-composition. Dire que l'âme est simple signifie donc qu'elle n'est pas composée de parties, qu'elle est indécomposable, indivisible.

On distingue dans un sujet composé deux espèces de par-ties : des parties constitutives et des parties intégrantes ou quantitatives. Qu'est-ce à dire ?

---

[1]) « Ipsum intellectuale principium quod dicitur mens vel intellectus, habet operationem per se, cui non communicat corpus... Nihil autem potest per se operari, nisi quod per se subsistit. Non enim est operari nisi entis in actu. Unde eo modo aliquid operatur quo est ; propter quod non dicimus quod calor calefacit, sed calidum. Relinquitur igitur ani-mam humanam, quæ dicitur intellectus vel mens, esse aliquid incor-poreum et subsistens ». Sum. theol., Iª, q. 75, a. 2.

On appelle *corps* ou *matière* tout objet qui impressionne les organes des sens.

Toute chose qui impressionne les sens occupe une portion déterminée de l'espace, et l'on peut toujours distinguer en elle des parties différentes occupant chacune une portion différente de l'espace, des parties situées les unes en dehors des autres : ces parties s'appellent *intégrantes* ou *quantitatives*.

Mais cette composition superficielle des parties quantitatives ou extensives trouve sa raison d'être dans une autre composition plus profonde : dans leur fond substantiel même, les corps sont composés. Les parties composantes ou *constitutives*, dont la réunion constitue essentiellement la substance corporelle, s'appellent *matière première* et *forme substantielle*. Ces notions sont du domaine de la cosmologie ; nous en reparlerons à propos de l'union de l'âme et du corps (**154**).

La thèse que *l'âme humaine est simple* comprend donc deux parties :

1º Elle exclut toute composition de parties *quantitatives*.

2º Elle exclut toute composition de parties *constitutives* ou substantielles.

146. Première partie de la thèse : L'âme humaine n'est pas composée de parties quantitatives. — En effet [1]) :

1º L'âme humaine est le sujet d'actes de connaissance et de volonté qui sont indépendants de l'espace.

Le triangle, tel que le conçoit l'intelligence, n'est pas attaché à un endroit déterminé de l'espace ; il n'a pas telles ou telles dimensions déterminées. A plus forte raison, les notions métaphysiques d'être, de réalité, de substance, de causalité, de puissance, d'acte, etc... n'ont rien de commun avec les conditions restreintes de l'étendue et de l'espace.

De même, le bien abstrait et universel, objet de la volonté, n'est soumis à aucune loi de l'espace, n'est circonscrit par aucune limite déterminée.

---

[1]) Nous ne tenons pas pour concluante la preuve de la simplicité de l'âme, que beaucoup d'auteurs croient pouvoir tirer de la sensation. Celle-ci en effet, nous l'avons déjà dit (**51**), est *une*, mais n'est pas simple.

La nature des actes nous renseigne sur la nature du sujet qui les émet et dans lequel ils résident.

Donc l'âme humaine n'est pas étendue, elle n'est pas composée de parties quantitatives.

2º De plus, l'âme humaine connaît *ses* actes et *se* connaît elle-même par voie de réflexion proprement dite, « reditione completa », comme disent les scolastiques.

Or, un corps étendu n'est pas capable de *se* replier sur lui-même, ou d'agir sur lui-même ; on peut bien appliquer une de ses parties sur une autre, mais il serait impossible de le superposer tout entier sur lui-même ; on conçoit bien qu'une partie d'un corps agisse sur une autre, mais on ne conçoit pas que, tout entier, il agisse sur tout lui-même (**144**).

Donc, encore une fois, l'âme n'a pas d'étendue, n'est pas composée de parties quantitatives.

147. Deuxième partie de la thèse : L'âme humaine n'est pas composée de parties constitutives. — En effet :

1º Nous avons démontré que l'âme humaine est spirituelle.

Or, la spiritualité consiste à pouvoir subsister indépendamment de tout autre coprincipe intrinsèque ou constitutif.

Donc la spiritualité de l'âme implique sa simplicité essentielle.

2º La composition substantielle de matière et de forme entraîne dans le composé cette propriété nécessaire, l'étendue.

Or, nous venons de montrer que l'âme n'est pas étendue.

Donc elle n'est pas composée substantiellement de matière et de forme.

148. Comment les opérations spirituelles de l'âme dépendent de la matière. — Il est acquis, d'une part, que les actes de pensée et de volonté sont *immatériels*.

D'autre part, les actes intellectuels et, par suite, les actes de la volonté raisonnable dépendent des conditions anatomiques et physiologiques du système nerveux ; plus directement encore, ils dépendent de nos facultés sensibles qui sont matérielles.

Comment concilier ces faits ? Comment s'expliquer cette dépendance ?

Le *matérialisme* ne voit que le côté organique de nos actes et leur dénie arbitrairement la spiritualité.

Le *spiritualisme cartésien* néglige, non moins arbitrairement, le côté matériel, et attribue l'acte conscient tout entier
à l'âme simple et spirituelle.

Une seule hypothèse réussit à harmoniser les deux ordres
de faits, l'*hypothèse scolastique*.

Elle reconnaît d'une part avec les matérialistes la participa-
tion *directe, subjective* de l'organisme et des agents matériels aux actes de connaissance et d'appétition de l'*ordre
sensible*.

Elle reconnaît même que les manifestations supérieures de
l'âme, la pensée intellectuelle et la volition raisonnable, ne
s'exercent jamais sans s'accompagner de phénomènes corres-
pondants de l'ordre sensible.

Mais, d'autre part, elle maintient énergiquement que le
caractère immatériel des actes de pensée et de volition est un
fait attesté par la conscience et par la réflexion, et en conclut
que l'explication *adéquate* de la vie psychique réclame un
sujet *immatériel*.

Quant à la dépendance de l'activité spirituelle à l'égard
des organes matériels, elle en rend raison en disant : Cette
dépendance n'est pas une dépendance intrinsèque, *subjective*,
mais extrinsèque, *objective*.

Considérés dans le *sujet* qui, immédiatement, les reçoit,
donc « *subjectivement* », les actes intellectuels sont immatériels : le principe immédiat qui forme et en qui résident ces
actes, est spirituel.

Mais l'*objet* intelligible doit être formé au moyen des données sensibles, abstrait de ces données ; et celles-ci sont formées par les organes des sens.

Il s'ensuit que les connaissances intellectuelles et les volitions raisonnables sont *subjectivement indépendantes*, mais
objectivement (quant à leur objet) dépendantes de l'organisme
ou, plus généralement, des conditions matérielles [1]).

---

[1]) « Corpus requiritur ad actionem intellectus, dit admirablement
saint Thomas, non sicut organum quo talis actio exerceatur, sed
ratione objecti. Phantasma enim comparatur ad intellectum sicut color
ad visum. Sic autem indigere corpore non removet intellectum esse
subsistentem. Alioquin, animal non esset aliquid subsistens, cum indi-
geat exterioribus sensibilibus ad sentiendum ». *Sum. theol.*, I', q. 75,
a. 2, ad 3.

Corollaires : 1º Peut-on dire que l'organisme est la condition *sine qua non* de l'action intellectuelle ?

Certes, mais cette expression est incomplète. Une condition, en effet, n'a pas d'influence positive sur la production de l'effet qu'elle conditionne. Or, l'activité organique des sens a une influence réelle sur la production du concept ; elle est la cause efficiente instrumentale de la formation de l'espèce intelligible.

L'organisme est donc plus qu'une simple condition de la connaissance intellectuelle.

2º Est-il vrai que le cerveau est l'*organe de la pensée ?*

La réponse à cette question demande une distinction. Sous le nom de « *pensée* » on peut entendre, en effet, deux choses différentes.

On peut appeler *pensée* le *travail combiné des sens et de l'intelligence* dont le concept est le résultat. Le travail des sens s'opère dans la couche corticale du cerveau, et par conséquent le cerveau est l'organe de la pensée ainsi entendue.

Mais on appelle aussi *pensée* le résultat lui-même de ce travail, le *concept intellectuel* en tant qu'il s'oppose à la sensation ou à l'image. Dans cette seconde acception, la pensée n'a évidemment pas d'organe, au contaire elle en exclut la coopération subjective.

Donc la formule : *Le cerveau est l'organe de la pensée*, prête à équivoque, mais le contexte peut en justifier parfois l'emploi.

Nous terminons ainsi l'étude de l'âme humaine en elle-même. Reste à la considérer dans son union avec la matière. Parlons donc de l'unité de nature du composé humain.

Deuxième section : L'âme raisonnable et le corps ou l'unité substantielle du moi

149. Objet de cette section. — Deux grandes conclusions se dégagent de tout ce que nous avons vu jusqu'ici.

1º Ce quelque chose qui en nous vit, se nourrit, éprouve des sensations, forme des désirs, jouit, souffre, est une *substance corporelle* (1re Partie).

2º D'autre part, quelque chose en nous est principe d'actes spirituels, d'abstraction intellectuelle, de réflexion, de mouvements volontaires vers le bien, de déterminations libres et partant raisonnables. Ce quelque chose est donc une *substance spirituelle.*

Comment concilier ces deux conclusions ? Comment expliquer que *le même moi* se trouve être à la fois une substance corporelle et une substance spirituelle ?

Deux questions sont à résoudre :

L'homme forme-t-il *réellement* un seul tout ?

Comment le corps et l'âme raisonnable peuvent-ils former un seul tout ?

A la première question, concernant le *fait* de l'union, nous répondons que le sujet sentant corporel et l'âme raisonnable forment par leur union *une seule substance, une nature, une personne.*

A la seconde question, concernant le *mode* de cette union, nous répondons que *l'âme raisonnable est la forme substantielle de cette substance unique.*

150. Sens de la première thèse. — Le sujet sentant corporel et l'âme raisonnable ne forment pas deux êtres complets, subsistant chacun pour son compte, deux substances juxtaposées dans une union *accidentelle.* Ce sont deux réalités substantielles qui par leur union forment ensemble *une* seule substance : l'union de ces deux composants est une union *substantielle.*

Considérée comme principe premier et interne d'action et de passion, la substance s'appelle *nature.*

Considérée dans sa *subsistance* individuelle, une nature raisonnable s'appelle *personne,* selon la définition classique de Boèce : La personne est la substance individuelle d'une nature intelligente, « persona est substantia individua rationalis naturæ ».

Il en résulte que si le composé humain forme *une substance,* il forme aussi *une nature* et *une personne,* selon ce mot concis de saint Thomas : « Ex anima et corpore, constituitur in unoquoque nostrum duplex unitas naturæ et personæ ».

Voilà donc ce que nous nous proposons de démontrer.

151. Le problème de l'union de l'âme et du corps dans l'Ecole cartésienne. — Suivant Descartes, l'âme et le corps sont deux substances complètes : l'âme, dont l'essence est « la pensée », a sa subsistance propre ; le corps, dont l'essence est l'étendue, a la sienne ; les deux sujets subsistent sans aucune communauté d'être.

Il est cependant indéniable qu'il y a des relations entre le corps et l'esprit. Dès lors, on s'est demandé : Quelle est la nature de ce commerce entre l'âme et le corps ? Quel est le « pont » qui les relie ?

Les successeurs de Descartes ont proposé diverses solutions à ce problème :

1° Hypothèse des « *causes occasionnelles* ». — Le commerce entre l'âme et le corps est plus apparent que réel, répond *Malebranche ;* en réalité, les êtres que nous prenons pour des causes naturelles sont simplement des *causes occasionnelles* qui déterminent l'Auteur de la nature, la seule cause réelle, à agir de telle ou telle manière en telle ou telle occasion. « Je nie, dit-il, que ma volonté soit la cause du mouvement de mon bras ; car je ne vois aucun rapport entre des choses si différentes... Si l'on dit que l'union de mon esprit avec mon corps consiste en ce que Dieu veut que, lorsque je voudrai que mon bras soit mû, les esprits animaux se répandent dans les muscles dont il est composé, pour le remuer en la manière que je souhaite, j'entends clairement cette explication et je la reçois » [1]).

Cette hypothèse des causes occasionnelles n'explique pas, mais supprime le commerce réel de l'âme et du corps.

Ajoutons que si elle n'entraîne pas de toute nécessité le panthéisme, elle y expose : En effet, si les êtres de ce monde n'ont pas d'action qui leur appartienne en propre, il est arbitraire de leur attribuer une existence propre et l'on est amené assez naturellement à conclure que leur être se confond avec celui de Dieu.

2° Hypothèse de « *l'harmonie préétablie* ». — Malebranche exige l'intervention divine pour chacun de nos actes. Il n'est

---

[1]) MALEBRANCHE, *De la recherche de la vérité*. Eclaircissement sur le ch. III de la IIe Partie du VIe livre, 6e preuve.

pas admissible, dit Leibniz, que Dieu intervienne ainsi à tout instant pour faire marcher de concert l'âme et le corps, comme un ouvrier pour tenir d'accord deux pendules. L'*harmonie* entre les deux a dû être *préétablie* dès l'origine : les deux pendules ont été si exactement réglés qu'ils restent naturellement d'accord. « Dieu, dit-il, a créé l'âme de telle façon, qu'elle doit reproduire et se représenter par ordre ce qui se passe dans le corps ; et le corps aussi de telle façon, qu'il doit faire de soi-même ce que l'âme ordonne » [1]).

Cette hypothèse, comme la précédente, supprime tout lien réel entre l'âme et le corps. Supposé, observe très bien Liberatore, que l'âme habitât bien loin, dans les astres, tandis que le corps resterait sur la terre, l'union de l'âme et du corps, telle que la conçoit Leibniz, n'en serait point changée.

3° Hypothèse de « l'*influx physique* ». — Certains philosophes, Locke et ses disciples, comprenant, d'une part, qu'on ne peut contester l'existence d'une influence *réelle* de l'âme sur le corps et du corps sur l'âme, mais croyant, d'autre part, devoir maintenir la subsistance propre de chacun des deux sujets, admettent entre l'âme et le corps une union *accidentelle*, consistant en une réciprocité d'actions. Cette hypothèse de « l'*influx physique* » reprend ainsi la théorie platonicienne d'après laquelle l'âme serait unie au corps comme le pilote à son navire, ou le cavalier à sa monture.

Cette théorie se rapproche, il est vrai, de la vérité, mais elle néglige une partie essentielle du témoignage de la conscience. Celle-ci accuse plus qu'un échange *accidentel* d'actions entre l'âme et le corps ; elle atteste — nous le montrerons bientôt — que dans son fond substantiel l'homme est un.

S'il en est ainsi, il ne s'agit pas de rechercher par quel « pont » l'âme est reliée au corps, car entre les deux il n'y a pas de distance à franchir. A *une nature* unique, à *une personne* unique appartiennent tous les phénomènes que nous attribuons immédiatement tantôt au corps, tantôt à l'âme. Il ne peut être question, en conséquence, que de relations

[1]) *Théodicée*, I^e Partie, n° 62.

de dépendance entre les diverses opérations d'un même sujet [1]).

152. La position du problème à l'heure actuelle : Le parallélisme psycho-physique et le monisme. — Nous avons déjà signalé la tendance phénoméniste de la psychologie contemporaine : il existe des *événements psychiques* saisissables par la conscience, et des *phénomènes corporels,* objets d'observation extérieure ; il n'y a pas d'âme-substance, comme il n'y a pas de substance corporelle. Il est impossible d'identifier, comme prétendait le faire l'empirisme matérialiste d'autrefois, les phénomènes conscients avec les fonctions physiologiques correspondantes ; il est impossible que les uns agissent sur les autres. Les événements internes et les phénomènes physiques suivent donc leur cours en deux séries *parallèles,* sans se rencontrer.

Cette théorie, connue sous le nom de « *parallélisme psycho-physique* », est contenue en ces trois propositions fondamentales :

La vie psychique n'est qu'une série d'événements, il n'y a point d'âme-substance.

Les actes psychiques et les actions physiologiques sont inidentifiables.

Il n'y a point, il ne peut y avoir d'influx des premiers sur les secondes, ni de celles-ci sur ceux-là.

Le plus connu des défenseurs de cette théorie est le professeur Wundt, de Leipzig.

Wundt est rebelle à toute idée substantialiste. D'autres, au contraire, James Sully, par exemple, voient la nécessité d'un sujet récepteur des actes, et qui rende raison en même temps de l'harmonie qui les unit. Ce sujet, ils l'identifient avec la *substance unique.* de Spinoza [2]).

---

[1]) L'affirmation fondamentale de l'unité substantielle de l'homme, sur laquelle repose toute la psychologie, se trouve énoncée dans une décision célèbre du Concile de Vienne, tenu sous Clément V ; elle fut confirmée par le Concile général de Latran, sous Léon X et, plus récemment, Pie IX la rappela expressément à deux reprises à propos de la condamnation des erreurs de Günther et de Baltzer.

[2]) D'après Spinoza, tous les objets de l'univers seraient des manifestations diverses d'une substance unique jouissant de deux attributs irréductibles, la pensée et l'étendue.

Le parallélisme psycho-physique, soit sous la forme empirique adoptée par Wundt, soit avec son complément métaphysique moniste, est la seule doctrine psychologique qui s'oppose encore aujourd'hui à la théorie aristotélicienne et thomiste de l'unité substantielle.

Le spiritualisme classique français issu de Descartes a fait son temps. Le matérialisme brutal du XVIIIe siècle trouve de moins en moins d'accueil chez les philosophes de profession : il subsiste pourtant toujours à l'état de tendance chez un certain nombre de naturalistes et de médecins étrangers à la philosophie.

153. Preuve de l'unité substantielle du corps et de l'âme raisonnable. — Ier *Argument, tiré des affirmations de la conscience :* Cette preuve fondamentale se trouve condensée en ces quelques mots de saint Thomas : « Idem ipse homo est qui percipit se intelligere et sentire » [1]).

Incontestablement nous attribuons à *un même sujet*, que nous appelons *moi*, l'universalité de nos actes. C'est moi qui pense, qui réfléchis, qui veux, qui aime ; c'est encore moi qui vois, qui entends, qui touche ; moi qui marche ; moi qui vis et me nourris ; moi, enfin, qui suis ici, à tel endroit de l'espace.

Or, supposé que l'âme intelligente fût une substance autre que le sujet corporel des opérations sensibles, les affirmations de la conscience seraient inexplicables. La sensation et l'acte d'intellection étant des actes *immanents*, se passant entièrement dans le sujet même qui les produit, un *moi* percevrait *ses* sensations, un autre *moi* percevrait *ses* pensées : mais il serait impossible qu'un même moi perçût comme *siens* des actes immanents qui appartiendraient à des sujets substantiellement différents.

Donc la conscience atteste que le corps de l'homme et son âme raisonnable ne forment qu'un seul sujet substantiel.

2me *Argument, tiré de l'unité harmonieuse et persistante de tous les actes de l'homme :* On constate dans l'homme un ensemble prodigieux d'éléments, de forces corporelles, de facteurs spirituels qui d'une manière régulière et stable concourent à

---

[1]) *Sum. theol.*, I, q. 76, a. 1.

un but déterminé : le fonctionnement normal et la conservation de la vie *raisonnable*.

Les forces mécaniques, physiques et chimiques dont l'organisme est le siège, par leur coopération harmonieuse, préparent et permettent le fonctionnement régulier de la vie sensitive ; celle-ci à son tour est entièrement au service des facultés intellectuelles.

Or, une convergence persistante et harmonieuse de tant d'éléments divers demande une cause constante.

A moins de supprimer l'activité des causes secondes, on ne peut attribuer cette convergence à l'intervention du Créateur, comme le firent Malebranche et Leibniz.

Il ne reste qu'une explication possible, c'est d'admettre chez l'homme un *principe interne permanent* qui fait converger toutes les opérations vers une fin propre au sujet raisonnable ; c'est de dire, en d'autres mots, que l'homme est *une nature, une substance*.

Conclusion synthétique : L'unité substantielle de l'être humain explique admirablement le caractère naturel de l'union du corps et de l'âme, ainsi que la convergence harmonieuse de leur mutuelle activité. Supprimez au contraire l'unité substantielle, vous ne comprenez plus ni le rôle du corps dans la vie humaine, ni la crainte de la dissolution innée au cœur de l'homme, ni enfin la possibilité d'un « commerce » réel entre l'âme et le corps.

154. Seconde thèse : L'âme raisonnable est la forme substantielle du corps humain. Sens de la thèse. — Les corps matériels, en raison de leur étendue, sont composés de parties quantitatives (**145**). Mais ce quelque chose qui est étendu — la substance même du corps matériel — qu'est-il ? Est-il simple ou composé ? Aristote, et après lui tous les grands penseurs de l'antiquité et du moyen âge, étaient d'accord pour croire que la *substance* matérielle est composée de deux principes substantiels, la *matière première* et la *forme substantielle*. Cette théorie est souvent désignée aujourd'hui sous le nom d'*hylémorphisme* (ὕλη, matière, μορφή, forme).

Comment l'esprit arrive-t-il à former ces concepts ?

Partons d'un exemple : un aliment, du pain, par exemple, étant absorbé, devient une partie de la substance vivante.

Personne ne dira que ce pain est anéanti, et qu'une nouvelle partie de substance vivante est créée, ou faite de rien ; tout le monde dira que l'aliment *s'est transformé* en substance vivante. En vertu de cette transformation, quelque chose qui existait dans le pain continue à exister dans la substance vivante. Ce quelque chose, ce *sujet premier* qui persiste à travers les transformations substantielles, Aristote l'a appelé *matière première.*

La matière première n'est pas une substance complète (non est quid), elle n'est ni étendue (nec quantum), ni douée de qualités (nec quale), puisqu'on la retrouve successivement comme partie constitutive de substances fort différentes par leur nature et par leurs propriétés. Pour devenir une substance existante, étendue, douée de qualités, elle doit être unie à un principe d'être et d'activité qui la détermine à former avec lui une substance complète douée d'étendue et de propriétés déterminées. Ce principe consubstantiel, spécifiant, s'appelle *forme substantielle* ou encore *acte premier* (actus primus, ἐνεργεία), ou enfin *première perfection* (perfectio prima, ἐντελεχεία). La forme substantielle détermine donc la matière première à être *du pain ;* si ensuite ce pain devient substance vivante, c'est que la forme substantielle du pain a été remplacée par la forme substantielle de la substance vivante.

La matière est une *puissance pure*, dit-on, elle n'a par elle-même aucune détermination, mais elle est capable de recevoir n'importe quelle détermination que lui donnera la forme substantielle. Ce qui, de fait, subsiste et agit, le *corps*, est donc composé de deux coprincipes, dont l'un est essentiellement indéterminé mais déterminable, la *matière*, et l'autre essentiellement déterminateur, la *forme substantielle.* La forme substantielle donne à une substance sa nature et ses propriétés : la matière première est le sujet premier qui les reçoit.

Entre l'homme et les composés substantiels inférieurs, il y a pourtant une différence essentielle : Les formes substantielles inférieures, aussi bien que la *matière première,* sont des substances incomplètes, et ne peuvent exister qu'en union intrinsèque avec la matière dont elles sont la forme. Chez l'homme, au contraire, la forme substantielle est une âme *spirituelle*, c'est-à-dire une forme qui en elle-même déjà est *subsistante*, une substance complète.

Mais alors, dira-t-on, à quoi bon cette union de l'âme et du corps ? Que peut gagner l'âme à s'unir au corps ?

Rappelons-nous que l'âme n'est pas un esprit pur : la pensée n'a pas, en effet, pour objet direct le spirituel, mais l'*abstrait ;* dès lors il lui faut des sens, un corps, pour entrer en contact avec le monde intelligible. L'exercice naturel des opérations les plus élevées de l'âme demande un corps ; il est *naturel* à l'âme d'être unie à un corps.

155. Preuve de la thèse. — Suivant la thèse que nous avons à démontrer, le corps humain n'a pas de substance propre : l'âme raisonnable donne à l'homme la raison, la sensibilité, la vie, la corporéité, l'être. Et en effet :

1º *Seule cette solution rend compte du fait de l'unité substantielle de l'âme raisonnable et du corps humain.*

Si le corps est subsistant de lui-même, et si l'âme, de son côté, est subsistante, le corps et l'âme forment nécessairement *deux êtres subsistants.*

Or, deux êtres subsistants peuvent être plus ou moins rapprochés l'un de l'autre, agir plus ou moins intimement l'un sur l'autre, ils n'en resteront pas moins *deux* êtres subsistants ; jamais on n'en fera une *unité* réelle, une union substantielle.

Donc, toute théorie spiritualiste qui ne considère pas le corps comme une matière première à laquelle l'âme raisonnable étend sa propre subsistance, est incapable de rendre compte de l'unité substantielle de l'homme et de l'*union intrinsèque* de la matière et de l'esprit dans l'homme.

2º *La solution proposée n'enferme aucune contradiction.* Ce qui pourrait paraître contradictoire, c'est que l'âme *spirituelle* puisse tout à la fois être partie constitutive d'un composé corporel et cependant conserver son indépendance à l'égard de la matière, rester spirituelle.

Que l'âme raisonnable ait la *puissance* d'informer la matière, cela se conçoit sans trop de peine : il suffit pour cela d'admettre que les formes supérieures contiennent la perfection et la puissance des formes inférieures tout en les dépassant ;

absolument, dit Aristote, comme les nombres plus élevés renferment ceux qui les précèdent avec une ou plusieurs unités en plus. Ainsi l'âme humaine, supérieure aux formes animales et végétales, possède éminemment le pouvoir que possèdent celles-ci d'informer la matière.

Néanmoins, à la différence des formes inférieures, l'âme, en informant la matière, ne se matérialise pas : la raison en est qu'elle est une forme supérieure. Dans les composés moins élevés de la nature, — le minéral, le végétal et l'animal, — la forme, pour se communiquer à la matière, épuise toute sa perfection, et se trouve ainsi, selon le mot de saint Thomas, plongée complètement, noyée dans la matière, incapable d'exercer un seul acte qui en soit indépendant.

L'âme humaine, à cause de sa supériorité de nature, en informant la matière, n'épuise pas toute sa perfection : elle ne communique à la matière que les perfections végétatives et animales qu'elle contient éminemment ; ses puissances spirituelles émergent donc pour ainsi dire du composé matériel qu'elle informe, et restent libres de la matière, capables de se déployer sans l'intervention directe d'aucun organe.

En un mot, l'âme raisonnable est une forme, mais elle n'est pas que forme : elle est une forme essentiellement *subsistante* [1]).

Subsistante, l'âme humaine est aussi *incorruptible*. Certes, elle a besoin d'informer la matière pour accomplir, conformément à sa nature, les actes qui lui sont propres ; mais son être est intrinsèquement indépendant du corps, et par conséquent, la destruction du corps n'entraîne pas sa propre destruction.

156. Conclusion. — Difficultés. — L'hypothèse scolastique semble ne renfermer aucune contradiction ; elle fournit l'explication métaphysique de l'unité substantielle de l'être humain ; aucune autre explication ne semble offrir ces avantages.

---

[1]) « Anima humana propter suam nobilitatem supergreditur facultatem materiæ corporalis, et non potest totaliter includi ab ea. Unde remanet ei aliqua actio, in qua materia corporalis non communicat ». *De anima*, III, lect. 7 [1].

Il n'en reste pas moins vrai que cette théorie est enveloppée d'ombres et présente plus d'une grave difficulté.

Il appartient à la Cosmologie de les examiner *ex professo*.

Faisons remarquer, cependant, que la plupart de ces difficultés proviennent de l'impossibilité où nous sommes d'*imaginer* la matière première, ou même d'en avoir un *concept positif*.

On n'*imagine*, en effet, que ce que l'on a préalablement saisi par les sens, et les sens n'atteignent pas ce qui fait le fond substantiel des êtres.

Quant à l'intelligence, elle a pour objet d'exprimer par des concepts positifs ce qu'une chose est. Or, nous l'avons vu, la matière première n'est pas quelque chose d'actuel, elle n'est ni étendue, ni douée d'aucune qualité : « est nec quid, nec quale, nec quantum ». Impossible donc de la concevoir autrement que par négation ou analogie.

Ne pouvons-nous pas raisonnablement présumer, d'ailleurs, que, si la théorie de la matière et de la forme était contradictoire, la contradiction n'eût point échappé au génie métaphysique d'un Aristote, d'un Augustin, d'un Thomas d'Aquin ?

157. Unicité d'âme chez l'homme. Unicité de forme. — L'unicité de substance chez l'homme emporte nécessairement l'*unicité d'âme* et même l'*unicité de forme substantielle*.

Platon semble croire qu'il y a trois âmes chez l'homme. Plusieurs psychologues modernes en distinguent deux : l'une présidant à la vie intellectuelle et à la sensation, l'*âme spirituelle ;* l'autre présidant à la vie organique, ce serait le *principe vital* (vitalisme outré de l'École de Montpellier).

Mais ces théories sont en désaccord formel avec le témoignage de la conscience, aussi bien qu'avec l'observation qui établit la solidarité intime de toutes les manifestations de la vie organique, de la vie sensitive et de la vie raisonnable.

Les âmes multiples, dans un même individu, sont du reste parfaitement inutiles. En effet, comme l'a fait observer saint Thomas, un même principe peut suffire à l'information du corps et aux fonctions de la vie à tous ses degrés, car il est naturel qu'une forme supérieure, comme l'âme, contienne et dépasse la perfection et l'énergie vitale des formes inférieures.

Non seulement l'unité substantielle implique l'unicité d'âme ou de principe de vie, mais encore, croyons-nous, l'unicité de forme substantielle.

Duns Scot admettait que l'âme raisonnable est la forme substantielle du corps, mais il était d'avis qu'avant son information par l'âme raisonnable, la matière possède déjà une *forme de corporéité ;* cette forme, d'ailleurs, il jugeait qu'elle est incomplète et appelle naturellement la forme raisonnable, mais il la croyait nécessaire pour expliquer comment, après la mort du composé humain comme avant, le corps reste le même corps humain.

Cette forme de corporéité du Docteur subtil est inutile, et incompatible d'ailleurs avec la doctrine de l'unité substantielle.

Elle est inutile : Scot se trompe en identifiant le cadavre avec un corps humain vivant. Le cadavre garde, il est vrai, pendant quelque temps l'aspect extérieur d'un corps humain. Mais au fond il ne possède aucun des caractères qui prouvent l'existence en lui d'*un* être, ayant *une forme* déterminée : il n'a ni unité, ni solidarité de fonctions vers un but commun. Le cadavre est un amas, un agrégat accidentel de corps plus ou moins complexes, en voie de désagrégation : son unité est apparente : elle n'existe que dans notre pensée ; c'est nous qui groupons cet ensemble de matières distinctes sous le nom collectif vulgaire de cadavre [1]).

Cette forme scotiste est incompatible avec la doctrine de l'unité substantielle : toute forme qui donnerait à la matière un être déterminé, fût-ce simplement un être corporel, mettrait nécessairement obstacle à une information substantielle ultérieure. L'être corporel serait un être subsistant, l'âme raisonnable en serait un autre ; entre les deux il pourrait y avoir concert accidentel d'activités, mais jamais il ne pourrait y avoir communauté de subsistance.

158. Conséquences de la doctrine de l'unité substantielle. — 1° Cette doctrine nous fournit la raison dernière

---

[1]) « Totum corpus, dit saint Thomas, et omnes ejus partes habent esse substantiale et specificum per animam ; qua recedente, sicut non manet homo aut animal, aut vivum, ita non manet manus, aut oculus, aut caro, nisi æquivoce, sicut depicta aut lapidea ». Qq. disp. *De spirit. creat.*, a. 4.

de la thèse établie plus haut sur l'*objet propre* de l'intelligence humaine. Pourquoi l'intelligence a-t-elle pour objet non pas le spirituel en soi, mais le spirituel dans la matière, l'intelligible dans le sensible ? C'est en dernière analyse parce que, l'homme étant un être composé de matière et d'esprit, l'opération résulte de l'être et lui est proportionnée : « modus operandi sequitur modum essendi ».

2º Elle fournit une *définition rigoureuse* de la nature humaine, affirmant son unité de nature et lui assignant son genre et sa différence spécifique.

« L'homme est, d'abord et avant tout, âme et corps à la fois. Il est un être corporel, vivant, sentant, *informé et vivifié* par une âme sensitive. L'*animalité* est donc le genre auquel il appartient, et ce genre devra trouver place au premier terme de la définition.

Mais l'âme humaine, intellective et raisonnable, diffère de l'âme végétative et de l'âme sensitive. Elle distingue l'homme de la plante et de la brute, elle le *spécifie ;* et la *rationalité* devra figurer au second terme de la définition.

La véritable définition de l'homme sera donc, en résumé, celle-ci : *L'homme est un animal raisonnable* » [1]).

3º Cette définition nous fait voir du même coup la *place* que l'homme occupe *dans l'univers* créé : il se trouve être une sorte de trait d'union entre l'ordre matériel et l'ordre spirituel.

4º La doctrine de l'unité substantielle éclaire la vraie notion de la *personnalité humaine*, et montre que ce n'est pas l'âme seule, ni le corps seul, mais le sujet composé d'âme et de corps qui constitue la personnalité humaine.

On appelle communément *personne*, l'individu raisonnable considéré comme sujet d'attributs distinctifs et incommunicables (c'est-à-dire personnels). Boèce définit rigoureusement la *personne* en disant qu'elle est *un sujet individuel complet doué de raison*, « substantia individua rationalis naturæ ».

Le sujet individuel ou l'*individu*, c'est le genre ; la *raison*

[1]) MGR DE LA BOUILLERIE, *L'homme*, pp. 54-64.

constitue la différence spécifique qui distingue la personne de l'individu.

L'*individu* est un être subsistant complet (ens indivisum in se) : c'est donc une *substance*, existant en soi, et non en un autre ; c'est donc aussi un être distinct de tout autre (ens a quolibet alio ente divisum) qui n'est ni partie intégrante, ni partie constitutive d'un tout.

L'individu *doué de raison* constitue une espèce distincte qui porte un nom spécial, une *personne*.

L'individu humain, doué de raison et de liberté, vérifie, d'une manière spéciale, la possession plénière de soi qui est la raison formelle de l'individualité. L'homme, en effet, à la différence des êtres qui n'ont ni raison ni liberté, est maître de *ses* actes, il les dirige d'une manière indépendante et libre dans le sens de sa destinée [1]).

Etant maître responsable de sa destinée, il possède, au sein de la société, le droit de faire et d'exiger ce que réclame la réalisation de sa fin ; il est le sujet de droits inviolables, une *personne morale et juridique*. Aussi serait-il contraire à la raison et au droit naturel de prétendre se servir de l'homme comme d'un *pur instrument*, comme d'une *chose, res*, d'en faire, en d'autres mots, un esclave.

159. Théories erronées sur la personnalité. — Descartes confond la personnalité avec la *conscience ;* les empiristes modernes en ont fait une simple *coordination d'états conscients* ou subconscients.

Il n'est pas admissible que l'on confonde la personnalité ni avec la conscience *actuelle*, ni même avec la conscience *habituelle*.

Confondre la personnalité avec la conscience *actuelle*, ce serait prétendre que l'enfant en bas âge n'est pas une personne, et que nous perdons nous-mêmes notre personnalité durant le sommeil. Or, il n'est personne, croyons-nous, qui veuille souscrire à de pareilles conséquences.

---

[1]) « Adhuc quodam speciali et perfectiori modo invenitur particulare et individuum in substantiis rationabilibus quæ habent dominium sui actus, et non solum aguntur sicut alia, sed per se agunt... Et ideo speciale nomen habent... et hoc nomen est *persona* ». *Sum. theol.*, I², q. 29, a. 1.

La conscience *habituelle* aussi ne constitue pas la personnalité ou l'individualité, attendu que le *moi*, le sujet individuel est antérieur à la conscience : celle-ci le perçoit comme quelque chose de distinct d'elle-même, et dont elle constate la réalité déjà toute faite.

Il est vrai cependant que la conscience est l'*indice* de la personnalité : elle est en effet une manifestation de la *raison* qui fait la supériorité de la personne sur l'individu, qui *spécifie* la personne dans le genre individu.

Les actes multiples dont la *coordination* constituerait l'individualité, selon la théorie courante de l'*empirisme*, sont postérieurs aussi à l'existence de l'individu et, par conséquent, ne peuvent être la raison constitutive de la personnalité. Car tout acte suppose un principe qui agit, et les principes immédiats d'action, forces ou facultés, supposent un principe premier qui agit : ce principe est l'individu ou la personne.

Il faut tenir compte de ces observations quand on parle de « variations de la personnalité », de « pluralité de personnalités », etc. Ce n'est pas le sujet individuel premier, la personne proprement dite, qui varie, s'altère, se dissout ou se dédouble. Ce qui peut varier, ce sont les formes d'activité par lesquelles le sujet se manifeste à la conscience. Car, ne l'oublions pas, le sujet est incapable de se connaître directement lui-même ; il ne se connaît que par le moyen de ses actes conscients. Dès lors, du moment que ces actes varient ou s'altèrent, le mode sous lequel notre personnalité nous apparaît varie, s'altère en conséquence.

En deux mots, autre chose est l'*individualité* en elle-même, autre chose est la *notion* que nous en donne la conscience de notre activité. Celle-ci varie ; le plus souvent ses variations n'entament pas la *notion habituelle du moi*, familière à chacun ; exceptionnellement, cependant, elles peuvent aller jusqu'à bouleverser cette notion habituelle, et donner ainsi l'illusion d'un changement, ou d'un dédoublement de la personnalité.

160. Mode de présence de l'âme dans le corps. — Cette fois encore, la doctrine de l'unité substantielle nous permet de répondre à la question de savoir où et comment l'âme est présente dans le corps qu'elle anime.

24

Platon et Descartes, qui considèrent l'âme comme une substance complètement distincte du corps, la font résider en un point central d'où, comme le pilote à son gouvernail, elle puisse diriger le mouvement de l'ensemble. Le premier localise l'âme intelligente dans le cerveau, le second lui donne pour siège une portion minime de la substance cérébrale, la glande pinéale.

Nous croyons au contraire, avec saint Thomas, que l'âme est, par une présence totale, dans le corps entier et dans chacune de ses parties : « Anima rationalis est tota in toto corpore et tota in qualibet parte corporis ».

L'âme, en effet, n'est pas simplement l'agent moteur ou directeur de l'organisme, elle est la forme substantielle du corps, elle communique au corps entier sa subsistance même. Or, pour faire subsister le corps, il lui faut être présent, suivant ce principe indiscutable : « Actus est in eo cujus est actus ». Donc l'âme est dans le corps entier qu'elle fait subsister et qu'elle anime : « Anima est in toto corpore ».

Mais l'âme raisonnable, en vertu de sa simplicité, exclut les parties quantitatives ; elle n'est donc pas dans l'organisme à la façon d'un corps étendu, avec des parties correspondant à chaque partie de l'organisme. Partout où elle est, elle est entière ; elle est donc « tota in toto corpore et tota in singulis partibus corporis » [1]).

Cependant, bien que l'âme se trouve présente à toutes les parties de l'organisme, elle n'est pas présente à chacune d'elles avec toutes les puissances dont elle est la source.

Les puissances végétatives et sensitives sont, en effet, liées à des organes, la puissance de la vision à l'œil, celle de l'audition à l'organe auditif, et ainsi de suite. Elles sont donc localisées dans les parties du corps auxquelles elles sont respectivement attachées.

Les puissances spirituelles, au contraire, n'ayant point d'organe, ne sont pas localisées en un endroit déterminé

---

[1]) « Totum corpus et omnes ejus partes habent esse substantiale et specificum per animam ;... sic igitur cum omnis actus sit in eo cujus est actus, oportet animam, quæ est actus totius corporis et omnium partium, esse in toto corpore et in qualibet ejus parte ». Qq. disp. De spir. creat., art. 4.

de l'organisme, elles ne sont, rigoureusement parlant, *nulle part*.

C'est donc simplement l'*essence* de l'âme, qui, à titre de forme substantielle, se trouve dans tout le corps et dans chaque partie : « Anima est tota in qualibet parte corporis secundum totalitatem essentiae, sed *non secundum totalitatem virtutis* ».

En résumé, l'âme est en elle-même spirituelle, mais substantiellement unie au corps dont elle est la forme. Nous sommes renseignés sur sa *nature (Ch. I)* ; posons la question de son *origine (Ch. II)*.

CHAPITRE II

Origine de l'âme humaine

161. Etat de la question. — L'âme humaine est manifestement un être contingent, n'ayant pas en lui-même la raison de son existence : elle a donc dû être appelée à l'existence par l'action d'autrui.

Quelle est la nature de cette action ? Deux hypothèses se présentent en réponse à cette question :

1º Suivant le *Traducianisme* ou le *Génératianisme*, l'âme naîtrait par voie de *génération*, c'est-à-dire par transformation substantielle d'un sujet présupposé ; l'homme tout entier, corps et âme, viendrait ainsi des parents, soit par transformation d'un germe matériel suivant les traducianistes, soit par une action directe de l'âme seule suivant les génératianistes. Comment une âme immatérielle peut produire une autre âme immatérielle, les génératianistes avouent ne pas se l'expliquer : ils comparent les âmes à des flambeaux dont l'un s'allume à l'autre.

2º Le *Créatianisme* au contraire, en raison de l'immatérialité de l'âme, la fait surgir du néant par voie de *création* et lui assigne ainsi Dieu comme auteur immédiat.

La question revient donc à savoir si les parents *engendrent* l'âme de l'enfant, ou si Dieu la *crée*.

Si cette seconde hypothèse est vraie, nous aurons à nous enquérir ensuite *à quel moment* l'âme est créée.

162. Preuve du créatianisme : L'âme n'est pas engendrée par les parents, mais elle est créée par Dieu. — 1er *Argument, tiré de l'impossibilité du traducianisme et du génératianisme :* Si les parents engendrent l'âme de l'enfant, il faut nécessairement que quelque chose des parents, — soit 1º de leur *corps*, soit 2º de leur *âme*, — passe dans l'âme de l'enfant ; sinon, il y aurait production du néant, création.

Or, les deux hypothèses sont incompatibles avec la nature immatérielle de l'âme.

Donc l'âme n'est pas engendrée par les parents, et dès lors il faut conclure qu'elle est créée par Dieu.

Preuve de la mineure : 1º La première supposition est incompatible avec la nature de l'âme : si la semence corporelle des parents pouvait former l'âme de l'enfant, cette âme serait nécessairement *composée* de deux parties constitutives : une partie matérielle provenant de la semence, et une partie formelle qui, s'ajoutant au sujet matériel, donnerait à l'âme engendrée sa nature propre. Or l'âme de l'enfant ne comporte pas de parties constitutives (**145**), attendu qu'elle est spirituelle et *simple*.

De plus, il est impossible de concevoir qu'un agent corporel produise un effet spirituel.

2º Reste la seconde supposition ; elle est aussi impossible que la première. Puisqu'il s'agit de « génération » et non de création, une *partie de l'âme* des parents devrait être transmise à l'enfant. Or, l'âme des parents est *indivisible* puisqu'elle est simple.

2ᵐᵉ *Argument direct, tiré de la spiritualité de l'âme :* L'existence d'une âme spirituelle ou subsistante ne peut être que créée.

En effet, il y a proportion naturelle entre « le devenir » et « l'être » ; le devenir étant, en définitive, l'être envisagé en tant qu'il sort de ses causes.

Or l'être de l'âme est spirituel, c'est-à-dire indépendant de tout sujet matériel.

Donc le devenir de l'âme est indépendant de tout sujet matériel.

Mais devenir, sans exiger la mise en œuvre d'un sujet matériel présupposé, c'est être créé. Donc l'âme humaine est créée.

Mais alors, dira-t-on, si l'âme est créée par Dieu, les parents, à proprement parler, **ne** seraient plus parents que de nom ; ils ne mettraient pas au monde un enfant de même nature qu'eux, mais un corps dépourvu d'âme raisonnable.

L'objection est spécieuse, mais n'est point fondée.

Si l'homme était une association accidentelle de deux substances complètes, d'un corps et d'une âme, les parents qui
ne produiraient que le corps ne seraient, en effet, d'aucune
façon les auteurs d'un être humain.

Mais l'homme est une substance *une ;* la formation d'un
homme consiste en l'union d'une âme raisonnable avec la
matière fournie par les parents. Or cette *union* est l'œuvre
de Dieu, sans doute, car Dieu est l'auteur de la création de
l'âme, mais elle est aussi l'*œuvre des parents*, car l'acte générateur des parents est la *cause déterminante* de l'acte créateur.
Donc les parents sont vraiment cause de la naissance d'un
être humain.

163. Quand l'âme est-elle créée ? — Platon et Origène
admettaient que les âmes existent longtemps avant leur union
avec le corps, ou même de toute éternité. Cette opinion n'a
aucun fondement. De fait, nous n'avons pas de souvenir d'une
existence antérieure. Au contraire, l'union de l'âme et du corps
étant naturelle, il est inadmissible que Dieu ait placé les âmes,
à l'origine, dans un état d'isolement contraire à leur perfection naturelle.

Il est bien plus raisonnable d'admettre que *Dieu crée les
âmes au moment même où il les unit à la matière* qu'elles doivent
informer.

Est-ce à dire que l'âme soit créée *au moment de la conception ?*

Il est possible, sans doute, qu'il en soit ainsi, et que, dès
le commencement, la vie de l'embryon vienne de l'âme raisonnable.

Mais il est possible aussi et plus probable que l'âme est
créée *au cours de la vie embryonnaire.* L'évolution naturelle
de l'embryon amènerait une succession correspondante de
formes [1]. Le corps s'organise graduellement ; au fur et à
mesure de cette organisation, surgit en lui d'abord la vie,
effet d'un principe organique analogue à l'âme des plantes,
puis apparaît la sensibilité sous l'influence d'une forme ani-

---

[1] Sur l'origine des formes substantielles des corps de la nature, voir
la *Cosmologie*, chap. II, art. 2 (lire tout l'article).

male succédant à la première, jusqu'à ce qu'enfin l'embryon ait acquis les dispositions voulues pour être vivifié par une âme humaine. L'action du générateur conduit ainsi le corps humain jusqu'à ces dernières dispositions qui exigent en celui-ci l'introduction de l'âme intellective ; mais, arrivée à ce point, son activité s'arrête. Alors, le cours de la nature appelle l'intervention de Celui qui est seul capable de créer ; Dieu crée l'âme intellective en l'infusant dans le corps, comme forme substantielle.

L'embryogénie confirme d'une manière frappante ces vues spéculatives des anciens scolastiques [1]).

On sait, en effet, aujourd'hui, que la formation d'un être nouveau chez l'homme comme chez la plupart des animaux, est due à la fusion de produits sexuels qui sont de simples cellules.

Les premiers phénomènes qui suivent la fécondation se ramènent à un processus relativement simple de segmenta-. tion. Au début du développement de l'œuf fécondé, on ne voit au microscope que des couches de cellules régulièrement disposées etconstituant ce que l'on a appelé les feuillets germinatifs. Progressivement, l'on voit apparaître les ébauches des organes et leur différenciation se dessiner (voir Planche I).

De même, au point de vue physiologique, les fonctions de la vie végétative — telles les contractions du cœur et. la circulation du sang — se manifestent d'abord ; la motilité vient ensuite ; enfin, seulement, les manifestations de la sensibilité.

Quant à déterminer à *quel moment précis* l'embryon atteint le degré d'organisation voulu pour être informé par l'âme raisonnable, c'est chose évidemment impossible.

164. Origine du corps de l'homme. — L'homme entier intéresse le psychologue ; nous devons donc dire un mot des origines du *corps* humain.

Nous connaissons l'origine *immédiate* du corps de l'homme, elle est la même que celle de la vie animale en général.

---

[1]) Saint Thomas, particulièrement, a dit sur cette question tout ce que l'on peut conjecturer avec le plus de vraisemblance. *Sum. theol.*, I^a, q. 118, a. 2.

Quant à l'origine *première*, beaucoup de transformistes, poussés par l'esprit de système, soutiennent que l'homme doit être le produit de formes animales inférieures.

Il ne nous appartient pas ici d'examiner à fond cette théorie. Contentons-nous de remarquer que les savants sincères sont plus circonspects. Dans un discours resté célèbre, Virchow déclarait publiquement au Congrès de Munich que la science ne permet ni de contester l'identité de l'homme actuel et de l'homme fossile, ni de faire dériver celui-ci, par voie d'évolution, de formes animales inférieures [1]).

Comme le disent sagement de Quatrefages et Hamy :

« Qu'il s'agisse des plantes, des animaux ou de l'homme, le problème des origines est encore au-dessus du savoir actuel »[2]).

165. Unité de l'espèce humaine. — La question de l'unité de l'espèce humaine, jadis fort discutée entre naturalistes, est aujourd'hui définitivement jugée.

Les groupes humains plus ou moins différents qui, à l'*heure présente*, se partagent notre globe, ne représentent pas des *espèces* multiples, ils ne sont que des *races d'une même espèce :* c'est un point définitivement acquis à la science [3]).

Est-il permis d'aller plus loin et d'affirmer, au nom de la science et de l'archéologie, non seulement l'unité de l'espèce, mais même l'*unité d'origine* de l'humanité ?

A coup sûr, la filiation du genre humain à partir d'un seul couple primitif est *possible* et *vraisemblable ;* mais nous ne croyons pas que l'on puisse, à l'aide d'arguments purement scientifiques, arriver à établir qu'elle est certaine.

Le plan que nous nous sommes tracé au début, nous mène à une dernière étude sur la *cause finale* de la vie humaine.

---

[1]) *Rev. Scient.*, déc. 1877, p. 543.
[2]) *Histoire générale des races humaines*, p. 62.
[3]) Cfr. DE QUATREFAGES, *L'espèce humaine*, 6ᵉ éd., p. 64.

CHAPITRE III

Destinée de l'homme

---

166. Objet de ce chapitre. — Deux questions sont à examiner dans ce chapitre : l'*existence* d'une vie immortelle *(Art. I)* ; la *nature* de cette vie sans fin *(Art. II)*.

Pour résoudre la *première* question, nous démontrerons sucsessivement :

1º Que l'âme humaine est *apte*, de sa *nature*, à survivre au corps ;

2º Que, *de fait*, elle lui *survivra* ;

3º Que sa survivance n'aura *pas de fin*, sera *immortelle*.

Pour résoudre la *seconde* question, nous dirons :

1º *Quelle eût été*, dans l'hypothèse d'un état purement *naturel*, la destinée de l'âme humaine ;

2º *Quelle est, de fait*, sa destinée *surnaturelle*.

L'existence d'une vie immortelle, ou l'immortalité de l'âme

---

167. Proposition I : L'âme humaine est, de sa nature,, immortelle. — Sans doute, l'âme humaine est *contingente*, on peut la concevoir non existante, et par conséquent il ne lui est pas *essentiel* d'exister toujours.

Mais il est dans sa *nature* d'exister toujours. Cela ne veut pas dire simplement que l'âme ne tend pas à s'anéantir : aucun être ne tend au néant. Nous voulons affirmer davantage : Si les corps cessent d'exister, c'est qu'ils ont dans leur nature une raison intrinsèque de transformabilité, ils se décomposent substantiellement pour engendrer un composé substantiel nouveau : l'âme humaine, au contraire, échappe par sa nature à toute décomposition et transformation substantielle. Elle n'est pas susceptible, disent les scolastiques, de « corruption ni de génération » ; car la transformation substantielle consiste dans la cessation ou la *corruption* d'une première forme,. et la production ou la *génération* d'une forme nouvelle.

L'âme humaine est donc, de sa nature, *incorruptible*, voilà le sens de notre thèse.

La preuve en est tirée de la simplicité et de la spiritualité de l'âme.

On pourrait concevoir deux causes pour lesquelles l'âme serait corruptible : Ou bien elle serait elle-même intrinsèquement sujette à la décomposition, « corruptibilis *per se* » ; ou bien elle serait essentiellement dépendante d'un sujet, autre qu'elle-même, dont la décomposition entraînerait sa disparition, elle serait « corruptibilis *per accidens* ».

Or, la première supposition est inadmissible, car l'âme n'a pas de parties en lesquelles elle puisse se décomposer.

La seconde l'est aussi, car l'âme est spirituelle ; en conséquence, que le composé humain se dissolve, que le corps soit
détruit, il n'y a pas de raison pour que l'âme en soit atteinte
dans sa subsistance.

Donc l'âme n'est, de sa nature, ni directement ni indirectement périssable.

Dès lors si, à la mort de l'homme, l'âme cessait de vivre,
c'est que Dieu l'anéantirait ou, ce qui revient au même, cesserait de la conserver.

Or, elle ne sera pas anéantie à la mort de l'homme, mais
elle survivra au corps.

On voit sans peine que les arguments qui établiront cette
seconde proposition, confirment implicitement la démonstration de la première.

**168. Proposition II : L'âme survivra réellement au
corps.** — Ier *Argument, tiré du témoignage de l'humanité
en faveur de l'immortalité de l'âme :* Le respect des morts,
les rites funéraires, la croyance à un lieu de châtiments ou
de récompenses au delà de la tombe, attestent la croyance
des peuples à l'immortalité de l'âme.

Or, une croyance aussi universelle ne peut s'expliquer que
par une révélation divine, ou parce qu'elle a sa racine dans
des convictions générales, nécessaires, et par suite infaillibles[1]),
de notre nature intelligente.

2me *Argument, tiré de la sagesse du Créateur :* La nature
de l'âme est ainsi faite — la preuve de la première proposition l'a établi — qu'elle est apte à survivre à la dissolution
du composé humain.

Or, cette aptitude aurait été donnée en vain à l'âme, si, de
fait, l'âme ne survivait pas au corps.

Mais il serait contraire à la sagesse divine de faire quelque
chose en vain.

Donc l'âme survivra au corps.

3me *Argument, tiré de la sainteté et de la justice de Dieu :*
Dieu est *saint* : il aime le bien moral, il déteste le mal : il a
dû vouloir garantir, par une sanction suffisante, l'observation
de la loi morale. Dieu est *juste* : il doit vouloir que, tôt ou

---

[1]) On le démontre en *Critériologie : Partie spéciale.*

tard, les justes soient récompensés, les coupables punis, en proportion de leurs mérites ou de leurs démérites.

Or, il y a sans doute, dès cette vie, une certaine sanction à la loi morale, mais elle est manifestement insuffisante [1]) ; le juste se voit souvent dans l'affliction et la douleur, le coupable dans la prospérité.

Il faut donc qu'il y ait une vie future, où une sanction suffisante soit assurée à la loi morale, où tout bien soit récompensé et tout mal puni dans la juste mesure.

4me *Argument, tiré de la bonté de Dieu :* Tout homme porte au cœur un désir invincible, permanent du bonheur : un pareil désir ne peut avoir sa source que dans la nature même de l'homme et, par suite, il est donné par l'Auteur même de la nature.

Or, ce désir reste inassouvi dans la vie présente : célle-ci est pour tout le monde une « vallée de larmes ».

Donc, à moins d'accuser Dieu de cruauté envers sa créature et de blasphémer ainsi sa bonté, il faut admettre que la vie présente sera suivie d'une vie meilleure.

169. Proposition III : La vie de l'âme n'aura pas de fin, l'âme humaine est immortelle. — Ceci résulte des arguments qui ont prouvé la proposition précédente, lorsqu'on les pousse à leurs dernières conséquences.

1er *Argument, tiré de la sagesse de Dieu :* L'âme étant capable de survivre au corps, doit lui survivre réellement, sinon la sagesse divine se trouverait en défaut.

Or l'âme, capable de subsister seule après la mort, est capable de subsister *toujours.*

Donc la survivance de l'âme n'aura pas de fin.

2me *Argument, tiré de la sainteté et de la justice de Dieu :* La Philosophie morale démontre que la sanction de la loi morale, pour être suffisante, doit être éternelle.

Donc la vie future n'aura pas de fin ; l'âme est immortelle.

3me *Argument, tiré de la bonté de Dieu :* Dieu, avons-nous dit, ne peut refuser de satisfaire le désir spontané et invincible du bonheur, qui se trouve au fond de toute âme humaine.

---

[1]) On développe cette thèse en *Philosophie morale.*

Or, un bonheur qui finit, n'est pas le vrai bonheur.

Donc la vie future•heureuse doit être éternelle.

Preuve de la mineure : Le bonheur exige la satisfaction pleine et entière des tendances naturelles de l'âme.

Or, supposé que le bonheur de l'âme dût un jour prendre fin, qu'arriverait-il ?

a) Ou l'âme saurait que son bonheur finira et dans ce cas, évidemment, il n'y aurait pas de vrai bonheur pour elle, car, dès le premier instant, elle serait troublée par la crainte de le perdre.

b) Ou l'âme se ferait illusion et se figurerait par erreur, mais invinciblement, que son bonheur est inamissible. Or, en premier lieu, cette erreur serait déjà un mal pour l'intelligence. Ensuite, une erreur de ce genre ne serait possible que dans l'hypothèse blasphématoire d'une action divine qui maintiendrait l'âme dans une erreur invincible.

c) Si l'erreur n'était pas invincible, si l'âme avait un doute sur son sort futur, ce doute seul serait une source de cuisantes incertitudes et de perpétuelles angoisses.

Donc le bonheur de l'âme sera éternel, ou il ne sera pas du tout. Or, il doit être. Donc il sera éternel et, par suite, l'âme humaine jouira dans l'autre vie d'une existence *sans fin* [1]).

---

[1]) « Cum enim ipsa beatitudo sit perfectum bonum et sufficiens, oportet quod desiderium hominis quietet, et omne malum excludat. Naturaliter autem homo desiderat retinere bonum quod habet, et quod ejus retinendi securitatem obtineat ; alioquin necesse est quod timore amittendi, vel dolore de certitudine amissionis affligatur. Requiritur igitur ad veram beatitudinem, quod homo certam habeat opinionem, bonum quod habet, nunquam se amissurum. Quæ quidem opinio si vera sit, consequens est, quod beatitudinem nunquam amittet ; si autem falsa sit, hoc ipsum est quoddam malum, falsam opinionem habere ; nam falsum est malum intellectus, sicut verum est bonum ipsius ; non igitur homo erit beatus, si aliquod malum ei inest». *Sum. theol.*, 1ᵃ 2ᵉ, q. 5, a. 4.

Nature de l'immortalité

ou

destinée de l'âme dans la vie future

------

170. La fin de la nature humaine, abstraction faite de l'ordre surnaturel. — On démontre en Philosophie morale que la fin de l'homme, considérée *objectivement*, est *Dieu* et qu'elle est, considérée *subjectivement*, la *connaissance de Dieu.*

Nous nous bornerons ici à *induire de la nature* humaine quelle serait sa *destinée,* si celle-ci était naturelle.

Tout d'abord, on se rappellera que toutes les facultés de 'âme émanent d'une nature unique. Si chaque faculté envisagée à part a son objet propre qui pour elle est *une* fin, et si, par conséquent, l'homme a autant de *fins particulières* qu'il a de facultés différentes, cependant, envisagé dans la plénitude de son être et de sa nature, il n'a qu'*une seule fin ;* l'objet des facultés est pour lui moins une fin qu'un *moyen,* et il n'est moyen que dans la mesure où il répond à la *fin de la nature* et de la personne humaine.

Dès lors, les facultés organiques et sensibles coopéreront à la destinée finale pour autant seulement qu'elles contribuent à l'exercice de la pensée et de la volition raisonnable auxquelles elles sont subordonnées.

Le problème de la destinée naturelle dans la vie future se limite donc à la question de savoir *quelle eût été alors* l'activité supérieure de l'âme, sa *pensée* et sa *volition raisonnable ?*

Elle eût été l'exercice de *la pensée à son plus haut degré de perfection :* la connaissance la plus parfaite de l'objet formel de l'intelligence, c'est-à-dire la science de l'universalité des

·choses matérielles par leurs causes les plus profondes et principalement par leur Cause suprême, y compris la connaissance
négative et analogique de la nature spirituelle et de l'Être
divin.

La fin de l'homme eût été, en un mot, la *connaissance
synthétique de l'ordre universel par sa Cause suprême :* la *sagesse*
ou la *philosophie.*

Cette connaissance eût naturellement engendré l'*activité
parfaite de la volonté,* c'est-à-dire l'*amour* de Dieu considéré
comme principe et fin du monde physique et du monde moral.

De cette double activité parfaite, contemplation et amour
parfaits, eût résulté la *félicité parfaite* de la nature humaine.

Toutefois, il y a une condition à l'obtention de la béatitude
finale : celle-ci doit être méritée.

L'homme est maître de sa destinée.

Être libre et responsable, il *doit*, par la pratique du devoir,
mériter le bonheur pour lequel Dieu l'a créé.

Être fini, et par conséquent sujet aux défaillances, il *peut*,
s'il le veut, préférer les biens *apparents* que lui offre la vie
présente au bien *réel* de la vie à venir, et, s'il achève son temps
d'épreuve dans un état d'opposition voulue avec le Bien
suprême, il demeurera irrévocablement fixé dans ce désordre
final.

**171. Durée du temps d'épreuve : Les réincarnations
et la métempsycose.** — L'épreuve du libre arbitre de
l'homme ne peut se prolonger indéfiniment, elle doit tôt ou
tard avoir un terme : sinon, l'aspiration naturelle au bonheur
serait vaine et la sanction de l'ordre moral illusoire. Il semble
toutefois difficile de démontrer par la raison que le terme de
l'épreuve dóit nécessairement coïncider avec le dernier
·moment de la vie *actuelle.* On s'explique que certains esprits
aient pu rêver pour l'âme une série plus ou moins longue
d'existences, au cours desquelles elle irait se perfectionnant,
des réincarnations successives, la *métempsycose.*

Pourvu que l'on admette que, dans ces réincarnations,
l'âme conserve la conscience de sa personnalité, et que, finalement, la série des migrations doit avoir un terme, nous ne
voyons pas que la raison, laissée à elle seule, puisse montrer

l'impossibilité ni même la. fausseté de cette hypothèse. Toutefois, il n'y a áucune raison positive qui plaide en sa faveur ;
il est indéniable, au contraire, que l'ignorance où nous sommes
d'existences antérieures à celle-ci, est une forte présomption
contre la supposition d'une pluralité d'existences dans
l'avenir.

172. Nécessité naturelle de la résurrection. — Nous,
croyons que la résurrection du composé humain est nécessaire au bonheur *complet* de l'âme dans la vie future. Nous
estimons donc que la résurrection est *naturelle*, non pas que
l'âme aurait, de par sa nature, la puissance de se reformer
elle-même, après la mort, un corps nouveau, mais en ce sens
que lá formation d'un corps nouveau par l'action toute-
puissante de Dieu est exigée pour le bonheur parfait de
l'âme raisonnable.

Bien entendu, il ne s'agit pas de la résurrection dans les
conditions glorieuses où elle s'accomplit *de fait* aujourd'hui,
au témoignage de la Foi, mais simplement de la résurrection
telle quelle, de la réunion de l'âme et du corps.

La preuve de la thèse, ainsi comprise, repose sur ce fait
que l'imagination — et, par conséquent, le corps organisé —
est pour l'activité supérieure de l'âme un auxiliaire naturel.

Il suit de là, en effet, que le déploiement normal de l'activité
intellectuelle demande le concours de l'organisme, et que
l'âme isolée du corps se trouverait dans un état d'infériorité
relative, incompatible avec les exigences du bonheur parfait.

Sans doute, le corps n'est pas *essentiel* à l'activité de l'âme.
Etant spirituelle, l'âme raisonnable peut subsister sans corps,
partager les conditions d'existence des purs esprits et recevoir
de ceux-ci ou de Dieu lui-même les déterminants conceptuels,
— espèces intelligibles — qui, dans la vie présente, lui sont
fournis avec la coopération des sens.

Mais, pour être intrinsèquement possible, l'état que cette
séparation suppose n'en est pas moins *inférieur* à l'état
d'union. L'intelligible pur, en effet, dépasse les forces natives
de l'âme humaine, et, par conséquent, à moins de recevoir
de Dieu un secours surnaturel auquel elle n'a aucun droit,
l'âme ne pourrait s'élever à la hauteur d'un pareil objet. Mise
en présence de l'intelligible pur, elle serait, dit Aristote, dans

la condition de l'oiseau de nuit en face du soleil. La pure lumière ne l'éclairerait pas, elle l'éblouirait, parce que son œil n'est fait que pour discerner la vérité tempérée des ombres de la matière.

Donc l'objet qui répond le mieux aux conditions imparfaites de notre pauvre intelligence, c'est l'intelligible présenté dans le sensible.

Donc, enfin, la condition la plus parfaite, naturelle, de l'activité de l'âme raisonnable, c'est l'union de l'âme et du corps ; en conséquence, la résurrection est naturelle.

173. Enseignements de la Foi sur les destinées surnaturelles de l'humanité. — En toute hypothèse, la fin objective de la créature ne peut être que Dieu. Mais cette vérité, qui est Dieu, il y a deux manières pour nous de la connaître, l'une *médiate*, naturelle, l'autre *immédiate*, surnaturelle, dont nous instruit la Révélation divine.

La première nous apprend *que Dieu est ;* elle nous dit en plus *ce qu'Il n'est pas*, qu'Il ne peut être confondu avec aucun des êtres sensibles et contingents. Cette connaissance est possible à l'homme livré à ses propres forces, au moyen du triple procédé de causalité, de négation, et de transcendance (**108**) ; on l'appelle *naturelle*.

La seconde nous apprend *positivement ce que Dieu est*, par exemple, qu'Il est Père et Fils et Saint-Esprit, une seule nature en trois personnes. Une pareille connaissance est naturellement inaccessible à l'homme, mais il a plu à Dieu de la lui communiquer : Il la lui communique en substance, dès la vie présente, par la foi ; Il lui en donnera l'*intuition* directe, sans intermédiaire, dans la vie de la gloire. Cette intuition, entraînant pour la volonté un bonheur parfait, s'appelle *vision béatifique*.

La foi et la vision béatifique ne sont possibles à la créature, à l'homme en particulier, que moyennant des secours absolument gratuits qu'il plaît à la Bonté divine d'accorder à notre intelligence et à notre volonté, mais qui dépassent les forces et les exigences de toute nature créée ou créable : aussi la vision immédiate de Dieu et la foi s'appellent *surnaturelles*.

Une *destinée purement naturelle* eût été possible, sans doute, mais elle n'a jamais été qu'une *hypothèse* ; dès l'instant

25

où Il a créé le premier homme, Dieu lui assigna *en fait*, à lui et à sa descendance, une *destinée surnaturelle.* Il leur assure les *moyens surnaturels* pour y atteindre. La fin de l'homme et les moyens qui y répondent formant ensemble un ordre, il faut dire que l'ordre de pure nature n'a jamais été qu'une hypothèse ; *le seul ordre réel,* historique, est celui où la nature est élevée à l'ordre surnaturel.

Ajoutons que les corps des bienheureux ressusciteront revêtus de prérogatives et de qualités spécialement glorieuses ; ils seront en quelque sorte « spiritualisés », ainsi que s'exprime l'apôtre saint Paul.

Il faut renoncer à décrire le bonheur du ciel dont saint Paul a dit « que l'œil de l'homme n'a point vu, que son oreille n'a point entendu et que son cœur ne peut comprendre ce que Dieu a préparé à ceux qui l'aiment ». Les plus beaux génies chrétiens confessent leur impuissance à concevoir et à exprimer la contemplation directe de l'Infini.

RÉSUMÉ ET CONCLUSION

1,74. La psychologie est l'étude philosophique de la vie chez l'homme.

Nous avions à étudier la vie à tous ses degrés, la vie *organique* ou végétative d'abord, ce fut l'objet de la *Première Partie ;* puis la vie *sensitive ou animale,* ce fut l'objet de la *Deuxième Partie ;* enfin la vie *intellective ou raisonnable,* qui fournit la matière de la *Troisième Partie,* la principale du Traité.

La vie *intellective* consiste dans la *pensée* et la *volition.* Etudier ces actes en eux-mêmes et dans leurs rapports avec les actes de la vie organique et sensitive ; remonter de la pensée et de la volition aux *facultés* qui les émettent, de ces facultés enfin à la *nature* d'où elles émanent, tel fut l'objet du *Chapitre I* de la *Troisième Partie.* Cette étude nous amena à la conclusion que l'âme humaine est *spirituelle* et *simple,* mais qu'elle est *naturellement et substantiellement unie à la matière.*

Lorsque l'on a ainsi compris la nature immatérielle de l'âme humaine et sa relation avec la matière dont elle est la forme, il y a grand profit à reprendre l'examen des divers actes psychologiques et de leurs facultés respectives. Cet examen, que chacun fera pour son compte personnel, conduit à l'explication des effets *par leur cause,* des actes *par leur principe,* c'est-à-dire à la connaissance à laquelle seule s'applique, dans l'acception élevée du mot, la *science.*

La nature de l'homme bien comprise, il devenait aisé de s'expliquer son *origine* et sa *destinée :* ce fut l'objet des *Chapitres II et III.*

Nous avons ainsi rempli notre programme, car la philosophie n'a pas d'autre mission que de rechercher les causes *matérielle* et *formelle,* la cause *efficiente* et la cause *finale* des êtres qu'elle étudie.

TABLE DES MATIÈRES

INTRODUCTION

PREMIÈRE PARTIE

La vie organique ou végétative

CHAPITRE I

Notion de la vie

CHAPITRE II

Nature de l'être vivant

CHAPITRE III

Origine de la vie organique

DEUXIÈME PARTIE

Vie sensitive ou animale

CHAPITRE I

Nature de la vie sensitive

ARTICLE PREMIER

Actes de la vie sensitive

Première section : La sensation ou connaissance sensible

§ 1. — *La sensation au point de vue anatomique et physiologique*

ARTICLE SECOND

Nature et propriétés du premier principe de la vie sensitive

CHAPITRE II

Origine de la vie sensitive

TROISIÈME PARTIE

De la vie intellectuelle ou raisonnable

AVANT-PROPOS

CHAPITRE I

Nature de l'âme humaine

ARTICLE PREMIER

Actes et facultés propres à l'homme

Première section : La connaissance intellectuelle et l'intelligence

ARTICLE SECOND

Les mutuelles influences de la vie sensitive et de la vie suprasensible

ARTICLE TROISIÈME

Nature du premier principe de la vie chez l'homme

CHAPITRE II

Origine de l'âme humaine

CHAPITRE III

Destinée de l'homme

ARTICLE PREMIER

L'existence d'une vie immortelle, ou l'immortalité de l'âme

ARTICLE SECOND

Nature de l'immortalité ou destinée de l'âme dans la vie future

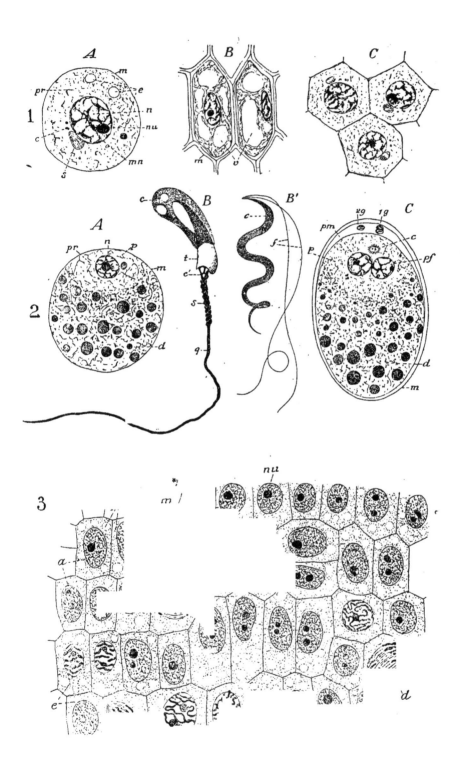

PLANCHE I

Fig. 1.

A. Cellule type.
- *m.* membrane.
- *n.* noyau.
- *pr.* protoplasme.
- *mn.* membrane nucléaire.
- *nu.* nucléole.
- *c.* centrioles.
- *s.* sphère.
- *e.* enclaves.

B. Cellules végétales.
- *m.* membrane.
- *v.* vacuoles.

C. Cellules animales.

Fig. 2.

A. Ovule.
- *m.* membrane.
- *n.* nucléole.
- *pr.* protoplasme.
- *p.* pronucléus.
- *d.* deutoplasme.

B. Spermatozoïde (élément mâle des animaux)
- *c.* capuchon.
- *t.* tête.
- *c'.* cou.
- *s.* spirale.
- *q.* queue.

B'. Anthérozoïde (élément mâle des plantes)
- *c.* corps.
- *f.* filaments.

C. Ovule peu après la copulation interne
- *pm.* pronucléus mâle.
- *pf.* pronucléus femelle.
- *p.* protoplasme.
- *m.* membrane.
- *d.* deutoplasme.
- *c.* centriole.
- *1 g.* premier globule polaire.
- *2 g.* deuxième globule polaire.

Fig. 3[1]).

Coupe longitudinale à travers le cône végétatif d'une racine d'oignon (grossissement de 800 diamètres). On y trouve les stades principaux de la division cellulaire indirecte [voir planche I (suite)]. *a*, cellules au repos ; le noyau présente un réseau de chromatine et des nucléoles intensément colorés. *b*, noyau au premier stade de la prophase *c*, phase de la couronne équatoriale. *d*, phase des couronnes polaires. *e*, cellules-sœurs, après la division. *m.* membrane. *pr*, protoplasme. *n*, noyau. *nu*, nucléole.

[1]) D'après EDMUND WILSON, *The Cell*, p. 4. London, Macmillan, 1900.

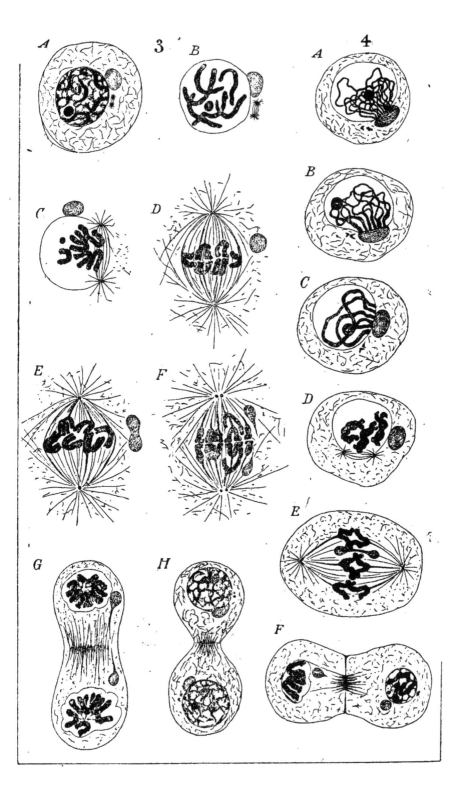

PLANCHE I *(Suite)*

Phases de la division cellulaire indirecte ou de la caryocinèse.

A. *Cellule au début de la cinèse*

B. *Prophase.* — La chromatine nucléinienne — substance caractérisée par sa grande colorabilité — montre de nouveau sa forme de bâtonnets. Les centrosomes s'éloignent l'un de l'autre, pour gagner peu à peu deux pôles opposés du noyau. Ils deviennent chacun le centre d'une irradiation protoplasmatique, appelée *aster*. Les filaments entre les deux centrosomes forment un *fuseau*.

C. *Mise en fuseau.* — La membrane nucléaire disparaît. Les chromosomes se raccourcissent et s'épaississent ; leur forme en anse s'accentue. On les appelle *anses chromatiques*.

¹) D. *Phases de la couronne ou de la plaque équatoriale.* — Le fuseau est achevé ; les anses chromatiques se rangent dos à dos, en forme de couronne ou de plaque, dans le plan équatorial du fuseau.

E. *Métaphase.* — A la métaphase, la division véritable commence : Les anses chromatiques se sectionnent dans le sens de leur longueur en deux moitiés égales.

F. *Anaphase.* — Certains filaments du fuseau, attachés aux anses chromatiques, se contractent et déterminent l'ascension des chromosomes vers leur pôle respectif. A ce moment ils constituent les *couronnes polaires*. Les centrosomes se sont déjà dédoublés en vue de la division cellulaire suivante.

G. *Télophase.* — Un noyau se constitue à chaque pôle au moyen des chromosomes.

H. La division du noyau une fois achevée, le protoplasme s'étrangle pour achever la division cellulaire.

Schéma de la première division de maturation dans la préparation des cellules sexuelles (division réductionnelle). Dans cette division de maturation les phénomènes autres que ceux qui ont trait à la division du noyau sont les mêmes que ceux qui accompagnent une division ordinaire.

A. *Prophase.* — Bouquet ou synapsis leptotène : Les chromosomes prennent la forme d'anses longues et minces. Dans la figure (division d'une cellule animale de reproduction), les bouts des chromosomes sont tous tournés vers la sphère. La chromatine se rassemble du même côté et forme un stade de *synapsis*.

B. *Bouquet ou synapsis amphitène.* — Les chromosomes s'accolent deux à deux en commençant par leurs extrémités libres.

¹). C. *Bouquet ou synapsis pachytène.* — L'accolement des chromosomes s'est fait sur toute leur longueur. Le nombre d'anses en est réduit de moitié. L'épaisseur de chacune est double.

D. *Strepsinéma et mise en fuseau.* — Les chromosomes doubles se raccourcissent et se tordent ; par suite, les deux chromosomes qui forment chacun d'entre eux se séparent déjà sur une certaine longueur et préparent ainsi ce qui correspond à la métaphase dans la division ordinaire.

E. *Commencement de l'anaphase.* — Les chromosomes accolés se séparent complètement pour remonter de part et d'autre aux pôles du fuseau.

F. *Télophase et division cellulaire.* — Chaque noyau ne contient plus que la moitié du nombre des chromosomes que contenait le noyau avant la division réductionnelle.

¹) Figures originales d'après nature mais partiellement schématisées. Grossissement

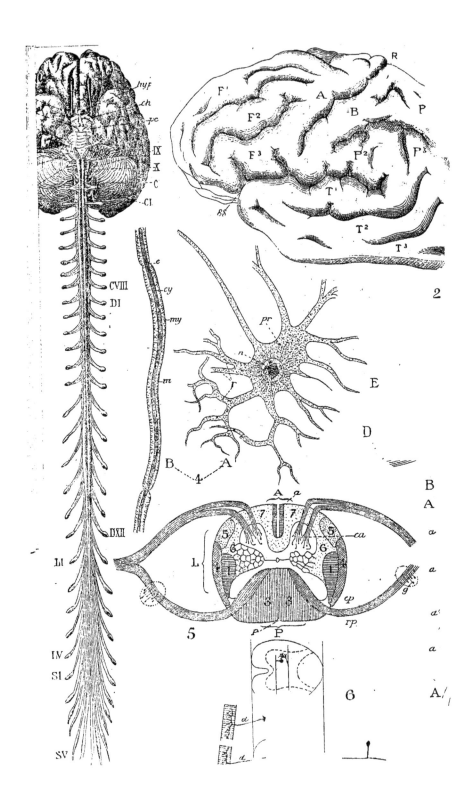

PLANCHE II

L'axe cérébro-spinal vu par sa face antérieure. Grandeur naturelle $^1/_4$.

I à XII : nerfs cérébraux
CI à CVIII : 8 nerfs cervicaux
DI à DXII : 12 nerfs dorsaux
LI à LV : 5 nerfs lombaires
SI à SV : 5 nerfs sacrés
C'I : nerf coccygien
ft : filet terminal

hyp. hypophyse.
ch. chiasma optique.
pc. pédoncules cérébraux.
o. olive.
c. cervelet.

Face externe de l'hémisphère gauche.

ss. scissure de Sylvius.
R. sillon de Rolando.
ip. scissure interpariétale.
$F_1 F_2 F_3$ circonvolutions frontales.
A. circonvolution centrale antérieure ou frontale ascendante.
B. circonvolution centrale postérieure ou pariétale ascendante.
$P_1 P_2 P_3$ circonvolutions pariétales.
$T_1 T_2 T_3$ circonvolutions temporales ou sphénoïdales.
$O_1 O_2 O_3$ circonvolutions occipitales.

Schéma de la répartition des éléments nerveux dans la partie centrale du système cérébro-spinal.

AA. moelle épinière avec ses commissures.
B. région de la protubérance.
C. cervelet.
D. ganglions de la base : couches optiques, corps striés.
EE. substance grise corticale, circonvolutions cérébrales.
aa. racines antérieures.
pp. racines postérieures.

A. Cellule nerveuse.
n. noyau.
pr. protoplasme.
r. ramifications.

B. Fibre nerveuse.
cy. cylindre-axe d'un prolongement de la cellule nerveuse.
my. myéline.
m. membrane ou gaine de Schwann.
e. étranglement.

Schéma de la moelle épinière.

ca. cornes antérieures avec cellules motrices.
cp. cornes postérieures.
A. L. P. cordons antérieur, latéral, postérieur.
1. faisceau pyramidal du cordon latéral
2. faisceau pyramidal du cordon antérieur ou faisceau de Türck.
3. cordon postérieur.
4. faisceau cérébelleux du cordon latéral.
5. faisceau de Gowers.
6 et 7. faisceaux fondamentaux du cordon latéral et antérieur.
a. et p. sillons antérieur et postérieur.
ra. et rp. racines antérieures et postérieures des nerfs.
g. ganglion spinal.

A. Arc réflexe simple
1. terminaisons périphériques de la fibre sensitive.
2. fibre sensitive centripète.
3. cellule sensitive des ganglions spinaux.
4. ramifications cellulifuges de la substance grise de la moelle.
5. ramuscules protoplasmatiques d'une cellule motrice des cornes antérieures.
6. cellule motrice des cornes antérieures.
7. fibre centrifuge motrice.
a. neurone sensitif é ' hé ' ue.

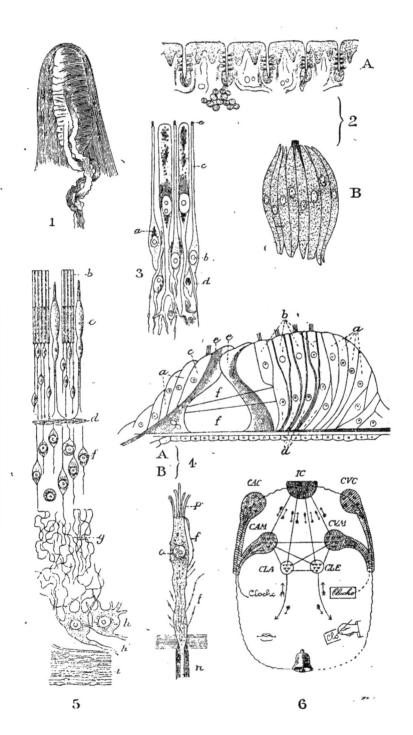

PLANCHE III

1. Une papille nerveuse de l'homme prise dans la peau de la face antérieure de l'index. A l'intérieur de la papille est placé le corpuscule du tact dans lequel pénètrent les fibres nerveuses (FREY, *Précis d'histologie*).

2. *A.* Organe gustatif du lapin. Section verticale.
B. Corpuscule du goût.

3. Cellules de la région olfactive chez l'homme. (FREY, *Ouv. c.*)

- *a.* cellule épithéliale terminée inférieurement par un prolongement ramifié.
- *b.* cellules olfactives avec leurs filaments descendants *d*.
- *c.* bâtonnet périphérique.
- *e.* petits prolongements avec cils vibratiles.

4, A. Organe de Corti d'après Retzius ; figure schématisée.

- *a.* cellules de revêtement.
- *b.* cellules acoustiques externes.
- *c.* cellules acoustiques internes.
- *d.* cellules de Deiters.
- *e.* fibres de Corti.
- *f.* canal de Corti.

4, B. Cellule auditive avec poils auditifs. (FREY, *Ouv. c.*)

- *c.* cellule auditive.
- *p.* poils auditifs.
- *n.* nerf.
- *f.* fibrilles nerveuses.

5. Coupe schématique de la rétine : partie nerveuse. (FREY, *Ouv. c.*)

- *b.* bâtonnets.
- *c.* cônes.
- *d.* épanouissement de la fibre conique en un fin réseau de fibrilles, dans la couche intermédiaire.
- *f.* granulations de la couche granuleuse interne.
- *g.* entrecroisement des fibrilles dans la couche moléculaire.
- *h.* cellules ganglionnaires.
- *h'.* prolongements du cylindre-axe.
- *i.* couche de fibres nerveuses.

6. Schéma de Charcot.

- *CAC.* centre auditif commun.
- *CAM.* centre de la mémoire auditive des mots, dont la lésion détermine la surdité verbale.
- *CVC.* centre visuel commun.
- *CVM.* centre de la mémoire visuelle des mots, dont la lésion détermine la cécité verbale.
- *IC.* centres dits intellectuels où s'associent les diverses images.
- *CLA.* centre de la mémoire motrice d'articulation, dont la lésion détermine l'aphasie motrice (type Broca).
- *CLE.* centre de la mémoire motrice graphique, dont la lésion détermine l'agraphie.

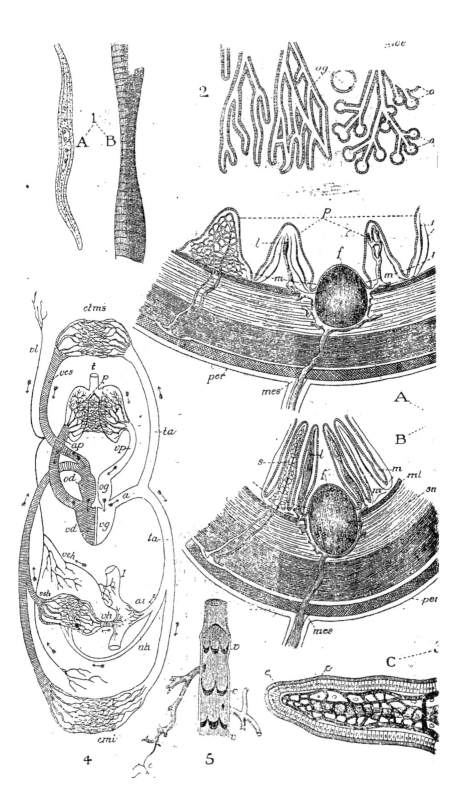

PLANCHE IV

Fig. 1. Fibres musculaires
- *A.* fibre musculaire lisse.
- *B.* fibre musculaire striée.

Fig. 2. Schéma représentant la formation des glandes.
Les glandes se forment par *invagination*, dans les tissus sous-jacents, de la membrane épithéliale de l'embryon. Si le tube glandulaire conserve sensiblement le même diamètre sur tout son trajet, on a une *glande tubuleuse* (1, 2, 3) ; s'il se termine par une dilatation, la glande est dite *acineuse* (4, 5, 6). — Lorsque le tube n'est pas ramifié, les glandes sont simples (1, 4, 5) ; sinon, elles sont composées (2, 3, 6) — *ce*, conduit excréteur. *ag*, acinus glandulaire.

Fig. 3.
A. [1]) Fragment d'une section transversale schématique de l'intestin grêle, la musculature étant à l'état lâche.
Grossissement d'environ 25 diamètres.

- *p.* villosités intestinales.
- *s.* réseau sanguin formé par les ramifications capillaires d'une artériole et d'une veine.
- *l.* canalicule lymphatique.
- *f.* follicule solitaire.
- *m.* muqueuse.
- *mt.* muscles circulaires de la muqueuse.
- *ml'.* muscles longitudinaux de la muqueuse.
- *mt'.* muscles circulaires de la sous-muqueuse.
- *ml.* muscles longitudinaux de la sous-muqueuse.
- *per.* péritoine.
- *mes.* mésentère.

B. [2]). Même section, la musculature étant contractée.

Fig. 3.
C. [3]). Villosité intestinale (grossie environ 70 fois).
- *a.* artériole.
- *v.* veinule.
- *l.* canal lymphatique.
- *e.* revêtement épithélial.
- *c.* cuticule traversée par des canalicules très fins.

Fig. 4.
Schéma représentant la circulation sanguine et lymphatique ; la partie hachée indique le trajet du sang veineux, l'autre, le trajet du sang artériel ; les flèches indiquent le sens des courants ; *od.* oreillette droite ; *og.* oreillette gauche ; *vd.* ventricule droit; *vg.* ventricule gauche ; *a.* aorte ; *ta.* troncs artériels ; *ai.* artère se rendant à *I*, intestins ; *ah.* artère hépatique se rendant à *F*, foie ; *cmi.* capillaires des membres inférieurs ; *ctms.* capillaires de la tête et des membres supérieurs ; *ap.* artère pulmonaire ; *vp.* veine pulmonaire ; *p.* poumons ; *t.* trachée-artère ; *vcs.* veine cave supérieure ; *vci.* veine cave inférieure ; *vh.* veine porte ; *vsh.* veines sus-hépatiques ; *vch.* vaisseaux chylifères ; *vl.* vaisseau lymphatique.

Fig. 5. Veine ouverte.
v. valvules ; capillaires.

[1]) HEITZMANN, *Anatomie des Menschen*, IV, p. 267.
[2]) HENRI BLANC, *L'homme*, p. 124. Lausanne, 1901.
[3]) *Ibid.*, p. 158.

Critériologie

INTRODUCTION

1. Objet du traité ; sa place dans la philosophie. — La Critériologie est l'*étude réfléchie de nos connaissances certaines et du fondement sur lequel repose leur certitude*. Le *critère* (κρίνω, je discerne) de la vérité étant le moyen de discerner la vérité de l'erreur, le mot *critériologie* exprime la pensée maîtresse, mais non unique de cette étude.

On l'appelle aussi *épistémologie* (ἐπιστήμη, science), c'est-à-dire, étude scientifique du savoir. Savoir, c'est connaître avec certitude ; aussi l'épistémologie est une *théorie de la certitude*.

La Critériologie ne se rattache pas à la logique. Ne l'appelons donc pas *logique réelle*, comme on le fait communément. Cette appellation remonte à Kant. D'après lui, l'intelligence reçoit du dehors des impressions passives (matière) qui, pour devenir connaissance, doivent être moulées pour ainsi dire dans des *formes* de l'intelligence. Dans ce système, la distinction entre logique formelle et logique réelle s'impose : l'une s'occupant de la forme présupposée, l'autre de la matière qui se moule dans cette forme. Mais cette distinction kantiste est fausse comme le système dont elle s'inspire.

Le nom même de logique réelle implique une contradiction ; la logique, en effet, étudie l'*être de raison*, c'est-à-dire, les attributs que les choses revêtent dans et par la connaissance, par exemple *esse subjicibile, esse prædicabile*. Elle se distingue par là de la méthaphysique, qui a pour objet l'être réel. Dès lors, dire que la logique a pour objet le réel, « logique réelle », c'est se contredire.

La Critériologie étudie la *certitude*, qui est une propriété de l'acte intellectif ; elle se rattache donc directement à l'Idéologie et ainsi à la Psychologie. Vu l'importance de cette étude depuis Descartes et Kant, on en a fait un traité à part.

2. Division du traité. — La Critériologie, science de la certitude, comprend deux parties. La première, *Critériologie générale*, analyse *la* certitude, ce qui est commun à toute connaissance certaine. La seconde, *Critériologie spéciale*, examine en particulier la certitude *des différents genres de connaissances* de l'esprit humain.

PREMIÈRE PARTIE

Critériologie générale

---

3. Plan de la Première Partie. — Dans un premier chapitre, après que nous nous serons expliqués sur les termes des problèmes à résoudre, nous aurons à déterminer la position de ces problèmes. Nous nous trouverons ainsi amenés à distinguer un problème préliminaire et un problème fondamental, lequel, à son tour, devra être dédoublé.

Un deuxième chapitre traitera de la solution du problème préliminaire.

Le troisième et le quatrième chapitre s'occuperont de résoudre les deux problèmes fondamentaux.

Voici donc le schéma général de la *Première Partie* :

Chap. I : Les problèmes
  § 1. Termes des problèmes.
  § 2. Position des problèmes.

Chap. II : Solution du problème préliminaire.

Chap. III : Solution du premier problème fondamental.

Chap. IV : Solution du deuxième problème fondamental.

CHAPITRE I

Les problèmes

La certitude, objet de la Critériologie, désigne, ainsi qu'on le dira, l'état dans lequel se trouve l'esprit lorsqu'il sait qu'il connaît la vérité. Nous devons donc commencer par rechercher ce qu'est la *vérité*, ce que c'est que *connaître la vérité*, ce que c'est que *avoir conscience de connaître la vérité* où avoir la certitude.

4. Notion commune du vrai et de la vérité. — Le langage courant attribue la vérité aux choses et aux objets que nous connaissons aussi bien qu'à la connaissance que nous avons des choses. Ainsi on dira d'un certain liquide : voici du *vrai* vin, du vin *véritable* ; on dira de même : c'est une vérité que deux et deux font quatre.

Qu'est-ce à dire ?

On appelle vrai cet *objet* de notre connaissance, à savoir que les parties réunies 2 + 2 sont la même chose que leur somme 4.

On appelle « vin » une liqueur alcolique provenant de la fermentation du jus de raisin : le jus de raisin fermenté est du *vrai* vin ; tout autre produit artificiel, qui y ressemble, n'est pas du *vrai* vin, n'est pas *véritablement* du vin.

Un liquide est donc du *vrai* vin, quand il est conforme à la définition par laquelle nous exprimons la nature du vin. Et, en général, on appelle *vraie* une chose qui est conforme au type mental au moyen duquel nous nous représentons sa nature ; la chose que l'on considère « *vérifie* », dit-on, l'idée qu'on se fait de sa nature.

La vérité d'une chose est donc sa conformité avec la nature, supposée connue, de cette chose.

La vérité, considérée comme un attribut des objets ou des choses connues par nous, s'appelle vérité *objective*, ou *ontologique*, tandis que l'on appelle vérité *logique* ou *subjective* la vérité considérée comme un attribut de notre connaissance.

5. La vérité ontologique implique un rapport entre deux termes. — Personne n'appelle *vraie* une chose considérée en elle-même, à l'état absolu. Ainsi personne ne dira : ce vin est vrai, ce peuplier est vrai ; mais on dira : ceci est du vrai vin, cet arbre est un vrai peuplier.

De même, personne ne dira : 2 est vrai, 3 est faux, mais on dira : il est vrai que 2 + 2 font 4.

Nous comparons deux expressions numériques, et le rapport d'identité ou de non-identité que nous remarquons entre elles est pour nous un objet vrai, une vérité objective.

Nous comparons une chose déterminée, ceci, cela, cet arbre, etc. à un autre terme, à savoir, au type que notre intelligence conçoit comme réalisant la définition du vin ou celle du peuplier.

Le premier terme de notre comparaison, ceci, cet arbre, est donné présentement par l'expérience ; le second terme est un concept abstrait déjà antérieurement présent à l'esprit. Lorsque le premier terme réalise la définition du second, nous disons qu'il est véritablement le second, ou simplement qu'il est le second : ce liquide est du vin véritable, cet arbre est un peuplier.

La vérité objective ou ontologique est donc la conformité de deux objets conçus par l'esprit, à savoir un objet actuellement perçu et un type idéal présupposé. Cette conformité est *objective*, car elle est basée sur le contenu même, ou sur la nature des objets représentés.

Tel est le sens précis de la définition classique : *Veritas est adæquatio rei et intellectus.* Par *res* il faut entendre une chose que nous percevons ou un objet que nous imaginons au moment présent. Par *intellectus* il faut entendre le type abstrait de la chose, conçu préalablement. La conformité exacte, *adæquatio vel conformitas*, du sujet perçu ou imaginé avec son type mental, est sa vérité.

La chose, considérée en elle-même, peut être dite *fonda-mentalement* vraie, car elle est le fondement réel du rapport ; mais la vérité *formelle* se trouve uniquement dans le rapport.

Prononcer ce rapport, c'est juger.

6. La vérité logique ou la vérité du jugement. — La vérité logique appartient au jugement, lorsque l'esprit *prononce* l'union ou la désunion de deux contenus de représentation entre lesquels il existe, *a parte rei*, une convenance ou non-convenance objective. Connaître la vérité signifie donc avoir connaissance de ce rapport d'identité ou de non-identité, ou affirmer que la chose est conforme au type.

Lorsque l'esprit énonce tel qu'il se présente objectivement le rapport entre deux termes, ou affirme d'un sujet une nature qui lui convient en réalité, le jugement est vrai, doué de *vérité logique*, parce qu'il est conforme à la vérité objective.

Lorsque l'esprit énonce un rapport autre que celui qui se présente objectivement, ou affirme d'un sujet une nature qui ne lui convient pas, le jugement est faux, entaché d'erreur logique, parce qu'il n'est pas conforme à la vérité objective.

La connaissance de la vérité n'est donc pas un acte d'appréhension simple, mais celui que les scolastiques appellent « compositio et divisio », un jugement.

7. Dieu est le fondement de toute vérité. — *Supposons* un moment comme démontrées l'aptitude de l'intelligence à connaître les choses telles qu'elles sont, ainsi que la validité des principes qu'elle met en œuvre ; nous pourrons alors jouir de l'admirable vue synthétique de la vérité développée par saint Thomas d'Aquin.

Dieu, être nécessaire, existant de toute éternité, possédant une intelligence infinie, se connaît Lui-même infiniment, c'est-à-dire, autant qu'Il est connaissable. Dès lors, Il se connaît non seulement tel qu'Il est en Lui-même, mais aussi en tant qu'Il est imitable, très imparfaitement d'ailleurs, par des êtres finis qu'Il a la puissance de créer.

Toutes les choses qu'Il crée librement, seront faites sur le modèle de ces idées divines, comme une œuvre d'art est réalisée d'après l'idéal que l'artiste se fai de son œuvre avant de l'exécuter.

Donc toutes les choses créées répondent adéquatement à

l'idée éternelle que Dieu se fait de leur nature : cette correspondance adéquate est leur vérité ; celle-ci est *essentielle* aux
choses, et immuable. La vérité résultant de la connaissance
humaine n'est qu'un reflet de la vérité répandue par Dieu
dans ses œuvres.

Lorsque l'on considère de haut l'ordre universel, il est donc
permis de dire que la vérité réside, en premier lieu, dans
l'intelligence divine qui conçoit éternellement l'idée de ses
œuvres. — Elle appartient, en second lieu, aux choses en
tant qu'elles sont réalisées en conformité avec leur Archétype
éternel. — Des choses, la vérité passe, enfin, dans la connaissance humaine, lorsque celle-ci se représente les choses telles
qu'elles sont.

Cette vue synthétique est légitime au terme de l'étude
critériologique ; il serait antiscientifique de la postuler au
début, dans l'ordre analytique : l'existence d'un Dieu infiniment parfait demande en effet à être démontrée au moyen
de prémisses dont il faut au préalable établir la vérité.

8. L'évidence et la certitude. — Évidence signifie mise
en lumière, manifestation (e-videri).

C'est la manifestation de la vérité objective : les objets de
représentation, comparés par l'intelligence, font voir leurs
rapports et cette manifestation permet l'énoncé du jugement.

Tandis que l'*évidence* est une propriété des *objets connus*,
la *certitude* est un état du *sujet connaisseur*. Nous disons que
nous sommes *certains*, lorsque nous avons pleinement conscience
de connaître la vérité. La certitude suppose donc qu'une connaissance vraie, ou un jugement, soit l'objet d'une perception
intellectuelle. En d'autres mots, la certitude est le fruit de
la réflexion.

On parle, sans doute, de *certitude spontanée*, et l'on désigne
alors l'état de l'intelligence qui prononce un jugement sous
l'unique influence de l'objet, avant toute réflexion. Mais il est
plus correct d'appeler cet état *adhésion spontanée* : la *vraie
certitude est toujours réfléchie*, attendu que pour être certains
nous devons avoir conscience de connaître la vérité.

A la question : qu'est-ce qui produit en nous la certitude ?
on verra plus loin qu'on doit répondre : c'est l'intuition du

rapport d'identité ou de convenance entre les deux termes du jugement.

Tout jugement me met en présence d'un rapport à établir entre deux termes. Si la réflexion me fait voir clairement ce rapport, par exemple, si, examinant les deux termes 2 + 2 et 4, je vois leur identité, je me déclare certain.

Lorsqu'au contraire, l'esprit ne perçoit pas clairement le rapport entre les deux termes, il reste en suspens, il est dans le *doute*.

On peut donc définir la certitude : l'adhésion ferme et réfléchie de l'intelligence à une vérité, adhésion déterminée par l'intuition d'un rapport d'identité ou de convenance entre deux termes.

Renseignés sur la signification des termes, il nous sera possible de préciser la teneur du problème critériologique : avons-nous des connaissances dont nous sommes légitimement certains ?

§ 2. — *Position des problèmes*

9. État général de la question. — Il est de fait, — pas un sceptique ne le niera, — que nous sommes en possession d'une foule de propositions dont nous pensons, à tort ou à raison être certains, auxquelles nous adhérons spontanément et même irrésistiblement : la certitude spontanée existe comme fait subjectif.

La question est de savoir *si cet assentiment spontané peut se justifier :* si, revenant sous l'influence de la volonté sur ces propositions auxquelles j'ai spontanément adhéré, je puis légitimer mon adhésion spontanée devant le tribunal de la réflexion, et obtenir ainsi une adhésion réfléchie, une vraie certitude.

Si la réponse est affirmative, notre connaissance se trouve justifiée. Si elle était négative, il faudrait en conclure que la nature humaine est mal faite, qu'il y a contradiction entre ses actes spontanés et ses actes réfléchis ; dès lors l'on ne pourrait que s'abandonner aveuglément à la spontanéité, sans vouloir la contrôler ; ce serait le triomphe du scepticisme.

Avant de préciser le débat, écartons une manière défectueuse de poser le problème.

10. Fausse position du problème dans la philosophie de Descartes. — Depuis Descartes, il est d'usage de formuler le problème de la certitude en ces termes : La raison humaine peut-elle connaître les choses telles qu'elles sont ? ou, en d'autres mots : Pouvons-nous avoir conscience que nos idées sont conformes aux choses de la nature ? Comment la raison peut-elle s'assurer de cette conformité ?

Nous rejetons cette manière de formuler le problème : 1º parce qu'elle est *incomplète*. Elle mutile arbitrairement le problème de la certitude : La plus grande et certainement la plus importante partie de nos connaissances porte, non sur des réalités extérieures, mais sur des rapports entre des objets, *abstraction faite de leur existence contingente*. Telles la proposition $2 + 2 = 4$ et toutes les propositions des mathématiques. Cette formule supprime ainsi la question de la certitude de toutes les vérités abstraites qui constituent les sciences rationnelles.

2º Parce qu'elle *dénature le problème* de la vérité. Elle constitue en effet un double non-sens

D'une part, vouloir connaître les choses telles qu'elles sont, c'est prétendre établir une conformité adéquate et absolue entre la connaissance et l'objet de la nature tel qu'il est en soi, indépendamment de toute connaissance.

Or, la chose de la nature, abstraction faite de la connaissance, est pour nous comme si elle n'existait pas, un pur néant. C'est donc une absurdité de vouloir, dans ces conditions, comparer une représentation à l'objet-en-soi.

La connaissance, d'autre part, est un acte immanent qui participe nécessairement de la nature du sujet connaisseur : « cognitio est in cognoscente ad modum cognoscentis ». Prétendre à une conformité adéquate entre la représentation d'un objet et cet objet-en-soi, c'est vouloir une connaissance à laquelle le sujet ne prendrait point part, qui ne refléterait pas la nature du sujet. Ce serait vouloir connaître sans connaître.

L'erreur provient de ce que l'on oublie que la vérité n'appartient qu'au jugement, et non à un simple concept (**6**).

Dès lors, connaître la vérité ce n'est pas voir l'identité entre
un concept et la chose de la nature représentée par le concept,
c'est voir l'identité entre le sujet et le prédicat d'un jugement,
entre un sujet saisi actuellement et une note abstraite connue
préalablement.

11. Les problèmes critériologiques. — ·Le problème
général de la critériologie a pour objet le contrôle de nos
adhésions ou de nos jugements spontanés. Il se décompose
en deux problèmes fondamentaux.

En effet, le contrôle d'un jugement peut porter sur la *forme*
ou sur la *matière* du jugement [1]).

I. La première question qui se pose est de savoir quelle est
la *nature de cette synthèse* mentale par laquelle nous affirmons
l'identité ou la convenance *(componere,* dans le langage
scolastique) des deux termes du jugement

Cette synthèse est-elle déterminée uniquement par la
nature du sujet pensant ? C'est la thèse de Kant.

Ou bien est-elle causée. motivée, par une influence autre
que celle du sujet pensant ? Se produit-elle dépendamment
d'une manifestation objective du rapport ? C'est notre thèse.

En un mot, la synthèse mentale est-elle subjective ou objective.

Tel est le *premier problème* à résoudre. Ce premier problème
fait abstraction, on le voit, de la nature réelle ou fictive des
termes du rapport, et ne considère que le rapport lui-même ;
nous lui donnerons ce titre qui sera justifié plus loin : *Objectivité de l'ordre idéal* (Chap. III).

II. Supposé cette objectivité démontrée, vient alors la
question : Quelle est la valeur des termes de la synthèse ?

Ces termes sont-ils de pures créations de notre esprit, auxquelles rien ne répond dans la réalité ? ou bien sont-ce des
représentations sincères d'objets réels ?

Voilà le *second problème* à résoudre, problème de la *réalité
objective de nos concepts* (Chap. IV).

Mais avant d'aborder ces problèmes, il y a une *question
préalable à examiner.*

---

[1]) V. *Logique,* nᵒ 32.

La Critériologie a pour objet d'analyser et de justifier la connaissance de *la* vérité, donc la connaissance de *toute* vérité. Dès lors, il y a lieu de se demander si l'on peut, en abordant cette étude, présupposer quelque chose et ce que l'on peut présupposer. C'est la question de l'*état initial de l'esprit lorsqu'il aborde le problème fondamental de la science certaine* (Chap. II).

Les *sceptiques* prétendent qu'avant tout il faut, sinon nier, au moins regarder comme douteuse l'aptitude de l'esprit à connaître la vérité.

Certains *dogmatistes* affirment qu'il faut tout d'abord affirmer comme certaine cette aptitude à connaître le vrai.

Quelle est donc la vraie position à tenir par l'esprit pour ne rien préjuger ?

CHAPITRE II

Solution du problème préliminaire.
État initial de l'esprit

---

12. État de la question. — Pour résoudre la question préalable que nous venons de poser, nous aurons à examiner et à refuter dans le § 1, *la thèse du doute universel*, suivant laquelle il faut *a priori* regarder la raison comme suspecte, comme pouvant être invinciblement dans l'erreur ; dans le § 2, *la thèse des dogmatistes outrés* qui, émus des conséquences du scepticisme, ont pensé ne pouvoir y échapper qu'en posant *a priori* l'aptitude pour l'intelligence à connaître la vérité.

On démontrera ensuite dans un § 3, *la thèse du dogmatisme rationnel :* l'attitude initiale vraie concernant la valeur de notre esprit, c'est l'indifférence. *A priori* l'esprit doit rester en suspens jusqu'à ce que l'analyse de l'acte de connaissance lui permette de se prononcer en connaissance de cause sur l'aptitude de notre faculté cognitive.

§ 1. — *Le doute universel*

13. Doute réel et doute fictif. — Les partisans du doute universel peuvent se ranger en deux écoles : les uns, partisans du *scepticisme réel*, doutent réellement au sujet de la vérité de nos connaissances, sans chercher à sortir de leur doute ; ils ont des représentants nombreux à tous les âges de l'histoire. Les autres ont confiance d'arriver à la certitude, mais estiment qu'ils doivent, *par méthode*, professer un doute *méthodique universel :* leur doute est fictif ; ils commencent par douter de tout pour tenter de mieux justifier ensuite leurs connaissances. Le principal représentant de ce doute méthodique est Descartes

14. Le scepticisme réel. — Ses arguments. — Le
sceptique réel prétend qu'il faut regarder comme douteux non
seulement chacun des actes de la raison humaine, mais aussi
son *aptitude* même à connaître la vérité ; et qu'il est impossible
de sortir de ce doute. Voici les deux arguments principaux
du scepticisme :

Ier *Argument de fait :* La conscience atteste que nous nous
trompons souvent. Dès lors, dans un cas donné, il est sage de
supposer toujours que nous nous trompons. Par conséquent,
il faut douter de toutes nos connaissances.

2me *Argument du diallèle :* Pour pouvoir affirmer comme
certaine une proposition quelconque, si nous ne voulons pas
l'admettre *a priori*, il nous faut la justifier au moyen d'un
autre jugement qui nous serve de critère de vérité. Mais ce
critère lui-même doit être justifié à son tour et ne peut l'être
qu'au moyen d'un autre critère, et ainsi à l'infini [1]).

Nous tournons ainsi dans un cercle sans fin. Il n'y a donc
aucune vérité certaine : le doute universel est la loi de notre
esprit.

15. Le doute méthodique de Descartes. — Dans le
Discours sur la méthode, Descartes veut reconstruire sur des
bases solides tout l'édifice des connaissances humaines. Pour
cela il commence par mettre en doute, aussi loin qu'il le peut,
tout ce qu'il a admis jusque-là.

1° Il met en doute les *actes* des sens, de la conscience, de
la raison. Les sens nous trompent souvent, nous ne pouvons
donc plus nous y fier. Il m'arrive de dormir et de rêver, la
conscience intime est insuffisante pour me faire distinguer le
sommeil de la veille. Je peux même douter des propositions
les plus simples, telles que : deux et trois font cinq.

2° Il met en doute l'*aptitude* même de nos facultés à arriver
au vrai, car peut-être ma nature est mal faite, ou quelque
malin génie prend plaisir à me tromper par des illusions.

---

[1]) « Pour juger, dit Montaigne, des apparences que nous recevons
des objets, il nous faudrait un instrument judicatoire ; pour vérifier
cet instrument, il nous faut de la démonstration ; pour vérifier la
démonstration, un instrument : nous voilà au rouet. Puisque les sens
ne peuvent arrêter notre dispute, il faut que ce soit la raison ; aucune
raison ne s'établira sans une autre raison : nous voilà à reculons jusqu'à l'infini. » *Essais*, liv. II, ch. XII.

Tout est donc douteux. Cependant Descartes croit échapper à ce doute universel en remarquant que lui, qui doute, doit être quelque chose : « je pense, donc je suis ». Dès lors, dit-il, il a une base certaine, inébranlable sur laquelle il peut rebâtir toute connaissance.

Tandis que le sceptique réel se fixe dans son doute, Descartes dans la suite s'y soustrait. Cependant, à notre point de vue, la différence n'est qu'accessoire : à un moment donné, Descartes est sceptique ; il n'essaie pas seulement de douter, il doute réellement, il justifie même son doute par des raisons d'ordre général, auxquelles aucune connaissance ne peut échapper.

16. Critique du scepticisme réel. — Il ne suffit pas pour réfuter les sceptiques de leur dire, comme on l'a fait, qu'ils sont en contradiction avec le sens commun ; que l'humanité est, par nature, dogmatique. Le sceptique pourrait répondre : je ne nie pas l'existence, comme fait, d'adhésions spontanées de la part des hommes ; toute la question est de savoir si vous pouvez légitimer la valeur de ces adhésions.

On a essayé encore de dire au sceptique que nécessairement il se contredit lui-même en affirmant comme certain que tout est douteux. Le sceptique répondrait qu'il n'affirme rien, qu'il doute de tout, même de son doute.

La vraie réponse à faire aux sceptiques est de dire qu'il est arbitraire de supposer a priori l'inaptitude pour l'intelligence à atteindre le vrai. C'est cette aptitude même qui fait l'objet du débat entre sceptiques et dogmatiques. Aussi bien, les arguments des sceptiques ne tiennent pas.

1° Nous nous trompons parfois, donc nous nous trompons toujours, disent les sceptiques. Mais, qui prouve trop ne prouve rien. Il est vrai que nous nous trompons parfois ; il en résulte que nous devons être circonspects dans nos affirmations. Malgré tout, si nous avons un critère, c'est-à-dire un moyen de contrôler et d'éviter les erreurs, nous pourrons apprécier si, dans un cas donné, nous sommes dans le vrai ou si nous devons douter.

2° L'argument du diallèle suppose à tort que nous ayons toujours besoin, pour justifier une proposition, d'un critère distinct de cette proposition elle-même. On verra plus loin que, dans beaucoup de cas, l'acte de l'intelligence qui unit un prédicat à son sujet peut se justifier par lui-même, et partant ne requiert pas un critère autre que lui-même.

Le sceptique n'a donc pas le droit de *poser en principe* que l'aptitude de l'esprit à connaître le vrai est douteuse.

17. Critique du doute méthodique de Descartes. — 1° *La transition du doute de Descartes à la certitude est illogique.* Le doute de Descartes est purement spéculatif, au début ; mais les raisons qu'il allègue pour le justifier ont une portée si générale que son doute devient nécessairement *universel* et *réel*.

En effet, *a)* après avoir douté de tous les *actes* de la conscience, il doit être possible, pour les mêmes raisons, de récuser son témoignage quand elle renseigne votre existence dans la réalité même de votre doute. Pour rester logique, Descartes eût dû dire : il me semble que je doute, il est possible que j'existe, mais je puis me tromper.

b) Après avoir douté de notre *nature*, fondement de toutes nos facultés et source de toutes nos activités, il est illogique de soustraire un acte déterminé à l'empire de ce doute. Si un malin génie peut nous tromper en certains cas, il est illogique d'admettre que nous sommes à l'abri de ses duperies au moment où nous disons : je pense, donc je suis.

Fictif ou réel, le doute *universel* est sans issue et on ne peut plus, sans illogisme, en faire sortir la certitude.

2° Il y a deux erreurs fondamentales dans la théorie de Descartes.

a) Il a mal lu dans sa conscience, car le doute, qui est possible et nécessaire vis-à-vis de certaines vérités, ne l'est plus vis-à-vis de certaines autres.

Pour arriver à la certitude, il faut, il est vrai, pousser le doute aussi loin que possible. Mais jusqu'où peut aller ce doute ?

Il faut, d'abord, regarder comme douteuses toutes les propositions médiates, qui peuvent et qui doivent être démontrées.

Mais il est impossible de tout démontrer. Car il n'est point de démonstration qui ne suppose deux prémisses certaines :

on arrive donc nécessairement tôt ou tard à des principes indémontrables, à des propositions immédiates.

Parmi ces propositions immédiates il en est dont les termes peuvent être présents à l'esprit sans que nous voyions immédiatement le lien qui les unit. De ces propositions on peut encore douter jusqu'à ce qu'un examen attentif des termes ait révélé leur identité ou leur non-identité.

Mais il est des propositions dont les termes sont si simples que le moment même où ils apparaissent à l'esprit coïncide avec le moment où apparaît le lien nécessaire qui les unit. Tel est, par exemple, le principe d'identité.

De toute nécessité, des propositions aussi immédiates doivent être soustraites au doute.

Descartes a donc tort de ne vouloir soustraire à son doute que l'affirmation de son existence, attendu que beaucoup d'autres vérités, notamment les premiers principes, doivent y être soustraites au moins au même titre.

b) L'hypothèse du malin génie ne permet pas un doute universel. L'intelligence étant capable de réfléchir sur ses actes, aucun malin esprit ne peut l'empêcher de voir un rapport d'identité ou de non-identité entre deux termes. Un malin esprit ne peut donc nous tromper sur toutes les vérités ; notamment la connaissance des vérités premières de l'ordre idéal échappe à son pouvoir de déception.

Accepter l'hypothèse d'un malin génie, ou d'un Dieu bon ou mauvais, *avant* d'avoir étudié nos actes et leur valeur, est commettre un vice de méthode. Descartes devait provisoirement écarter par une fin de non-recevoir sa supposition fantaisiste et s'abstenir de se prononcer sur l'aptitude ou l'inaptitude de l'intelligence à atteindre le vrai.

Ajoutons que la prétention de justifier toutes nos connaissances en les ramenant à un seul principe dont il serait impossible de douter, est une utopie.

§ 2. — *Le dogmatisme outré*

18. Théorie des trois vérités primitives. — Le doute universel, réel ou fictif, est indéfendable : S'ensuit-il qu'il faille débuter en Critériologie par l'*affirmation de l'aptitude de l'esprit* à connaître la vérité ?

Plusieurs philosophes l'ont pensé.

Avant tout examen, dit Tongiorgi, il faut, sous peine de tomber dans le scepticisme, affirmer *trois vérités primitives*, et trois seulement, à savoir : 1º un premier fait, l'*existence* du logicien qui examine la certitude ; 2º un premier principe, le *principe de contradiction ;* 3º une première condition, l'*aptitude de l'esprit* à avoir des idées conformes à la réalité, ou, plus brièvement, *à connaître la vérité.*

Ces vérités sont primitives en ce sens qu'elles sont indémontrables, puisqu'elles doivent être présupposées à toute démonstration philosophique. On ne peut d'ailleurs les nier, ni les contester, sans les affirmer implicitement [1]).

19. Critique de cette théorie. — 1º Cette théorie, fût-elle fondée, est inefficace pour réfuter le scepticisme, parce qu'elle méconnaît la véritable position du problème de la certitude.

Elle se résume, en effet, à dire qu'il y a certaines vérités indémontrables, que le sceptique affirme nécessairement en voulant les nier.

Or, ce n'est pas la nécessité d'affirmer certaines propositions qui est en cause en ce débat. L'existence de ces adhésions spontanées nécessaires comme fait psychologique est accordée. Ce qui est en question, c'est la nature de cette nécessité : il s'agit de savoir si cette affirmation nécessaire est aveugle, ou si elle est motivée objectivement.

2º Mais, de plus, cette théorie n'est pas fondée : ces prétendues vérités primitives ne sont pas fondamentales, en ce sens qu'elles devraient être présupposées à toute démonstration, à toute affirmation certaine.

En effet, les défenseurs des trois vérités primitives, en affirmant que ces vérités sont à la base de toute démonstration, confondent l'ordre *ontologique* avec l'ordre *logique.*

De fait, dans l'*ordre ontologique,* une démonstration ne peut se faire, s'il n'existe un homme capable de connaître la vérité.

---

[1]) Cfr. TONGIORGI, *Institutiones philosophicæ*, I, 465.

Mais, autre chose est de savoir si, avant d'entreprendre une démonstration, il faut, dans l'*ordre logique, affirmer* positivement l'existence du philosophe, l'aptitude de l'esprit à connaître le vrai et le principe de contradiction.

L'affirmation de l'*existence du sujet pensant* n'est pas à la base de toute affirmation certaine : les vérités de l'ordre idéal en sont indépendantes. Il est certain que $2 + 2 = 4$, peu importe que j'affirme ou non mon existence, quoique, au point de vue ontologique, je doive nécessairement exister pour pouvoir connaître et énoncer cette vérité.

Le *principe de contradiction* est vraiment une vérité primitive, un premier principe sans lequel nous ne pourrions rien affirmer. Cependant ce principe même ne peut servir de prémisse à une démonstration, on ne peut en tirer aucune autre vérité. C'est plutôt une lumière qui nous guide dans toutes nos affirmations [1]).

Si l'*aptitude de l'esprit à connaître le vrai* n'était pas donnée, comme fait, dans l'ordre ontologique, l'esprit ne parviendrait jamais à aucune connaissance vraie. Un effet ne se produit que s'il existe une cause capable de le produire. Mais, encore une fois, faut-il pour cela, dans l'ordre logique, que la connaissance de la cause précède la connaissance de l'effet ? Non, évidemment ; c'est, au contraire, par l'effet que, logiquement, nous connaissons la cause. L'*affirmation* de l'aptitude à connaître le vrai ne précède donc pas logiquement l'affirmation d'autres vérités, quoique celles-ci soient, dans la réalité, des effets de cette aptitude en exercice.

Ces prétendues vérités primitives, si on en excepte le principe de contradiction, ne sont pas si évidentes qu'elles n'exigent aucune démonstration. Si elles ne requièrent pas une démonstration propement dite, il faut néanmoins un examen attentif pour montrer leur évidence. L'aptitude de l'esprit à connaître la vérité, en particulier, doit être montrée, sinon démontrée, puisqu'elle fait l'objet de ce traité. L'affirmer *a priori*, c'est supprimer le problème de la certitude au lieu de le résoudre.

---

[1]) Cfr. *Logique*, n⁰ 54.

§ 3. — *Le dogmatisme mitigé ou rationnel*

20. La vraie position initiale de l'esprit. — On ne peut donc préjuger, ni l'*incapacité* foncière de la raison humaine (doute universel), ni son *aptitude* générale à connaître le vrai (dogmatisme exagéré). Entre ces deux théories extrêmes, il y a place pour une théorie intermédiaire que nous faisons nôtre et que nous appellerons le dogmatisme mitigé ou rationnel. En quoi consiste-t-il ?

1º Vis-à-vis de la capacité de nos *facultés* ou de nos puissances de connaître, le dogmatisme mitigé se tient dans une *abstention voulue :* au moment d'aborder le problème de la certitude, on ne peut ni affirmer ni nier l'aptitude à arriver au vrai. Pour nous prononcer sur cette aptitude de l'esprit, il nous faut au préalable étudier la valeur des actes qu'il pose. L'objet premier et immédiat de notre réflexion ce n'est pas la puissance comme telle : c'est par les actes seulement que nous atteignons la puissance.

Si la réflexion peut nous faire voir que les actes de l'esprit ou les adhésions sont objectives, conformes à la réalité, alors seulement nous conclurons *légitimement* que notre esprit est capable d'avoir des connaissances vraies, qu'il est apte à connaître le vrai.

Cette manière de procéder est la vraie méthode scientifique basée sur l'observation : pour employer une comparaison familière, seule une bonne digestion prouve l'aptitude de l'estomac à bien digérer.

2º Vis-à-vis de nos jugements ou des actes de l'esprit susceptibles de vérité, l'état initial de l'intelligence au seuil de l'étude épistémologique diffère suivant que ces jugements sont d'évidence *médiate* ou *immédiate :* devant les premiers s'impose le *doute*, tandis que les seconds, réfractaires à l'effort du doute, engendrent un état de *certitude*.

Lorsque l'intelligence examine les propositions par lesquelles elle exprime ses connaissances, elle en trouve un grand nombre à propos desquelles elle ne voit pas d'identité ou de non-identité entre le prédicat et le sujet. Toutes ces propositions sont nécessairement douteuses, et ce doute n'est pas seulement méthodique, mais psychologiquement nécessaire : il serait contraire au bon sens d'affirmer une identité qu'on ne voit pas. Elles restent douteuses jusqu'à ce qu'elles aient été démontrées, c'est-à-dire, ramenées à des propositions plus générales certaines.

Ce doute sur les propositions *médiates* — c'est ainsi que nous les appelons — n'est pas une invention de la philosophie moderne. Aristote et saint Thomas l'ont toujours pratiqué, et rendent très bien raison des multiples avantages qu'il procure.

Mais il est impossible, nous l'avons déjà dit, de tout démontrer. En effet, dit saint Thomas, une proposition ne peut être démontrée par elle-même mais doit l'être par une autre proposition.

Dès lors, deux suppositions seulement, également absurdes, sont possibles.

Ou bien toutes les propositions s'enchaînent en forme de cercle pour se démontrer l'une l'autre. Mais une proposition qui en démontre une autre doit être mieux connue, plus claire, que cette autre. Il s'ensuit que dans notre cercle chaque proposition serait à la fois mieux connue et moins connue que toutes les autres.

Ou bien toutes les propositions s'enchaînent, non en cercle, mais en ligne droite à l'infini. Mais alors rien ne peut être démontré ; la conclusion d'une démonstration ne devient, en effet, certaine que lorsqu'on l'a ramenée à des propositions absolument certaines, n'ayant plus besoin de démonstration. Dans notre supposition, pour y arriver, il faudrait remonter à l'infini, ce qui est absurde [1]).

Tôt ou tard la démonstration des propositions médiates nous ramène donc à des prémisses indémontrables, que nous appelons *propositions immédiates* : ce sont toutes les propo-

---

[1]) « Si enim omnia demonstrarentur, cum idem per seipsum non demonstretur, sed per aliud, oportet esse circulum in demonstrationibus. Quod esse non potest : quia sic idem esset notius et minus notum. Vel oporteret procedere in infinitum, sed si in infinitum procederetur, non esset demonstratio ; quia quælibet demonstrationis conclusio redditur certa per reductionem ejus in primum demonstrationis principium : quod non esset si in infinitum demonstratio sursum procederet. Patet igitur quod non omnia sunt demonstrabilia ». S. THOMAS, in *XII Met.*, IV, lect. 6.

sitions dans lesquelles la simple comparaison du prédicat avec le sujet fait voir l'identité ou la non-identité des termes.

Ces propositions immédiates, bien qu'indémontrables, ne sont point douteuses : leur évidence même les rend indémontrables, c'est-à-dire, incapables d'être ramenées à des propositions plus évidentes. Aussi, dès qu'elles apparaissent à l'esprit réfléchissant, elles entraînent nécessairement son assentiment, *elles s'imposent*.

21. Les données du problème épistémologique. — Au point de départ du problème de la certitude, nous ne supposons donc que *des faits* accordés par les sceptiques eux-mêmes, à savoir des affirmations spontanément nécessaires, et le pouvoir de les examiner par la réflexion. Supprimer ces données, c'est supprimer le problème de la certitude. Supprimez *id de quo* quæritur, vous supprimerez inévitablement *id quod* quæritur.

Mais il y a un abîme entre la concession de ces données et l'affirmation *a priori* que nous sommes sûrs d'avoir raison contre les sceptiques, ou que nos recherches doivent vérifier la thèse dogmatique que l'esprit est apte à connaître le vrai.

CHAPITRE III

L'objectivité des propositions d'ordre idéal

———

22. État de la question. — Pour contrôler les jugements de l'esprit auxquels nous adhérons spontanément, la première question à poser est celle de la *nature de la synthèse* établie entre le prédicat et le sujet.

Cette question se pose, soit qu'il s'agisse des jugements d'ordre *idéal*, où le rapport est énonçable indépendamment de l'expérience — soit qu'il s'agisse des jugements d'ordre *réel*, où l'énoncé implique l'affirmation d'une existence. Or, dans ce chapitre, et pour des raisons de méthode qui seront justifiées plus loin, il ne s'agira que des propositions d'*ordre idéal*. De plus, le problème sera limité aux propositions *immédiates* de l'ordre idéal, les propositions *médiates* empruntant leur valeur aux premières.

Il s'agira donc de légitimer les propositions simples et fondamentales, d'une certitude *immédiate*, résumant les derniers rapports entre les êtres, telles que : le tout est plus grand qu'une de ses parties ; deux quantités égales à une même troisième sont égales entre elles.

Remarquons que la valeur de ces propositions est indépendante de l'ordre réel ou existentiel. Quand je supposerais le monde matériel anéanti, je pourrais néanmoins considérer comme vrai le *rapport* énoncé par la proposition : le tout est plus grand qu'une de ses parties. Considéré ainsi, ce rapport appartient à l'ordre idéal. Je puis rechercher ensuite s'il existe en réalité des quantités divisibles en parties : si oui, mon rapport s'applique aussi à l'ordre réel.

Nos jugements immédiats de l'ordre idéal sont-ils motivés ?

Ils le seront à la condition que nous puissions leur assigner un motif légitime de certitude, un *signe certain auquel la vérité soit reconnaissable*, un *critère de vérité*.

23. Division. — Dans le § 1 on prouvera que le critère de certitude ne peut être *extrinsèque* à la vérité qu'il prétend justifier ; qu'il ne peut être *subjectif*, c'est-à-dire résider uniquement dans le fait psychologique de l'assentiment ; qu'il doit être *immédiat*, c'est-à-dire perceptible sans raisonnement.

Dans le § 2 on verra que le critère intrinsèque, objectif et immédiat est la manifestation objective de l'identité totale ou partielle des deux termes du jugement. Nous réfuterons, en conséquence, le *subjectivisme* kantien.

Dans le § 3 nous défendrons contre les *positivistes* la valeur de nos jugements de l'ordre idéal.

§ 1. — *Conditions essentielles du critère*

Le critère doit être *intrinsèque, objectif* et *immédiat*. En conséquence, on réfutera les faux systèmes de critériologie qui ont méconnu l'une ou l'autre de ces conditions.

1. — LE CRITÈRE DOIT ÊTRE INTRINSÈQUE

24. Le traditionalisme. — Les représentants les plus connus de ce système, de Bonald et La Mennais, dans l'espoir de mieux réfuter le rationalisme sur le terrain religieux, posent en principe que la raison humaine est incapable par elle-même de connaître d'une manière certaine les vérités d'ordre métaphysique, religieux ou moral.

Ces vérités ont dû être révélées par Dieu, à l'origine, à l'humanité, et cette révélation primitive se transmet, soit par l'*enseignement social* (de Bonald), soit par la *raison générale*, fonds commun de croyances admises par tous les hommes (La Mennais).

Le motif dernier de certitude en ces matières, c'est donc un *acte de foi* à la révélation divine. Même, par suite de la portée générale des arguments allégués par les traditionalistes, *toute certitude reposerait* en dernière analyse *sur un acte de foi*.

Pour prouver l'impuissance de la raison humaine, les traditionalistes, comme les sceptiques, font état des faiblesses et des erreurs de l'intelligence.

La nécessité d'une révélation initiale, suivant de Bonald, se base sur le fait du langage :

L'homme parle. Or, l'homme ne peut avoir inventé le langage. En effet, pour inventer le langage, il faut pouvoir penser, et l'homme est incapable de penser sans prononcer intérieurement des paroles, selon le mot célèbre de J.-J. Rousseau : « L'homme doit penser sa parole avant de pouvoir parler sa pensée ». Donc, pour inventer le langage, l'homme aurait déjà dû posséder la parole, ce qui est contradictoire.

Donc l'homme a reçu le langage du dehors, et n'a pu le recevoir que de Dieu.

En conséquence, la raison humaine n'a pu commencer à penser que par un acte de foi à la parole divine qui lui révélait à la fois le langage et son contenu.

Toute adhésion certaine repose, en dernière analyse, sur un acte de foi à la révélation primitive.

25. Critique du traditionalisme. — Faire reposer *toute* connaissance certaine sur un acte de foi, c'est rendre la certitude impossible, à moins de se contredire.

Cet acte de foi est aveugle, ou il est justifié.

S'il est aveugle, il ne peut évidemment servir de base à aucune connaissance certaine : c'est le scepticisme universel.

S'il est justifié, si la raison voit la nécessité de croire au témoignage infaillible de Dieu, il y a donc des vérités antérieures à l'acte de foi primitif : l'existence de Dieu, son infaillibilité, le fait de la révélation. L'acte de foi, dans ce cas, n'est plus la base et le motif de *toute* certitude.

Quant aux arguments des traditionalistes :

1° En accusant la raison humaine d'impuissance, les traditionalistes se condamnent nécessairement au scepticisme. Nous avons répondu ailleurs à cet argument (**16**).

2° L'argument de de Bonald tiré du langage pèche par la base. Il est faux que la parole précède nécessairement la pensée : un son n'est pour nous une parole que s'il est associé à une pensée antérieure.

Supposé même que l'homme n'ait pu inventer le langage,

il ne s'ensuivrait pas que l'acte, par lequel l'homme recevrait le langage, fût un acte de foi, c'est-à-dire une adhésion motivée par l'autorité du témoignage divin. Il est beaucoup plus raisonnable de supposer que la communication divine eût pris la forme d'un acte d'enseignement, auquel eût répondu de la part de l'homme un acte d'intelligence, une adhésion motivée par l'évidence intrinsèque des vérités enseignées.

L'*enseignement social*, proposé par de Bonald comme règle de nos connaissances certaines, est un critère absolument insuffisant, attendu que cet enseignement transmet des erreurs aussi bien que des vérités.

La *raison générale*, proposée par La Mennais comme expression de la révélation primitive, n'est pas plus efficace. Comment, en effet, arriverais-je pratiquement à discerner ce que tous les hommes croient, sinon en me fiant à mes sens et à ma raison personnelle ? Si la raison individuelle est suspecte, la raison générale, collection des raisons individuelles, ne mérite pas plus de créance.

26. Conclusion. — Les traditionalistes ont cherché la garantie de notre certitude en dehors de notre intelligence, ils ont cherché un *critère extrinsèque*.

Or, si la vérité est accessible à mon intelligence, c'est en moi-même que je dois en trouver la garantie. Le critère doit être *intrinsèque*.

II. — LE CRITÈRE INTERNE DOIT ÊTRE OBJECTIF

27. Critères subjectifs des Écossais, de Jacobi et des néo-kantiens. — L'empirisme sensualiste de Berkeley et de Hume, réduisant nos connaissances à de purs phénomènes, affirmait que l'intelligence est incapable de connaître les substances immatérielles, ou même toute substance. Pour sauver nos connaissances métaphysiques et nos croyances religieuses, plusieurs philosophes ont voulu les justifier en invoquant l'impulsion subjective qui nous pousse à les admettre.

L'école écossaise (Reid en Angleterre) affirme que nos connaissances suprasensibles sont l'objet, non d'une connaissance objective, mais d'une sorte d'instinct naturel qu'elle appelle le *sens commun*. Jacobi les fait dépendre d'un *sentiment* ou disposition affective de l'esprit (Geistes Gefühl).

Il s'est produit récemment en France un courant d'idées qui se rapproche beaucoup de ces tendances. La jeune école *néo-kantiste* ou *néo-criticiste*, dont Renouvier fut le principal initiateur, prétend résoudre le problème de la connaissance en affirmant « la primauté de la raison pratique sur la raison spéculative ». Nous admettons les vérités métaphysiques parce que notre volonté nous force à les admettre : nous les « *croyons* ». Suivant les pragmatistes, nous les *vivons*, nous les *créons* par l'agir.

Ce système s'inspire de Kant. Celui-ci, après avoir démoli dans sa « Critique de la raison pure » la possibilité de connaître autre chose que les phénomènes, affirme ensuite, dans sa « Critique de la raison pratique », la nécessité d'admettre certaines vérités fondamentales de l'ordre moral et religieux. Ces vérités s'imposent comme conséquence logique de la nécessité avec laquelle s'affirme en nous le devoir moral, qu'il appelle « impératif catégorique ».

Ce néo-criticisme trouve beaucoup d'adhérents même parmi les spiritualistes catholiques : on le retrouve en particulier au fond de « l'Apologétique nouvelle » qui cherche à convaincre par le cœur plutôt que par la raison, s'inspirant de la pensée de Pascal : « le cœur a des raisons que l'esprit ignore ».

Ces différents systèmes subjectifs ont le défaut commun de laisser le problème de la certitude sans solution.

Les sceptiques eux-mêmes admettent cette impulsion plus ou moins nécessaire de notre nature à adhérer à certaines vérités. Toute la question est de savoir si cette impulsion est aveugle ou si elle est justifiée. Si on prétend la justifier, il faut nécessairement recourir en dernière analyse à un motif autre que la nature du sujet et dont l'*intelligence* aperçoive le bien-fondé, à un critère objectif.

28. Critère de H. Spencer : l'inconcevabilité de la contradictoire. — Herbert Spencer, avec l'école positiviste, fait de l'expérience la seule source de nos connaissances. L'expérience nous donne des états de conscience, modifications de la substance nerveuse. De plus, nous avons acquis par hérédité des dispositions nerveuses, résultat d'expériences ancestrales.

Ces états de conscience ne sont pas isolés mais associés. Parmi ces associations il en est qui, par suite de notre expérience personnelle jointe à celle de nos ancêtres, sont si solidement unies, que nous ne parvenons plus à les séparer ; leur séparation par négation est devenue « inconcevable ». Cette inconcevabilité de la contradictoire est la garantie suprême que l'association est conforme à l'expérience constante de l'humanité, c'est le critère suprême de la certitude.

Le positivisme psychologique a été réfuté en Psychologie. Nous n'en parlons ici qu'au point de vue critériologique.

Spencer, sous le nom d'inconcevabilité, confond deux notions bien différentes : l'inconcevabilité *subjective* et l'inconcevabilité *objective*.

L'inconcevabilité d'une association de concepts peut tenir, en effet, ou bien à ce que les *objets* connus s'excluent contradictoirement, ou bien simplement à ce que le *sujet* est incapable de les réunir.

Dans le premier cas, l'inconcevabilité est *objective* : ainsi, par exemple, un cercle carré est inconcevable. Cette inconcevabilité objective de la contradictoire est, certes, *un* critère de vérité, mais ce n'est pas *le* critère primordial, ce n'est pas le dernier motif de l'assentiment ; il suppose déjà dans l'objet même un motif d'inconcevabilité.

Dans le second cas, l'inconcevabilité est *subjective* : ainsi nous sommes impuissants à concevoir, telle qu'elle doit être en elle-même, la nature d'un être spirituel. Mais il est évident que cette inconcevabilité subjective de la contradictoire n'est pas un critère de vérité. Ce que nous sommes impuissants à concevoir, rien n'empêche qu'un esprit plus parfait puisse le concevoir.

29. Conclusion. — Aucun motif subjectif, — ni une disposition affective de l'esprit, ni l'empire de la volonté, ni même l'inconcevabilité de la contradictoire, — ne constitue un critère suffisant de vérité. Il faut de toute nécessité que l'objet de notre connaissance lui-même porte avec lui sa propre justification : *il nous faut un critère objectif.*

III. — LE CRITÈRE OBJECTIF DOIT ÊTRE IMMÉDIAT

30. Critère médiat de Descartes et des Ontologistes.
— Descartes, pour sortir de son doute universel, pose comme
certain le fait de son existence : « Je pense, donc je suis ».
Puis, il se demande pourquoi il en est certain : ce ne peut être,
se dit-il, que parce que je vois très clairement que pour penser
il faut être. « Je jugeai donc, conclut-il, que je pouvais
prendre comme règle générale que les choses que nous
concevons fort clairement et fort distinctement sont toutes
vraies. »

Cette règle générale est, on le voit, un critère subjectif,
qui, comme tel, ne peut pas être primordial et fondamental.
Descartes s'en rend compte, et pour le justifier il a recours
en dernière analyse *à la sagesse et à la bonté de Dieu* qui ne
peut pas nous donner des connaissances fausses.

Les *ontologistes*, de par leur système idéologique que nous
avons examiné en Psychologie, ont recours de même à un
critère médiat : les idées divines, archétypes des nôtres,
garantissent pour eux la vérité de nos connaissances.

Faire reposer notre certitude sur les perfections divines,
c'est tourner nécessairement dans un cercle vicieux.

Notre connaissance de Dieu n'est pas une connaissance
directe, intuitive. Nous ne connaissons son existence et sa
nature que par une démonstration *a posteriori*.

Or, toute démonstration suppose des prémisses certaines.

Si donc *toute* certitude reposait sur la nature et les perfections divines, la démonstration par laquelle nous voudrions
établir l'existence de Dieu, l'existence de la bonté et de la
sagesse de Dieu devrait reposer, elle aussi, sur l'existence de
Dieu, de sa sagesse et de sa bonté. La conclusion de cette
démonstration devrait donc déjà être accordée pour asseoir
les prémisses de cette même démonstration. Ce qui constitue
évidemment une pétition de principe.

31. Conclusion générale de ce paragraphe. — Si donc
l'intelligence humaine est capable de certitude réfléchie, ce
sera à la condition qu'elle ait un critère *immédiat, interne* et
objectif de vérité.

Dans le paragraphe suivant nous montrerons que le vrai motif de notre certitude est l'*évidence objective*, ou la manifestation objective du rapport qui unit deux termes.

Ce critère réunit les trois conditions énoncées plus haut : il affecte l'objet de la connaissance vraie elle-même ; il est donc immédiat, intrinsèque et objectif.

§ 2. — *Nos jugements immédiats de l'ordre idéal sont objectifs*

32. État de la question. — Rappelons que nous ne considérons pour le moment que des propositions simples et d'une certitude immédiate, exprimant des rapports de l'ordre idéal (**22**).

Affirmer une de ces propositions, par exemple : un tout est égal à la somme de ses parties, c'est faire une synthèse mentale, c'est unir deux termes en établissant entre eux un rapport d'identité.

Cette synthèse se fait spontanément par l'esprit qui y adhère en vertu d'une impulsion irrésistible.

Jusqu'ici tout le monde est d'accord. Surgit alors la question fondamentale : Quelle est la *nature* de cette synthèse ?

Kant soutient que cette synthèse est le produit mécanique de notre intelligence, qu'elle est déterminée par les lois invariables de notre entendement. Dès lors, nos jugements sont ce que nous les faisons, ils ne nous font connaître que notre propre nature. On aboutit ainsi au *subjectivisme*, scepticisme raffiné que l'on appelle le *criticisme*.

Nous prouverons, contre Kant, que ces jugements ne sont pas le produit d'une synthèse subjective, *a priori*. Nous montrerons au contraire que notre esprit forme la synthèse sous l'influence manifeste de l'objet lui-même. Les termes du jugement imposent à notre esprit le rapport qui les unit. Un jugement émis sous l'influence de la manifestation objective de ce rapport, est donc, non le produit exclusif de notre esprit, mais l'effet produit par l'objet dans notre esprit.

33. Thèse fondamentale : *Lorsque nous émettons des jugements immédiats certains, l'attribution du prédicat au sujet se fait sous l'influence de la manifestation de l'identité* *objective du prédicat et du sujet, et non pas exclusivement sous l'empire de notre constitution naturelle.* — La seule preuve possible de cette thèse, c'est la constatation du fait même *par la conscience.*

Examinons donc par la conscience ce qui se passe en nous lorsque nous énonçons un jugement immédiat certain. Qu'est-ce qui me force à dire, par exemple, qu'un tout est plus grand qu'une de ses parties ? C'est, à n'en pas douter, le tout et la partie qui se manifestent à moi en rapport l'un avec l'autre. La manifestation de ce qu'est le tout par rapport à sa partie me force à juger celui-là plus grand que celle-ci.

34. Preuve confirmative, tirée des états successifs par lesquels passe l'intelligence. — Dans bien des cas l'intelligence, à l'égard d'un même objet, passe d'abord par le doute, puis par la probabilité croissante, pour arriver enfin à la certitude complète.

En présence des deux termes d'un jugement, l'intelligence, laissée à elle-même, peut rester en suspens aussi longtemps qu'elle ne voit pas de motif d'adhésion : c'est le doute. Si par la réflexion elle entrevoit vaguement ce motif, elle se fait une *opinion* plus ou moins probable. Aussitôt que le motif se manifeste avec évidence, l'adhésion complète se produit, c'est la *certitude.*

Je suppose que je doute si les trois angles d'un triangle sont égaux à deux angles droits ; d'où peut me venir ce doute ? Quand cesserai-je de douter ?

Le doute vient de ce que je ne vois pas dans l'objet de mon jugement le rapport d'identité entre les deux termes : l'identité entre l'attribut, *deux angles droits*, et le sujet, les *trois angles du triangle*, ne se manifeste pas à mon esprit : je reste en suspens, je doute.

Dès que l'identité entre les deux termes du jugement m'apparaît, au moyen par exemple d'un artifice de construction, le doute cesse aussitôt ; j'affirme que je connais la vérité de la proposition : les trois angles sont égaux à deux droits, j'en suis certain.

Donc la condition nécessaire et suffisante de l'exclusion de mon doute et de la possession de la certitude, c'est la vue de l'identité objective du sujet et du prédicat de mon jugement.

Or, cette succession d'états de doute et de certitude, vis-à-vis d'une même proposition, est inexplicable dans l'hypothèse de la synthèse subjective de Kant.

Si, comme le prétend Kant, l'intelligence, en présence de certaines données, opère fatalement des synthèses *a priori,* on comprendrait sans doute qu'en présence des termes d'*une* proposition elle restât en suspens, et que l'adhésion se produisît fatalement en présence des termes d'une *autre* proposition. Mais on ne comprendrait pas, qu'en présence du *même* prédicat et du *même* sujet, l'intelligence fût tantôt dans le doute, tantôt dans la certitude.

Cette succession d'états s'explique et se justifie au contraire très clairement dans notre théorie. Si l'adhésion est déterminée, non pas *subjectivement* par la constitution naturelle du sujet, mais *objectivement* par l'identité objective du sujet et du prédicat, on comprend que cette adhésion soit proportionnée à la manifestation de cette identité, comme l'effet est proportionné à sa cause. Aussi longtemps que l'identité ne se manifeste pas, l'adhésion ne se produit pas. A mesure que l'identité se fait jour, la conviction se forme peu à peu, et aussitôt que l'évidence de l'identité est complète, la certitude de l'esprit est acquise.

Donc, l'*évidence objective* est la cause nécessaire et suffisante de la certitude : aussi *nous fournit-elle le critère de vérité* que nous cherchions.

35. Conclusion : L'intelligence est apte à connaître le vrai. — Nous venons de constater que, dans un acte de connaissance réfléchie, notre intelligence est déterminée à former ses jugements sous l'influence de la manifestation objective de la vérité.

De ce *fait* bien établi, nous pouvons légitimement *induire* que notre intelligence a, de sa nature, le *pouvoir* de ne se rendre qu'à des motifs objectifs, qui sont, en dernière analyse, l'évidence objective de l'appartenance du prédicat au sujet.

L'aptitude de l'intelligence à connaître la vérité devient ainsi pour nous, non pas un postulat qu'il faut poser *a priori* comme le veulent certains dogmatistes, mais le fruit d'une induction basée sur l'observation.

§ 3. — *Valeur de nos jugements de l'ordre idéal*

36. Caractères propres des vérités idéales. — Lorsque j'affirme une vérité de l'ordre idéal, par exemple : deux quantités égales à une même troisième sont égales entre elles, ce jugement est indépendant de l'expérience. Pour pouvoir énoncer ce rapport entre le prédicat et le sujet, je n'ai pas besoin de le voir réalisé en des existences contingentes : il me suffit de considérer, d'*analyser* les termes mêmes de la proposition pour voir le rapport s'imposer à l'esprit : et puisque ces termes sont abstraits, il s'impose *nécessairement*, indépendamment de toute condition et de toute circonstance de temps ou d'espace.

Ces sortes de jugements s'appelaient, dans le langage scolastique, *jugements en matière nécessaire* : aujourd'hui on les nomme ordinairement jugements *analytiques*.

Au jugement analytique, en matière nécessaire, s'oppose le jugement *synthétique* ou *empirique*, appelé par les scolastiques *en matière contingente*. Tel le jugement : « la tuberculose est d'origine microbienne ». Le jugement empirique repose essentiellement sur l'expérience : l'analyse des termes de la proposition est incapable de faire voir le rapport énoncé ; pour voir ce rapport, il faut constater son existence dans la réalité concrète. Un tel jugement dépend donc d'un fait contingent, soumis à des conditions de temps, d'espace, de matière : ce jugement sera donc *hypothétique*, il est en matière contingente.

Le rapport énoncé par un jugement empirique ajoute au contenu des termes un élément étranger, tiré de l'expérience : c'est pourquoi on le nomme *synthétique*.

37. Importance des vérités idéales. — La certitude de la vérité de nos jugements idéaux est d'une importance capitale dans la science. Non seulement les sciences rationnelles appartiennent entièrement à cette catégorie de connaissances, mais même la certitude des vérités d'expérience s'appuie en dernière analyse sur des vérités de l'ordre idéal, tout au moins elle est conditionnée par l'évidence du principe de contradicion. Une connaissance expérimentale n'est d'ailleurs scientifique que lorsque des faits contingents on peut déduire des principes, des lois idéales.

La validité des jugements analytiques de l'ordre idéal est niée par les *positivistes* : ils posent en principe que toute certitude est une certitude de fait, d'observation.

Kant admet, il est vrai, que nous avons des jugements analytiques, mais il leur dénie toute valeur scientifique, il les réduit à de pures tautologies.

Il nous faut donc justifier contre Kant la valeur scientifique de nos jugements analytiques, et défendre même leur existence contre les positivistes.

38. Critique du positivisme. — Les positivistes, limitant notre connaissance à la seule expérience sensible, nient l'existence en nous de concepts abstraits. Pour eux, ce que nous appelons concept abstrait n'est qu'une image collective. Dès lors, il ne peut être question de jugements de l'ordre idéal : tous nos jugements sont concrets, leur certitude est une question de fait, d'expérience sensible externe ou interne.

Nous avons démontré en *Psychologie* [1]) l'existence de concepts abstraits. Lorsqu'il s'agit des rapports de l'ordre idéal à établir entre ces concepts, on ne peut nier que l'imagination et l'expérience contribuent pour une large part à les faire apercevoir. Cette coopération cependant est purement extrinsèque et accidentelle : l'image excite et soutient le travail intellectuel, *sans en être cause efficiente*. Ainsi les démonstrations géométriques peuvent se faire sans que l'on ait recours à des figures objectives, réelles ou imaginaires, par pur raisonnement sur les idées abstraites. Combien cependant la tâche n'est-elle pas facilitée par une image, si imparfaite soit-elle !

39. Théorie de Kant sur les propositions analytiques et synthétiques « a priori ». — Kant admet que nous avons des jugements de l'ordre idéal, que nous formulons des propositions nécessaires et universelles, sans les appuyer sur l'expérience sensible ; il les appelle *a priori*.

En paroles, Kant maintient que ces propositions sont « objectives », pour la raison bien simple que, *dans son langage,*

---

[1]) V. *Psychologie*, n. 91.

une proposition nécessaire et universelle est, par définition, *objective*. Mais il dénie à ces propositions l'objectivité que, d'accord avec le langage universel, nous leur accordons, c'est-à-dire la possibilité de voir que leur formulation est motivée par la réalité.

Parmi les propositions nécessaires, il en est, dit Kant, dans lesquelles l'analyse du sujet fait voir le prédicat ; le prédicat est donc contenu dans la compréhension essentielle du sujet : ce sont les jugements *analytiques*. Telle la proposition : l'homme est un animal doué de raison.

Or, continue Kant, ces jugements sont purement *explicatifs* et ne nous apprennent rien de neuf. Ce sont donc des tautologies, sans aucun intérêt scientifique.

Mais il existe d'autres propositions de l'ordre idéal dans lesquelles l'analyse du sujet ne suffit pas pour faire voir le prédicat, dans lesquelles le prédicat ajoute quelque chose à la compréhension essentielle du sujet. Ces jugements se font par une synthèse mentale qui combine le sujet avec une idée prise en dehors de lui ; ce sont des jugements *extensifs* qui nous donnent une connaissance nouvelle, qui font progresser notre science.

Conformément à leur nature, Kant appelle ces jugements *synthétiques a priori : synthétiques* à cause de la synthèse qu'ils opèrent, *a priori* parce qu'ils se font indépendamment de l'expérience.

Ces jugements synthétiques *a priori*, les seuls vrais principes scientifiques, dans l'idée de Kant, ne sont évidemment pas motivés par la réalité. Indépendante de l'expérience d'une part, et, d'autre part, non justifiée par l'analyse des termes, cette synthèse est purement subjective : elle est le produit fatal des lois de notre entendement.

Kant applique ensuite cette théorie à toutes les sciences et il s'efforce de démontrer que les principes fondamentaux de l'arithmétique, de la géométrie, de la physique et surtout de la métaphysique sont des jugements synthétiques *a priori* et, par suite, dénués de valeur objective.

40. Critique de cette théorie. — La thèse kantienne se résume donc en ces deux propositions :

1º Nos jugements analytiques sont purement explicatifs.

2º Les principes fondamentaux des sciences sont des jugements synthétiques *a priori.*

1º Il y a, il est vrai, des jugements qui ne nous apprennent
rien, mais il est faux de dire que tous soient purement explicatifs. Prenons, par exemple, la proposition : l'homme est un
animal raisonnable. Si l'on considère que le sujet *homme*
désigne l'essence spécifique des individus appelés hommes,
il est évident que cette proposition est une pure tautologie,
et ne nous apprend rien.

Mais ce n'est pas là le sens obvie èt naturel du sujet homme.
Les termes du langage sont des créations spontanées qui ont
pour objet, non pas les essences spécifiques des êtres, mais des
propriétés sensibles des êtres. Ainsi le mot *homme* éveille
l'idée de « un sujet à station verticale », « un sujet capable de
parler ». Notre proposition signifie donc : ce sujet à station
verticale, capable de langage, est un animal doué de raison.
Dans ce cas, il n'y a évidemment pas de tautologie, quoique
le langage implique un rapport nécessaire avec animal raisonnable.

2º A l'encontre de Kant, montrons que les principes scientifiques ne sont ni purement *a priori*, ni synthétiques.

Quoique l'expérience ne puisse nous faire atteindre des
rapports nécessaires et universels, elle nous met cependant
en présence, au moins matériellement, d'une nature douée
d'existence. Or, dans cette nature l'intelligence, par abstraction, trouve matière à des rapports nécessaires et universels.
L'expérience fournit les termes du rapport, la raison en dégage
le rapport. Ainsi l'expérience nous met en présence de lignes
droites et de lignes courbes ou brisées. L'intelligence, considérant la nature respective de ses lignes, voit et prononce
qu'entre deux points la ligne droite est le plus court chemin.

Dès lors, il est faux d'attribuer à nos principes une origine
antérieure à l'expérience, de poser leur validité *a priori.*

De plus, les principes nécessaires et universels qui se
trouvent à la base des sciences sont *analytiques* et non
synthétiques.

Remarquons d'abord que la définition kantienne du jugement analytique est trop étroite. Le jugement n'est pas des-

tiné à nous faire connaître les termes, mais à nous faire voir
un rapport entre ces termes. Dès lors, l'analyse des termes
d'une proposition analytique n'a pas toujours pour but de
montrer qu'un des termes contient l'autre, il suffit qu'elle
fasse voir que la considération simultanée des deux termes
implique la nécessité du rapport énoncé. En d'autres mots,
une proposition analytique est une proposition en matière
nécessaire (**36**).

De ce que dans certains principes le sujet ne contient pas
le prédicat, on n'est donc pas en droit de conclure que ces
principes ne sont pas analytiques. — Prenons, p. ex., le principe de causalité, pour nous borner au plus important.

Tel qu'on l'énonce vulgairement : « il n'y a pas d'effet sans
cause », c'est une pure tautologie puisque *effet* signifie *produit
par une cause.*

Kant l'énonce comme suit : « Tout ce *qui arrive à l'existence* demande sa cause ». Cet énoncé est vrai, mais n'est pas
assez universel : pour nous, sans doute, le commencement dans
le temps est un indice de contingence, mais il n'est pas évident
a priori que tout être contingent ait commencé à exister
dans le temps.

Nous exclurons donc du principe la notion de temps pour
ne garder que la notion de contingence, et nous dirons : « Un
être dont l'essence n'est pas l'existence, demande nécessairement, lorsqu'il existe, une cause qui le fait exister », ou plus
brièvement : « l'existence d'un être contingent demande sa
cause ».

Ce principe ainsi énoncé est analytique ; non pas que le
prédicat soit formellement contenu dans le sujet, mais parce
qu'il suffit de rapprocher le prédicat du sujet pour voir le lien
nécessaire qui les unit. On ne peut le nier sans se contredire.

En effet, soit un être contingent E que, de fait, je suppose
existant. Cet être E peut être considéré comme une essence
qui d'elle-même n'est pas existante, et d'autre part, de fait,
elle est existante.

Ou bien cette essence E, à ces deux points de vue, est formellement la même, et alors on se contredit ;

Ou bien l'essence E, dans les deux cas, n'est pas formellement la même, ce qui revient à dire qu'au premier point de

vue E est l'essence toute seule *(essentia nuda)*, et au second point de vue E est l'essence soumise à une influence extrinsèque *(essentia quatenus substat influxui extrinseco)*, c'est-à-dire qu'elle est sous l'influence d'une cause, qu'elle est causée.

Conclusion de cette première section. — Notre science est basée sur des principes universels et nécessaires dont nous sommes légitimement certains, attendu qu'ils sont analytiques et objectivement motivés.

CHAPITRE IV

De la réalité objective de nos concepts

---

41. État de la question. — On a montré dans le précédent chapitre que, lorsque nous énonçons un jugement de l'ordre idéal, cet énoncé se fait en vertu de l'évidence objective du rapport. Mais cette évidence est indépendante de la réalité des objets dont s'énonce le rapport. Quelle est la valeur des *termes* que j'unis dans mes propositions ?

Sont-ce des concepts dont l'objet est purement fictif ? des êtres de raison forgés par moi, et dont toute la nature est d'être représentables ?

Ou bien ces concepts ont-ils une *réalité indépendante de ma représentation ?* représentent-ils des choses *existantes* ou du moins *possibles* en soi ?

Pour délimiter nettement le problème, notons qu'il ne s'agit pas de prouver l'objectivité de nos connaissances : une connaissance sans *objet* (id quod ob-jicitur) est un non-sens. La question est de savoir si l'objet de nos connaissances est un être *réel* ou un être *fictif*.

Il ne s'agit pasnon plus de la connaissance impropre et médiate que nous avons des réalités suprasensibles, ni de la connaissance des réalités sensibles dans leur essence spécifique, attendu qu'une pareille connaissance est le fruit d'un long travail intellectuel.

Il s'agit donc seulement des idées génériques d'*être, substance, sujet, cause*, etc., qui sont l'objet de nos premières, de nos plus simples connaissances.

42. Le phénoménisme de Kant. — La réponse de Kant au premier problème de la certitude peut se résumer en un mot : le *subjectivisme ;* la réponse au deuxième peut se résumer en cet autre : le *phénoménisme*.

Le subjectivisme consiste à dire que, lorsque nous unissons un prédicat à un sujet, nous établissons le lien en vertu d'une loi subjective de notre nature conformément à une fonction ou catégorie de l'entendement. Le phénoménisme consiste à dire que le prédicat, sous l'extension duquel est rangé le sujet de nos jugements, est une pure fiction, et que nous ignorons s'il y a quelque chose au delà de ce phénomène.

Selon Kant, l'acte caractéristique et essentiel de l'esprit humain est une synthèse spontanée, *a priori*, d'une forme subjective avec une matière fournie par les sens. Les sens sont des facultés purement réceptives, l'esprit au contraire est une faculté active et spontanée. Nous sommes, dit-il, en possession d'impressions ou de sensations multiples *(Empfindung)* visuelles, auditives... etc. A cet état passif, qui n'est pas une connaissance proprement dite, répond une réaction de l'intellect qui place ces impressions dans l'*espace* et dans le *temps*. Les deux dispositions naturelles qui réalisent cette synthèse s'appellent les *intuitions (Anschauung)* de la sensibilité, et par cette première réaction de l'esprit, l'impression devient phénomène *(Erscheinung)* spatial et temporel.

Aussitôt que ces intuitions ont posé les choses dans l'espace et dans le temps, l'entendement y applique des « catégories » — et il faut entendre par là des types de liaisons entre deux contenus représentatifs — notamment celles de totalité, de cause, d'effet, de substance, d'accident, etc.

Nous arrivons ainsi, à l'aide de ces catégories, à considérer les phénomènes déjà posés dans l'espace et le temps, comme des objets intelligibles.

Il suit de là, au point de vue critériologique, qu'aussi longtemps que nos jugements portent sur les *phénomènes* seuls, ils sont valables. Ces jugements ne sont en effet que l'application des catégories de l'esprit aux impressions passives de la sensibilité, application faite en conformité avec les lois de l'entendement.

Dès que, au contraire, nos jugements portent sur les choses elles-mêmes, — les *noumènes* par opposition aux phénomènes, — ils perdent toute valeur objective, car le noumène ou l'objet n'est qu'une synthèse *a priori* de formes, ou de catégories de l'entendement appliquées aux phénomènes.

En résumé, nous ne connaissons que les phénomènes ; les noumènes, objets de nos jugements d'ordre idéal, sont des fictions de l'esprit, vides de réalité.

43. Théorie thomiste. — A la théorie de Kant nous opposons la thèse suivante :

Les formes intelligibles qui fournissent les prédicats et que nous attribuons au sujet de nos jugements sont douées de réalité objective. En d'autres termes : l'objet qu'elles nous présentent n'est pas seulement un objet représentable mais une chose-en-soi, réalisée, ou du moins réalisable, dans la nature.

44. Preuve négative. — Il n'y a pas de raison de croire que ces formes ne soient point douées de réalité objective.

La grande difficulté qui a fait naître le système de Kant, c'est la contradiction apparente qui existe entre le caractère universel de nos concepts et le caractère individuel des choses-en-soi. Cette difficulté résume le fameux *problème des univer-saux*, tant discuté dans les écoles scolastiques.

Les solutions principales du problème des universaux sont :

1º le *nominalisme* qui nie la nature abstraite et universelle de nos idées et établit ainsi, entre la réalité concrète et la représentation concrète, une parfaite correspondance de caractères ;

2º le *réalisme outré* qui reporte sur les choses-en-soi les attributs abstraits et universels de la représentation (on remarquera que le nominalisme et le réalisme outré suppriment le problème bien plus qu'ils ne le résolvent) ;

3º le *conceptualisme* qui admet l'antinomie des caractères de l'idée et de ceux de la chose, mais soutient que l'idée ne s'applique pas à la chose ;

4º le *réalisme modéré*, connu sous le nom de réalisme aristotélicien ou réalisme thomiste, suivant lequel nos idées abstraites, pour être *inadéquates* aux choses concrètes, ne les représentent pas moins avec *fidélité*.

Voici comment se justifie le réalisme modéré : pour dissiper l'apparente antinomie entre le caractère de l'idée et celui des choses, il suffit de considérer que l'universalité n'est pas une propriété primordiale du concept. Le caractère essentiel du concept est d'être abstrait, c'est-à-dire dégagé des notes déterminatrices, individualisantes. Le concept n'est pas universel par lui-même, il ne le devient que consécutivement à un acte de réflexion constatant que la note abstraite s'applique à une quantité illimitée de sujets.

D'autre part, s'il est vrai que la chose-en-soi est concrète et s'oppose à toute multiplicité, il n'en est pas de même de l'objet-en-soi en tant qu'il est connu. L'objet connu lui-même est abstrait, il est pris à part des particularités inséparables de la chose concrète présentée par les sens, il correspond ainsi au concept et peut servir de base à une universalisation.

45. Preuve positive. — L'objet de nos formes intelligibles est contenu dans les formes sensibles auxquelles il est originairement emprunté et auxquelles il est présentement appliqué par l'acte du jugement. Or, l'objet des formes sensibles est doué de réalité. Donc nos formes intelligibles sont des réalités objectives.

Nous avons à prouver et la majeure et la mineure.

1º L'objet de nos formes sensibles contient l'objet de nos formes intelligibles. En effet :

Dans l'objet des formes sensibles il y a des notes déterminatrices : je vois cet homme, de telle taille, de telle couleur, etc.

Or, il est impossible qu'il y ait des notes déterminatrices sans qu'il y ait quelque chose qui soit déterminé par elles, sans qu'il y ait un être, un sujet, une substance déterminée.

Donc l'objet d'une forme sensible représente nécessairement, en même temps, des formes intelligibles.

Les sens perçoivent donc matériellement tout ce que l'intelligence conçoit. Dès lors, si l'objet des formes sensibles est réel, l'objet des formes intelligibles l'est aussi.

2º Or, à nos formes sensibles correspond quelque chose de réel, une chose-en-soi.

Pour justifier la démonstration que nous donnerons de cette thèse, remarquons que nous avons prouvé l'objectivité de nos jugements de l'ordre idéal, et en particulier celle du principe de causalité (**40**). En outre, les sceptiques doivent nous accorder, et même les plus avancés parmi eux nous accordent comme un fait, le témoignage de la conscience. On peut mettre en doute la valeur du témoignage, mais on ne peut nier l'existence du témoin.

Cela étant, je constate par le sens intime que, lorsque j'éprouve une sensation, je subis une impression, il se produit en moi des phénomènes passifs.

Or, tout être contingent, donc aussi nos sensations, demande sa cause suffisante et, puisque ces phénomènes sont passifs, la cause de leur existence n'est pas adéquatement en moi-même.

Donc il y a, en dehors du sujet sentant, un ou des êtres réels capables de produire en nous des impressions sensibles.

Cet argument d'ordre général se confirme par la différence profonde que notre conscience constate entre l'état de rêve et l'état de veille. Puisque nous avons un état de rêve où nos facultés affaiblies se laissent aller à un travail purement subjectif, il s'ensuit que dans l'état opposé, l'état de veille, nous nous rendons parfaitement compte, qu'à côté d'images internes, nous avons aussi des sensations objectives réelles.

46. Réponse à deux objections. — A cette théorie, d'aucuns objectent que les sens sont incapables de percevoir les notions abstraites d'être, de substance, etc. ; d'autres, au contraire, prétendent que nous avons l'intuition directe de l'existence du monde extérieur sans devoir recourir au principe de causalité.

Aux premiers nous répondons qu'assurément les sens sont impuissants à saisir les notions abstraites formellement, comme telles. Mais rien n'empêche que les sens perçoivent ces notions à l'état concret : ils ne peuvent percevoir l'être comme tel, mais ils perçoivent *cet* être matériel. Si, d'ailleurs, ils sont incapables de percevoir l'être, alors ou bien l'intelligence crée cette notion, ou bien elle la perçoit en dehors des choses sensibles. Or, on l'a démontré en Psychologie, « nihil est in intellectu quod non prius fuerit in sensu ».

Aux seconds nous répondons que nous pouvons, il est vrai, acquérir la notion d'un être réel sans recourir au principe de causalité. Nous accordons même que nous pouvons nous en passer pour affirmer l'existence d'une réalité interne.

Mais il est impossible d'affirmer *avec certitude* l'existence du monde extérieur sans recourir au principe de causalité. Si nous ne nous en apercevons pas facilement, c'est que nous sommes tellement habitués à recourir à ce raisonnement que nous le faisons pour ainsi dire inconsciemment et qu'il faut un effort sérieux de réflexion pour le remarquer.

47. Réfutation du phénoménisme kantien. — On peut se demander comment Kant en vient à affirmer que l'objet de connaissance se fait par la synthèse d'une forme *a priori* avec la matière fournie par l'impression sensible.

Voici comment il raisonne : Tout ce qui vient de l'expérience est particulier et contingent. Or, dans toute connaissance, même dans la connaissance sensible, il y a des éléments qui ne sont ni particuliers ni contingents mais universels et nécessaires, à savoir le *temps* et l'*espace*.

Nous ne pouvons nous représenter un objet sensible sans le localiser quelque part dans l'espace, sans le placer à un certain moment du temps.

Or, quel que soit l'espace que je me représente, il y a nécessairement un au-delà ; je ne puis concevoir l'espace comme limité, il est donc *universel*.

Je puis, d'autre part, me figurer la destruction de tout ce qui est contenu dans l'espace, mais je ne puis concevoir que l'espace lui-même disparaisse ; il est donc *nécessaire*.

De même que l'espace, le temps est universel et nécessaire : antérieurement et postérieurement au temps que je considère, n'importe quel qu'il soit, il y a un au-delà ; j'ai beau détruire tous les événements, le temps subsiste toujours.

Dès lors le temps et l'espace, nécessaires et universels, ne peuvent être donnés par l'expérience particulière et contingente, ce sont des éléments *a priori*, antérieurs à toute expérience, qui s'ajoutent à l'expérience pour former par cette synthèse l'*intuition sensible*.

Pour réfuter l'idéologie de Kant, il faut montrer que les notions d'espace et de temps ne sont pas des formes *a priori*, mais des notions abstraites des données de l'expérience. —

48. Analyse des notions d'espace et de temps. — 1° Kant confond trois formes d'espace qu'il y a lieu de démêler soigneusement, l'espace *réel*, l'espace *idéal* et l'espace *imaginaire*.

Lorsque nous sommes en présence d'un corps, nous en abstrayons la notion de position. En présence de deux corps, nous concevons deux positions entre lesquelles surgit aussitôt la relation de distance. Cette notion de distance entre deux positions ou deux points est la première relation spatiale. Si au lieu d'une relation spatiale j'en prends trois, une en longueur, une en largeur et une en profondeur, j'ai la notion spatiale complète, le concept d'espace.

Si les corps, entre lesquels je considère les relations mentionnées, sont réels, les distances sont réelles, et l'*espace considéré est réel*. Admettons-nous que les corps réels créés sont en nombre limité, dans ce cas l'espace réel, résultant des relations de distance entre ces corps, est évidemment *limité*.

Mais l'intelligence conçoit que, outre les corps réels, il y a des corps possibles, même une infinité de corps possibles, qui donnent ainsi la notion d'un *espace possible :* celui-ci est *illimité :* c'est l'espace *idéal*.

Parallèlement à cet espace idéal conçu par l'intelligence, l'imagination se construit encore un espace situé entre des corps imaginaires qui n'a point de limites fixes, mais est susceptible d'être agrandi, par l'imagination, indéfiniment : c'est l'*espace imaginaire*.

2° La même confusion se retrouve dans la notion de temps.

La notion de temps se déduit du mouvement. « Tempus est numerus motus secundum prius et posterius », dit Aristote. Quand je considère un mouvement quelconque, je constate une succession de parties : c'est la durée successive de ce mouvement (numerus motus) qui constitue le *temps intrinsèque*.

Pour le mesurer, je le compare à un autre mouvement supposé régulier, par exemple au cours du soleil, et j'obtiens ainsi le temps *extrinsèque*.

Voilà le temps réel, durée d'un mouvement réel.

Je puis ensuite concevoir la durée successive d'un mouvement possible illimité : c'est le *temps idéal* ou temps possible auquel correspond le cours indéfini d'un *temps imaginaire*.

Cela étant, tout ce que Kant nous objecte s'applique seulement à l'espace idéal ou imaginaire et au temps idéal ou imaginaire. Le temps et l'espace réels sont limités et contingents. Supprimez par la pensée tous les corps, l'espace réel disparaît, mais l'espace possible reste dans la pensée comme s'il était un vaste réservoir dans lequel les corps possibles seraient contenus. De même supprimez tout mouvement successif, le temps réel disparaît, le temps idéal seul reste.

Rien n'exige donc que les notions d'espace et de temps soient antérieures à l'expérience : l'analyse montre au contraire qu'elles sont fournies par l'expérience.

49. Une question de méthode. — Nous avons contrôlé l'objectivité du jugement (Chap. III) avant d'examiner la valeur de ses termes (Chap. IV). De plus, nous avons restreint l'étude de l'objectivité des jugements aux propositions d'ordre idéal. Cette méthode n'est pas seulement légitime, elle s'impose.

En effet, l'évidence objective des rapports idéaux n'implique pas l'affirmation d'une existence. La vérité que $2 + 2 = 4$ est logiquement antérieure à l'affirmation de l'existence du sujet qui l'énonce ou même d'une chose existante quelconque. Au contraire, l'affirmation qu'il existe dans la nature, hors du sujet pensant, des réalités d'expérience, objet des termes de nos jugements, s'appuie sur un jugement d'ordre idéal, le principe de causalité.

Il était donc nécessaire d'assurer la valeur objective, universelle des principes idéaux avant d'établir l'existence du monde extérieur. Celle-ci établie, se pose la question de l'objectivité des jugements d'ordre réel, et elle se résout comme celle de l'objectivité des jugements d'ordre idéal.

50. Conclusion de la Critériologie générale. — Le sujet de nos jugements nous présente un objet réel. Or, les objets présentés à l'esprit par les prédicats de nos jugements, l'esprit les voit réalisés dans le sujet lui-même. Donc tous nos prédicats ont la même objectivité réelle que le sujet de nos jugements.

Nous l'avons vu précédemment, quand nous unissons un prédicat à un sujet, l'union que nous opérons est objective,

l'affirmation est motivée par la manifestation de l'appartenance du prédicat au sujet.

Dans l'ordre des réalités aussi bien que dans l'ordre idéal,
l'union du prédicat et du sujet est motivée. Par conséquent,
tout le savoir humain est justifié : nous avons établi l'*aptitude
de l'esprit à connaître la vérité.*

Ce que nous venons de voir regarde directement les connaissances réfléchies. Mais, si l'on se rappelle qu'entre la connaissance réfléchie et la connaissance directe ou spontanée
il n'y a pas de différence essentielle (**8**), on comprendra que
les connaissances justifiées pour l'ordre réfléchi le sont aussi
pour l'ordre direct et spontané.

DEUXIÈME PARTIE

Critériologie spéciale

ou

Etude analytique de nos certitudes

51. Plan et division de cette partie. — La plupart des philosophes distinguent trois certitudes, l'une *métaphysique*, une seconde *physique* et une troisième *morale*, celle-ci comprenant la certitude de foi ; ou encore une certitude *absolue* et une certitude *hypothétique*.

Selon saint Thomas, les connaissances certaines doivent se répartir en deux groupes suivant que leur objet est évident ou inévident. Nous conformant à cette distinction, nous appellerons *certitude d'évidence* celle des jugements dans lesquels il est manifeste à l'intelligence que le prédicat appartient au sujet. Nous appellerons *certitude d'autorité* celle où il n'est pas évident pour l'intelligence que le prédicat appartient au sujet.

La certitude d'évidence peut être d'*évidence médiate* ou d'*évidence immédiate,* selon qu'il faut ou qu'il ne faut pas d'intermédiaire pour voir que le prédicat appartient ou n'appartient pas au sujet.

La certitude d'évidence immédiate se subdivise : elle peut porter sur des jugements d'ordre idéal ou sur des faits réels. De là une certitude d'évidence immédiate de l'ordre idéal que nous appelons *certitude de principes*, et une certitude d'évidence immédiate de l'ordre réel, que nous appelons *certitude d'intuition* et qui s'identifie avec la certitude des faits de conscience.

La certitude d'évidence médiate ou de raisonnement peut à son tour porter sur l'ordre idéal ou sur l'ordre réel.

Voici, d'après cela, le plan général de la *Deuxième partie :*

Chap. I : Certitude d'évidence immédiate.
{ § 1. Les principes.
{ § 2. Les faits de conscience.

Chap. II : Certitude d'évidence médiate.
{ § 1. Les sciences rationnelles.
{ § 2. Les sciences expérimentales.

Chap. III : Certitude historique et certitude de foi.

Chap. IV : Examen comparatif de ces différentes formes de certitude.

CHAPITRE I

Certitude d'évidence immédiate

---

§ 1. — *Les principes*

52. Notion et division des principes. — Aristote définit le principe : « *ce par quoi une chose est, se fait ou se connaît* ». Ce par quoi une chose est ou se fait est un *principe* réel, *ontologique ;* ce par·quoi une chose se connaît est un *principe logique.*

Les premiers principes logiques, les seuls dont nous devions nous occuper ici, sont les premiers jugements qui rendent nos connaissances ultérieures possibles.

Il y a deux sortes de premiers principes :

1º Les *principes générateurs de chaque science :* ce sont des prémisses de raisonnement qui ne *peuvent* plus et qui ne *doivent* plus être démontrées ; ils sont premiers par rapport à un ordre de connaissances déterminé, et sont puisés dans l'objet formel de chaque science.

2º Les *principes généraux de démonstration,* ou les *axiomes.* Ce sont des règles d'évidence immédiate, dirigeant tout raisonnement et par conséquent des premiers principes par rapport à toutes nos connaissances.

53. Principes générateurs des sciences. — 1º Dans une science particulière tout raisonnement repose sur des prémisses qui ne *peuvent* plus être démontrées.

En effet : ou les prémisses de ce raisonnement sont évidentes par elles-mêmes, et alors elles sont des vérités-principes ; ou elles ont besoin, pour devenir évidentes, d'être démontrées.

Mais il est impossible que *toutes* les propositions qui entrent dans nos raisonnements soient des conclusions, ou des propositions démontrables. Sinon, il faudrait admettre, de ces deux choses, l'une :

a) Ou bien que *toutes* les propositions sont démontrables par d'*autres* propositions logiquement antérieures ; mais alors il n'y aurait pas une seule proposition dont la preuve fût achevée : il n'y aurait donc point de science certaine.

b) Ou bien que les propositions démontrables forment une collection limitée, et sont démontrables l'une par l'autre : mais alors on tombe dans une contradiction. En effet, si la proposition B est démontrable par une proposition A, c'est que la proposition A est mieux connue que la proposition B. Mais si, réciproquement, la proposition A est démontrable par la proposition B, c'est que la proposition B est mieux connue que la proposition A. Donc chacune des deux propositions démontrables l'une par l'autre, serait à la fois plus connue et moins connue que l'autre, ce qui est contradictoire.

2º Tout raisonnement repose sur des prémisses qui ne *doivent* pas être démontrées. — En effet, ces propositions qui ne *peuvent* être démontrées sont évidentes par elles-mêmes. L'esprit se trouvant en présence des termes aperçoit directement le rapport qui les unit.

Si elles pouvaient être inévidentes, c'en serait fait de toute science, car *a fortiori* les conclusions qui doivent être démontrées par elles seraient et demeureraient inévidentes.

Il en est à la base de chaque science particulière ; on les appelle les *principes des sciences.* Tels sont, par exemple, les axiomes d'Euclide à la base de la géométrie ; tel l'axiome : « Le tout est égal à la somme de ses parties », à la base de l'arithmétique.

54. Premiers principes ou principes directeurs de la pensée humaine. — Ce sont des jugements énonçant les rapports simples de l'*être* et du non-être. Grâce à leur universalité illimitée et à leur évidente nécessité, ils servent de règle directrice et de moyen de contrôle, en *toute* affirmation et en *tout* raisonnement, bien qu'ils ne constituent pas des *prémisses* ou des *sources* de savoir.

On en distingue trois : le *principe d'identité* le *principe de contradiction* et le *principe du tiers exclu* ou de l'*alternative*.

Au point de vue *logique* '), on peut les formuler comme suit : Le vrai doit être absolument d'accord avec lui-même. — Il est impossible à qui que ce soit de penser d'une même chose qu'elle est et qu'elle n'est pas. — Entre deux énonciations contradictoires, il n'y a point d'intermédiaire.

Les premiers principes sont indémontrables ; aussi bien ils n'ont pas besoin de démonstration. L'intelligence se trouvant en présence de concepts tout à fait simples, voit directement le rapport entre le sujet et le prédicat et ne saurait se tromper dans ses jugements.

Quant aux principes dérivés, qui comportent une certaine complexité de termes, leur justification se fait en les ramenant à des principes plus simples, à la lumière des principes d'identité, de contradiction ou du tiers exclu. C'est ce que nous avons fait, par exemple, plus haut pour le principe de causalité (n. **40**).

§ 2. — *Vérités de conscience ou d'expérience interne*

55. Les vérités de conscience sont indémontrables.— Pour démontrer une vérité d'expérience interne, il faudrait recourir à des prémisses prises soit dans l'ordre idéal, soit dans l'ordre réel.

Des prémisses de l'ordre idéal ne pourraient donner qu'une conclusion idéale et non la certitude d'un fait.

Des prémisses de l'ordre réel, à moins de tourner dans un cercle vicieux, devraient être prises dans l'expérience externe ; ce qui compliquerait la difficulté au lieu de la résoudre, attendu que la certitude du monde externe repose sur la certitude de la conscience.

Nous ne pouvons donc que montrer l'évidence immédiate des faits de conscience, ou plutôt montrer qu'il serait déraisonnable de ne pas admettre le témoignage de la conscience.

Nier la crédibilité de la conscience, c'est admettre au moins

---

¹) Sur leur valeur métaphysique, v. *Ontologie*.

le témoignage de la conscience affirmant l'incrédulité que l'on veut professer.

Révoquera-t-on en doute la véracité de la conscience, pour la raison que ses témoignages seraient contradictoires ? Mais alors, pourquoi avoir foi dans sa conscience quand elle exprime une contradiction et nier qu'on puisse être certain de l'une ou de l'autre des propositions contradictoires ? Ce serait admettre que l'on peut être certain de ce qui est plus complexe sans l'être de ce qui est plus simple.

56. Objet de la perception interne. — La vie de la conscience ou de l'expérience interne porte sur nos actes cognitifs, sur nos actes volitifs et sur les souvenirs que nous en avons.

1º *Pensées.* — L'intelligence connaît directement ses actes propres. La connaissance résulte de l'union d'un objet avec le sujet connaisseur par l'intermédiaire d'une forme intelligible. Or, quand l'objet à connaître est un acte cognitif, c'est-à-dire un acte immanent, l'union existe sans intermédiaire, la connaissance est directe, immédiate.

2º *Volitions.* — Si l'on conçoit qu'un acte de pensée tombe directement dans le champ de l'observation interne, il n'en est pas de même des actes de volition. Il semblerait même que ceux-ci doivent nécessairement échapper à l'intelligence, puisqu'ils procèdent d'une faculté qui en est réellement distincte.

On peut dire, il est vrai, que toute volition est présente au moins radicalement à l'intelligence, car tout acte volitif exige comme antécédent nécessaire un acte de perception, suivant l'adage : « nihil volitum nisi præcognitum ».

Cependant la raison fondamentale qui unit les actes de la volonté à la faculté cognitive, est que ces deux facultés, quoique réellement distinctes, ont leur racine commune dans une même substance, le même moi, et sont ainsi intrinsèquement inséparables.

3º *Souvenirs.* — Le fondement nécessaire de la possibilité de la mémoire est l'identité et la continuité du moi. Cependant, si telle est la raison ontologique de la mémoire, on ne peut dire que, dans l'ordre logique, la *connaissance* de cette identité soit la base de la certitude de la mémoire. Je puis très bien me rappeler quelque chose sans *penser* que le même moi a été en activité pour connaître une première fois cette chose et l'est une seconde fois pour la reconnaître en ce moment.

L'acte de mémoire complet se compose de plusieurs éléments. D'abord il comprend un sentiment vague que l'on a déjà connu ce que l'on connaît actuellement ; ensuite il y a une localisation plus ou moins précise de cet acte dans le passé, et enfin, une reconnaissance partielle ou totale.

L'imagination et l'intelligence conservent non seulement l'image et la forme intelligible de la chose qu'on connaît actuellement, mais encore la forme cognitive de l'acte de perception lui-même. Dès lors le souvenir de la chose connue, dès qu'il est éveillé, réveille en même temps le souvenir de l'acte par lequel elle a été connue ; c'est déjà la mémoire dans sa forme la plus vague.

En réfléchissant sur un phénomène qui revit ainsi dans la mémoire, je puis me rappeler les actes successifs qui ont suivi ce phénomène depuis son apparition jusqu'au moment présent. Je détermine ainsi avec plus ou moins de précision, suivant que les jalons intermédiaires sont plus ou moins nombreux, la position de l'acte passé dans le temps.

Enfin, reconnaître une chose c'est appliquer à une chose, image ou idée, un type resté dans le souvenir à l'état habituel ; ainsi, reconnaître un homme, c'est constater que cet homme répond au type abstrait de l'homme ; reconnaître *tel* homme, c'est apercevoir sa ressemblance avec l'image qui nous représente cet homme.

On voit par cette analyse sommaire que les différents actes constitutifs de la mémoire sont des actes de perception actuels. L'analyse esquissée ici se trouve plus développée en Psychologie [1]).

----

[1]) Voir cours supérieur, *Psychologie*, 9e éd., nos 128-131.

CHAPITRE II

Certitude d'évidence médiate

---

§ I. — *Conclusions scientifiques de l'ordre idéal*
ou certitude des sciences rationnelles

57. La science. — Sciences rationnelles et expérimentales. — Lorsqu'une proposition n'est pas évidente par elle-même, il faut que son évidence soit rendue manifeste par l'intermédiaire d'un moyen terme. Une pareille proposition, conclusion d'un raisonnement, s'appelait autrefois *science* (scientia conclusionum).

Cependant le mot « science » désigne plutôt un ensemble systématique de propositions déduites les unes des autres et concernant un même objet. A la base des sciences se trouvent les principes d'où les conclusions se déduisent par voie de démonstration.

Dans certaines sciences ces principes sont des propositions simples et générales, évidentes par elles-mêmes : *sciences rationnelles* uniquement déductives. Dans d'autres, au contraire, les principes sont des vérités complexes, fruit d'une induction basée sur l'observation ou sur l'expérience : *sciences expérimentales*, à la fois inductives et déductives [1]).

Pour justifier la certitude des sciences rationnelles, il nous faut justifier la valeur de la démonstration déductive sous la forme traditionnelle du syllogisme telle que nous la connaissons par la *Logique* [2]).

58. Valeur du syllogisme. — Les principales difficultés qu'on puisse opposer à l'emploi du syllogisme ont été formu-

---

[1]) *Logique*, nos 89 et suiv.
[2]) *Ibid.*, no 59.

lées avec vigueur par Stuart Mill. Tout raisonnement déductif, dit le philosophe anglais, peut se ramener à cette formule classique : Tous les hommes sont mortels ; or, Caius est un homme ; donc Caius est mortel. Pareil raisonnement est inutile et ne nous apprend rien ; de plus, il renferme toujours une pétition de principe. En effet, pour affirmer que tous les hommes sont mortels, il faut que nous sachions avec certitude que Caius est mortel : pour pouvoir énoncer la majeure, il faut être certain de la conclusion. Dès lors, à quoi bon pareil raisonnement ? Et qu'on ne dise pas que la conclusion est contenue implicitement dans les prémisses, car affirmer implicitement une chose, c'est l'affirmer sans la savoir : si vous ne la savez pas, de quel droit affirmez-vous explicitement ?

C'est à tort qu'on donne l'exemple cité par Stuart Mill comme type du raisonnement ; présenté sous cette forme il justifie outes les objections du philosophe anglais. Il semblerait en effet que la majeure du syllogisme soit une proposition collective, une forme abréviative résumant tous les cas particuliers.

Or, la majeure d'un vrai syllogisme n'est pas même une proposition actuellement universelle, contenant la conclusion comme cas particulier. C'est une proposition dans laquelle on énonce, d'un concept abstrait, une propriété générale. Par l'intermédiaire de la mineure, on applique ensuite dans la conclusion cette propriété générale à un sujet particulier qui participe à la nature du concept abstrait du sujet de la majeure.

Voici donc, pour reprendre l'exemple cité, comment il faudrait l'énoncer :

La nature humaine est sujette à la mort.

Or, cet individu, Caius, possède la nature humaine.

Donc Caius est mortel.

Aussi la majeure ne contient actuellement la conclusion ni explicitement ni implicitement, mais elle est la cause efficiente de la formation de ce jugement (non est id ex quo elicitur conclusio, sed id quod generat conclusionem).

En résumé, l'erreur de Stuart Mill est de supposer que dans tout raisonnement la majeure est une proposition collective contenant un ensemble de propositions particulières. L'essence du raisonnement est, au contraire, de nous faire voir qu'un prédicat convenant naturellement à un sujet abstrait convient, par voie de conséquence, à tel sujet concret et particulier.

Un exemple mieux choisi suffit pour réduire à rien les objections : Soit à démontrer que tout nombre terminé par o ou par 5 est divisible par 5. Cette proposition n'est pas évidente *a priori*. Donc, si nous la démontrons sans pétition de principe, il sera avéré qu'un raisonnement peut apprendre quelque chose de neuf, en faire progresser une science.

Pour voir que tout nombre terminé par o ou par 5, par exemple 230 et 235, est divisible par 5, je dois trouver un intermédiaire qui jouisse de la propriété générale d'être divisible par 5 et dont la notion abstraite se vérifie dans les nombres terminés par o ou par 5. En réfléchissant je vois qu'une somme de deux facteurs, tous deux multiples de 5, est elle-même multiple de 5. Ma majeure est trouvée : tout nombre terminé par o ou par 5 est une somme de deux parties, toutes deux multiples de 5. En effet, tout nombre peut se décomposer en deux parties, le groupe des dizaines d'une part, le groupe des unités d'autre part. Le groupe des dizaines est évidemment multiple de 5 ; si donc le groupe des unités est o ou 5, le nombre tout entier est multiple de 5.

La conclusion est donc justifiée et le raisonnement nous a fourni une nouvelle vérité certaine.

§ 2. — *Conclusions scientifiques de l'ordre réel*
ou certitude des sciences expérimentales

L'observation et l'expérience portent sur un double objet : l'existence réelle du monde extérieur et la nature de ce monde extérieur.

I. — CERTITUDE DE L'EXISTENCE DU MONDE EXTÉRIEUR

59. État de la question. — Spontanément nous nous croyons certains de l'existence de choses extérieures à nous et même nous croyons connaître leur nature : nous attribuons en effet à ces êtres qui constituent le « non-moi » des propriétés que nous croyons réellement leur appartenir : l'étendue, la résistance, la couleur... etc.

Mais ici encore, comme à propos de la certitude en général, la question est de savoir si nous pouvons *justifier scientifiquement ces adhésions spontanées.*

A cette question les *idéalistes* répondent *non,* nous répondons *oui.*

Nous avons vu comment Kant bâtit tout l'édifice de nos connaissances sur les impressions passives de la sensibilité : il s'ensuit que, dans la thèse kantienne, nous ne connaissons en somme que les modifications du moi ; il n'existe pour nous que des états de conscience avec la possibilité permanente d'autres états. C'est l'idéalisme absolu.

Pour réfuter l'idéalisme, établissons la thèse réaliste.

60. Thèse réaliste. — *Nous pouvons avec certitude connaître l'existence du monde extérieur.*

Ier *Argument, tiré du caractère passif de nos sensations :* Nous avons conscience d'être en possession de faits internes dans l'expérience desquels nous sommes passifs. Or, tout fait demande une raison suffisante. Puisque nous avons conscience d'être passifs, cette raison suffisante doit être, au moins partiellement, en dehors de nous. Donc il y a quelque chose de réel en dehors du « moi », il y a un monde extérieur **(45).**

2me *Argument, tiré de la comparaison de nos perceptions avec nos images.* — De l'aveu de tous, nous sommes en possession de deux catégories de faits internes : des perceptions et des constructions de l'imagination. Or, lorsque je considère la coordination des images, je vois que je puis les coordonner à mon gré ; je puis voyager en imagination où je veux. Mais lorsqu'il s'agit de perceptions, il en va tout autrement : leur série ne dépend pas de moi, mais m'est imposée souvent malgré moi. Il existe donc un monde différent du moi et de mes états de conscience [1].

---

[1] Balmès a mis admirablement en relief l'opposition des perceptions et des images. Le texte du philosophe espagnol est reproduit *in extenso* dans le Cours supérieur de *Critériologie.*

3ᵐᵉ *Argument, tiré de la croyance spontanée à l'existence du monde extérieur.* — Nous avons la conviction spontanée invincible de l'existence du monde extérieur. Ce fait remarquable demande sa raison suffisante. Or, l'existence réelle du monde extérieur peut seule rendre raison de ce fait.

Les idéalistes disent, il est vrai, que c'est affaire d'habitude. Mais alors il faut expliquer la genèse de cette habitude ; car l'habitude n'est que le résultat d'actes multiples successifs.

Alexandre Bain répond par la loi de l'association, Kant par la théorie des formes *a priori :* mais aucune de ces réponses n'est satisfaisante, aucune n'explique le passage de l'état de conscience à l'affirmation du non-moi, du domaine subjectif au monde réel.

II. — CERTITUDE RELATIVE A LA NATURE DES CHOSES EXTÉRIEURES. L'INDUCTION.

61. Notion de l'induction. — L'induction est un procédé logique qui part de l'observation d'accidents multiples et variés dont une substance se trouve entourée, afin de discerner, parmi ces accidents, ceux qui ont le caractère de propriété ayant un lien nécessaire avec la substance.

La propriété, dont on a ainsi reconnu le lien nécessaire avec la substance, devient ensuite le fondement d'une loi universelle qui régit les phénomènes observés ; partout où se manifeste la substance se manifestera la propriété naturelle.

L'induction proprement dite comporte diverses étapes qu'on étudiera en *Logique* [1]), à savoir :

1º L'observation de certains faits.

2º L'hypothèse de sa vérification.

3º La généralisation, base d'une déduction proprement dite.

Quel est le fondement de cette généralisation ? De quel droit opérons-nous le passage du particulier au général ? Après avoir observé un *certain* nombre de fois que l'eau se congèle à o degré, de quel droit affirmons-nous qu'il en est *toujours* ainsi ?

---

[1]) *Logique*, nᵒˢ 89 et suiv.

62. Fondement logique de l'induction. — Théories erronées. — Pour les *Positivistes*, l'induction est fondée exclusivement sur l'observation. Aussi, pour eux, la conclusion d'une induction est une proposition *probable*, parce qu'elle a été constatée par plusieurs expériences, et d'autant plus probable que les expériences ont été plus nombreuses.

Cette conception est contraire à la conviction de tous les savants. Ceux-ci sont unanimes à penser que les conclusions de leurs recherches sont *certaines* : à partir d'un certain moment, l'observation ultérieure n'ajoute plus rien à leur conviction, parce que celle-ci est entière.

Selon *Reid* et les partisans de l'*Ecole écossaise*, le fondement de la certitude d'induction consiste dans une croyance instinctive à la stabilité des lois de la nature.

Cette théorie est inadmissible : une persuasion instinctive n'est pas un motif de certitude ; il faudrait rechercher la raison de cette persuasion. D'ailleurs, croire à la stabilité des lois de la nature c'est admettre l'existence de lois fixes dans la nature : mais on n'a pas le droit de conclure de là à l'existence d'aucune loi déterminée, en d'autres mots, on n'a pas le droit d'inférer que tel ensemble de faits en particulier présente le caractère d'une loi.

Plusieurs auteurs *scolastiques* placent le fondement de l'induction soit dans le principe de causalité, soit dans la sagesse de Dieu qui nous garantit la stabilité des lois de la nature. Aucune de ces deux explications n'est admissible, parce qu'aucune des deux n'explique de quel droit on assigne à tel facteur le rôle de cause, à telle série de phénomènes le caractère de loi.

63. Théorie thomiste. — Les connexions compliquées et fréquentes entre une substance et certains accidents, ne pouvant s'expliquer par le hasard, ont leur raison suffisante dans une inclination de nature des êtres qui en sont le sujet. Ces accidents sont des propriétés naturelles de la substance.

Tel est le fondement de la certitude d'induction. Nous prouvons cette thèse :

1° indirectement, par la critique que nous avons faite des théories adverses ;

2° directement, par l'analyse intrinsèque.

Un dé que l'on jette sur une table peut présenter n'importe laquelle de ses six faces ; c'est une *cause indifférente*, « ad utrumlibet contingens », ·comme dit saint Thomas. Mais si deux dés, jetés dix fois, présentent dix fois de suite double six, tout le monde dira qu'il y a là autre chose qu'une cause indifférente, que les dés sont *pipés*, suivant une expression célèbre, c'est-à-dire qu'ils sont déterminés par un artifice quelconque à présenter toujours la même face.

D'une façon générale, si un sujet manifeste toujours invariablement le même phénomène, il faut dire que ce sujet n'est pas indifférent, mais qu'il est prédéterminé à cette manifestation ; ce sujet est une *cause naturelle*. Un effet harmonieux et stable n'est donc jamais dû à une cause indifférente, ce n'est pas un accident contingent, c'est ·la manifestation d'une propriété due elle-même à une inclination naturelle de l'être. Dès lors, partout où se rencontre ce sujet doué de cette inclination naturelle, partout cette propriété se manifestera ; cette manifestation constitue une loi fixe de la nature.

La conclusion de ce raisonnement est certaine, non pas cependant d'une certitude absolue ou métaphysique, mais d'une *certitude physique*. Il peut se faire, en effet, que soit le conflit de plusieurs causes naturelles, soit l'intervention d'une cause supérieure, empêchent dans certains cas la manifestation de telle ou de telle propriété. Cependant ce ne seront là toujours que des dérogations exceptionnelles.

64. Certitude de l'expérience sensible. — Après avoir justifié la méthode par laquelle les sciences expérimentales passent de l'observation des cas particuliers aux lois générales, reste à examiner la certitude que nous donnent les sens dans l'observation des faits sensibles.

Remarquons avant tout que les sens en eux-mêmes sont incapables de certitude. Ils possèdent, si l'on veut, une certitude subjective, consistant. dans l'adhésion ferme à un objet, mais ils ne peuvent se rendre compte du motif de cette certitude. L'intelligence seule est capable de se donner la certitude objective, même en matière d'expérience sensible. D'ailleurs, une perception par elle-même n'est ni vraie ni fausse ; ce qu[

est vrai ou faux, c'est le jugement que l'intelligence prononce en présence de telle ou telle perception.

La sensation est un phénomène complexe, dépendant de trois facteurs essentiels : l'objet, le sujet et le milieu interposé. Les sens comme tels nous présentent le phénomène concret, sans discerner la part propre à chacun de ces trois facteurs. L'intelligence fait ce départ et prononce que telle ou telle qualité appartient réellement à l'objet.

65. Thèse réaliste : *L'intelligence peut, au moyen de l'induction, arriver à la connaissance certaine des propriétés permanentes des objets sensibles.*

La perception sensible est *relative*, c'est-à-dire qu'elle varie sous l'influence des conditions diverses affectant soit l'objet lui-même, soit le sujet, soit le milieu. Ce fait est indubitable. Un même *objet* paraît petit ou grand, confus ou distinct, suivant la distance où il est placé. Une lumière d'intensité moyenne paraîtra tantôt vive, tantôt sombre, suivant que le *sujet* qui la perçoit sort d'un endroit obscur, ou d'une salle brillamment éclairée. Un paysage, vu à travers un verre bleu, fait l'effet d'être bleu.

Néanmoins le sens commun ne s'y trompe pas : les hommes distinguent parfaitement entre la perception habituelle ou normale d'un objet, et la déviation accidentelle qu'elle peut subir.

Par quel procédé y arrivent-ils ? Par une induction spontanée ou réfléchie. En variant les observations personnelles, en les comparant aux observations d'autrui, nous arrivons à démêler, parmi les accidents multiples dont un objet sensible nous paraît entouré, deux sortes d'accidents : les uns variables, provenant de la variation des conditions d'observation ; d'autres, stables, qui appartiennent réellement à l'objet, et que nous sommes en droit de lui attribuer avec la certitude physique absolue que nous avons reconnue au procédé inductif [1]).

---

[1]) Quant à la question de savoir quelle est la nature intime de ces propriétés que l'indication nous fait découvrir dans les choses extérieures, ce n'est pas l'objet de l'expérience spontanée mais des investigations patientes de la science.

66. Les erreurs des sens n'infirment pas la certitude d'expérience. — Puisqu'il faut une induction pour arriver à la certitude dans l'expérience sensible, il est évident qu'à défaut de cette induction l'intelligence, se laissant entraîner par les apparences, peut se tromper. Mais il est facile de voir que cette erreur n'est qu'accidentelle et ne peut rendre suspecte l'aptitude essentielle de l'intelligence à connaître le vrai.

CHAPITRE III

Certitude historique et certitude de foi

67. Nature et fondement de la certitude historique. —
Dans la certitude d'évidence immédiate ou médiate, dont on
a traité. jusqu'ici, le motif qui détermine mon assentiment
agit directement sur ma propre intelligence, il est *intrinsèque*.
Mais il arrive que j'adhère à une proposition alors que le
motif déterminant de l'assentiment ne m'apparaît pas à moi-
même, mais seulement à autrui : ce motif ne m'atteint qu'indirectement, par l'intermédiaire de l'affirmation d'autrui :
le motif d'adhésion est *extrinsèque*.

La connaissance historique et la foi rentrent toutes deux
dans cette catégorie, mais une différence profonde les sépare :
la certitude de foi est basée uniquement sur l'autorité du
témoin ; encore qu'elle ait pour objet des choses connues par
l'affirmation de témoins, la certitude historique est basée sur
l'évidence.

La certitude historique n'est pas fondée sur l'autorité : la
conscience l'atteste clairement. Pour être certain de l'existence et des institutions essentielles du Congo, je ne m'en-
quiers pas de l'autorité des témoins qui les rapportent. La
certitude basée sur l'autorité humaine n'est d'ailleurs jamais
qu'une probabilité plus ou moins forte, tout au plus une certitude pratique, tandis que la certitude historique est une vraie
certitude absolue.

Le fondement de la certitude historique, semble-t-il, est un
raisonnement par l'absurde, dans ce genre-ci :

Il se présente à nous un grand nombre de faits et de circonstances convergeant tous dans un ordre déterminé : tels les
départs et arrivées réguliers de bateaux avec leurs passagers,
leurs marchandises ; les lettres, livres, etc.

Or, cette concordance de faits et d'événements ne peut

s'expliquer que par l'existence réelle de ce pays qu'on appelle le Congo.

Donc ce pays doit exister, et par conséquent ceux qui affirment l'avoir vu disent vrai.

Cette certitude est une véritable certitude d'évidence médiate.

68. Nature de la certitude de foi. — La foi est l'assentiment à une proposition formellement inévidente, motivé par l'autorité d'autrui.

Le motif extrinsèque de la certitude est ici non plus un raisonnement, mais l'*autorité* qui est l'objet formel de la foi.

Or, l'autorité d'un témoin n'est jamais évidente en elle-même : elle ne peut être que déduite de signes extrinsèques. Comment en effet constater autrement que par des signes extérieurs que la parole du témoin est conforme à sa pensée, et de plus que sa pensée est conforme à la réalité ?

Aussi, quand il s'agit de foi humaine proprement dite, quels que soient le nombre et la crédibilité des témoins, on n'arrive jamais à la certitude absolue. La foi divine seule peut donner la certitude.

69. Certitude de la foi divine. — **Comment la concilier avec la liberté ?** — L'autorité divine (science et véracité de Dieu) en elle-même est évidemment absolue. Si donc nous pouvons constater avec évidence le témoignage divin, notre foi est certaine.

Nous savons par l'enseignement catholique que la foi à la parole divine est à la fois *certaine* et *libre*. Comment concilier ce double caractère de notre assentiment ?

Suivant de Lugo, le fait de la révélation divine ne serait jamais évident pour nous ; dès lors on s'explique que nous restions libres d'y adhérer ou de n'y adhérer pas. D'autre part, la foi resterait cependant certaine parce qu'elle est surnaturelle : la grâce ne peut coopérer à nous faire adhérer à l'erreur.

Cette théorie ne rend pas raison de la certitude de la foi. Ontologiquement, il est vrai, la grâce nous garantit la certitude de la foi, mais logiquement l'existence de la grâce ne nous est connue que par la foi ; c'est, dès lors, une pétition de principe de vouloir justifier celle-ci par celle-là.

Suivant Suarez, l'acte de foi est libre, parce que l'autorité de la Révélation, fût-elle évidente pour le croyant, est admise, non en vertu de son évidence, mais par un acte de foi.

Mais, admettre l'autorité de la parole d'autrui en vertu d'un acte de foi, c'est reculer la difficulté au lieu de la résoudre ; car cet acte de foi lui-même devra, pour être raisonnable, s'appuyer à son tour sur la preuve de l'autorité de celui auquel il s'adresse, de sorte que nous en revenons à notre point de départ.

Selon nous, pour montrer qu'on peut connaître avec certitude le fait de la révélation divine, on peut invoquer soit l'argument par l'absurde conduisant à la certitude historique, soit cette considération que la divine Providence ne peut permettre qu'un homme prudent tombe dans l'erreur en une matière aussi importante. La foi est donc certaine pour nous. Mais en même temps *l'acte de foi reste libre en raison de l'inévidence intrinsèque de son objet.*

Notre intelligence est ainsi faite que l'évidence intrinsèque seule entraîne *nécessairement* son assentiment. Aussi longtemps que cette évidence fait défaut, l'assentiment n'est pas nécessité : il faut que la volonté intervienne pour l'imposer. La conscience, attentivement interrogée, atteste ce fait indiscutablement : quelle que soit l'autorité du témoin, dès là que l'objet du témoignage est inévident pour nous, nous pouvons y croire ou ne pas y croire, donner ou refuser notre assentiment.

On pourrait se demander comment la volonté agit sur l'intelligence, et lui fait admettre ce que d'elle-même elle n'admettrait pas. Il suffit pour cela, croyons-nous, que la volonté empêche l'intelligence de regarder les difficultés qui proviennent de l'inévidence de l'objet matériel, et la tienne appliquée à la considération des motifs qui rendent certaine cette proposition : l'objet révélé peut et doit prudemment être cru. Au surplus, dans la mesure où la force de l'assentiment dépasse la puissance des motifs rationnels, elle accuse la présence en nous d'une action supérieure à nous, que les théologiens appellent effet de la grâce surnaturelle.

CHAPITRE IV

Examen comparatif des différentes formes de certitude

—

70. La certitude est–elle toujours spécifiquement la même ? ou y a-t-il lieu de distinguer plusieurs espèces de certitude ? — La certitude, avons-nous dit, désigne la fermeté de l'adhésion de l'esprit à un objet donné : *determinatio ad unum*. Autant il y a de causes formellement distinctes de cette détermination de l'intelligence, autant il y aura donc de formes spécifiquement distinctes de certitude.

Or, il y a deux causes formellement distinctes de l'adhésion ferme de l'intelligence, l'une *intrinsèque*, l'évidence, l'autre *extrinsèque*, l'intervention de la volonté.

Il y a donc lieu de distinguer deux espèces de certitude : la *certitude d'évidence* et la *certitude de foi* ou certitude dépendante de la volonté.

La certitude d'évidence se subdivise elle-même en certitude *métaphysique* et en certitude *physique*, suivant que le lien qui unit le prédicat au sujet résulte d'une nécessité essentielle ou est simplement le fruit d'une induction.

71. Relations de subordination entre nos différentes connaissances certaines. — Il est évident que la *certitude de foi* est postérieure aux autres, car la foi présuppose la preuve intrinsèque de l'autorité de celui auquel s'adresse l'acte de foi.

Il est évident aussi que le *raisonnement* appuie ses conclusions sur des *vérités immédiates*.

Quant à l'*expérience*, tout ce qu'elle nous apprend de certain sur le monde *extérieur* présuppose, on se le rappelle, la certitude des faits internes, objets de la conscience.

La *conscience* elle-même suffit bien à nous mettre en présence de faits internes, mais ceux-ci ne deviennent certains pour nous qu'à la condition de devenir l'objet d'un jugement. Donc à l'*intelligence* des principes il appartient de nous donner la certitude proprement dite de la réalité, en appliquant les jugements immédiats aux faits concrets perçus expérimentalement.

En conséquence, le critère de l'intelligence, ou de l'évidence immédiate, est le premier de tous ; tous les autres le présupposent, tandis que lui-même n'en présuppose aucun : il est à la fois *fondamental* et *primordial*.

RÉSUMÉ ET CONCLUSION

Nous avons accepté, comme données des problèmes crité-riologiques, les actes que tous spontanément considèrent comme certains ; nous les avons soumis à un examen réfléchi et nous avons montré que l'esprit humain a dans sa nature de pouvoir connaître infailliblement la vérité dans les divers ordres auxquels s'étendent ses connaissances.

Il nous est permis de compléter ce travail par une étude *synthétique :* nous chercherons à relier l'intelligence humaine, capable d'ariver à la vérité et à la certitude, à sa Cause suprême.

Cette cause suprême est Dieu, considéré sous le triple aspect de cause *finale*, de cause *exemplaire* et de cause *efficiente* de l'intelligence.

1° Dieu, la vérité incréée, est la *fin dernière* de l'homme. Il suit de là que l'intelligence humaine, marchant dans sa voie naturelle doit aboutir à la connaissance certaine de la vérité, connaissance adéquate lorsqu'elle atteindra sa fin, connaissance inadéquate mais cependant réelle aussi long-temps qu'elle poursuit cette fin.

2° Dieu créa l'homme à son image et à sa ressemblance. Or, l'Être infini, épuise la cognoscibilité infinie de sa propre essence. Donc l'intelligence humaine, qui est faite à l'image de l'intelligence divine, doit être capable de connaître la vérité.

3° Dieu est la cause efficiente infiniment sage de la nature humaine. La sagesse consiste à proportionner les moyens à la fin. Donc la sagesse de Dieu nous garantit que notre faculté de connaître est apte à atteindre sa fin, qui est évidemment de connaître le vrai.

De par sa nature, l'esprit humain est donc capable de connaître toujours la vérité.

L'erreur est due à des causes *accidentelles :* elle n'infirme pas l'infaillibilité *naturelle* de la raison humaine.

TABLE DES MATIÈRES

INTRODUCTION

PREMIÈRE PARTIE

Critériologie générale

CHAPITRE I

Les problèmes

§ 1. — *Termes des problèmes*

§ 2. — *Position des problèmes*

CHAPITRE II

Solution du problème préliminaire.
État initial de l'esprit

CHAPITRE III

L'objectivité des propositions d'ordre idéal

CHAPITRE IV

De la réalité objective de nos concepts

DEUXIÈME PARTIE

Critériologie spéciale
ou Etude analytique de nos certitudes

———

CHAPITRE I

Certitude d'évidence immédiate

§ 1. — *Les principes*

§ 2. — *Vérités de conscience ou d'expérience interne*

CHAPITRE II

Certitude d'évidence médiate

§ 1. — *Conclusions scientifiques de l'ordre idéal ou certitude des sciences rationnelles*

§ 2. — *Conclusions scientifiques de l'ordre réel ou certitude des sciences expérimentales*

I. — CERTITUDE DE L'EXISTENCE DU MONDE EXTÉRIEUR

CHAPITRE III

Certitude historique et certitude de foi

CHAPITRE IV

Examen comparatif des différentes formes de certitude

Métaphysique générale

OU

ONTOLOGIE

---

1. Place de la métaphysique dans l'ensemble des sciences philosophiques. — La science dont nous abordons l'étude a reçu, au cours de l'histoire de la philosophie, plusieurs noms différents. Aujourd'hui elle est souvent appelée *Ontologie*, — terme introduit par Wolff et qui signifie la science de l'être (ὄν, ὄντος, être ; λόγος, concept, doctrine) — ou *Métaphysique générale*.

Aristote l'appelait la *philosophie première*, ἡ πρώτη φιλοσοφία, et la définissait : la science de l'être et de ses attributs essentiels. Quelle est la portée, quelle est la raison de cette appellation : *philosophie première ?* La réponse que nous donnerons à cette question nous permettra de déterminer la place de la métaphysique générale dans l'ensemble de la philosophie. Au surplus, elle nous permettra de classer selon leur importance respective les diverses connaissances humaines.

Au début de la vie de l'esprit, la pensée s'exerce d'une façon *spontanée*. Les choses de la nature, le cours des événements, dirigent la connaissance.

Plus tard, l'homme prend conscience des avantages que l'exercice spontané de la pensée lui a procurés, il applique *délibérément* son attention à certains objets déterminés qu'il entend spécialement connaître : sa connaissance est *réfléchie*. Il étudie ainsi les phénomènes d'activité du monde inorganique, de la vie végétative, de la vie animale, de la vie intellectuelle. Il prend connaissance de l'histoire de la terre et de l'humanité. Sa pensée réfléchie, en groupant les diverses connaissances relatives à un même objet formel, donne naissance aux *sciences particulières*.

Dans l'élaboration des sciences ainsi comprises, le travail de la pensée est *analytique* : il est limité à un groupe particulier de choses de la nature et il en fait une étude descriptive, comparative, inductive : la raison va des manifestations accidentelles à la nature du sujet, des effets à leurs causes.

Mais, ce travail achevé, une réflexion plus pénétrante suggère des recherches d'un ordre nouveau. A ces divers *objets formels* des sciences particulières ne pourrait-on découvrir un objet intelligible *commun* ? Ne pourrait-on parvenir à l'unification totale du savoir humain en unissant par le moyen de cet objet commun les sciences particulières ?

La *philosophie* tente la réponse à cette question générale. Elle vise à la connaissance abstractive de ce qu'il y a de commun aux divers êtres du monde, afin de les expliquer ensuite par cet objet. Elle suit une marche *synthétique*. Elle redescend des principes à leurs conséquences, des causes à leurs effets.

Or, des choses observables l'esprit peut graduellement abstraire un triple objet commun : le *mouvement*, la *quantité*, la *substance* : d'où les trois subdivisions de la philosophie : la physique, la mathématique et la philosophie première.

Sous le nom de mouvement, κίνησις, il faut entendre le changement en général, soit les modifications accidentelles, soit les transformations substantielles des corps de la nature. La nature intime du *mouvement* une fois pénétrée, la Physique permet de redescendre de celle-ci aux divers mouvements corporels, et de les expliquer par elle.

Lorsque nous faisons abstraction des changements tant substantiels qu'accidentels, nous demeurons en présence d'une nouvelle propriété commune aux corps : la quantité, l'objet de la Mathématique dans la division aristotélicienne de la Philosophie. Cette propriété commune aux corps, à la différence de la précédente, est *permanente*. D'autre part, elle est *inséparable* de la matière.

Enfin, cessant d'envisager dans les êtres corporels le mouvement et la quantité, notre intelligence y saisira ce qui fait que chacun d'eux est un être subsistant en soi et distinct de tous autres. A ce troisième degré d'abstraction nous étudions la *substance* en général, que l'on peut appeler aussi l'être en général, car la substance est bien l'être par excellence, ainsi que nous aurons l'occasion de l'établir. Cette réalité saisie dans les êtres corporels est donc conçue sans mouvement ni quantité : cela revient à dire qu'elle est conçue sans matière : car la quantité est la propriété des êtres corporels. La substance en général forme l'objet de la science philosophique la plus approfondie. Aussi Aristote l'appelle-t-il *Philosophie première*.

Aristote appelle aussi *théologique* cette partie fondamentale de la philosophie. Aussi bien, dit-il, « s'il existe une substance absolument immatérielle et immuable, elle doit être quelque chose de divin, principe premier et suprême de toutes choses [1]).

Nous montrerons très prochainement (**11** et **12**) pourquoi la science qui a pour objet l'Être divin ne diffère pas formellement de celle qui traite de la substance en général.

Le nom de métaphysique que l'on donne souvent aujourd'hui à la philosophie première, ne vient pas d'Aristote. Il est dû vraisemblablement à Andronicus de Rhodes, compilateur des œuvres du Stagirite.

Simple étiquette de classement, il désigne les ouvrages qui, dans l'encyclopédie aristotélique, viennent *après* les ouvrages de physique (μετὰ τὰ φυσικά). On s'avisa cependant que les livres qui faisaient suite à la physique traitaient d'un objet hyperphysique, et l'on attacha à la désignation métaphysique le sens de *supra*physique, *trans*physique [2]).

2. Acceptions du mot « métaphysique » dans la philosophie contemporaine. — Des quatre appellations synonymes dont on a fait mention — *Philosophie première, Science théologique, Ontologie, Métaphysique* — deux sont tombées en

[1]) *Met.*, X, c. VII, 5 et 6.
[2]) Saint Thomas d'Aquin réunit les deux significations de postérieur et de supérieur à la physique, en ces lignes : « Dicitur metaphysica, id est transphysica, quia post physicam discenda occurrit nobis, quibus ex sensibilibus competit in insensibilia devenire ». *In lib. Boetii de Trinitate*, q. 5, a. 1.

désuétude ; l'expression *philosophie première* n'a plus qu'une signification historique ; le mot *théologie* s'applique à un ordre d'étude distinct de la philosophie. On n'a conservé pour désigner la science générale de l'être que les deux expressions *Ontologie* et *Métaphysique générale*. Or, on abuse aujourd'hui du mot « métaphysique ».

Auguste Comte et Emmanuel Kant ont accrédité une notion fausse de la métaphysique. L'initiateur du positivisme français érige en axiome que l'esprit humain connaît les faits d'expérience, leurs conditions de concomitance et de succession, mais ne connaît rien au delà. La nature des êtres, les causes, les fins, sont ainsi soustraites à la connaissance, mises en opposition avec la « science positive » et appelées dédaigneusement « entités ou conceptions métaphysiques ». D'où l'habitude chez les tenants du positivisme, et insensiblement aussi chez plusieurs de ses contradicteurs, d'appeler « métaphysique » ce qui échappe aux sciences expérimentales.

D'après Kant, les réalités présentées à l'esprit dans les intuitions sensibles de l'espace et du temps seraient seules connaissables ; un objet soustrait aux conditions spatiales et temporelles ne pourrait donc faire l'objet d'une connaissance proprement dite, égale en valeur à la connaissance scientifique.

Dans la conception kantienne de la philosophie, il n'y a donc plus de place pour une métaphysique au sens véritable du mot. La métaphysique, si elle est maintenue parmi les spéculations du philosophe, ne pourra désormais avoir qu'un rôle négatif ; elle tracera à l'intelligence humaine les limites en dehors desquelles la connaissance cesse d'être scientifique.

3. Métaphysique générale et métaphysique spéciale. — Le métaphysicien envisage l'être, à part de la matière. Il ne nie pas que celui-ci soit soumis aux conditions d'existence corporelle. Il se borne à l'envisager sans considérer ses attributs matériels. L'abstraction dont il fait usage est *précisive*, non *exclusive*.

Puis, de l'étude des réalités qu'il conçoit immatériellement, il conclut que des êtres positivement immatériels ne sont pas impossibles.

Par ailleurs, dans cette partie de la philosophie que l'on appelle aujourd'hui communément la *Théodicée*, on étudie les conditions d'existence et d'activité des êtres immatériels et l'on y voit la preuve qu'il *doit* exister un être immatériel, cause première immuable des choses changeantes et contingentes.

La métaphysique devient ainsi et la science des choses matérielles dégagées, par la pensée, des conditions de la matière, et la science des choses qui, par leur nature, échappent aux conditions matérielles : plus brièvement, la métaphysique est la *science des choses ou négativement ou positivement immatérielles.*

La science de l'être négativement immatériel s'appelle la métaphysique *générale ;* celle des êtres positivement immatériels s'appelle métaphysique *spéciale.*

Cette division, d'ailleurs, n'empêche pas la métaphysique d'être, comme toute science doit être, une science *une,* répondant à un objet *formellement un.* La raison en est que tout ce que nous savons de *positif* au sujet des êtres immatériels est de même nature que le contenu de nos concepts sur le monde matériel. Nous aurons l'occasion d'insister plus loin (**11** et **12**) sur cette unité de la science métaphysique.

4. Place de la métaphysique dans la division moderne de la philosophie. — La division introduite par Wolff dans la philosophie laisse subsister la distinction de la métaphysique en *générale* et *spéciale.*

La métaphysique générale ou ontologie garde le même objet. Mais la métaphysique spéciale ne traite plus exclusivement des êtres positivement immatériels. En effet, depuis Wolff on range dans la métaphysique spéciale, sous les noms de cosmologie transcendante et de psychologie rationnelle, respectivement l'étude des premiers principes des êtres corporels et celle des êtres vivants. Par suite de cette innovation, la métaphysique *générale* désigne la science générale de l'être en général et de ses attributs ; et la métaphysique *spéciale* est la science des *applications* de la métaphysique générale aux substances corporelles, aux esprits et à Dieu.

5. Subdivision de la métaphysique générale. — Après que, par la pensée, nous avons éliminé de la chose sensible ses changements et sa quantité, il nous reste devant l'esprit la réalité suivante : Une chose conçue indéterminément, qui subsiste en soi, n'est confondue avec aucune autre et forme un tout indivis. C'est la substance ou l'être en général. Elle possède, au surplus, diverses déterminations adventices : ses accidents, elle subit certains changements, produit certains actes qui nous renseignent sur la nature, l'origine et la destination de la substance qui en est le sujet ou le principe.

En conséquence, la métaphysique générale étudiera l'être lui-même ; ses attributs inaliénables, — que l'on appelle transcendantaux parce qu'ils dépassent en généralité tous les caractères soit spécifiques, soit génériques ; — les principales déterminations de l'être ; enfin les causes de l'être et de ses manifestations actives et passives.

La métaphysique sera donc divisée en quatre parties :

PREMIÈRE PARTIE : L'être.

DEUXIÈME PARTIE : Les attributs métaphysiques de l'être.

TROISIÈME PARTIE : Les principales déterminations de l'être.

QUATRIÈME PARTIE : Les causes de l'être.

PREMIÈRE PARTIE
L'être

---

§ 1. — *L'objet de la métaphysique et le préjugé agnostique*

6. Les préjugés contemporains hostiles à la métaphysique. — Le phénoménisme de Hume, le positivisme de Comte, de Stuart Mill, de Littré et de Taine, le criticisme de Kant ont répandu dans l'atmosphère intellectuelle de notre temps le préjugé que la métaphysique n'est pas une science, pour la raison qu'elle n'a point d'objet. Le sensible est seul connaissable, a-t-on dit. Dès lors le suprasensible, à supposer qu'il existe, n'intéresse pas l'esprit humain. Celui qui l'ignore, doit l'ignorer. D'où le nom d'*agnosticisme* donné à ce préjugé. Nous discutons en Critériologie les théories philosophiques qui ont engendré l'agnosticisme.

Nous fournirons plus loin, au cours du traité, la preuve positive et directe que la conception métaphysique de la substance a pour objet une réalité inidentifiable aux manifestations adventices qui tombent immédiatement sous nos sens, en un mot, aux phénomènes.

Il nous suffit, pour le moment, de dissiper les équivoques au nom desquelles les agnostiques voudraient interdire au métaphysicien jusqu'au droit d'affirmer et de prouver l'existence de la science métaphysique. Nous montrerons donc que l'objet de la métaphysique n'est point étranger aux réalités de la nature ; nous déterminerons les méthodes qu'elle met en œuvre pour le connaître et nous conclurons qu'on ne peut, sans parti pris, lui refuser le caractère scientifique.

7. L'objet de la métaphysique est la substance des choses d'expérience. — Suivant la pensée d'Aristote, l'objet principal de la métaphysique est la *substance des choses individuelles* qui existent dans la nature et que nous offre l'expérience. Les êtres qui tombent sous notre expérience n'ont point, dans la nature, les caractères généraux qui s'offrent à la pensée, lorsqu'elle réfléchit sur des objets abstraits ; ils sont individuels et concrets. Nous pouvons les désigner du doigt, ils frappent notre vue et impressionnent notre toucher.

Dans l'ordre *ontologique*, ils sont à la base de toute réalité.

Dans l'ordre *logique*, ils sont le sujet fondamental de tous les attributs de nos jugements.

L'être de la nature, l'être concret constitue donc la *substance primordiale*, οὐσία πρώτη, *substantia prima*.

En effet, lorsque nous l'étudions attentivement, nous voyons que tout ce qui s'y trouve de réalité ne lui appartient pas de façon identique ; sur un même fond persistant nous voyons successivement apparaître et disparaître des réalités accessoires ou des modalités. L'être passe du repos à l'activité. Cet homme que voilà sommeille, se promène, mange, réfléchit, et cependant on le tient pour le même être individuel sous les réalités qui apparaissent et disparaissent en lui. Le premier fond persistant de l'être, auquel peuvent se surajouter des réalités ultérieures, c'est la *première substance*, au sens ontologique du mot.

Dans l'*ordre logique*, les concepts abstraits et universels peuvent seuls accomplir le rôle de prédicats, être attribués à un sujet. Le sujet du jugement est bien aussi, à l'occasion, abstrait et universel, mais alors il ne se comprend qu'à la condition d'être rapportable lui-même à un sujet antérieur moins universel ; celui-ci à son tour n'a de sens que comme attribut d'un sujet présupposé, jusqu'à ce que, finalement, le terme abstrait et universel devienne l'attribut immédiat d'un sujet individuel. Nos concepts reposent donc sur des *premiers sujets* dont la quiddité est engagée dans le substrat sensible d'une perception individuelle.

Ce fond primordial auquel, dans l'ordre ontologique, les réalités accidentelles ou modales doivent inhérer ; ce premier sujet de l'ordre logique, οὐσία πρώτη, c'est l'objet de la spéculation métaphysique.

Il est le premier que l'intelligence entrevoit à son éveil, il
est le dernier résidu de ses analyses réfléchies les plus péné-
trantes. Lorsque l'intelligence entre pour la première fois en
contact avec une chose d'expérience, celle-ci apparaît comme
un tout indistinct, coloré, étendu, posé là, dans l'espace.
L'intelligence n'y distingue de prime abord ni genre, ni espèce ;
ni substance, ni accidents ; elle est réduite à y voir *confusément* une chose quelconque, qu'elle se représente néanmoins
comme *une chose subsistante,* per se stans. Ce premier concept est, dans son indétermination, le même, quelle que soit
la chose de la nature à laquelle il est emprunté. Les premiers
balbutiements de l'enfant le traduisent toujours en des termes
identiques : ceci, cela, ça ; dies, das; dit, dat ; this, that, etc...
Le travail ultérieur de la pensée décompose, par des actes
successifs d'abstraction, ce complexus confusément entrevu,
et a pour effet de rendre de plus en plus distinct, à mesure
qu'il le décompose, l'objet pensé.
Notre intelligence considère séparément, par le procédé
abstractif qui lui est propre, les diverses réalités qu'elle appréhende. Elle élimine successivement, de l'objet d'expérience,
les caractères particuliers ; les traits distinctifs des espèces,
des genres ; les changements, la quantité, propres à des catégories déterminées d'êtres ; elle demeure finalement en présence de la *substance première :* la métaphysique en fait son
objet d'étude.
Si abstrait qu'il soit, cet objet n'en est pas moins celui
que l'expérience nous a originairement fourni.
La métaphysique ainsi comprise est bien la première des
sciences : « la philosophie première » (**1**) pour une double
raison : 1° elle approfondit les premières notions ; 2° elle
fournit aux autres branches du savoir leurs premiers principes.
1° La métaphysique traite des notions les plus générales
d'être, de réalité, d'unité, etc., que nous saisissons dès que
notre pensée s'éveille. Ces notions sont irréductibles à des
notions antérieures, elles se comprennent d'elles-mêmes,
tandis que rien ne pénètre dans le domaine de la connaissance
intellectuelle sans passer par elles. Aussi bien il n'est point

possible de connaître une chose sans savoir qu'elle est un être, une réalité, qu'elle est une. Ces notions, dit saint Thomas, sont le premier et le dernier mot de la connaissance intellectuelle, « illud quod primo intellectus concipit quasi notissimum et in quod omnes conceptiones resolvit est ens ».

2º Notre esprit ne se borne point à appréhender des concepts, il compare ceux-ci, les unit ou les sépare dans des jugements [1]). Il confronte aussi les premières notions, et de leur rapprochement ou de leur contraste naissent les principes les plus généraux qui dirigent ou fondent toutes nos démonstrations : tels sont les principes que « ce qui est, est » ; qu'« un tout est égal à l'ensemble de ses parties » ; que « ce qui est ne peut pas ne pas être » ; que « le tout est plus grand qu'une quelconque de ses parties ». Il en est de ces principes comme des premières notions : tout homme les forme spontanément et les comprend ; ils sont essentiels aux actes ultérieurs, soit de jugement soit de raisonnement, et après avoir élaboré les sciences particulières et la philosophie, lorsque l'esprit humain cherche à connaître réflexivement à quoi tient la validité de ses démonstrations, il se retrouve encore une fois en présence de ces mêmes principes généraux.

8. Deux difficultés à éclaircir. — Il y a lieu d'insister sur une double difficulté que soulève naturellement la thèse précédente : Comment une chose individuelle peut-elle faire l'objet d'une science qui par définition est la plus abstraite de toutes ?

Comment le même objet se trouve-t-il aux premiers débuts de l'activité intellectuelle et à son suprême achèvement ?

9. Solution de la première difficulté. — Les substances individuelles, concrètes, forment l'objet de la métaphysique en ce sens qu'elles lui fournissent son objet *matériel*. Dans ces substances, l'abstraction suprême de l'esprit saisit la *substance dans toute sa généralité*, avec ses propriétés et ses déterminations. Parmi celles-ci se trouve la notion *générale* d'individualité. Mais la métaphysique ne considère nullement les diverses substances concrètes, comme telles, elle ne vise point à saisir les particularités qui appartiennent en propre à

---

[1]) Voir à ce sujet la *Logique*.

celles-ci. Elle se borne à y appréhender son objet formel, la substance en général qui est bien le fruit de la plus haute abstraction de la pensée.

10. Solution de la seconde difficulté. Preuve du caractère éminemment scientifique de la métaphysique générale. — N'est-il pas contradictoire d'attribuer à l'effort suprême de la pensée métaphysique le même objet qu'aux premiers essais de la pensée spontanée ?

L'identité des deux objets n'est qu'apparente. En effet, la notion initiale d'un être subsistant est la plus imparfaite de toutes celles que nous possédons ; la notion *métaphysique* de l'être subsistant est, au contraire, la plus parfaite qu'il nous soit possible d'acquérir. Autant la première est superficielle, confuse, stérile, autant la seconde est pénétrante, distincte, féconde.

Nous avons vu que l'intelligence, à l'éveil de son activité, saisit ce premier objet : une chose située dans l'espace, étendue, colorée, reposant en soi. Cette notion est indistincte. Notre science n'en est qu'à son premier pas. Mais ensuite l'intelligence pénètre la réalité des êtres par de multiples abstractions et se la représente par de nombreuses opérations de synthèse.

La réflexion succède à la connaissance spontanée, élabore les sciences particulières et les complète par la philosophie.

Au sommet du savoir nous nous trouvons en présence de la notion de substance en général. Ce concept est éminemment *distinct* : mis en rapport avec les nombreux concepts différents que notre esprit a saisis au cours de ses recherches et de ses méditations, il s'en distingue nettement. Il est aussi le plus *pénétrant* de tous nos concepts, il atteint la substance en général, le fonds primordial des êtres. Enfin il est d'une *fécondité* illimitée. Aussi bien la philosophie, ainsi que nous l'avons vu déjà (1), suit une voie synthétique, elle saisit l'élément commun aux divers objets des sciences particulières et redescend de celui-ci pour les expliquer, aux diverses notions plus particulières qu'il comprend sous son extension. Après la physique qui étudie le mouvement matériel, après la mathématique qui a pour objet la quantité, la métaphysique atteint l'objet le plus général : la substance envisagée dans toute son universalité, abstraction faite de toutes les particularités des êtres concrets, du changement matériel et de la quantité. La métaphysique atteint ainsi la *raison explicative dernière* de tous les êtres et de tout ce qu'il y a d'être en chacun d'eux.

11. La substance est-elle l'objet adéquat de la métaphysique générale ? — Nous avons assigné à la métaphysique générale son objet formel : la substance en général.

La conception moderne de l'*Ontologie* n'est pas entièrement d'accord avec ces vues profondes d'Aristote sur la *philosophie première*.

Les métaphysiciens qui s'attachent servilement à la signification étymologique de l'Ontologie lui attribuent pour objet l'*être en général*, c'est-à-dire l'être qui n'est ni substance, ni accident, ni être réel, ni être de raison, mais ce minimum d'identité en dehors duquel il n'y a plus que le néant.

Ils se trompent. Cette notion de l'être en général est analogique : elle s'étend à des objets de nature toute différente, à la substance, à l'accident, même à l'être de raison.

Or, l'*être de raison* n'a rien de commun avec la métaphysique, il fait l'objet d'une discipline à part, la *Logique*.

L'*être-accident* appartient, d'une certaine façon, à la métaphysique, car en tant que celle-ci s'oppose à la Logique, elle a pour objet le *réel*, tout le *réel*. Mais le *réel accidentel* n'a qu'une valeur d'emprunt. Au lieu de dire qu'il est un être, il est plus exact de dire qu'il est l'*être d'un être*, « accidens non tam est ens quam ens entis » ; l'accident est quelque chose de la substance. L'accident n'est donc pas étudié pour lui-même en métaphysique, mais seulement en raison de ses attaches avec la substance.

Dès lors, c'est bien la substance qui fait l'objet de la métaphysique ; néanmoins, pour en faire une étude complète, il faut la considérer principalement *en elle-même*, mais aussi secondairement, *dans ses déterminations accidentelles*. La métaphysique n'a à s'occuper ni de l'être de raison qui est exclu de l'ordre réel, ni de l'être en général qui s'étend par delà les frontières du réel, ni enfin de l'accident pour lui-même, car il n'est qu'une réalité de surface qui repose sur une autre réalité plus profonde, la substance.

Nous irons plus loin. L'être substantiel que nous abstrayons des choses de la nature sensible est l'objet de *toute* métaphysique, générale et spéciale. S'il existe des êtres d'une nature supérieure aux choses sensibles, nous n'avons à leur sujet aucune information caractéristique capable de nous fournir les matériaux d'une science à part, qui serait celle de l'immatériel.

12. Il n'existe pas une science spéciale des êtres immatériels. — En effet, que faut-il pour constituer une science spéciale ? Suivant la définition donnée par Aristote et acceptée universellement après lui, la science est la connaissance d'une chose par ses causes. Lorsque nous connaissons, soit immédiatement, soit médiatement, ce qu'est une chose, de façon à pouvoir la définir et que la définition de la nature de cette chose nous fait comprendre la raison intime de ses propriétés, nous pouvons nous flatter de posséder une science de plus.

Or, sommes-nous en état de donner une définition d'un être immatériel ? Possédons-nous des principes qui s'appliquent en propre aux êtres immatériels, leur conviennent et ne conviennent qu'à eux ?

Non, nous n'avons ni cette définition, ni ces principes.

Et voilà pourquoi nous n'hésitons pas à dire que, à proprement parler, une science spéciale de l'immatériel n'existe pas pour nous.

En premier lieu, nous n'avons pas de définition des êtres immatériels. En effet, l'objet propre de notre intelligence, c'est l'abstrait des choses sensibles [1]. C'est là que nous puisons toutes nos connaissances positives et propres.

Or, il n'y a aucune communauté de nature entre les choses sensibles et des êtres qui, par hypothèse, n'ont rien de matériel. Par suite, nous ne pouvons les définir.

Nous n'avons pas non plus de principes spéciaux basés sur la nature ou sur les propriétés distinctives des êtres immatériels. En effet, nos principes, fondements de connaissances ultérieures, sont nés d'un travail de rapprochement ou de contraste exercé sur nos premières notions. Or, ces notions

---

[1]) Voir *Psychologie*, nos 89 et 90.

premières sont abstraites des choses sensibles. Par conséquent, nous ne possédons pas de principes qui appartiennent spécialement à la science de l'immatériel.

Ainsi la métaphysique spéciale ne constitue pas une science distincte de la philosophie première, elle n'en est qu'un département ; c'est une métaphysique appliquée.

§ 2. — Analyse générale de la notion de substance première

13. Notre esprit, placé devant l'être subsistant que nous avons appelé avec Aristote la *substance première*, s'efforce de le pénétrer.

Il se demande : Qu'est-il ? Et les diverses notes qu'il obtient en réponse à cette question constituent l'essence ou ce qu'est la chose. Cependant ces notes sont inadéquates, elles n'épuisent pas toute la réalité de la substance : celle-ci a l'*existence* et la notion d'existence ne se trouve point contenue dans la définition essentielle d'une chose. Par conséquent, l'être-substance renferme un élément complémentaire, ce qui le fait exister, le principe qui fait exister l'essence [1]).

Il y a donc à distinguer en l'être-substance deux éléments, « duæ rationes objectivæ », la *chose* elle-même, susceptible d'être rangée dans telle ou telle catégorie de choses, puis *ce en vertu de quoi cette chose existe ;* d'abord *id quod res est,* puis *id quo est ;* l'*essence* et l'*existence*.

La quiddité elle-même, à part de l'existence, se prête encore à une double considération : l'être *essentiel* proprement dit, et l'être *possible.*

Nous traiterons successivement de ces diverses notions.

§ 3. — L'existence

14. Notions d'être et d'acte. — Lorsque nous pénétrons la notion d'être ou d'existence, nous voyons qu'elle comporte

---

[1]) L'essence et l'existence s'expriment indistinctement en français par le même mot *être*, qui répond au mot latin *ens ;* pour les distinguer l'un de l'autre, on peut recourir aux deux expressions *être essentiel, être existentiel* qui équivalent respectivement aux termes οὐσία essentia, εἶναι esse.

celle d'*actualité* ou d'*acte*. Lorsque l'on dit d'une chose *qu'elle est*, on l'oppose à l'être possible : on la considère comme étant une réalité *actuelle*.

Est-ce à dire que l'on puisse *définir* la notion d'être par celle d'acte ?

Non. En rapprochant, pour les éclairer l'une par l'autre, les notions d'être et d'acte, on ne fait que présenter parallèlement deux groupes d'idées corrélatives : entre l'être *possible* et l'être *existant*, il y a la même corrélation qu'entre l'être en *puissance* et l'être en *acte*, voilà tout.

L'*être-essence* est indéterminé par rapport à l'existence, il est un sujet imparfait, perfectible ; l'existence lève l'indétermination de l'être-essence, lui ajoute le complément qui lui manque. Ce rôle de l'existence, nous l'exprimons par le terme acte, ἐνέργεια. En disant que l'existence est *acte*, nous voulons donc signifier qu'elle est le principe déterminateur (formel) de l'essence, qu'elle la complète et perfectionne (ἐντελέχεια).

§ 4. — *L'être essentiel : essence, quiddité*

15. Notions de l'essence. — L'essence d'une chose est ce qui la constitue, de sorte qu'elle est telle chose et pas telle autre chose. On peut la définir *ce qu'est la* chose. Envisagée relativement, l'essence constitue le sujet indéterminé, incomplet, imparfait, *id quod*, par rapport à *id quo*, l'acte qui le détermine, le comble, lui donne sa perfection dernière.

Ainsi la chose, envisagée à part de son existence, s'appelle l'être *réel, essence, quiddité*. En tant qu'existant, l'être s'appelle *existentiel* ou *actuel*.

L'essence présente trois aspects qui répondent au triple rôle que nous lui prêtons lorsque nous étudions attentivement la réalité.

Notre aspiration première et constante est de savoir ce que les choses sont ; nous nous demandons à propos de toute chose que nous offre l'expérience : Quoi ? Qu'est-ce ? Quid est ? Qu'est-ce que cela ? La réponse à cette question est la *définition* de la chose. Or, nous ne pouvons pas saisir d'emblée, par un acte d'appréhension unique, ce qu'est une chose.

Nous saisissons successivement, par des abstractions réitérées, les multiples raisons objectives de la chose. Celle que nous regardons comme la première, le premier fond constitutif de l'être, nous l'appelons, au sens précis du mot, l'*essence* ; l'essence est ce qui fait avant tout que la chose est ce qu'elle est, c'est le *constituant primordial d'une chose.*

Dire ce qu'une chose est, c'est du même coup, *indirectement,* dire ce qu'elle n'est pas et ce qui la *différencie* des autres choses. L'essence est donc ce qui distingue un être de tous les autres et le range dans l'échelle des êtres, la *caractéristique primordiale* d'une chose.

Enfin, l'essence étant le premier fond de réalité d'un être, les perfections ultérieures que l'être est susceptible de recevoir et capable d'acquérir seront le complément ou la manifestation de sa perfection essentielle ; l'essence est *la source originelle* de toutes les perfections d'un être.

16. L'essence abstraite et l'essence concrète. — La pensée humaine est abstractive, elle saisit successivement les notes représentatives de l'essence des êtres. Placée en face d'une chose, elle commence par y prendre les caractères applicables à un genre ou à une espèce. Plus tard seulement elle détermine ces premiers concepts et distingue, dans une même espèce, différents individus. Lorsque notre esprit n'atteint que les caractères distinctifs du genre ou de l'espèce, l'essence qui fait l'objet de son appréhension s'appelle l'essence *abstraite : générique* ou *spécifique.* Lorsque nous arrivons à connaître l'individu, l'essence est *concrète,* elle constitue l'*individu* ou la *personne.*

17. L'essence abstraite : termes synonymes. — L'essence, *essentia,* a pour termes synonymes en latin scolastique *quod quid est, quod quid erat esse, species, natura, ratio rei, substantia* ; en français, *la quiddité, l'essence spécifique, la nature, la substance.*

L'expression *quod quid est, quod quid erat esse,* que l'on traduit par *quiddité,* ce qu'une chose est, indique la réponse à la question *quid est hoc ?* Par suite, elle désigne l'essence en tant qu'elle fait l'objet de nos investigations.

De même, à l'interrogation *quid est hoc ?* on répond par la définition *ratio rei.*

Les mots *species, essence spécifique*, signifient expressément
que l'objet de la définition est abstrait.

L'essence, dans sa signification principale, est la *substance*.

Enfin, l'essence envisagée en tant que principe d'activité
s'appelle *nature*.

Nous avons vu ce qu'est l'être *existant* ou *actuel*, ce qu'est
l'être *réel* ou l'*essence*. De tous deux se distingue l'*être
possible*.

§ 5. — *L'être possible*

18. L'être possible. — L'être possible n'est point identique à l'*être réel* ou l'*essence*. L'un et l'autre s'opposent à
l'être existant, actuel, mais différemment.

On peut, en effet, ou ne pas considérer l'existence d'un
être, ou considérer l'être comme n'existant pas ; en d'autres
termes, l'intelligence peut, ou bien se borner à *ne pas inclure*
dans son concept la raison d'existence, ou bien *exclure* de son
concept la raison d'existence. Dans le premier cas, l'acte
abstractif de l'intelligence est un acte de *précision* mentale,
abstractio *præcisiva* (præcidere) ; dans le second cas, c'est un
acte d'exclusion *abstractio exclusiva*. Le terme de la première
abstraction est une *essence réelle ;* le terme de la seconde
abstraction est l'essence considérée comme n'existant pas,
l'*essence* ou l'*être possible*.

L'être possible s'oppose, d'une part, à l'être actuel, d'autre
part, à l'être de raison. L'être possible n'existe pas dans la
nature, c'est ce qui le distingue de l'être actuel, mais il peut
y exister, et en cela il se distingue de l'être de raison.

La *possibilité* d'un être possible peut être considérée à
deux points de vue : elle est *intrinsèque* ou *extrinsèque, interne*
ou *externe, négative* ou *positive,*

La possibilité *intrinsèque* est l'absence de contradiction entre
les notes constitutives d'une essence donnée, une *non-impos-
sibilité :* par suite, s'il existe un Être actuel investi de la puissance nécessaire pour conférer à une essence possible l'acte
d'existence, rien n'empêche que cette essence ne devienne une
réalité actuelle. L'épithète de *négative* caractérise bien cette
possibilité.

La possibilité *extrinsèque, positive* suppose autre chose qu'une absence de contradiction, elle s'appuie à l'existence d'un autre être, raison suffisante de la production de l'essence intrinsèquement possible : on peut l'appeler *possibilité d'être,* à la condition d'entendre par ces mots *possibilité d'existence.*

A quoi tient là possibilité des possibles ? En d'autres mots, quel est le fondement de la possibilité ?

19. Fondement de la possibilité extrinsèque. — La raison immédiate de la possibilité extrinsèque d'un être ne peut se trouver que dans l'*existence* d'une cause efficiente, capable de le produire.

Toutes les causes efficientes que l'expérience nous fait connaître sont contingentes : il doit donc exister, au-dessus d'elles, un être qui, de par son essence même, soit actuel et puisse être cause efficiente. Dieu, Acte pur, premier Moteur de l'univers, est ainsi la raison *suprême* de la possibilité extrinsèque des êtres.

20. Fondement de la possibilité intrinsèque. Fondement immédiat. — Faut-il remonter à Dieu pour trouver le fondement immédiat de la possibilité intrinsèque des êtres ? De nombreux scolastiques modernes sont de cet avis et croient qu'il est nécessaire, pour expliquer les possibles et leurs caractères, d'invoquer Dieu, prototype des êtres. Les possibles, font-ils observer, se révèlent indépendants des êtres existants finis. Supposez l'anéantissement de l'univers matériel, la disparition de toute intelligence finie, la nôtre y comprise : les possibles demeurent. Les possibles sont nécessaires, universels, immuables ; les choses existantes sont contingentes, particulières, changeantes. Les possibles constituent une multitude indéfinie. Ils sont une norme grâce à laquelle nous jugeons les choses existantes, grâce à laquelle nous disons ce qu'elles doivent ou ce qu'elles devraient être. Ainsi nous disons : cet acte n'est pas bon, pour ce motif que nous l'apprécions d'après une règle de justice supérieure aux actions humaines. Par ces caractères les possibles nous apparaissent distincts et indépendants des choses d'expérience. Ils ne peuvent trouver leur fondement qu'en Dieu. En effet, supprimez toutes choses : Dieu demeure, essentiellement imitable par des êtres autres que Lui. Dieu est nécessaire, indépendant de l'espace et du temps, immuable : les possibles sont les imitations de l'essence divine. Dieu est infiniment imitable : là est le fondement de la multitude infinie des possibles. Dieu est cause exemplaire de l'univers : par suite, les possibles qui sont les imitations de l'Être divin sont les normes des êtres créés.

Ce raisonnement renferme de multiples équivoques. Aussi, nous pensons que le fondement immédiat de la possibilité intrinsèque des êtres nous est fourni par les êtres contingents soumis à notre expérience. Lorsque l'observation nous a fait saisir un être et que l'abstraction en a dégagé les notes constitutives, aussitôt entre ces notes des rapports surgissent : rapports de compatibilité ou rapports d'incompatibilité. Il nous est de prime abord manifeste que les notes réalisées dans la chose existante sont compatibles, et nous dirons en conséquence que les essences de ces choses existantes sont possibles. *Ab esse ad posse valet illatio.*

Nous pouvons voir ensuite que certaines essences, formées de notes empruntées à *diverses* choses existantes, sont compatibles entre elles. On connaît l'exemple classique : « Je n'ai pas vu de montagne en or, mais j'ai vu ici, une montagne, et là, de l'or » ; la comparaison des données fournies par cette double expérience me permet de dire « qu'une montagne en or est possible ».

En résumé, les êtres contingents qui nous entourent dans la nature et qui tombent ou peuvent y tomber sous notre expérience, nous fournissent l'explication immédiate de la possibilité intrinsèque des êtres.

Cependant, bien des scolastiques modernes ont cru que ce fondement ne suffisait pas pour rendre raison des possibles. Ceux-ci leur apparaissaient comme un monde de réalités indépendantes des êtres qui tombent sous notre connaissance sensible.

Pour leur trouver un fondement, ils recourent à Dieu envisagé comme la Cause exemplaire de tout ce qui est, comme l'Archétype suprême des êtres existants et possibles.

Pour expliquer les possibles et leurs caractères, il suffit de recourir à l'existence du monde sensible et à la puissance abstractive qu'est notre intelligence. Là se trouve la raison suffisante du caractère de compatibilité que nous reconnaissons aux concepts tirés des objets d'expérience. Là se trouve encore la raison suffisante de tous les autres caractères que l'on peut reconnaître aux essences possibles [1]).

Bien entendu, il s'agit ici uniquement de l'explication *analytique* des possibles. Aussi bien, une étude *synthétique* que les scolastiques appellent *régressive* peut rattacher les résultats de l'analyse à l'essence divine et à sa nécessaire imitabilité.

Après que par un procédé analytique la raison a démontré que Dieu est l'auteur de l'univers, qu'Il est intelligent, infini, il est naturel de le considérer comme la Cause exemplaire de ses œuvres, l'Archétype suprême de tous les possibles.

Néanmoins, de cette vue confirmatrice elle-même, il ne faut pas s'exagérer l'importance.

Car, telle qu'elle est, négative et analogique, notre connaissance de l'Être divin ne nous aide que bien imparfaitement à comprendre par voie de contraste, les caractères des possibles finis ; entre Dieu et le monde des possibles, le plus puissant métaphysicien n'aperçoit que les relations inévitablement obscures qui relient un analogue principal à des analogues dérivés.

21. Corollaires. — Les choses ne sont pas intrinsèquement possibles parce qu'elles sont intelligibles, mais elles sont au contraire intelligibles parce qu'elles sont intrinsèquement possibles.

Un objet doit être pensable, avant qu'il se produise une pensée : une pensée vide d'objet ne se conçoit point.

Or, lorsqu'un objet est pensé et analysé par l'esprit, la compatibilité de ses notes nous fait dire qu'il est intrinsèquement possible, par suite, il est intelligible ; au contraire, des notes incompatibles entre elles sont, en leur ensemble, inintelligibles. L'esprit humain est incapable de penser *un* objet formé d'éléments contradictoires.

Je conçois un être vivant, je conçois un être non-vivant ;

---

[1]) Voir la preuve de ces propositions dans le Cours supérieur de philosophie, *Métaphysique générale*, 5ᵉ édition, pp. 36 à 51 ; la question s'y trouve traitée *ex professo*.

mais il est physiquement impossible que je me forme le concept d'un être vivant non-vivant.

Donc la *possibilité intrinsèque* des êtres est *logiquement antérieure* à leur *intelligibilité*.

De même l'*impossibilité intrinsèque* d'un être est *logiquement antérieure* à son *intelligibilité*.

La possibilité *extrinsèque* d'un être est son pouvoir d'exister, sa productibilité.

L'existence est l'actualisation d'une essence : « *esse est id quo aliquid est, esse est ultimus actus* ». L'existence présuppose donc une essence qui reçoive l'acte d'existence.

Donc la possibilité extrinsèque de l'être ou le pouvoir d'exister présuppose logiquement la possibilité intrinsèque du type essentiel susceptible d'exister.

De même l'impossibilité extrinsèque de l'être est logiquement postérieure à son impossibilité intrinsèque.

En résumé, l'intelligibilité et la possibilité extrinsèque des êtres sont consécutives, l'une et l'autre, à leur possibilité intrinsèque.

§ 6. — *Analyse détaillée de la substance première*

22. Ordre des questions qui doivent suivre. — Une première analyse de cet être subsistant qui tombe sous l'expérience et qui forme l'objet principal des spéculations métaphysiques nous y a fait distinguer l'*acte d'existence* par lequel l'essence subsiste, et l'*essence* que l'existence rend actuelle. Cette essence, au surplus, nous l'avons considérée sous un double aspect : d'abord en tant qu'elle fait abstraction de l'existence : *quiddité ;* puis, en tant qu'elle exclut l'existence : essence purement *possible.*

Nous devons essayer d'approfondir cette première analyse.

Nous efforçant de connaître l'être subsistant, objet de notre expérience, nous nous sommes posé la question : qu'est-il ? La réponse nous a fait atteindre l'essence de la chose. Mais cette essence est abstraite, elle renferme des caractères communs à tous les individus du même genre ou de la même espèce. Or, la chose d'expérience, objet de notre étude métaphysique, constitue un tout concret, c'est un individu. Le

problème se pose donc naturellement : Quel est dans cet être
le principe de l'individualisation du type spécifique ? Comment, par exemple, l'homme que l'intelligence se représente
abstraitement sous le concept d'une substance corporelle,
vivante, sensible, raisonnable, est-il *ce sujet* formé de *ce corps*
vivant, sensible, et de *cette* âme raisonnable qui sont propres
à *tel* individu de l'espèce et sont incommunicables à tout
autre que lui ?

Deuxième question : En étudiant la substance individuelle,
nous avons découvert en elle *ce qu'elle est*, l'*essence*, et *ce qui
fait qu'elle est*, l'*acte d'existence*. A la suite de cette analyse,
la question subsidiaire se présente : Quel rapport y a-t-il
entre ces deux parties de l'être ? Sont-elles différentes ? Et,
dans ce cas, quelle différence y a-t-il entre elles ?

23. Notions préliminaires de cosmologie scolastique.—
Le problème de l'individualisation des essences spécifiques
présuppose certaines notions de cosmologie scolastique. Nous
nous bornerons à les rappeler ; nous n'en fournirons point la
preuve, ce travail a été fait dans le cours de cosmologie auquel
nous renvoyons le lecteur.

Les corps, d'après la scolastique, sont composés de deux
parties constitutives, une qui demeure, la *matière*, une qui
succède à une autre, la *forme*.

La *matière première* est un élément substantiel, absolument
indéterminé, essentiellement déterminable : de son union
avec une forme substantielle appropriée résulte la constitution d'un corps.

La forme substantielle est l'élément substantiel déterminateur.

La matière et la forme substantielle sont essentiellement
dépendantes l'une de l'autre, en sorte que seul leur composé
peut exister. Seule la substance complète a des propriétés, et
en première ligne la quantité : celle-ci consiste essentiellement dans la distribution et l'ordonnance interne des parties
du corps. De la quantité *intrinsèque* résultent, suivant le
cours naturel des choses, l'étendue, — manifestation *extrinsèque* de la quantité — la divisibilité et la localisation du
corps dans l'espace.

Les propriétés qualitatives du corps présupposent la

quantité et sont fonction de la quantité : aussi les scolastiques l'appelaient-ils le *premier accident* de la substance corporelle.

Remarque. — La *quantité propre* à un corps n'est pas absolue, elle peut varier, au contraire, mais seulement entre certaines limites ; il y a pour *toute* espèce de corps un minimum de quantité en deçà duquel un corps de cette espèce est physiquement impossible, et, à l'extrême opposé, un maximum au delà duquel la spécificité de sa nature s'évanouit. Par voie de conséquence, les qualités du composé sont assujetties, à leur tour, dans certaines limites infranchissables, à des fluctuations.

24. Étude philosophique de l'individu. Trois points de vue à distinguer. — La question à laquelle nous avons à donner une réponse est la suivante : Comment l'être connu abstraitement est-il un sujet individuel ? Ce problème, pour être traité dans toute son ampleur, se subdivise en trois questions : Quels sont les signes auxquels se reconnaît l'individu : c'est le point de vue logique.

Quelle est la raison constitutive de l'individualité : point de vue ontologique *formel*.

Quelle est, enfin, l'origine des caractères individualisateurs, la racine de l'individuation : point de vue *génétique*.

25. Les dimensions de l'étendue sont le signe principal auquel on reconnaît l'individu. — A quel signe nous attachons-nous habituellement pour distinguer les unes des autres les choses singulières de la nature ? A l'étendue et aux caractères qui reposent sur elle, à savoir les dimensions et la figure du corps, sa position à tel endroit déterminé de l'espace, son âge ou sa position à tel instant du temps. Chacun peut en appeler à son expérience. Qu'est-ce qui nous fait distinguer ces deux chênes voisins dans cette belle allée de la forêt ? La couleur de leur feuillage, peut-être, mais avant tout leur position là, à tel endroit, leur hauteur, l'épaisseur de leur tronc, la forme de leurs branches, etc..., en un mot, leur étendue et les qualités corollaires de l'étendue.

Les sens et l'intelligence recourent au même procédé de distinction. Aussi bien, l'intelligence humaine, n'ayant pas l'intuition de l'essence des êtres, discerne les êtres d'après leurs propriétés. Or, la propriété fondamentale de la matière, le « primum accidens », c'est la quantité. C'est dans elle que sont reçus tous les autres accidents.

Assurément, l'étendue ne constitue pas l'individualité, car l'individu est une substance, l'étendue un accident ; or, il est impossible qu'un accident soit constitutif de la substance. Nous disons simplement que l'étendue et ses réalités corollaires sont pour nous les indices révélateurs, principaux et habituels des individus.

Qu'est-ce alors qui constitue l'individualité ?

26. La raison formelle de l'individualité d'un être est son entité même. — Lorsque nous connaissons l'essence d'un être subsistant de la nature et que nous la rapportons ensuite à cet être d'où nous l'avons tirée, nous pouvons constater qu'elle n'en renferme pas les caractères individuels : elle contient uniquement les notes communes aux individus de la même espèce. De là naît dans l'esprit cette question : Qu'est-ce qui individualise cette essence universelle ?

Cependant, le caractère abstrait des notes, grâce auxquelles nous connaissons l'essence de l'être-substance, ne doit point nous induire en erreur. En tant qu'abstraite, l'essence n'est que dans la pensée abstractive. Dans la nature, la réalité de l'essence est affectée des déterminations particulières dont notre pensée, en la représentant, faisait abstraction : elle est, en réalité, concrète et individuelle. Or, ces déterminations que notre intelligence néglige en atteignant les essences, quelles sont-elles ? Ce sont des déterminations singulières, soit quantitatives, soit qualitatives, et l'acte d'existence. De fait, l'essence est affectée par ces déterminations. Chez Socrate, par exemple, la matière est *telle* matière déterminée, elle est *ces* tissus organisés, *ces* chairs, *ces* os ; l'âme est *telle* âme ; bref, *une seule et même réalité* fait que Socrate est Socrate, homme, animal, substance, être. Ainsi l'être est tout entier concret et individuel.

A la question : pourquoi l'essence est-elle individuelle ? il n'y a qu'à répondre : l'essence est individuelle parce qu'elle est telle. Il n'y a pas d'autre réponse à donner. Demander pourquoi l'homme est homme, c'est une question qui n'a pas de sens, dit Aristote. La question : pourquoi cet homme est cet homme ? n'en a pas davantage. A la question : Qu'est-ce

qui fait l'individualité d'une chose de la nature ? la réponse
est donc la suivante : L'individualité d'un être est constituée
par son entité même.

Néanmoins, à côté de cette question, d'autres peuvent se
poser. On peut demander, d'abord, quels sont les éléments
constitutifs de l'individualité, à quelles conditions une chose
mérite l'appellation d'individu ; ensuite, d'où vient que, dans
une même espèce, il y a de multiples individus. Examinons
ces deux points.

**27. Les éléments essentiels à la constitution de l'in-
dividu.** — On peut déterminer l'individu au moyen de la
formule classique : « Individuum est ens in se indivisum et
ab omni alio ente divisum ». L'individu est une substance
une, celle-ci que vous voyez ici ou cette autre que vous voyez
plus loin. Par le fait qu'elle est une, elle est distincte des autres
êtres : elle est cette substance-ci, par suite elle n'est pas les
autres substances. Mais n'y a-t-il pas une raison intime à
cette unité de l'individu qui en fait un tout et le range à part
des autres substances particulières ? Cette raison suprême
c'est que la substance individuelle est complète en soi, se suffit
à elle-même pour l'existence et pour l'action. Se suffisant à
elle-même, elle constitue un tout doué d'unité et incommunicable aux êtres.

Ces caractères de l'individu le distinguent de l'accident, des
types génériques ou spécifiques et des parties constitutives
ou intégrantes des êtres. Ces réalités diverses ne se suffisent
pas à elles-mêmes, pour exister : il leur est nécessaire, à cette
fin, de se communiquer à des sujets individuels. L'accident
est l'être d'un autre être, d'une substance, il doit donc, pour
exister, se communiquer.

Les genres ne se suffisent pas pour exister, il leur est nécessaire de se communiquer aux espèces qui leur sont subordonnées. De même les types spécifiques n'existent que dans les
sujets individuels qui leur servent de support. Ni les genres
ni l'espèce n'ont le caractère de l'incommunicabilité.

Enfin les parties intégrantes ou constitutives appartiennent
à un individu : encore une fois, elles ne constituent point des
êtres distincts, par nature, de tous autres.

L'individu possède donc *seul*, parmi les êtres de la nature, cette double perfection qui consiste à se suffire sans avoir besoin d'appartenir à autrui.

L'individu est complet, d'abord, au point de vue de sa substantialité, mais il l'est corollairement, au point de vue de son action, car — ceci sera établi en temps utile — toute substance est destinée à agir et sa réalité lui est départie en conformité avec le rôle qu'elle doit accomplir dans la nature, « omne ens propter suam operationem ».

L'individu s'appelle aussi, en langage d'École, *suppôt, hypostase, suppositum, hypostasis.* L'individu doué d'intelligence s'appelle une *personne.* La personnalité est donc la perfection en vertu de laquelle un être intelligent se suffit seul — sans avoir besoin d'appartenir à autrui — pour exister et pour agir.

« Affirmer sa personnalité » n'est-ce pas, en effet, montrer que l'on est « soi-même », faire preuve d'originalité, d'indépendance ?

Dans l'ordre moral, la personnalité ne consiste-t-elle pas à être capable de *se* diriger *soi-même* vers la possession de *sa* fin ? Dans l'ordre juridique, ne consiste-t-elle pas à être « sui juris » ?

La *personne* est donc la *substance concrète raisonnable,* suivant cette définition classique empruntée à Boèce : « Rationalis naturæ individua substantia ».

28. Le principe d'individuation : Position de la question. — Parmi les éléments dont la réunion forme ce tout complet en soi, incommunicable, que l'on appelle *individu,* n'en est-il pas un auquel il appartient en propre d'individualiser l'essence concrète ? Dans une même espèce, nous distinguons *numériquement* plusieurs individus : Pierre, Paul, possèdent la même nature humaine, mais n'en sont pas moins deux représentants numériquement distincts du même type spécifique. A quoi tient cette multiplicité *numérique* des individus d'une même espèce ? [1])

Ces deux questions soulèvent, nous le verrons, un même

[1]) « Duo quæruntur concurrentia ad individuationem scilicet quo primo natura specifica reddatur incommunicabilis et quo primo realiter distinguatur ab aliis ejusdem speciei ». CAJET., *Comment. De ente et essentia,* c. V.

problème fondamental connu dans l'histoire de la philosophie sous le nom de *principe d'individuation.*

29. Solution du problème. —

Relativement au principe d'individuation, la thèse thomiste, à laquelle nous nous rallions, est celle-ci : Le principe individualisateur est la matière première ; la raison intrinsèque de la multiplicité des individus dans une même espèce, est la matière, fondement de la quantité, bref, *principium individuationis est materia quantitate signata.*

Preuve de la première partie de la thèse : Le principe individualisateur de l'individu est la matière première. — Le problème que nous agitons a donc pour premier objet de déterminer le principe en raison duquel une essence réalisée constitue un tout complet en soi, incommunicable et, par suite, différencié de tout autre. « Individuum est ens in se indivisum et ab omni alio ente divisum ».

Dans un individu de la nature, il y a lieu de distinguer sa forme substantielle, sa matière première, ses accidents, son existence. Or, l'existence ne constitue pas l'individu, mais le présuppose comme un sujet qu'elle actualise. Les accidents sont consécutifs à la constitution de l'individu, car, par nature, ils lui sont inhérents. La forme est, par définition, le principe intrinsèque des déterminations essentielles du corps ; dès lors toute diversité dans la forme entraîne une diversité d'essence, ou, ce qui revient au même, une diversité spécifique [1]) ; or, nous avons vu que les différences individuelles ne sont point de l'ordre formel : les individus corporels appartiennent à la même espèce. Donc, la forme ne rend point raison d'une individualisation qui n'entraîne aucune perfection essentielle nouvelle.

En conséquence, la constitution d'un individu complet, en possession de la même perfection essentielle que d'autres individus, ne peut trouver son principe que dans la matière.

De fait, elle l'y trouve, car, d'une part, la matière est, d'elle-même, indéterminée ; elle est donc *incapable·d'être* à

---

[1]) « Gradus perfectionis in recipiendo eamdem formam non diversificat speciem, sed diversis gradibus perfectionis in ipsis formis seu naturis participatis diversificat speciem ». *De ente et ess.*, c. IV.

l'égard de n'importe quel sujet que l'on imaginerait en dessous d'elle, un principe de *détermination perfective*, et, par suite, de *diversité essentielle* ou *spécifique*. D'autre part, la matière est, par définition, le *dernier* sujet récepteur de la forme ; en raison de son union à la matière, la forme spécifique est incommunicable à d'autres sujets [1]), son union à la matière est la raison pour laquelle elle forme avec celle-ci un tout complet, distinct, *hoc aliquid*, un individu.

Donc, la matière explique à la fois comment un individu matériel ne possède que la perfection essentielle à son espèce et comment il est complet, c'est-à-dire incommunicable à des sujets inférieurs ; bref, la matière rend raison de l'individualisation de l'individu dans son espèce.

Preuve de la deuxième partie de là thèse : Le principe multiplicateur des individus d'une même espèce est la matière, fondement de la quantité. — Nous devons chercher plus particulièrement ce qui distingue l'individu parmi d'autres individus de même espèce que lui, quelle est la raison de la multiplicité des individus dans une même espèce.

Cette raison se trouve dans la matière ; non plus, cette fois, dans la matière considérée comme sujet récepteur dernier de la forme spécifique, mais dans la matière considérée comme source de la quantité et racine de la divisibilité du composé corporel.

Le composé, parce que composé de matière, possède nécessairement des parties, les unes en dehors des autres : c'est l'accident quantitatif qui est le principe de cette composition en parties. Ces parties, suivant le cours naturel des choses, donnent naissance à une étendue continue ; le corps étendu est divisible, réellement ou idéalement, en parties distinctes les unes des autres ; de la division, enfin, naît le nombre. « Numerus sequitur divisionem ». Or, la division d'un corps étendu en parties étendues n'est l'origine d'aucune détermination essentielle, spécifique. Elle n'entraîne aucune diversité

---

[1]) « Dicitur materia principium individuationis quatenus est ultimum subjectum ultra quod non fit communicatio... et sic principium incommunicandi est principium individuandi ». JEAN DE SAINT THOMAS, *Phil. Nat.*, P. II, q. IX, a. 3.

de nature. Les produits de la division quantitative sont de même espèce.

Donc la matière première, source de la quantité, est la raison de la multiplication exclusivement numérique des individus dans la même espèce [1]).

En résumé, la matière est le principe d'individuation : elle en remplit le double rôle : Comme dernier sujet récepteur de la forme, elle explique pourquoi la chose concrète est complète en soi, incommunicable à autrui ; comme fondement de la quantité intrinsèque et, par une suite naturelle, de l'étendue du corps dans l'espace et de sa divisibilité, elle explique comment il se fait qu'il y a dans une même espèce corporelle de multiples individus. Cette conclusion générale est conforme aux enseignements de saint Thomas que l'on pourrait condenser avec lui en ces termes : « Cum *duo* sint de ratione individui, scilicet *incommunicabilitas*, et *distinctio* materialis ab aliis, unius horum principium est materia, alterius vero quantitas, et sic *totale individuationis principium* est materia signata, id est *materia sub quantitate*, quæ signum ejus dicitur, eo quod per ipsum sensibilis fiat et determinata ad hic et nunc » [2]).

Nous avons étudié le premier problème que soulève l'étude de l'individu : nous avons cherché la raison de son individualisation. Reste à comparer l'individu et son existence : nous traiterons cette question dans les pages qui suivent. Quelle distinction y a-t-il lieu de faire entre la substance individuelle et l'existence ?

30. Aperçu préliminaire sur différentes espèces de distinctions. — Prochainement, à propos de l'*unité*, un des attributs métaphysiques de l'être, on examinera *ex professo* les différentes distinctions qui répondent à des compositions

---

[1]) «Materia est ratio habendi individuationem (i. e. multiplicitatem diversorum in eadem specie) quatenus est principium non communicandi aliis subjectis seu partibus materiæ quatenus ultimum subjectum est. Tamen non exercet hanc incommunicabilitatem inter partes materiæ nisi supposita separatione et divisione quæ fit per signationem materiæ tanquam conditionem requisitam ». JEAN DE SAINT THOMAS, *l. c.*

[2]) In *IV Sent.*, dist. 12, q. 1, a. 1. Cfr. *Tractatus de principio individuationis.*

réelles de la nature ou qui sont concevables par l'intelligence.

Les compositions indépendantes de la pensée s'appellent *réelles* : telle est, par exemple, la composition de la faculté de penser avec la pensée elle-même ; la distinction qui y répond est dite *réelle*.

Les distinctions qui n'existent que dépendamment de la raison s'appellent distinctions *logiques* ou *de raison ;* telles, par exemple, les distinctions entre les concepts d'homme et d'animal raisonnable ; entre la notion de la spiritualité de l'âme humaine et celle de son immortalité.

La distinction logique ou de raison peut être le fruit d'une conception toute subjective : elle s'appelle alors distinction *purement logique* ou de *pure raison :* c'est le cas pour la distinction entre les concepts d'homme et d'animal raisonnable ; — ou bien elle peut reposer sur la réalité, en ce sens qu'une même réalité peut servir d'objet matériel commun à deux conceptions formelles différentes : elle s'appelle alors *virtuelle.* Ainsi, dans l'exemple cité plus haut, la même âme humaine se prête, d'après les points de vue auxquels on la considère, à deux conceptions différentes, l'une représentant sa subsistance indépendante ou sa spiritualité, l'autre représentant l'aptitude qu'elle a, en vertu de sa spiritualité, à survivre au corps qu'elle anime.

La distinction logique qui a un fondement dans la réalité s'appelle distinction fondée, *distinctio cum fundamento in re,* ou distinction virtuelle.

31. Distinction de l'essence et de l'existence. Position du problème. — Il y a manifestement *une* distinction entre le *concept* d'essence et le *concept* d'existence : leurs raisons *objectives* ne sont point identiques.

Mais le débat n'est point là.

Il ne porte pas davantage sur la distinction entre une essence *abstraite, mentalement conçue,* et cette même essence considérée au moment où elle est *actualisée* dans la nature.

Le débat porte sur l'essence individuelle d'une chose concrète, comparée à son existence : lorsque l'*essence d'une chose existante* est mise en présence de l'*acte* en raison duquel elle existe, faut-il dire que l'existence en exercice est réellement identique à l'essence qu'elle fait exister ou faut-il dire que l'une est réellement distincte de l'autre ?

Nous croyons, à la suite de saint Thomas, que la composition de l'essence et de l'existence est réelle.

Cependant, gardons-nous de confondre la distinction réelle avec la séparabilité.

La séparabilité est un des indices de la distinction réelle, ce n'en est ni la définition, ni une suite nécessaire. Deux choses séparables sont réellement distinctes l'une de l'autre ; mais il peut se faire que deux réalités composantes d'un même composé soient inséparables, c'est-à-dire incapables d'exister à part l'une de l'autre. Ainsi nous croyons que l'intelligence et la volonté diffèrent réellement entre elles, et diffèrent toutes deux de la substance de l'âme humaine ; elles sont cependant inséparables de la substance à laquelle elles sont inhérentes.

Gardons-nous aussi de l'espérance illusoire de saisir *par intuition, dans la chose existante,* l'essence à part de son existence, l'existence à part de son essence.

Nous n'avons pas l'intuition de ces objets métaphysiques ; nous n'en avons donc pas des notions intellectuelles immédiates, propres ; seul, le raisonnement prouve que l'essence de la chose existante ne peut être identifiée à son existence ; il appartient donc à la raison *discursive* de se prononcer sur le mode de leur composition.

32. Composition réelle de l'essence et de l'existence. Preuve directe. — Ier *Argument ; L'essence* — ce que la chose est — embrasse les notes que nous visons à comprendre dans la définition. *L'existence* est l'existence, elle n'est traduisible par aucune notion équivalente.

Or d'une part, une définition, quelle qu'elle soit, ne comprend jamais l'existence de l'objet défini, bien qu'elle embrasse *tout* l'objet : représentez-vous une chose quelconque de la nature, non seulement avec les notes qui appartiennent à l'espèce, mais en essayant d'y comprendre les notes qui l'individualisent ; attribuez-lui toute la réalité qui pourrait répondre à la question : qu'est-ce que cette chose ? La chose n'en demeurera pas moins dépourvue d'existence ; elle s'offrira à vous, capable d'exister, mais non existante.

D'autre part, l'existence de cette chose de la nature, bien qu'elle enveloppe, elle aussi, tout l'objet, est une et indivisible, elle est l'existence et n'est que l'existence ; à telle enseigne que nous ne lui trouvons point de synonyme et que, lorsque nous voulons nous la représenter plus distinctement, nous nous contentons de l'opposer à sa contradictoire, à la non-existence ou au néant.

Donc ni l'essence n'enferme l'existence, ni l'existence n'est l'essence ; entre les deux il y a diversité adéquate ; elles répondent à deux questions différentes, observe saint Thomas, l'existence à la question *an est*, l'essence à la question *quid est*. Donc, enfin, le même être, objet de deux connaissances adéquatement distinctes, ne peut être simple, mais doit être composé, en d'autres mots, l'essence et l'existence sont deux composants de l'être existant [1]).

2me *Argument :* Manifestement, les êtres qui tombent sous notre expérience sont finis ; en outre, ils sont plusieurs.

Or, un être dont l'essence se confond réellement avec l'existence ne peut être qu'infini et unique.

Donc, l'essence des êtres soumis à notre expérience est réellement distincte de leur existence.

Preuve de la mineure. — Première partie : L'être dont l'essence est identique à son existence ne peut être qu'infini. — Saint Thomas en donne la raison en termes concis : « Esse subsistens oportet esse infinitum ; quia non terminatur aliquo recipiente » [2]).

L'être dont l'essence est identique à l'existence se définit : l'être. Il possède nécessairement tout ce qui entre dans le concept d'être : il possède donc tout l'être possible : par suite, il est l'être sans aucune limite, l'être infini.

Aussi bien, l'être, comme tel, n'est point affecté de limites : n'est-il pas contradictoire de supposer affecté de non-être celui dont l'être est l'essence ? Ce serait placer dans l'être, *en tant qu'être*, la raison intrinsèque du *non-être*.

---

[1]) « Nulla essentia sine his quæ sunt partes essentiæ intelligi potest. Omnis autem essentia intelligi potest sine hoc, quod aliquid intelligatur de esse suo facto. Ergo patet, quod esse est aliud ab essentia ». *De ente et essentia*, c. V.

[2]) *Cont. Gent.*, II, 52.

La raison pour laquelle la perfection d'un être s'arrête à tel *degré* ne réside pas en cette perfection même : elle est due à cette circonstance extrinsèque que, chez l'être fini, le sujet, par son degré de capacité réceptive, trace des limites à l'acte d'existence qu'il peut recevoir.

Le pourquoi de la limitation des êtres finis sert ainsi de contre-épreuve à l'argument précédent.

La limitation intrinsèque des êtres finis a pour raison suffisante le fait qu'ils ne *sont*·pas l'être en vertu duquel ils subsistent.

En effet, par cela même qu'ils sont un sujet auquel l'existence est donnée, ils ne peuvent recevoir l'existence que dans la mesure où ce sujet est apte à la recevoir. « Esse participatum finitur ad capacitatem participantis » [1]).

Imaginerait-on que le contenu dépassât la capacité du contenant ?

La limitation intrinsèque des êtres finis est donc une suite inévitable de la contingence de leur existence.

D'où cette double conclusion : L'être qui est sa subsistance ne peut être qu'infini ; par contre, l'être fini trouve la raison suffisante de sa finitude en sa composition réelle d'essence et d'existence [2]).

Preuve de la mineure. — Seconde partie : L'être dont l'essence est son existence est nécessairement unique. — Les êtres ne diffèrent pas les uns des autres par le fait qu'ils sont, mais par *ce qu'ils sont*. La pluralité des êtres résulte de ce qu'il y a plusieurs sujets essentiels, tels que la pierre, la plante, l'homme, doués d'existence.

Mais supposé qu'il n'y eût point de distinction entre *ce qui* existe et l'existence elle-même, il n'y aurait plus de principe de diversification des êtres ; l'acte en vertu duquel les choses existent, c'est-à-dire s'opposent au néant, étant identique pour toutes, il n'y aurait plus qu'un seul être.

---

[1]) *Summ. Theol.*, I^a, q. 75, a. 5, ad 4.
[2]) « Manifestum est quod primum ens, Deus, est actus infinitus, utpote habens in se totam essendi plenitudinem, non contractam ad aliquam naturam generis vel speciei... Omne quod est post primum ens, cum non sit suum esse, habet esse in aliquo receptum ; per quod ipsum esse contrahitur, et sic in quolibet creato aliud est natura rei quæ participat esse, et aliud ipsum esse participatum ». *De spirit. creat.*, a. 1.

33. Composition réelle de la chose existante. Preuve indirecte de la thèse. — Cette preuve réside dans la connexion logique qui relie la thèse de la composition réelle de l'essence et de l'existence à certaines thèses fondamentales de philosophie spiritualiste ou scolastique.

On s'accorde à dire en philosophie scolastique qu'il y a dans la nature des *composés réels* doués d'*unité*. Or, il est impossible que des éléments *actuellement distincts* contribuent *réellement* à la formation d'une véritable *unité*, si ces éléments ne sont point unifiés par un principe *un* : ce principe d'unité ne peut être que l'existence en tant qu'elle est l'acte déterminateur unique reçu par les éléments du composé.

Donc la thèse de la composition réelle d'essence et d'existence est la base de plusieurs doctrines fondamentales communément admises en philosophie scolastique.

Cette argumentation générale est applicable : 1º à l'union substantielle des corps et, 2º en particulier, à l'union substantielle du composé humain ; 3º à la doctrine des facultés de l'âme.

1º Les corps sont composés de deux éléments intrinsèques : la *matière première* et la *forme substantielle*. Ces deux composants constituent *un* corps.

Si toute réalité avait son existence, si donc les deux composants du corps avaient chacun une existence propre, comment pourraient-ils former ensemble *un* corps ? Ils se rapprocheraient sans constituer un être *un*. Il serait arbitraire d'appeler leur union *intrinsèque*. Par suite, pour expliquer l'unité du composé corporel, il est nécessaire d'admettre qu'un seul acte d'existence détermine deux parties composantes. Il y a donc une distinction réelle entre les deux principes constitutifs de l'essence et leur commune existence. Ainsi la composition des êtres physiques implique la distinction réelle entre l'essence et l'existence [1]).

2º Pour concilier l'unité de l'être humain avec la composition réelle de deux parties réelles, la matière et l'âme spiri-

---

[1]) « In natura rerum corporearum materia est ut potentia respectu formæ et forma est actus ejus ; et iterum natura constituta ex materia et forma est ut potentia respectu ipsius esse, in quantum est susceptiva ejus ». *De spirit. creat.*, a. 1.

tuelle, il faut recourir de même à un seul acte d'existence unifiant le composé.

3º On établit en psychologie que les facultés même spirituelles de l'âme, ont entre elles une distinction réelle. Ainsi l'intelligence n'est point identique à la volonté. L'intellect agent se distingue réellement de l'intellect possible. Néanmoins, si différentes qu'elles soient, ces facultés appartiennent incontestablement à *une seule et même âme*. L'être humain est un, malgré la multiplicité de ses puissances. Comment expliquer l'ensemble de ces faits en apparence peu conciliables ? Une seule solution respecte la totalité des faits : les facultés de l'âme sont distinctes les unes des autres à titre de *réalités*, mais elles sont ramenées à l'unité par l'*acte unique d'existence* qui enveloppe à la fois la substance et ses accidents.

Réunissant en faisceau les différentes conclusions partielles de cet argument, nous dirons que la composition substantielle des corps et, plus spécialement, l'union intrinsèque de l'âme et du corps dans le composé humain, comme aussi la distinction réelle de plusieurs facultés d'une même âme témoignent du caractère réel de la composition de l'essence et de l'existence.

34. Résumé de l'analyse métaphysique de la substance première. — Ce quelque chose de concret qui tombe sous l'expérience, qui se trouve en toute réalité existante et fait pour ce motif l'objet principal de la métaphysique, est donc une substance individuelle, se suffisant pour subsister et pour accomplir certaines opérations caractéristiques, douée d'existence.

La substance ainsi comprise répond, au premier chef, à la notion d'*être*.

§ 7. — *Les multiples acceptions de l'être*

35. Sens principal et sens dérivés du mot être. — L'être, comme le fait remarquer Aristote, se prend en des sens multiples.

I. L'être, au sens principal du mot, est ce quelque chose de concret qui tombe sous nos sens et qui constitue le premier objet de l'intelligence s'éveillant à la vie intellectuelle. Grammaticalement nous l'exprimons par un *nom*, un *substantif*.

On y distingue trois acceptions :

1º L'être est le composé total, comprenant à la fois la substance qui existe, et l'acte par lequel elle existe. Cette acception s'exprime en latin par le mot *ens* pris substantivement.

2º L'être est la chose qui est dite exister, *id quod ens est*, l'*essence*. On la distribue en dix catégories.

3º L'être est l'*existence, id quo ens est,* l'*acte d'exister*. Ipsum enim esse *quo* aliquid est.

Dans la seconde acception, l'être désigne tantôt l'essence *spécifique*, tantôt l'essence *individuelle* ou *personnelle*.

Lorsque l'on compare l'*essence individuelle* à l'*essence spécifique* ou *abstraite*, la première s'appelle substance première, substance dans l'acception éminente, originale et principale du mot, tandis que les essences abstraites sont les substances au sens dérivé du mot ou *substances secondes*.

Dans l'essence individuelle elle-même, on peut considérer la substance individuelle et les accidents qui lui sont inhérents ou la modifient. La substance seule mérite le nom d'être, les accidents ne sont des êtres qu'à la condition de supposer un sujet auquel ils sont inhérents : ils sont plutôt l'être d'un être, *ens entis*.

II. Dans les acceptions précédentes, l'être est *réel ;* soit que nous le considérions existant, soit que nous fassions abstraction de son existence, soit même que nous le regardions comme possible, il est ce qu'il est, indépendamment de la pensée qui le considère.

A l'être *réel* s'oppose l'être irréel ou *de raison*, dont l'objectivité est uniquement le fruit de la pensée. Il n'est ni réalisé ni réalisable dans la nature, il est un objet représentable, rien de plus. La *négation*, la *privation*, par exemple la cécité, les *genres* et les *espèces* en tant qu'*universels*, le caractère d'être *sujet*, *prédicat* dans le jugement, sont des *êtres de raison*. L'objet de la logique est donc constitué tout entier par des êtres de raison : entia *rationis* vel *entia secundae intentionis*.

III. L'être, réel ou de raison, signifie tantôt quelque chose d'*actuel*, tantôt quelque chose de *potentiel*, c'est l'être *actuel* et l'être *potentiel*.

IV. 1º Souvent, l'expression *ce qui est* désigne ce qui est vrai, l'expression *ce qui n'est pas* désigne le faux. Ainsi nous dirons : ce tout est égal à la somme de ses parties : *cela est ;* au contraire, que ce tout soit identique à une de ses parties : *cela n'est pas*. De là ces expressions et d'autres du même genre : qu'est-ce qui *est* ? qu'est-ce qui *n'est pas* ?

Le prédicat est identique au sujet ou appartient au sujet ; le prédicat n'est pas identique au sujet, n'appartient pas au sujet ; le prédicat doit, en conséquence, être uni au sujet ou séparé du sujet. Les mots *être, n'être pas*, expriment les relations d'identité ou de non-identité, d'appartenance ou de non-appartenance des termes d'une proposition, et conséquemment l'union ou la séparation du sujet et de l'attribut : ils ont un sens « copulatif ». L'être copulatif est un être de raison.

L'être copulatif est consécutif à l'être réel : parce qu'il y a des êtres dans la nature, nous pouvons, dans l'ordonnance de nos pensées, unir des termes objectifs ou les séparer.

2º Il est d'autres cas, où le *verbe* être n'est pas employé dans un sens seulement copulatif, mais exprime, outre le *lien* entre un sujet et un attribut, l'attribution de l'*existence actuelle* au sujet de la proposition. Exemples : je suis, Pierre est ; c'est comme si l'on disait : je suis un *être existant*, Pierre est un *être existant*.

En résumé, le mot être est un *nom* ou un *verbe*.

Comme *nom*, il désigne soit un être *réel*, soit un être seulement *objectif, de raison* [1]).

Comme *verbe*, l'être est susceptible d'une double acception, l'une *copulative*, qui trouve sa place dans l'expression du lien entre le prédicat et le sujet de nos jugements, l'autre

---

[1]) « Simpliciter dicitur res hoc modo, accepto nomine rei secundum quod habet quidditatem vel *essentiam* quamdam ; *ens* vero secundum quod habet *esse*. Sed quia res per essentiam cognoscibilis est, transsumptum est nomen rei ad omne id quod in cognitione vel intellectu cadere potest. Et per hunc modum dicuntur *res rationis* quæ in natura rerum esse non habent ». *II*, dist. 37, q. 1, a. 1.

substantive, dans *l'attribution de l'existence* à un sujet donné [1]).

36. Retour à l'objet de la métaphysique générale. —

La métaphysique ne s'occupe ni du *verbe* ni de l'*être de raison,* elle renvoie ces objets d'étude à la Grammaire générale et à la Logique : elle ne traite que du réel.

Elle ne s'occupe pas non plus directement de l'être *acci-dentel.* Elle a pour objet la *substance première* dans sa pléni-tude d'être. On a, dans une première partie, soumis cet objet à une vue d'ensemble.

Dans les parties qui doivent suivre, on le considérera sous ses divers aspects, dans ses relations, dans ses divisions et dans ses causes.

---

[1] « Esse dupliciter dicitur. Uno modo secundum quod est *copula verbalis* significans compositionem cujuslibet enuntiationis, quam ani-ma facit, unde hoc *esse* non est aliquid in rerum natura, sed tantum in actu animæ componentis et dividentis. Alio modo *esse* dicitur *actus entis,* in quantum est ens, i. e. quo denominatur aliquid* ens actu in rerum natura ». *Quodlib. IX,* a. 3.

DEUXIÈME PARTIE

Les propriétés transcendantales de l'être

§ 1. — *Aperçu préliminaire.* — *Les transcendantaux*

37. Objet de cette Deuxième Partie. — Dans les pages précédentes nous avons considéré l'être réel dans son acception principale ; nous l'avons soumis à l'analyse et nous avons comparé les unes aux autres les réalités que comprend son unité totale.

A l'essence de l'être se rattachent diverses *propriétés*, *attributs* qui, appartenant à l'être *comme tel*, à *tout* être réel, corporel ou immatériel, portent justement le nom de propriétés métaphysiques ; celles-ci sont communes à tous les êtres, n'appartiennent en propre à aucune des diverses catégories des êtres, dépassent donc en extension tous les genres d'être, « transcendunt omne genus », elles sont *transcendantales*.

Ces propriétés font l'objet de la seconde partie de la Métaphysique générale.

Leur étude présente un caractère éminemment *scientifique*. La démonstration scientifique ne consiste-t-elle pas, en effet, à prendre pour terme moyen la définition de l'essence d'un sujet et à faire voir comment cette essence rend raison des propriétés qui en découlent [1]) ?

Quelles sont les propriétés transcendantales de l'être ?

38. Enumération des propriétés transcendantales de l'être. — Dans une page magistrale de son traité *De veritate* [2]), saint Thomas fait remarquer que, suivant le point de vue

---

[1]) Voir le Cours de *Logique*.
[2]) « Illud quod primo intellectus concipit quasi notissimum et in quod omnes conceptiones resolvit, est ens. Unde oportet quod omnes

L'être existant, *ens existens*, *ens* (τόδε τι).

L'être
{
  L'être réel
  {
    L'essence
    {
      L'essence spécifique, la substance seconde.
      L'essence individuelle et personnelle, la substance première.
    } la substance.
    L'existence, *esse*.
  } les accidents.
  L'être de raison.
}

N. B. — Dans le tableau ci-dessus, on a considéré l'être comme *nom*. Considéré comme *verbe*, l'être exprime tantôt l'être *copulatif*, tantôt l'acte d'*exister*.

auquel on considère l'être, on peut le distribuer en genres, « diversa rerum genera », ou lui assigner des propriétés *transcendantales*.

Nous nous occuperons des genres de l'être dans la *Troisième Partie*.

Nous faisons ici l'étude des *transcendantaux*.

A ce point de vue, tout être peut être considéré soit *en lui-même, absolument,* soit *par rapport à autre chose, relativement.*

Considéré *en lui-même, absolument,* l'être est :

Positivement, une *essence, une chose ; essentia, res.*

Négativement, une chose *non divisée, indivise, une :* l'unité n'est pas autre chose, en effet, que l'indivision.

Considéré *par rapport à autre chose, relativement,* l'être est :

Négativement, distinct d'autre chose, quelque chose, « divisum ab alio », « aliud quid », suivant le mot de saint Thomas.

Positivement, il est *vrai* et *bon ;* il est *vrai :* mis en présence d'une intelligence, il est *intelligible tel qu'il est ;* il est *bon :* mis en rapport avec la tendance naturelle des êtres, il *convient à cette tendance.*

---

aliæ conceptiones intellectus accipiantur ex additione ad ens. Sed enti non potest addi aliquid quasi extranea natura ; quia quælibet natura essentialiter est ens. Sed aliqua dicuntur addere supra ens, inquantum exprimunt ipsius modum, qui nomine ipsius entis non exprimitur. Quod dupliciter contingit : uno modo, ut modus expressus sit aliquis specialis modus entis... (sicut) nomine substantiæ exprimitur quidam specialis modus essendi. Alio modo, ita quod modus expressus sit modus generaliter consequens omne ens ; et hic modus *dupliciter* accipi potest : uno modo secundum quod consequitur omne ens in se ; alio modo secundum quod consequitur unumquodque ens *in ordine ad aliud.* Si prmio modo, hoc dicitur, quia exprimit in ente aliquid *affirmative* vel *negative.* Non autem invenitur aliquid *affirmative* dictum absolute quod possit accipi in omni ente nisi *essentia* ejus. *Negatio* autem, quæ est consequens omne ens *absolute* est *indivisio* et hanc exprimit hoc nomen *unum ;* nihil enim est aliud unum quam ens indivisum. Si autem modus entis accipiatur *secundum ordinem unius ad alterum,* hoc potest esse dupliciter. Uno modo, *secundum divisionem unius ab altero* et hoc exprimit hoc nomen *aliquid.* Alio modo, secundum convenientiam unius entis ad aliud et hoc quidem non potest esse nisi accipiatur aliquid quod natum sit convenire cum omni ente. Hoc autem est anima quæ quodammodo est omnia. In anima autem est vis cognitiva et appetitiva : *Convenientiam ergo entis ad appetitum* exprimit hoc nomen *bonum. Convenientiam entis ad intellectum* exprimit hoc nomen *verum* ». *De verit.,* q. 1, a. 1.

39. Division de la Deuxième Partie. — Saint Thomas compte donc six notions transcendantales : *ens, res, aliquid, unum, verum, bonum.*

Les notions qu'expriment *ens, essentia,* la *chose subsistante de la nature* et l'*essence* ont été étudiées dans la *Première Partie :* aussi bien elles ne sont pas des propriétés de l'être, mais l'être lui-même ; il nous reste donc, pour cette *Deuxième Partie,* les notions exprimées par les termes *aliquid, distinct d'autre chose, quelque chose ; unum, un ; verum, vrai ; bonum, bon.*

L'étude de ces transcendantaux fera l'objet d'autant de paragraphes.

Ensuite, nous rechercherons si le dénombrement fait par saint Thomas est complet et en quel sens les transcendantaux sont attribuables à l'être, à tous les êtres.

Enfin, nous traiterons des *Premiers Principes* qu'engendre spontanément la notion de l'être.

La Deuxième Partie est donc divisée en sept paragraphes dont le premier — celui qu'on vient de lire — constitue un aperçu préliminaire sur les transcendantaux.

§ 1. Les transcendantaux.

§ 2. La distinction.

§ 3. L'unité.

§ 4. La vérité.

§ 5. La bonté.

§ 6. En quel sens les attributs fondamentaux conviennent à l'être.

§ 7. Les premiers principes.

§ 2. — *La distinction*

40. Genèse des notions de non-être, de distinction, de pluralité. — Le premier acte de l'esprit a pour objet la notion indéterminée de *ce qui est,* de *chose.* Supposons que, sous l'influence d'autres impressions sensibles, un second acte de pensée se forme et appréhende à nouveau *ce qui est,* une *chose.* Les impressions sensibles diverses produites en nous par ces deux objets nous les feront distinguer. Ainsi naîtra en nous la notion de non-être, de distinction, de pluralité.

Pour préciser nos idées, supposons un enfant qui, au contact d'un corps froid rugueux, se forme la notion intellectuelle d'*être*, de *chose*.

Supposons que, à un second instant, au contact de la main chaude et caressante de sa mère, l'enfant se représente à nouveau la notion d'*être* ou de *chose*, rattachée, cette fois, à l'objet de ses nouvelles sensations.

Voilà à deux reprises, dans l'esprit de l'enfant, la notion d'*être* ou de *chose*, mais associée, chacune des deux fois, à des impressions sensibles différentes.

L'être concret que présentent les premières sensations n'est pas l'être concret qu'offrent les secondes : *l'un n'est pas l'autre*. L'esprit ne les confond pas, mais les *discerne (dis,* préfixe qui marque l'écartement et *cerno,* trier, séparer) ou, selon l'énergique expression de l'idicme gréco-latin, les *distingue,* les épingle pour ainsi dire séparément (*distinguere,* du préfixe *dis* et *stinguere,* du grec στίζω, piquer).

Ainsi s'explique l'origine des notions de *non-être,* de *néant,* de *négation* et aussi de *distinction* et de *pluralité.* Le *néant* est par définition la négation de l'être. La négation de certains êtres ou de certaine dose d'être est un néant *partiel ;* la négation de tous les êtres, le néant *complet.* Le néant *absolu* est la négation de l'existence et du possible, le contraste illimité avec l'être.

La distinction entre une chose et ce qui n'est pas elle, nous fait considérer la première comme *quelque chose,* par opposition à *autre chose,* comme *quelque chose de distinct d'autre chose.*

La répétition de l'acte par lequel l'esprit se représente *quelque chose de distinct,* engendre le concept de *plusieurs choses,* la notion d'une *pluralité indéfinie.*

§ 3. — *L'unité*

Nous exposerons, d'abord, la notion de l'unité et nous ferons voir qu'elle est une propriété commune à tous les êtres (I).

Puis, nous montrerons comment la composition intrinsèque d'un être est conciliable avec son unité (II).

Enfin, nous rapprocherons, pour les opposer l'une à l'autre, l'unité transcendantale et l'unité prédicamentelle (III).

I. — L'UNITÉ TRANSCENDANTALE ET LES NOTIONS CONGÉNÈRES

41. L'unité est l'indivision de l'être. — Nous en sommes donc à concevoir ce que nous percevons dans la nature comme *quelque chose de distinct d'autre chose*. Ce chêne est *quelque chose*, cet homme est *quelque chose ;* mais aussi ce champ est *quelque chose*, cette forêt, cette foule sont *quelque chose*. *Quelque chose* s'applique-t-il dans le même sens à toutes ces choses ? Le procédé de distinction, auquel nous avons spontanément recours pour mieux saisir ce qui est, classe d'abord un objet à part de tout le reste.

Puis, l'attention se portant sur cet objet déjà rangé à part, on essaie de lui appliquer le même procédé de distinction : ce quelque chose de distinct se prête-t-il à son tour à une division d'avec autre chose ?

Peut-être. Ce champ, cette forêt, cette foule sont, en effet, quelque chose où l'esprit distinguera plusieurs choses. Mais chacun des chênes de la forêt, chaque homme de la foule sera rebelle au procédé de distinction. L'esprit qui les a séparés du reste les voit en eux-mêmes *divisés*. Même, d'une façon générale, après que nous avons une première fois séparé un être de ce qui n'est pas lui, il semble qu'il y ait toujours dans la pensée un moment d'arrêt dans l'analyse, où cet être nous apparaît *indivisé*. L'être considéré en lui-même *indivisé*, nous l'appelons *un* : « Unum nihil aliud significat quam ens indivisum ». [1]).

L'unité n'est-elle alors qu'une négation, la négation d'une division ?

Il faut s'entendre. L'« être un » est une *réalité positive*, la *substance* même de l'être ; mais l'unité dans son concept formel, le *ratio unius* n'est que l'indivision. La notion d'unité

---

[1]) *Summ. theol.*, I^a, q. 11, a. 1, in C.

est négative, mais la réalité dont elle nous représente un des aspects, est positive.

Nous devons faire voir que l'unité est une propriété transcendantale de l'être et que, par conséquent, l'être et l'un sont permutables, *unum et ens convertuntur* : il s'ensuivra que l'unité n'ajoute à l'être aucune perfection positive.

42. Tout être est un. — En effet, prenez un être quelconque : il est simple, c'est-à-dire indécomposable, ou il ne l'est pas.

S'il est décomposable, assurément il est *indécomposé*, donc *un*.

S'il est indécomposable, ou la décomposition est supposée possible, mais non effectuée, ou elle est supposée effectuée.

Dans le premier cas, l'être est un ; nous trouvons en lui l'unité du composé. Ses parties sont considérées *formellement comme parties*, c'est-à-dire comme appartenant à un même tout dont elles sont les parties composantes.

Dans le second cas, nous n'avons plus affaire à l'être même dont nous nous demandions s'il est un ou multiple ; nous sommes en présence d'autres êtres, provenant de la décomposition à laquelle l'être d'abord considéré a donné lieu. La question de l'unité de l'être se pose alors à propos de chacun de ces produits : sont-ils indécomposables ou ne le sont-ils pas ? S'ils le sont, ils forment autant d'unités. S'ils ne le sont pas, leurs parties, par la raison même qu'elles sont des parties, forment, en leur réunion, un composé ; donc alors encore le sujet est un et ne peut être qu'un [1]).

L'unité est donc une propriété transcendantale de l'être. Il suit de là que l'unité n'ajoute à l'être aucune perfection positive, elle est l'indivision de l'être, pas autre chose. En effet si l'unité ajoutait à l'être une perfection positive, cette dernière, étant positive, serait quelque chose de réel, un être. Or, nous venons de voir que tout être est un ; par suite, cette·

---

[1]) « Unum nihil aliud significat quam ens indivisum. Et ex hoc ipso apparet quod unum convertitur cum ente. Nam omne ens aut est simplex aut compositum. Quod autem est simplex, est indivisum et actu et potentia. Quod autem est compositum, non habet esse, quamdiu partes ejus sunt divisæ, sed postquam constituunt et componunt ipsum compositum. Unde manifestum est quod esse cujuslibet rei consistit in indivisione ». *Summ. theol.*, I*, q. 11, a. 1, in C.

réalité positive serait affectée d'unité. Supposé que l'unité ajoutât à l'être une perfection positive, cette réalité impliquerait, à son tour, une nouvelle réalité, et ainsi nous irions à l'infini, accumulant perfection sur perfection, pour expliquer l'unité d'un premier sujet.

L'unité est donc une propriété commune à tout être et elle n'y ajoute aucune perfection positive ; elle constitue un des aspects de l'être, saisi par l'activité abstractive de notre intelligence.

43. L'être, le non-être, la distinction, la pluralité indéfinie, l'unité, la multitude. — Tout d'abord, nous concevons l'être ; puis au moyen de la négation nous le concevons à part de ce qui n'est pas lui, nous le distinguons du non-être ; puis, le considérant en lui-même, nous voyons que la division qui séparait l'être du non-être, ne se retrouve pas dans l'être lui-même : il est indivis, il est conçu comme une *unité*.

La distinction de l'être et du non-être engendre une première notion de pluralité (**41**), mais de pluralité *indéfinie*, car le non-être, comme tel, n'offre à l'esprit aucun contenu *positif*, moins encore un contenu positif *distinct*.

En opposant l'être au non-être, la seule notion de pluralité que nous avons est, d'une part, l'être, d'autre part, tout ce qui n'est pas lui.

Mais, lorsque l'esprit est en possession du concept d'unité, il peut en arriver à la notion de pluralité nettement définie. Considérant un être comme un, il peut, par répétition, se représenter d'autres êtres, à l'état d'indivision, comme d'autres unités ; comparer entre elles ces *unités*, les voir distinctes les unes des autres. Le concept de plusieurs unités distinctes est le concept de *multitude*. L'unité intrinsèque donne donc naissance, dans l'esprit, à la notion de pluralité nettement définie ou de multitude. Celle-ci implique une *liaison* entre les êtres uns et distincts les uns des autres, liaison qui constitue l'*unité de pluralité*. Autre est donc la première notion de la pluralité indéfinie, autre la notion de multitude d'unités distinctes. La première ne présuppose que la notion positive d'être et la négation par laquelle, à l'être, l'esprit oppose indéterminément le non-être ; la seconde présuppose, outre la notion positive d'être et l'élimination du non-être, les notions intercalaires de plusieurs unités distinctes et réunies.

En effet, pour opposer à l'être le non-être, il n'est pas nécessaire de savoir si le non-être exclut une ou plusieurs réalités positives ; mais pour concevoir la diversité propre aux éléments distincts de la multitude, il est nécessaire de concevoir positivement ces éléments, de les avoir simultanément devant l'esprit et de les comparer [1]).

44. L'unicité. — L'unicité est une notion négative, la négation de la pluralité ou de la multitude. Elle indique qu'un être est seul. Ainsi, l'unicité est un attribut de Dieu.

45. L'identité. — L'esprit peut envisager les choses à différents points de vue, y considérer notamment la substance soit individuelle, soit spécifique ou générique ; la quantité ; la qualité.

Par leur quantité, les choses sont *égales* ou *inégales ;* par leurs qualités, elles sont *semblables* ou *dissemblables ;* par leur substance, elles sont *mêmes* ou *diverses*.

La négation de la diversité, c'est l'identité.

La négation de la diversité spécifique est l'identité de nature.

La négation de la diversité individuelle est l'identité proprement dite.

46. L'unité de composition : problème à résoudre. — L'unité n'est pas la simplicité. L'être simple n'est pas divisible ; l'être un peut être composé et est, par conséquent, divisible ; il suffit que l'être soit indivis pour être *un*.

On a donc distingué une unité d'indivision, propre à 1 être indivis, mais divisible, *ens indivisum actu,* et une unité de *simplicité,* propre à l'être qui est à la fois indivis et indivisible, *ens indivisum actu et potentia.*

Or, qu'un être indécomposable, dans lequel il n'y a ni ne

---

[1]) « Primo in intellectum nostrum cadit *ens* et deinde *divisio* et post hoc *unum* quod divisione privat et ultimo *multitudo* quæ ex unitatibus constituitur. Nam licet ea quæ sunt divisa, multa sint, non habent tamen rationem multorum nisi postquam huic vel illi attribuitur quod sit unum. Quamvis etiam nihil prohiberet dici rationem multitudinis dependere ex uno, secundum quod est mensurata per unum, quod jam ad rationem *numeri* pertinet ». *Met. X,* lect. 4.

peut y avoir de parties, soit *un* être, c'est chose aisée à comprendre. Mais qu'un *composé*, dans lequel il entre des réalités composantes, soit véritablement *un*, cela se comprend moins.

Comment donc la composition des êtres se concilie-t-elle avec leur unité ?

Première question : L'essence est composée de plusieurs parties que l'on appelle *métaphysiques* : comment l'unité de l'essence se concilie-t-elle avec l'existence de parties métaphysiques ?

Seconde question : Les êtres de la nature sont composés de parties *physiques*, les unes substantielles, les autres accidentelles : comment l'unité de l'être se concilie-t-elle avec sa composition physique ?

L'examen de ces deux questions délicates nécessite l'exposé de plusieurs notions préliminaires qui feront l'objet des numéros suivants.

47. La notion de composition. — L'être autorise une double composition réelle, la composition physique et la composition métaphysique.

Lorsque les parties du composé sont distinctes les unes des autres *physiquement*, c'est-à-dire, dans la nature elle-même, indépendamment de la pensée, elles s'appellent parties *physiques*, leur composition est *physique*, et le tout qui en résulte est un tout *physique*.

Lorsque les parties répondent à des *concepts* distincts d'une même chose, leur composition est *logique* : elle est soit purement *logique*, soit *métaphysique*.

La composition *purement logique* est l'œuvre exclusive de l'intelligence et ne présuppose aucune composition antérieure à l'acte de la pensée.

La composition *métaphysique* suppose un certain fondement dans l'objet lui-même. Elle provient de la richesse de compréhension de l'objet, relativement à l'incapacité relative de notre intelligence. En effet, lorsque nous voulons nous former une connaissance complète de la perfection complexe d'un être contingent, nous avons besoin de recourir à des concepts multiples qui vont se perfectionnant progressivement, sous forme de *genres* et de *différences ;* la composition de ces concepts s'appelle *métaphysique*, et le résultat qu'elle produit porte plus spécialement le nom de *tout métaphysique.*

Afin de mieux faire saisir ces doctrines, citons quelques types de ces diverses sortes de composition.

Les deux éléments constitutifs de la substance corporelle, 'la *matière première* et la *forme substantielle,* dont la Cosmologie établit la réalité et étudie la nature, constituent par leur union un composé physique. Autre type de composition physique : la composition qui se trouve réalisée, dans la nature, entre l'*essence* et l'*existence.*

Une composition métaphysique unit les diverses raisons objectives, — *genre prochain* et *différence spécifique dernière,* — qui constituent l'essence de l'homme. Voulant définir la nature humaine, nous parvenons à cette définition : une substance corporelle, douée de vie, de sensibilité et·d'activité raisonnable. Entre ces diverses formalités se vérifie la composition que nous avons appelée métaphysique.

Il est presque superflu de dire que l'être dont nous aurons à étudier la composition, c'est la substance, la seule qui réalise rigoureusement le concept d'unité *(unum simpliciter)* ; accessoirement nous aurons à parler de la composition des êtres qui ne possèdent qu'une unité *relative* ou *accidentelle (unum secundum quid, unum per accidens).* Mais, avant cela, nous devons préciser une notion voisine de celle de composition, la *distinction* ¹).

48. Les distinctions. — 1° Au sein d'une substance *une,* mais physiquement *composée,* il y a *distinction réelle* entre les parties physiques qui la composent. Cette distinction est *réelle,* parce que, indépendamment de toute considération mentale, elle' implique une pluralité d'éléments dont l'un n'est pas l'autre ; il y a donc, dans la nature même, distinction *inter rem et rem,* distinction réelle.

2° La distinction *logique* ou *de raison* n'existe, au contraire, que dépendamment d'un acte de perception mentale : elle a

---

¹) La Métaphysique, science du réel, n'a point à s'occuper de la composition *logique* qui est l'œuvre exclusive de l'intelligence. Ainsi les individus auxquels notre esprit applique un concept universel constituent ensemble un *tout logique.*

lieu lorsque deux concepts, qui sont *différents* l'un de l'autre,
nous servent à représenter une *même* chose :

a) Elle est de *pure raison*, lorsque les deux concepts ont
exactement le même objet non seulement matériel, mais
formel, bien qu'ils nous le présentent, peut-être, avec des
degrés de clarté différents : tels sont les concepts d'homme
et d'animal raisonnable.

b) Elle est *fondée, virtuelle*, ou encore « métaphysique »,
lorsque les deux concepts répondent à une réalité *unique*,
mais équivalente à plusieurs, et la présentent à l'esprit sous
des *aspects formels différents*. Les deux concepts ont alors
le même objet matériel, mais les notes qu'ils en expriment
sont différentes. La distinction virtuelle est elle-même *complète* ou *incomplète* :

α) Elle est *complète*, lorsque l'objet formel de chacun des
concepts distincts est réalisable à part dans la nature.

β) Elle est *incomplète*, lorsque le terme formel de chacun
des concepts diffère *expressément* des autres, mais leur est
lié indissolublement et n'est, par conséquent, pas réalisable,
à part d'eux, dans la nature.

Il y a, par exemple, une distinction virtuelle complète entre
les concepts d'âme végétative et d'âme intellective, représentatifs de la nature humaine. Il y a une distinction virtuelle
incomplète entre les propriétés transcendantales de l'être.

**49. L'unité prise dans son acception secondaire ou
accidentelle.** — Nous avons étudié jusqu'ici l'unité dans son
sens propre : cette notion se vérifie essentiellement dans la
substance. Cependant l'unité s'attribue, d'une façon impropre,
à d'autres êtres.

Ainsi l'on parle d'*une* forêt, d'*une* foule, d'*une* bourgade.
L'unité s'applique alors à des individus distincts les uns des
autres, mais réunis par une perception, ou par une pensée
indistincte en une seule agglomération, ou en une seule collection.

Il y a une unité plus *réelle*, mais toujours *accidentelle*, entre
deux ou plusieurs substances ou entre plusieurs accidents
qui, par leur concert d'actions, donnent naissance à un même
effet total : telle l'union des efforts de deux chevaux de

trait attelés au même véhicule. Cette unité peut s'appeler *dynamique*.

Lorsque la communauté d'actions s'exerce avec nécessité entre agents physiques, l'unité est *physique*. Lorsque la communauté d'actions s'exerce avec liberté entre agents moraux, l'unité est *morale ;* la famille, la société civile, l'Église forment des unités de ce genre que l'on est convenu d'appeler un *être moral*, un *corps moral*, une *personne morale*.

Après avoir étudié l'unité accidentelle, revenons à l'unité transcendantale de la substance et efforçons-nous de résoudre la difficulté déjà énoncée antérieurement : Comment la composition des êtres se concilie-t-elle avec leur unité ? Le mode de composition étant double, le problème se divise en ces deux questions : Comment la composition métaphysique d'une essence abstraite se concilie-t-elle avec l'unité de cette essence ? — Comment la composition physique des choses de la nature se concilie-t-elle avec leur unité individuelle ?

II. — COMMENT L'UNITÉ DES ÊTRES SE CONCILIE AVEC LEUR COMPOSITION

50. Première thèse : La composition métaphysique d'un être se concilie avec son unité. — La composition métaphysique d'un être ne fait pas obstacle à son unité réelle, parce qu'il n'y a entre les parties métaphysiques qu'une distinction *virtuelle*.

Établissons la thèse que les parties métaphysiques ne sont que *virtuellement* distinctes.

Nous sommes certains de l'unité de l'être subsistant en soi. C'est un seul et même individu humain qui est une substance corporelle, vivante, sensible, raisonnable. Nous ne pouvons admettre en lui de distinction *réelle* : car, par le fait, il cesserait de constituer une substance, mais serait *plusieurs* êtres.

Cependant les êtres de la nature ont, pour la plupart, des activités de nature diverse, qui nous impressionnent diversement. Or, nous ne saisissons pas d'un coup, par une intuition directe, l'essence des choses de la nature. Nous la connaissons inductivement en remontant de ses activités au principe essentiel qui les produit. Par conséquent, nous nous représenterons l'essence des êtres par des concepts multiples correspondant à la diversité de leurs opérations. Ces notes représentant des aspects différents de la substance qui fait l'objet de notre étude, nous placerons entre elles une distinction, mais cette distinction ne sera que *virtuelle* : la substance d'où nous les avons tirées est une en elle-même, seules ses manifestations actives sont diverses.

51. Seconde thèse : La composition physique des êtres n'est pas incompatible avec leur unité substantielle. — Sans doute des réalités multiples, dont chacune serait *complète*, entraîneraient inévitablement, avec elles, la multiplicité. Mais les parties physiques d'un composé sont, chacune pour son compte, incomplètes, à telle enseigne que le composé seul est le sujet de l'existence.

La *partie* est, par définition même, apte à former une réalité composée. Ce caractère *aptitudinal* ou *potentiel*, à l'égard du tout qu'elle contribue à réaliser, est l'imperfection distinctive de ce que nous appelons « partie » d'un composé. Étant incomplètes de soi, les parties physiques ne peuvent posséder une existence propre : elles ne nuisent donc pas à l'unité substantielle de l'être qu'elles composent.

La raison profonde de ce caractère incomplet des parties physiques qui entrent dans la composition des êtres se trouve dans les relations de *puissance* et d'*acte* qui les unissent et qui constituent pour elles des liens de dépendance réciproque.

La matière première est un sujet en *puissance*, essentiellement perfectible par la forme ; la forme spécifique d'un corps est l'*acte* de la matière et lui est essentiellement assujettie.

L'essence formée par l'union de la matière et de la forme est en *puissance* par rapport aux accidents qui la doivent perfectionner et qui sont ses *actes*. L'ensemble que constitue l'essence déterminée par ses accidents est en puissance relativement à l'*acte* d'existence qui est la détermination suprême de l'être.

Au surplus, l'unité de l'être se trouve encore assurée par ce fait qu'un acte *unique* d'existence détermine dans l'être ses diverses formalités substantielles et accidentelles. Mais l'examen de cette question et la preuve de l'unicité, dans l'être individuel, de l'acte d'existence prendront place dans la *Troisième Partie.*

52. La simplicité. — La simplicité est l'*exclusion de la composition intrinsèque.* Elle constitue une perfection, positive dans la réalité, qui ne nous est connue que par voie de négation.

L'être *simple* est, ou *physiquement* simple ou *métaphysiquement* simple, selon que sa nature exclut les parties *physiques* ou même les parties *métaphysiques.* Dieu seul exclut toute composition, ainsi qu'on le montre en *Théodicée.*

III. — UNITÉ TRANSCENDANTALE ET UNITÉ PRÉDICAMENTELLE

53. L'unité, la multitude, le nombre. — Tout être, quel qu'il soit, est *un* être, indivis en soi, distinct des autres.

La *multitude* comprend des êtres dont chacun est supposé un être indivis en soi, distinct de tout autre. Ces êtres sont réunis de façon à constituer un seul objet de pensée. Évidemment, le multiple, *comme tel,* ne forme point une unité. Plusieurs êtres ne sont d'aucune façon dans la réalité un être. D'autre part, notre esprit est incapable de se représenter des choses multiples en tant que multiples. Pour pouvoir réunir plusieurs objets dans une multitude, il est nécessaire qu'il les considère *sous un même aspect,* de sorte que, matériellement plusieurs, ils se présentent à lui comme un même *objet formel.*

Le contenu de la multitude est indéfini ; le *nombre* est une multitude composée d'une somme définie d'unités. Lorsque l'esprit conçoit successivement des unités distinctes, gardant toujours le souvenir des unités déjà conçues, il additionne les unités qu'il pense ; *une somme d'unités* est un nombre. L'esprit conçoit les unités qu'il pense successivement, comme autant de parties d'un même tout, il *totalise* les unités : *un total d'unités* est un nombre.

Ainsi, la multitude présente les caractères suivants : des unités, — la distinction de ces unités — unité de conception de ces unités distinctes. Le nombre offre les mêmes caractères, mais comme il constitue une *somme définie* d'unités, il y joint ce caractère propre : totalisation ou terminaison par une dernière unité. Par suite, le nombre est *fini* ; il n'est pas évident que la multitude doive l'être.

Quel est l'aspect formel en raison duquel les objets distincts deviennent les unités d'un même nombre ?

C'est l'unité transcendantale des êtres : elle convient à tout être quel qu'il soit, individu ou espèce, espèce ou genre, substance ou accident, être réel ou même être de raison.

Dès qu'elle est réunie à d'autres sous un même concept, l'unité transcendantale est une unité de nombre. Pierre, Paul, Jacques sont trois individus d'une même espèce : ils forment un nombre. Deux pommiers et deux poiriers font quatre arbres. Deux pommiers et deux chenilles sont quatre êtres vivants. Deux chenilles et deux cailloux sont quatre corps. Bref, autant l'on peut distinguer de formalités dans un être, dit Cajetan, autant on peut lui attribuer d'unités : autant il y a de façons de le considérer comme unité de nombre.

54. L'infini, l'indéfini. — Le *nombre*, disions-nous, est essentiellement fini ; il n'est point évident que la *multitude* doive l'être. Il est impossible d'établir que le concept de multitude infinie entraîne contradiction : nous croyons avoir fait autre part la preuve de cette proposition [1]).

Il importe de ne point confondre l'*infini* et l'*indéfini*.

L'*infini* est la négation de la limite. Le nombre est, par définition, une collection qui se termine à une dernière unité. La négation d'un dernier terme est essentielle au concept d'infini. L'*indéfini* a une *limite*, mais *variable*. Soit la fraction décimale 0,66666... comparée à la fraction ordinaire 2/3 : elle s'en approchera d'aussi près que l'on veut sans l'atteindre jamais, elle croîtra sans cesse, indéfiniment, mais sera toujours finie.

55. Unité prédicamentelle, unité de mesure ; le nombre, expression de la mesure d'une grandeur. — L'unité dont nous avons parlé jusqu'à présent est transcendantale : elle se vérifie en tout être, corps ou esprit, substance ou accident.

Mais il est une autre conception de l'unité à laquelle l'esprit

[1]) Voir le Cours supérieur, *Métaphysique générale*, 5ᵉ édit., pp. 193-198.

arrive par la division de l'étendue ; l'unité ainsi entendue
n'est donc attribuable qu'à une catégorie spéciale d'objets ;
on l'appelle, de ce chef, « prédicamentelle ».

 L'étendue, étant continue, est divisible, réellement ou idéalement, en parties de nature identique, dictinctes les unes
des autres. Ces parties peuvent être considérées comme les
unités d'un même tout et, par leur ensemble, former un
nombre. Le nombre ainsi formé a donc sa source dans la
division de l'étendue : « numerus sequitur divisionem ».

Les parties du continu sont des grandeurs.

On compare des grandeurs entre elles, à l'effet de voir si
elles sont égales ou inégales.

En chaque espèce de grandeur, on choisit arbitrairement
une grandeur-type à laquelle les autres grandeurs de même
espèce pourront être comparées : cette grandeur-type s'appelle *unité de mesure* [1]).

Le nombre exprime combien de fois la grandeur mesurée
contient l'unité de mesure.

Il y a trois grandeurs primordiales, la *longueur*, la *masse*
et le *temps*, et trois unités fondamentales, qui sont pour nous
le *centimètre*, le *gramme* et la *seconde*.

Ces trois unités ont, entre autres, ceci de commun qu'elles
mesurent toujours des grandeurs ou des quantités. Par suite,
on peut avoir une unité *abstraite* et qui garde toujours sa
signification *prédicamentelle*. On conçoit une unité applicable
indifféremment à l'étendue, à la masse et au temps qui, tous
trois, sont des grandeurs.

Il importe de distinguer rigoureusement cette unité *prédicamentelle* de l'unité *transcendantale*.

56. Deux acceptions du nombre. — Tout nombre est
un total d'unités. Or, celles-ci peuvent être des unités de grandeur. D'où il suit que le nombre désigne deux idées diverses.
Dans une première acception, le nombre est un total d'unités

---

[1]) « Mensura nihil aliud est quam id quo quantitas rei cognoscitur :
quantitas vero rei cognoscitur per unum et numerum. Per unum quidem sicut cum dicimus unum stadium vel unum pedem ; per numerum
autem sicut cum dicimus tria stadia vel tres pedes ; ulterius autem
omnis numerus cognoscitur per unum, eo quod unitas aliquoties sumpta
quemlibet numerum reddit ». *Metaph. X*, l. II.

transcendantales : il est applicable à des objets de n'importe quelle catégorie, aux substances, aux qualités, aux relations, aux actions, etc... aux corps, aux esprits.

Mais sous l'extension de l'unité transcendantale est rangée l'unité de grandeur ou de mesure. Un total d'unités de grandeur forme un nombre dans l'acception restreinte du mot.

Il nous reste à toucher encore deux points : L'unité soit transcendantale, soit prédicamentelle est-elle l'*unité numérique ?* L'unité prédicamentelle est-elle identique à l'*unité du continu ?*

57. L'unité numérique. — L'unité numérique signifie toute unité faisant partie d'un nombre. Or, l'unité transcendantale, comme telle, ne fait pas essentiellement partie d'un nombre mais est susceptible d'en faire partie. Elle est appelée unité numérique, lorsqu'elle est regardée comme faisant ou pouvant faire partie d'un ensemble d'objets identiques sous un certain rapport.

L'unité de mesure est essentiellement relative aux grandeurs qui lui sont comparées. Elle est donc formellement unité numérique.

58. L'unité du continu. — Il faut se garder de confondre l'unité de mesure et l'unité du continu.

La *continuité* est l'indivision de l'*étendue* et, par conséquent, son *unité.* Comme telle, elle constitue une des applications de l'unité transcendantale. Aussi bien, l'unité, indivision de l'être, est applicable à tout être, substance et accident, et, par suite, à la quantité. Or, la continuité est l'indivision propre de l'étendue. Donc l'unité transcendantale embrasse dans son extension l'unité du continu.

L'unité de mesure est postérieure à l'unité du continu. La mesure prise comme unité est une quantité continue, minimale, indivisible ou du moins envisagée comme indivisible et mise en rapport avec les divers continus qu'elle sert à mesurer. Par suite, l'unité de mesure enveloppe dans son concept l'unité du continu, mais y ajoute la *relation de mesure.*

L'unité du continu a donc un caractère *absolu;* l'unité de mesure un caractère *relatif,* consécutif au premier. La première unité convient à *toute* quantité continue; la seconde

ne convient qu'à une quantité *déterminée :* une quantité minimale indivisible ou envisagée comme telle.

59. Résumé et conclusion. — Nous devions parler, dans
ce paragraphe, de l'unité *transcendantale.* Celle-ci est un attribut
absolu de l'être comme tel : elle dépasse tout genre et s'appelle,
à bon droit, transcendantale (I).

Ni la composition métaphysique, ni la composition physique ne sont incompatibles avec l'unité de l'être (II).

L'unité qui consiste dans l'indivision interne de tout être,
ne peut être confondue avec l'unité qui sert de mesure à la
quantité divisible et se trouve être ainsi le principe du nombre,
dans une acception spéciale du mot. La première est transcendantale, la seconde prédicamentelle (III).

§ 4. — *La vérité*

On analysera dans le présent paragraphe la notion du vrai
et de la vérité métaphysique (I).

On fera voir que la vérité est une propriété transcendantale (II).

I. — ANALYSE DE LA NOTION DE VÉRITÉ

60. Notion commune du vrai et de la vérité. — Dans
quel sens peut-on dire que l'être est vrai ?

Partons de quelques exemples. On appelle « vin » une
liqueur alcoolique provenant de la fermentation du jus de
raisin : le jus de raisin fermenté est du *vrai* vin ; toute substance qui n'est pas du jus de raisin fermenté n'est pas du
vrai vin ; on en conclut qu'un produit artificiel n'est pas
véritablement du vin.

Le moral d'un individu se révèle habituellement dans ses
traits : souvent la figure, les allures, l'attitude distinguent
l'honnête homme du criminel. Aussi, lorsque l'on dit d'un
individu qu'il a une véritable figure d'assassin, on applique
ce critérium habituel : Nous avons une idée typique de la
figure de l'honnête homme, une idée typique de la figure du
criminel ; or, la figure de cet homme ne ressemble pas à l'idée

que l'on se fait du premier, mais à celle que l'on se fait du second ; c'est une vraie figure de criminel.

Un liquide est donc du *vrai* vin, quand il est conforme à la définition par laquelle nous exprimons la nature du vin ; un produit qui ne répond pas exactement à cette définition n'est pas *véritablement* du vin.

Une physionomie qui ressemble à celle que nous tenons pour la physionomie typique de l'honnête homme ou pour celle de l'assassin, est une *vraie* physionomie d'honnête homme ou une *vraie* physionomie d'assassin.

On appelle *vraie* une chose qui est conforme au type mental au moyen duquel nous nous représentons sa nature.

Tel est le sens dans lequel on attribue la vérité aux choses.

La vérité d'un être est donc la conformité de cet être, actuellement considéré, avec sa nature supposée connue [1]).

La vérité d'une chose s'appelle vérité *ontologique* ou *objective* : cela veut dire que cette vérité est un attribut, non de la pensée, mais de l'*être* ou de l'*objet* pensé. On l'appelle aussi vérité *métaphysique* ou *transcendantale* pour indiquer qu'elle est un attribut qui convient à l'être comme tel, qui est commun à tous les êtres.

61. La vérité ontologique est un rapport de conformité avec un type idéal, abstrait de la réalité sensible. — Il résulte de l'analyse que nous venons de faire, que l'attribut *vrai*, *véritable* n'est pas appliqué à une chose considérée à l'état absolu ; il est réservé aux choses référées à leur type idéal, que nous supposons connu d'ailleurs, et jugées de même nature que lui.

La *vérité ontologique* est donc un rapport d'identité de nature entre une chose présentée à l'esprit et un type idéal présupposé. Voilà le sens de la définition, universellement acceptée, de la vérité : *Veritas est adæquatio rei et intellectus.*

Par *res*, il faut entendre une chose que nous percevons ou que nous imaginons au moment présent.

---

[1]) « Denominantur res veræ a veritate quæ est in ipsa re (quæ nihil est aliud quam intellectui adæquata, vel intellectum sibi adæquans) sicut a forma inhærente, sicut cibus denominatur sanus a qualitate sua, qua sanus dicitur ». *De veritate*, q. I, a. 4.

Par *intellectus*, il faut entendre la notion préalable de la chose perçue ou imaginée.

La conformité exacte, *adæquatio vel conformitas*, du sujet perçu ou imaginé avec son type mental est sa vérité.

Mais ce type mental lui-même, demandera-t-on, quel est-il ? Où réside-t-il ?

On voit, en Psychologie (**90**), que ces types idéaux sont tirés des objets d'expérience. Avant de goûter ce verre de vin, avant de considérer cette physionomie de criminel, nous avons déjà appréhendé, par l'intelligence, les caractères spécifiques du vin et les traits caractéristiques de l'assassin.

S'il y a conformité entre ce vin et cette physionomie particulière actuellement perçus et les types idéaux antérieurement saisis par notre esprit dans le monde réel, il y a vérité ontologique.

62. Confrontation de la vérité ontologique et de la vérité logique. — La vérité d'une chose réside donc en un rapport de conformité.

Dès lors, l'acte intellectuel qui exprime la vérité n'est pas une simple conception, mais un acte complexe de « composition et de division ». Ce que notre esprit doit constater lorsqu'il atteint le vrai, c'est une relation entre une chose et l'idée présupposée de la nature de cette chose. L'idée présupposée est le prédicat du jugement ; la chose que l'esprit juge conforme à cette idée est le sujet ; l'attribution du prédicat au sujet est l'acte formel du jugement.

Lorsque l'esprit affirme d'un sujet une nature qui lui convient, l'affirmation est conforme aux exigences du vrai ontologique, le jugement est vrai, doué de vérité *logique*. Lorsque l'esprit attribue à un sujet des prédicats ou une nature qui ne lui conviennent pas, l'affirmation est contraire aux exigences du vrai ontologique, le jugement est faux, entaché d'erreur *logique*.

II. — LA VÉRITÉ EST UNE PROPRIÉTÉ TRANSCENDANTALE DE L'ÉTRE

63. La vérité est une propriété transcendantale de l'être : Preuve inductive. — Parcourons les catégories de l'être, il n'en est pas une à qui l'on n'attribue la vérité.

On l'attribue aux *substances* : ne parle-t-on pas communément d'or *véritable*, de *vrai* diamant, de *vrai* cristal de roche, etc. ?

On l'attribue à la *quantité* : le nombre dix est, *en vérité*, le double de cinq.

On l'attribue à la *qualité* : l'affinité est une *véritable* propriété chimique. — Exposer librement sa vie pour défendre sa patrie, c'est du dévouement *vrai*.

On l'attribue à la *relation* : le talent crée une *vraie* supériorité.

On l'attribue au *lieu* et au *temps* : la sphère d'action d'un pur esprit n'est pas un *vrai* lieu ; la continuation de sa durée n'est pas un *vrai* temps.

On l'attribue à l'*activité* et à la *passion* : la gravitation est-elle due à une *véritable* attraction mutuelle des corps, ou plutôt à une *vraie* propulsion extrinsèque des uns vers les autres ?

On l'attribue, enfin, à l'*attitude* active et aux *états passifs intransitifs* : tel a une *véritable* attitude de soldat ; tel autre est *véritablement* écrasé sous le faix.

On attribue le vrai aux choses de la nature, on l'attribue aussi aux œuvres de l'industrie et de l'art : un *vrai* chronomètre, un *véritable* palais, un *vrai* théâtre. On l'attribue même aux êtres de raison : on se demande par exemple si l'analogie est une *véritable* abstraction, si elle peut engendrer une *véritable* universalité.

Dans ces divers exemples, il est aisé de voir que la définition du vrai ontologique exposée au début de cette étude se vérifie toujours : Un être, n'importe à quelle catégorie il appartient, est vrai lorsqu'il est conforme à l'idée que nous devons nous faire de sa nature.

64. La vérité est une propriété transcendantale de l'être : Preuve a priori. — Il y a, dans la nature, deux termes en corrélation ; d'une part l'être, existant ou possible, auquel le non-être seul impose une limite.

D'autre part, l'intelligence humaine, dont la capacité s'étend aussi loin que l'être lui-même ; « intellectus potens omnia fieri », dit Aristote.

Il n'est rien qui ne puisse, dans les conditions voulues, se manifester à l'intelligence ; seul le néant, c'est-à-dire le non-être, n'est point intelligible ; il n'est rien dont l'intelligence ne soit physiquement capable de connaître la nature. Or, dès qu'une chose a engendré dans l'intelligence l'idée de ce qu'elle est, il suffit de rapprocher de cette conception idéale un sujet qu'elle embrasse dans son extension pour voir surgir une vérité ontologique. Donc tout être est sujet de la vérité ontologique.

Qu'on le remarque toutefois, cette relation de conformité entré l'intelligence humaine et tout ce qui est, n'est pas *actuelle* : elle est simplement *possible*. Donc, lorsque nous affirmons que tout être est vrai, nous voulons diré uniquement que tout être *peut* être dit vrai.

Cette réserve est implicitement admise dans le langage universel. Lorsque nous disons d'un vin qu'il est du *vrai* vin, nous reconnaissons que la vérité ontologique ne peut être attribuée à un être que s'il est en relation actuelle de conformité avec le type mental de sa nature. Par suite, nous reconnaissons que la vérité ontologique appartient seulement *en puissance* aux êtres. qui ne sont point en rapport *actuel* avec une intelligence concevant leur définition essentielle.

65. Le faux existe-t-il dans la nature ? — Non, nous l'avons vu, tout ce qui est, est vrai. Comment se fait-il alors que l'on parle de faux diamant, d'or faux, de faux savant, etc.?

Chaque être a des propriétés spécifiques qui nous permettent de discerner sa *vraie* nature ; mais les propriétés de deux êtres spécifiquement différents offrent parfois des ressemblances superficielles qui occasionnent des méprises ; si l'on n'y prend garde, on est exposé à juger de la nature de l'être d'après les apparences trompeuses [1]) ; on dit que les choses nous trompent et on les appelle fausses ; il serait plus exact de dire que nous nous sommes trompés.

---

[1]) « Res notitiam sui facit in anima per ea quæ exterius apparent, quia cognitio nostra initium a sensu sumit cujus per se objectum sunt sensibiles qualitates. Et ideo quando in aliqua re apparent sensibiles

Ainsi, lorsque nous attribuons la fausseté aux choses, il conviendrait de parler de la fausseté du jugement que ces choses pourraient faire naître en nous. Nous transportons à la cause ce qui n'est qu'une propriété de l'effet.

§ 5. — *La bonté, troisième propriété métaphysique de l'être*

On suivra dans ce § 5 le même ordre que dans le précédent. On exposera d'abord la notion de la bonté (I).

On fera voir ensuite que la bonté est une propriété transcendantale de l'être (II).

I. — ANALYSE DE LA NOTION DE BONTÉ

66. Notion familière du bien et de la bonté. — Lorsque l'enfant goûte un fruit savoureux, il traduit la satisfaction sensible qu'il éprouve par ces mots : « Que c'est bon ! cela est bon ».

L'enfant appelle *bon ce qui flatte ses sens*.

L'enfant est avide de ce qui flatte ses sens, il *désire* en *jouir*, il l'*aime*.

A un âge plus avancé de la vie, nous appelons *bon*, non seulement ce qui nous est agréable, mais en général les choses ou les personnes qui répondent à un besoin, ou qui, d'une façon quelconque, sont utiles. Les aliments sont *bons*, parce qu'ils répondent à un besoin physique ; la science est *bonne* pour l'intelligence qui a soif de connaître ; l'amitié est *bonne* pour le cœur qui a besoin d'aimer. Nous appelons *bonnes*, quantité de choses usuelles qui nous rendent service.

En résumé, la bonté d'une chose est ce qui nous la rend agréable ou utile.

67. Première notion philosophique : Le bien est l'objet d'une tendance naturelle. — Aristote s'inspire de ces con-

qualitates demonstrantes naturam quæ eis non subest, dicitur res illa esse falsa. Unde illa dicuntur falsa quæ nata sunt videri aut qualia non sunt, aut quæ non sunt. Nec tamen res est hoc modo causa falsitatis in anima quod necessario falsitatem causet ; quia veritas et falsitas præcipue in judicio animæ existunt ». *De ver.*, q. I, a. 10.

sidérations, lorsque, appréciant le bien par ses effets, il le définit : *l'objet des tendances naturelles des êtres*. Suivant la philosophie aristotélicienne, chaque être de la nature tend, soit inconsciemment, soit consciemment, vers une fin, « sa fin naturelle » ; il la poursuit et, s'il est doué de sensibilité, il jouit lorsqu'il la possède. D'autre part, nous appelons *bien* l'objet vers lequel se porte la tendance naturelle des êtres, et, s'ils sont conscients, ce qui produit leur jouissance, lorsqu'ils l'atteignent. Le *bien* est l'objet soit de la tendance inconsciente, soit de la volonté consciente des êtres : *Le bien est ce qui provoque l'amour, bonum est quod omnia appetunt.* Tant que la volonté s'approche de sa fin ou de son bien, elle le *désire ;* quand elle en prend possession, elle en *jouit ;* aux deux moments, elle l'*aime.* On dira donc en termes plus explicites : Le bien est l'objet du désir ou des complaisances de la volonté, l'objet qu'elle aime. Rien n'empêche, en effet, que l'on assimile les tendances inconscientes des êtres à une volonté capable de désirs et d'affections, et dès lors, il est permis de dire, en langage analogique, que les êtres inférieurs aspirent à leur fin et s'y reposent lorsqu'ils l'ont atteinte.

68. Autre aspect philosophique : La bonté des êtres est leur adaptation à leur fin. — Même dans le langage familier, le bien revêt aussi une signification plus objective. Il nous est habituel de parler d'une *bonne* montre, pour désigner une montre qui marque exactement l'heure. On appelle *bon* soldat celui qui possède les qualités essentielles à la vocation militaire.

Dans ces exemples, que signifient les mots *bon, bonté ?*

Nous nous rendons compte que les hommes et les choses ont un *but.*

Une montre n'est pas un mécanisme inutile, elle a été faite *pour* marquer l'heure. — Le soldat a *pour* mission de défendre la patrie.

Par suite, lorsqu'une montre réalise par son jeu l'effet en vue duquel elle a été façonnée, lorsqu'elle répond au but pour lequel elle a été faite, nous l'appelons une *bonne* montre.

Le soldat qui possède les qualités physiques et morales

35

requises par sa fonction sociale et qui peut éventuellement défendre son pays, est un *bon* soldat.

En général, la *bonté* d'une chose ou d'une personne consiste dans l'adaptation de ce qu'elle est ou de ce qu'elle fait, à son but.

On sait que, dans la philosophie d'Aristote, la *nature* désigne la substance d'un être, considérée comme premier principe de toutes ses opérations ; le mot *nature* enveloppe donc à la fois ce que l'être est et ce qu'il est capable de faire, sa constitution et son pouvoir d'action ; en conséquence, on pourra dire avec concision : La bonté d'une chose ou d'une personne consiste dans l'*adaptation de sa nature à sa fin.*

Ce qui est adapté à une fin s'appelle *moyen*. La bonté d'une chose est donc son adaptation comme moyen à sa fin. Au lieu de considérer la bonté d'une personne ou d'une chose en particulier, embrassons par la pensée la bonté des êtres en général, et nous pourrons dire : La bonté des êtres consiste dans leur adaptation à leur fin ; ou bien : *La bonté est la relation de convenance des moyens à leur fin.*

La notion de *bonté*, on le voit, est corrélative à celle de *but* ou de *fin*. Supprimez la fin, il n'y a plus de bien ; supprimez la finalité, la bonté s'évanouit [1]).

69. Rapprochement des deux notions précédentes. — Les deux expressions du bien : « *Le bien est l'objet des tendances naturelles des êtres* », « *Le bien est ce qui est adapté à la fin des êtres* » sont-elles, en réalité, identiques ? Dans l'affirmative, comment l'une peut-elle être ramenée à l'autre ?

Ce qui est bon est aimable, et ce qui est aimable convient à la nature du sujet qui l'aime. Par suite, les deux expressions du bien que nous avons dégagées antérieurement désignent une réalité identique. Mais quel est le lien logique, le point de jonction qui les ramène l'une à l'autre ?.

Si une chose est bonne, ce n'est pas parce qu'elle est aimable, désirable ; au contraire, elle est désirable parce qu'elle est bonne, et elle est bonne parce qu'elle répond aux exigences ou aux convenances du sujet pour lequel elle est bonne.

[1]) « Bonum autem, cum habeat rationem appetibilis, importat habitudinem causæ finalis ». *Summ. theol.*, Iª, q. 5. art. 2, ad 1.

Ainsi, dans l'ordre ontologique, le « convenable » a une priorité de nature sur le « désirable ». Ce qui prime, dans le fait, c'est la tendance de l'être vers la fin à laquelle il est adapté.

L'épanouissement de cette tendance s'accompagne normalement, chez les êtres doués de sens intime ou de conscience, d'une sensation ou d'un sentiment de plaisir : « delectatio sequitur operationem debitam ».

Ce plaisir révèle au sujet l'influence que le bien exerce sur lui, il est le signe auquel le sujet reconnaît son bien.

Dans l'ordre logique, la notion du « délectable » est antérieure à celle du « convenable » : la première nous conduit à la seconde.

Le bien est ce qui convient à la nature des êtres. Mais en quoi consiste cette convenance des choses bonnes avec la nature de l'être qui les désire ? D'autre part, l'être est dit bon lorsqu'il est adapté à sa fin. Comment la fin de l'être rend-elle bonne la nature qui lui est adaptée ? Deux questions qu'il importe d'éclaircir.

70. La fin perfectionne la nature du sujet : « Bonum est perfectivum «. — On parle d'une *bonne* montre, d'un *bon* soldat lorsqu'on se trouve en présence d'une montre dont les rouages sont disposés de façon à bien indiquer l'heure, ou d'un soldat capable de défendre son pays. Mais leur bonté est empruntée : elle provient de la fin qui leur est assignée et qui leur communique sa bonté propre.

Le fait que l'heure soit marquée avec précision est une bonne chose et, pour ce motif, un instrument qui marque l'heure avec précision est un *bon* instrument. Il est bon que la patrie soit défendue en cas de danger et, pour ce motif, la formation de soldats à la défense de la patrie est une *bonne* chose. La montre est *bonne*, parce que son but est *bon ;* le soldat est *bon*, parce que sa mission est *bonne*.

La bonté de la montre et du soldat est une bonté d'emprunt, *relative*, celle d'un moyen *par rapport à sa fin*.

Mais pourquoi est-il bon que des instruments marquent l'heure avec précision ?

Pourquoi est-il bon que la patrie soit défendue en cas de danger ?

La question n'est que déplacée. La réponse définitive à la série de questions que l'on pourrait ainsi jalonner l'une à la suite de l'autre, c'est que les êtres bons ont une fin qui doit être voulue pour elle-même et qui n'emprunte plus sa bonté à une fin supérieure.

En effet, s'il n'y avait pas de bien absolu, il n'y aurait pas de bien *relatif* : que serait un bien relatif qui ne se référerait à rien ?

Conçoit-on un *moyen* qui ne serait pas *pour une fin* ?

Nous n'avons pas à déterminer ici quel est ou quels sont les biens absolus. Ce qu'il nous importe de savoir, c'est qu'au sommet de toute série de moyens surbordonnés les uns aux autres, il y a une fin absolue, un bien en soi. Or, une chose est bonne parce que sa nature est plus ou moins immédiatement adaptée à ce bien absolu, parce que ses opérations conduisent à ce bien absolu.

Par quelle vertu le bien absolu rend-il bon l'être adapté à lui ? Par quelle vertu les divers biens particuliers rendent-ils bons les êtres qui les atteignent ?

Le bien, qui est une fin, *perfectionne* la nature qui tend vers elle ; ce *perfectionnement* est la cause formelle de la bonté des êtres.

D'où ces nouvelles questions : Qu'est la *perfection* d'un être ? Qu'est son *perfectionnement ?* Quelle est, en conséquence, la *raison formelle de la bonté* des êtres ?

71. Comment le bien opère le perfectionnement de la nature. — Le mot *perfection* vient du latin *perficere, perfectum (perfactum)*, parfait ; il signifie ce qui est complètement fait, achevé. L'être à parfaire est une réalité incomplète : il est supposé avoir sa dose d'être, mais aussi un manque d'être qu'il s'agit de compléter.

En rigueur de termes, le perfectionnement ne se produit que dans des êtres finis ; il comble chez eux le vide causé par leur finitude. Non que tout vide puisse jamais être comblé chez un être fini, — les êtres contingents sont essentiellement, irrémédiablement finis — mais la perfection ajoute aux natures finies le complément dont elles sont susceptibles.

Chaque substance de ce monde apporte avec elle, en naissant, une certaine dose d'être qui constitue sa perfection actuelle ; mais elle est affectée aussi de puissances opératives dont la mise en œuvre accomplit le perfectionnement progressif du sujet.

Or, cette mise en œuvre a pour premier principe la fin de l'être. La tendance de la nature vers la fin est la raison déterminante de l'action de ces forces actives ou de ces facultés ; l'action de celle-ci produit — directement ou indirectement — l'actuation des puissances réceptives du sujet, et, dans la mesure où elle les actue, un accroissement d'être confère au sujet un perfectionnement.

Donc la *fin* rend bonne la nature adaptée à elle, parce que, étant le premier principe de l'actuation des puissances passives de la nature, elle est la source de l'accroissement d'être dont cette nature est susceptible, en un mot, le premier principe de son perfectionnement. Ainsi la fin des êtres ou leur bien, l'objet qui convient à leur nature et vers lequel ils tendent est le principe premier de leur perfectionnement, le principe grâce auquel le sujet devient parfait, bon.

Bonum est perfectivum. Le bien est le principe de perfectionnement d'un être.

La fin est le bien qui perfectionne, « bonum quod » ; le perfectionnement lui-même est la raison formelle de la bonté du sujet perfectionné, « bonum quo »; le sujet perfectionné, et par suite bon, est « bonum cui ».

Résumons-nous : Le bien est l'objet de la tendance naturelle des êtres. Or, pourquoi les êtres tendent-ils naturellement vers certains objets ? Parce que ceux-ci sont adaptés à leur nature et sont pour eux des moyens de réaliser leur fin : à ce titre nouveau et supérieur, ces objets sont encore appelés des biens. Mais si l'adaptation d'un objet à la fin d'une substance le rend bon, c'est que sa bonté est empruntée : il est bon en raison de la fin à laquelle il convient. La fin rend bon le moyen qui s'y trouve adapté, parce que la fin est principe de perfectionnement et, par suite, de bonté.

Nous avons étudié la nature et le principe de la bonté des êtres.

72. Les différentes espèces de biens. — Le bien est l'objet de la tendance naturelle des êtres.

L'acquisition d'un bien est pour le sujet qui l'acquiert une

source de plaisir. Ce plaisir peut faire l'objet d'une appétition
ultérieure ; la tendance naturelle d'un être aura donc pour
objet et ce qui convient à la nature du sujet, et la jouissance
qui résulte de la possession de cet objet. L'*objet* qui convient
à la nature du sujet s'appelle bien *objectif*, bien *convenable ;*
la jouissance qui en résulte s'appelle bien *subjectif*, bien
agréable ou *délectable*, ou encore, quoique d'une façon moins
rigoureuse, bien « intéressé ».

Le bien, soit objectif, soit agréable, est, ou le terme *final*
dans la possession duquel se repose l'appétit naturel des
êtres, « bonum quiescens appetitum », *bien absolu, bien en
soi*, « bonum per se », une *fin ;* ou un terme intermédiaire
dont la possession est considérée comme acheminement vers
une fin, comme *moyen ;* le moyen est *bien par rapport* à une
fin, un bien *relatif* ou *utile*.

Le bien naturel propre à un être doué de raison et de liberté
s'appelle bien *honnête* ou bien *moral*.

II. — LA BONTÉ EST UNE PROPRIÉTÉ TRANSCENDANTALE DE L'ÉTRE

73. Tout être est bon : sens de la thèse. — Nous n'entendons nullement par là que les êtres sont bons sous tous
rapports. Nous soutenons que tout être de ce monde a sa bonté,
ce qui est très différent. Ainsi nous ne songeons point à nier
qu'il y ait du mal dans le monde, nous disons uniquement
que toute substance a de la bonté.

D'autre part, lorsque nous disons que la bonté est une propriété transcendantale, nous voulons dire que tout être est bon
en soi et pour soi. C'est ce qu'on appelle la bonté *formelle*,
c'est-à-dire la qualité en raison de laquelle une personne ou
une chose est bonne en soi-même. On l'oppose à la bonté
active qui contribue directement à la perfection d'un autre
être et d'une manière indirecte seulement à la perfection de
l'agent. Ainsi un homme vertueux est bon en soi ; un homme
bienveillant est bon pour autrui. En disant que tout être est
bon, nous entendons parler uniquement de la bonté formelle.

Enfin, la proposition « tout être est bon » ne vise point
les êtres abstraits et possibles, elle n'est relative qu'aux êtres

concrets et existants. En effet, un axiome mathématique n'est ni bon ni mauvais. Aussi bien, avons-nous dit, la notion de bonté ne se comprend que par celle de finalité. Or, seuls les êtres existants tendent vers une fin.

74. Tout être est bon : preuve de la thèse. — 1er *Argument : argument d'induction.* — Chaque substance a une tendance naturelle, consciente ou inconsciente, vers une fin. Or, l'adaptation du sujet à sa fin constitue sa bonté. Donc tout être substantiel est bon.

Considérons, par exemple, un organisme vivant.

Régulièrement les organes sont ajustés à la constitution du sujet, leurs fonctions adaptées aux besoins de son entretien et de son développement. Donc les organes sont bons, leur fonctionnement est bon ; l'organisme, adapté à sa fin naturelle, est bon.

Voici un cancer à l'estomac : les cellules épithéliales s'y multiplient en des proportions désordonnées au détriment des tissus de l'appareil digestif, et la nutrition de l'organisme entier s'en trouve troublée ; peut-on dire que la nature du sujet organisé en devient mauvaise ? Non, l'organisme luttera contre les néoplasmes qui l'envahissent, il tendra comme toujours à la réalisation de sa fin naturelle et à sa conservation propre ; dût-il finalement succomber au mal, la tendance de sa nature l'incline néanmoins à la conservation de son être : tant qu'il est, il est *bon*.

Tout être ayant une tendance naturelle à sa fin, est bon.

Ses tendances sont régulièrement orientées vers son bien. Leur inadaptation à sa fin naturelle n'est jamais que partielle et accidentelle et, dès lors, la nature elle-même demeure bonne.

Donc toute substance est bonne.

2me *Argument : argument intrinsèque.* — Toute opération est, directement ou indirectement, un principe naturel de perfection pour l'agent qui la produit.

Or, il n'y a point d'être qui ne soit principe d'opérations. Donc il n'y a point d'être qui ne soit bon.

Toute opération a un terme positif : elle produit une réalité et, suivant le cours naturel des choses, contribue ainsi au perfectionnement, à la bonté du sujet qui l'émet. Si l'opé-

ration est immanente, elle perfectionne directement le sujet
qui la produit ; si elle est transitive, elle perfectionne sans
doute un sujet autre que l'agent, mais alors, en vertu de la
loi générale d'action et de réaction, l'agent devient à son tour
le sujet d'une réaction qui le perfectionne. Donc toute opération détermine un perfectionnement du sujet qui la produit.

Or, toutes les substances du monde sont principes d'activité. La passivité qui se trouve en elles permet ou favorise le
déploiement de leurs forces. Par suite, tout être substantiel
est bon.

3ᵐᵉ *Argument* : Pour découvrir la bonté des êtres, il n'est
même point nécessaire de remonter inductivement des accidents à la substance, ni d'étudier les accidents des êtres en
eux-mêmes en tant qu'ils perfectionnent le sujet substantiel
qui les supporte. Il suffit d'étudier l'être-substance en lui-
même. En effet, l'existence est un acte perfectif de l'essence.
Or, tout acte perfectif est un principe de bonté. Donc tout
être substantiel est bon, ne fût-ce que parce qu'il existe ?

Si tout être est bon, comment peut-il être mauvais ?

Qu'est-ce que le mal ?

75. Le mal est relatif : il est la privation d'un bien. —
L'existence du mal dans le monde n'est pas niable ; il nous
heurte à chaque pas. Mais, si toute nature est bonne, comment
le mal peut-il exister ?

Dans une acception impropre, on appelle parfois *mal* la
simple *négation* d'un plus grand bien. Le nom exact de ce
mal « métaphysique » est celui d'*imperfection.*

A proprement parler, le mal est ce qui contrarie la nature
d'un sujet. Il ne constitue point une entité absolue, il est
essentiellement *relatif* : il est l'absence d'un bien exigé par
le développement normal de la nature d'un être.

Les philosophes de l'École l'appellent une *privation.*

La privation, « privatio », « defectus », suppose un sujet,
elle est la négation d'une perfection qui lui est naturelle.
« Privatio est negatio debiti inesse alicui subjecto ».

Le mal est, dit saint Thomas, l'absence d'un bien naturel
à un être : « Malum est defectus boni quod natum est et debet
habere. Malum est privatio ordinis ad finem debitum » ¹).

---

¹) *Summ. theol.*, Iª, q. 13, a. 7.

Dans son acception concrète, le mal suppose la réalité positive du sujet qu'il affecte ; dans son acception formelle, le mal, comme tel, *malitia*, consiste en la privation d'un bien naturel à son sujet donné.

Ainsi la cécité constitue un mal : elle est la privation de la vue chez un sujet à qui la vue est naturelle.

Le cancer est un mal. Il introduit un désordre dans la substance organisée. Il consiste dans une multiplication immodérée des cellules épithéliales qui font ainsi irruption dans les tissus adjacents et y exercent une action destructive. Il prive le sujet organisé de l'ordre nécessaire au bon fonctionnement des organes et à la vie. Que l'on ne dise pas que les cellules épithéliales, qui par leur multiplication immodérée ont produit le cancer, constituent en soi et d'une façon absolue un mal. Leur substance est bonne : elles ne diffèrent, ni dans leur nature, ni dans leur mode de formation, des épithéliums normaux de l'organisme. Elles ne sont un mal que *d'une façon relative* » : relativement à l'être organisé qu'elles privent des conditions nécessaires à la vie.

Ainsi le mal est relatif et consiste en la privation d'un bien naturel. Il n'empêche nullement que toute nature soit bonne en soi.

§ 6. — *L'être et ses propriétés transcendantales*

76. Distinction entre l'être et ses propriétés transcendantales. — Après avoir traité d'une façon générale des six notions transcendantales, nous avons approfondi plus spécialement les trois dernières, à savoir : l'unité, la vérité et la bonté.

Les propriétés transcendantales sont-elles réellement distinctes de l'être ? Non, car elles sont quelque chose, elles sont des êtres, et, par suite, elles se confondent avec l'être. Lui seraient-elles donc identiques ? Non plus. Nous avons vu qu'elles appartiennent à tout être : elles ont donc la même extension que lui. Elles ont aussi la même compréhension. Mais chacune d'elles en fait ressortir un aspect particulier. Entre l'être et ses propriétés transcendantales il y a une distinction *logique ;* la distinction n'est cependant pas purement logique, elle est *virtuelle*, quoique *incomplète*, dans le sens défini plus haut (**31**).

77. Il y a trois propriétés transcendantales, et trois seulement. — Les propriétés transcendantales ont la même compréhension que l'être. Par suite, elles n'y ajoutent aucune détermination positive. Comment donc peuvent-elles l'affecter? De deux manières : d'abord en son entité *absolue*, elles peuvent l'affecter d'une *négation ;* puis, tout en le laissant intact en son entité absolue, elles peuvent lui superposer une *relation.* On chercherait vainement un troisième moyen de modifier l'être, sans cependant lui rien ajouter.

Or, affecté d'une *négation*, l'être est considéré comme *un ;* l'unité est la négation de la division interne de l'être.

Affecté d'une relation, l'être est *vrai* et *bon.*

D'une part, la relation exige deux termes corrélatifs et, d'autre part, l'être s'étend à tout. En conséquence, le terme corrélatif de l'être doit aussi s'étendre à tout. Abstraction faite de Dieu, dont on n'est pas en droit de postuler ici l'existence, qu'y a-t-il au monde qui s'étende à tout ? L'intelligence humaine, capable de tout connaître ; la volonté humaine, capable de tout vouloir.

L'être en rapport de conformité avec une conception de l'intelligence qui le représente tel qu'il est, est *vrai ;* l'être en rapport de convenance avec une appétition de la volonté est *bon.*

Il y a donc trois propriétés transcendantales de l'être, et trois seulement.

§ 7. — *Les premiers principes*

78. Notion des premiers principes. — Lorsque l'intelligence est en possession des notions transcendantales, elle ne se borne pas à les concevoir isolément (acte de simple appréhension), mais elle les rapproche et de leur rapprochement jaillissent des relations. Les premières relations qui naissent du rapprochement des notions transcendantales s'appellent les *premiers principes.*

Deux conditions sont essentielles au premier principe :

Chacun des deux termes doit être un transcendantal ; leur relation doit être immédiate [1]).

Il importe de ne point confondre ces premiers principes avec les *principes des sciences particulières* [2]). Ceux-ci ne sont premiers que dans un ordre restreint de connaissances ; ils sont tirés, par analyse, d'un objet plus ou moins déterminé sur lequel se concentre une science spéciale et ne sont pas absolument à l'abri de toute discussion possible.

79. Trois premiers principes. — Puisque l'on appelle *premier principe* tout rapport immédiat entre deux transcendantaux, il y a autant de premiers principes que de rapprochements possibles entre les notions transcendantales.

Au surplus, le sujet de chacun de ces principes peut être considéré sous forme abstraite et sous forme universelle. Or, les notions transcendantales sont au nombre de six : l'être, quelque chose, le distinct, l'un, le vrai, le bien.

Les énoncés suivants sont donc autant de premiers principes :

L'être est ce qu'il est — tout être est ce qu'il est.

L'être est quelque chose — tout être est quelque chose.

L'être est un — tout être est un.

L'être est vrai — tout être est vrai.

L'être est bon — tout être est bon.

Chacune de ces notions transcendantales est permutable avec l'une quelconque d'entre elles. Exemples :

Quelque chose est être — toute chose est être.

La chose est une — toute chose est une.

Le vrai est un être — tout ce qui est vrai est un être.

Aussi bien, les transcendantaux ne sont distincts que logiquement ; ils ont tous la même compréhension.

1° Lorsque l'on réduit à leur plus simple expression les multiples formules identiques qui énoncent les rapports

---

[1]) Nous étudions uniquement les *premiers principes* au point de vue métaphysique : nous n'avons point à considérer ici l'application que l'on en peut faire à l'ordre logique, en tant qu'on les envisage comme des moyens de discerner le vrai et le faux dans les propositions.
Pour le développement de notre théorie sous ce rapport, voir le Cours supérieur de philosophie, *Métaphysique générale*, pp. 261-267.

[2]) Voir *Logique*.

transcendantaux immédiats, on a un premier principe : *L'être est ce qu'il est.* On l'appelle par excellence le *principe d'identité.*

2° Parmi les notions transcendantales, il en est une qu'à dessein nous avons omise tout à l'heure, celle de *non-être* qui s'accompagne, on s'en souvient, de la notion de *distinct, d'autre* chose.

L'être n'est pas ce qui n'est pas lui ; ou : l'être exclut le non-être. Tout être est distinct de ce qu'il n'est pas : *Principe de contradiction.* Aristote énonce ce principe en ces termes : « *Il est impossible qu'une chose convienne et ne convienne pas à la fois à un être supposé formellement le même* ».

Chacun des transcendantaux — la chose, l'un, le vrai, le bien — peut être opposé à sa négation et fournir ainsi matière à une formule de contradiction.

Le principe de contradiction présuppose une opération mentale autre que la première perception de l'être : la *division* d'avec autre chose, la *négation.* Il est donc postérieur au principe d'identité et ne peut être confondu avec lui.

3° La négation — exclusion de non-être, distinction — vient aussitôt après la perception de l'être. Entre les deux opérations de l'esprit, il n'y a point d'intermédiaire. Aussi, entre l'être et le non-être, entre une chose et la négation de cette chose, il n'y a point de milieu : *Principe du milieu exclu ou du tiers exclu.*

Le principe du milieu exclu est postérieur à celui de contradiction, attendu qu'il a pour objet matériel la contradiction elle-même.

Donc le principe d'identité est le premier principe.

Il l'est dans l'ordre analytique ou génétique.

Mais, dans l'ordre de réduction, lorsqu'il s'agit du bien-fondé de la certitude de nos connaissances, le principe de contradiction est le dernier, la pierre de touche de toute certitude.

Le développement de cette dernière théorie prend place en *Critériologie.*

80. Le principe de contradiction fait abstraction du temps. — Assez généralement les auteurs donnent au principe de contradiction cette expression : Une chose ne peut *en même* *temps* être et n'être pas. Cependant la circonstance de temps n'entre pas dans l'énoncé rigoureux du principe de contra-diction.

Un mêmé sujet n'admet pas des attributs contradictoires : voilà le principe.

Or, il est manifeste que ni à un moment donné, ni à des moments différents, un *même* sujet ne peut recevoir des attributs contradictoires. C'est donc l'identité du sujet qui fonde le principe, c'est donc à cette notion qu'il convient de s'attacher et non point à la circonstance de temps, qui lui est étrangère. Comment, d'ailleurs, le principe aurait-il une portée *transcendantale*, c'est-à-dire, comment dépasserait-il en extension toutes les catégories, s'il était subordonné à la catégorie de temps ?

Pourquoi est-on tenté d'ajouter au principe de contradiction la condition que le sujet soit considéré à un moment unique ? Parce que, les choses de la nature étant variables, on n'est jamais sûr qu'à deux moments successifs elles demeurent les mêmes. Mais, dès que la chose est supposée *la même*, elle exclut et au même moment, et à des moments successifs, des attributs contradictoires.

TROISIÈME PARTIE

La substance et ses déterminations

ou

les principales divisions de l'être

---

81. Avant-propos. — On a fait plus haut l'énumération des multiples acceptions de l'être. Le moment est venu de les rapprocher. Cette étude comparative doit faire l'objet de la *Troisième Partie*.

On s'y attachera principalement à mettre en présence :

La substance et ses accidents *(Chapitre I)*.

L'être en acte et l'être en puissance *(Chapitre II)*.

On confrontera ensuite la substance créée, objet de la première connaissance intellectuelle, avec l'être nécessaire et infini dont les êtres contingents et finis nous démontrent l'existence *(Chapitre III)*.

Quelques observations complémentaires fourniront la matière d'un dernier chapitre. On y fera voir, notamment, que tous les sujets traités dans cette *Troisième Partie* se réfèrent à la substance. On se rendra mieux compte alors de l'unité de l'objet de la Métaphysique *(Chapitre IV)*.

Le *Chapitre I* sera subdivisé en *quatre paragraphes* qui auront respectivement pour objet :

§ 1. La substance.

§ 2. L'accident.

§ 3. La nature de la distinction entre la substance et l'accident.

§ 4. Les accidents.

CHAPITRE I

La substance et ses accidents

§ 1. — *La substance*

82. Substance et accidents : aperçu général. — Lorsque nous étudions les êtres de la nature, nous y appréhendons des réalités diverses. Il en est qui n'existent que dépendamment d'une autre réalité présupposée : tels sont les actes de marcher, de s'asseoir, de sentir, de penser, de vouloir, etc. : la réalité de ces divers actes n'existe et ne se conçoit que dépendamment d'un être présupposé ; inévitablement nous les attibuons à quelque chose ou à quelqu'un qui marche, qui s'assied, qui sent, pense, veut. A plus forte raison, certaines modalités telles que la longueur, la largeur, la forme rectangulaire ou arrondie d'un corps étendu, ne sont réalisables et concevables que dépendamment de quelque chose qui est long, large, de forme rectangulaire ou ronde.

Les êtres qui n'existent et ne se conçoivent que dépendamment d'un être présupposé, nous les appelons des *accidents* ; l'être que les accidents présupposent, nous l'appelons *sujet* ou *substance*.

83. Existence des substances. — Le phénoménisme absolu admet uniquement la réalité des événements internes et des phénomènes externes. L'affirmation de l'existence de sujets supportant ces êtres phénoménaux est, au dire des partisans de ce système, le résultat d'une illusion.

A l'encontre de la doctrine phénoméniste, établissons qu'il existe des substances.

Ier *Argument : argument de conscience.* — Chaque fois que, sous l'influence des sens extérieurs et du sens intime, l'intelligence a l'intuition d'une chose de la nature, elle se la représente au premier aspect comme quelque chose posé en soi. Ce quelque chose posé en soi, *aliquid per se stans*, est, par définition, la substance. Ainsi cet homme que voilà, cette chaise, cette table nous apparaissent comme des êtres existant en soi. Même les réalités qui ne sont pas de nature à subsister pour leur compte — par exemple l'azur du ciel, le son de la voix, les parfums des fleurs — nous nous les figurons au premier abord comme se posant en elles-mêmes. Dès lors, de deux choses l'une : ou ce que nous tenons pour une substance en est une, et alors la thèse est démontrée. Ou ce que nous tenons pour tel est inhérent à un sujet antérieur : ainsi l'étendue suppose nécessairement un corps étendu ; les actes de se lever, de marcher, etc., doivent se passer dans un être qui se lève et qui marche. Dans cette dernière hypothèse, l'objet immédiat de la perception n'est pas une substance, mais le sujet auquel il est inhérent en est une, à moins que l'on n'imagine les accidents inhérents à d'autres accidents, lesquels reposeraient à leur tour en des accidents antérieurs, sans qu'il y ait à leur base un premier sujet. Mais cette supposition est inadmissible, car chaque réalité prise dans la nature contiendrait une multitude actuellement infinie d'entités subordonnées les unes aux autres.

Donc le témoignage de la conscience est véridique : L'objet de toute intuition intellectuelle est une substance ou en suppose une.

Donc il y a des substances dans la nature.

2ᵐᵉ *Argument, tiré de l'existence d'accidents.* — Il existe des accidents, c'est-à-dire, des êtres dont la nature est d'exister en autrui. Puisqu'ils existent, c'est donc qu'il y a des sujets en qui ils existent.

Conçoit-on, par exemple, une position autrement qu'en un sujet posé quelque part ? Qu'est la nutrition, sinon la fonction d'un vivant qui se nourrit.

Les sensations et les désirs, les pensées et les vouloirs, que sont-ils, sinon des actes de quelque chose ou de quelqu'un qui sent, désire, pense, veut ?

Par conséquent, l'existence d'accidents implique nécessairement l'existence du sujet substantiel en qui ils existent.

Aussi les phénoménistes absolus tombent-ils dans une contradiction inévitable : d'une part, ils admettent l'existence des accidents, d'autre part, ils nient l'existence des substances et par suite des accidents, puisque ceux-ci n'existent que dans un support substantiel.

Ayant établi l'*existence* des substances, il nous faut déterminer la *nature* de la substance. Nous verrons ensuite les rapports qu'elle supporte avec ses accidents.

84. Nature de la substance. — La substance se présente avec un double caractère : elle sert de sujet aux accidents et elle existe en soi.

Dans l'ordre *logique*, son rôle de sujet se révèle le premier ; dans l'ordre *ontologique*, l'existence en soi est sa perfection primordiale.

Dans l'ordre logique, l'existence de réalités incapables d'exister, sans exister en d'autres, conduit à l'affirmation d'un sujet, nécessaire à l'existence des accidents.

Les appellations *substance*, *sujet* (sub-stans, sub-jectum) sont tirées de ce rôle le plus apparent de la substance : celui de rendre possible l'existence de l'accident.

Telle est, en effet, la loi générale du langage que le mot primitif n'exprime pas la perfection essentielle de l'être, mais une de ses propriétés apparentes.

Mais, dans l'ordre *ontologique*, la perfection en raison de laquelle l'être existe en soi est *primordiale*.

En effet, exister en soi, se suffire à soi est une perfection absolue ; servir de sujet à autrui est une propriété relative : or, l'absolu est antérieur au relatif.

85. La relation entre la substance et ses accidents. — 1° On imagine parfois la substance à la façon d'un morceau de bois ou de métal recouvert d'une couche de couleur : grattez la couleur, vous enlèverez les accidents, vous mettez à nu la substance.

Plusieurs expressions, consacrées par le langage, favorisent cette conception de la relation entre la substance et les accidents : ne dit-on pas en effet que la substance est le *support*, le *soutien* des accidents ; que ceux-ci *reposent* sur la substance, *résident* en elle, sont *inhérents* à elle ?

36

Ces métaphores sont trompeuses : elles amènent à croire que la substance et les accidents sont des êtres superposés.

Or, il n'y a jamais conjonction ou superposition d'une substance concrète et d'accidents concrets : il y a un même sujet substantiel déterminable par des actes accidentels variables, différents ; mais les variations accidentelles ne s'accomplissent jamais en un même être concret : lorsqu'elles se produisent, elles ont ce résultat qu'à un être concret succède un *autre* être concret, de sorte que jamais elles ne compromettent l'unité physique de l'être actuellement existant.

Ainsi, prenons comme exemple un morceau de fer : nous le mettons quelques minutes dans un brasier, nous l'en tirons chauffé à blanc. Que s'est-il passé ? Des accidents nouveaux sont apparus dans ce fer : tel degré de chaleur, telle couleur, une dilatation déterminée, etc. Peut-on dire qu'ils se sont superposés à la substance du fer, sans l'affecter elle-même ? Nullement. C'est ce morceau de fer qui est chaud, coloré, dilaté. Les accidents nouveaux qui sont apparus en lui, le déterminent intrinsèquement, intimement.

La distinction entre la substance et ses accidents est un des cas particuliers de la distinction entre la puissance et l'acte ; entre une matière ou un sujet déterminable et un principe formel ou déterminateur.

2º La substance n'est pas, comme le soutient Descartes, un substratum inerte placé sous les phénomènes actifs. Certes, lorsque le métaphysicien parle de la substance, il fait abstraction des actions qu'elle produit et des changements qu'elle subit, il se place, *par la pensée*, dans l'ordre statique, Mais il ne s'ensuit pas que la substance est, *en réalité*, dépourvue d'activité et de changement. L'ordre réel présente un caractère dynamique qu'il serait arbitraire de lui dénier.

3º Cependant, la substance, comme telle, n'est point active.

Leibniz réagissant contre le mécanisme de Descartes pensait que l'aspect dynamique caractérise la substance. Sans doute la substance, spirituelle ou corporelle, n'est point le sujet inerte que croyait découvrir le génie géométrique de Descartes. Elle est, au contraire, douée d'une tendance interne vers un terme et fait converger vers lui les forces ou facultés qu'elle possède.

.Néanmoins, cette tendance ne doit pas entrer dans la définition de l'être substantiel : on appelle la chose du nom de
substance pour signifier qu'*on la considère en tant qu'elle est ;*
considérée en tant qu'elle est destinée à agir, ou à pâtir,
elle porte, strictement parlant, un autre nom, elle s'appelle
nature. .

'4° On définit souvent la substance : le sujet « stable »,
« permanent », « persistant » de réalités « passagères » que
l'on appelle alors *les accidents.*

Cette définition trouve son origine dans la· *Critique de la
raison pure* de Kant ; elle apparaît chez de nombreux philosophes contemporains et particulièrement chez H. Spencer.

Or, la *permanence de la durée* n'est pas essentielle à ·la
substance.

L'être en soi, n'eût-il qu'un moment d'existence, n'en serait
pas moins,. à ce moment unique, une substance. Au contraire,
les êtres nécessairement inhérents à un sujet, fussent-ils con-
servés durant un temps indéfini, n'en seraient pas moins des
accidents.

5° Spinoza, suivant en cela Descartes, donne de la substance
une définition fausse. « La substance est, dit-il, ce qui est en
soi et ce qui est conçu par soi, c'est-à-dire ce dont le concept
peut être formé sans avoir besoin du concept d'une autre
chose » [1]).

Cette notion spinoziste est erronée. La substance est l'être
en soi, *ens in se, ens per se stans,* elle n'est pas nécessairement l'être *par* soi, *ens a se.*

La perfection propre à' la substance consiste à ne point
dépendre *intrinsèquement* d'une cause subjective ou matérielle — la .cause matérielle est « *id ex quo aliquid fit, id quo
aliquid recipitur* » — elle ne consiste pas à ne point dépendre
d'une cause *extrinsèque,* efficiente ; celle-ci se définit : « *id
a quo* aliquid est ».

Les substances — la substance divine seule exceptée —
.aussi bien que les accidents dépendent d'un autre être pour
avoir et pour conserver l'existence, *sunt entia ab alio ;* mais
à la différence de l'accident, la substance échappe à la dépen-

---

[1]) SPINOZA, *Ethique,* 1ʳᵉ partie. Définitions.

dance intrinsèque à l'égard d'une cause matérielle; *substantiae debetur esse non in alio.*

Nous avons analysé la notion de substance. Après l'avoir comparée à la notion d'accident, il nous reste à la rapprocher des notions d'essence, de nature, d'individu ou de personne.

86. Substance première et substance seconde. — Les essences spécifiques et génériques des choses substantielles ne sont point, à la façon des accidents, inhérentes à un sujet : aussi n'a-t-on pas tort de les appeler *substances ;* cependant elles ne se conçoivent pas sans présupposer, dans l'ordre logique, un sujet individuel auquel on les attribue : aussi ne portent-elles pas, au même titre que les substances individuelles, le nom de substance ; on les appelle substances *secondes*, par opposition aux substances singulières qui seules vérifient, dans toute l'intensité de l'expression, la substantialité.

La substance, observe Cajetan, est, selon l'étymologie même du mot, une chose qui, *négativement*, n'a point de sujet, et, *positivement*, sert de sujet à autre chose.

Or, l'individu réalise ce double point de vue, à meilleur titre que l'espèce et le genre.

Donc, à l'individu revient principalement l'appellation de substance.

L'individu, en effet, n'a point, dans l'ordre ontologique, un sujet d'*inhésion* (subjectum *inhaesionis)*, à la façon des accidents ; il n'est point, dans l'ordre logique, l'attribut d'un sujet (subjectum *praedicationis)*, à la façon des genres et des espèces. Ceux-ci, au contraire, n'ont pas de sujet d'*inhésion*, mais ont un sujet d'*attribution* auquel la pensée doit nécessairement les reporter.

Donc, seul l'individu s'appelle au premier chef une substance — substance *première* — tandis que les genres et les espèces ne méritent cette appellation que secondairement — substances *secondes* [1]).

---

[1]) « Quantum ad hæc tria differt substantia particularis ab universali. Primo quidem quia substantia particularis non prædicatur de aliquo inferiori, sicut universalis. Secundo quia substantia universalis non subsistit nisi ratione singularis quæ per se subsistit. Tertio quia substantia universalis est in multis, non autem singularis quæ est ab omnibus separabilis et distincta ». *Metaph.*, V, l. X.

87. Substance, essence, nature. — 1º La *substance* d'un être est l'ensemble des notes nécessaires à un individu et indivisiblement uniès en ce type individuel, de façon que, sans toutes ces notes et chacune d'elles, l'individu ne pourrait exister.

L'*essence* de l'être se prend parfois comme l'équivalent strict de la substance, on l'appelle aussi alors la *quiddité* de l'être ; celle-ci est la réponse à la question *quid est ?* qu'est l'être présent à la pensée ? La réponse à cette question est la définition de la chose, *definitio rei, ratio rei*.

Mais, dans une acception plus stricte, on oppose l'essence à la substance : l'*essence* d'un être n'est plus alors l'expression d'un type individuel, mais elle est la formule expresse des notes qui, logiquement, sont primordiales.

De plus, la notion de substance est corrélative à celle d'accident ; la notion d'essence néglige cette corrélation.

2º La *nature* est l'être substantiel considéré comme principe d'action. Tout ce qui est, est fait pour agir. « Omne agens est propter suam operationem ». Les êtres qui arrivent à l'existence naissent incomplets et se complètent naturellement par l'échange de leurs activités. Cependant le résultat de leur activité n'est point le chaos, mais le monde ordonné, un *cosmos*. La raison en est que chaque substance exerce son activité vers un terme qui est son but intrinsèque : de la coordination de toutes ces différentes activités spécifiques des êtres, dans le sens du but propre à chacune d'elles, résulte l'ordre universel.

Considérés en tant que principes d'activité ordonnés en vue d'une fin naturelle et intrinsèque, les êtres sont des *natures* : en leur donnant ce nom, on se place au point de vue dynamique.

Considérés *en tant qu'ils sont*, les êtres s'appellent essence, quiddité, substance : c'est le point de vue statique.

Entre la nature et la substance, de même qu'entre celle-ci et l'essence, il n'y a qu'une différence de point de vue : l'être réel désigné par ces appellations est toujours le même.

Or, cet être réel, — substance ou nature — comment diffère-t-il de l'individu complet, que les philosophes appellent *suppositum, être subsistant, .hypostase* (ὑπόστασις), *per-sonne* ?·¹)

88. La substance première et l'être subsistant ou la personne. — La substance première, ce sujet que voilà, *hoc aliquid*, qui tombe immédiatement sous l'expérience, se présente à la pensée comme quelque chose qui existe en soi, distinct de tout autre.

Lorsque l'on considère la substance première sous cet aspect formel d'un être complet, n'appartenant à aucun autre, on l'appelle en langage scolastique un *suppositum*, hypostase, être subsistant, suppôt — et lorsqu'il est doué d'intelligence, on l'appelle une personne.

Or, cette notion de l'être subsistant ou personnel soulève une double question :

Première question : Quelle est la raison formelle de la subsistance ou de la personnalité ?

Seconde question : Quelle distinction y a-t-il entre la suppositalité ou la personnalité et l'existence ?

89. Première question : La raison formelle de la subsistance ou de la personnalité. — Lorsque nous considérons ce qui constitue la substance première comme subsistante en soi, nous constatons que l'être subsistant est distinct de tout autre et se suffit en soi pour exister. De ces deux perfections la première, l'incommunicabilité, est une propriété *négative ;* celle-ci suppose une raison *positive :* l'individu jouit de l'incommunicabilité parce qu'il est complet en soi,

---

¹) « Substantia dicitur dupliciter : Uno modo dicitur substantia *quidditas* rei quam significat *definitio* secundum quod dicimus quod definitio significat substantiam rei. Quam quidem substantiam Græci οὐσίαν vocant; quod nos *essentiam* dicere possumus. Alio modo dicitur substantia subjectum vel *suppositum* quod subsistit in genere substantiæ. Et hoc quidem communiter accipiendo, nominari potest nomine significante intentionem et sic dicitur suppositum. Nominatur etiam tribus nominibus significantibus rem ; quæ quidem sunt : res naturæ, subsistentia et hypostasis, secundum triplicem considerationem substantiæ sic dictæ. Secundum enim quod per se existit et non in alia, vocatur *subsistentia.* Illa enim subsistere dicimus, quæ non in alio sed in se existunt. Secundum quod supponitur alicui naturæ communi, sic dicitur *res naturæ ;* sicut hic homo est res naturæ humanæ. Secundum vero quod supponitur accidentibus, dicitur *hypostasis* vel *substantia.* Quod autem hæc tria nomina significant communiter in toto genere substantiarum, hoc nomen *persona* significat in genere rationalium substantiarum ». *Summ. theol.*, Iᵃ, q. 29, a. 2.

qu'il suffit pour exister. Être complet en soi, se suffire, telle est donc la raison formelle de la subsistance.

Cependant, en étudiant la subsistance de la substance première, nous avons uniquement envisagé son existence. Or, il y a un autre point de vue qui n'est pas à négliger, celui de l'action.

L'être donne la mesure du pouvoir d'action, « res agit in quantum est actu ». Aussi, le sujet qui est complet dans sa subsistance est-il également le principe premier auquel remonte l'action. Parce qu'il se suffit pour exister, son activité doit lui être attribuée, elle lui appartient. De là cet adage de l'École : *Actiones sunt suppositorum*, l'action appartient à l'être subsistant. Aussi bien, nous n'attribuons jamais l'activité à un accident ni à une partie de l'être substantiel : pour en déterminer la cause efficiente, nous remontons jusqu'à un sujet existant en soi.

Par suite, la perfection caractéristique de l'hypostase consiste en ce que, pour exister et pour agir, elle est complète en soi, et n'a pas besoin d'être communiquée à un autre être : telle est la raison formelle de la subsistance.

La personnalité entraîne une notion complémentaire : le caractère intelligent de l'être complet en soi.

La *personne*, en effet, n'est pas autre chose — selon la définition de Boèce qui est restée classique — que la substance individuelle d'une nature intelligente. « Persona est *rationalis* naturæ individua substantia.

Il est juste, d'ailleurs, que la subsistance de l'être doué de raison porte un nom privilégié.

En effet, l'être doué de raison est libre et, par conséquent, maître de ses actes, auteur raisonnable de sa destinée ; en outre, seul l'être raisonnable peut se rendre compte de son individualité ; il réalise donc d'une façon supérieure cette plénitude et cette indépendance d'être et d'action qui forment la caractéristique de la subsistance:

90. Corollaire. L'âme humaine n'est pas une personne. — La nature individuelle de l'homme, *cet homme*, Pierre ou Paul, ce n'est pas l'âme, ni même l'âme *avec* le corps, c'est l'*être composé* de matière et d'âme : le composé est le principe premier d'action, le sujet premier auquel toutes les opérations doivent être rapportées, en un mot, le suppôt raisonnable ou l'hypostase.

Dès lors, soit que l'on considère l'âme dans son état d'union avec le corps, soit qu'on la considère séparée du corps, après la dissolution du composé, elle n'a jamais le caractère d'un sujet complet, au double point de vue de la subsistance et de l'action et, par conséquent, elle ne mérite jamais l'appellation d'hypostase ou de personne [1]).

91. Seconde question : La substance individuelle et l'existence. — Aussi loin que portent l'expérience et l'analyse métaphysique, nous n'apercevons jamais une substance existante qui ne soit subsistante et incommunicable à autrui : il suit de là que la subsistance est naturellement inséparable de la substance individualisée ; il ne s'ensuit pas, cependant, que la première s'identifie réellement à la seconde ; il y a donc lieu de se demander si, entre la substance existante et l'hypostase, la distinction est logique ou réelle.

Le problème revient à rechercher le fondement réel de la subsistance. Si elle n'est qu'un aspect spécial sous lequel nous pouvons envisager l'*essence* ou la *nature* individuelle, la distinction est logique ; si, au contraire, le fondement réel de la subsistance est autre, la distinction est réelle.

Mais le problème est mixte : il appartient, en effet, à la Théologie. D'après la doctrine révélée, il y a en Jésus-Christ une nature humaine et une nature divine. La nature humaine du Christ est complète, ayant ses facultés et ses actes distincts. Cependant la nature humaine ne subsiste pas en soi, mais en la personne divine du Verbe incarné.

Quelle sera, en présence de ces données, la solution que le philosophe chrétien donnera au problème de la distinction entre la substance singulière et la subsistance ?

La distinction entre la nature singulière et la personne n'est pas une simple question de point de vue.

Les substances corporelles sont composées de matière et de forme, de la substance elle-même et de multiples accidents. Les substances immatérielles sont essentiellement simples, mais possèdent aussi divers accidents.

---

[1]) Cfr. *Psychologie*, nos 158 et 159.

Or, comment ces réalités diverses, la matière et la forme, la substance et les accidents, sont-elles unifiées de façon à constituer un être doué d'unité, distinct de tous autres ?

Serait-ce par l'acte d'existence unique qu'elles reçoivent ? Non, l'acte d'existence actualise le réel, mais laisse intacte sa réalité. Il ne pourrait unifier ce qui est multiple. Il est donc nécessaire d'admettre, en chaque substance individuelle, un principe unificateur en raison duquel le sujet est immédiatement susceptible de l'existence ; ce principe intrinsèque d'ordre quidditatif s'appelle *suppositalité, personnalité, subsistance*. Lorsque la substance est unifiée par ce principe, elle est complète et, par suite, elle appelle un seul acte d'existence qui apporte à la réalité son couronnement définitif : « esse est ultimus actus ».

Ainsi le principe de la subsistance est réellement distinct de la nature individuelle [1]).

Cette doctrine nous semble cadrer avec le dogme catholique. Dans l'union hypostatique du Verbe avec la nature humaine du Christ, celle-ci n'a point de subsistance propre. Le rôle dévolu à la subsistance naturelle est ici rempli, surnaturellement et supérieurement, par la subsistance de la personne divine.

§ 2. — *L'accident*

92. Notion de l'accident. — L'accident est l'être qui ne subsiste pas en soi, mais présuppose un sujet en qui il existe [2]). Nécessairement, l'accident présuppose une substance et, vraisemblablement, la philosophie, si elle eût été seule aux prises avec les faits naturels, n'eût jamais soupçonné qu'il y ait à cette loi des exceptions.

---

[1]) Beaucoup de scolastiques n'admettent pas la nécessité de recourir à ce principe unificateur, à ce *modus substantialis* suivant l'heureuse expression de Cajetan. Ce rôle serait joué par l'existence substantielle, et les accidents possédant chacun leur existence accidentelle ne nuiraient en rien à l'unité substantielle du composé.

[2]) « Accidentia non dicuntur entia quasi ipsa sint sed quia eis aliquid est. Unde accidens magis proprie dicitur entis quam ens. Igitur accidentia et alia hujusmodi quæ non subsistunt, magis sunt coexistentia quam entia, ita magis debent dici concreata quam creata ». *Sum. theol.*, Iᵃ, q. 45, a. 4.

Mais les enseignements de la théologie nous apprennent
que, par une intervention miraculeuse, Dieu conserve sans
leur substance les accidents du pain et du vin dans la Sainte
Eucharistie.

Une dérogation est donc possible à la loi en vertu de laquelle les accidents sont inhérents à un sujet.

Saint Thomas, en sa double qualité de philosophe et de
théologien, a tenu à marquer, dans sa définition de l'accident,
cette possibilité surnaturelle d'une dérogation à la loi générale. Il dit donc avec rigueur : « *Suivant le cours naturel des
choses, l'accident existe en un autre être qui lui sert de sujet* ».
Ou encore : « *L'accident est la chose qui existe en une autre,
tant qu'elle obéit à sa loi naturelle.* Accidens est res cui debetur
esse in alio* » [1]).

Remarque : L'accident dont on parle ici est l'accident *ontologique, réel, catégorique* ou *prédicamentel ;* il ne faut pas le
confondre avec l'accident *logique, catégorématique* ou *prédi-
cable.* En effet, on verra en Logique que les concepts sont
susceptibles de divers classements. Entre autres, on peut les
distribuer, selon le caractère nécessaire ou contingent du lien
qui les unit au sujet dans un jugement, en cinq prédicables :
le genre, la différence spécifique, l'espèce, le propre et l'accident. Les trois premiers prédicables indiquent les caractères
constitutifs de l'espèce ; s'y opposent deux sortes d'accidents *ontologiques,* les accidents *nécessaires* et les accidents
communs.

Les premiers, bien que n'étant point renfermés dans la
définition essentielle ou spécifique du sujet, s'y rapportent
nécessairement. Les seconds n'ont avec l'essence spécifique
qu'une liaison contingente. Or, pour souligner leur contingence, on leur réserve souvent le nom d'accidents et on les
oppose, sous ce nom, aux propriétés. L'accident, dans cette
acception logique, n'est donc pas en opposition immédiate
avec la substance, mais avec un autre accident ontologique,
la propriété.

Dans son acception ontologique, au contraire, l'accident
s'oppose à la première catégorie — celle de substance — et

---

[1]) In *IV Sent.*, dist. XII, q. 1, a. 1, solut. 1, ad 2.

comprend sous lui neuf genres de réalités non substantielles, les neuf dernières catégories aristotéliciennes. Entre l'accident ainsi entendu et la substance, il n'y a point de milieu.

La faculté du langage chez l'homme est un accident *onto-logique ;* au point de vue logique, elle est une propriété néces-saire, *opposée à l'accident* logique.

93. L'existence de l'accident. — Chacun des accidents qui affectent une substance a-t-il *son* existence propre, dis-tincte de celle de la substance ?

Ou y a-t-il *une seule* existence, commune à la substance et aux accidents ?

Nous adoptons la seconde opinion, et pour deux raisons :

Première raison : Seule cette théorie se concilie avec l'unité de l'être. Toute chose individuelle ou personnelle de la nature — tel ce chêne qui, là, dans la forêt étale ses frondaisons vigoureuses ; tel ce bûcheron qui s'apprête à la frapper de sa cognée — est *une.*

Or, une chose véritablement une n'a pas deux existences. Il est impossible, déclare saint Thomas, qu'une seule chose ait plus d'une existence : « Impossibile est quod unius rei non sit unum esse » [1]).

Donc, toute chose subsistante dans la nature possède une seule existence. Dès lors, les accidents de tout être substan-tiel ont le même acte d'existence que lui.

Comment, d'ailleurs, en serait-il autrement ? Donnez, par supposition, son existence à la substance du chêne et une autre existence à sa quantité ; donnez son existence à la substance composée de cet homme, de ce bûcheron, et une autre existence à chacun de ses accidents, à ses facultés intellectuelle et volitive, à sa grandeur, à sa figure, etc... vous n'aurez plus un chêne, un bûcheron, mais une pluralité de choses dont le nombre croîtra avec celui des existences.

Seconde raison : Cette raison est tirée de la définition de l'accident.

L'accident n'est pas, à proprement parler, un être, mais quelque chose d'un être, « non ens, sed aliquid entis » : Ainsi, lorsque nous constatons la grandeur d'un chêne, nous disons :

---

[1]) *Summ. theol.*, 3ª, q. 17, art. 2, in C.

ce chêne *est* grand, non point : ce chêne *a* la grandeur. Nous
remarquons la vigueur de ce bûcheron au travail, et nous
affirmons qu'il *est* vigoureux et non pas qu'il *a* la vigueur.
L'accident affecte l'être substantiel auquel il est inhérent.

Or, supposé que l'accident eût son existence : pourquoi se
refuserait-on à dire qu'il est un « être », purement et simplement un être ? Et que devient alors la distinction fondamentale entre la substance qui, pour exister, se suffit intrinsèquement et l'accident qui, pour exister, est nécessairement dépendant d'un sujet ?

Sous peine de ne plus rien comprendre à l'unité véritable
de l'être et d'en faire un assemblage d'entités, les unes profondes, les autres superficielles, il faut n'attribuer à l'être
total, à sa substance et à ses accidents, qu'un seul être concret.

Aussi bien, l'existence n'est-elle pas l'acte *dernier*, « esse
ultimus actus » ? La substance, comme telle, n'a pas d'existence, elle est déterminable par les accidents qui complètent
la réalité du sujet : seule la substance complètement déterminée par ses accidents et ses modes reçoit l'existence, acte
définitif qui n'est plus sujet d'aucun acte à venir.

§ 3. — *La nature de la distinction entre la substance et l'accident*

**94. Nature de la distinction entre les accidents et la
substance.** — Suivant plusieurs auteurs, la doctrine catholique de la transsubstantiation du pain et du vin au corps et
au sang de Jésus-Christ dans la sainte Eucharistie, et de la
persistance des accidents du pain et du vin en l'absence de
leurs substances connaturelles, conduirait seule à affirmer une
distinction réelle entre les accidents et leur substance. Il y a là
une méprise.

La question de la *séparabilité* des accidents est née de la
doctrine de l'Eucharistie ; mais la question de la nature de
la *distinction* entre les accidents et leur substance se pose
devant la raison naturelle, en dehors de toute considération
théologique et elle est susceptible d'une solution purement
rationnelle.

La question porte avant tout sur la quantité et la qualité qui ne sont pas des accidents relatifs, mais absolus, qui ne sont point extrinsèques, mais intrinsèques.

La philosophie cartésienne prétendait que les accidents ne diffèrent point réellement de la substance ; ils seraient des manières d'être relatives, n'ajoutant à la substance aucune détermination intrinsèque ; par suite, ils ne constitueraient point avec la substance un composé réel, et il n'y aurait point lieu de parler à leur sujet d'une distinction réelle d'avec la substance. Nous tenons que les accidents ajoutent à la substance une *perfection réelle* et, conséquemment, nous attribuons à ces accidents et à la substance qu'ils déterminent, une composition *réelle*.

95. Preuve de la composition réelle de la substance avec certains de ses accidents. — 1er *Argument :* A coup sûr, la thèse cartésienne, prise dans sa généralité, n'est pas soutenable.

La conscience, en effet, se refuse invinciblement à l'identification de la substance de l'âme et de ses actes. Il faut obéir à l'esprit de système pour vouloir faire de la « pensée » ou d'un état de conscience quelconque, qui peut n'être que transitoire, l'essence même de l'âme.

Mais élargissons la preuve et appliquons-la directement aux substances corporelles.

2me *Argument :* Contestera-t-on qu'il se produise dans la nature des changements qui affectent *intrinsèquement* les êtres ? Or, le changement intrinsèque ne se comprend que par la perte ou par l'acquisition d'une réalité.

Mais une chose ne peut être identique ni à une réalité qu'elle n'a plus, ni à une réalité qu'elle n'a pas mais doit acquérir.

Donc, l'existence de changements intrinsèques dans la nature prouve que la substance et les accidents qui viennent l'affecter réalisent une composition réelle.

Nier que les accidents ajoutent véritablement une réalité à la substance qu'ils affectent, c'est se condamner à soutenir une de ces trois propositions : tous les changements qui se produisent dans les êtres sont substantiels ; — il n'y a point de

changements dans la nature ; — les contradictoires sont
identiques.

3ᵐᵉ *Argument* à l'encontre de la thèse cartésienne : Il est
impossible de comprendre que tous les accidents se réduisent,
comme le veulent les cartésiens, à des relations sans aucun
fondement dans les sujets entre lesquels elles s'établissent.

Sans cesse, en effet, des relations réelles changent entre
les êtres de la nature.

Or, toute relation réelle a nécessairement un fondement.
Mais ce fondement ne peut être à son tour une relation antérieure reposant, elle-même, sur une autre relation, et ainsi à
l'infini, car que serait, en définitive, cette superposition de
relations qui n'auraient nulle part un premier point d'appui ?
Réduire à une pareille conception toutes les relations qui
existent entre les êtres de la nature, c'est nier virtuellement
leur objectivité réelle.

Toute relation réelle a donc nécessairement un fondement
absolu. On peut supposer que ce fondement est une substance ou un accident. Dans la première hypothèse, chaque
changement de relations entre les êtres supposerait une transformation substantielle, ce que, certes, un cartésien se refu-
sera à admettre. Donc il faut penser que le fondement
des relations réelles de la nature se trouve dans des accidents
absolus qui affectent intrinsèquement leurs substances, en
diffèrent réellement.

**96. Séparabilité des accidents d'avec leur substance
connaturelle.** — Le Concile de Trente, résumant l'enseignement des Pères et des Écoles de théologie, déclare que,
dans le mystère de la sainte Eucharistie, il se fait : « conversio
totius substantiæ panis in corpus et totius substantiæ vini in
sanguinem Domini nostri Jesu Christi, *manentibus dumtaxat
speciebus panis et vini* » [1]).

Cette décision conciliaire affirme la séparabilité des accidents d'avec leur substance naturelle. La philosophie, laissée
à elle-même et guidée par l'expérience, n'aurait sans doute
pas soupçonné la possibilité de cette séparation. Le philo-

---

[1]) Sess. XIII, cap. 2.

sophe *chrétien*, éclairé par l'autorité doctrinale de l'Église, la professe.

§ 4. — *Les accidents*

97. Avant-propos. — Les êtres peuvent être rangés en dix catégories · la substance et neuf accidents.

. De ces neuf accidents, plusieurs relèvent de la physique rationnelle, ou cosmologie : telles sont les catégories de *quantité*, de *lieu*, de *temps* qui n'affectent que les corps.

En revanche, les catégories de *qualité*, de *relation*, d'*action* et de *passion* trouvent leur application dans le monde immatériel aussi bien que dans le monde de la matière ; elles sont donc du ressort de la métaphysique.

On parlera de l'*action* et de la *passion* à propos de la division générale de l'être en acte et en puissance et, plus loin, dans la Quatrième Partie, à propos des causes ; disons ici quelques mots de la *qualité* (I) et de la *relation* (II).

I. — LA QUALITÉ

98. Notion de la qualité. — Dans une acception très générale, la qualité est opposée au sujet et désigne tout ce qui peut lui être attribué. Il n'y a point de détermination, soit substantielle, soit accidentelle qui, dans ce sens large, ne soit une qualité.

Mais, dans une acception plus restreinte, la *qualité* désigne, chez Aristote, une catégorie distincte des autres ; elle est spécialement en opposition avec la substance, avec la quantité, avec la relation ; elle désigne une détermination accidentelle qui affecte formellement la substance et nous fait dire *quelle* elle est. « Hæc est ratio formalis qualitatis, dit saint Thomas, per quam respondemus interroganti qualis res sit ».

Assurément, cette formule n'est pas une définition. Les notions les plus élémentaires ne sont point définissables : pour les définir, il faudrait les décomposer en un genre plus simple qu'elles, et en une différence spécifique, qui viendrait s'ajouter au genre. Or, évidemment, les objets de pensée les plus simples sont réfractaires à l'analyse.

Cependant, éclaircir la notion abstraite de qualité par les termes concrets *quel*, *tel*, c'est faire œuvre utile, parce que le concret immédiatement en contact avec nos sens nous est plus familier que l'abstrait.

99. Les qualités. — Aristote et les scolastiques rangent sous quatre chefs de division, les multiples qualités attribuables à un sujet.

Le *premier* membre de la division comprend les « habitudes » et les « dispositions » qui concernent la nature du sujet, l'affectent en bien ou en mal. Telles sont la santé, la science, la sincérité.

L'aptitude, principe intrinsèque d'action, et l'inaptitude forment le *deuxième* groupe. Ainsi, lorsque l'on dit d'un homme qu'il est *habile* ou inhabile à fournir un travail, on lui attribue une qualité. Capacités, aptitudes, facultés, forces désignent des qualités.

Le *troisième* groupe comprend les passions sensibles jointes à un changement d'état des organes et les puissances passives correspondantes, par exemple, le plaisir, la douleur, la colère, etc.

Enfin, la figure et la forme extérieure d'un objet étendu sont le *quatrième* et dernier membre de la classification aristotélicienne.

Les scolastiques désignent ces quatre groupes par les indications suivantes : Habitus ; potentia naturalis activa et impotentia ; passibiles qualitates, potentiæ passivæ et passiones ; figura et forma.

Quelles sont les propriétés des qualités ?

100. Propriétés des qualités. — 1° *Seules les qualités peuvent avoir leur contraire.* Ainsi la santé exclut la maladie, la vertu exclut le vice.

Cependant, *toute* qualité n'a pas son contraire : les figures, par exemple, qualités classées par Aristote dans la quatrième espèce, n'ont pas de contraire.

2° *Les qualités sont le fondement de la ressemblance et de la dissemblance.* On appelle semblables les choses qui possèdent les mêmes qualités ; dissemblables, celles qui ont des qualités différentes.

3° *Les qualités comportent des degrés.* Elles sont susceptibles d'accroissement et de diminution. Ainsi, il y a des degrés dans la lumière, dans la chaleur, dans la science, dans la vertu. Les substances individuelles, comme telles, n'admettent pas de degrés.

101. Qualités de la première espèce : L'habitude, la disposition. — L'habitude est une disposition stable, qui seconde ou contrarie le mouvement d'un être vers sa fin naturelle. « Habitus, écrit Aristote, dicitur dispositio difficile mobilis, secundum quam bene vel male disponitur dispositum aut secundum se aut ad aliud ».

En rigueur de termes, la nature immatérielle et ses puissances immatérielles, l'intelligence et la volonté, sont seules le sujet d'*habitudes*.

Les adaptations des puissances matérielles à leurs actes s'appellent des *dispositions* plutôt que des habitudes.

En effet, l'habitude, telle que l'entendent les scolastiques, implique l'introduction d'une modification — stable — dans la puissance elle-même. Or, les corps ne vérifient pas cet ensemble de conditions.

Pour qu'un être puisse être modifié par une habitude, il faut que ses puissances soient dirigeables diversement, « potentia determinabilis ad diversa ». Les qualités des corps chimiquement simples ne se prêtent à aucune modification subjective ; elles n'ont donc ni habitudes, ni dispositions.

Sans doute, les corps plus complexes résultant de la combinaison des corps simples sont susceptibles d'acquérir des dispositions à l'action. Les facultés sensitives servent plus ou moins bien les facultés supérieures. On « *habitue* » les animaux à divers mouvements, on les « *dresse* » pour certains exercices ; les organes s'*adaptent* à leurs fonctions ; on *acclimate* des plantes exotiques ; les métaux *se plient* avec plus ou moins de facilité à la forme que l'on s'efforce de leur imprimer. La santé et la maladie, la faiblesse, la vigueur sont autant de dispositions de l'organisme.

Cependant, à ces dispositions il convient de refuser le nom d'*habitude*. Elles n'ont point le caractère de stabilité requis par cette notion. Elles sont précaires, en raison même de la nature de l'être corporel qui les a acquises. Celui-ci étant un composé, l'heureuse combinaison de ses diverses parties amène un résultat d'ensemble, favorable à sa fin. Mais comme cet heureux concours dépend d'une grande complexité d'éléments, il est nécessairement peu stable. Par suite, il ne convient pas de dénommer ces dispositions, des habitudes. Ainsi la santé et la maladie, l'accommodation ou l'adaptation acquises des organes ou des tissus ne sont pas des habitudes.

L'habitude, en vertu de son caractère spécial de fixité, suppose donc un sujet substantiellement intransformable et incorruptible.

D'autre part, toutes les dispositions des êtres immatériels ne sont point des habitudes : ce nom est réservé à celles qui sont difficilement modifiables, « difficile mobilis ». Dans l'ordre intellectuel, l'opinion ; dans l'ordre moral, l'inclination au bien, résultant de quelques actes isolés ne sont pas des habitudes, mais de simples dispositions.

En résumé, l'habitude « habitus » est une qualité permanente qui, surajoutée à la nature ou aux puissances immatérielles du sujet, le dispose d'une manière favorable ou défavorable à sa fin [1]).

102. L'habitude au point de vue psychologique : son origine, son effet ; classification des habitudes de l'âme humaine. — 1º *Origine de l'habitude :* L'habitude contractée tire son origine de l'*acte* même qui la commence. L'habitude réside dans une puissance passive qu'il modifie. Si le premier acte n'introduisait dans le sujet aucune modification, le second acte ne serait pas plus facile que le premier, le troisième acte ne différerait pas du second ; aucune habitude ne prendrait racine.

2º *Effet de l'habitude :* L'habitude perfectionne la faculté, accroît son énergie ; elle rend aussi plus facile et plus rapide la répétition de l'acte auquel elle dispose.

---

[1]) « Dispositio et habitus possunt distingui sicut diversæ species unius generis subalterni, ut dicantur *dispositiones* illæ qualitates primæ speciei quibus convenit secundum propriam rationem ut de facili amittantur, quia habent causas mutabiles, ut ægritudo et sanitas ; *habitus* vero dicantur illæ qualitates quæ secundum suam rationem habent quod non de facili transmutentur quia habent causas immobiles. sicut scientiæ et virtutes ; secundum hoc dispositio non fit habitus », *Summ. theol.*, 1ª, 2ᵉ q. 49, a. 2, ad 3.

De plus, elle fait naître et développe un *besoin* d'agir. Comme les actes opposés à l'habitude contrastent, par la difficulté qu'ils présentent, avec ceux qui y sont conformes, la faculté s'en détourne pour suivre la ligne de la moindre résistance.

Enfin, à mesure que l'exercice de l'acte exige moins d'effort, il est moins remarqué : il en résulte que l'habitude diminue graduellement le sentiment de l'action.

3° *La classification des habitudes de l'âme humaine* : On peut considérer l'âme humaine dans son essence ou dans ses puissances, dans sa condition naturelle ou dans l'état surnaturel auquel la Foi nous dit qu'elle a été élevée.

Des habitudes *surnaturelles* « infuses » affectent, soit le fond essentiel de l'âme humaine, soit les puissances par lesquelles elle agit. Les habitudes *naturelles* sont acquises. Elles n'affectent pas l'essence de l'âme, mais les facultés par lesquelles l'âme agit : la raison et la volonté.

Les habitudes de la *raison*, « vertus intellectuelles », ainsi que les appelaient les anciens, sont au nombre de cinq : l'intelligence des principes, la science, la sagesse, la prudence et l'art. Ces habitudes empruntent leur stabilité aux vérités nécessaires.

Les habitudes de la *volonté* ou habitudes morales auxquelles est réservé, exclusivement, en français, le nom de *vertu*, sont la tempérance, la force, la justice, la prudence et les autres vertus que celles-ci comprennent sous elles [1]).

103. Qualités de la deuxième espèce. — Le deuxième groupe de qualités est constitué par les *puissances opératives.*

La *puissance* met la substance à même d'agir ou de subir une action et, conséquemment, de réagir ; elle est le principe prochain de l'action ou de la passion.

L'*impuissance*, telle qu'on l'entend ici, n'est pas la négation du pouvoir d'agir, mais ce pouvoir même paralysé ou plus ou moins entravé dans son existence ; impuissance signifie puis-

---

[1]) Saint Thomas fait remarquer que la prudence, vertu morale, s'appuie sur le discernement prudent de la raison. « Est enim prudentia recta ratio agibilium », dit-il. Il résume sa pensée en ces termes : « Prudentia, secundum essentiam suam, est virtus intellectualis, sed, secundum materiam, convenit cum virtutibus moralibus ». *Sum. theol.*, Iᵃ 2ᵉ, q. 58, a. 3, ad 1.

sance opérative faible ou affaiblie. Ainsi l'impuissance de l'enfant pour la marche, celle du vieillard pour la vue, n'expriment pas une négation de la puissance opposée, mais indiquent les conditions défectueuses dans lesquelles ces puissances s'exercent.

Les puissances opératives sont données au sujet avec sa nature, elles en sont les *propriétés ;* elles diffèrent en cela, entre autres, des *habitus* qui résultent contingemment de l'exercice de l'activité du sujet.

Nous disions, à l'instant, que la puissance est le principe *prochain, immédiat* de l'action. Il faut distinguer, en effet, le principe *prochain, immédiat,* et le principe *éloigné, premier,* de l'action. Le principe *premier* de l'action est, selon le point de vue auquel on se place, l'*hypostase,* la *personne* ou la *nature.*

L'*hypostase,* la *personne* est le premier principe qui agit, *principium primum quod agit.* L'hypostase ou la personne agit par sa nature ; celle-ci est le *principium quo agens agit.*

Mais la nature de l'être créé n'agit pas par elle-même, elle emploie des puissances, des facultés. La *nature* est principe *premier, éloigné, primum* principium *quo ;* les *puissances* ou les *facultés* sont les principes *dérivés, prochains, immédiats* de l'action.

Cette distinction entre un principe *premier* et des principes *dérivés* d'action est-elle fondée ? Les puissances opératives sont-elles distinctes de la nature ?

104. Distinction réelle de la substance et de ses puissances. — 1er *Argument :* A des actes spécifiquement divers doivent immédiatement répondre les puissances réellement distinctes.

Or, pour tout être créé l'existence et l'action sont des actes divers.

Donc le sujet mis en acte par l'existence est autre que le sujet mis en acte par l'action.

La *majeure* de ce raisonnement a seule besoin d'être prouvée.

L'acte n'accomplit son rôle qu'en se communiquant à son sujet, en le déterminant intrinsèquement. Or, la communication d'un acte n'est possible qu'à un sujet capable de le recevoir ; des actes divers supposent donc, dans le sujet, des conditions diverses de réceptivité. En conséquence, la diversité indiscutable des deux actes *exister* et *agir* présuppose nécessairement une diversité correspondante dans leurs sujets réceptifs : la substance et la puissance.

Donc, enfin, il y a une distinction réelle entre la substance et les puissances par lesquelles elle opère [1]).

2me *Argument :* Appliquée à l'âme, la thèse prend un caractère particulier d'évidence. En effet :

Il est impossible qu'une chose soit identique à plusieurs réellement distinctes entre elles.

Or, plusieurs facultés de l'âme sont réellement distinctes les unes des autres.

Donc il est impossible que l'âme soit identique à aucune de ses facultés.

La preuve de la *mineure* qui seule doit être faite, se tire des données de la Psychologie [2]). »

Nous y avons vu que certains actes de l'homme proviennent d'un principe composé de matière, tels les actes de nutrition, de division, etc., et que d'autres émanent de principes immatériels, tels les actes d'intelligence et de volonté. Ces principes immatériels sont nécessairement distincts des principes d'où découlent les actes matériels.

D'autre part, les actes immatériels nous ont fait reconnaître des facultés réellement distinctes : l'intelligence, la volonté.

3me *Argument :* Supposé que la substance ne fût pas réellement distincte de ses puissances, et qu'il n'y eût, dans l'homme, qu'*une* seule puissance active : la substance, il devrait y avoir un acte dans lequel on retrouvât toutes les

---

[1]) « Impossibile est quod alicujus substantiæ creatæ sua essentia sit sua potentia operativa. Manifestum est enim, quod diversi actus diversorum sunt : semper enim actus proportionatur ei cujus est actus. Sicut autem ipsum esse est actualitas quædam essentiæ, ita operari est actualitas operativa potentiæ seu virtutis. Secundum enim hoc, utrumque eorum est in actu, essentia quidem secundum esse, potentia vero secundum operari. Unde cum in nulla creatura suum operari sit suum esse, sed hoc sit proprium solius Dei, sequitur quod nullius creaturæ operativa potentia sit ejus essentia sed solius Dei proprium est ut sua essentia sit sua potentia ». *Qq. disp. de spir. creat.,* a. 11.

[2]) Cfr. *Psychologie,* no⁸ 13, 51, 144.

formes d'activité dont cette puissance serait capable. La conscience devrait nous révéler l'existence d'un acte, où se traduisissent toutes nos virtualités végétatives, sensitives, intellectuelles.

Or, l'âme ne déploie sa puissance que partiellement, sous des formes diverses d'activité vitale.

Donc la nature humaine n'est pas *une* puissance. Elle se sert de puissances diverses pour mettre en œuvre ses ressources d'activité.

Quelles sont ces puissances ? Sur quelle base repose leur distinction ?

105. Classification des puissances. — Fondement de cette classification. — 1º *Sens de la thèse* : La classification des puissances opératives se fonde sur ce principe : *A des actes adéquatement distincts répondent des facultés réellement distinctes.* Ce qui distingue entre eux ces actes, c'est leur *objet formel.* Ainsi, je perçois la lumière, soit qu'elle tombe sur cet arbre planté dans le sol, soit qu'elle éclaire le sol où il plonge ses racines : l'objet matériel est différent, mais l'objet formel est identique ; aussi, dans les deux cas, j'éprouve une même sensation : l'acte est le même : un seul organe, l'œil, en est l'instrument ; la puissance est la même dans les deux opérations.

Lorsque je presse la main sur l'arbre, le sens musculaire entre en jeu : l'œil perçoit la lumière, le sens musculaire perçoit la résistance. L'objet matériel est le même, mais les objets formels sont différents. Les actes, par suite, différeront aussi ; et de la diversité des opérations nous pourrons légitimement induire la diversité des puissances d'où elles émanent.

L'objet matériel d'un acte est la chose qui constitue le terme de cet acte, sans que l'on y relève l'aspect spécial que l'acte y saisit. Au contraire, ce que dans cette chose la faculté atteint directement et spécialement, la *ratio attingendi*, constitue l'objet *formel.*

Ce qui *spécifie* l'acte, ce n'est pas la chose matérielle, mais l'*objet formel.* C'est là ce qui nous fait distinguer nos opérations : de la présence ou de l'absence de son objet formel dépendent, pour la faculté, la possibilité ou l'impossibilité d'entrer en exercice.

Donc de la diversité spécifique des objets de nos actes nous concluons à la diversité de ceux-ci et, inductivement, à celle des puissances qui les produisent.

Cependant, la distinction *formelle* des actes doit être *adéquate*.

Il y a, en effet, des actes formellement distincts — telles la volition nécessaire du bien en général et les volitions libres des biens particuliers — qui appartiennent à une faculté unique. C'est que leur distinction formelle est *inadéquate* : tous les actes de volonté ont, en effet, un même objet formel générique, le bien.

Or, seul l'acte considéré sous une formalité *adéquatement* distincte de toute autre, constitue le terme direct de la faculté et la raison pour laquelle elle est classée à part d'autres facultés.

2° *Preuve de la thèse :* Tout acte découle d'une puissance opérative. Celle-ci en est cause efficiente. Or, la nature de la cause se reflète dans son effet. Il est donc légitime de remonter de l'effet à la cause pour connaître celle-ci. L'effet et la cause, l'action et la puissance qui la produit sont deux termes corrélatifs.

Dès lors, classer les actes, c'est classer les puissances ; il y a aux deux classifications un seul et même fondement.

Or, la distinction réelle des *actes* a pour fondement la distinction formelle adéquate de leurs objets.

Donc cette même distinction formelle adéquate des objets accuse une distinction réelle des puissances.

Nous venons d'envisager la question au point de vue de l'efficience ; examinons-la au point de vue téléologique.

La faculté est un moyen dont l'acte est le but ; elle est une aptitude ou une *tendance* à réaliser une fin.

Elle est, par suite, constituée de façon à réaliser l'acte qui est sa fin. Il est donc impossible qu'*une* tendance se porte vers deux fins qui n'ont rien de commun, ou, comme nous le disions tantôt, vers deux objets adéquatement distincts.

Donc à des objets adéquatement distincts répondent des

tendances naturelles différentes, c'est-à-dire des puissances réellement distinctes [1]).

106. Qualités de la troisième et de la quatrième espèce. — L'étude de ces qualités sera brève : leur caractère matériel devrait même, à la rigueur, les faire exclure de la métaphysique.

La *passion*, troisième membre de la classification, désigne toute qualité qui détermine dans le sujet un changement corporel. Les actes de l'appétit sensible et tout ce qui les favorise soit du côté de l'agent, soit du côté du patient, sont les qualités de cette espèce.

Les qualités de la quatrième espèce sont la *forme extérieure* et la *figure* des corps étendus ; elles résultent des diverses dispositions que peuvent prendre, les unes par rapport aux autres, les parties d'un même objet, telles la *figure* d'un triangle, la forme d'un édifice, etc.

Ce caractère a une très grande importance en sciences naturelles : la forme des êtres est l'indice de la diversité des espèces [2]).

II. — LA RELATION

107. Importance de la notion de relation. — L'étude de la relation a une importance réelle. L'univers n'est pas une multitude d'atomes ou d'individus isolés, il forme un tout ordonné, dont les parties sont dépendantes les unes des autres et contribuent, par leurs mutuelles influences, à réaliser le bien général. Il réalise donc un ensemble de relations. Dès lors, la relation entre dans l'objet de la métaphysique à laquelle ressortit tout le réel.

108. La notion de relation. — Voici deux lignes AB et CD, qui mesurent chacune un mètre : elles sont *égales ;* entre

---

[1]) « Cum essentia animæ sit unum principium, non potest esse immediatum principium omnium suarum actionum sed oportet quod anima habeat plures et diversas potentias correspondentes diversitati suarum actionum : potentia enim ad actum dicitur correlative : unde secundum diversitatem actionum oportet esse diversitatem potentiarum ». *Qq. disp. de anima*, a. 12.

[2]) Cfr. D. Nys, *Cosmologie*, tome II, n° 103. Louvain, 1918.

elles il y a un *rapport d'égalité*. — Le nombre 4 est le *double* de 2 ; 2 est la *moitié* de 4 : le double est le double de ce qui est sa moitié ; les deux termes s'opposent et en même temps s'appellent ; on les dit *corrélatifs ;* il y a entre eux une relation, un *rapport de quantité*. — Deux frères jumeaux, Pierre et Paul, se ressemblent trait pour trait : entre les deux il y a un rapport de *ressemblance, rapport de qualité*. — La vapeur d'eau actionne une machine : *rapport de causalité,* de cause efficiente à effet. — L'œil est adapté à la vision : *rapport de finalité*.

Aristote distingue les choses *absolues* — la substance et les accidents absolus, la quantité, la qualité — et les choses relatives. Ce qui caractérise ces dernières, c'est qu'elles se rapportent à autre chose qu'elles-mêmes. La réalité des premières catégories appartient à la substance considérée isolément ; l'être *relatif* ne peut exister, ni même être conçu, sans un autre être *corrélatif*. La relation unit les deux termes corrélatifs et les oppose tout à la fois.

Les accidents absolus sont quelque chose, disaient les scolastiques, *aliquid ;* la relation est το vers autre chose, *ad aliquid*. Les accidents absolus sont inhérents à un sujet, « habent *esse in* subjecto » ; l'être de la relation considéré formellement a un *esse ad* ; la raison formelle de la relation, dit saint Thomas, est « respectus ad alterum », la caractéristique du rapport est, pourrait-on dire, son *altérité*.

Que l'on étudie les relations citées plus haut, l'on verra que chacune d'elles est subordonnée à la coexistence de deux termes absolus. Ainsi la longueur d'un mètre est un accident absolu inhérent à la ligne AB considérée à part, inhérent aussi à la ligne CD considérée à part ; mais l'*égalité* des deux lignes n'appartient qu'aux deux lignes posées l'une par rapport à l'autre.

Il ne faut pas confondre la relation prédicamentelle avec les rapports transcendantaux, tels que les rapports de vérité ou de bonté. Ceux-ci enveloppent formellement dans leur concept la chose que l'on dit vraie ou bonne et s'appliquent au surplus à tous les êtres ; la relation *prédicamentelle*, au contraire, s'applique à un groupe d'êtres seulement, et, dans son concept formel, n'inclut pas la nature du sujet sur lequel elle est fondée, elle s'en distingue réellement.

Y a-t-il des relations réelles dans la nature, ou la relation n'est-elle qu'une entité logique ?

109. Il existe des relations réelles. — Certes, il y a des relations qui sont totalement le fruit de la pensée. Je réfléchis sur le contenu de ma conscience et sur la manière dont elle me représente les objets, je mets des relations entre des entités de raison : ces relations sont *logiques*.

Mais la pensée réfléchie est précédée de la perception directe : la perception de nos actes de connaissance des individus est précédée de la connaissance des individus. Entre les individus que je perçois n'y a-t-il aussi que des relations logiques ou existe-t-il entre eux, indépendamment de ma pensée, des relations réelles ? La relation réelle existe antérieurement à toute opération de l'intelligence ; l'intelligence l'aperçoit dans la nature, elle ne l'y met pas [1]).

Saint Thomas la définit : « Habitudo inter aliqua duo secundum aliquid realiter conveniens utrique » [2]).

Incontestablement, il y a des relations dans la nature.

Que nous y pensions ou non, deux longueurs d'un mètre réalisées dans la nature sont égales : entre elles il *existe* un rapport d'égalité. — Deux frères jumeaux se ressemblent *réellement*, indépendamment de toute considération de l'esprit. — Il en est de même pour les diverses relations que nous avons énumérées plus haut.

Par conséquent, il existe dans la nature, des relations réelles. L'univers n'est pas uniquement constitué d'êtres individuels absolus ; ceux-ci, avant que nous les connaissions, sont reliés les uns aux autres par un ensemble de rapports qui compose l'ordre cosmique [3]).

---

[1]) « Respectus ad aliud aliquando est in ipsa natura rerum utpote quando aliquæ res secundum suam naturam ad invicem ordinatæ sunt et ad invicem inclinationem habent ; et hujusmodi relationes oportet esse *reales*... Aliquando vero respectus significatus per ea quæ dicuntur ad aliquid est tantum in ipsa apprehensione rationis conferentis unum alteri et tunc est relatio rationis tantum, sicut cum comparat ratio hominem animali ut speciem ad genus ». *Summ. theol.*, I^a, q. 28, a. 1.

[2]) *Summ. theol.*, I^a, q. 13, a. 7.

) « Perfectio et bonum quæ sunt in rebus extra animam, non solum

A cette théorie s'oppose la conception idéaliste de la relation. D'après Kant, la relation serait une catégorie subjective
de l'esprit ; elle n'apparaîtrait dans les phénomènes qu'au
moment où l'esprit l'y introduit. Et son raisonnement consiste à dire :· sans opération subjective de l'entendement,
nous ne pourrions percevoir de relation, donc il n'y aurait
point de relation pour nous. En d'autres termes, sans opération intellectuelle, point de rapport : d'où il suit que notre
esprit introduit dans les phénomènes les relations et les lois
qui les régissent.

Ce raisonnement cache une équivoque et renferme une
erreur.

Voici l'équivoque : Sans doute, la relation n'existe pas
pour nous ; en d'autres mots, *nous ne la connaissons pas,*
aussi longtemps que nous n'en saisissons pas les deux termes
et que nous n'en apercevons pas le fondement ; mais il y a
des relations dont les termes et le fondement sont antérieurs
à la pensée et, par conséquent, ne sont pas son œuvre.

D'autre part, nous pouvons opposer à la théorie idéaliste
de la relation, outre les arguments qui militent contre l'idéalisme en général, une difficulté spéciale. Toute relation envisagée *a priori,* sans être mise en rapport avec le réel, est
susceptible aussi bien d'affirmation que de négation. D'où
vient que, dans les cas particuliers, nous options pour l'un
de ces partis, à l'exclusion de l'autre ? D'où vient, par exemple,
que, deux phénomènes étant donnés, nous les jugeons semblables et non point dissemblables ? Si la faculté de juger
du semblable ou du différent est une loi constitutive de l'esprit, les applications particulières de cette faculté ne sont-
elles pas réglées par les objets mêmes ? Mais s'il en est ainsi,
c'est qu'il faut reconnaître à certaines relations un fondement objectif et réel, indépendant de notre esprit et de ses
modes de connaître.

---

attenduntur secundum aliquid absolute inhærens rebus, sed etiam
secundum ordinem unius rei ad aliam, sicut etiam in ordine partium
exercitus, bonum exercitus consistit ; huic etiam ordini comparat
philosophus ordinem universi. Igitur oportet in ipsis rebus ordinem
quemdam esse. Hic autem ordo relatio quædam est. Unde oportet in
rebus ipsis relationes quasdam esse, secundum quas unum ordinatur
ad aliud ». *De potentia Dei,* q. 7, a. 9.

110. Les relations : leur classification, leurs fondements.

— Au point de vue *accidentel*, les relations se divisent en relations *mutuelles* et relations *non mutuelles* ou *unilatérales*.

La relation est *mutuelle*, lorsque les deux termes ont l'un vis-à-vis de l'autre une relation de même ordre, c'est-à-dire des deux côtés, réelle, ou des deux côtés, logique. La paternité et la filiation, les relations entre le genre et l'espèce sont des relations mutuelles, les unes réelles, les autres de raison.

La relation est *unilatérale, non mutuelle,* lorsque, d'un seul côté, il y a relation réelle proprement dite : de la créature au Créateur, de la sensation à son objet, il y a relation réelle unilatérale.

La créature dépend essentiellement du Créateur, la sensation, de la chose sensible ; mais l'inverse n'est pas vrai : Dieu ne dépend pas de ses créatures, ni la chose sensible de la sensation.

A un point de vue *essentiel*, c'est-à-dire en partant du fondement des relations, celles-ci se répartissent en trois groupes selon que l'on prend pour base de division : 1º l'unité et le nombre ; 2º l'action et la passion ; 3º la mesure et la chose mesurée.

La *mesure* peut fonder une relation : Ainsi les puissances se mesurent sur leur objet et sont spécifiées par lui.

Le couple *action* et *passion* peut être la base suffisante d'une relation réelle, car le patient est formellement dépendant de l'action qui le modifie, et l'agent à son tour peut bénéficier de l'action. Ainsi, entre le père et son fils, la relation réelle est double : il y en a une du fils au père, attendu que le fils tient la vie de son père ; il est permis de dire qu'il y en a une aussi du père à son fils, car le père se continue dans son fils ; la génération perpétue, en effet, le type spécifique, et en ce sens, perfectionne le générateur.

L'activité et la passion *peuvent être* la base d'une relation réelle proprement dite ou mutuelle ; elles ne le sont pas toujours. Ainsi les actes de sensation, d'intellection sont le fondement d'une relation réelle chez le sujet de la sensation ou de la pensée, mais la chose sentie ou intelligée n'a, avec le sujet sentant ou intelligent, qu'une relation de raison.

Nous avons dit que les catégories de quantité, d'action et de passion fondent ou peuvent fonder des relations réelles. La substance, la qualité n'ont point essentiellement ce caractère relatif. Pour établir des relations entre des substances ou des qualités — relations d'identité ou de diversité, de ressemblance ou de dissemblance — il faut ajouter aux substances et aux qualités l'attribut de quantité, l'unité ou le nombre. La relation d'identité repose, en effet, sur l'*unicité* de substance ; la diversité, sur une *pluralité* de substances. La ressemblance suppose l'*unité* dans la qualité, la dissemblance suppose la *pluralité* dans la qualité.

111. Les notions d'absolu et de relatif. — Les mots *absolu*, *relatif* occupent une place importante dans le vocabulaire de la philosophie moderne. Ils reviennent fréquemment sous la plume de nombreux philosophes contemporains. Il convient, en conséquence, d'en déterminer nettement le sens.

Absolu, en latin *absolutum* (composé de *ab* et de *solvo ;* solvo vient de luo « délier », — λύω, précédé du préfixe *se*, lequel a changé son *e* en *o*) signifie étymologiquement *délié, dégagé de liens*. D'après cela, *absolu* signifie ce qui n'est pas lié à autre chose, ce qui se suffit. Par contre, le *relatif* est ce dont le sort est lié à autre chose, ce qui ne se suffit pas.

Au point de vue ontologique, l'*absolu* est ce qui se suffit à soi-même pour exister ; le *relatif* est ce qui existe dépendamment d'autre chose.

Au point de vue de la connaissance, l'*absolu* est ce qui se suffit à soi-même pour être connu ; le *relatif* est ce dont la connaissance dépend de la connaissance d'autre chose.

Cette distinction entre l'absolu et le relatif *métaphysiques* et l'absolu et le relatif *logiques* est fondamentale.

Le point de vue métaphysique est celui auquel nous devons particulièrement nous placer ici.

Nous appelons *relatif* ce dont l'existence dépend d'autre chose : ainsi la germination de la semence dépend de la pluie ; la pluie, à son tour, dépend de la vapeur d'eau dont elle a été formée par condensation ; la vapeur d'eau provient de l'évaporation des océans ; celle-ci de la chaleur solaire et la chaleur solaire, des combustions chimiques qui l'engendrent. Autant d'exemples de choses relatives. La notion d'absolu étant négative, une chose qui, à un point de vue, est absolue, peut ne l'être pas à un point de vue différent. Ainsi, la substance est *absolue* en ce sens qu'elle ne dépend pas d'un sujet d'inhérence ; mais elle n'est pas absolue au point de vue de l'existence : elle est *ens in se*, mais elle n'est pas *ens a se*.

Seul, Dieu est l'Absolu, en ce sens qu'Il ne dépend d'aucun autre pour exister.

CHAPITRE II

Seconde division générale de l'être : L'être en acte et l'être en puissance

---

112. Avant-propos. — L'objet de la métaphysique est l'être réel. Le domaine recouvert par l'être réel est partageable en dix *catégories*.

Or, quelle que soit la catégorie dont il relève, l'être réel se prête à une division nouvelle : l'être *actuel* et l'être *potentiel*, l'*acte* et la *puissance*. Ainsi, observe Aristote, dire d'un être qu'il voit, peut signifier que cet être a la puissance de voir ou qu'il voit effectivement ; savoir s'applique également bien à celui qui peut se servir de la science et à celui qui s'en sert présentement... La même distinction s'applique aux êtres substantiels : en effet, l'on dit que la figure de Mercure est dans le marbre où elle sera taillée, que le milieu est dans la ligne où il sera pris, et l'on dit qu'il y a du froment là où il n'y a pas encore du froment mûr [1]).

La répartition de l'être réel en dix catégories a été étudiée au chapitre précédent ; nous avons parcouru les catégories dont l'objet n'est pas essentiellement lié à la matière et qui, à ce titre, ont droit à une place en métaphysique.

L'être *actuel* et l'être *potentiel* feront l'objet du présent chapitre.

C'est dans l'étude du *mouvement* ou de l *évolution* que nous prendrons connaissance de cette nouvelle division de l'être réel.

113. Le « mouvement » ou l'évolution. — La matière et la forme. — Si nous considérons les êtres dont l'ensemble constitue l'univers, nous remarquons que leur loi générale

---

[1]) *Metaph.*, IV, 7.

est le changement. Nous les voyons acquérir des perfections qu'ils n'avaient pas, ou perdre des perfections qu'à un instant antérieur, ils possédaient. Ces changements incessants que subissent les êtres qui nous entourent et que nous subissons nous-mêmes, les scolastiques les désignaient du nom générique *motus*, le *mouvement*, traduction du mot aristotélicien κίνησις.

Cette notion de « mouvement » n'a point disparu de la philosophie et de la science contemporaines ; elle s'appelle aujourd'hui « l'évolution ».

L'analyse du « mouvement » ou de l'évolution des substances corporelles nous fait distinguer en elles des changements *accidentels* et des changements *substantiels*. Une substance devient plus ou moins chaude ou lumineuse : c'est un changement *accidentel* qui ne modifie point son fond primordial : elle garde, dans ce changement, sa constitution spécifique. Deux corps chimiques constituent, par leur combinaison, un corps nouveau, distinct spécifiquement de ses composants : le changement est *substantiel*.

Comment expliquer ces changements, accidentels ou substantiels ?

Dans le changement, il y a une réalité nouvelle qui apparaît et une réalité qui demeure. Ce corps était froid ; soumis à l'action du feu, il devient chaud : une détermination accidentelle est née en lui, mais il demeure toujours cette substance que voilà, objet de notre expérience. L'oxygène et l'hydrogène se combinent dans des proportions définies et donnent naissance à l'eau : des déterminations spécifiques nouvelles sont apparues sous nos yeux, un corps chimique nouveau a pris naissance, mais cependant les composants ne sont point anéantis, quelque chose a passé d'eux dans le composé qu'ils ont engendré. « Omne quod movetur, dit saint Thomas, quantum ad aliquid manet et quantum ad aliquid transit » [1]).

Ce qui demeure dans le changement s'appelle *matière*, ὕλη, *materia*. Ce qui apparaît est la *forme*, μορφή ou εἶδος, *forma*. La *matière* est la réalité réceptive des formes; les réalités

---

[1]) *Summ. theol.*, I¹, q. 9, art. 1, C.

qui, en se communiquant à la matière, en font tel ou tel corps déterminé, sont les *formes*.

Ces deux réalités corrélatives que nous connaissons par l'analyse du mouvement matériel, sont l'origine première des notions d'*acte* et de *puissance*.

En effet, les concepts de *matière* et de *forme*, tirés de l'étude du monde matériel, furent étendus, par analogie, au monde des esprits et même à l'ordre logique.

Le changement implique nécessairement ces deux réalités : quelque chose qui demeure, et quelque chose qui survient, une *matière* et une *forme* : on en conclut que les changements des êtres immatériels exigeaient pareillement ces deux termes corrélatifs.

Saint Bonaventure n'hésitait pas à appeler *matière* le sujet de ces changements, et *formes*, les principes intrinsèques des déterminations soit substantielles, soit accidentelles des êtres immatériels.

Il étendait ainsi analogiquement aux créatures spirituelles les concepts de *matière* et de *forme*, originairement tirés des changements corporels.

Ces mêmes notions furent même transportées en logique.

Les concepts les plus simples et les plus universels peuvent être déterminés progressivement par l'esprit qui les précise par l'application de notes multiples. Du genre suprême — la substance — qui figure au sommet de l'arbre de Porphyre [1]), au sujet individuel, qui est à la base, il y a une détermination constante de l'objet de la pensée. Entre deux degrés quelconques de cette gradation, il y a une relation de *matière* et de *forme*.

Ainsi les notions de *matière* et de *forme* qui nous faisaient connaître antérieurement les principes du mouvement *matériel*, s'étendent maintenant à l'ordre réel tout entier et à l'ordre logique. Elles ont acquis une signification métaphysique. La matière et la forme, avec cette extension élargie et cette compréhension simplifiée, sont l'une le *sujet indéterminé perfectible*, l'autre le *principe déterminateur perfectif*. Or, ainsi définies, elles se confondent avec les notions de puissance et d'acte.

[1]) Voir le Cours de *Logique*.

114. Les notions métaphysiques de l'être en puissance et de l'être en acte. — La pensée métaphysique fait abstraction des conditions quantitatives et matérielles auxquelles sont soumis les êtres de la nature : étudiant le changement, elle le considère comme changement, indépendamment des déterminations qui l'affectent dans le monde corporel. Elle envisage les principes du mouvement, en écartant toute notion relative à des objets matériels.

Or, la métaphysique aristotélicienne appelle ce qui change, le déterminable, le perfectible, du nom d'être potentiel ; le principe déterminateur, le perfectif, du nom d'être actuel.

Il faut se garder de confondre l'être *potentiel* avec le « *possible* ». On appelle possible un objet dont les notes ne sont pas contradictoires. Cet objet appartient à l'ordre idéal et non à l'ordre physique. Un objet possible est en puissance « objectivement ».

L'être potentiel, au contraire, appartient à l'ordre physique; il suppose l'existence d'un sujet imparfait : la puissance qui en lui est perfectible est « subjective » [1]).

L'être potentiel et son corrélatif l'être actuel sont l'un et l'autre indéfinissables : la raison en est que les objets de nos premiers concepts, étant réfractaires à l'analyse, le sont à la définition.

Nous ne pouvons que rapprocher les deux objets de là corrélation et nous efforcer de les mieux comprendre au moyen du contraste que cette corrélation met en lumière.

L'*être en puissance* est l'être en tant qu'il peut recevoir une perfection. L'*acte* est la perfection qui comble la capacité de la puissance.

La *potentialité* — caractère distinctif de la puissance — signifie réceptivité, perfectibilité.

L'*actualité* — caractère distinctif de l'acte — signifie l'accomplissement de ce qui était potentiellement dans le sujet, perfection.

---

[1]) Dans la philosophie moderne, *subjectif* qualifie le sujet pensant ; *objectif* le terme opposé au moi. Mais autrefois le *sujet* désignait la substance du monde physique ; l'*objet*, ce qui dans l'intelligence répond à l'acte intellectif.

Saint Thomas dit avec une admirable précision : « Actus est complementum et perfectio et finis potentiæ ».

Enfin, l'acquisition d'un acte par une puissance — d'une perfection par un sujet perfectible — est l'évolution ou le « mouvement » dans l'acception métaphysique du mot.

115. Notion métaphysique du mouvement. — Aristote a défini le « mouvement » : *l'acte d'un sujet formellement en puissance* [1]), ou encore *l'acte d'un sujet imparfait* [2]).

Le mouvement est un acte : ce n'est pas la négation d'une perfection, mais une *perfection positive*. La chose mue passe d'un mode d'être à un autre mode d'être : elle acquiert une perfection qu'elle ne possédait pas antérieurement.

Cependant, le mouvement n'est pas *acte* sous tous rapports. L'être qui change, saisi dans son changement même, est encore en puissance relativement à des perfections ultérieures qui peuvent le déterminer.

Le mouvement est l'acte d'une puissance à compléter, « actus imperfecti » : l'acte d'un être en puissance, en tant que cet être est encore en puissance.

Entre la simple aptitude au mouvement, pure puissance, d'une part, et l'acte complet, qui suppose l'aptitude satisfaite, la puissance réalisée, d'autre part, il y a une réalité intermédiaire composée d'acte et de puissance, c'est le mouvement : elle est *acte* et, sous ce rapport, présuppose une puissance en partie réalisée ; mais elle est encore *puissance*, car le sujet, en partie actualisé, demeure susceptible d'un acte ultérieur ; elle est l'acte d'un sujet en puissance, « actus imperfecti ».

Pour concevoir le mouvement, il faut donc avoir en vue une double relation du sujet, l'une avec une puissance antérieure présentement réalisée, l'autre avec un acte encore réalisable ; le mouvement est tout à la fois la réalisation d'une certaine potentialité, et la capacité d'un acte ultérieur plus complet : c'est donc bien l'acte d'une puissance encore en puissance [3]).

---

[1]) *Phys.*, III, 1.
[2]) *De l'âme*, III, 7.
[3]) « Considerandum est, quod aliquid est in actu tantum, aliquid vero in potentia tantum, aliquid vero medio modo se habens inter potentiam

116. Principe du mouvement. Rien ne se meut soi-même. Rien ne s'actualise soi-même.

— L'univers matériel est constitué d'êtres qui changent, qui passent de la puissance à l'acte. La loi de ce mouvement est qu'aucun de ces êtres imparfaits ne se meut soi-même. Ce principe, les scolastiques l'ont exprimé par cette formule : « *Quidquid movetur ab alio movetur* » : *Tout mouvement exige un moteur autre que le mobile*, ou encore : « *Nihil transit de potentia ad actum nisi per aliquod ens actu* » : *Tout changement qui se produit dans un sujet, exige l'action d'un être en acte.*

Suarez estimait que ce principe est le fruit d'une induction ; par suite, il en restreignait l'application au monde physique et lui déniait sa portée métaphysique.

Ce principe est « en matière nécessaire », « analytique » [1]). Le nier c'est, en effet, violer le principe de contradiction.

Le sujet capable d'acquérir une perfection ne possède pas actuellement cette perfection : sinon, il ne pourrait plus l'acquérir. Or, supposons qu'ensuite le sujet possède cette perfection, de deux choses l'une : Ou il a été soumis à l'action d'une cause extrinsèque qui lui a fait acquérir cette perfection, et alors le principe du mouvement est vérifié : le sujet ne s'est pas suffi pour se perfectionner.

Ou l'on prétend que le sujet n'a subi aucune action étrangère, et alors, inévitablement, on tombe dans la contradiction. D'une part, en effet, le sujet ne possédait pas la perfection, attendu qu'il devait l'acquérir ; d'autre part, ce même

---

puram et actum perfectum. Quod igitur est in potentia tantum, nondum movetur : quod autem jam est in actu perfecto, non movetur, sed jam motum est. Illud igitur movetur, quod medio modo se habet inter puram potentiam et actum ; quod quidem partim est in potentia, et partim in actu, ut patet in alteratione. Cum enim aqua est solum in potentia calida, nondum movetur : cum vero est jam calefacta, terminatus est motus calefactionis ; cum vero jam participat aliquid de calore sed imperfecte, tunc movetur ad calorem : nam quod calefit paulatim, participat calorem, magis ac magis. Ipse igitur actus imperfectus caloris in calefactibili existens, est motus ; non quidem secundum id quod actu tantum est, sed secundum quod jam in actu existens, habet ordinem in ulteriorem actum : quia si tolleretur ordo ad ulteriorem actum, ipse actus quantumcumque imperfectus, esset terminus, et non motus : sicut accidit cum aliquid semiplene calefit ». S. Thomas, In III Phys., lect. 2.

[1]) Pour le sens de cette expression consulter le Cours de *Logique*.

sujet, *formellement le même,* posséderait cette perfection : la contradiction est flagrante.

Donc, sous peine de se contredire, il faut déclarer que l'actuation d'une perfection en un sujet qui peut la recevoir exige une influence extrinsèque : « Nihil reducitur de potentia ad actum nisi per aliquod ens actu ».

117. Les diverses puissances et leurs corrélatifs. — Le sujet potentiel d'un acte est substantiel ouaccidentel.

Les changements *substantiels* qui se succèdent dans l'évolution générale de la nature supposent un *premier sujet potentiel,* la « *matière première* » ; les *formes* substantielles qui spécifient les substances corporelles sont « *l'acte premier* » de cette première matière.

Il y a là une première relation fondamentale de puissance et d'acte qui se vérifie au sein de l'*essence* substantielle.

Mais l'essence substantielle n'est pas à elle seule tout l'être physique ; elle a ses déterminations *accidentelles ;* elle reçoit « *l'existence* ».

Or, vis-à-vis de ses déterminations accidentelles, la substance est un sujet potentiel, une « *puissance* », dont les accidents sont les *actes* corrélatifs. La forme substantielle étant « l'acte *premier* » de la « matière première », les déterminations accessoires de la substance seront appelées « *actes seconds* ».

Néanmoins, à un autre point de vue, l'accident lui-même peut être un acte *premier.* Ainsi, l'étendue est, par rapport à la forme extérieure qui la circonscrit, un acte *premier ;* la figure est un acte *second* de l'étendue. La puissance opérative est un acte par rapport à la substance, mais elle est un acte *premier,* car l'opération ou l'action est, par rapport à elle, un acte *second.* Chez certaines puissances opératives, appelées « passives », entre la puissance et l'action il y a encore un acte intermédiaire. Les facultés cognitives, par exemple, sont des puissances « passives » ou « réceptives » : pour entrer en exercice, elles doivent au préalable recevoir un complément intrinsèque [1]) : elles sont donc *en puissance,* non seulement par rapport à leur opération finale, l'acte cogni-

---

[1]) Cfr. *Psychologie,* no⁸ 38, 100 et 101.

tif, mais même par rapport à la détermination complémentaire qui doit les mettre en état d'agir.

Soit, par exemple, une substance douée de puissances passives, notre âme.

Par rapport à la matière dont elle est la forme, l'âme est un acte *premier ;* par rapport à elle ses puissances passives — tel. l'entendement — sont des actes *seconds.* Mais ces puissances passives, à leur tour sont, par rapport à leur détermination complémentaire — l'entendement par rapport à son déterminant cognitionnel — des actes *premiers.* Enfin, après qu'elles ont reçu leur déterminant complémentaire, les facultés demeurent, vis-à-vis de l'opération finale, dans · le rapport de la puissance à l'acte. Ainsi encore, les habitudes, comparées aux · puissances, sont *actuelles ;* comparées aux opérations dont· elles . facilitent l'exercice, elles sont *potentielles.*

Il n'y a, d'ailleurs, point de contradiction à admettre qu'un même terme soit acte par rapport à un terme antérieur, et puissance par rapport à un terme à venir.

Les relations que nous venons de considérer ressortissent toutes à l'ordre *quidditatif ;* or, la substance, avec ses déterminations quantitatives et qualitatives, est sujet de l'existence ; à ce point de vue nouveau, la substance considérée dans la plénitude de ses caractères individuels ou personnels, est une *puissance* par rapport à l'acte *existentiel.* « Esse est ultimus actus ».

Nous avons vu (**33**) qu'il y a, chez les êtres finis, une composition réelle d'essence et d'existence. Leur acte existentiel est reçu en un sujet, est actus *receptus,* actus *participatus ;* en Dieu, au contraire, l'existence est un acte subsistant, actus *irreceptus* [1]).

118. La puissance et l'acte dans leur rapport avec l'efficience. — Lorsque nous considérons le « mouvement » lui-même, nous y discernons, d'une part, ce qui demeure, et d'autre part, ce qui passe et ce qui apparaît.

[1]) De l'étude de la Cosmologie et de la Psychologie il ressort qu'un être *substantiel* est *subsistant* en lui-même ou *essentiellement uni à la matière.* L'acte subsistant peut être *complet* ou *incomplet.* Un pur esprit subsiste seul ; il est une forme substituante *complète* L'âme raisonnable n'est pas un acte subsistant *complet :* il ne lui répugne pas essen-

A ce point de vue la puissance est réceptive, passive ; l'acte est le principe intrinsèque de la perfection communiquée à la puissance réceptive.

Ce point de vue auquel nous sommes restés fidèles jusqu'à présent est, en métaphysique, le principal. Il en est un autre cependant.

Le mouvement ne se produit pas de lui-même : « Nihil reducitur de potentia ad actum nisi per aliquod ens actu ». Or, le principe d'où part le mouvement s'appelle aussi puissance — *puissance opérative ;* son exercice, l'*opération*, porte le nom d'*acte* ou mieux d'*action*.

La puissance opérative est définie par Aristote et par les scolastiques : *Principium transmutationis in aliud secundum*

---

tiellement de subsister seule, séparée de la matière, mais elle trouve dans son union avec la matière les conditions naturelles de son entière perfection ; l'âme raisonnable est un acte subsistant *incomplet*.

Un acte *non subsistant* ne peut exister seul, il a besoin de sa puissance correspondante, de sa matière pour exister : telles sont les âmes de plantes, des bêtes, les formes substantielles des minéraux.

Les formes spécifiques sont des actes *substantiels ;* il est presque superflu d'ajouter qu'un acte non subsistant peut être une forme *accidentelle*.

Voici, réunies en un tableau synoptique, les différentes acceptions de l'acte :

I. Acte *pur = Dieu*.

II. Actes *mixtes (créatures)*

- Acte *premier*
  - Acte *subsistant* (forme indépendante de la matière).
    - *complet* (ange).
    - *incomplet* (âme humaine).
  - Acte *non subsistant* (forme totalement dépendante de la matière).
    - *substantiel* (forme spécifique des composés matériels).
    - *accidentel* (forme accidentelle).
- Acte *second*
  - Acte d'*existence* (par opposition à l'essence).
  - Acte d'*opération* (par opposition aux facultés ou aux forces, principes immédiats d'opération).

quod est aliud. Elle a pour synonymes les termes de *force* ou de *faculté* : *force*, lorsqu'il s'agit des puissances actives de la nature inanimée, *faculté*, lorsqu'il s'agit des principes propres à l'homme et à l'animal.

La différence entre les deux acceptions de la puissance et de l'acte est fondamentale : D'une part, une puissance *passive* perfectible et un principe *intrinsèque* de perfection ; — d'autre part, le principe *actif* d'une efficience en un sujet *autre* que le principe actif.

En fait, les puissances passives et les principes actifs sont toujours simultanément donnés dans la nature ; c'est même cette dépendance des premières à l'égard des seconds qui motive l'emploi d'un même nom « puissances » pour désigner les unes et les autres [1]).

Cela se comprend, d'ailleurs, d'un point de vue synthétique : à quoi servirait, en effet, une puissance passive, s'il n'existait pas en face d'elle une force capable de lui faire acquérir son acte perfectif ?

119. Confrontation de la double acception du couple acte et puissance. — Deux ordres de relations réellement distinctes portent un même nom :

La *puissance* considérée comme synonyme de sujet potentiel est une réalité perfectible par une détermination intrinsèque. Celle-ci est l'*acte formel* de cette puissance.

La *puissance* opérative, considérée comme synonyme de *force* ou de *faculté*, est un principe immédiat d'action. L'opération produite par cette puissance est son *acte*.

Le couple *acte* et *puissance*, dans les deux cas, est pris dans une signification analogique.

Quel est le point de contact où s'unissent ces deux sens partiellement différents ?

---

[1]) « Potentia primo imposita est ad significandum principium actionis, sed secundo translatum est ad hoc, ut illud etiam, quod recipit actionem agentis, potentiam habere dicatur. Et hæc est potentia passiva ; ut sicut potentiæ activæ respondet operatio vel actio in qua completur potentia activa, ita etiam illud, quod respondet potentiæ passivæ quasi perfectio et complementum, actus dicatur. Et propter hoc omnis forma actus dicitur, etiam ipsæ formæ separatæ et illud quod est principium perfectionis totius, quod est Deus, vocatur actus primus et purus, cui maxime illa potentia convenit ». *I Sent.*, dist. 42, q. 1, a. 1, ad 1.

L'étude du mouvement nous permettra de répondre à cette question.

Soit une réalité nouvelle que le mouvement fait apparaître : un bourgeon qui se forme sur cette branche. Avant d'exister, cette réalité était possible, non seulement comme est possible *logiquement* une essence abstraite dont les notes constitutives n'impliquent pas contradiction, par exemple, un cheval ailé, ou un homme à six têtes, mais comme sont possibles *réellement* les êtres qu'une cause existant dans la nature est capable de produire. Comme telle, elle existait en *puissance* dans ses causes.

Ces causes sont diverses : une cause capable d'être le sujet du phénomène, « subjectum natum pati hoc » ; et une cause capable de produire le phénomène dans le sujet supposé capable de le recevoir, « agens natum operari hoc ».

Ces deux causes, réceptive ou matérielle et efficiente, renferment en *puissance* le phénomène nouveau qui dépend d'elles dans son apparition.

Elles sont dites l'une, *puissance subjective*, l'autre, *puissance opérative :* mais toutes deux sont des *puissances*.

Le mouvement est le terme de l'activité de la cause efficiente, reçu dans la cause matérielle : il est donc le terme corrélatif des deux puissances à la fois.

Le même mouvement suppose, toutefois, une double relation : d'une part, avec le sujet dans lequel il se produit, d'autre part, avec le principe qui le produit : il porte le nom de *passion* ou d'*action*, *passio* ou *effectio*, suivant qu'on le met en corrélation avec la cause matérielle ou avec la cause efficiente.

Le mouvement unique fait donc l'objet de deux concepts distincts.

120. Conséquence de l'anbadon de la distinction métaphysique de la puissance et de l'acte. — La cosmologie de Descaites est un mécanisme absolu ; sa psychologie est dualiste. La matière, selon lui, a pour essence l'étendue : les activités corporelles ne sont que des modes de mouvement mécanique, extrinsèque.

Or, cette conception est manifestement fausse.

Les corps de la nature ne sont pas des points matériels

soumis à l'action de moteurs extérieurs appelés forces mécaniques : ils ont leurs propriétés distinctives, leur nature
propre, ils sont sujets à des variations accidentelles intrinsèques, même à des transformations substantielles. Or, tout
cela suppose en eux un principe intrinsèque de réceptivité,
des puissances passives, une matière substantielle passive,
bref, un fond potentiel déterminable par des actes accidentels
ou substantiels.

Descartes en est arrivé à sa conception erronée du monde
matériel, pour avoir méconnu la distinction métaphysique
de l'acte et de la puissance. Il a vu *ce que les êtres sont*, non
pas ce qu'ils peuvent devenir, leur potentialité.

La psychologie dualiste de Descartes trouve l'origine de
ses erreurs inextricables dans le même abandon de la distinction de l'acte et de la puissance. Un problème insoluble,
pour lui et ses successeurs, Malebranche, Leibniz, Spinoza,
est le mode d'action de l'âme sur le corps et du corps sur
l'âme. L'âme, selon lui, a pour essence la pensée ; le corps
n'est que de l'étendue. Qu'ont de commun ces deux réalités ?
Comment ces deux substances, distinctes l'une de l'autre et
étrangères l'une à l'autre, peuvent-elles être unies par des
rapports d'activité ?

Descartes croyait, à tort, que l'action de l'âme sur le corps
est celle d'une cause efficiente sur un sujet étranger. Il lui
manquait le concept de l'*acte*, cause *formelle* d'un sujet potentiel.

L'âme est la perfection sustantielle d'un sujet qui, de lui-
même, n'est qu'en puissance un corps vivant de la nature [1]).

121. Conclusion de la Troisième Partie. — L'être réel,
objet de la métaphysique, se prête à deux divisions fondamentales : l'une en dix catégories, l'autre, commune à l'être
de chaque catégorie, en être potentiel et être actuel.

Ces deux divisions ont fait l'objet de la *Troisième Partie*.

Nous pourrions aborder immédiatement, dans la *Quatrième
Partie*, les causes de l'être. Cependant, venant d'étudier le
mouvement, indice de l'imperfection des êtres créés, nous
considérerons rapidement les caractères de ceux-ci et de
l'être parfait et infini : Dieu.

---

[1]) Voir *Psychologie*, nᵒˢ 154, 155.

CHAPITRE III

Les êtres créés et l'Être incréé

———

122. Les êtres en puissance, contingents, dépendants, finis. — Les êtres qui tombent sous l'expérience sont *changeants*, « *mobiles* », ils renferment en eux de la potentialité : ils sont composés de puissance et d'acte.

Or, étant en puissance, ils sont perfectibles ; comme tels, ils ne sont point achevés, ils sont *imparfaits*.

Les êtres changeants passent, ils naissent et disparaissent, leur existence ne leur est pas essentielle : considérés sous ce rapport, on les appelle *contingents*. Par définition, l'être contingent est celui dont l'essence est indifférente à l'existence ou à la non-existence, ou, ce qui revient au même, celui qui n'a pas en son essence la raison suffisante de son existence.

Lorsque l'être contingent existe, son existence — ne lui appartenant pas en vertu de son essence — a dû lui être conférée par une cause efficiente extrinsèque. L'être contingent est essentiellement dépendant : il est l'*effet* d'une cause *efficiente*.

La composition de puissance et d'acte qui frappe l'être changeant et contingent est un principe intrinsèque de limitation. L'acte d'existence ne peut actualiser un sujet que dans la mesure où ce sujet est susceptible d'actuation ; tout sujet actualisé, produit, est fini.

123. L'Être, acte pur, nécessaire, indépendant, infini. — La Théodicée démontre que l'existence de sujets composés de puissance et d'acte présuppose l'existence d'un être sans potentialité aucune, *Acte pur*.

N'étant plus susceptible d'un perfectionnement ultérieur, parce qu'il exclut tout mélange de puissance et d'acte, l'Acte

pur a été appelé par les scolastiques « immobile » ; et, comme
il est cause première du « mouvement » auquel les êtres « mobiles » sont soumis, il est appelé dans l'École, *Moteur immobile.*

Les êtres, dans la mesure où ils sont en puissance, sont
imparfaits.

L'être qui, par essence, est l'Acte pur est pleinement achevé,
parfait.

De même, l'Acte pur exclut la composition d'essence et
d'existence, raison foncière de la contingence des êtres : de
l'une à l'autre il y a rapport de puissance et d'acte. L'essence
de l'Être parfait est identique à l'existence, celle-ci lui est
essentielle. Il exclut, par suite, toute dépendance à l'égard
d'un autre être.

La potentialité essentielle d'un être est réduite dans la
mesure où il renferme de la potentialité : l'acte d'existence
est nécessairement restreint par l'essence limitée où il est
reçu. De là vient que tout être où nous trouvons un mélange
de puissance et d'acte est fini. L'Acte pur est parfait : il possède toute la perfection à laquelle peut s'étendre le concept
d'être, il est *infini* [1]).

Le développement de ces idées doit trouver sa place en
Théodicée.

---

[1]) « Deus est actus infinitus ; quod patet ex hoc quod actus non
finitur nisi dupliciter. Uno modo ex parte agentis... alio modo ex parte
recipientis... Ipse autem divinus actus non finitur ex aliquo agente,
quia non est ab alio sed a seipso ; neque finitur ex aliquo recipiente,
quia cum nihil potentiæ passivæ ei admisceatur, ipse est actus purus,
non receptus in aliquo ; est enim Deus ipsum esse suum in nullo receptum». *De potentia*, q. 1, a. 2.

CHAPITRE IV

L'unité d'objet de la métaphysique

—————

124. Conclusion générale des trois premières parties du Traité. — La Métaphysique a pour objet formel la substance des choses. d'expérience.

Cette substance a été étudiée en elle-même, en son essence et en son existence *(Première Partie)* ; — en ses propriétés transcendantales *(Deuxième Partie)* ; — en ses déterminations : on a parcouru les multiples déterminations accidentelles de la substance ; on a considéré les composants métaphysiques de la substance, le sujet potentiel et son acte *(Troisième Partie)*.

L'étude de l'être sous ces divers aspects n'épuise pas l'objet de la métaphysique. Il nous reste à considérer les changements substantiels ou accidentels de l'être *(generatio et corruptio motus)* et même la privation et la négation de l'être. Ce sera l objet de la *Quatrième Partie* du Traité.

Cependant, une difficulté se présente à l'esprit. Ces points de vue si divers auxquels on se place dans l'étude de l'être, ne compromettent-ils pas l'unité de la Métaphysique ? Qu'ont de commun des choses si disparates : la substance et l'accident ; la puissance et l'acte ; la substance, d'une part et, d'autre part, le changement, la privation, la négation ?

La solution de la difficulté est renfermée en ces deux propositions :

L'objet principal de la métaphysique est la substance.

Les êtres ont entre eux une communauté d'analogie.

125. L'objet principal de la métaphysique est la substance. — La substance occupe en métaphysique la place principale ; mais ce qui n'est pas substance y prend rang subordonnément à la substance : « Ens multipliciter dicitur ;

sed tamen omne ens dicitur per respectum ad unum primum,
scilicet subjectum » [1]).

On peut ramener les êtres à quatre groupes : Les *négations*
et les *privations* sont au plus bas degré de l'échelle : elles
sont des êtres, néanmoins, car la raison s'en occupe, elle leur
donne, dans ses jugements affirmatifs ou négatifs, des attributs.

Immédiatement après, viennent les changements. Le changement comprend de l'être et une privation ou négation d'être ;
il est un acte imparfait, ainsi qu'on le dira *ex professo* dans la
Quatrième Partie.

Les accidents ne sont pas affectés de non-être, mais n'ont
l'être qu'en autre chose, *ens in alio.*

Enfin, seule, la *substance* est en possession de son être :
elle n'enferme ni négation, ni privation et n'est point assujettie à un autre être.

Donc il est légitime que, dans l'étude de l'être, on accorde
la place principale à la substance : elle est éminemment l'être.

D'autre part, à la substance se réfèrent nécessairement les
êtres des trois premiers groupes. Les accidents — les qualités,
la quantité — sont inhérents à la substance. La génération
tend à la production d'une substance ; le mouvement ou changement a pour terme une détermination quantitative ou qualitative de la substance. Les négations et les privations, enfin,
excluent une substance ou une de ses déterminations.

Ajoutons que l'Être suprême se rattache à la substance, en
tant qu'Il en est la première cause et la dernière fin.

Donc tout ce qui a le nom d'*être* se rattache, à un titre ou
l'autre, à la substance.

Ainsi s'explique l'unité fondamentale de la métaphysique.

**126. Les divers êtres ont entre eux une communauté
d'analogie.** — Nous venons de détailler les multiples acceptions du mot *être* : le même terme prend des significations
diverses selon qu'il désigne des choses différentes, ou répond
à des points de vue différents. Il n'est donc pas *univoque*,
c'est-à-dire ne s'applique pas dans le même sens aux divers

---

[1]) *In IV Metaph.*, lect. I[.].

objets auxquels il se rapporte. Est-il donc équivoque ? Est-il analogique ?

Un terme est *équivoque*, lorsqu'il désigne des choses ou traduit des concepts qui n'ont en réalité rien de commun que le nom.

Le terme *analogique* s'applique à des objets qui sont de nature différente, mais possèdent des traits cömmuns de ressemblance, ou sont réellement en rapport l'un avec l'autre : ainsi l'on parle analogiquement d'une feuille de papier, parce que le papier, en raison de sa minceur, ressemble à la feuille de l'arbre. Ainsi encore on dit, par analogie, qu'un aliment est sain, que tel climat ou tel régime l'est, que la figure d'une personne est saine, parce que l'aliment, le climat, le régime favorisent la santé, parce que la figure de cette personne révèle son bon état de santé.

Le terme être *n'est pas équivoque :* En effet, l'être au sens principal du mot, désigne ce quelque chose de concret qui se rencontre dans la nature ; par suite, les éléments qui constituent ce tout concret et que l'analyse y découvre : essence, existence, substance, accident, puissance, acte, appartiennent à cet être et comportent la même appellation que lui.

Mais l'essence, l'existence, la substance, l'accident, l'acte et la puissance réalisent, de façon différente, l'idée d'*être :* aussi les appelle-t-on êtres, non en un sens univoque, mais en un sens *analogique.*

On attribue l'être à Dieu et aux créatures : Dieu est l'Être, il l'est par lui-même, il est tout l'être ; les créatures au contraire ont reçu l'être, elles l'ont d'une façon dépendante, à un certain degré : autre est donc l'être de Dieu : *esse irreceptum,* autre l'être des créatures : *esse participatum.*

Seule la substance mérite, à proprement parler, le nom d'être : les accidents présupposent un être auquel ils sont inhérents ; être en soi n'est pas identique à être en autrui.

L'être en puissance a besoin d'être déterminé par son acte corrélatif et n'est connaissable que par lui.

Mais, si ces êtres sont divers, il y a néanmoins entre eux de l'analogie parce qu'il y a un lien entre·eux : l'être des créatures dépend de l'être de Dieu ; l'être de l'accident dépend de celui de la substance ; la puissance est le sujet de l'acte qui la détermine.

Ces considérations ont leur importance : elles montrent comment, d'une part, une même notion indéterminée est attribuable à toutes choses et comment, d'autre part, elle peut ensuite, par un travail additionnel de la pensée, être déterminée, et s'attribuer alors diversement à des choses diverses.

Pour n'avoir pas compris que la notion d'être est analogique, les panthéistes idéalistes ont cru apercevoir, en tout ce que l'on appelle du nom d'être, un même objet et ont conclu à l'existence d'une substance unique dans l'univers.

Par contre, pour n'avoir pas compris que l'analogie est basée sur des relations réelles entre les êtres « analogiques », les positivistes ont dit que les choses d'expérience ne peuvent nous conduire à la connaissance d'êtres au delà de l'expérience, et ils ont professé l'agnosticisme.

Passons à l'étude des *causes de l'être*.

Dans cette étude nouvelle, c'est toujours à la substance que nous aurons affaire. Seulement, au lieu de la substance en tant qu'elle est, nous nous demanderons et *comment elle devient* telle qu'elle est, et *comment elle agit* de la façon dont nous la voyons agir. Du point de vue statique — la *substance* — nous passons au double point de vue génétique — la *constitution* de la substance — et dynamique, la *nature*.

Ce double point de vue embrasse les causes, les unes intrinsèques, les autres extrinsèques de l'être substantiel.

QUATRIÈME PARTIE
Les causes de l'être

CHAPITRE I

Aperçu préliminaire
Objet et division de la Quatrième Partie

---

127. Coup d'œil d'ensemble sur l'univers matériel. — L'univers matériel est sans cesse en *mouvement*, il nous offre le spectacle de *changements* incessants.

Mais une *loi constante* régit ce mouvement, un fond de stabilité résiste à ces changements.

Ces changements et la loi de stabilité qui les domine engendrent par leur combinaison l'*ordre de la nature*.

Esquissons à grands traits ces idées fondamentales.

128. Le mouvement dans la nature. — Tous les corps de la nature, les corps inorganisés et les organismes, envisagés soit isolément, soit collectivement, sont soumis au mouvement.

1° La *matière inorganisée*, en ses trois états liquide, gazeux ou solide, est perpétuellement en mouvement. La *Cosmologie*, en étudiant les diverses activités spécifiques des êtres, a pu donner une idée des perpétuels échanges d'activités chimiques, physiques et mécaniques que l'on constate dans les êtres du règne inorganique [1]).

2° La vie *organique* n'est pas autre chose qu'un mouvement

---

[1]) Voir *Cosmologie*, livre I, ch. II.

continu : l'être vivant, avons-nous vu en *Psychologie*, est celui qui a pour loi naturelle de se mouvoir constamment lui-même. La vie envisagée soit dans l'individu, soit dans l'espèce, est un cycle fermé d'opérations constantes et qui demeurent, pour les perfectionner, soit dans l'individu, soit dans l'espèce [1]).

3° Ajoutons que notre globe, considéré comme un *tout*, est emporté sans relâche par un double mouvement, un mouvement diurne de rotation sur lui-même et un mouvement, annuel de translation autour du soleil. .

4° Le soleil avec son cortège de planètes, est soumis à cette loi de perpétuel mouvement.

5° Enfin, il en est vraisemblablement de même de tous les astres répandus dans l'immensité de l'espace.

Est-il assez évident que tout se meut dans la nature ?

Tel est le premier point de vue qu'il nous fallait considérer. Il est tellement frappant que, dès les origines de l'histoire de la philosophie grecque, Héraclite se demande si la recherche de l'être ne serait pas vaine. Trouvera-t-on quelque chose qui réellement subsiste ? Et il répondit négativement : Tout s'écoule, tout change, chaque chose à la fois est et n'est pas.

C'était ne voir qu'un seul aspect de la réalité. Non, tout ne change pas ; il y a des choses qui *sont* et qui *persistent*.

129. La stabilité dans la nature. — Il y a de la stabilité dans le monde, d'abord, en ce sens que les changements qui s'y déroulent reviennent *périodiquement*.

Il y en a, ensuite, en ce sens plus strict, que les mouvements innombrables dont l'univers est le siège sont dominés par des principes fonciers de stabilité.

Considérez l'univers *quantitativement* : toutes les formes d'activité qui s'y déploient sont soumises aux deux grandes lois de la *conservation de la masse* et de la *conservation de l'énergie*.

Considérez-le au point de vue *qualitatif* : malgré tous les changements qui s'y produisent, les *types spécifiques* des règnes minéral, végétal et animal s'y *maintiennent*.

L'analyse spectrale a même révélé l'existence permanente,

[1]) Voir *Psychologie*, n° 10.

au sein de la masse solaire, de la plupart des substances chimiques qui entrent dans la constitution de notre planète.

Héraclite niait l'être et affirmait le devenir. Parménide n'aperçut que la stabilité de la nature : il nia le devenir pour n'affirmer que l'être.

Aristote, observateur plus attentif des faits, parvint à cette conclusion moyenne : L'univers matériel est soumis à de *perpétuels changements*, mais, à travers ces changements, un fond de stabilité persiste, qui se traduit dans *les lois et l'ordre de la nature.*

De cet ordre universel, la philosophie cherche l'explication. Tout ce qui l'explique, pour une part, porte le nom de *cause.*

On entrevoit quel est l'objet général de la métaphysique des causes.

130. Deux conceptions opposées de l'ordre de l'univers : le mécanisme et le naturalisme aristotélicien. — Nous avons décrit à grands traits le mouvement et l'ordre général de la nature matérielle. Que faut-il pour l'expliquer ? Quelles sont les causes nécessaires et suffisantes de l'ordre universel ?

Deux théories adverses sont ici en présence : le *Mécanisme,* la théorie d'*Aristote* et des *scolastiques.*

Les principes auxquels se ramènent les théories mécanicistes sont les suivants :

1º Il n'y a dans l'univers que des masses de nature homogène.

2º Les activités de ces masses sont uniquement des forces mécaniques : les agents naturels ne produiraient que du mouvement local : à du mouvement local se réduiraient toutes les activités des corps.

3º Les modifications des corps consistent en un changement quantitatif de la masse corporelle et du mouvement local.

4º Il n'y a que des causes *efficientes.* L'ordre universel est le *résultat* des mouvements mécaniques qui ont leur siège dans la matière.

Donc, le *mouvement* local et les causes *efficientes* qui fatalement le produisent, tels sont, d'après le mécanisme, les seuls facteurs de l'ordre de la nature.

A cette doctrine simpliste, dont on a déjà fait la critique dans le Cours de *Cosmologie* [1]), nous opposons la conception *naturaliste* d'Aristote et des scolastiques. Nous aimons à l'appeler *naturaliste*, parce qu'elle revient au fond à cette idée que chacun des êtres de ce monde est *une nature*.

1º Les substances de la nature sont spécifiquement distinctes : elles constituent des *espèces* différentes.

2º En effet, chacune d'elles a des *propriétés* spéciales qui révèlent un principe spécifique distinct.

3º Les changements qui se produisent dans le monde sont les uns superficiels, *accidentels*, les autres profonds ; ceux-ci affectent la substance même du corps, ce sont des transformations *substantielles*.

4º Pour rendre raison des modifications corporelles ainsi comprises, il faut *deux causes intrinsèques*, l'une *matérielle*, l'autre *formelle* et une *cause extrinsèque*, la cause *motrice* ou *efficiente*.

5º Cependant les agents naturels ne sont pas que des causes efficientes : la perpétuelle récurrence des phénomènes dont les sciences physiques et naturelles recherchent les lois ; la permanence des types spécifiques du règne minéral et du règne organique ne s'expliqueraient pas, si les causes efficientes n'étaient *sollicitées* par des *causes finales* à agir dans une direction déterminée et à faire converger vers un but intrinsèque les forces dont elles disposent. La *fin* est une *quatrième cause*, elle est même la première des causes, « causa causarum ».

En somme, *quatre causes* concourent à l'explication générale de l'évolution de l'univers matériel.

En conséquence, voici comment sera partagée la métaphysique des causes :

Trois chapitres seront consacrés, l'un à l'*étude analytique des causes*, un autre à l'*étude de leurs relations*, un troisième et dernier à l'*étude de leur effet général, l'ordre de la nature*.

---

[1]) Voir *Cosmologie*, livre I, ch. II.

Chapitre I. Aperçu préliminaire : Objet et division de la Quatrième Partie.

D'où cette distribution générale de la *Quatrième Partie :*

Chapitre II. Les causes.

Chapitre III. Les relations entre les causes.

Chapitre IV. L'effet général des causes : l'ordre de la nature.

Le Chapitre II a un caractère analytique : il comprendra cinq paragraphes respectivement intitulés :

§ 1. Les causes *matérielle* et *formelle*.

§ 2. La cause *efficiente*.

§ 3. La cause *finale*.

§ 4. La place de la cause *exemplaire* dans la classification des causes.

§ 5. La cause *en général*.

CHAPITRE II

Les causes

---

§ 1. — *Les causes matérielle et formelle*

131. Comment cette étude trouve place en métaphysique générale. — Les causes matérielle et formelle sont les principes constitutifs des substances corporelles ; ne devraient-elles pas demeurer étrangères à la Métaphysique qui est, par définition, la science de l'immatériel ?

Nullement. Les substances corporelles font l'objet de la Cosmologie, mais ce qui fait qu'elles sont des *substances*, la *substantialité* des corps, fait l'objet principal de la Philosophie première. La substance est l'objet de l'expérience, envisagé indéterminément, abstraction faite de ses propriétés *sensibles* et de ses caractères spécifiques. Or, à la substance corporelle, ainsi envisagée, la composition intrinsèque est essentielle. Il s'ensuit que la métaphysique doit s'occuper de la constitution de la substance.

L'existence et la nature des causes *matérielle* et *formelle* des corps, nous sont révélées par l'étude du changement. Considérons les divers changements qui se produisent dans les corps.

132. Les changements accidentels ou substantiels d'après le péripatétisme scolastique. — Aristote appelle du nom générique μεταβολή, *mutatio*, le *changement.* Chaque fois que, de quelque chose, il se fait quelque chose, un changement se produit.

Le changement, μεταβολή, a d'ordinaire pour synonyme dans la langue d'Aristote, κίνησις, *motus*, le *mouvement.*

Le changement est *accidentel* ou *substantiel.*

Le changement accidentel le plus apparent est le *mouvement local* ou la *translation.*

D'autres changements accidentels affectent, soit les *qualités* du sujet, l'*altération* ; soit la *quantité* du corps, l'*accroissement* ou le *décroissement*.

Ces divers changements *accidentels* s'expliquent par deux principes : ils se produisent en quelque chose qui demeure, la *matière* ou cause *matérielle* du changement ; ils consistent en quelque chose de neuf qui apparaît dans la matière, c'est la *forme* ou cause *formelle* de l'être soumis au changement.

Dans les changements accidentels, la *matière* est un corps déjà substantiellement complet. Les scolastiques l'appellent parfois *matière seconde, materia secunda*, par opposition à la *matière primordiale, materia prima*, dont nous parlerons tout à l'heure.

Mais il y a des changements qui affectent la substance même du corps, Ces changements substantiels requièrent aussi, pour s'expliquer, l'influence de deux principes intrinsèques.

Le *sujet* de ces changements substantiels est la matière dans l'acception qui, en philosophie, est la principale ; elle s'appelle chez Aristote ἡ πρώτη ὕλη, ou simplement ὕλη, chez les scolastiques *materia prima* ou *materia*.

Les *formes* qui, par le fait des transformations substantielles, se succèdent dans la matière sont les *formes* dans l'acception principale du mot, formes *substantielles*, formes *spécifiques*, εἶδος. Les deux phases de la transformation marquées par la genèse d'une forme et par la disparition d'une forme préexistante s'appelaient chez Aristote respectivement γένεσις et φθορά et, chez les scolastiques, « génération » et « corruption ».

Le changement substantiel nous révèle donc que tous les corps sont substantiellement composés de deux principes, la matière première (ὕλη) et une forme substantielle (μορφή).

La nature de ces deux principes intrinsèques des changements substantiels qui sont aussi les principes constitutifs des corps, a été suffisamment étudiée en *Cosmologie* [1]).

Nous possédons les notions nécessaires pour entreprendre l'étude de la cause matérielle et de la cause formelle. Nous

---

[1]) Voir *Cosmologie*, livre II, ch. II.

préciserons la nature des principes matériel et formel, nous efforçant de faire ressortir leur signification métaphysique.

133. La nature de la cause matérielle. — Sa causalité.
— La cause matérielle présente trois caractères inséparables mais distincts :

Premier caractère : Le sujet éprouve, de la part du générateur, une action qui altère le composé : *la matière subit cette action altérante.*

Second caractère : L'altération du sujet y rend possible l'introduction de la forme d'un composé nouveau : *la matière reçoit cette forme.*

Troisième caractère : La susception de cette forme réalise un composé nouveau : *l'union de la matière et de la forme constitue cette substance composée.*

L'altération du sujet est préliminaire à la causalité matérielle ; au contraire, la susception de la forme et la constitution du composé en sont l'exercice.

La causalité de la matière est donc double : elle reçoit la forme et, par suite de son union intrinsèque avec celle-ci, elle constitue l'être nouveau. Mais ces deux rôles que joue la cause matérielle ne sont point d'égale importance. La causalité de la matière est *premièrement* réceptive, *secondairement* unitive.

La réception de la forme par la matière précède — d'une priorité de nature, non point de temps — l'union de la matière et de la forme dans l'unité du composé. Bref, le rôle premier et principal de la matière est d'être le sujet récepteur de la forme.

Cependant son rôle n'est pas exclusivement réceptif : car si la matière reçoit la forme, elle ne reçoit pas le composé.

L'expression adéquate de là causalité de la matière sera donc la suivante : La matière reçoit la forme et s'unit à elle pour constituer une substance composée. *Materia est id in quo recipitur forma et ex quo fit quod generatur.*

134. Applications de la causalité matérielle. — La matière remplit son rôle de cause réceptive, principalement *à l'égard de la forme* des composés corporels.

Cependant la cause matérielle a une application métaphysique. Toute substance imparfaite, corporelle ou incorporelle, remplit, par rapport aux déterminations accidentelles qui la perfectionnent, la fonction de *cause* réceptive ou « matérielle ».

Un accident est parfois *cause matérielle* par rapport à un autre : telle l'étendue par rapport à la lumière, à la chaleur ; telle aussi la puissance, par rapport à la détermination complémentaire indispensable à son entrée en exercice, par rapport à ses dispositions habituelles, par rapport à l'action qui se passe finalement en elle.

Enfin l'individu est *sujet* de l'acte d'existence. Lorsqu'à ce sujet on donne le nom de *matière*, le mot prend manifestement une signification métaphysique.

De même dans une acception métaphysique, les parties d'un composé considérées par rapport au composé lui-même revêtent un caractère « *matériel* ».

Même à l'ordre logique la notion de matière est applicable par analogie (**113**).

135. La nature de la cause formelle. — Sa causalité. — La notion de forme trouve dans les corps son application originelle : voyons quel rôle elle y joue.

La forme, dans l'acception principale du mot, est le premier principe intrinsèque de la perfection d'une substance.

Elle exerce *principalement* sa causalité dans l'ordre *quidditatif*, et *accessoirement* dans l'ordre *existentiel*.

Dans l'ordre quidditatif, la forme est en relation avec la matière et avec le composé.

Avec la matière : La matière peut être indifféremment le sujet d'une forme spécifique quelconque : la forme tire la matière de cette indifférence et lui fait partager la nature d'un composé spécifique déterminé.

Avec le composé : La forme en est une partie constitutive, la source de sa perfection et de ses énergies.

Le rôle primordial de la forme est exprimé dans la définition traditionnelle : « Forma est quo ens est id quod est ».

Accessoirement, la forme est principe de l'*existence* : en ce sens qu'elle donne à l'acte d'existence un sujet immédiat.

La nature de la forme nous révèle sa causalité. Elle est cause en tant qu'elle est communiquée intrinsèquement à la matière et que, en union avec elle, elle constitue une substance d'une espèce déterminée [1]).

La cause formelle est, à l'égard de son sujet matériel, dans les rapports d'acte à puissance : telle est la raison de leur compénétration intime. La forme se donne à la matière, elle s'y communique et la détermine intrinsèquement [2]).

136. Applications de la causalité formelle. — Les formes subsistantes. — *Recevoir, être perfectionnée*, tels sont donc les caractères distinctifs de la matière ; *être communiquée, perfectionner*, les caractères distinctifs de la forme.

Ces caractères sont applicables aussi aux êtres immatériels finis. En effet, en tout sujet fini se vérifie la distinction de la puissance et de l'acte. Dans les substances corporelles, elle se vérifie doublement. Nous y découvrons, d'une part, la composition substantielle de la matière première et de la forme substantielle, d'autre part la composition du sujet substantiel et de ses accidents, de l'essence concrète, constituée par la substance et ses déterminations accidentelles, et de l'acte d'existence qui la détermine.

L'être immatériel exclut la composition de matière première et de forme substantiel'e : il est dit une forme *subsistante, simple, pure.*

Néanmoins, les formes subsistantes finies sont perfectibles par des déterminations accidentelles, elles sont perfectionnées par l'acte d'existence ; on appelle quelquefois *matière* ce sujet potentiel perfectible, *forme*, son acte perfectif (**113**).

Dieu seul exclut absolument toute composition matérielle, même au sens analogique de l'expression ; Lui seul est une forme absolument pure.

Étudiant les rapports entre la matière et la forme, nous sommes revenus aux termes corrélatifs d'acte et de puissance. Déterminons leurs rapports.

---

[1]) « Materia est causa formæ, inquantum forma non est nisi in materia et similiter forma est causa materiæ inquantum materia non habet esse in actu, nisi per formam ; materia enim et forma dicuntur relative ad invicem, dicuntur etiam relative ad compositum sicut pars ad totum ». *Cont. Gent.*, II, 54.

[2]) « Forma per seipsam facit rem esse in actu cum per essentiam suam sit actus, nec dat esse per aliquod medium. Unde unitas rei compositæ ex materia et forma est per ipsam formam quæ secundum seipsam unitur materiæ ut actus ejus ». *Summ. theol.*, I, q. 76, a. 7.

137. Rapports entre la puissance et l'acte. — 1º *La puissance est corrélative de l'acte* (**114**).

2º *Pas de puissance sans acte.* La réciproque « pas d'acte sans puissance » ne serait pas vraie.

. 3º *La puissance et l'acte sont du même genre.*

4º *La puissance passive appelle, dans l'ordre de la nature, une cause active correspondante* (**118**).

· 5º *Ontologiquement, l'acte prime la puissance.* Ce qui devient tend à une fin, et cette fin, c'est l'acte pour lequel est la puissance. Par suite, *le parfait prime l'imparfait.* Le tout prime les parties : celles-ci sont pour le tout.

6º *Logiquement et psychologiquement, l'acte est antérieur à la puissance.* Dire qu'une chose est en puissance revient à dire qu'elle peut être *actuelle.* C'est par rapport à son acte perfectif que nous la connaissons. Il est donc nécessaire que la définition et la notion de l'acte précèdent la définition et la notion de la puissance.

L'explication psychologique de cette antériorité logique de l'acte sur la puissance se trouve dans ce fait que nos puissances de connaissance sont passives [1]). Elles requièrent, pour connaître, qu'une chose en acte détermine leur potentialité. L'être potentiel est donc, comme tel, incapable d'influencer nos facultés de connaître, et par suite inconnaissable. La matière première, n'étant que potentialité, est inconnaissable.

7º *Génétiquement et chronologiquement, la puissance est antérieure à l'acte chez l'individu, mais l'acte est antérieur à la puissance dans la série des êtres.* Sans doute, avant qu'un être contingent, présentement *en acte,* fût tel, il a fallu qu'il fût en puissance relativement à cet acte ; mais chaque fois que, dans un ordre de choses, une puissance passe à l'acte, un acte a précédé son évolution. Car, de toute nécessité, l'être en puissance subit, pour devenir un être en acte, l'action d'un être en acte.

A la tête de chaque série de perfections acquises, la perfection répartie aux différents termes de la série existe en acte.

138. La forme principe d'unité. — La forme donne à

---

[1]) Voir *Psychologie*, nᵒˢ 38 et 96.

`l'acte existentiel un sujet. Or, tout être existant est *un*. Donc la forme est principe d'unité : « Ab eodem habet res *esse* et *unitatem*. Manifestum est autem quod res habet esse per formam. Unde et per formam res habet unitatem » [1]).

Les docteurs scolastiques antérieurs à saint Thomas admettaient communément que les substances créées possèdent plusieurs formes substantielles. Saint Thomas comprit que la doctrine de la pluralité des formes compromettait l'unité des substances composées. Aussi bien, qu'une forme détermine la *matière première*, elle formera, en union avec celle-ci, une substance, un sujet apte à recevoir l'acte d'existence : une forme nouvelle qui s'unirait à ce composé *substantiel* ne pourrait être qu'une détermination accidentelle. La substance et la forme y surajoutée formeront ensemble un tout *accidentel*, mais non point *une* substance.

Le Docteur angélique en conclut que l'unité substantielle des êtres composés exige l'unicité de forme : ce fut là une des innovations les plus caractéristiques et les plus remarquables du thomisme [2]).

§ 2. — *La cause efficiente*

139. Nature de la cause efficiente. — Sa causalité. — Le principe qui produit les innombrables transformations substantielles et accidentelles de la nature est la cause efficiente. Aristote l'appelle le principe actif du « mouvement ». Les scolastiques la définissent : *Id a quo aliquid fit, ce par quoi quelque chose se fait.* Se faire indique le devenir, le passage de l'être à l'être ou du non-être à l'être.

---

[1]) *Quodlib.*, I, art. 6.
[2]) « Dicunt... quod quædam forma substantialis est per quam est substantia tantum, et postea est quædam alia per quam est corpus, deinde est et alia per quam est animatum et alia per quam est animal et alia per quam est homo et sic dicunt de aliis formis substantialibus rerum. Sed hæc positio stare non potest : quia, cum forma substantialis sit quæ facit hoc aliquid et dat esse substantiale rei, tunc sola prima forma esset substantialis, cum ipsa sola daret esse substantiale rei et faceret hoc aliquid ; omnes autem post primam essent accidentaliter advenientes, nec darent esse rei simpliciter sed esse tale et sic in amissione vel acquisitione ipsarum non esset generatio et corruptio sed tantum alteratio. Unde patet hoc non esse verum ». *Quodlib.*, XI, q. 5, a. 5.

Tandis que la *matière* et la *forme* sont les *principes intrinsèques de l'être matériel*, la cause efficiente est le *principe extrinsèque du devenir*.

Le résultat du mouvement ou du devenir s'appelle *effet* (efficere, effectum). La nature de la cause efficiente nous révèle son influence propre dans le devenir de l'être, sa causalité. La cause efficiente produit le mouvement : elle agit. Sa causalité est donc l'action. « Efficiens est causa, inquantum agit » [1]). On appelle *activité* le pouvoir d'agir.

Chez les êtres créés, l'activité est distincte et de la nature et de l'action, car la nature agit au moyen de puissances opératives (**140**).

L'action est *transitive* ou *intransitive*.

Elle est *transitive*, quand le changement produit par celui qui agit est reçu dans un autre sujet : telle l'action du feu sur le bois qu'il consume.

Elle est *intransitive* ou *immanente*, lorqsu'elle a pour sujet celui qui en est l'auteur : telle la volition [2]).

L'action intransitive est la perfection du patient.

L'action immanente perfectionne celui qui l'opère.

Les verbes *agir*, *opérer*, s'appliquent, en rigueur de termes, à l'action immanente ; le verbe *faire* est le mot propre pour désigner une action transitive.

Lorsque nous voulons souligner l'idée que le terme de l'action dépend du principe actif, nous employons de préférence les verbes *produire* ou *effectuer*.

Afin de préciser encore la notion de cause efficiente, opposons-la à d'autres notions qui ont avec elle une certaine affinité.

140. La condition et la cause. — La cause a une influence positive sur l'apparition du fait que l'on appelle son effet.

La *condition* est requise pour permettre à la cause d'agir, mais elle-même n'influe pas positivement sur la production de l'effet ; elle écarte un obstacle : l'obstacle écarté, la cause a la liberté d'agir, elle agit.

---

[1]) Voir *Metaph.*, lect. 2.
[2]) Voir *Psychologie*, n° 120

Parmi les conditions, les unes ne sont pas absolument indispensables à l'action, mais rendent possible une action plus parfaite, on les appelle de *simples conditions ;* telle autre est indispensable à l'action et ne peut être suppléée par une autre condition, on l'appelle *condition sine qua non.*

Sans l'ouverture pratiquée dans les parois d'une salle, impossible d'y voir : l'ouverture écarte l'obstacle au passage de la lumière *(removens prohibens),* elle est *condition* de l'acte de vision ; la lumière et l'organe visuel en sont les *causes :* la lumière *cause objective,* l'œil *cause subjective.*

141. L'occasion et la cause. — L'occasion n'a de rôle que par rapport aux causes libres. Elle peut être définie : *telle circonstance ou tel ensemble de circonstances qui favorisent l'action d'une cause libre :* Ainsi, la nuit est une occasion de voler.

L'occasion exerce sur l'effet une influence positive, sinon sur l'efficience extérieure, au moins sur la détermination positive qui la précède : ce caractère, entre autres, la distingue de la condition. Mais l'occasion n'est point nécessaire à la production de l'effet : la cause, au contraire, l'est.

142. La cause proprement dite et la cause accidentelle. — Les causes qui agissent dans la nature — nous le verrons prochainement — sont orientées vers une fin : lorsqu'elles agissent naturellement, elles atteignent leur fin ou s'en approchent. La rencontre de l'action naturelle d'une cause avec celle d'*une autre cause* donne naissance à l'effet appelé « accidentel ». Celui-ci est différent de l'effet que la cause naturelle aurait produit si son exercice n'eût point été contrarié. L'*action de rencontre* est souvent attribuée à la cause naturelle, mais ce n'est point parler exactement, car la cause naturelle n'en est point cause. Sa fin intrinsèque ne la sollicitait nullement à produire cet effet ; celui-ci s'explique par la rencontre fortuite de deux causes dont l'une contrarie l'exercice de l'autre.

Les effets accidentels sont des coïncidences.

Ainsi une nourriture substantielle est naturellement bienfaisante ; pour un estomac débilité, elle peut être une cause « accidentelle » de troubles digestifs.

143. Les divisions de la cause efficiente. — Outre

la division, mentionnée déjà, en cause *transitive* et cause *immanente*, il existe plusieurs subdivisions de la cause efficiente, notamment les suivantes :

1º Cause *principale* et cause *instrumentale*. Lorsque deux causes produisent ensemble un effet, on appelle *principale* la cause qui emploie la puissance propre à la cause inférieure et en dirige l'exercice ; on appelle *instrumentale* celle qui, sous l'impulsion et sous la direction d'une cause supérieure, contribue pour sa part à la production de l'effet. Par exemple, la cause *principale* d'une saignée, c'est le chirurgien ; la cause *instrumentale*, c'est la lancette dont il se sert.

La cause *principale* agit par une vertu qui lui est propre ; l'*instrument* agit en vertu de la cause principale qui l'emploie. Ainsi la lancette ne remplit son rôle que dans la main du chirurgien et par la vertu qu'elle en reçoit ; d'elle-même, sans l'intervention de la cause principale, elle ne produirait pas la saignée. La cause instrumentale produit donc un effet supérieur à celui qu'elle serait capable de produire si elle était abandonnée à elle-même. Mais, comme l'effet qu'elle produit dépasse sa nature et ne s'explique que par la motion d'une cause supérieure, il est nécessairement transitoire. Il dure aussi longtemps que l'action de la cause principale se produit.

2º La cause instrumentale est *dispositive* ou *perfective*. La cause *dispositive* est celle qui produit, dans un sujet donné, l'ultime disposition qui exigera l'introduction de la forme définitive, mais ne produit pas cette forme elle-même. La cause qui produit la forme elle-même est appelée par saint Thomas la cause *perfective*.

Le père est cause de son fils, mais seulement cause *dispositive* : il ne procrée pas l'âme de son enfant, mais il amène la matière à une disposition qui détermine Dieu à intervenir et à créer une âme raisonnable, qui informe cette matière préparée à la recevoir. Dieu est donc la cause *perfective* de cette créature nouvelle [1]).

3º Cause *première* et cause *seconde*. La cause *première* est celle dont l'action est indépendante d'une cause antérieure

---

[1]) Voir *Psychologie*, nº 162.

et à laquelle une ou plusieurs causes sont subordonnées. La cause *seconde* est celle dont l'action est subordonnée à une cause supérieure.

Mais la subordination d'une cause à une cause supérieure peut être *essentielle* ou *accidentelle*.

La subordination est *essentielle*, lorsque la cause seconde tient de l'action *présente* d'une cause supérieure, soit son existence, soit un complément indispensable à son pouvoir d'agir.

La subordination est *accidentelle*, lorsque la cause seconde a reçu d'une cause supérieure son existence ou son pouvoir d'agir, mais n'est plus, ni pour exister, ni pour agir, sous la dépendance *actuelle* de cette cause.

La créature est *essentiellement* subordonnée au Créateur qui présentement lui conserve l'existence et soutient son action.

Le fils est, dans l'exercice de son activité, *accidentellement* subordonné à ses parents et à ses aïeux : il n'est plus sous leur dépendance *actuelle* pour exister et pour agir.

Toute cause *instrumentale* est cause seconde essentiellement subordonnée à la cause principale.

La proposition inverse est vraie, si l'on parle absolument : toute cause *seconde* est instrumentale en ce sens qu'elle est toujours un instrument sous l'action de la cause absolument première qui est Dieu. Néanmoins, la cause seconde peut être considérée comme cause *principale* à l'égard d'instruments qu'elle-même emploie. C'est à tort, en conséquence, que l'on identifierait la cause *principale* à la cause première. Dieu seul est indépendant de toute cause antérieure : à Lui seul convient le nom de cause première.

4° Cause *prochaine* ou immédiate et cause *éloignée* ou médiate. La cause est *prochaine*, quand aucun agent n'interpose son action entre elle et l'effet ; sinon, la cause est plus ou moins *éloignée*.

5° Enfin la cause *physique* et la cause *morale*. La cause *physique* produit son effet par sa vertu propre, — soit immédiatement, soit au moyen d'un instrument. La cause *morale* agit, par la présentation d'un bien ou d'un mal, sur la volonté d'autrui.

Il nous reste à éclaircir une notion : où se passe l'efficience ; est-ce dans la cause ou dans l'effet ?

144. L'action de l'agent créé est dans le patient. — L'action de la créature présuppose une cause matérielle ; elle y opère un changement substantiel ou accidentel, un « mouvement». Or, le mouvement se passe dans le mobile : étant l'acte d'un sujet en puissance, il s'accomplit en ce sujet : l'action affecte donc, non point le moteur, mais le mobile, c'est dans celui-ci qu'elle est reçue comme dans son sujet.

Mais si le mouvement ne touche pas le moteur, comment expliquer qu'une force se dépense en agissant ?

Si une source d'énergie s'épuise en agissant, ce n'est pas qu'elle soit affectée par l'action, mais par la *réaction* consécutive à l'action. Chaque fois qu'un patient subit une action, il réagit sur l'agent : celui-ci à son tour devient sujet passif et subit une diminution d'énergie par suite de cette réaction. Les activités corporelles sont régies par la loi de l'action et de la réaction.

Ainsi, l'action est dans le patient : elle y est reçue. Tout mouvement donne lieu, en conséquence, à une double relation. Il affecte le patient, mais, d'autre part, il provient de l'agent. Sous ce dernier rapport, il s'appelle *action* ; sous l'autre rapport, il porte le nom de *passion*.

L'action et la passion constituent une seule et même réalité, elles se confondent avec le mouvement. Néanmoins, les *notions* d'action et de passion ne sont point identiques. Elles sont des notions diverses d'un même être réel, envisagé à des points de vue différents. Or, les catégories ne sont pas l'expression directe des choses de la nature, mais les schèmes logiques d'après lesquels nous nous les représentons. Il s'ensuit que l'action et la passion sont deux catégories différentes. « Actio et passio, dit saint Thomas, conveniunt in una substantia motus », mais il ajoute aussitôt : « differunt tamen secundum habitudines diversas » [1]).

145. La théorie aristotélicienne du mouvement, de la passion et de l'action est-elle universellement applicable ? — La théorie aristotélicienne du mouvement, de la

---

[1]) Cfr. *Sum. th.*, Iª, q. 28, a. 3, ad 1 ; q. 45, a. 2, ad 2 ; 2ª 2ᵉ, q. 90, a. 3, C.

passion et de l'action est tirée de l'analyse du mouvement corporel. Or, la production de ce mouvement est une action « transitive ». L'opération vitale est, au contraire, « immanente ». Peut-on affirmer, en conséquence, qu'elle est un « mouvement » ?

D'autre part, les causes secondes agissent sur une matière, dans l'acception, soit physique, soit métaphysique du mot. Or, l'action de la cause première n'exige pas nécessairement un sujet matériel. Lorsque Dieu crée, sa créature ne peut être le sujet d'une actuation : avant d'être créée, elle n'est rien. L'action divine ne peut pas produire un mouvement. Or, que peut être cette action qui n'a pas pour terme un mouvement ? Qu'est l'action, lorsqu'on la prend dans toute sa généralité, telle qu'elle soit applicable à la fois, à l'efficience d'un mouvement et à la création ?

146. En quel sens l'action immanente est un mouvement. — Les opérations des corps vivants sont immanentes uniquement par rapport au sujet organisé, envisagé dans son entièreté. Les diverses parties matérielles agissent les unes sur les autres : leur action est transitive. La théorie du mouvement est donc applicable aux corps organisés aussi bien qu'aux corps bruts.

Elle est de même applicable aux activités psychiques, mais sous certaines réserves.

La cognition et l'appétition sont, toutes deux, des mouvements. Elles sont le passage à l'acte, de la puissance cognitive ou de la puissance appétitive. Sous l'influence de l'excitant, l'intelligence subit une détermination cognitionnelle : considérée dans le sujet où elle réside, celle-ci est une *passion ;* considérée en tant qu'elle procède de l'excitant, elle est une *action ;* la mise en acte de la puissance cognitive par la détermination cognitionnelle est une *évolution*, un « mouvement ».

De même, l'appétition est une mise en acte de la volonté par la cause finale, un mouvement. Cette inclination qu'elle subit sous l'influence de la présentation d'un bien appétible, est, considérée dans la puissance qui la reçoit, une *passion ;* considérée par rapport à la cause finale vers laquelle elle tend, une sorte d'*action*.

Donc la notion de mouvement est applicable aux activités psychiques. Seulement, il convient d'y apporter ce correctif. La cognition et l'appétition sont des activités immanentes : elles perfectionnent leur sujet. La cognition ne réagit pas sur l'excitant qui la produit, l'appétition ne réagit pas sur le bien qui la motive.

147. L'action créatrice. — L'action créatrice, nous l'avons dit, ne peut avoir pour terme un « mouvement ». Les actions des créatures font passer un être existant, d'un mode d'être à un autre mode d'être ; elles présupposent un sujet qui les reçoive. L'action créatrice exclut la préexistence d'un sujet récepteur. Elle fait que l'être soit.

Donc, considérée dans la chose créée, la création n'est pas une *mutation subie*, une passion ; considérée du côté de la cause créatrice, elle n'est pas une *mutation active*.

Créer consiste à produire une substance tout entière, matière première aussi bien que forme substantielle. *Être créé* exprime une simple dépendance d'origine [1]).

148. L'action en général. — Qu'est-ce que l'action envisagée dans toute sa généralité ?

Est-ce une sorte d'écoulement de la cause dans l'effet ? Non, c'est là une imagination fausse que condamne l'analyse métaphysique du mouvement. L'action ne modifie pas l'agent, il s'ensuit qu'elle exclut tout passage d'une entité de la cause dans l'effet.

Qu'est-ce alors que l'action ?

Ce que nous trouvons de commun aux diverses activités des corps bruts, aux opérations des corps vivants et des puissances spirituelles, à l'action créatrice, c'est de faire *qu'une chose qui n'était pas, soit*, qu'un être *devienne*. Le devenir est le terme formel de l'efficience en général. « Remoto motu, écrit saint Thomas, actio nihil aliud importat, quam ordinem originis secundum quod a causa aliqua vel principio procedit in id quod est a principio » [2]).

---

[1]) « Creatio non est mutatio nisi secundum modum intelligendi tantum. Nam de ratione mutationis est quod aliquid idem se habeat aliter nunc et prius... Sed in creatione per quam producitur tota substantia rei non potest accipi aliquid idem aliter se habens nunc et prius nisi secundum intellectum tantum ». *Sum. theol.*, I*, q. 45, a. 2, ad 2.

[2]) *Sum. theol.*, I*, q. 41, art. 1, ad 2.

149. L'occasionnalisme. — L'occasionnalisme, dont l'auteur est Malebranche, attribue à Dieu seul la causalité efficiente. Les créatures ne sont point de vraies causes, mais seulement des causes *occasionnelles :* elles sont, pour Dieu, l'occasion d'agir, mais elles-mêmes n'ont pas d'activité qui leur soit propre et provienne de leur propre fonds. Elles « n'agissent, écrit le célèbre oratorien, que par la force et l'efficace de la volonté de Dieu » [1]).

Malebranche ne fait à son occasionnalisme que cette unique restriction : l'acte libre appartient à la volonté humaine, mais il n'a point d'efficacité au dehors.

150. Critique. — *Première preuve de la causalité efficiente de la créature.* — Lorsque je considère en moi l'exercice de mon activité, ma conscience m'affirme que mon acte est et demeure sous ma dépendance jusqu'à son entier accomplissement. C'est bien là une preuve de mon pouvoir causal.

D'autre part, nous constatons l'apparition de certains effets extérieurs en corrélation constante avec ces actes intérieurs que nous venons d'étudier ; cela nous prouve que ceux-ci sont causes de ceux-là. Je veux remuer le bras, il remue ; je veux qu'il demeure immobile, il ne remue pas ; je veux qu'il exécute un mouvement plus fort ou plus faible, l'intensité du mouvement suit les ordres de ma volonté. C'est la preuve inductive complète de notre action effective sur le monde extérieur.

Seconde preuve de la causalité efficiente de la créature. — 1º L'étude des êtres de la nature nous révèle en eux une variété merveilleuse dans les types, la constitution interne, les fonctions. Or, si les créatures ne sont point causes efficientes, à quoi bon diversifier ainsi, à profusion, leur nature ? Les richesses de la nature seraient donc sans but et témoigneraient d'une prodigalité insensée. Malebranche croyait mieux distinguer de ses créatures l'Être divin, en ne reconnaissant qu'à Lui seul la causalité efficiente : il semble plutôt en faire l'architecte d'une œuvre déraisonnable.

2º *L'occasionnalisme met en péril le libre arbitre.* — Aussi

[1]) *De la recherche de la vérité*, liv. 6ᵐᵉ, IIᵉ Partie, ch. III.

bien, ce n'est qu'en contradiction avec l'ensemble de son système que Malebranche tente de sauvegarder la causalité libre de la volonté humaine. Si Dieu seul possède la dignité de cause et s'il répugne que des êtres finis puissent être principes de leurs actes, pourquoi considérer encore l'homme comme le maître de certains actes, ayant leur siège dans sa volonté ?

3° *L'occasionnalisme mène à l'idéalisme.* — Ainsi qu'on le verra dans le Cours de Critériologie, nous ne pouvons établir l'existence d'êtres extérieurs au moi, qu'en établissant que ces êtres nous impressionnent par leur activité. Mais, si on leur dénie toute efficience, on enlève du coup toute valeur à la preuve de l'existence réelle d'un monde externe. A plus forte raison, l'on se met dans l'impuissance de se prononcer sur la nature des réalités qui forment le monde. Le moi demeure enfermé en lui-même, limité à ses seules représentations.

4° *L'occasionnalisme mène au panthéisme.* — Si Dieu seul est cause efficiente, le monde créé devient inutile. Pourquoi ne le point supprimer ? et pourquoi n'en point attribuer toutes les manifestations à l'unique substance divine ? On en arrive ainsi à confondre les créatures et le Dieu personnel.

151. Le principe de causalité. — Les hommes de science attachent souvent au principe de causalité la signification d'une loi physique générale : Aucune *manifestation corporelle*, mécanique, physique ou chimique, ne se *produit qui n'ait son antécédent — une cause efficiente — corporel.*

Le principe, ainsi entendu, est applicable au monde physique seul. Il n'a donc point une signification *métaphysique.*

Dans ce dernier sens, en quels termes convient-il de l'énoncer ? L'être existant, auquel l'existence n'est pas essentielle, existe en vertu d'une action extérieure. Telle est, pensons-nous, la formule exacte du principe de causalité pris dans son sens métaphysique. Nous discutons les autres énoncés qu'on en a proposés, dans le Cours de Critériologie auquel nous renvoyons le lecteur.

§ 3. — *La cause finale*

152. Introduction au problème des causes finales. —
Le « mouvement » requiert l'intervention de deux causes
intrinsèques, les causes matérielle et formelle, et d'une cause
extrinsèque, la cause efficiente. Telle est la conclusion générale des pages précédentes. Mais ces trois causes sont-elles
suffisantes à la production du « mouvement » ? Les·méca-
nicistes l'affirment ; les finalistes le nient. Pour ceux-ci l'ordre
de la nature ne peut s'expliquer sans l'influence de causes
finales. Ils affirment qu'il y a de la finalité dans le monde et
la finalité est, selon eux, l'effet immédiat d'une cause finale.
Ils n'ont nullement la prétention de préciser dans chaque
cas, si une cause finale intervient, quelle est sa nature et
jusqu'où s'étend sa finalité. Leur déclaration a une portée
générale : ils affirment qu'*il y a des causes finales*.

Mais tous les finalistes ne s'entendent pas sur le *caractère*
de la finalité que l'univers réalise.

Selon les uns — Descartes, Leibniz, les éclectiques français
— la finalité est *extrinsèque ;* selon les autres — Aristote,
saint Thomas, les scolastiques — elle est avant tout *intrinsèque, immanente.*

Ce n'est pas à dire que les scolastiques nient la finalité
extrinsèque. Ils considèrent, au contraire, que les êtres de
la nature sont faits les uns pour les autres, sont *utiles* les
uns aux autres. Par exemple, les éléments qui constituent
notre atmosphère sont mélangés dans une proportion qui
rend possible, sous tous les climats, la vie des organismes ;
le règne végétal est subordonné au règne animal ; notre globe
se trouve placé avec le soleil dans des relations de distance qui
assurent la conservation et le développement des êtres organisés. Mais, selon les scolastiques, ces rapports de finalité
extrinsèque résultent d'une finalité plus profonde, *intrinsèque*
aux êtres substantiels.

Pour l'école cartésienne, Dieu réalise l'ordre *extrinsèque* de
la nature, au moyen de causes efficientes exclusivement.
L'ordre universel subsiste grâce à l'action externe de sa Providence. D'après Aristote et saint Thomas, il y a au sein même
des êtres une tendance qui les oriente vers leur fin et dirige

vers celle-ci l'exercice de leurs forces. Tandis que les êtres poursuivent leur fin *intrinsèque*, l'univers demeure dans l'harmonie ; des relations de finalité *extrinsèque* unissent les natures individuelles qui, en fait, ne poursuivent immédiatement que la réalisation de leur fin propre. En conséquence, la finalité *extrinsèque* de l'univers *résulte* des dispositions internes spéciales aux individus, elle est postérieure à celles-ci.

Avant de justifier cette dernière conception de la nature, précisons les notions qui s'y trouvent engagées.

153. Notion plus complète de la cause finale. — Finalité volontaire, finalité physique. — Prenons un cas où se manifeste la causalité de la cause finale.

Soit un étudiant qui fait des études de médecine. Pourquoi s'astreint-il à la fréquentation des cours, s'applique-t-il aux diverses branches inscrites au programme ? Parce qu'il veut conquérir le diplôme qui lui donnera accès à la carrière médicale. Celle-ci est pour lui un bien : il accepte, par suite, le programme d'études qui lui est imposé et s'applique à le suivre.

Le but est un bien voulu qui, parce qu'il est voulu, détermine la volonté à vouloir un acte ou une série d'actes jugés nécessaires ou utiles à l'obtention du but.

La fin, dit Aristote, est *ce pour quoi* quelque chose se fait, *id cujus gratia aliquid fit.*

Le but est une *cause :* non seulement sans la volition du but, tels actes déterminés ne se produiraient pas — ce qui se vérifierait également si le but n'était que condition *sine qua non* — mais, de plus, il a sur l'apparition de certains actes, sur leur ordre de succession, une *influence positive.* Or, la caractéristique de la cause est précisément l'influence positive qu'elle exerce. Donc le but est cause, *cause finale.*

La cause finale dont nous venons d'étudier l'influence était un bien *connu ;* la finalité, tendance vers une fin voulue, était dirigée par un jugement ; elle est, comme diraient les scolastiques, « elicita », un acte de la vie « psychique ».

Nos semblables ordonnent, comme nous, leurs actes et aboutissent à un résultat final. Cet effet était leur but, ils ont disposé leurs actes comme autant de moyens en vue de cette fin.

L'animal tend aussi vers un objet connu et désiré qui est son bien. Il ordonne ses actes en vue de cette fin qui est la satisfaction de ses tendances.

Mais nous pouvons sortir de l'ordre des volitions conscientes et découvrir dans le monde physique cette même causalité.

Dans le monde physique, nous voyons un concert d'opérations nombreuses, variées, sans cesse renouvelées, aboutir à des résultats *constamment bons, utiles.* Le retour constant de ces mêmes résultats requiert son explication causale, dans les règnes végétal et minéral aussi bien que dans les règnes animal et humain : il atteste l'influence d'une cause finale.

Sur un sujet doué de sens intime ou de conscience, toute influence est celle d'un but connu et voulu — finalité *consciente et volontaire ;* — dans le monde physique, elle n'est ni connue, ni volontaire — finalité *physique ;* — toujours elle est l'effet d'une *cause* fondamentalement identique, la finalité d'une *cause finale.*

154. Causalité de la cause finale. — De quelle nature est la causalité de la cause finale ?

La cause finale exerce un attrait sur les puissances actives des êtres et détermine les puissances qui subissent cet attrait à vouloir le bien qui leur est offert, à tendre vers lui.

La causalité de la cause finale est donc un *attrait* qu'elle exerce sur la volonté, et une *tendance* qui en résulte dans la puissance volitive vers le bien qui lui est offert.

La finalité, envisagée du côté de la cause finale, est un *attrait* exercé par la fin sur la puissance volitive ; considérée du côté de la volonté qui subit l'attrait, la finalité est une *affection passive.* Cette affection fait naître dans la volonté un désir de son bien, une *tendance* vers lui, une *intention* (in-tendere). L'intention du but entraîne, par une conséquence naturelle, le désir des moyens appropriés au but ; ce désir est, enfin, la cause déterminante de la production des actes qui doivent amener la réalisation du but originairement entrevu et voulu.

Pour se représenter exactement la causalité de la cause

finale, il ne faut pas se figurer l'attrait qu'elle exerce, comme un *effet* physique d'une *cause efficiente* : car au moment où il est considéré comme fin, le bien n'est pas encore réalisé dans la nature ; il ne peut donc exercer une action physique sur le sujet qui le poursuit de ses désirs.

Il ne faut pas, non plus, regarder cet attrait comme l'effet physique d'un acte de connaissance. La connaissance du bien à obtenir est la *condition* sans laquelle l'attrait de l'objet ne s'exercerait pas sur un sujet conscient, mais l'attrait est propre au bien lui-même.

La cause finale est donc le bien présenté à la volonté. Sa causalité consiste dans l'attrait du bien sur la faculté volitive et dans l'inclination qu'il y fait naître. « Sicut influere causæ efficientis est agere, écrit saint Thomas, ita influere causæ finalis est appeti et desiderari » [1]).

Cette doctrine sur la finalité ne s'applique pas seulement aux volitions et aux appétitions conscientes : elle caractérise aussi l'influence de la cause finale dans le domaine de la nature aveugle. Dans ce domaine, la finalité est toujours une inclination passive, une « intention », mais elle se présente dans d'autres conditions d'exercice.

L'inclination *volontaire* est provoquée par la perception ou l'imagination d'une fin ; la tendance *naturelle* est *congénitale* au sujet.

L'inclination *volontaire* est cause formelle accidentelle , l'inclination *naturelle* s'identifie avec la forme substantielle du type spécifique [2]).

Cette tendance des êtres inconscients vers leur fin, les scolastiques n'hésitaient pas à l'appeler « *intentio naturæ* » ou « *appetitus naturalis* ».

Ces développements nous aideront à comprendre quelle est la signification de la nature et de la loi naturelle.

155. La nature. — La nature est réellement identique à la substance. Mais nous ne la concevons pas, ainsi que le font

---

[1]) *De verit.*, q. 22.

[2]) « Res naturalis per *formam* qua perficitur in sua specie, habet inclinationem in proprias operationes et proprium finem, quem per operationes consequitur ; quale est enim unumquodque, talia operatur et in sibi convenientia tendit ». *Cont. Gent.*, IV, 19.

les mécanicistes, comme une substance quelconque, douée de forces quelconques ; elle est une substance considérée en tant que *principe premier, intrinsèque, des opérations propres à l'être qui les produit ou les subit*. Aristote la définit : « Natura est principium quoddam (est causa) motus et quietis, quatenus ad ipsum pertinent primo per se, et non per accidens » [1]).

Plusieurs éléments de cette définition furent déjà éclaircis plus haut, à propos de la notion de *nature* (87) ; il n'en reste plus que quelques-uns à déterminer.

Nous disons que la nature est le *premier* principe d'action, afin qu'on ne la confonde pas avec les forces ou facultés naturelles qui sont des principes d'action *dérivés, immédiats*.

La nature est un principe *intrinsèque :* cet adjectif sert à marquer la différence entre la nature, d'une part, et d'autre part, la cause efficiente et la cause exemplaire extérieures, l'une à son effet, l'autre à l'œuvre à laquelle elle sert de modèle.

La nature est le principe des opérations *propres* au sujet. En effet, toute opération dont un être est le sujet, ne lui est pas « naturelle ». Il en est même qui sont contraires à sa nature et que l'on appelle, pour ce motif, « violentes », « antinaturelles ». Seules sont naturelles à un sujet les manifestations d'activité qui sont *subordonnées à la fin* de ce sujet.

Chaque être de la nature a sa fin propre. Pour obtenir cette fin, il lui faut des puissances actives propres qui soient autant de moyens subordonnés à cette fin. Ces puissances forment des propriétés distinctives stables, car la fin de l'être est permanente. Mais la stabilité de ces puissances distinctives requiert, en chaque être, un fond persistant auquel elles s'appuient. Ce fond substantiel est le principe dernier des opérations distinctives des êtres : à lui doit s'attribuer, en dernière analyse, la tendance vers la fin naturelle. Au sujet ainsi considéré, la philosophie aristotélicienne donne le nom de « nature ».

---

[1]) *Phys.*, lib. II, cap. I.

Ces explications aideront à comprendre ce que sont les lois de la nature.

156. Conception téléologique de la loi de la nature. — Le mécaniciste appelle *loi*, la récurrence régulière et constante de certains phénomènes, suite fatale d'antécédents matériels. C'est une loi, par exemple, que tout être vivant dérive originairement d'une cellule. Cela veut dire : Placez une cellule dans certaines conditions nécessaires à sa division ou à sa production, elle se divisera ou se reproduira et donnera inévitablement naissance à un type organisé.

Dans la production régulière des phénomènes naturels, le mécaniciste voit surtout son déterminisme inflexible : tels antécédents étant posés, tels conséquents s'ensuivent inéluctablement.

Le mécanisme énonce un fait, mais ne l'explique pas ; tout au moins son explication est *incomplète*.

Sans doute, l'objet principal de la science expérimentale est d'assigner à un phénomène ses antécédents matériels et de marquer l'invariabilité du lien qui l'unit à ceux-ci.

Mais après ce problème scientifique se dresse un problème nouveau, étranger aux sciences expérimentales, qui relève proprement de la métaphysique.

La détermination des antécédents d'un phénomène nous annonce son apparition inévitable. Mais ces divers antécédents, ces forces naturelles dont l'entrée en exercice est la raison du phénomène, produisent le plus souvent des effets utiles. A travers la diversité des lieux, des temps, des circonstances multiples, les mêmes types, bons et beaux se réalisent, se perpétuent. Pourquoi en est-il ainsi ? A cette spécialisation heureuse du jeu des forces générales de la matière, à la récurrence régulière des mêmes effets, il faut une raison suffisante.

Les causes finales la fournissent.

Sans doute, elles ne remplacent pas les causes efficientes : les conditions d'action d'une force sont, par le fait de leur présence, la *raison déterminante de cette action*.

Mais l'orientation constante et harmonieuse des forces multiples d'un sujet vers un même terme réclame une inclination fondamentale de la nature vers ce terme.

~ La *loi de la nature* est la détermination interne fondamentale en vertu de laquelle une substance, principe premier
d'action, tend à réaliser un effet déterminé.

Lorsque l'effet visé par la nature se réalise, on dit que le
sujet *obéit à sa loi, suit sa loi.*

Mais il peut se faire que l'effet visé par la nature ne soit
pas atteint.

157. Les effets accidentels. — Il faut distinguer les causes
naturelles des causes *accidentelles*, les effets *naturels* des effets
accidentels.

L'effet naturel est celui qui est déterminé par la *nature* de
la cause efficiente. « Effectus *per sē* causæ naturalis est id
quod consequitur secundum exigentiam suæ formæ », ou
encore : « Effectus *per se* causæ naturalis est quod evenit ex
intentione naturæ ». Lorsque l'agent est capable de vouloir
son effet avec connaissance, à dessein, « ex proposito », on
appelle *intentionnel* l'effet qu'il a l'intention de réaliser :
« Effectus causæ agentis a proposito est illud quod accidit ex
intentione agentis ».

Aux effets soit naturels soit intentionnels, s'opposent les
effets accidentels. « Quidquid provenit in effectu præter intentionem est *per accidens* ».

L'effet accidentel est donc celui qui se produit contrairement à la tendance naturelle de l'agent : on l'appelle aussi
un *accident* ou un effet de *rencontre.*

La cause *naturelle* produit un effet conformément à sa
finalité propre ; on parle de cause *accidentelle*, lorsqu'à la
cause naturellle s'adjoint, — soit du côté de la cause, soit du
côté de l'effet — un événement de rencontre [1]).

L'effet *accidentel* n'est jamais produit par *une* cause déterminée. En effet, chaque être de la nature, d'après la concep-

---

[1]) « Sicut entium quoddam est per se et quoddam per accidens,
ita et causarum : sicut per se domus causa est ars ædificatoria, per
accidens vero album et musicum. Sed considerandum est quod causa
per accidens dicitur dupliciter : Uno modo ex parte causæ, alio modo
ex parte effectus. Ex parte quidem causæ, quando illud quod
dicitur causa per accidens, conjungitur causæ per se, sicut si
album vel musicum dicatur causa domus, quia accidentaliter conjungitur ædificatori. Ex parte autem effectus, quando accipitur
aliquid quod accidentaliter conjungitur effectui : ut si dicamus quod
ædificator est causa discordiæ, quia ex domo facta accidit discordia ».
Phys., lib. II, lect. 8[a].

tion finaliste de l'univers que nous avons adoptée, est déterminé à produire un effet déterminé, son « effet naturel ». L'effet *accidentel* se produit uniquement lorsqu'une autre cause, agissant concurremment — et d'une manière conforme à sa nature, — contrarie la production de l'effet naturel. Il n'est donc point possible de rattacher l' « accident » à aucune cause naturelle. La coïncidence d'action de deux ou plusieurs causes naturelles l'explique, mais cette coïncidence elle-même, à proprement parler, n'a pas de cause : il n'est rien dans la nature qui la prédétermine. Et qu'on le remarque, le principe de causalité demeure sauf : l'événement de rencontre résulte de deux séries de causes naturelles qui se sont rencontrées et ont réagi l'une sur l'autre.

Lorsque nous disons que des causes naturelles produisent par leur rencontre un effet accidentel sans qu'un lien objectif les unisse, nous nous plaçons à un point de vue *relatif* : nous voyons la coïncidence de causes naturelles en présence de la science *humaine*, et non pas du point de vue de la science *divine*. La Providence divine a dû faire entrer dans son plan cette rencontre de deux ou plusieurs causes et l'événement qui est résulté de leur concours d'actions.

Remarquons, enfin, que l'événement qui se produit sans régularité peut, seul, être appelé un effet *accidentel*.

Lorsque l'événement attribué à la rencontre fortuite de deux ou plusieurs causes naturelles se reproduit avec une régularité constante, notre appréciation se modifie inévitablement. La coïncidence ne satisfait plus cette fois à notre besoin d'explication causale ; force nous est d'attribuer l'effet observé à une cause habituelle, à une loi de la nature.

158. Corollaire : Trois acceptions de la loi naturelle. — L'ordre, envisagé comme ensemble, frappe plus vivement l'imagination que l'ordre des parties. On s'explique que l'humanité ait spontanément considéré l'ordre universel comme l'œuvre d'un Maître souverain qui impose sa volonté aux éléments. Aussi sommes-nous enclins à penser avec Suarez, que la loi se présente originairement à la conscience sous l'aspect d'un commandement.

Les diverses conceptions scientifiques de la loi se formeraient postérieurement et seraient, en conséquence, métaphoriques.

Nous pouvons, dans un ordre déductif ou synthétique,
distinguer trois acceptions de la loi :

1° La *loi*, dans son acception la plus fondamentale, désigne
l'*inclination naturelle* d'un être vers la fin qui lui est propre,
raison interne de la convergence de ses opérations dans le
sens de cette fin.

2° La convergence des forces de l'être vers un but unique
et toujours le même a pour résultat un mode d'action uniforme
et constant du sujet. On appelle loi, dans une acception
superficielle, *ce mode d'action uniforme et constant* des êtres
de la nature.

3° Mais l'uniformité et la constance de ce mode d'action
dépendent de certaines *conditions extrinsèques*. Le *rapport*
entre une action et ses conditions d'exercice doit donc entrer
en ligne de compte dans l'énoncé de la loi : *l'expression du
rapport entre une action et ses conditions extrinsèques*, telle
la loi d'attraction énonçant que les corps s'attirent en raison
directe des masses et en raison inverse du carré de leurs
distances.

159. La nécessité des lois de la nature. — Les lois de
la nature sont *nécessaires* : qu'est-ce à dire ?

On appelle *nécessaire* ce qui ne peut pas ne pas être ; *contingent*, ce qui peut ne pas être.

La nécessité est *absolue* ou *conditionnelle*. Un événement
est nécessaire *absolument*, lorsqu'il existe une cause *antécédente* — soit matérielle, soit formelle, soit efficiente — de
son apparition. Un événement est *conditionnellement* nécessaire, lorsque son apparition est subordonnée à une fin libre.
Vous pouvez ne pas construire une maison, mais *si* vous
voulez vous en construire une, il vous faut des matériaux de
construction. La nécessité conditionnelle est *conséquente* :
elle dépend d'une fin qui pourrait n'être pas voulue.

Les mécanicistes considèrent les événements du monde
comme le fait d'un inflexible déterminisme : ils seraient
produits nécessairement par des causes efficientes : les lois
naturelles sont pour eux *absolument nécessaires*, d'une néces-

sité *antécédente*. Au contraire, d'après la conception finaliste, les événements sont subordonnés à des fins naturelles : comme ces fins pourraient n'être pas voulues, les lois de la nature sont *conditionnellement* nécessaires, d'une nécessité *conséquente*.

Jusqu'où s'étend la nécessité *conditionnelle* des lois naturelles ?

La loi, prise dans son sens le plus profond, en tant qu'elle désigne l'*inclination naturelle* d'un être vers sa fin, est *nécessaire*.

Faut-il en conclure que l'être orienté nécessairement vers une fin toujours identique produit, avec la même nécessité et la même constance, le déploiement de son activité ? Nullement. La loi, en tant qu'elle signifie le mode d'action uniforme des êtres de la nature, ne possède plus une nécessité aussi rigoureuse. L'activité des êtres est soumise à certaines conditions. Celles-ci venant à faire défaut, l'effet peut ne pas se produire.

Néanmoins il peut se faire que les conditions dont dépend la production de l'effet soient liées aux propriétés les plus générales de la matière : or, toujours et partout, ces conditions existent dans la nature.

Mais d'autres phénomènes de la nature dépendent de conditions nombreuses, compliquées, de propriétés qui sont spéciales à certains corps déterminés. De pareilles conditions ne se rencontrant, ni partout, ni toujours, les lois qui régissent les phénomènes de cet ordre comportent des exceptions.

Il y a donc deux classes distinctes de lois dans la nature : les unes universelles, sans exception ; les autres spéciales à certaines catégories d'êtres et comportant des exceptions [1]).

Il nous faut étudier ces exceptions aux lois naturelles ; mais, avant cela, comparons les divers modes d'activité des êtres.

160. Rapprochement des divers modes d'activité des êtres corporels. — Les mouvements « naturels » ont pour cause déterminante une inclination de nature. On leur oppose les mouvements déterminés dans l'être par une cause

---

[1]) Voir le Cours supérieur, *Ontologie*, n° 245.

extérieure. Ceux-ci ne sont pas naturels, mais « communiqués » : tel le mouvement d'une machine sous l'action de la vapeur.

Lorsque la propulsion extérieure va à l'encontre d'une tendance naturelle, elle produit un mouvement *par contrainte ;* les scolastiques l'appelaient *violent :* tel le mouvement d'une pierre lancée dans l'air par une action contraire à la pesanteur.

161. Le hasard, la fortune ou la chance. — L'effet accidentel est le résultat de la coïncidence de deux causes naturelles, indépendantes l'une de l'autre (**156**).

Parmi les effets accidentels prennent place les événements « *fortuits* », « effets du *hasard* », d'une bonne ou d'une mauvaise « *fortune* ».

L'événement *fortuit*, conformément à la définition d'Aristote, est l'événement qui arrive contrairement à l'intention soit de la nature, soit d'une volonté consciente.

Lorsque, étudiant des phénomènes, nous relevons leurs relations régulières et constantes, nous les attribuons à une cause intentionnelle ou finale ; au contraire, lorsqu'un événement se produit sans qu'aucune cause intentionnelle semble l'avoir cherché ni voulu, nous l'attribuons aussitôt au hasard. « Casus accidit in his quæ sunt præter aliquid... Cum aliquid fit extra naturam in operationibus naturæ, puta cum nascitur sextus digitus, dicimus quod est a casu » [1]).

Il y a lieu de distinguer entre le *hasard, casus* et la *chance* ou la *fortune* bonne ou mauvaise. On attribue au hasard l'événement qui n'est pas compris dans les intentions de la nature, « accidit præter intentionem naturæ » ; on attribue plus spécialement à une *chance* heureuse ou malheureuse, l'événement qui est en dehors des prévisions et des intentions d'une cause consciente et volontaire.

Pour n'avoir point de cause intentionnelle, l'événement fortuit est-il un effet sans cause ? Assurément non. Étant un effet accidentel, il est un produit de rencontre de plusieurs causes intentionnelles, soit volontaires, soit naturelles : « Casus et fortuna sunt causæ per accidens eorum quorum intellectus et natura sunt causæ par se » [2]).

---

[1]) ARISTOTE, *Phys.*, II, lect. 10.
[2]) ID., *Phys.*, lib. III, cap. 5.

De même que les effets « accidentels » rentrent dans le plan de la Providence **(156)**, ainsi les effets du hasard ne le sont que par rapport à notre intelligence bornée. Ils sont voulus par Dieu et, par suite, il s'y trouve une intention qui nous échappe. Ne jugeant des choses que d'après leur cours ordinaire, nous ne découvrons pas le but qu'elles recèlent lorsqu'elles n'entrent pas dans les intentions habituelles de la nature.

§ 4. — *La cause exemplaire*

162. Notion de la cause exemplaire. — Nous avons distingué quatre genres de causes : les causes matérielle et formelle, la cause efficiente, la cause finale

Il semble, à première vue, que cette classification ne soit point adéquate.

Soit une œuvre d'art, une statue dont il faut déterminer les causes : on en connaît la cause efficiente : l'artiste ; les causes matérielle et formelle : le marbre dont elle est faite et les formes que l'artiste y imprime par son ciseau ; la cause finale : l'attrait du sujet esthétique qu'il s'est efforcé de représenter. Mais ce ne sont point là les seules causes en jeu dans la production de cette statue ; l'artiste en la sculptant était guidé par une *idée* qu'il travaillait à réaliser. Cette conception est une vraie *cause :* elle influe positivement sur la réalisation de l'œuvre.

On l'appelle cause *exemplaire* ou *idéale*. Elle se définit le type mental d'après lequel une cause efficiente intelligente produit son effet. Saint Thomas la caractérise en ces termes : « Idea est forma, quam aliquis imitatur ex intentione agentis determinante sibi finem » [1]).

Quelle est la causalité de l'idée ?

163. La causalité de l'idée. — La cause exemplaire doit-elle être classée à part ? Ou se ramène-t-elle à une ou plusieurs des quatre causes étudiées jusqu'à présent ?

La cause exemplaire est de nature complexe. On peut l'envisager sous son aspect subjectif, en tant qu'elle est un

---

[1]) *De verit.*, q. 3, art. 1.

acte intellectuel de la cause efficiente ; sous son aspect objectif, en tant qu'elle est un idéal qui se réalise dans l'objet soumis à la motion de la cause efficiente.

Au point de vue subjectif, la cause exemplaire est cause *efficiente* : elle est un acte de pensée ; or, tout acte intellectuel produit dans la volonté une inclination.

Nous considérons particulièrement ici la cause exemplaire sous son aspect objectif. A ce point de vue, elle est cause *finale* et cause *formelle extrinsèque*.

Elle est cause *finale* : C'est vers cet idéal que l'artiste a tendu lorsqu'il sculptait sa statue. Et qu'on n'objecte pas que la fin est toujours un bien concret, tandis que l'idéal serait la représentation d'un type abstrait. L'artiste envisage son idéal *en tant qu'il est réalisable concrètement* : il se le représente non seulement par l'idée, mais aussi par l'image et en tant qu'il peut le reproduire dans son œuvre. C'est comme tel qu'il exerce un attrait sur sa volonté. Saint Thomas a donc raison de dire : « Forma exemplaris habet quodammodo rationem finis » [1]).

L'idée est cependant une cause finale d'une nature particulière. Elle est, sans doute, *ce pour quoi* une chosese fait, mais elle est aussi et surtout *ce d'après quoi* l'agent règle son action. Elle est un modèle auquel l'artiste veut se conformer pour réaliser son œuvre : elle est une fin qui sollicite à un travail de conformation : comme telle, elle détermine les traits caractéristiques de l'œuvre produite sous son influence ; à ce titre, elle mérite le nom de *cause formelle*. Toutefois, elle est cause formelle, non point en s'unissant à un sujet, — à la façon de la cause formelle intrinsèque, — mais en déterminant le sujet de l'extérieur. La cause exemplaire est cause *formelle extrinsèque*. C'est là sa causalité propre.

Ainsi, la cause exemplaire exerce une influence causale complexe ; cause efficiente et finale, elle est particulièrement cause formelle. Elle participe donc de la causalité de plusieurs causes et, partant, ne peut être identifiée, d'une façon exclusive, à aucune des quatre causes traditionnelles.

---

[1]) *De verit.*, q. 3, art. 1, C.

§ 5. — *Rapprochement des quatre genres de causes*

164. La cause en général. — Nous avons étudié, dans les pages précédentes, les diverses causes et nous nous sommes efforcés de déterminer la nature de la causalité propre à chacune d'elles.

Il nous reste à rechercher le caractère commun aux quatre causes de la nature. Qu'est-ce que la cause en général ?

Manifestement, chacune des quatre causes a sa causalité propre : la *matière* est le sujet récepteur de la forme et contribue par son union avec elle à la composition d'une substance (**133**) ; la *forme* est communiquée intrinsèquement à la matière et, en union avec elle, constitue une substance d'une espèce déterminée (**135**) ; la *cause efficiente* est le principe extrinsèque du mouvement (**139**) ; la *fin* exerce sur un sujet un attrait ou une inclination naturelle (**153**).

On ne peut trouver à ces quatre causes un élément *identique*. Par suite, la cause n'est pas un genre dont les causes de la nature seraient les espèces ; elles n'ont entre elles qu'une similitude d'*analogie*. Il nous faut déterminer cette similitude.

165. Principe. Cause. Elément. Raison. — L'idée de *cause* rentre dans l'idée plus générale de *principe*. Toute cause est un *principe*, mais tout principe n'est pas cause.

Le principe peut être pris, soit dans une acception étymologique, soit dans un sens strict ou philosophique.

Dans son premier sens, le principe entraîne l'idée de *priorité* d'un terme par rapport à un terme suivant. Il n'est pas essentiel au principe d'être le premier *(primum esse)*, mais d'être *antérieur* à un terme suivant *(prius esse)*. Dans cette acception, l'on appellera principe du mouvement d'un mobile *le point de départ* des diverses positions locales du mobile.

Dans sa signification philosophique, le principe exprime, en outre, une relation de *dépendance* du second terme à l'égard du premier. En ce sens, la première heure du jour ne sera pas le principe de la seconde : celle-ci n'a avec celle-là qu'une relation extrinsèque.

Mais, de plus, le premier terme doit avoir sur le terme qui

en dépend une influence positive. La privation [1]), par exemple,
a avec l'introduction d'une forme nouvelle dans la matière,
une liaison réelle, elle n'exerce pourtant pas sur celle-ci une
influence positive.

Le principe ainsi compris, s'applique soit à la *constitution*
intrinsèque d'une chose, soit à sa *production*, soit à la *connaissance*. Aristote le définit : « Ce par quoi quelque chose est,
se fait ou se connaît », c'est-à-dire un premier terme d'où
procède soit la quiddité, soit le devenir, soit la connaissance
d'une chose [2]).

Les principes de l'être et du devenir s'appellent principes
ontologiques, *réels*.

Les jugements qui mènent à la connaissance de jugements
ultérieurs s'appellent principes *logiques*.

Nous ne traitons ici que des principes *ontologiques*.

Une certaine priorité est essentielle au principe. Mais elle
n'est pas nécessairement une *priorité de temps*, elle peut n'être
qu'une *priorité de nature*. La priorité de temps implique
succession chronologique. La priorité de nature consiste en
ce que l'existence du dérivé dépend de l'antécédent principe,
tandis que l'existence de celui-ci ne dépend aucunement de
l'existence de celui-là. Par exemple, l'union de l'âme avec
le corps présuppose naturellement la création de l'âme et
les prédispositions voulues de la matière, tandis que la création
de l'âme n'est, dans aucun ordre, postérieure à son union
avec le corps.

Les principes ontologiques s'identifient, en réalité, avec
les *causes*. En effet, on appelle *cause* tout ce dont dépend
positivement la réalité ou le devenir d'une chose : « Causæ
dicuntur, ex quibus res dependet secundum esse suum vel
fieri ».

La notion d'*élément* est voisine des précédentes. Les éléments
sont les premiers composants internes d'une chose.

« Elementum est ex quo componitur res primo, et est in
eo ».

Or, la cause matérielle se définit ce dont une chose est faite.
Les éléments sont donc cause *matérielle*.

---

[1]) Voir *Cosmologie*, n° 74.
[2]) *Metaph.*, lib. IV, cap. I.

Enfin, les principes et les causes, y compris les éléments, sont les *raisons* des choses. On appelle raison d'une chose, tout ce qui, appartenant à l'essence ou contribuant à l'existence d'une chose, nous la fait comprendre. Les raisons des choses sont donc leurs principes ou leurs causes, considérés par rapport à l'intelligence qui s'efforce de les comprendre. Ainsi, demander ou donner raison d'une chose, c'est en demander ou en donner l'explication. Or, l'explication de la chose réside dans les principes internes qui la constituent et dans les causes qui déterminent son existence.

La totalité des principes dont dépend un être est la *raison suffisante* de cet être ; en conséquence, connaître la raison suffisante d'une réalité, c'est connaître la totalité des principes qui la constituent et qui la font exister.

CHAPITRE III

Les relations entre les causes

---

166. La cause finale exerce la première sa causalité.
— Le « mouvement » de la nature implique l'introduction
d'une forme, accidentelle ou substantielle, en un sujet sous
l'action d'une cause efficiente. L'exercice de la causalité des
causes *matérielle* et *formelle* est donc subordonné à l'action
d'une *cause efficiente*.

Mais la *cause efficiente* elle-même reçoit de la *cause finale*
son orientation.

Donc la *cause finale* est la *première* des causes, la cause
des autres causes, « causa causarum » [1]).

167. L'ordre d'exécution est l'inverse de l'ordre d'intention. — Soit un ingénieur qui a l'idée de faire construire
une locomotive. Son *but* est de faire mouvoir des voitures sur
une voie ferrée. Pour réaliser son idée, il dessinera la machine,
supposera l'agencement des diverses parties, calculera la
résistance des différentes pièces ; il fera construire la machine ;
à la fin seulement de cette série d'opérations, une locomotive, placée sur des rails, s'ébranlera, traînant des wagons.

---

[1]) « Causa efficiens et finis sibi correspondent invicem, quia efficiens est principium motus, finis autem terminus. Et similiter materia
et forma : nam forma dat esse, materia autem recipit. Est igitur efficiens causa finis, finis autem causa efficientis. Efficiens est causa finis
quantum ad esse, quidem, quia movendo perducit efficiens ad hoc,
quod *sit* finis. Finis autem est causa efficientis non quantum ad esse
sed quantum ad *rationem causalitatis*. Nam efficiens est causa in quantum agit ; non autem agit nisi causa finis (gratia finis) Unde ex fine
habet suam causalitatem efficiens ». (S. THOMAS, In *Metaph.*, V. 2).
« Sciendum quod licet finis sit ultimus in esse in quibusdam, in causa-
litate tamen est prior semper, unde dicitur *causa causarum*, quia est
causa causalitatis in omnibus causis. Est enim causa causalitatis efficientis, ut jam dictum est. Efficiens autem est causa causalitatis et
materiæ et formæ ». *(Ibid.*, lect. 3*)*.

Ce qui avait été la première intention de l'ingénieur se réalise en dernier lieu, « primum intentione, ultimum in executione ; ordo intentionis et ordo executionis ad invicem opponuntur ».

Après avoir étudié les causes *(Chapitre II)* et leurs relations *(Chapitre III)*, considérons leur effet général, *l'ordre de la nature (Chapitre IV)*.

L'ordre *universel* a son fondement dans la finalité *intrinsèque* ou *immanente* de la nature.

Nous aurons donc à étudier d'abord, en un *Premier Article*, *l'ordre intrinsèque* ou *immanent* réalisé en chacun des êtres de la nature ; puis, en un *Second Article*, l'ordre qui résulte des rapports de finalité *extrinsèque* entre les êtres, *l'ordre extrinsèque universel*.

CHAPITRE IV

L'effet général des causes. L'ordre de la nature

ARTICLE PREMIER

L'effet immédiat des causes :
L'ordre intrinsèque des œuvres de la nature

§ I. — *La notion de l'ordre*

168. La notion de l'ordre. — Le jeu régulier des causes produit un ensemble de relations, qui constitue l'ordre de la nature. L'ordre implique : 1º Plusieurs choses distinctes les unes des autres ; 2º entre elles, certaines relations de succession ; 3º un même principe qui préside à l'établissement de ces relations. « Ordo, dit saint Thomas, nihil aliud dicit quam rationem prioris et posterioris in distinctis sub aliquo uno principio » [1]). Par exemple, ranger des livres en ordre, c'est les prendre l'un après l'autre et les disposer d'après un même principe d'unité.

Quel est le principe d'unité de l'ordre ?

C'est le but de l'œuvre ordonnée. Ainsi l'arrangement des livres variera selon qu'on veut les ranger d'après leur contenu, ou d'après leur format.

Le premier principe d'unité de l'ordre est donc la *fin* de l'œuvre ordonnée. D'où cette autre définition plus profonde de saint Thomas : L'ordre est l'exacte adaptation des choses à leur fin : « *Recta ratio rerum ad finem* » [2]).

---

[1]) *Sum theol.*, Iª, q. 47, art. 2, C.
[2]) S. THOMAS, *In II Phys.*, lect. 13.

169. L'ordre téléologique ou de subordination : l'ordre esthétique ou de constitution. — Définition générale de l'ordre. — Les choses ordonnées étant disposées en vue d'une fin, on peut les considérer comme autant de moyens destinés à réaliser le but qui leur est commun. Le rapport d'un moyen à sa fin est un rapport de *subordination*. L'ordre est donc avant tout l'*ordre de subordination*.

On peut envisager aussi les diverses parties ordonnées, non plus comme moyens de réaliser une fin, mais comme éléments d'un même tout. L'ordre qui résulte de la mise en présence de ces divers éléments s'appelle ordre de *composition*, de *constitution*, de *coordination*.

Au point de vue de la *subordination*, l'ordre s'appelle par excellence l'ordre *téléologique* ou de *finalité ;* au point de vue de la *coordination*, il s'appelle plutôt *ordre esthétique*.

En réalité, il n'y a là qu'un seul ordre envisagé à deux points de vue différents. Mais, la fin étant le principe qui ramène les choses à l'unité d'un seul tout, l'ordre téléologique domine l'ordre de composition.

De ces deux aspects qu'il supporte, on peut tirer la définition générale de l'ordre : L'ordre est l'exacte disposition des choses, dans les relations commandées par leur fin. La première partie de la définition se réfère à l'ordre de *coordination*, la seconde à l'ordre de *subordination*.

170. L'ordre de la nature prouve l'existence de causes finales. — Dans ses diverses parties et dans son ensemble, l'univers offre le spectacle d'un ordre complexe sans cesse renouvelé.

Or, l'existence et la persistance de cet ordre dépendent de causes finales.

Donc il existe des causes finales.

Preuve de la majeure : Nous constatons dans l'univers des manifestations d'ordre *absolu*.

Entre ses diverses parties, comme entre toutes ses parties et le tout, il réalise de l'ordre *relatif*.

Enfin il réalise, au moyen de facteurs qui se renouvellent sans cesse, un ordre *persistant*, absolu et relatif.

1º Citons, comme exemple d'ordre *absolu*, l'ordre qui

règne dans les organismes. Nous avons décrit en Psycho-logie [1]), la *coordination* des diverses parties constitutives de la cellule vivante et l'admirable *subordination* de ses fonctions au bien de l'être organisé.

Le même ordre, la même unité et la même convergence se voient dans les organismes supérieurs, dans l'homme [2]).

2° Les êtres de la nature ne se bornent point à réaliser de l'ordre dans leur constitution interne. Des relations d'ordre les relient les uns aux autres. Par exemple, la fonction chloro-phyllienne des plantes et la respiration animale entretiennent dans l'atmosphère le mélange d'oxygène et de carbone qui permet la vie des deux règnes : *ordre particulier relatif.*

Les lois cosmiques nous donnent des exemples frappants d'*ordre universel relatif :* telles la gravitation universelle, les lois de l'équivalence des forces de la nature, de la constance de l'énergie.

3° Les scènes de la nature changent sans cesse ; jamais l'univers n'est, à deux moments différents, identique. Néan-moins, malgré le changement constant des actions du drame universel, l'ordre persiste : des types de même nature mani-festent de l'ordre interne ; entre les divers êtres se maintiennent des rapports de coordination et de subordination.

Il existe donc de l'ordre dans l'univers, soit dans les êtres de la nature, soit entre eux. Et cet ordre présente un caractère frappant de persistance.

Preuve de la mineure : Deux théories se trouvent en pré-sence pour l'explication de l'ordre de l'univers : le méca-nicisme, et la théorie finaliste d'Aristote et de saint Thomas.

D'après le mécanicisme, il n'y a que des causes efficientes, il n'y a point de causes finales : les éléments qui constituent l'univers n'ont point d'inclination ou de tendance à réaliser un ordre quelconque : ils sont indifférents soit à l'ordre, soit au chaos.

Or, cette théorie ne peut expliquer l'ordre de la nature.

1° Soient les phénomènes d'ordre *absolu.* Les corps chi-

---

[1]) Voir *Psychologie*, n° 13.
[2]) *Ibid.*, n°˙ 79 et 153.

miques qui constituent les organismes vivants ne sont point, d'après le mécanicisme, *prédisposés* à faire partie d'un tout organisé et vivant : ils sont *indifférents* à n'importe quelle synthèse inorganique ou organique.

. Or, comment expliquer que des corps indifférents à n'importe quel état entrent *régulièrement* dans telles *synthèses déterminées* qui forment la base chimique d'un organisme ? En effet, tout effet demande sa cause adéquate ; or, des éléments *indifférents* ne peuvent expliquer la constitution de composés *déterminés*.

Bien plus, les éléments matériels, laissés à eux-mêmes, *contrarieraient* l'ordre absolu de l'être qu'ils constituent. Plusieurs caractères généraux de leurs activités sont l'opposé du mode d'activité des êtres vivants. Ainsi, dans le monde inorganique, des combinaisons chimiques réalisent un maximum de stabilité ; au contraire dans les êtres organisés, les mêmes formes chimiques réalisent les composés les plus instables. Il s'ensuit que les éléments chimiques des corps vivants, s'ils étaient livrés à eux-mêmes, rendraient impossibles les activités spécifiques de ceux-ci.

2º De même, des forces indifférentes ne peuvent expliquer les phénomènes d'ordre *relatif* et même les contrarieraient.

Prenons comme exemple la composition de l'air atmosphérique qui rend possible, sous toutes les latitudes, la vie végétale et animale. Ce n'est point assigner sa raison suffisante à ce phénomène — la *convergence régulière* des forces vers un terme bon : la vie des plantes et des animaux, — que de recourir à des éléments indifférents en soi.

Au contraire, les principes auxquels on voudrait rattacher ce phénomène d'ordre relatif n'étant point orientés à le produire, le rendraient même impossible. Les animaux produiraient indéfiniment, dans l'atmosphère, de l'acide carbonique, les plantes en fixeraient indéfiniment par leurs parties vertes. Les deux règnes, agissant indépendamment l'un de l'autre, ne seraient point unis par des rapports de finalité rendant possible l'atmosphère actuelle, indispensable au fonctionnement normal de la vie. Bref, des causes indifférentes contrarieraient l'ordre relatif qui relie les êtres de la nature.

3º La *persistance* de l'ordre, particulièrement, ne trouverait point son explication causale dans de simples causes efficientes. Celles-ci s'y opposeraient même. Supposons, en effet, que le hasard ait pu produire, une seule fois, l'ordre de l'univers : immédiatement après, le chaos renaîtrait. Des causes indifférentes ne peuvent produire et rendent même impossible une convergence persistante d'actions sans cesse changeantes vers les résultats bons et utiles qui sont constamment atteints dans la nature.

En résumé, le mécanicisme ne peut expliquer l'ordre absolu ou relatif, ni *a fortiori* la persistance de cet ordre.

Si les substances de la nature tendent vers des fins, il est nécessaire, pour en donner la raison suffisante, de recourir à un principe de finalité. L'ordre de l'univers exige nécessairement des principes qui déterminent la *poussée* des éléments vers le bien du type spécifique, la *poussée* des ordres particuliers vers le bien des espèces et des règnes, la *poussée* générale et persistante des êtres vers le bien universel [1]).

171. La finalité est un indice d'intelligence. — Dès que nous croyons apercevoir de l'ordre dans une œuvre, nous avons le sentiment que nous avons affaire à une cause intelligente. En effet, la disposition bien proportionnée de choses multiples, leur subordination à une fin nous révèlent l'intervention d'une intelligence. Bien plus, c'est l'ordre qu'ils mettent dans leurs opérations, l'adaptation des moyens qu'ils mettent en œuvre à la fin vers laquelle ils tendent, qui nous guident dans nos jugements sur l'intelligence de nos semblables. Le fou se caractérise par l'incohérence de ses propos et de ses actes. Nous jugeons l'homme sain d'esprit d'autant plus intelligent qu'il marque plus de suite dans ses œuvres,

---

[1]) « Quidam enim antiquissimi philosophi tantum posuerunt causam materialem... Alii autem posteriores ponebant causam agentem, nihil dicentes de causa finali. Et secundum utrosque omnia procedebant de necessitate causarum præcedentium, vel materiæ, vel agentis. Sed hæc positio hoc modo a philosophis improbatur. Causa enim materialis et agens, inquantum hujusmodi, sunt effectui causa essendi ; non autem sufficiunt ad causandum bonitatem in effectu, secundum quam sit conveniens et in se ipso, ut permanere possit, et in aliis, ut opituletur : verbi gratia, calor de sui ratione, quantum de se est, habet dissolvere ; dissolutio autem non est conveniens et bona nisi secundum aliquem certum terminum et modum ; unde si non poneremus aliam causam præter calorem... non possemus assignare causam quare res convenienter fiant et bene ». *De Veritate*, q. V, a. 2, in C.

que tout s'y trouve mieux adapté à la fin. Nous reviendrons sur ce sujet en Théodicée, et nous y établirons *ex professo* que l'ordre de l'univers est l'œuvre d'une Cause première, éminemment sage.

172. La forme spécifique est le principe de la finalité interne. — Les substances agissent conformément à leur nature : nous avons déjà énoncé plusieurs fois ce principe fondamental. Or, la forme substantielle est le principe des propriétés spécifiques de l'être ; par suite, elle détermine la nature de son activité : elle oriente donc l'être vers sa fin ou son bien.

D'autre part, les propriétés du type spécifique sont le fondement des rapports que les êtres de la nature ont entre eux, rapports dont les lois sont l'expression.

En conséquence, la forme substantielle est la raison intrinsèque profonde de l'ordre de la nature.

§ 2. — *La perfection, accomplissement de l'ordre*

173. La perfection. — La perfection naturelle des êtres. — *Parfait* se dit en latin *perfectum*. Selon l'étymologie du mot latin, *parfait* signifie *complètement fait* ou *achevé*.

D'après cela, un être est *parfait*, lorsqu'il possède tout ce qui lui convient. La *perfection* désigne, sous forme abstraite, tout ce qui convient à un être.

Qu'est-ce qui convient à un être ? Ce que réclame la réalisation de sa destinée. Être parfait, c'est donc être en possession de sa fin ou du moins en mesure de réaliser sa fin.

Tout être de ce monde a une fin à réaliser. Cette fin mesure la dose de réalité que l'être réclame, donc aussi la dose d'être qui lui revient. Ce que l'être exige de réalité pour pouvoir atteindre sa fin, la philosophie l'appelle la perfection naturelle d'un être.

Les êtres sont imparfaits dans la mesure où ils s'éloignent de leur perfection naturelle. L'enfant aveugle-né est *imparfait* ; il a, dit-on, un « défaut naturel ».

Toutefois, l'enfant qui vient de naître, sans aucun défaut naturel, ne possède que sa perfection *essentielle, constitutive*, celle que saint Thomas appelle la *première* ; elle rend le sujet *capable* de remplir sa destinée ; lorsqu'il aura mis pleinement en valeur *toutes* ses aptitudes naturelles, il possédera sa perfection *finale,* celle que saint Thomas appelle la perfection *seconde* du sujet.

L'homme, dans la vie présente, n'est donc parfait que dans un sens relatif : n'étant pas encore arrivé au terme de sa destinée, à la possession de sa fin, il demeure toujours imparfait ; il ne possède pas toute la perfection dont sa nature est susceptible.

174. La perfection absolue. — Seul, l'être qui a atteint sa fin est parfait, et seule sa perfection est dite absolue.

Néanmoins, cette perfection de l'être en possession de sa fin, peut être dite *relative*, lorsque l'être est comparé à des êtres supérieurs ou à l'Être suprême.

On peut en effet considérer une perfection *spéciale*, en elle-même, abstraction faite des limites qui l'affectent dans les êtres contingents : cette perfection est dite *illimitée, absolue*. La perfection de l'être contingent qui est comparée à cet idéal abstrait, est dite *relative*.

On peut s'élever à la conception synthétique d'une perfection unique qui renfermerait suréminemment toutes ces perfections *absolues ;* on a alors le concept de l'*être absolument parfait*, de *l'être infini*. Par rapport à cet être suprême, tous les êtres contingents sont imparfaits. Ils sont dits des êtres finis par opposition à l'être infini.

L'imperfection que nous opposons, chez un être déterminé, à sa perfection naturelle, est une *privation* ; l'imperfection que nous opposons à la perfection absolue est une *négation*, la négation d'une perfection plus haute, soit réalisée ou réalisable dans un autre être, soit réalisée dans l'Être suprême.

175. Les perfections. — Nous nous représentons les êtres au moyen de plusieurs abstractions successives. A chacun de ces actes abstractifs répond une représentation partielle de la perfection totale des êtres.

Certaines perfections ainsi conçues renferment formellement une imperfection : tel, par exemple, le pouvoir de *raisonner*, qui caractérise la nature humaine. De pareilles perfections sont dites *mixtes :* elles sont, en effet, formellement mélangées d'imperfection.

D'autres perfections sont conçues de façon à ne pas impliquer formellement une imperfection, mais aussi sans l'exclure. Le concept général de *vie*, par exemple, n'implique pas nécessairement les imperfections essentielles de la vie *végétative*, mais aussi ne les exclut pas. Ces perfections s'appellent perfections *simples*.

On appelle *absolument simples*, « perfectiones simpliciter simplices », les perfections dont le concept exclut formellement une imperfection. Pour nous élever jusqu'à l'idée de l'Être divin, nous réunissons en un seul concept toutes les perfections absolument simples.

Dans les pages précédentes, on a analysé l'ordre et la perfection qui en est l'accomplissement.

La manifestation de la perfection et de l'ordre aux facultés perceptives fait naître le sentiment du beau.

§ 3. — *Le beau, expression de l'ordre et de la perfection*

176. Ordre à suivre dans ce paragraphe. — Nous ne commencerons pas cette étude par une définition métaphysique du beau. Suivre une pareille méthode serait faire croire que nous partons d'idées *a priori*. Notre point de départ sera dans l'observation. Nous nous demanderons : Quand l'homme, placé en face de la nature ou d'une œuvre d'art, dit-il spontanément : *cela est beau* ? Quand, dans les mêmes conditions, dit-il : *cela n'est pas beau* ? Quand dit-il : *ceci est plus beau que cela, ceci est de toute beauté* ?

Nous appliquons ainsi aux faits d'ordre esthétique les méthodes inductives, de concordance, de différence, des variations concomitantes [1]), à l'effet de discerner quels sont pour la conscience les caractères distinctifs du beau.

Si nous parvenons à en saisir un ou plusieurs, nous les soumettrons ensuite à l'analyse métaphysique. De la sorte, nous parviendrons à une définition du beau. Nous traiterons alors une dernière question, d'une particulière importance aujourd'hui : Quels sont les rapports entre l'art et la morale ?

[1]) Voir dans le *Cours de Logique*, la valeur du raisonnement inductif et les méthodes inductives.

177. Analyse du sentiment esthétique. — Quánd et dans quelles conditions dit-on d'une chose qu'elle est belle ?

Voici une belle épopée, Roland ; un beau drame, le Cid ; une belle peinture, le couronnement de la Vierge de Fra Angelico ; une belle cathédrale, Amiens ou Chartres ; une belle page musicale : une symphonie de Beethoven. Comme ces œuvres d'art nous charment ! Plus on les regarde ou plus on les écoute, plus on est avide de les regarder ou de les entendre encore.

Supposez qu'au cours d'une promenade à la campagne, vous découvriez, au tournant du chemin, un vaste paysage aux lignes harmonieuses : vous l'admirerez, vous le contemplerez, ravi par le charme du spectacle.

Au contraire, les scènes et les œuvres vulgaires, que l'on appelle *insignifiantes* ou *laides*, vous laisseront indifférent ou même vous déplairont.

De ces faits, l'on peut tirer cette première conclusion : *Le beau fait plaisir ; ce qui est banal, vulgaire, mesquin, laisse indifférent ; le laid déplaît.*

Mais, dira-t-on, n'est-ce pas le *bien* qui fait plaisir ? On le définit : Ce qui est objet de désir, ce dont la possession fait jouir, « bonum est quod omnia appetunt ». Le bien et le beau sont-ils donc identiques ?

Non, tout ce qui est bon n'est pas beau. Tout plaisir n'est pas esthétique.

Un bon dîner procure au gourmet une jouissance qui n'a rien de commun avec l'esthétique. La mère aime son enfant ; fût-il disgracié de la nature, elle l'aime, peut-être l'en aime-t-elle davantage.

Ainsi, le beau est cause de plaisir ; mais, tout ce qui est cause de plaisir n'est pas beau. Ce qui est beau est bon, mais tout ce qui est bon n'est pas beau.

En quoi le plaisir esthétique diffère-t-il alors du plaisir en général ? En quoi le beau diffère-t-il du bien ?

Le plaisir esthétique a sa source dans une *connaissance* : il se produit dans l'âme au spectacle de choses observées, écoutées, imaginées, comprises, contemplées, suivant ce mot de saint Thomas d'Aquin : « Pulchra dicuntur quæ *visa* placent » [1]).

Le plaisir esthétique est désintéressé. Il a sa source dans la *perception d'un objet*. L'amant du beau ne désire nullement s'approprier physiquement l'objet qui le charme. Un passant peut se plaire à contempler les domaines d'autrui. Sa jouissance artistique, qui consiste principalement dans un déploiement d'activité de ses puissances cognitives, se distingue du plaisir qu'éprouve le propriétaire à agrandir ses domaines [2]).

Cependant, si le plaisir esthétique est le *fruit* d'une activité cognitive, faut-il identifier le vrai, objet de la connaissance, avec le beau, objet de contemplation artistique ?

Non, la connaissance n'est pas toujours une source de jouissance esthétique. Il n'y a aucune jouissance à apprendre, par exemple, les temps primitifs des verbes irréguliers.

Le plaisir esthétique demande que le sujet déploie une activité assez intense dans la perception de son objet. Or, le sujet ne peut être *actif* dans la contemplation du beau que si son objet est de nature relativement complexe. Des rapports très simples, qui n'exigent pas une certaine intensité d'action — telle cette vérité élémentaire : deux et deux font quatre — ne procurent que peu ou point de plaisir, ils mettent à peine en éveil l'intelligence. Mais à mesure que les rapports se multiplient, se diversifient, — pourvu que le sujet auquel ils s'adressent soit capable de les *comprendre* sans trop d'effort, — le plaisir grandit. Aussi une démonstration bien conduite, nette, frappante d'un théorème de géométrie est « élégante ».

---

[1]) *Summ. Theol.*, Iᵃ, q. 5, art. 4, ad 1. Dans cette définition *a posteriori* du beau, le verbe *videre* ne signifie pas seulement voir par les yeux du corps, mais *percevoir* par les facultés cognitives, en général. Ailleurs, en effet (Iᵃ 2ᵉ, q. 27, a. 1, ad 3), saint Thomas traduit sa pensée en ces termes : « Ad rationem pulchri pertinet, quod in ejus aspectu seu *cognitione* quietetur appetitus..., ita quod pulchrum dicatur id, cujus ipsa *apprehensio* placet ».

[2]) « Pulchrum et bonum in subjecto quidem sunt idem quia super eamdem rem fundantur, scilicet super formam et, propter hoc, bonum laudatur ut pulchrum. Sed ratione differunt, nam bonum proprie respicit appetitum, est enim bonum quod omnia appetunt ; et ideo habet rationem finis ; nam appetitus est quidem motus ad rem ; pulchrum enim respicit vim cognoscitivam ; pulchra enim dicuntur quæ visa placent ; unde pulchrum in debita proportione consistit, quia sensus belectantur in rebus debite proportionatis sicut in sibi similibus ». *Sum. th.*, Iᵃ, q. 5, a. 4, ad 2.

Les tragédies classiques, les chefs-d'œuvre de la peinture, les grandes symphonies musicales, les plans de bataille du génie militaire, les découvertes merveilleuses de la mécanique moderne sont pour l'initié des sources inépuisables de jouissance esthétique.

Devant les mêmes merveilles le profane reste indifférent ou stupide.

. Le premier *comprend* l'œuvre qu'il considère ; le second ne la comprend pas.

. D'où une *seconde conclusion* : *Le plaisir esthétique a sa source dans la perception active des rapports qu'une œuvre réalise.*

Quels sont ces rapports ? Ceux qui nous ont fait comprendre la perfection de l'œuvre. En les percevant, nous prenons connaissance de la chose où ils se trouvent réalisés.

Il faut certaines dispositions naturelles et une certaine formation pour se faire *idée* de ce que devrait être, pour être parfaite, l'œuvre que nous contemplons.

Le littérateur connaît les conditions essentielles d'une œuvre théâtrale. Appréciant la beauté d'un drame, il dira : dans cette œuvre l'action parfois languit, le dialogue n'est pas assez rapide, les facultés lyriques de l'auteur s'y déploient trop complaisamment. Par contre, le caractère des personnages s'y trouve mis en vif relief, et le pathétique de certaines scènes est intense. En émettant ce jugement, le critique montre qu'il apprécie le drame d'après certains rapports qui en font saisir la beauté relative. Il établit une comparaison entre le drame et les conditions essentielles à toute œuvre dramatique. Certaines conditions s'y trouvent, d'autres font défaut.

Au contraire, un esprit étranger à l'art théâtral ne peut apprécier l'œuvre que très superficiellement, il ne la *comprend pas*.

D'où cette *troisième conclusion* : *La perception, source du plaisir esthétique, consiste à comprendre la valeur des éléments qui font la perfection d'une œuvre ; elle suppose donc une comparaison entre l'œuvre et l'idéal qui devait présider à sa réalisation.*

De ces trois conclusions découle aussi un *corollaire :* Bien que le sentiment esthétique ne soit pas capricieux, il dépend néanmoins de conditions subjectives.

Il n'est point absolument capricieux : car la perfection d'une œuvre est *objective*. Diverses conditions que l'œuvre d'art doit réaliser pour être belle nous sont imposées, indépendamment de nos goûts individuels.

Néanmoins, le sentiment esthétique est, pour une part, *dépendant de conditions subjectives* : La beauté d'une œuvre consiste dans sa correspondance à un idéal, mais chacun se forme cet idéal, il réside en chacun de nous, il relève donc partiellement de nos dispositions personnelles.

Toujours est-il que les jugements esthétiques sont réformables, car on peut discuter et contrôler ce que valent la conception de la perfection essentielle à une œuvre et sa réalisation.

178. Les éléments objectifs du beau. — L'analyse nous a fait voir que les facultés perceptives sont la source du plaisir esthétique. Elles nous le font goûter, lorsqu'elles s'exercent à comprendre la perfection d'une œuvre comparativement à son idéal. Les qualités esthétiques seront donc celles qui expriment la perfection typique d'une œuvre et nous la font mieux comprendre.

Nous recherchons de quelle manière le beau se révèle à nous, — ce qui est l'aspect subjectif du problème, — afin de connaître quel est son aspect objectif, par quelles qualités il se fait saisir.

1º La perception du beau suppose un déploiement vigoureux de nos facultés perceptives. Or, seul l'objet possédant de la grandeur, de la puissance, de la vie, est susceptible de solliciter vivement l'activité cognitive du sujet. Un objet insignifiant, mesquin, diminué ne peut attirer notre admiration. L'œuvre, pour être belle, devra donc, d'abord, posséder l'intégrité de son être, elle ne doit pas être mutilée.

Mais cette condition négative ne peut suffire, l'œuvre belle doit manifester une certaine plénitude d'être ou de *perfection*.

Cependant, ne l'oublions pas, la puissance excitatrice que possède l'objet, en raison de sa plénitude d'être, doit toujours être proportionnée à la capacité de nos puissances perceptives. Il doit agir sur nous avec *mesure*, dans des limites maxima et minima que détermine notre capacité cognoscitive.

2° Pour mettre en jeu les facultés perceptives, il faut que les éléments multiples et divers qui coopèrent à la manifestation d'une œuvre soient *coordonnés, unifiés*.

L'ordre est la qualité esthétique par excellence.

L'ordre esthétique — ordre de coordination que l'on appelle aussi harmonie, proportion — est l'unification de chóses et d'actions multiples et diverses en un même tout. Ces deux éléments constitutifs de l'ordre esthétique — l'unité dans la variété — sont essentiels au beau.

D'une part, pour mettre puissamment en jeu les facultés cognitives, il faut une certaine multiplicité ou variété de facteurs. Une même excitation, constamment répétée, engendrerait l'ennui. Mais, d'autre part, la multiplicité comme telle *disperse* l'attention, *distrait* les forces de l'intelligence. L'*unité* opère la concentration vigoureuse des puissances cognitives sur l'objet de la connaissance et accroît d'autant l'intensité du plaisir esthétique.

Mais l'unification de ces multiples éléments en un même tout coordonné ne peut se faire d'après un principe quelconque que l'on aurait la prétention de déterminer *a priori*. L'artiste conçoit une perfection, une cause exemplaire qu'il s'efforcera de réaliser dans son œuvre. Ce type idéal est le principe d'unité qui reliera et fondra en un seul tout, les multiples éléments de son œuvre. L'ordre qui est la qualité esthétique par excellence n'est donc pas quelconque, mais l'*ordre voulu*, ce que saint Thomas appelle *debita proportio* [1]).

3° Plus éclatent l'ordre et l'unité entre les diverses parties de l'œuvre, plus aisément sa perfection est saisissable, plus vive est la jouissance esthétique qu'elle engendre. Aussi la manifestation, *vive, éclatante* de la perfection d'une œuvre a pour cause principale l'unité de coordination de tous ses éléments. D'où cette troisième qualité esthétique, corollaire des deux précédentes : l'*éclat, claritas*.

---

[1]) On peut pousser plus loin l'analyse et faire voir quels sont les facteurs de l'ordre esthétique. Nous renvoyons pour ces développements au Cours supérieur de philosophie, *Métaphysique générale*, 5ᵉ éd., pp. 586 et suiv.

Nous concluons avec saint Thomas que la beauté requiert trois conditions : L'*intégrité* ou la *perfection ;* l'*ordre voulu* : *proportion, harmonie* ; l'*éclat.* « Ad pulchritudinem tria requiruntur : Primo quidem *integritas* sive *perfectio :* quæ enim diminuta sunt, hoc ipso turpia sunt ; et *debita proportio* sive *consonantia ;* et iterum *claritas ;* unde quæ habent colorem nitidum pulchra ·esse dicuntur »·[1]).

Quelle est, en conséquence, la définition de la beauté ?

179. Définition de la beauté. — Une œuvre est belle en tant qu'elle est rapportée à une idée, cause exemplaire d'après laquelle elle est conçue et sous la direction de laquelle elle est réalisée. L'*idée, cause exemplaire* d'une œuvre extérieure, est *concrétée en une image.* Aussi l'*imagination* est-elle la faculté à laquelle incombe immédiatement la direction d'une œuvre d'art

Les moyens pour exprimer une idée par une œuvre sont : Les *matériaux* de l'œuvre : formes, couleurs, sons, images ; leur *disposition* les uns par rapport aux autres ; le *pouvoir d'action* qu'ils possèdent sur·le sujet par suite de leur disposition ordonnée. Ces moyens, saint Thomas les indique lorsque, déterminant les conditions du beau, il exige l'intégrité des matériaux, leur *proportion voulue,* leur *éclat.*

Réunissant ces éléments en une définition, on peut dire : *La beauté est la qualité ·d'une œuvre qui, par une coordination heureuse de ses diverses parties, exprime intensément et fait admirer un type idéal auquel elle est rapportée.*

180. L'art et la morale. — Certains artistes affichent parfois la prétention de soustraire l'art à la morale. La·science, disent-ils, n'est ni positivement conforme, ni positivement contraire à la morale, elle y est indifférente. Pourquoi n'en serait-il pas de même de l'art ?

Il·y a entre la science et l'art une différence fondamentale.

· La science étudie ce qui est. Elle intéresse la raison seule, elle exclut même toute passion. Car le sentiment pourrait nuire à la claire vue du réel : il entraînerait souvent l'intelligence à se prononcer dans le sens qu'il désire et non point dans le sens exigé par le vrai.

---

[1]) *Summ. theol.*, Iª, q. 89, art. 8, C.

L'art, au contraire, est l'expression d'un idéal au moyen d'une œuvre concrète, *capable d'impressionner* le sujet et de l'attacher à l'idéal qu'elle fait admirer.

Lorsqu'on se trouve en face d'une œuvre d'art, il n'est donc plus question d'étudier objectivement le réel et de l'exprimer sous forme abstraite ; l'art fait admirer un idéal concrètement réalisé. Par suite, l'œuvre d'art s'adresse, non plus à l'intelligence seule, mais à l'âme entière. On ne se contente pas d'étudier un idéal de beauté ; on l'admire et on l'aime. Une toile de Rubens n'est pas un théorème de géométrie.

L'artiste s'enthousiasme pour l'idéal qu'il a conçu, il travaille pendant de longs jours afin de le faire vivre sur la toile ou dans le marbre, dans un poème ou une sonate. Il voudrait faire partager son ardent amour au public de connaisseurs.

De même l amateur d'art contemple l'œuvre d'art, il l'admire : chez lui, comme chez l'artiste, l'imagination et la passion jouent un rôle important dans la jouissance esthétique.

Or, les passions sont « aveugles » : elles excitent la volonté libre, sujet de la moralité, à rechercher leur objet, abstraction faite de son caractère moral ou immoral. Une image est une sollicitation à l'acte et tend toujours à une réalisation concrète.

Par conséquent, si l'objet de l'imagination et de l'émotion passionnelle est conforme à la fin de la nature raisonnable, l'incitation imprimée à la volonté libre est bienfaisante, l'auteur de l'incitation seconde la morale, l'art est moralisateur.

Mais si cet objet est contraire aux lois de l'honnêteté, le cœur excite néanmoins la volonté libre à rechercher l'objet de la passion comme s'il était bon pour elle : l'œuvre d'art, dans ces conditions, est immorale.

On le voit, l'art n'échappe nullement aux lois de la morale ; il est faux de le déclarer, comme la science, indifférent aux ois de l'honnêteté.

Est-ce à dire que l'artiste se trouve obligé de mettre positivement son art au service d'intentions directement moralisatrices ?

Non, pourvu que son idéal et son œuvre ne soient pas malhonnêtes, l'artiste satisfait à sa mission. L'artiste n'est pas un prédicateur. En effet, le domaine de l'art est aussi vaste que celui du beau. Or, le beau est la manifestation de l'ordre, peu importe en quel domaine, moral ou amoral, profane ou religieux, il se trouve réalisé ; partout l'ordre est beau, son expression est digne de tenter le génie de l'artiste. D'autre part, l'artiste, par le fait qu'il poursuit directement le beau sans violer la loi morale, sert la cause du bien : il contribue à faire prévaloir les jouissances esthétiques sur les satisfactions grossières de l'animalité ; bien qu'il lui soit loisible de tendre à des objets moralement *indifférents*, l'artiste est *indirectement* moralisateur.

L'effet médiat des causes ou l'ordre universel de la nature

---

§ 1. — *La finalité relative de l'univers*

181. Fin relative de l'univers. — Nous avons établi l'existence d'une finalité intrinsèque aux êtres de la nature.

Chaque substance a son activité propre et est déterminée à l'exercer par une impulsion naturelle qui l'incline vers son bien.

Mais les êtres de ce monde ne sont pas isolés les uns des autres, ils sont reliés entre eux par des relations d'utilité ; cette finalité *relative*, envisagée dans l'ensemble de la nature, engendre l'ordre relatif et la beauté de l'univers, ce que les Grecs ont appelé le Cosmos.

La finalité interne est la base de la finalité externe : en effet, la nature spécifique des êtres et la tendance particulière qui sollicite leur activité vers un terme, sont le fondement des rapports qui les unissent entre eux. L'ordre intrinsèque, inhérent aux types particuliers de la nature, fonde en conséquence l'ordre relatif, extrinsèque qu'ils manifestent dans leur ensemble. Cet ordre universel réalise une fin : le bien de l'ensemble des êtres.

Mais il est subordonné encore à une fin plus haute, une fin *transcendante*. Il y a donc à l'univers, envisagé *comme un tout*, une double fin, l'une que l'on peut appeler *immanente* à l'universalité des êtres, l'autre *transcendante*.

§ 2. — *La fin relative immanente de l'univers*

182. Fin relative immanente de l'univers. — Les règnes sont, dans l'univers, subordonnés les uns aux autres, et, dans chaque règne, les espèces sont admirablement hiérarchisées. On constate aussi, dans le cosmos, des lois générales : telles les lois de la gravitation, de la conservation de la masse et de l'énergie, de l'équivalence des diverses formes d'énergie.

L'univers constitue donc un *tout* dont les diverses parties. réalisent, par leurs mutuelles relations, le bon ordre et le bien de l'ensemble.

Mais l'ordre universel a lui-même une fin, un bien *un* en vue duquel tout a été ordonné. « Universum habet bonum ordinis et bonum separatum » [1]). Quel est ce bien *un* pour lequel tout a été disposé ?

§ 3. — *La fin relative transcendante de l'univers*

183. Fin relative transcendante de l'univers. — Chaque être de la nature a sa fin propre, intrinsèque.

Tous les êtres contribuent, en poursuivant leur fin respective, au bien des autres et de l'ensemble.

D'où vient cette convergence des fins particulières dans la réalisation de l'ordre universel, sinon d'un principe supérieur d'unité qui détermine cette convergence ? La finalité que révèle l'universalité des choses ne s'expliquerait pas sans un principe d'universelle convergence au bien de l'ensemble. Pour unir les parties du cosmos en un même tout, il a fallu qu'une même intelligence conçût le tout, disposât les parties en vue de celui-ci, et calculât les rapports de subordination des moyens à cette fin.

La réalisation de ce plan de la Cause première est le but suprême, transcendant de l'univers : « Totus ordo universi est propter primum moventem, ut scilicet explicetur in universo ordinato id quod est in intellectu et voluntate primi moventis. Et sic oportet quod a primo movente sit tota ordinatio universi » [2]). « L'ordre de l'univers est pour le premier moteur ; il est destiné à développer dans l'univers ordonné le plan conçu et voulu par le premier moteur. Celui-ci est, en conséquence, le principe de toute l'ordonnance de l'univers ».

---

[1]) S. THOMAS, *XII Metaph.*, lect. 12.
[2]) ID., *ibid.*

TABLE DES MATIÈRES

INTRODUCTION

PREMIÈRE PARTIE

L'être

§ 1. — L'objet de la métaphysique et le préjugé agnostique

§ 2. — Analyse générale de la notion de substance première

DEUXIÈME PARTIE

Les propriétés transcendantales de l'être

TROISIÈME PARTIE

La substance et ses déterminations
ou les principales divisions de l'être

CHAPITRE I

La substance et ses accidents

§ 1. — *La substance*

§ 2. — *L'accident*

§ 3. — *La nature de la distinction entre la substance et l'accident*

CHAPITRE II

Seconde division générale de l'être : L'être en acte et l'être en puissance

CHAPITRE III

Les êtres créés et l'Être incréé

CHAPITRE IV

L'unité d'objet de la métaphysique

QUATRIÈME PARTIE

Les causes de l'être

CHAPITRE I

Aperçu préliminaire
Objet et division de la Quatrième Partie

CHAPITRE II

Les causes

CHAPITRE III

Les relations entre les causes

CHAPITRE IV

L'effet général des causes. L'ordre de la nature

———

ARTICLE PREMIER

L'effet immédiat des causes : L'ordre intrinsèque des œuvres de la nature

ARTICLE SECOND

L'effet médiat des causes ou l'ordre universel de la nature

§ 1. — *La finalité relative de l'univers*

§ 2. — *La fin relative immanente de l'univers*

§ 3. — *La fin relative transcendante de l'univers*

TABLE GÉNÉRALE DES MATIÈRES

CONTENUES DANS LE TOME I

Lightning Source UK Ltd.
Milton Keynes UK
UKHW021834140219

337217UK00005B/474/P